Klaus-Dieter Drüen (Hrsg.)
Besteuerung von Arbeitnehmern

Veröffentlichungen der Deutschen
Steuerjuristischen Gesellschaft e.V.

DStJG Band 40

Besteuerung von Arbeitnehmern

41. Jahrestagung
der Deutschen Steuerjuristischen Gesellschaft e.V.
Hannover, 19. und 20. September 2016

Herausgegeben im Auftrag der
Deutschen Steuerjuristischen Gesellschaft e.V.

von

Prof. Dr. Klaus-Dieter Drüen
Ludwig-Maximilians-Universität
München

2017

ottoschmidt

Zitierempfehlung
Verf., DStJG 40 (2017), S. ...

*Bibliografische Information
der Deutschen Nationalbibliothek*
Die Deutsche Nationalbibliothek verzeichnet diese Publikation in der Deutschen Nationalbibliografie; detaillierte bibliografische Daten sind im Internet über http://dnb.d-nb.de abrufbar.

Verlag Dr. Otto Schmidt KG
Gustav-Heinemann-Ufer 58, 50968 Köln
Tel. 02 21/9 37 38-01, Fax 02 21/9 37 38-943
info@otto-schmidt.de
www.otto-schmidt.de

ISBN 978-3-504-62042-4

©2017 by Verlag Dr. Otto Schmidt KG, Köln

Das Werk einschließlich aller seiner Teile ist urheberrechtlich geschützt. Jede Verwertung, die nicht ausdrücklich vom Urheberrechtsgesetz zugelassen ist, bedarf der vorherigen Zustimmung des Verlages. Das gilt insbesondere für Vervielfältigungen, Bearbeitungen, Übersetzungen, Mikroverfilmungen und die Einspeicherung und Verarbeitung in elektronischen Systemen.

Das verwendete Papier ist aus chlorfrei gebleichten Rohstoffen hergestellt, holz- und säurefrei, alterungsbeständig und umweltfreundlich.

Satz: WMTP, Birkenau
Druck und Verarbeitung: Kösel, Krugzell
Printed in Germany

Inhalt

Ausführliche Inhaltsübersichten jeweils zu Beginn der Beiträge.

Seite

Prof. Dr. h.c. Rudolf Mellinghoff, Präsident des Bundesfinanzhofs, München
Besteuerung von Arbeitnehmern 1
   I. Einführung 1
   II. Inhalt der Tagung 6

Prof. Dr. Klaus-Dieter Drüen, Ludwigs-Maximilians-Universität München
Arbeitnehmerbesteuerung im System der Einkommensteuer 11
   I. Einleitender Überblick: Das System der Einkommensteuer und Eigenheiten der „Arbeitnehmerbesteuerung" 11
   II. Grundlagen der Arbeitnehmerbesteuerung „durch den Arbeitgeber" 15
   III. Grundfragen der Qualifikation von Arbeitnehmereinkünften . 23
   IV. Grundfragen der Ermittlung der Arbeitnehmereinkünfte 28
   V. Fazit und Ausblick zur Arbeitnehmerbesteuerung 44

Prof. Dr. Gregor Kirchhof, LL.M., Institut für Wirtschafts- und Steuerrecht, Universität Augsburg
Rechtsetzung und Rechtsanwendung im steuerlichen Massenfallrecht 47
   I. Die Selbstverständlichkeit der Steuerlast 48
   II. Sachbezüge als steuerpflichtiger Lohn 53
   III. Modernisiertes Besteuerungsverfahren 62
   IV. Ist- und Soll-Ertragsbesteuerung 69
   V. Gesetzliche Verallgemeinerung und Typisierung 74
   VI. Gesetzgebung und Rechtsquellenvielfalt 82

Diskussion 88

Inhalt

Dr. Stefan Breinersdorfer, Ministerialdirigent, Mainz
Arbeitslohn und seine Grenzen 105
   I. Aufgabenstellung 106
   II. Arbeitslohn als steuerbare Zuwendung 106
   III. Konkurrenz der Einkunftsarten 110
   IV. Einkunftsart immanente Kriterien für Arbeitslohn 121
   V. Fazit 135

Diskussion 136

Dr. Roland Krüger, Richter am Bundesfinanzhof, München
Verfahren und Rechtschutz im Lohnsteuerrecht 145
   I. Einführung 145
   II. Die Stellung des Arbeitnehmers im Lohnsteuerabzugsverfahren 146

Prof. Dr. André Meyer, LL.M., Taxation, Universität Bayreuth
Die Rolle des Arbeitgebers im Lohnsteuerverfahren 177
   I. Bestandsaufnahme 178
   II. Der Arbeitgeber zwischen öffentlichem und privatem Recht .. 185
   III. Der Steuereinbehalt als Referenzfall der Außenwirkung 190
   IV. Haftung und Rückgriff 207
   V. Anmeldung und Abführung 214
   VI. Schluss 218

Prof. Dr. Werner Haslehner, LL.M., Universität Luxemburg
Lohnsteuervollzug im Europäischen Rechtsvergleich 221
   I. Einführung 221
   II. Rechtsvergleich als Systemvergleich 222
   III. Systematische Analyse des Lohnsteuervollzugs 224
   IV. Einordnung und Besonderheiten ausgewählter Lohnsteuersysteme 233

V. Zusammenfassung 242
VI. Schlussbemerkung 246

Diskussion 248

Prof. Dr. Christian Dorenkamp, Bonn
Internationale Arbeitnehmerbesteuerung – aus Arbeitgebersicht .. 263
 I. Einleitung 264
 II. Zielsetzungen internationaler Arbeitnehmerbesteuerung 265
 III. Grundsätze internationaler Arbeitnehmerbesteuerung 268
 IV. Besteuerungspraktische Problemfelder („Arbeitswelt 4.0") ... 274
 V. Steuersystematische sowie besteuerungspraktische
  Lösungsansätze 283
 VI. Fazit und Ausblick 294

Dr. Thomas Eisgruber, Bayerisches Staatsministerium der Finanzen, für Landesentwicklung und Heimat, München
Internationale Arbeitnehmerbesteuerung – aus Arbeitnehmersicht . 297
 I. Einführung oder der Umfang des Themas 297
 II. Schwer vorhersehbare Tatbestandsvoraussetzungen 298
 III. Die steuerliche Ausgangslage 301
 IV. Grundsätze der Aufteilung des Besteuerungsrechts 302
 V. Die Ansässigkeit 303
 VI. Die 183-Tage-Regel 304
 VII. Grenzgänger-Klauseln 310
 VIII. Auslandstätigkeitserlass 313
 IX. Bi- und unilaterale Rückfallklauseln 314
 X. Fazit 318

Diskussion 320

Prof. Dr. Henning Tappe, Universität Trier
Werbungskosten des Arbeitnehmers 333
 I. Der Arbeitnehmer als Normfall des Einkommensteuerrechts 333
 II. Nettoeinkünfte als Maßstab der Einkommensbesteuerung... 337

Inhalt

III. Entgrenzung der Arbeit als Herausforderung für das Einkommensteuerrecht 339
IV. Arbeitnehmereinkünfte als Überschusseinkünfte 356
V. Arbeitnehmerbesteuerung als Massenverfahren 360
VI. Ausblick und Reformüberlegungen 361

Prof. Dr. Stefan Schneider, Vorsitzender Richter am BFH, München
Arbeitslohn und sozialversicherungsrechtliches Entgelt 363
   I. Einleitung, der besteuerte Arbeitslohn und das verbeitragte Entgelt 364
   II. Die Funktion des sozialversicherungsrechtlichen Entgelts, Grund- und Ausgangstatbestand des Sozialversicherungsrechts 366
   III. Gegenstand des sozialversicherungsrechtlichen Arbeitsentgelts, seine Bestimmung und Bemessung 374
   IV. Steuerrechtliche Beitragsbemessungen und -befreiungen kraft Rechtsverordnung 394
   V. Fazit 400

Dr. Peter Möllmann, Rechtsanwalt, Steuerberater, Fachanwalt für Steuerrecht, Berlin
Mitarbeiterbeteiligung 401
   I. Einleitender Überblick 402
   II. Wirtschaftliche Zielsetzung von Mitarbeiterbeteiligung 403
   III. Formen der Mitarbeiterbeteiligung 404
   IV. Überblick über die steuerlichen Rahmenbedingungen 408
   V. Steuerliche Behandlung erfolgsabhängiger Gehaltskomponenten 410
   VI. Steuerliche Behandlung „virtueller" Unternehmensbeteiligungen 411
   VII. Steuerliche Behandlung von Eigenkapitalbeteiligungen aus Sicht des Mitarbeiters 411
   VIII. Steuerliche Behandlung von Eigenkapitalbeteiligungen aus Sicht des Arbeitgebers 444

Inhalt

IX. Steuerliche Behandlung von Fremdkapital- und Mezzanine-Beteiligungen	445
X. Steuerliche Förderung von Mitarbeiterbeteiligung	446
XI. Zusammenfassung	447

Diskussion 449

Dr. Heinz-Gerd Horlemann, Herzogenaurach
Lohnsteuerrechtliche Fragen der betrieblichen Altersvorsorge 465

I. Rückblick	466
II. Änderungen: Vollzogen, nicht vollzogen, geplant?	466
III. Altersvorsorge	469
IV. Arbeitslohn	482
V. Betriebliche Altersversorgung	485
VI. Fragen?	488
VII. Antworten?	491
VIII. Nachtrag	497

Rechtsanwalt Klaus Strohner, Köln
Impulse und Grenzen der steuerlichen Gestaltung im Arbeitsverhältnis ... 501

I. Vorbemerkung	501
II. Bedeutung der Lohnsteuer	502
III. Inanspruchnahme der Unternehmen für Fiskalzwecke der Finanzverwaltung	503
IV. Gestaltungsinteresse des Unternehmens bei der Lohnsteuer	506
V. Haftung als Grenze der steuerlichen Gestaltung im Arbeitsverhältnis	529
VI. Fazit	530

Diskussion 532

Prof. Dr. Klaus-Dieter Drüen, Ludwigs-Maximilians-Universität München
Resümee 541
   I. Zum Thema und zur Konzeption der Jahrestagung 541
  II. Erträge der Tagung zur Arbeitnehmerbesteuerung 545
 III. Perspektiven für Folgetagungen 548

Prof. Dr. Hanno Kube, Ruprecht-Karls-Universität Heidelberg
Laudatio aus Anlass der Verleihung des Albert-Hensel-Preises 2016 an Herrn Dr. Thomas Wiesch 551

Deutsche Steuerjuristische Gesellschaft e.V. 557

Vorstand und Wissenschaftlicher Beirat der Deutschen Steuerjuristischen Gesellschaft e.V. 559

Teilnehmerverzeichnis 561

Stichwortverzeichnis 567

Besteuerung von Arbeitnehmern

Eröffnung der Tagung und Rechtfertigung des Themas

Prof. Dr. h.c. *Rudolf Mellinghoff*
Präsident des Bundesfinanzhofs, München

I. Einführung
1. Die Bedeutung der Arbeitnehmerbesteuerung
2. Bedeutung der Besteuerung von Arbeitnehmern im historischen Kontext
3. Besteuerung der Arbeitnehmer als Grundlage stabiler Steuereinnahmen
4. Neue Herausforderungen

II. Inhalt der Tagung

I. Einführung

1. Die Bedeutung der Arbeitnehmerbesteuerung

Nach der Aufstellung der kassenmäßigen Steuereinnahmen für das Jahr 2015 betrug das Aufkommen der Lohnsteuer 178,9 Mrd. Euro.[1] Damit steht die Lohnsteuer an der Spitze der Steuerarten und liegt auch noch vor der Umsatzsteuer, die lediglich 159 Mrd. Euro erzielte. Das Aufkommen der anderen Steuern ist erheblich geringer. Die veranlagte Einkommensteuer erbringt mit 48,5 Mrd. Euro gerade mal etwas mehr als ein Viertel des Lohnsteueraufkommens. Die Körperschaftsteuer hat sogar nur ein Aufkommen von 19,5 Mrd. Euro. Die Bedeutung der Besteuerung der Arbeitnehmer ergibt sich neben der Höhe der Steuereinnahmen auch aus der Zahl der betroffenen Steuerpflichtigen. Betroffen sind ca. 40 Millionen Arbeitnehmer und deren Arbeitgeber. Schon alleine diese gigantischen Zahlen zeigen die Bedeutung des diesjährigen Jahresthemas der Deutschen Steuerjuristischen Gesellschaft.

Angesichts dieser nachweisbar hohen Bedeutung des Lohnsteuerrechts verwundert es, dass die Besteuerung von Arbeitnehmern in den steuerpolitischen Diskussionen oft im Schatten aktueller Fragen des Unterneh-

---

[1] http://www.bundesfinanzministerium.de/Content/DE/Standardartikel/Themen/Steuern/Steuerschaetzungen_und_Steuereinnahmen/1-kassenmaessigesteuereinnahmen-nach-steuerarten-und-gebietskoerperschaften.html.

menssteuerrechts, der Erbschaftsteuer oder der Umsatzsteuer steht. Mit der Reisekostenrechtsreform zum 1.1.2014[2], den aktuellen Fragen der Lohnversteuerung von Sachzuwendungen[3] und zuletzt den gesetzlichen Änderungen zu Betriebsveranstaltungen zum 1.1.2015 durch das Zollkodex-Anpassungsgesetz[4] rücken zwar Einzelfragen der Arbeitnehmerbesteuerung immer wieder in das Blickfeld. Die Steuerpolitik widmet sich aber lieber den Fragen der Besteuerung von global agierenden Unternehmen, thematisiert die aus ihrer Sicht bedeutende Frage von Steuerhinterziehung und Steuervermeidung und arbeitet an einem weitreichenden internationalen Informationsaustausch von Steuerdaten, um mögliche unentdeckte Steuerschätze zu heben. Auch in den Steuerwissenschaften dominieren derzeit andere Themen die veröffentlichten Publikationen. Offensichtlich hält sich auch das Streitpotential im Bereich der Besteuerung der Arbeitnehmereinkünfte in Grenzen. Von den acht Ertragsteuersenaten des BFH widmet sich nur ein Senat schwerpunktmäßig der Besteuerung der Arbeitnehmer.

Diese stiefmütterliche Behandlung des ertragreichsten Bereichs der Steuereinnahmen wird offenkundig der enormen Bedeutung der Besteuerung von Arbeitnehmern nicht gerecht. Schon *Heinrich Wilhelm Kruse* hat in seiner Eröffnung der Jahrestagung 1985 zu den Grundfragen des Lohnsteuerrechts darauf hingewiesen, dass ein Urteil in einer Lohnsteuersache in aller Regel mehr Steuerpflichtige betrifft als ein Urteil in einer Einkommen- oder Körperschaftsteuersache – und zwar unabhängig davon, ob der Steuerpflichtige einen Rechtsbehelf eingelegt hat oder nicht.[5] Über kurz oder lang erreicht nahezu jedes veröffentlichte Urteil des BFH des zuständigen VI. Senats die Arbeitnehmer.

Die Besteuerung der Arbeitnehmer ist auch der Bereich, in dem sich die aktuellen Entwicklungen im Bereich der Modernisierung des Besteuerungsverfahrens bewähren müssen. Das Lohnsteuerverfahren ist neben dem Bereich der Umsatzsteuer das größte steuerliche Massenverfahren. Fehler in diesem Bereich würden eine zentrale Säule des Steueraufkommens in Deutschland beeinträchtigen.

---

2 Gesetz zur Änderung und Vereinfachung der Unternehmensbesteuerung und des steuerlichen Reisekostenrechts vom 20.2.2013 (BGBl. I 2013, 285).
3 BMF-Schreiben v. 19.5.2015, IV C 6 - S 2297-b/14/10001, BStBl. I 2015, 468.
4 Gesetz zur Anpassung der Abgabenordnung an den Zollkodex der Union und zur Änderung weiterer steuerlicher Vorschriften vom 22.12.2014 (BGBl. I, 2417).
5 *Kruse*, Rechtshistorische und rechtsvergleichende Prolegomena zum Lohnsteuerrecht – zugleich Rechtfertigung des Themas in DStJG 9 (1986), S. 1 (2).

Dabei hat die Finanzverwaltung einen großen Teil des Veranlagungsverfahrens auf die Arbeitgeber delegiert. Diese sind ebenfalls auf eine reibungslose und vor allem rechtssichere Abwicklung der Lohnbesteuerung angewiesen. Gleichzeitig müssen sie als erste neue Rechtsvorschriften anwenden und auslegen, häufig ohne eine verbindliche Aussage der Finanzverwaltung in den Händen zu halten. Aus diesem Grunde ist die Lohnsteueranrufungsauskunft aber auch die Lohnsteueraußenprüfung von überragender Bedeutung.

2. Bedeutung der Besteuerung von Arbeitnehmern im historischen Kontext

Wenn man sich fragt, wie es kommt, dass die Lohnsteuer eine solche Bedeutung erlangen konnte, empfehle ich den schon erwähnten Beitrag von *Heinrich Wilhelm Kruse* im Tagungsband der Jahrestagung von Bad Ems aus dem Jahr 1985.[6] Dort kann man nachlesen, dass es stets um ein stabiles und unausweichliches Steueraufkommen ging. Bayern erkannte dies als erstes und regelte schon 1722 den Steuerabzug vom Arbeitslohn der Beamten in der sog. Konditionensteuer. Im 19. und spätestens im 20. Jahrhundert erkannte man die auch heute noch geltenden Vorteile dieses Besteuerungsverfahrens bei den Arbeitnehmern. Für die Finanzverwaltung ist das Erhebungsverfahren vergleichsweise preiswert, die Steuereinnahmen gehen zeitnah und in großer Höhe beim Staat ein und die Einkünfte werden von den Arbeitgebern zuverlässig erfasst, so dass es nur zu wenigen Fällen der Steuervermeidung oder Steuerhinterziehung in diesem Bereich führt.

3. Besteuerung der Arbeitnehmer als Grundlage stabiler Steuereinnahmen

Die Diskussion in den letzten Jahren über die Verteilung des Steueraufkommens von Unternehmen in einer globalisierten Wirtschaft, die unterschiedlichen Standpunkte zwischen den entwickelten Industriestaaten und den Schwellenländern bei der Besteuerung der Unternehmen und der Berücksichtigung immaterieller Wirtschaftsgüter sowie die BEPS-Diskussion zeigen, dass die Staaten das Steueraufkommen in diesem Bereich gefährdet sehen. Hier müssen die Staaten nicht nur um ihr eigenes Steueraufkommen kämpfen, sondern auch attraktive steuerliche Rah-

---

6 *Kruse*, Rechtshistorische und rechtsvergleichende Prolegomena zum Lohnsteuerrecht – zugleich Rechtfertigung des Themas in DStJG 9 (1986), S. 1 ff.

menbedingungen bieten, um die Wirtschaft und damit die Arbeitsplätze im Land zu halten.

Demgegenüber erweist sich das Aufkommen aus der Lohnsteuer als stabil und wenig anfällig für Steuervermeidung oder Steuerumgehung. Neben der Umsatzsteuer gehört die Lohnsteuer zu den zentralen Stützpfeilern unseres Staatshaushalts. Auch aus diesem Grund besteht für den Staat ein hohes Interesse, dieses Fundament der Staatseinnahmen möglichst unbeschadet zu erhalten und zu sichern.

4. Neue Herausforderungen

Allerdings steht der Staat auch bei der Besteuerung der Arbeitnehmer vor neuen Herausforderungen. Der große Bedarf und gleichzeitig die internationale Mobilität von hochqualifizierten Arbeitnehmern wird zu einer Diskussion führen, ob und inwieweit das Steuerrecht dazu beitragen kann, dieses Potential im Lande zu halten oder anzulocken. Schon *Roland Koch* hat in seiner Zeit als Ministerpräsident gefordert, Steuervergünstigungen für hochqualifizierte Arbeitnehmer einzuführen. Auch wenn sich die überwiegende Mehrheit der hier Anwesenden gegen eine derartige Diskussion schon im Grundsatz aussprechen wird, ist absehbar, dass in der steuerpolitischen Diskussion derartige Themen eine Rolle spielen werden, wenn es um die Gewinnung von besonders qualifizierten Arbeitskräften geht und die Wirtschaft auf den Wirtschaftsstandort Deutschland verweist.

Ohnehin hat die Mobilität von Unternehmen und Arbeitskräften zu einer Veränderung im Bereich der Besteuerung von Arbeitnehmern geführt. Gerade in den vielfältigen Entsendungsfällen besteht in der Praxis stets die Gefahr von Doppelbesteuerungen im arbeitnehmerbezogenen Lohnsteuerabzugsbereich, die allenfalls durch den Arbeitnehmer selbst bei seiner Steuerdeklaration abgemildert oder beseitigt werden kann. Doppelbesteuerungsabkommen spielen daher in der Praxis internationaler Arbeitnehmerbesteuerung eine immer bedeutendere Rolle. Art. 15 OECD-MA legt insoweit das Arbeitsortprinzip für die Besteuerungszuständigkeit (Abs. 1) und die sog. 183-Tage-Regelung (Abs. 2) fest. Es können sich schwierige Fragen der doppelbesteuerungsrechtlichen Ansässigkeit des betroffenen Arbeitnehmers gem. Art. 4 OECD-MA ergeben, wobei dann die sog. Tie-Breaker-Rule zur Anwendung kommt. § 50d Abs. 8 und 9 EStG, die das Entstehen „weißer Einkünfte" vor allem für in Deutschland unbeschränkt steuerpflichtige Arbeitnehmer vermeiden soll, hat sogar das BVerfG im Zusammenhang mit der Verfassungsmäßigkeit des treaty override beschäftigt.[7]

Das BMF-Schreiben zur steuerlichen Behandlung des Arbeitslohns nach den DBA ist 2014 überarbeitet und wesentlich erweitert worden.[8] Dabei werden zahlreiche praktische Fälle neu geregelt, die aktuellen Entwicklungen in der OECD und der Rechtsprechung berücksichtigt und an zwischenzeitliche Rechtsänderungen angepasst. So wird der Arbeitgeberbegriff bei der grenzüberschreitenden Arbeitnehmerentsendung zwischen verbundenen Unternehmen die Verrechnungspreisgrundsätze für die Beurteilung und Zuordnung von Arbeitslohn zwischen verbundenen Unternehmen aktualisiert. Behandelt werden auch Besonderheiten einzelner DBAs, einzelner Berufsgruppen, besondere Entlohnungsformen (z.B. Aktienvergütungsmodelle) sowie Besonderheiten von einzelnen Lohnbestandteilen (z.B. Kaufkraftausgleich, Standortbonus, Wechselkursabsicherung, Steuerberatungskosten, Dienstwagen). Größere Bedeutung erlangen auch Zahlungen, die ein Arbeitnehmer nach Beendigung seiner Tätigkeit erhält.

Anders als früher gibt es bei der Arbeitnehmerbesteuerung auch hochkomplexe Spezialfragen mit weitreichenden Folgen, bei denen etwaige Fehler „sehr teuer" werden können. Stock-Option-Programme in vielfältigen Varianten, das Design größerer Betriebsveranstaltungen und die Anwendung uni- sowie bilateraler Rückfall- und Switch-over-Klauseln bei Fragen internationaler Arbeitnehmerbesteuerung sind nur Beispiele dieser Entwicklung.

Schließlich müssen Arbeitgeber und Finanzverwaltung auf die Entwicklung der Rechtsprechung im Bereich der Arbeitnehmerbesteuerung reagieren. So ist bei der Besteuerung von Rabatten zu klären, ob der Rabatt den finalen Charakter eines Entgelts haben muss, was bei einem eigenen wirtschaftlichen Interesse des Dritten ausgeschlossen sein soll. Auch die Besteuerung von Betriebsveranstaltungen und Bezügen im eigenbetrieblichen Interesse werfen zahlreiche Fragen auf.

---

7 BVerfG, Beschl. v. 15.12.2015 – 2 BvL 1/12, DStR 2016, 359.
8 BMF-Schreiben zur steuerlichen Behandlung des Arbeitslohns nach den Doppelbesteuerungsabkommen (Az. IV B 2 - S 1300/08/10027), BStBl. I 2014, 1467.

II. Inhalt der Tagung

Diese kurzen Ausführungen zeigen, dass es hinreichend Anlass gibt, sich mit der Besteuerung der Arbeitnehmer zu beschäftigen. Die diesjährige Jahrestagung versucht die wichtigsten Fragen anzusprechen. Die grundlegenden Referate bilden dann das Fundament einer hoffentlich lebhaften Diskussion.

In seinem einleitenden Vortrag geht *Klaus-Dieter Drüen* darauf ein, wie die Besteuerung der Arbeitnehmer in das System der Einkommensteuer einzuordnen ist, welche Besonderheiten und welche Gemeinsamkeiten bestehen und wie die einkunftsartbezogenen Herausforderungen im Einkommensteuerrecht bewältigt werden. Dabei wird es insbesondere um die Frage gehen, was unter Arbeitnehmereinkünften zu verstehen ist. Auch die Mitwirkung der Arbeitgeber im Dreiecksverhältnis zwischen Arbeitnehmer, Finanzverwaltung und Arbeitgeber ist zu würdigen. Schließlich stellen sich Grundfragen der Ermittlung der Arbeitnehmereinkünfte.

Dieses Thema leitet über zu dem zweiten Referat, das dem Vollzug der Besteuerung von Arbeitnehmern gewidmet ist. Wie kaum ein anderer Bereich des Steuerrechts handelt es sich bei der Besteuerung der Arbeitnehmer um ein Massenfallrecht. Von der Arbeitnehmerbesteuerung sind etwa 40 Millionen Steuerpflichtige, deren Arbeitgeber und deren Berater betroffen. *Gregor Kirchhof* wird daher darauf eingehen, wie Rechtssetzung und Rechtsanwendung im Massenfallrecht umgesetzt werden können. Diese Fragen gewinnen durch die Digitalisierung und durch die gesetzgeberischen Aktivitäten im Gesetz über die Modernisierung des Besteuerungsverfahrens[9] besondere Bedeutung. Ob und inwieweit diese Regelungen ohne eine vermehrte Typisierung und Pauschalierung im materiellen Recht bewältigen lassen, ist eine spannende Frage.

Die Besteuerung der Arbeitnehmer hat nicht nur einen besonderen Schwerpunkt im Verfahrensrecht. Immer wieder ist auch zu klären, welche Einkünfte zum Arbeitslohn gehören und wie diese zu bemessen sind. Dabei geht es zunächst um die Frage der Abgrenzung der Arbeitnehmereinkünfte von anderen Einkünften oder Einkunftsarten. Eine Besonderheit spielen in diesem Bereich aber auch Geldzuwendungen, die der Ar-

---

9 Gesetz zur Modernisierung des Besteuerungsverfahrens vom 18.7.2016, BGBl. I 2016, 1679.

beitgeber im eigenbetrieblichen Interesse zuwendet; hier stellt sich die grundlegende Frage der Steuerbarkeit. Diesem auch für die Praxis wichtigen Thema widmet sich *Stefan Breinersdorfer* in seinem Beitrag zum „Arbeitslohn und seinen Grenzen".

Die Abführung der Lohnsteuer durch den Arbeitgeber prägt die Besteuerung der Arbeitnehmer, bestimmt damit aber auch das Verhältnis von Arbeitnehmern zur Finanzverwaltung im Besteuerungsverfahren. Dieses Dreiecksverhältnis hat weitreichende Auswirkungen auf den Rechtsschutz und die Rechtsposition des Steuerpflichtigen. Dabei geht es nicht nur um die Bedeutung der Lohnsteueranmeldung durch den Arbeitgeber für den einzelnen Steuerpflichtigen. Vielmehr macht sich die Digitalisierung im Besteuerungsverfahren bemerkbar, wenn die Finanzverwaltung die persönlichen Daten des Steuerpflichtigen in einer Datenbank dem Arbeitgeber zum elektronisch Abruf bereitstellt. Außerdem geht es in dem Dreiecksverhältnis um die Lohnsteuerermäßigung oder die Nachforderung der Lohnsteuer gegenüber dem Arbeitnehmer. All diesen Fragen wird sich *Roland Krüger* im seinem Vortrag zu „Verfahren und Rechtsschutz im Lohnsteuerrecht" widmen.

Wenn die Besteuerung des Arbeitnehmers insbesondere im Lohnsteuerverfahren dadurch gekennzeichnet ist, dass neben dem Arbeitnehmer und der Finanzverwaltung als weiterer Akteur der Arbeitgeber einbezogen wird, bedarf es der Klärung der Stellung des Arbeitgebers. Ob und inwieweit darf der Arbeitgeber oder jeder andere Dritte als Verwaltungshelfer der Finanzverwaltung in das Besteuerungsverfahren einbezogen werden und vor allem – welche Risiken ergeben sich daraus für den Arbeitgeber? Es geht neben der rechtlichen und systematischen Einordnung des Arbeitgebers im Besteuerungsverfahren um die Frage der Haftung im Einzelnen. Hierauf wird *André Meyer* in seinem Beitrag „Die Rolle des Arbeitgebers im Lohnsteuerverfahren" eingehen.

Die zunehmende Globalisierung und Internationalisierung verändert auch die Besteuerung der Arbeitnehmer. Dabei erscheint es zunächst sinnvoll, sich damit auseinanderzusetzen, welche unterschiedlichen Lösungsansätze in verschiedenen Ländern gewählt worden sind, um dem praktischen Vollzug der Lohnbesteuerung zu bewältigen. Dies setzt nicht nur die Kenntnis der Rechtsordnung verschiedener Staaten voraus, sondern ermöglicht auch verschiedene Lösungsansätze zu bewerten. *Werner Haslehner* wird sich daher dem „Lohnsteuervollzug im europäischen Vergleich" widmen.

Die theoretische Kenntnis anderer Besteuerungssysteme führt häufig noch nicht zur konkreten Lösung der grenzüberschreitenden Besteuerung von Arbeitnehmern. Dabei bestehen unterschiedliche Interessen zwischen Arbeitgebern und Arbeitnehmern. Dem Arbeitgeber kommt es auf einen rechtssicheren und der praktikablen Verwaltungsvollzug an. Für den Arbeitnehmer dürfte es insbesondere um die konkrete Höhe seiner Steuerlast und den Rechtsschutz gehen. Daher wird die internationale Arbeitnehmerbesteuerung aus der Sicht des Arbeitgebers von *Christian Dorenkamp* und aus der Sicht des Arbeitnehmers von *Thomas Eisgruber* vorgestellt. Hierbei ist sicherlich spannend, ob die unterschiedliche Sichtweise der Verfahrensbeteiligten auch zu einer grundsätzlich unterschiedlichen Sichtweise der internationalen Arbeitnehmerbesteuerung im Einzelnen führt.

Die Besteuerung der Arbeitnehmer weist in einzelnen Bereichen der Einkommenbesteuerung Besonderheiten auf, denen diese Tagung ebenfalls nachgehen wird. Dabei hat sich der Gesetzgeber einzelnen Themen bereits gewidmet; teilweise sind Lösungsansätze aber auch von der Rechtsprechung entwickelt worden. So ist die Arbeitnehmerbesteuerung durch besondere typische Konstellationen bei den Erwerbsausgaben gekennzeichnet, was sich deutlich am Katalog der Werbungskosten in § 9 EStG zeigen lässt. Daher beleuchtet *Henning Tappe* die Werbungskosten des Arbeitnehmers.

Die Deutsche Steuerjuristische Gesellschaft hat auch immer die Verbindungen zu anderen Rechtsgebieten gesucht. Bei der Arbeitnehmerbesteuerung liegt es auf der Hand, einen Blick auf die Verbindungen zum Sozialversicherungsrecht zu werfen. *Stefan Schneider* geht darauf in seinem Vortrag zu Arbeitslohn und sozialversicherungsrechtlichem Entgelt ein.

Die Mitarbeiterbeteiligung in Unternehmen ist eine wichtige Maßnahme, um qualifizierte Arbeitskräfte an das Unternehmen zu binden und sie gleichzeitig am Erfolg des Unternehmens zu beteiligen. *Peter Möllmann* widmet sich daher der Mitarbeiterbeteiligung und geht dabei insbesondere auf die steuerliche Behandlung von Eigenkapitalbeteiligungen ein. In einer immer älter werdenden Gesellschaft ist die betriebliche Altersvorsorge ein unverzichtbarer Bestandteil der finanziellen Vorsorge für Zeiten nach dem aktiven Erwerbsleben. *Heinz-Gerd Horlemann* erörtert die lohnsteuerrechtlichen Fragen der betrieblichen Altersvorsorge widmet und wird dabei sicher auch auf die schwiegen Bedingungen einer längerfristigen Niedrigzinsphase eingehen. Die Tagung endet mit dem Beitrag von *Klaus Strohner* zu Impulsen und Grenzen der steuerlichen Gestaltung im Arbeitsverhältnis.

Damit spannt diese Tagung einen weiten Bogen von grundsätzlichen Themen bis hin zu konkreten und bedeutenden Einzelfragen der Arbeitnehmerbesteuerung. Ich freue mich auf anregende Vorträge und eine ertragreiche Diskussion und eröffne damit die diesjährige Jahrestagung.

Arbeitnehmerbesteuerung im System der Einkommensteuer

Prof. Dr. *Klaus-Dieter Drüen*
Ludwigs-Maximilians-Universität München

I. Einleitender Überblick: Das System der Einkommensteuer und Eigenheiten der „Arbeitnehmerbesteuerung"

II. Grundlagen der Arbeitnehmerbesteuerung „durch den Arbeitgeber"
 1. Personelle Grundlagen: Arbeitnehmer-Typus und Arbeitgeber als konstitutiver Komplementärtypus
 2. Besondere Vollzugsbedingungen der Lohnsteuer mit Vor- und Rückwirkungen der Erhebungsform auf die Einkommensteuerschuld des Arbeitnehmers
 3. Gesetzlich vorgesehene und faktische Formen der „Arbeitgeberbesteuerung" beim Lohnsteuerabzug

III. Grundfragen der Qualifikation von Arbeitnehmereinkünften
 1. § 19 EStG im System der einkommensteuerrechtlichen Einkünftequalifikation
 2. Einkunftsartenkonkurrenz und „Attraktivkraft" der Arbeitnehmereinkünfte
 3. Speziell: Interrollenkonflikte beim beherrschenden Gesellschafter-Geschäftsführer

IV. Grundfragen der Ermittlung der Arbeitnehmereinkünfte
 1. System der Einkünfteermittlung und Eigenheiten bei Arbeitnehmereinkünften
 2. Systemgerechte Eingrenzungsversuche des Begriffs des Arbeitslohns und der Haftungsrisiken des Arbeitgebers
 3. Möglichkeiten und Grenzen der „Lohnsteueroptimierung"

V. Fazit und Ausblick zur Arbeitnehmerbesteuerung

I. Einleitender Überblick: Das System der Einkommensteuer und Eigenheiten der „Arbeitnehmerbesteuerung"

Mein Thema erhebt das System der Einkommensteuer zum Maßstab der „Arbeitnehmerbesteuerung". Dieses System ist in diesem Kreise mit einigen Stichworten und einem Globalverweis auf die einschlägigen Tagungsbände als dem kollektiven Wissen unserer Gesellschaft ausreichend umrissen: Die Einkommensteuer soll die einzelne natürliche Person entsprechend dem Prinzip der Besteuerung nach ihrer wirtschaftlichen Leistungsfähigkeit besteuern.¹ Systemkonstituierendes Merkmal der Einkommensbesteuerung ist somit in materieller Hinsicht die Besteuerung nach der individuellen Leistungsfähigkeit des Steuerpflichtigen mit dem objektiven und subjektiven Nettoprinzip als Subprinzipien.² In formeller Hinsicht systemkonstituierend ist die Steuerfestsetzung der Finanzverwaltung durch Steuerbescheid basierend auf der eigenen Steuererklärung und die Steuererhebung durch Zahlung des Steuerschuldners.

Historisch stand die Lohnsteuer außerhalb dieses Systems der Einkommensbesteuerung.³ Das im Jahre 1920 in Deutschland allgemein eingeführte Abzugsverfahren verpflichtete den Arbeitgeber, 10 v.H. des Barlohnes einzubehalten und führte zu einer Bruttobesteuerung des Arbeitslohns. Es sollte angesichts gehäufter Vollstreckungsfälle bereits an der Quelle den Finanzbedarf des Staates decken, ohne auf aufwendige spätere Vollstreckungszugriffe beim Arbeitnehmer angewiesen zu sein.⁴ Die historische Lohnsteuer war eine Objektsteuer ohne Rücksicht auf die persönlichen Verhältnisse und das Existenzminimum des Arbeitnehmers.⁵ Der Lohnsteuerabzug war abschließend und es gab für Arbeitnehmer kein Recht auf eine Einkommensteuerveranlagung. Darum war die historische Lohnsteuer quasi eine eigene Steuerart, die nicht den Arbeitnehmer als Menschen, sondern durch die Abzugspflicht des Arbeitgebers den Produktionsfaktor Arbeit besteuerte. Die Lohnbesteuerung war auch am Maßstab des damals geltenden Einkommensteuerrechts systemfremd.

Diese Form der historischen „Arbeitnehmerbesteuerung" hat der Gesetzgeber, aber auch die Rechtsprechung des Lohnsteuersenats des BFH schrittweise überwunden. Die Lohnsteuer als „Einkommensteuer für Einkünfte aus nichtselbständiger Arbeit" ist heutzutage ihrem Charakter nach eine Vorauszahlung auf die Einkommensteuerschuld des Arbeitnehmers.⁶ Innerhalb der einkommensteuerrechtlichen systemati-

---

1 Zuletzt *Drüen*, Prinzipien und konzeptionelle Leitlinien einer Einkommensteuerreform, DStJG 37 (2014), S. 9 (47 ff.) m.w.N.
2 *Tipke*, Die Steuerrechtsordnung, II, 2. Aufl. 2003, S. 762 ff.
3 Relativierend *Lademann/Heß*, EStG, § 38 Rz. 3 (Dez. 2010), wonach der abschließende Lohnsteuerabzug „eine gewisse Eigenständigkeit gegenüber der Einkommensteuer" hatte.
4 Dazu bereits *Kruse*, Rechtshistorische und rechtsvergleichende Prolegomena zum Lohnsteuerrecht, DStJG 9 (1986), S. 1 (S. 5 f. m.w.N.).
5 Eingehend *Rinner*, Lohnsteuer und Leistungsfähigkeit, Diss. Berlin, 1929, S. 2 ff., 42 ff.
6 *Heuermann/Wagner*, Lohnsteuer, B Rz. 1, 3 (Sept. 2010).

schen Grundentscheidung für Vorauszahlungen des Steuerpflichtigen (§ 37 EStG) ist die Lohnsteuer (§ 38 EStG) die „Vorauszahlungssteuer des Arbeitnehmers".[7] Das Lohnsteuerabzugsverfahren durch den Arbeitgeber ist bei Arbeitnehmern nur dem regulären, jeden Steuerpflichtigen treffenden Veranlagungsverfahren zur Einkommensteuer vorgeschaltet. Dass die Lohnsteuer nicht als abgekoppelte und eigenständige Entrichtungsschuld[8], sondern nach h.M.[9] und auch nach der Rechtsprechung des BFH materiell-rechtlich als Vorauszahlung auf die Jahreseinkommensteuer des Arbeitnehmers begriffen wird[10], ist namentlich dem couragierten Kampf des früheren und unvergessenen Vorsitzenden des Lohnsteuersenats *Walter Drenseck* gegen ein Lohnsteuer-Sonderrecht zu verdanken.[11] Die heutige Lohnsteuer ist keine eigenständige Steuer mehr, sondern nur eine Quellensteuer als besondere „Erhebungsform der Einkommensteuer".[12] Das Lohnsteuerabzugsverfahren ist nur ein Vorauszahlungsverfahren mit vorläufigem Charakter.[13]

Wenn heute von „Arbeitnehmerbesteuerung" die Rede ist[14], ist dies kein Rechtsbegriff, sondern nur ein Schlagwort für die Vollzugsform und damit verbundene Eigenheiten der Besteuerung der Arbeitnehmer. Die Arbeitnehmerbesteuerung ist de lege lata in das System der Einkommensteuer integriert und das Gesetz sieht nur punktuelle und rechtfertigungsbedürftige Durchbrechungen für Arbeitnehmereinkünfte vor. Anders als die Abgeltungsteuer für Kapitaleinkünfte als rechtlicher Systemausnahme steht die Einkunftsart der nichtselbständigen Arbeit i.S.d. § 19 EStG innerhalb der Systemwertung der synthetischen Ein-

---

7 So *Lewang* in Littmann/Bitz/Pust, Das Einkommensteuerrecht, § 38 Rz. 2 (Febr. 2011).
8 Zu Tendenzen in anderen Steuerrechtsgebieten *Heuermann*, Entrichtungspflicht – Grundpflicht?, FR 2013, 354 (359).
9 *Heuermann*, Systematik und Struktur der Leistungspflichten im Lohnsteuerabzugsverfahren, 1998, S. 14 m.w.N.
10 BFH v. 20.7.2005 – VI R 165/01, BStBl. II 2005, 890, Rz. 12 m.w.N.
11 Grundlegend *Drenseck*, Verwaltungsakte im Lohn- und Einkommensteuerverfahren, DStJG 9 (1986), S. 377 (380 f., 389 f., 392 f., 428 f.).
12 So bereits BVerfG v. 13.12.1967 – 1 BvR 679/64, BVerfGE 23, 1, Rz. 12; *Heuermann/Wagner*, Lohnsteuer, B Rz. 1 (Sept. 2010); *Scheffler*, Besteuerung von Unternehmen I, 13. Aufl. 2016, Rz. 117.
13 Zuletzt zum Regelungsgehalt einer Lohnsteueranrufungsauskunft BFH v. 7.5.2014 – VI R 28/13, BFH/NV 2014, 1734, Rz. 11.
14 Zuletzt *U. Prinz*, Gedanken zur „Arbeitnehmerbesteuerung", FR 2015, 785; *Schneider*, Einige Bemerkungen zum Thema Arbeitnehmerbesteuerung anlässlich der Berliner Steuergespräche am 18.6.2015, FR 2015, 791.

kommensteuer und ist nicht Ausdruck eines legislativ intendierten Systemwechsels oder -bruchs. Trotz der Integration in das System der Einkommensbesteuerung gelten gleichwohl für die Besteuerung von Arbeitnehmern Eigenheiten, die systematisch hervorstechen. Zu den gesetzlich angeordneten Eigenheiten der Besteuerung von Arbeitnehmern zählen Arbeitnehmer begünstigende Regelungen wie der Arbeitnehmer-Pauschbetrag (§ 9a Nr. 1 EStG) und der abschmelzende Vorsorgungsfreibetrag (§ 19 Abs. 2 EStG), legislative Steuerbefreiungen für verschiedene arbeitnehmerbezogene Geld- und Sachleistungen (§ 3 Nr. 2, 4, 5, 13, 16, 28, 29, 30, 31, 32, 33, 35, 38, 45, 46, 47, 50, 51, 60, 62, 63, 64, 66 EStG und § 3b EStG)[15] sowie Regelungen, die typischerweise Arbeitnehmern offenstehen, wie der Rabattfreibetrag. Zulässigkeit und Grenzen von gesetzlichen Pauschalierungen und Typisierungen bei der Besteuerung von Arbeitnehmern als Massenphänomen wird sich nachfolgend *Gregor Kirchhof* zuwenden.[16] Hinzu kommen vollzugsfaktische Eigenheiten, die aus der besonderen, dem Veranlagungsverfahren vorgeschalteten Vollzugssituation der Lohnbesteuerung erwachsen.

Aus systematischer Sicht ist diesen Eigenheiten der Besteuerung von Arbeitnehmern in rechtlicher wie in (vollzugs-)faktischer Hinsicht im Folgenden auf den Grund zu gehen. Dabei sind im einleitenden Grundlagenreferat natürlich auch Aspekte der Besteuerung von Arbeitnehmern anzusprechen[17], denen diese Tagung Einzelreferate widmet, weshalb ich mich insoweit auf die Grund- und Verbindungslinien beschränke, die für das Systemverständnis unverzichtbar sind. Im ersten Schritt sind die Grundlagen der Arbeitnehmerbesteuerung „durch den Arbeitgeber" aufzuzeigen (II.). Darauf aufbauend wende ich mich Grundfragen der Qualifikation von Arbeitnehmereinkünften (III.) und sodann Grundfragen der Ermittlung dieser Einkünfte zu (IV.). Dabei sollen Beispiele aus der jüngeren Rechtsprechung jeweils durch Fallbezug die systematische Problemlage verdeutlichen, ohne dass es mir um die konkrete Falllösung geht.

---

15 *Scheffler*, Besteuerung von Unternehmen I, 13. Aufl. 2016, Rz. 114 ff.
16 G. *Kirchhof*, Rechtssetzung und Rechtsanwendung im Massenfallrecht am Beispiel der Lohnsteuer (in diesem Band).
17 Internationale Aspekte (dazu aus praktischer Perspektive *Niermann*, Grenzüberschreitende Mitarbeiterentsendung, 4. Aufl. 2015) bleiben mit Blick auf die Referate von *Dorenkamp* und *Eisgruber* zur Internationalen Arbeitnehmerbesteuerung (in diesem Band) ausgeklammert.

II. Grundlagen der Arbeitnehmerbesteuerung „durch den Arbeitgeber"[18]

1. Personelle Grundlagen: Arbeitnehmer-Typus und Arbeitgeber als konstitutiver Komplementärtypus

Bei der Suche nach den normativen und faktischen Eigenheiten der Besteuerung von Arbeitnehmern gebührt der erste Blick den handelnden Personen. Allgemein knüpfen die Einkunftsarten des EStG an historische Typen an und schreiben diese fort. Trotz aller teleologischen-systematischen Kritik und zahlreicher Reformvorschläge[19] hat der deutsche Gesetzgeber an diesen „Einkünfteartenkästchen" festgehalten. Im Zuge der Einkunftsartenabgrenzung ist darum von der „Morphographie" der Einkunftsarten die Rede[20] und ohne diese Gestaltenbeschreibung und -wissenschaft kommt namentlich die Einkunftsart der nichtselbständigen Arbeit nicht aus. Für die Einkunftsart als solche und die Zuordnung zu ihr bedarf es zwingend besonderer Rechtsbeziehungen zwischen Arbeitnehmer und Arbeitgeber.

Anders als die anderen Gewinn- und Überschusseinkunftsarten folgt die Zuordnung nicht einem inhaltlichen Berufs- oder Tätigkeitsbild, vielmehr sind allein die näheren Umstände, unter denen die Tätigkeit ausgeführt wird, entscheidend. Diese liefern im deutschen Steuerrecht traditionell das Unterscheidungsmerkmal für die Einkünfte aus nichtselbständiger Arbeit. Bereits *Georg Strutz* betonte im Kommentar zum EStG 1925 anhand des Beispiels eines Rechtsanwaltes, dass dieser als Syndikus oder in seiner freien Berufstätigkeit „ganz das Gleiche zu tun ha[t]", steuerrechtlich sich aber trotzdem die Tätigkeiten grundlegend unterscheiden.[21] Daran hat sich nichts geändert. Nach der Rechtsprechung des BFH ist die Einordnung als Arbeitnehmer „nach dem Gesamtbild der Verhältnisse zu beurteilen".[22] In der klassischen Entscheidung zu Werbedamen hat der VI. Senat 19 verschiedene Merkmale aufgezählt, die insbesondere für eine Arbeitnehmereigenschaft sprechen können:[23]

---

18 Anknüpfend an die Unterüberschrift von *Schneider*, FR 2015, 791: „Die Arbeitnehmerbesteuerung durch den Arbeitgeber".
19 Nachweise bei *Drüen*, DStJG 37 (2014), S. 9 (40 f.).
20 So *Rose/Watrin*, Ertragsteuern, 20. Aufl. 2013, S. 36.
21 *Strutz*, EStG vom 10.8.1925, 1929, § 36 Anm. 5.
22 BFH v. 14.6.1985 – VI R 150/82, VI R 151/82, VI R 152/82, BStBl. II 1985, 661, Rz. 16.
23 BFH v. 14.6.1985 – VI R 150-152/82, BFH v. 14.6.1985 – VI R 150/82, VI R 151/82, VI R 152/82, BStBl. II 1985, 661, Rz. 17.

- persönliche Abhängigkeit
- Weisungsgebundenheit hinsichtlich Ort, Zeit und Inhalt der Tätigkeit
- feste Arbeitszeiten
- Ausübung der Tätigkeit gleichbleibend an einem bestimmten Ort
- feste Bezüge
- Urlaubsanspruch
- Anspruch auf sonstige Sozialleistungen
- Fortzahlung der Bezüge im Krankheitsfall
- Überstundenvergütung
- zeitlicher Umfang der Dienstleistungen
- Unselbständigkeit in Organisation und Durchführung der Tätigkeit
- kein Unternehmerrisiko
- keine Unternehmerinitiative
- kein Kapitaleinsatz
- keine Pflicht zur Beschaffung von Arbeitsmitteln
- Notwendigkeit der engen ständigen Zusammenarbeit mit anderen Mitarbeitern
- Eingliederung in den Betrieb
- Schulden der Arbeitskraft und nicht eines Arbeitserfolges
- Ausführung von einfachen Tätigkeiten, bei denen eine Weisungsabhängigkeit die Regel ist.

Darauf hat der Lohnsteuersenat im jüngeren Urteil zu Telefoninterviewern als Arbeitnehmer ausdrücklich verwiesen und betont, dass die Frage, ob eine Tätigkeit selbständig oder nichtselbständig ausgeübt wird, „anhand einer Vielzahl in Betracht kommender Merkmale nach dem Gesamtbild der Verhältnisse zu beurteilen" sei.[24] Demzufolge könne „nicht mit Rücksicht auf das Vorliegen eines dieser Merkmale die Arbeitnehmereigenschaft im Einzelfall eindeutig bejaht oder verneint werden."[25] Die beispielhaft aufgeführten Kriterien oder Indizien stehen nicht für sich allein und sind aus Sicht des BFH im konkreten Einzelfall

---

24 BFH v. 18.6.2015 – VI R 77/12, BStBl. II 2015, 903, 1. Leitsatz.
25 BFH v. 14.6.1985 – VI R 150/82, VI R 151/82, VI R 152/82, BStBl. II 1985, 661, Rz. 37.

jeweils zu gewichten und gegeneinander abzuwägen.[26] Damit folgt er, auch wenn er die rechtsmethodische Qualifikation als „Typusbegriff" nicht immer explizit vornimmt[27], der im Schrifttum verbreiteten Deutung der „Nichtselbständigkeit" als Typusbegriff[28] und des Begriffs des Arbeitnehmers[29] als (offener) Typusbegriff.[30] Dasselbe gilt für den Komplementär-Typusbegriff des Arbeitgebers. Der „nichtselbständig tätige ‚steuerrechtliche Arbeitnehmer' ist ein Gegenbegriff zum selbständig tätigen ‚Unternehmer' i.S.v. § 15 Abs. 2 S. 1 EStG."[31] Dabei eröffnet die Typuskonzeption auch in einer dynamischen Arbeits- und Wirtschaftswelt eine flexible und entwicklungsoffene Zuordnung anhand einer Gesamtwürdigung. Allgemein sind Zulässigkeit und Notwendigkeit steuerrechtlicher Typusbegriffe aber wegen mangelnder Tatbestandsbestimmtheit und den erforderlichen Eigenwertungen des Rechtsanwenders[32] sowohl rechtsmethodischen als auch verfassungsrechtlichen Einwänden ausgesetzt.[33] Typologisches Denken ist indes bei fehlenden systematisch-teleologischen Wertungsvorgaben durch das Gesetz unverzichtbar, darf aber angesichts der Gefahr freischwebender Rechtsintuition und der Korrektur der Entscheidung des Gesetzgebers durch den Rechtsanwender nicht überhöht werden.[34] Vielmehr legen Typusbegriffe als spezielle unbestimmte Rechtsbegriffe dem Rechtsanwender einen besonderen Zwang zur Begründung auf[35]. Darum bedarf es in Grenzfällen besonderer

---

26 So zuletzt BFH v. 18.6.2015 – VI R 77/12, BStBl. II 2015, 903, Rz. 13.
27 Explizit aber BFH v. 11.8.2009 – VI B 46/08, BFH/NV 2009, 1814, Rz. 4; BFH v. 22.2.2012 – X R 14/10, BStBl. II 2012, 511, Rz. 31: „offener Typusbegriff, der nur durch eine größere und unbestimmte Zahl von Merkmalen beschrieben werden kann".
28 *Jakob*, Einkommensteuer, 4. Aufl. 2008, Rz. 285.
29 Vertiefend *Lang*, Der Begriff des Arbeitnehmers im Steuerrecht, KSzW 2012, 77.
30 *Lang*, Die Einkünfte des Arbeitnehmers – Steuerrechtssystematische Grundlegung, DStJG 9 (1986), S. 15 (22 f.); ebenso *Hey* in Tipke/Lang, Steuerecht, 22. Aufl. 2015, § 8 Rz. 472; *Krüger* in Schmidt, EStG, 35. Aufl. 2016, § 19 Rz. 11, 21.
31 Treffend *Jakob*, Einkommensteuer, 4. Aufl. 2008, Rz. 287.
32 Zuspitzend spricht *Heuermann*, Die Grenzziehung zwischen Gewerbebetrieb und Vermögensverwaltung (im Rahmen der §§ 21, 23 EStG, § 14 AO) am Beispiel des gewerblichen Grundstückshandels, DStJG 30 (2006), S. 121 (150) von „Kuckuckseiern" im Rechtssystem.
33 *Florstedt*, Typusbegriff im Steuerrecht, StuW 2007, 314 (317 ff., 323); *Pahlke*, Typusbegriff und Typisierung, DStR-Beihefter 2011, 66* (68*, 71*).
34 Näher *Drüen* in Tipke/Kruse, § 4 AO Rz. 397 (Aug. 2014) m.w.N.
35 Ebenso *Pahlke*, DStR-Beihefter 2011, 66* (68*).

Begründung durch das FG, warum ein Steuerpflichtiger dem Typusbegriff des Arbeitnehmers zuzuordnen ist. Auch andere Zweige der Rechtsordnung wie das Arbeits- und Sozialrecht bedienen sich der Methodik des Typusbegriffs. Die Zuordnungsentscheidung muss aber gleichwohl nicht deckungsgleich sein, weil aufgrund der unterschiedlichen rechtsgebietsspezifischen Teleologie der jeweils leitende Wertungsgesichtspunkt für die Zuordnung unterschiedlich ist.[36]

Das systematische Interesse gilt weniger den Zweifelsfällen der Zuordnung, die ohnehin von den FG und nicht vom BFH entschieden werden. Erhellend ist vielmehr, die dieser typologischen Zuordnung zugrunde liegende persönliche Beziehung zwischen dem Arbeitnehmer und dem Gegentypus des Arbeitgebers, die erst die Begründung einer besonderen Einkunftsart und auch die besondere Vollzugsform eröffnet. Ohne diese rechtlich verdichteten Beziehungen wäre der Abzug an der Quelle überhaupt gar nicht möglich. Zwar hat *Joachim Lang* in seinem systematischen Grundlagenreferat zur ersten Lohnsteuertagung der DStJG Mitte der 1980er Jahre betont, dass das Merkmal der Weisungsgebundenheit „außerhalb der objektiv-teleologischen Konkretisierbarkeit des Einkünftekatalogs" stehe und es unter dem „Leistungsfähigkeitsaspekt … gleichgültig (sei), ob der Steuerpflichtige Einkünfte weisungsgebunden oder -frei erziele".[37] Diese Kritik am historischen Einkünftekatalog des EStG ist systematisch-teleologisch berechtigt, entbindet den Rechtsanwender aber trotz nicht zu leugnender Gerechtigkeitsdefizite bei der Abgrenzung[38] nicht davon, den gesetzlichen Abgrenzungsvorgaben zu folgen. Das Gesetz ordnet die eigenständige Einkunftsart mit der besonderen Vollzugsform an. Darum muss der Rechtsanwender danach fragen, ob die tätige Person in der Betätigung ihres geschäftlichen Willens unter der Leitung des Arbeitgebers steht oder im geschäftlichen Organismus des Arbeitgebers dessen Weisungen zu folgen verpflichtet ist.[39] Einkunftsartprägend und (einfachrechtlich) auch legitimierend ist die Modalität der Ausübung. Eine Erklärung für die eigenständige Einkunftsart bietet nur die Modalität und – nicht gering zu schätzen – die besondere Vollzugsmöglichkeit an der Quelle. Die nichtselbständige Tätigkeit setzt bereits bei der Definition der Einkunftsart eine andere Person, nämlich den Arbeitgeber als notwendige Komplementär-Figur voraus. Ohne diese

---

36 Dazu bereits *Lang*, DStJG 9 (1986), S. 15 (23 ff.).
37 *Lang*, DStJG 9 (1986), S. 15 (31 f.).
38 Näher bereits *Birk*, Einkommen, Einkunftsarten und Einkünfteermittlung, DStJG 34 (2011), S. 11 (23 f.).
39 BFH v. 18.6.2015 – VI R 77/12, BStBl. II 2015, 903, Rz. 12 m.w.N.

personale Komplementarität gibt es materiell keine nichtselbständigen Einkünfte und verfahrensrechtlich keinen Zugriffspol für eine Steuerentrichtungspflicht. Diese Unverzichtbarkeit sollte Konsequenzen für die Qualifikation und die Ermittlung der Arbeitnehmereinkünfte haben, auf die zurückzukommen ist.

2. Besondere Vollzugsbedingungen der Lohnsteuer mit Vor- und Rückwirkungen der Erhebungsform auf die Einkommensteuerschuld des Arbeitnehmers

Die Eingliederung und die – unterschiedlich stark ausgeprägte – Weisungsgebundenheit sind Qualifikationsvoraussetzungen nichtselbständiger Arbeit und eröffnen die besondere Vollzugsform. Das Lohnsteuerrecht ist belegt damit, dass der Vollzug kein nachrangiger Annex zum materiellen Recht ist[40], sondern umgekehrt zu einer vorauswirkenden materiellen Sonderqualifikation als eigenständige Einkunftsart führt. Dabei suggeriert die in Rechtsprechung[41] und Literatur verbreitete Rede von der Lohnsteuer als „besonderer Erhebungsform der Einkommensteuer"[42], dass sich die Bedeutung des Arbeitgebers auf eine reine Zahlungsabwicklungsstelle reduziert. Dieses Bild entspricht der historischen Urform, bei der der Arbeitgeber ausschließlich einen Anteil des Barlohns an der Quelle einbehält und an das Finanzamt übermittelt. Moderne Vergütungssysteme mit Mitarbeiteranreizprogrammen und Aktienoptionen sind komplexer geworden.[43] Die heutige Pflicht zum Lohnsteuerabzug erstreckt sich auf Sachbezüge, setzt erhebliche Aufklärungs- und Rechtsanwendungslasten des Arbeitgebers voraus[44] und ist angesichts der Komplexität der lohnsteuer*rechtlichen* Rechtsanwendung[45] kein „Abfallprodukt" der

---

40 Dagegen allgemein *Drüen* in Tipke/Kruse, § 3 AO Rz. 52a (Aug. 2016) m.w.N.
41 BVerfG v. 13.12.1967 – 1 BvR 679/64, BVerfGE 23, 1, Rz. 12: „lediglich eine Erhebungsform der Einkommensteuer"; BFH v. 14.11.2013 – VI R 50/12, BFHE 243, 544, Rz. 27: „nur eine Erhebung der Einkommensteuer an der Quelle".
42 *Heuermann/Wagner*, Lohnsteuer, B Rz. 1 (Sept. 2010); *Scheffler*, Besteuerung von Unternehmen I, 13. Aufl. 2016, Rz. 117; ähnlich *Offerhaus/Schmidt*, Lohnsteuerrecht für Arbeitgeber, 2. Aufl. 1990, Rz. 1: „nur eine Einkommensteuererhebung für Arbeitnehmer".
43 Zum Überblick *Zöllner/Loritz/Hergenröder*, Arbeitsrecht, 7. Aufl. 2015, § 18 Rz. 33, 55, 60, 63, 65, 69 ff.
44 *G. Kirchhof*, Die Erfüllungspflichten des Arbeitgebers im Lohnsteuerverfahren, 2005, S. 101, 104, 131.
45 Zutreffende begriffliche Sensibilisierung durch *Offerhaus*, Gesetzlose Steuerbefreiungen im Lohnsteuerrecht?, DStJG 9 (1986), S. 117.

Lohnberechnung mehr.[46] Ob der Arbeitgeber dabei für den Staat[47] als dessen Hilfsorgan[48] oder aber als „Erfüllungshelfer des Arbeitnehmers" tätig wird[49], steht seit Jahrzehnten im Streit. Die umstrittene Qualifikation der Rolle des Arbeitgebers im lohnsteuerrechtlichen Dreieck[50] ist Aufgabe des Referats von *André Meyer*.[51] Ich lege mir insoweit bei der Rekonstruktion des Dreiecksverhältnisses Zurückhaltung auf.[52] Ungeachtet des „Lagerstreits" ist systematisch erhellend, ob der Arbeitgeber bloß eine Zahlungserfüllungsfunktion ausübt. Für *Gregor Kirchhof* zieht der Arbeitgeber lediglich die staatlich „bereits festgesetzte Lohnsteuer" von dem „ihm bekannten Arbeitslohn" ab und „unbekannte oder noch zu ermittelnde Größen kennt die Lohnsteuerfeststellung grundsätzlich nicht".[53] Die These einer präexistenten Lohnsteuerschuld und des Lohnsteuerabzugs als rein nachgeschaltetes Erhebungsverfahren verdient aber – solange kein Systemwechsel hin zu einer finanzbehördlichen Ermitt-

---

46 Näher *Drüen*, Grenzen der Steuerentrichtungspflichten, FR 2004, 1134 (1138 f.) m.w.N.
47 *Schick*, Billigkeitsmaßnahmen im Lohnsteuerverfahren, BB 1984, 733 (734).
48 *Wissenschaftlicher Beirat Steuern Ernst&Young*, Der Arbeitgeber als kostenloses Hilfsorgan der Finanzverwaltung, DB 2013, 139.
49 Dafür bereits *Krohn*, Zulässigkeit und Grenzen der Überwälzung von Steuerabführungspflichten auf private Unternehmer, BB 1969, 1233 f.; ebenso *G. Kirchhof*, Die Erfüllungspflichten des Arbeitgebers im Lohnsteuerverfahren, 2005, S. 58 f., 71; zustimmend *Kirchhof/Eisgruber*, EStG, 15. Aufl. 2016, § 38 Rz. 18.
50 Vgl. die bisherigen Dissertationen von *Riepen*, Die Rechtsstellung des Arbeitgebers im Lohnsteuerabzugsverfahren, Diss. Köln, 1967; *Mösch*, Über die Erhebung der Lohnsteuer durch den Arbeitgeber, Diss. Erlangen-Nürnberg 1968; *Kloubert*, Rechtliche Stellung des Arbeitgebers beim Lohnsteuerabzug, Diss. Bochum, 1988; *Schäfer*, Die Dreiecksbeziehung zwischen Arbeitnehmer, Arbeitgeber und Finanzamt beim Lohnsteuerabzug, Diss. Köln, 1990; *Heuermann*, Systematik und Struktur der Leistungspflichten im Lohnsteuerabzugsverfahren, Diss. Münster, 1998; *Winter*, Der Arbeitgeber im Lohnsteuerrecht, Diss. Greifswald, 1998 und *G. Kirchhof*, Die Erfüllungspflichten des Arbeitgebers im Lohnsteuerverfahren, Diss. Bonn, 2005; *Ellers*, Die gesetzliche Verpflichtung privater Arbeitgeber zum Lohnsteuereinbehalt, Diss. Bochum 2010.
51 *Meyer*, Die Rolle des Arbeitgebers im Lohnsteuerverfahren (in diesem Band).
52 Dazu bereits *Drüen*, Die Indienstnahme Privater für den Vollzug von Steuergesetzen, 2012, S. 315 ff.
53 *G. Kirchhof*, Die Erfüllungspflichten des Arbeitgebers im Lohnsteuerverfahren, 2005, S. 48 f.

lung und Festsetzung des Lohnsteuerbetrags (dazu sub V.) vollzogen ist – hinterfragt zu werden.

In einem idealtypischen Vollzugsmodell lassen sich die Stufen der Steuerverwirklichung, der Ermittlung der Besteuerungsgrundlagen, der Steuerfestsetzung und der Steuerdurchsetzung scharf trennen. Dabei ist der Lohnsteuerabzug (§ 38 EStG) Teil der letzten Stufe des Erhebungsverfahrens (§§ 36 ff. EStG). Steuersystematisch folgt der Abzug an der Quelle im Erhebungsverfahren der Ermittlung und Festsetzung der Steuer nach. Gerade im Steueranmeldungsverfahren fallen die Stufen aber zum Teil planmäßig zusammen. Der Steuerpflichtige erfüllt durch die Steueranmeldung Aufgaben des Ermittlungs- und Festsetzungsverfahrens in einem Arbeitsgang. Bei der Lohnsteuer kommt dem Arbeitgeber diese Aufgabe als Steuerentrichtungspflichtiger zu. Die gesetzlich angeordnete Steuerentrichtungspflicht schneidet aus dem Pflichtenverhältnis des Arbeitnehmers als Steuerschuldner, das grundsätzlich die gesamte Erfüllungszuständigkeit von der Deklaration bis zur Zahlung umfasst, einen Pflichtenkreis heraus und weist dieses Teilsegment dem Arbeitgeber zu.[54] Normative Grundlage dieser Pflichtenverteilung ist § 43 S. 1 AO, abgesichert und ergänzt durch die Regelung zum Steueranmeldungsverfahren nach § 150 AO. Der Steuerentrichtungspflichtige erfüllt durch die Steueranmeldung zunächst Aufgaben sowohl des Ermittlungs- und Festsetzungsverfahrens und nachgelagert den Zahlungsvorgang. In systematischer Hinsicht ist nicht der verfahrenskonzentrierende Zahlungsvorgang das Entscheidende, sondern die *faktischen* Vor- und Rückwirkungen der Einschaltung des Arbeitgebers auf die Frage der Ermittlung der Arbeitnehmereinkünfte. Die Art und Weise des Vollzugs hat – noch aufzuzeigende – faktische Einwirkungen auf die Tatbestandsverwirklichung bei den Einkünften aus nichtselbständiger Arbeit. In der Systematik des Gesetzes ist die klare Rangfolge der primären Definition der Einkünfte und der Steuerbarkeit in § 19 EStG und der anschließenden Vollzugsebene der Quellensteuer in § 38 EStG im Erhebungsverfahren angelegt. Daran soll nicht gerüttelt werden. Allerdings verspricht umkehrende Betrachtung gerade bei der Einkunftsart der nichtselbständigen Arbeit neue Einsichten und Erklärungsmuster.

Denn die theoretische und praktische Diskussion über die Reichweite des Arbeitslohnbegriffs ist nur durch die besonderen Vollzugsbedingun-

---

54 *Drüen*, Inanspruchnahme Dritter für den Steuervollzug, DStJG 31 (2008), S. 167 (177).

gen der Lohnsteuer erklärbar. Die Frage nach der steuerlichen Einordnung von Aufmerksamkeiten, Auslandsreisen, Belohnung, Berufskleidung, betrieblicher Weiterbildung, Betriebssport, Betriebsveranstaltungen, Bewirtung, Deputate, Geburtstag, Geldbuße/-strafe/-auflage, Gelegenheitsgeschenk, Gesundheitsfürsorge, Incentivereisen, Internetnutzung, Kontogebühren (kostenfreie Kontoführung), Mahlzeiten, Medikamentengestellung, Outplacement-Beratung, Rabatte, Reisekostenerstattung, Repräsentation(-skostenübernahme), Sammelbeförderung, Sicherheitsmaßnahmen, Sprachkurs, Verwarnungsgelder, VIP-Logen und Vorsorgeuntersuchung[55] beim Arbeitnehmer ist dem Umstand geschuldet, dass die Finanzverwaltung im Wege der digitalen Lohnsteueraußenprüfung (§ 42f EStG i.V.m. § 200 Abs. 1 AO) Zugriff auf die gesamten digitalen Daten der Lohn- und Finanzbuchhaltung des Arbeitgebers hat. *Wolfgang Jakob* sprach bereits treffend vom „gläsernen Portemonnaie des Arbeitnehmers".[56] Mittels Datenzugriffs lässt sich konzentriert und gezielt beim Arbeitgeber das Unternehmensrechenwerk durchsuchen und nach Kosten arbeitnehmerscharf zuordnen, was zur Folgefrage führt, ob zu einzelnen Kosten korrespondierend Vorteile beim Arbeitnehmer entstanden sind. Freilich führen Kosten des Arbeitgebers nicht automatisch zu (konsumfähigen) Vorteilen des Arbeitnehmers. Die Diskussion über potentielle Einnahmen aus nichtselbständiger Arbeit ist aber allein durch die besondere Vollzugsform erklärlich. Der „mikroskopische" Blick der Lohnsteuer-Außenprüfung eröffnet die besondere Verifikationstiefe im Lohnsteuerrecht, die bei anderen Einkunftsarten weder durch individuelle Ermittlungen noch allein durch Kontrollmitteilungen annähernd zu erzielen ist.[57] Diesen besonderen Vollzugsbedingungen und der besonderen Vollzugstiefe sind auch Versuche einer Eingrenzung auf der Einnahmeseite geschuldet (s. IV. 2.).

Insgesamt hat die Einschaltung des Arbeitgebers als Steuerentrichtungspflichtigen in den Steuervollzug Konsequenzen, die nicht durch die Qualifikation der Lohnsteuer als bloße „Erhebungsform" der Einkommensteuer ausgeblendet werden sollten. Es bietet sich an, von der Lohnsteuer als *besonderer Vollzugform* zu sprechen, um die einkunftsartspezifischen Eigenheiten und die mit dem Vollzug verbundenen faktischen Vorwirkungen zu verdeutlichen.

---

55 Aus dem ABC von *Krüger* in Schmidt, EStG, 35. Aufl. 2016, § 19 Rz. 100.
56 *Jakob*, Einkommensteuer, 4. Aufl. 2008, Rz. 371.
57 Ebenso zur besonderen Kontrolleffizienz *Tipke*, Die Steuerrechtsordnung, II, 2. Aufl. 2003, S. 703.

3. Gesetzlich vorgesehene und faktische Formen der „Arbeitgeberbesteuerung" beim Lohnsteuerabzug

Die Arbeitnehmerbesteuerung „durch den Arbeitgeber" garantiert nicht, dass der Arbeitgeber nur die gesetzlich vorgesehene Lohnsteuerschuld an den Arbeitnehmer weitergibt. Einerseits kann der Arbeitgeber Einfluss auf Entstehen und Höhe der Lohnsteuerschuld nehmen (dazu IV. 3.) und andererseits kann die Steuerlast am Arbeitgeber „hängen" bleiben. Das ist gesetzlich partiell bei der „Besteuerung eigener Art durch die pauschale Lohnsteuer"[58] ausdrücklich vorgesehen. Pauschalsteuern im Rahmen der Lohnsteuer sind ein verbreiteter Bestandteil des Besteuerungsverfahrens[59]. Der Arbeitgeber übernimmt bei der pauschalen Lohnsteuer die Steuerlast. Soweit gesetzlich vorgesehen (§§ 40–40b EStG), tritt ein Wechsel in der Person des Steuerschuldners ein. Sachlich verliert die Lohnsteuer im Falle der Pauschalierung ihren Charakter als Vorauszahlung auf die Einkommensteuer des Arbeitnehmers und wird zur Unternehmersteuer eigener Art.

Daneben gibt es in der Besteuerungswirklichkeit aber auch Fälle faktischer Arbeitgeberbesteuerung. Der rechtliche nicht intendierte Wechsel des Steuerträgers tritt insbesondere ein, wenn der Arbeitgeber im Anschluss an eine Lohnsteueraußenprüfung aus Gründen der Praktikabilität oder Opportunität auf die arbeitsrechtliche Möglichkeit eines Regresses gegen seine Arbeitnehmer verzichtet und die nacherhobene Lohnsteuer „aus eigener Tasche" trägt. Es gelingt dem Arbeitgeber in praxi nicht immer, die gesetzlich geschuldete Steuer weiterzugeben.

III. Grundfragen der Qualifikation von Arbeitnehmereinkünften

1. § 19 EStG im System der einkommensteuerrechtlichen Einkünftequalifikation

Die Qualifikation der Einkünfte bestimmt sich nach der einschlägigen Einkunftsart (vgl. § 2 Abs. 1 S. 2 EStG). Die nichtselbständige Arbeit (§ 2 Abs. 1 S. 1 Nr. 4 i.V.m. § 19 EStG) ist eine traditionelle und auch international typischerweise eigens normierte (vgl. Art. 15 OECD-MA) Ein-

---

58 Dazu *Heuermann/Wagner*, Lohnsteuer, H Rz. 1 ff. (Juli 2013).
59 *Stickan* in Littmann/Bitz/Pust, Das Einkommensteuerrecht, § 37b Rz. 2 (Okt. 2015).

kunftsart. Wegen der besonderen Rechtsfolgen stellt sich die Frage[60] nach den Kriterien der Qualifikation und Zuordnung zu dieser Einkunftsart in Abgrenzung von anderen Einkunftsarten. Der Gesetzgeber hat im Rahmen des § 19 EStG im Gegensatz zu § 20 Abs. 8 und § 21 Abs. 3 EStG auf Subsidiaritätsregeln verzichtet, so dass eine bestehende Konkurrenz nur durch Auslegung zu lösen ist. Nach h.M. ist im Verhältnis der Einkunftsarten generell darauf abzustellen, welche Einkunftsart „im Vordergrund steht und die andere verdrängt".[61] Da die spezielle Modalität der Ausübung die Einkunftsart begründet und prägt, sollte nicht vorschnell eine Konkurrenz angenommen werden. Vorgelagert zu der Auflösung einer Konkurrenz steht jedoch die systematische Frage, was eine nichtselbständige Tätigkeit ausmacht, und wann Arbeitnehmereinkünfte vorliegen. Für die Qualifikation von (steuerbaren) Einkünften nach § 19 EStG entscheidend ist der Kausalzusammenhang[62] nach dem Veranlassungsprinzip[63] mit einer persönlichen Arbeitsleistung eines Menschen[64] für eine andere Person, nämlich den Arbeitgeber als notwendige Komplementär-Figur (s. bereits II. 1.).

2. Einkunftsartenkonkurrenz und „Attraktivkraft" der Arbeitnehmereinkünfte

Die Abgrenzung von Arbeitnehmereinkünften gegenüber anderen Einkunftsarten kann hinsichtlich der einkunftsartenabhängigen Rechtsfolgen erhebliche Bedeutung haben. Wegen des Dualismus der Einkunftsarten führt die Zuordnung von Vermögensverlusten des Arbeitnehmers im Privatvermögen oder aber im „Arbeitnehmervermögen"[65] zu erhebli-

---

60 Aktuell insbesondere bei Managementbeteiligungen (dazu III. 2.).
61 *Krüger* in Schmidt, EStG, 35. Aufl. 2016, § 19 Rz. 4.
62 *Lang,* Die Bemessungsgrundlage der Einkommensteuer, 1981/88, S. 470 ff. und wieder *Lang,* Sachbezüge im Lohnsteuerrecht, Festschrift *Offerhaus,* 1999, S. 433 (436 f., 446).
63 *Fahr,* Die steuerliche Behandlung des Belegschaftsgeschäfts von Versicherungen, 2008, S. 35 ff.; zum Veranlassungszusammenhang bei den Einnahmen aus nichtselbständiger Arbeit *Prinz,* Grundfragen und Anwendungsbereiche des Veranlassungsprinzips im Ertragsteuerrecht, StuW 1996, 267 (272); eingehend *Hermann,* Die einkommensteuerrechtliche Relevanz von Sachzuwendungen an Arbeitnehmer, 2004, S. 127 ff., 144 ff. sowie *Kimpel,* Sachbezüge im Lohnsteuerrecht, 2009, S. 87 ff.
64 In systematischer Hinsicht können nur natürliche Personen Einkünfte aus § 19 EStG erzielen (*Lang,* DStJG 9 [1986], S. 15 (33) m.w.N.).
65 Für die Annahme eines „Berufsvermögens" *Lang,* DStJG 9 (1986), S. 15 (45).

chen Belastungsunterschieden.⁶⁶ Insbesondere bei Darlehen des Arbeitnehmers an seinen Arbeitgeber waren in der Vergangenheit diese Verluste nur dann steuerlich zu berücksichtigen, wenn die Darlehenshingabe den Einkünften aus § 19 EStG zuzuordnen war.⁶⁷ Nach Einführung der Abgeltungssteuer stellt sich die Frage der Einkunftsartenkonkurrenz aktuell bei Mitarbeiter- und Managementbeteiligungsprogrammen.⁶⁸ Es bedarf einer Entscheidung, ob die spätere Veräußerung der Anteile noch Teil der regulär zu besteuernden Arbeitnehmereinkünfte oder aber begünstigte Einkünfte aus Kapitalvermögen (§ 20 EStG) sind.

Im Rahmen der Abgrenzung zu anderen Einkunftsarten ist in der Praxis eine Tendenz auszumachen, dass bestehenden Arbeitnehmereinkünften quasi als Annex andere Einkünfte als Teil der Arbeitseinkünfte einverleibt werden. Ebenso wie die Annahme einer Attraktivkraft der Betriebsstätte mit den abkommensrechtlichen Gewinnzuordnungsregeln unvereinbar ist⁶⁹, so aber scheidet auch eine „Attraktivkraft der Arbeitnehmereinkünfte" aus. Nicht alle im Umfeld des Arbeitnehmerstatus anfallenden Einkünfte, sind dieser Einkunftsart zuzuordnen. Eine Sonderstellung des Arbeitnehmers bei der Einkünftequalifikation lässt sich nicht rechtfertigen, vielmehr sind die Einkünfte des Arbeitnehmers wie bei jedem anderen Einkommensteuerpflichtigen nach allgemeinen Regeln zuzuordnen. Dabei setzen Arbeitnehmereinkünfte gerade die spezifische Ausübungsmodalität voraus (s. II. 1.), so dass Einkünfte aus § 19 EStG nur in Betracht kommen, wenn eine Zahlung für die Zurverfügungstellung der individuellen Arbeitskraft eines Menschen gewährt wird.

Im Hinblick auf Managementbeteiligungen ist das FG Köln in einem aktuellen Urteil im Einzelfall zu dem Ergebnis gekommen, dass der Gewinn aus der Veräußerung einer Managementbeteiligung keinen Arbeitslohn darstellt.⁷⁰ Die Beurteilung konkreter Mitarbeiterprogramme

---

66 Dazu *Uhländer*, Vermögensverluste im Privatvermögen. Der Einkünftedualismus als Januskopf der Einkommensteuer, 1996, S. 22 ff.
67 Dafür *Lang*, DStJG 9 (1986), S. 15 (41 ff., 44).
68 Zu den zivilrechtlichen Grundlagen *Zöllner/Loritz/Hergenröder*, Arbeitsrecht, 7. Aufl. 2015, § 18 Rz. 69 ff.
69 *Schaumburg*, Internationales Steuerrecht, 3. Aufl. 2011, Rz. 16.275.
70 FG Köln v. 20.5.2015 – 3 K 3253/11, DStRE 2016, 209 (Revision beim BFH anhängig: IX R 43/15 [zuvor VI R 40/15]); dazu zustimmend *Koch-Schulte*, Veräußerungsgewinne aus Managementbeteiligungen sind Einkünfte aus Kapitalvermögen und kein Arbeitslohn, DB 2015, 2166.

ist an dieser Stelle nicht angezeigt[71], vielmehr geht es nur um die systematischen Grundlinien. Ein systematischer Einordnungsansatz befürwortet bei einer Managementbeteiligung in zeitlicher Hinsicht eine einmalige Qualifikation der Einkünfte und schließt nach erfolgter Zuordnung zur Einkunftsart aus Kapitalvermögen einen späteren Einkunftsartenwechsel zu nichtselbständigen Einkünften aus.[72] Dafür spricht in der Tat, dass das EStG keinen derartigen Wechsel explizit normiert. Allerdings könnte dieser im Zeitverlauf bei einer phasenbezogenen Einkünftequalifikation der Einräumung, des Haltens und der Veräußerung einer Managementbeteiligung gerade angezeigt sein. Wenn die Einkünftequalifikation grundsätzlich tätigkeitsbezogen bei dem Erwerbshandeln und -erfolg ansetzt und nur bei nichtselbständiger Tätigkeit die Modalität der Einkünfteerzielung ausschlaggebend ist, so lassen sich alternativ die verschiedenen Phasen einer Managementbeteiligung danach beurteilen, ob sie unlösbar mit dem Arbeitsverhältnis verklammert sind. Bei dieser alternativen, phasenbezogenen Würdigung spricht die Gewährung der Beteiligung ohne einen Sondervorteil für Arbeitnehmer für Einkünfte i.S.d. § 20 EStG. Dasselbe gilt für die Phase des Haltens der Beteiligung ohne Sondervorteile, wie Sonderdividenden oder -stimmrechte für den beteiligten Arbeitnehmer. Bei der Veräußerung der Beteiligung können dagegen im Einzelfall – ohne Vorwurf eines Einkunftsartenwechsels – wegen des engen Bezugs zum Arbeitsverhältnis durchaus u.U. Einkünfte i.S.d. § 19 EStG anzunehmen sein, wenn z.B. eine Pflicht zur Veräußerung der Beteiligung bei Beendigung des Dienstverhältnisses besteht. Bei der tatrichterlichen Würdigung der erforderlichen Veranlassung durch das Dienstverhältnis kommt es dabei auf die Einzelumstände des konkreten Managementbeteiligungsprogramms an. Diese Alternativbetrachtung kommt der bislang von der Rechtsprechung als entscheidend angesehenen Frage nach einer Sonderrechtsbeziehung[73] neben dem Arbeitsverhältnis recht nahe. Entscheidend sollte sein, ob sich der Arbeitnehmer wie andere Beteiligte auch unter denselben Konditionen beteiligt hat oder ihm aber im Einzelfall eine Sonderrolle zukommt. Der Katalog der Einkunftsarten des § 2 Abs. 1 EStG nimmt dabei einen

---

71 Näher der Beitrag von *Möllmann*, Mitarbeiterbeteiligungen (in diesem Band).
72 *Crezelius*, Einkunftsartenkonkurrenz bei Mitarbeiterbeteiligungen in FS *Korth*, 2016, S. 199 (208 f.).
73 Allgemein BFH v. 21.5.2014 – I R 42/12, BStBl. II 2015, 4, Rz. 48 m.w.N.; dagegen aber *Crezelius* in FS *Korth*, 2016, S. 199 (201 ff., 206 f.).

Rollenpluralismus hin. Konkurrenzen sind dabei auch bei Arbeitnehmern nach allgemeinen Kriterien aufzulösen.

3. Speziell: Interrollenkonflikte beim beherrschenden Gesellschafter-Geschäftsführer

Beherrschende Gesellschafter-Geschäftsführer einer Kapitalgesellschaft erzielen nach (noch) h.M. Einkünfte aus nichtselbständiger Arbeit.[74] Diese Sicht ist keineswegs unbestritten[75] und weicht von der sozialversicherungsrechtlichen Judikatur des BSG ab.[76] Die die Einkunftsart sonst kennzeichnende Weisungsgebundenheit ist bei Geschäftsführern und Vorständen von Kapitalgesellschaften allenfalls nur fiktiv vorhanden.[77] Aufgrund einer Rollenvereinigung ist die für die Einkunftsart konstitutive Komplementär-Figur nicht wirklich vorhanden. Das sollte zum Nachdenken über die bisherige Qualifikation anregen. Auf deren Basis illustriert aber das Beispiel beherrschender Gesellschafter-Geschäftsführer die Möglichkeit von Interrollenkonflikten und ihren steuerrechtlichen Konsequenzen. Denn die Arbeitnehmereigenschaft des Steuerpflichtigen ist nur eine Rolle, neben der er noch weitere Rollen einnehmen und ausfüllen kann, mit der Folge denkbarer Rollenkonflikte. Aufgrund der Eigenheiten der Arbeitnehmerbesteuerung droht eine Fixierung allein auf die Arbeitnehmerrolle, bei der andere denkbare Rollen des Steuerpflichtigen ausgeblendet werden.

Exemplarisch soll dafür eine aktuelle Entscheidung des FG Köln[78] stehen, wonach die Ablösung einer Pensionszusage bei Übernahme der Pensionsverpflichtung durch eine GmbH, deren Anteile dem Pensionsberechtigten (Arbeitnehmer-Gesellschafter-Geschäftsführer) gehören, zum Zufluss von Arbeitslohn führen soll.[79] Im Streitfall hatte der be-

---

74 BFH v. 23.4.2009 – VI R 81/06, BStBl. II 2012, 262 m.w.N.
75 Zur Möglichkeit einer Selbständigkeit vgl. *Wilmes*, Der GmbH-Geschäftsführer im Einkommen-, Gewerbe- und Umsatzsteuerrecht, 2010, S. 237 f.
76 Näher *Seer*, Die steuerliche Behandlung des beherrschenden Gesellschafter-Geschäftsführers einer Kapitalgesellschaft, Jahrbuch des Bundesverbands der Steuerberater 2014, S. 61.
77 Nach *Krüger* in Schmidt, EStG, 35. Aufl. 2016, § 19 Rz. 26 fehlt sie ganz.
78 FG Köln v. 10.4.2013 – 9 K 2247/10, DStRE 2014, 910; Urteilsanalyse und -kritik bei *Becker/Brunner/Kräh*, Ausgleichszahlungen zwischen beherrschten GmbHs für die Übernahme von Pensionszusagen als Arbeitslohn? DStR 2016, 1648.
79 Die Revision ist beim BFH unter VI R 46/13 anhängig und die mündliche Verhandlung hat am 18.8.2016 stattgefunden.

herrschende Alleingesellschafter und Geschäftsführer einer GmbH von dieser eine Pension zugesagt bekommen. Um die Anteile veräußern zu können, gründete er eine Zweit-GmbH, auf die die Pensionslast von der Erst-GmbH gegen Zahlung des Barwertes der Pensionszusage übertragen wurde. Das Finanzamt und bestätigend auch das FG Köln sind davon ausgegangen, dass der Arbeitnehmer wirtschaftlich über die Pensionszusage verfügt habe. Darum sei dem Arbeitnehmer der zwischen den Gesellschaften zum Ausgleich der schuldbefreienden Wirkung im Zuge der Übertragung der Pensionslast gezahlte Barwert als Arbeitslohn zugeflossen.

Diese Sicht differenziert nicht hinreichend zwischen den verschiedenen Rollen des Steuerpflichtigen. Fragt man, warum die Pensionslast „umgeschafft" wird, so lässt sich dieser Vorgang allein aus der Rolle als Anteilseigner erklären. Um überhaupt die Anteile marktgängig zu halten und ohne Wertverlust veräußern zu können, musste der Arbeitnehmer-Gesellschafter-Geschäftsführer dem Wechsel des Pensionsverpflichteten zustimmen. Natürlich beherrscht er das Geschehen zwischen den Schwester-Kapitalgesellschaften, die er instrumentalisiert. Wenn man aber trotz der aufgeworfenen Zweifel an der Arbeitnehmereigenschaft beherrschender Gesellschafter von Kapitalgesellschaften dem Grunde nach festhält, muss man folgerichtig die Rollen abschichten. Ordnet man die Pensionsumschaffung intentionsgerecht im Einklang mit den Realitäten des Marktes für Unternehmensanteile der Rolle des Anteilseigners zu, so stellt sich die Frage des Zuflusses des Barwerts im Rahmen des Arbeitsverhältnisses nicht. Denn insoweit ist die Einkunftsart des § 19 EStG nicht eröffnet.

IV. Grundfragen der Ermittlung der Arbeitnehmereinkünfte

1. System der Einkünfteermittlung und Eigenheiten bei Arbeitnehmereinkünften

Eckpfeiler des Systems der Einkünfteermittlung bei Arbeitnehmern ist die durch § 2 Abs. 2 Nr. 2 EStG angeordnete Überschussrechnung durch Vergleich der Einnahmen (§ 8 EStG) mit den Werbungskosten (§ 9 EStG).[80] Zu den Einnahmen aus nichtselbständiger Arbeit i.S.d. § 19

---

80 Zu letzteren eingehend der Beitrag von *Tappe*, Werbungskosten des Arbeitnehmers (in diesem Band).

Abs. 1 Nr. 1 EStG gehören neben Gehältern, Löhnen, Gratifikationen, Tantiemen auch andere Bezüge und Vorteile für eine Beschäftigung im öffentlichen oder privaten Dienst. In praxi werden die Einnahmen aus nichtselbständiger Arbeit häufig mit dem Arbeitslohn als Grundlage des Lohnsteuerabzuges durch den Arbeitgeber i.S.d. § 38 EStG i.V.m. § 2 Abs. 1 LStDV gleichgesetzt.[81] Für *Lang* beruht diese verbreitete Gleichsetzung des Arbeitslohns mit den Einnahmen aus nichtselbständiger Arbeit auf einer „steuerabzugsorientierten Interpretation" des § 19 EStG. Stattdessen plädiert er dafür, „die *verfahrensrechtlichen* Fragen, von welchen Einnahmen der Arbeitgeber Lohnsteuer einbehalten kann, und die *materiell-rechtlichen* Fragen, welche Einnahmen im Rahmen der Einkünfte aus nichtständiger Arbeit zufließen, auseinander(zu)halten".[82] Das ist systematisch richtig. Allerdings darf dieser Befund nicht den Blick dafür verstellen, dass sich bei der Besteuerung von Arbeitnehmern und der Lohnsteuer *faktische* Rückwirkungen vom Vollzug auf die Ebene der Einkünfte-Qualifikation und der Quantifikation der Einkünfte von Arbeitnehmern ergeben können (s. bereits II. 2.). Überdies stellt sich die Wertungs- und Begründungsfrage, unter welchen Voraussetzungen neben dem Arbeitslohn noch „weitere sonstige Einnahmen aus nichtselbständiger Arbeit"[83] anzunehmen sind.

Die Quantifikation der Einnahmen bestimmt sich nach § 8 EStG.[84] Diese Vorschrift konkretisiert für die Überschusseinkünfte das Grundprinzip der Besteuerung nach der individuellen wirtschaftlichen Leistungsfähigkeit und erhebt den Vermögenszuwachs durch den Zufluss wirtschaftlicher Werte (Güter) zum maßgebenden Indikator der wirtschaftlichen Leistungsfähigkeit.[85] Das Gesetz verzichtet beim Arbeitslohn sachgerecht auf eine vermögensorientierte Ergebnisermittlung nach wirtschaftlicher Entstehung. Es gilt das Zufluss-/Abflussprinzip (§ 11 EStG) mit

---

81 Zum Verhältnis dieser Begriffe zueinander grundlegend *Lang*, Die Bemessungsgrundlage der Einkommensteuer, 1981/88, S. 470 ff.; *Lang*, DStJG 9 (1986), S. 15 (72); *Bergkemper*, Lohnzuwendungen im Bereich der betrieblichen Altersvorsorge, FR 2011, 1043 (1045 f.).
82 *Lang*, Die Bemessungsgrundlage der Einkommensteuer, 1981/88, S. 471; zustimmend *Hey* in Tipke/Lang, Steuerrecht, 22. Aufl. 2015, § 8 Rz. 474.
83 Dafür weitgehend *Lang*, DStJG 9 (1986), S. 15 (72).
84 Für die systematisch nachfolgende Quantifikation enthält § 8 Abs. 1 EStG zugleich die „Grundnorm der Einnahmequalifizierung" (so *Hermann*, Die einkommensteuerrechtliche Relevanz von Sachzuwendungen an Arbeitnehmer, 2004, S. 14, 38 f.).
85 *Gröpl* in Kirchhof/Söhn/Mellinghoff, EStG, § 8 Rz. B 1, 3 (April 2015).

gesetzlichen Durchbrechungen, insbesondere bei der Abschreibung von Wirtschaftsgütern des Arbeitsnehmers (§ 9 Abs. 1 S. 3 Nr. 7 i.V.m. § 7 EStG). Der Verzicht auf einen Vermögensvergleich dient zugleich der Vereinfachung[86] im Massenfallrecht und vermeidet belastende Aufzeichnungspflichten, die bei Arbeitnehmern nicht verkehrsgerecht wären. § 2 Abs. 2 Nr. 2 EStG nimmt dabei Gestaltungsmöglichkeiten des Zuflusses in Kauf und führt insbesondere in grenzüberschreitenden Fällen zu Zuordnungsfragen und Belastungsdifferenzen.

§ 8 EStG enthält die allgemeine Definition für Einnahmen dem Grunde und der Höhe nach und setzt die Qualifikation von (steuerbaren) Einkünften nach § 19 EStG voraus.[87] Die Qualifikation der Einkünfte beruht gerade auf der Modalität der Einkünfteerzielung, für die die Kriterien der Eingliederung und der Weisungsgebundenheit maßgeblich sind (s. bereits II. 1.), was systematische Folgerungen nach sich zieht. Systematisch konstituierend ist, dass die Einnahmen im Rahmen des Dienstverhältnisses erzielt werden.[88] Zwar lässt sich in prinzipiengeleiteter Argumentation einwenden, dass „unter dem Leistungsfähigkeitsaspekt ... es sich auch bei pflichtwidrig bezogenen Einnahmen außerhalb des Dienstverhältnisses um Einnahmen ‚aus nichtselbständiger Arbeit' (handelt), sofern sie durch die berufliche Tätigkeit veranlasst sind".[89] Der Annahme von Einkünften *gegen* das Dienstverhältnis ist der Wortlaut des § 19 Abs. 1 S. 1 Nr. 1 EStG „für eine Beschäftigung im öffentlichen oder privaten Dienst" sowie aus systematischer Sicht der die Einkunftsart prägende Rahmen des Dienstverhältnisses entgegenzuhalten. Während ein Unternehmer sein – nicht notwendig dem Recht und den guten Sitten entsprechendes (vgl. § 40 AO) – Handeln und damit den Rahmen seiner Erwerbstätigkeit selbst bestimmt, wird dieser Rahmen dem Arbeitnehmer durch den Arbeitgeber und das zugrunde liegende Dienstverhältnis vorgegeben.[90] Das Dienstverhältnis konstituiert erst die Einkunftsart und steckt zugleich den Rahmen der Einkünfte als Arbeitnehmer ab.

---

86 Dazu bereits *Lang*, DStJG 9 (1986), S. 15 (46).
87 Allgemein *Blümich/Glenk*, EStG/KStG/GewStG, § 8 EStG Rz. 3, 5 (Juni 2014); speziell zu § 19 EStG *Lang*, Festschrift *Offerhaus*, 1999, S. 433 (436); *Fahr*, Die steuerliche Behandlung des Belegschaftsgeschäfts von Versicherungen, 2008, S. 28.
88 Vgl. § 2 Abs. 1 S. 1 LStDV: „aus dem Dienstverhältnis".
89 So *Lang*, DStJG 9 (1986), S. 15 (53); ebenso *Hey* in Tipke/Lang, Steuerrecht, 22. Aufl. 2015, § 8 Rz. 474.
90 Zu Verbindungslinien zwischen der Qualifikation der Einkünfte als Arbeitnehmer und der Quantifikation als Arbeitslohn s. noch sub IV. 2.

Auch nach dem wertungsbedürftigen Veranlassungsprinzip[91] erfasst § 19 EStG keine Einkünfte *gegen* das Dienstverhältnis.[92] Der Veranlassungszusammenhang, wonach erst das Arbeitsverhältnis es dem Arbeitnehmer ermöglicht, von einem Dritten Geld zu bekommen, darf die Grundwertung der Einkunftsart nicht überspielen. Im Einklang damit sind Vorteile, die der Arbeitnehmer von Dritten wegen Bestechlichkeit erhält, kein Arbeitslohn.[93] Dasselbe gilt für Schmiergelder.[94] Auch wenn ein Arbeitnehmer unter eigenmächtiger Überschreitung seiner Befugnisse Beträge des Unternehmens, die ihm vertraglich nicht zustehen, auf sein Konto überweist, so liegt darin „kein Arbeitslohn i.S.d. § 19 EStG"[95], weil ihm keine Vorteile „gewährt" werden.[96] Allein die Möglichkeit des Arbeitnehmers aufgrund seiner Kenntnisse und Kontakte aus dem Dienstverhältnis, sich Zahlungen Dritter zu eröffnen, qualifiziert diese Zahlungen weder als Arbeitslohn noch als Einnahmen aus nichtselbständiger Arbeit.[97] Das gilt auch, wenn man einen aktuellen Fall, in dem die amerikanische Börsenaufsicht (SEC) einem Whistleblower 22 Mio. US-Dollar als Belohnung für Hinweise auf Buchführungsmängel im Unternehmen seines früheren Arbeitgebers gezahlt hat[98], auf das deutsche Recht überträgt. Ist das Dienstverhältnis Grundlage der Zuordnung der Einkünfte zur Einkunftsart des § 19 EStG, verengt sich systematisch die Möglichkeit und der Ansatzpunkt der Zuordnung. Daran ändert auch nichts die Funktion des materiell-rechtlichen Begriffs der Einnahmen aus nichtselbständiger Arbeit, die steuerliche Leistungsfähigkeit des Arbeitnehmers zu erfassen.[99] Zahlungen im Zusammenhang mit dem Dienstverhältnis reichen nicht aus. Darum rechnet die Belohnung nicht zu den Einkünften als Arbeitnehmer nach § 19 EStG und ist allenfalls eine sonstige Leistung i.S.d. § 22 Nr. 3 EStG.[100]

---

91 Kritisch zur Leistungsfähigkeit bereits *Crezelius*, Leistungen an und durch Dritte im Lohnsteuerrecht, DStJG 9 (1986), S. 85 (95 ff.).
92 A.A. aber *Lang*, DStJG 9 (1986), S. 15 (71 f.).
93 *Krüger* in Schmidt, EStG, 35. Aufl. 2016, § 19 Rz. 100 „Bestechungsgeld" m.w.N.
94 Zur Begründung bereits *Crezelius*, DStJG 9 (1986), S. 85 (110, 113) m.w.N.; a.A. *Lang*, DStJG 9 (1986), S. 15 (72).
95 Für Einnahmen aus nichtselbständiger Arbeit aber *Lang*, DStJG 9 (1986), S. 15 (71).
96 Explizit BFH v. 13.11.2012 – VI R 38/11, BStBl. II 2013, 929.
97 Für letzteres aber *Lang*, DStJG 9 (1986), S. 15 (71 f.).
98 FAZ v. 1.9.2016, S. 19.
99 Dezidiert a.A. *Lang*, DStJG 9 (1986), S. 15 (72).
100 Für einen Vorrang von § 19 EStG aber *Lang*, DStJG 9 (1986), S. 15 (71).

Nach dieser systematischen Eingrenzung des Erwerbsrahmens durch die Eigenart der Einkunftsart bestehen weitere Eigenheiten der Einkünfteermittlung aus nichtselbständiger Arbeit. Diese erklären sich wiederum aus dem Grundbefund, dass mit dem Arbeitgeber ein Dritter zwingend in den Steuervollzug als Steuerentrichtungspflichtiger eingeschaltet ist. Der Lohnsteuerabzug an der Quelle ist eben nicht nur eine technisch-neutrale „Erhebungsform" der Einkommensteuersteuer (s. bereits II. 2.). Die Einschaltung des nicht interessenlosen Arbeitgebers[101] im Massenfallrecht hat vielmehr Einwirkungen auf die Einkünfteermittlung. Das Haftungsrisiko einerseits und die Fürsorgepflicht des Arbeitgebers sind dabei gegenläufige Triebfedern (dazu IV. 2. und 3.). Der Arbeitgeber hat – so *Stefan Schneider* – die Lohnsteuer „gegebenenfalls auch noch aus arbeitsrechtlichen Gründen zugunsten seiner Arbeitnehmer zu optimieren" und kann „bei einer Überoptimierung dafür auch noch in Haftung genommen" werden.[102] Die Auflösung dieses Spannungsverhältnisses hängt vom einzelnen Arbeitgeber, seiner Größe und lohnsteuerfachlichen Ausrichtung, der hausinternen Risikophilosophie oder (neudeutsch) seiner Compliance-Strategie ab. Der diese Tagung abschließende Vortrag von *Klaus Strohner* beschäftigt sich näher mit Impulsen und Grenzen der steuerlichen Gestaltung im Arbeitsverhältnis. An dieser Stelle geht es nur um die Grundimpulse, die als Erklärungsmuster für Eigenheiten der Einkünfteermittlung fungieren.

2. Systemgerechte Eingrenzungsversuche des Begriffs des Arbeitslohns und der Haftungsrisiken des Arbeitgebers

Die besonderen Vollzugsmöglichkeiten bei der Arbeitnehmerbesteuerung verleiten zu einem Sonderrecht, das systemwidrig ist und auch sachlich nicht zu rechtfertigen wäre. Die besondere Vollzugstiefe gepaart mit der Haftungsgefahr des Arbeitgebers (§ 42d EStG) führt in praxi zu einer Extension des Arbeitslohnbegriffs, der wieder sachgerecht einzugrenzen ist. Zur Illustration mag der jüngere Streit über die lohnsteuerrechtliche Qualifikation der Übernahme von Geldbußen und Geldstrafen durch den Arbeitgeber dienen.[103] Der Lohnsteuersenat hat in dieser Frage jüngst ei-

---

101 *Drüen*, Die Indienstnahme Privater für den Vollzug von Steuergesetzen, 2012, S. 341 ff.
102 Treffend *Schneider*, FR 2015, 791.
103 Dazu *Fellmeth*, Die Übernahme von Geldbußen und Geldstrafen durch den Arbeitgeber auf dem lohnsteuerlichen Prüfstand, FR 2012, 1064 und eingehend *Fellmeth*, Das lohnsteuerrechtliche Abgrenzungsmerkmal des ganz

nen Rechtsprechungswechsel vollzogen. Im Urteil vom 13.11.2013 hat der BFH die Übernahme von Verwarnungsgeldern und Bußgeldern, die gegen einen Speditionsfahrer wegen Überschreitung von Lenkzeiten und Nichteinhaltung von Ruhezeiten festgesetzt und von der Spedition übernommen worden waren, als Arbeitslohn angesehen.[104] Dabei hat er explizit seine im sog. UPS-Fall[105] vertretene Auffassung aufgegeben, dass die Übernahme von Verwarnungsgeldern wegen Verletzung des Halteverbots im ganz überwiegend eigenbetrieblichen Interesse des Arbeitgebers liegen kann. Eine detaillierte Urteilsanalyse und -kritik ist an dieser Stelle nicht am Platze.[106] Aus systematischer Sicht führt der Streit zur Grundeinsicht, dass die Qualifikation der Einkünfte als solcher aus nichtselbständiger Arbeit Bedeutung für die Quantifikationsfrage hat, was Arbeitslohn ist. Das Stichwort des ganz überwiegend eigenbetrieblichen Interesses ist bislang der argumentative Ansatzpunkt für einkunftsartbezogene Eingrenzungen. Das den Lohnbegriff eingrenzende Kriterium des „ganz überwiegend eigenbetrieblichen Interesses"[107] des Arbeitgebers erscheint als Korrektiv des überschießenden Arbeitslohnbegriffs fortentwicklungsbedürftig.[108] Die Rechtsprechung hat es als Filter entwickelt, um die Weite des Arbeitslohnbegriffs einzugrenzen. Wichtiger Anlassfall waren Vorsorgeuntersuchungen leitender Angestellter, die trotz des greifbaren persönlichen Gesundheitsnutzens für den einzelnen Arbeitnehmer keinen Arbeitslohn darstellen.[109] Die Kriterien für diesen „Filter" waren bisher, dass der Vorteil des Arbeitnehmers zu vernachlässigen ist, er eher an die Belegschaft als Gesamtheit (z.B. Betriebsveranstaltung) gewährt oder dem Arbeitnehmer aufgedrängt wird.[110] Abgesehen von dem Faktum, dass der Arbeitgeber im weites-

---

überwiegend eigenbetrieblichen Arbeitgeberinteresses, Diss. Düsseldorf, 2016, S. 50 ff.
104 BFH v. 13.11.2013 – VI R 36/12, BStBl. II 2014, 278.
105 BFH v. 7.7.2004 – VI R 29/00, BStBl. II 2005, 367.
106 Dazu ablehnend *Fellmeth*, Das lohnsteuerrechtliche Abgrenzungsmerkmal des ganz überwiegend eigenbetrieblichen Arbeitgeberinteresses, 2016, S. 69 ff.; positiv dagegen *G. Kirchhof*, Die Überforderung der Arbeitgeber durch den Lohnsteuerabzug, FR 2015, 773 (777).
107 Näher *Krüger*, Arbeitslohn und ganz überwiegendes eigenbetriebliches Interesse, DStR 2013, 2029.
108 Hierzu und zum Folgenden bereits *Drüen*, Steuerfolgen von Geldbußen, Ordnungs- und Verwarnungsgeldern: Betriebsausgabenabzug und Lohnsteuerpflicht, Jahrbuch des Bundesverbands der Steuerberater 2013, S. 71 (107 f.).
109 BFH v. 17.9.1982 – VI R 75/79, BStBl. II 1983, 39.
110 *Krüger*, in Schmidt, EStG, 35. Aufl. 2016, § 19 Rz. 56 m.w.N.

ten Sinne jegliche Leistungen „im eigenen betrieblichen Interesse" erbringt[111], ist das Attribut eigenbetrieblich angesichts der verschiedenen Rollen des Unternehmers zu eng. Die entschiedenen Fallgruppen zeigen, dass neben der Rolle des Arbeitgebers die allgemeine Unternehmerrolle das Motiv sowohl für Leistungen an den Arbeitnehmer als auch für seine Weisungen sein kann.

Anstelle des „ganz überwiegend eigenbetrieblichen Interesses" ist besser auf das Kriterium des „übergeordneten Unternehmensinteresses" abzustellen. Das Negativkriterium des „übergeordneten Unternehmensinteresses" erfasst die bisher einschlägigen Fallgruppen, wie Aufmerksamkeiten, Betriebsveranstaltungen, Fort- und Weiterbildungsmaßnahmen und sonstige Verbesserungen der Arbeitsbedingungen[112] als betriebsfunktionale Vorgaben und Zielsetzungen des Unternehmens[113] und schließt insoweit Arbeitslohn aus. Der gemeinsame Grund für eine Ausnahme aus dem Begriff des Arbeitslohns ist die der Arbeitsleistung der Arbeitnehmer vorgelagerte Ausgestaltung der Arbeitsbedingungen durch das Unternehmen. Erkennt man die unternehmerischen Ausgestaltungsvorgaben für das Arbeitsverhältnis und den einzelnen Arbeitnehmer als gemeinsame Klammer an, so zeigt sich eine bisher nicht hinreichend erkannte Verbindungslinie zwischen der Qualifikation der Einkünfte des Arbeitnehmers und der Quantifikation der Einkünfte als Arbeitslohn.[114]

Grund für die Qualifikation der Einkünfte des Arbeitnehmers ist seine Weisungsgebundenheit und seine Eingliederung in den betrieblichen Organismus[115]. Dieses Qualifikationskriterium hat aber zugleich Folgewirkung für die Anschlussfrage der Quantifikation der Einkünfte. Wenn die Weisungsgebundenheit das bestimmende Kriterium für die Art der Einkünfte ist, muss dies auf die Definition der im Rahmen dieser Einkunftsart erzielbaren Einkünfte durchschlagen. Dass dem Arbeitnehmer vorgegebene Umstände der Erbringung seiner Arbeitsleistung nicht stets

---

111 So bereits *Lang*, DStJG 9 (1986), S. 15 (63) m.w.N.
112 *Breinersdorfer*, in Kirchhof/Söhn/Mellinghoff, EStG, § 19 Rz. B 223 (Juli 2012).
113 Zu weiteren bislang diskutierten „betriebsfunktionalen Zielsetzungen" *Pflüger*, in Herrmann/Heuer/Raupach, EStG/KStG, § 19 EStG Anm. 135, 186 (Jan. 2014) m.w.N.
114 Allgemein zum funktionalen Zusammenhang zwischen Einnahmen und dem Dienstverhältnis als Erwerbsgrundlage *Breinersdorfer*, in Kirchhof/Söhn/Mellinghoff, EStG, § 19 Rz. B 19, 211 f. (Juli 2012).
115 *Krüger*, in Schmidt, EStG, 35. Aufl. 2016, § 19 Rz. 11; *Pflüger*, in Herrmann/Heuer/Raupach, EStG/KStG, § 19 EStG Anm. 71 ff. (Jan. 2014) m.w.N.

Arbeitslohn sind, erkennt auch die Rechtsprechung bei aufgedrängter Bereicherung und der Ausgestaltung des Arbeitsplatzes[116] an. Die Ausgestaltung des Arbeitsplatzes zählt zu den Arbeitsbedingungen und ist keine Gegenleistung für die Zuverfügungstellung der individuellen Arbeitsleistung, weshalb ein etwaiger Vorteil für den Arbeitnehmer lediglich Reflex aus der Arbeitserbringung ist.[117] Die strukturelle Verbindungslinie zwischen Einkünftequalifikation und -quantifikation lässt sich als Eingrenzungskriterium fruchtbar machen, weil dem Arbeitnehmer innerhalb der Einkunftsart „Nichtselbständige Arbeit" Umfang und Modalität der Ausübung fremdbestimmt vorgegeben sind. Dass es im Steuerrecht auf die Frage der arbeitsrechtlichen Zulässigkeit von Weisungen nicht ankommt, folgt dabei bereits aus § 40 AO.[118] Wenn die Qualifikation der Einkünfte auf ihrer Modalität mit der Weisungsgebundenheit und Eingliederung des Arbeitnehmers basiert, dann wird dadurch zugleich auch der sachliche Bereich der Arbeitnehmereinkünfte bestimmt und abgesteckt. Der Arbeitgeber definiert und gibt den nichtselbständigen Erwerbsrahmen für den Arbeitnehmer aufgrund seines Weisungsrechts vor.[119] Die dem Arbeitnehmer infolge seiner Eingebundenheit aufgrund des „übergeordneten Unternehmensinteresses" vorgegebene Ausgestaltung seines Erwerbsrahmens erscheint dafür als geeignetere Basis, die Uferlosigkeit des Arbeitslohnbegriffs einzugrenzen als das „ganz überwiegend eigenbetriebliche Interesse".[120]

Speziell bei der Übernahme von Sanktionen durch den Arbeitgeber ist die bislang fehlende, aber rechtspolitisch intensiv diskutierte sanktionsrechtliche Unternehmensverantwortlichkeit bei der steuerrechtlichen Wertung zu berücksichtigen. Ist der Handelnde straf- und bußgeldrechtlich verantwortlich und können nur punktuell Geldbußen gegen das Unternehmen selbst verhängt werden, so fallen Weisungs- und Sanktionszuständigkeit auseinander. Das Unternehmen kann nur unter bestimmten Voraussetzungen selbst mit der Sanktion belegt werden.

---

116 Vgl. nur *Pflüger*, in Herrmann/Heuer/Raupach, EStG/KStG, § 19 EStG Anm. 135 (Jan. 2014) „Ausgestaltung des Arbeitsplatzes" m.w.N.
117 *Krüger* in Schmidt, EStG, 35. Aufl. 2016, § 19 Rz. 49.
118 *Drüen* in Tipke/Kruse, § 40 AO Rz. 1 ff., 17 (Juli 2016) m.w.N.
119 Demgegenüber reicht nach *Lang*, DStJG 9 (1986), S. 15 (42), die „Berufssphäre des Arbeitnehmers über das Dienstverhältnis und seinen weisungsgebundenen Bereich hinaus".
120 Für eine Verschiebung zugunsten einer unternehmensbezogenen Betrachtung auch *Strohner*, Fortentwicklung des ganz überwiegenden eigenbetrieblichen Interesses nötig, DStR 2014, 731 (733 f.).

Weist es aber seine Arbeitnehmer an, Verstöße gegen die Rechtsordnung bei der unternehmerischen Tätigkeit hinzunehmen, so ist bei der Beurteilung der Lohnsteuerpflicht von übernommenen Geldbußen das strukturelle Auseinanderfallen des unternehmerischen Interesses am Arbeitserfolg und der straf- und bußgeldrechtlichen Verantwortlichkeit des Arbeitnehmers für den Weg seiner Erreichung zu bedenken. Wenn die Sanktion allein den handelnden Arbeitnehmer treffen kann, dieser aber außer dem Erhalt seines Arbeitsplatzes kein eigenes Interesse an dem Rechtsverstoß hat, so spricht dies deutlich für das „übergeordnete Unternehmensinteresse". Das Argument fehlender Rechtstreue des Arbeitgebers, der seinen Arbeitnehmer zu dem sanktionsauslösenden Verhalten veranlasst, verfängt dabei wegen der nach § 40 AO wertindifferenten Besteuerung nicht. Überhaupt ist die Lohnsteuerpflicht kein Instrument zur Erziehung des Arbeitgebers zur Rechtstreue durch das Steuerrecht. Auch die allgemeine Aussage der Rechtsprechung, dass Zuwendungen des Arbeitgebers nicht als Arbeitslohn zu versteuern sind, wenn sie nicht der Entlohnung des Arbeitnehmers dienen[121], sollte zum Überdenken der angenommenen Lohnsteuerpflicht führen: Denn die Übernahme von weisungsgemäß bei der Arbeitstätigkeit für das Unternehmen in Kauf genommenen Sanktionen dient nicht einer Entlohnung, sondern ist allein Nachteilsausgleich für die den Arbeitnehmer stellvertretend für das handlungsunfähige Unternehmen treffende Sanktion. Bei dieser Kompensation fließt kein Vorteil in die disponible Konsumsphäre des Arbeitnehmers. Ein Vorteilstransfer aus der Berufssphäre in die private Konsumsphäre des Arbeitnehmers ist aber die Voraussetzung von Arbeitslohn.[122]

3. Möglichkeiten und Grenzen der „Lohnsteueroptimierung"

Beim Blick auf die reale „Lohnsteuerwelt" darf der Aspekt der „Lohnsteueroptimierung" nicht fehlen. Praxisorientierte Seminare führen die Lohnsteueroptimierung bereits im Titel oder sind ihr inhaltlich gewidmet. Gerade das Ausschöpfen gesetzlicher Möglichkeiten steuerbefreiter oder -ermäßigter Zuwendungen des Arbeitgebers an Arbeitnehmer nimmt in Praxisleitfäden zum Lohnsteuerrecht breiten Raum ein.[123] Pra-

---

121 BFH v. 12.12.2012 – VI R 79/10, DStR 2013, 397 (398).
122 Näher *Lang*, Festschrift *Offerhaus*, 1999, S. 433 (444 ff.); ebenso *Krüger* in Schmidt, EStG, 35. Aufl. 2016, § 19 Rz. 55 m.w.N.
123 Dazu stellvertretend *Offerhaus/Schmidt*, Lohnsteuerrecht für Arbeitgeber, 2. Aufl. 1990, Rz. 36–187.

xisbezogene Fachbücher machen es sich traditionell zur Aufgabe, diese Steuergestaltungsmöglichkeiten „nahezu vollständig aufzuzeigen".[124] Der Arbeitgeber ist nach § 4 Nr. 10 StBerG zur beschränkten Hilfeleistung in Steuersachen für seine Arbeitnehmer befugt.[125] Der frühere Bundesrichter *Wilhelm Hartz* betonte bereits zu Anfang der 1960-er Jahre, „der Arbeitnehmer erwarte, dass sich der Arbeitgeber nicht zum ‚Büttel' des Steuerfiskus mache, sondern dem Arbeitnehmer helfe, möglichst wenig Lohnsteuer zu zahlen. Er erwarte von einem ‚sozialen' Arbeitgeber, dass dieser in Zweifelsfällen vom Steuerabzug absieht und das Risiko späterer persönlicher Inanspruchnahme auf sich nimmt"[126]. *Joachim Lang* sah später bei den Parteien eines Arbeitsvertrages gleichgerichtete Interessen zur Reduktion der Steuerlast.[127] Dieses gleichgerichtete Interesse ist darauf gerichtet, den Arbeitslohn so zu gestalten, dass der Anteil von steuerfreien Bezügen möglichst hoch ausfällt.[128] Arbeitsrechtlich ist der Arbeitgeber aufgrund der Fürsorgepflicht zur richtigen Lohnsteuerberechnung verpflichtet, deren schuldhafte Verletzung einen Schadensersatzanspruch des Arbeitnehmers begründen kann, der in der Regel auf unterlassene Inanspruchnahme von Steuervergünstigungen gerichtet ist.[129] Selbst wenn danach die legale Ausnutzung aller lohnsteuerrechtlichen Gestaltungsmöglichkeiten nicht arbeitsrechtlich geschuldet ist, dürfte sie aber einer verbreiteten Erwartungshaltung von Arbeitnehmern gegenüber ihrem fürsorgenden Arbeitgeber entsprechen.

---

124 So *Wolf*, Möglichkeiten lohnsteuerfreier Zuwendungen des Arbeitgebers an den Arbeitnehmer, 6. Aufl. 1980, S. 9.
125 § 4 Nr. 10 StBerG befugt Arbeitgeber gegenüber ihren Arbeitnehmern punktuell, „soweit sie für ihre Arbeitnehmer Hilfe bei lohnsteuerlichen Sachverhalten oder bei Sachverhalten des Familienleistungsausgleiches im Sinne des Einkommensteuergesetzes leisten", zur geschäftsmäßigen Hilfeleistung in Steuersachen.
126 *Hartz*, Die Haftung des Arbeitgebers für den Lohnsteuerabzug in steuerrechtlicher und arbeitsrechtlicher Hinsicht, DB 1961, 1365.
127 *Lang*, Arbeitsrecht und Steuerrecht, RdA 1999, 64 (67): es „liegt ... im beiderseitigen Interesse der Arbeitsvertragsparteien, von Steuern möglichst unbelastet zu sein. Die arbeitsvertragliche Regelung ist im Prinzip kontradiktorisch gegen das Fiskalinteresse des Staates gerichtet. Arbeitgeber und Arbeitnehmer bilden im steuerchaotischen Staat eine Gefahrengemeinschaft, die sich verständigen muss, wie sie dem Zugriff des Staates Herr wird."
128 Explizit *Breinersdorfer*, in Kirchhof/Söhn/Mellinghoff, EStG, § 19 Rz. A 203 (Juli 2012).
129 Palandt/*Weidenkaff*, BGB, 76 Aufl. 2016, § 611 Rz. 66 m.w.N.

Den „Sog der Steuerbefreiung" illustriert der Streitfall, ob freiwillige Zahlungen von Notaren an Notarassessoren für deren Vertretungstätigkeit als Trinkgelder i.S.d. § 3 Nr. 51 EStG[130] oder als steuerpflichtiger Arbeitslohn zu beurteilen sind. Der BFH verneint steuerbefreite Trinkgelder, weil bei Notarassessoren angesichts der rechtlichen Rahmenbedingungen für Amt und Funktion des Notars kein trinkgeldtypisches kundenähnliches Dienstleistungs- oder sonstiges Hauptvertragsverhältnis bestehe.[131] Er tritt zu Recht einer Ausweitung der Steuerfreistellung von Trinkgeldern nach § 3 Nr. 51 EStG entgegen, die in Abkehr vom materiellen Leistungsfähigkeitsprinzip geboten erscheint[132], um die Vollzugsfähigkeit der Arbeitnehmerbesteuerung in bargeldintensiven Geschäftszweigen zu sichern.[133] Diese Gefahr sollte bei Notarvertretern nicht bestehen.

Der „Sog des Sachlohns"[134] als Barlohnsubstitution ist ein weitverbreitetes Phänomen[135], das in der Praxis gern genutzt wird.[136] Zum Teil werben auch Anbieter von Waren und Dienstleistungen mit der Möglichkeit der Steuerersparnis im Falle einer Barlohnumwandlung bei Arbeitgebern und in den Belegschaften. Der Impuls zur „Entgeltoptimierung" wird insoweit als Teil eines Geschäftsmodells von außen an die Parteien des Arbeitsrechtsverhältnisses herangetragen. Die Abgrenzung von Bar- und Sachlohn ist für verschiedene Rechtsnormen des EStG rechtsrelevant. Der Bewertungsabschlag von 4 % (§ 8 Abs. 3 S. 1 EStG), der jährliche Freibetrag von 1080 Euro (§ 8 Abs. 3 S. 2 EStG), die monatliche Freigrenze von 44 Euro (§ 8 Abs. 3 S. 11 EStG)[137] und die Einkommen-

---

130 Dafür *Wobst*, Der Trinkgeldbegriff des § 3 Nr. 51 EStG, DStR 2015, 868 (869), der die arbeitsrechtliche Definition des Trinkgelds durch § 107 Abs. 3 S. 2 GewO zugleich als steuerrechtliche Legaldefinition begreift.
131 BFH v. 10.3.2015 – VI R 6/14, BStBl. II 2015, 767, Rz. 20 ff.
132 Kritisch aber *Hey* in Tipke/Lang, Steuerrecht, 22. Aufl. 2015, § 8 Rz. 475.
133 Allgemein erkennt auch *Tipke*, Die Steuerrechtsordnung, II, 2. Aufl. 2003, S. VII die Rücknahme des Leistungsfähigkeitsprinzip zur Verhinderung von Vollzugsuntauglichkeit an.
134 Dieser Ausdruck ist meiner ursprünglichen Bezeichnung als „Flucht in den Sachlohn" vorzuziehen.
135 Allgemein zur Sachlohnbesteuerung *Hermann*, Die einkommensteuerrechtliche Relevanz von Sachzuwendungen an Arbeitnehmer, Diss. Frankfurt/M., 2004; *Kimpel*, Sachbezüge im Lohnsteuerrecht, Diss. Köln, 2009; *Oehlschlägel*, Die Besteuerung geldwerter Vorteilsgewährungen des Arbeitgebers, Diss. Jena, 2013.
136 *Gröpl* in Kirchhof/Söhn/Mellinghoff, EStG, § 8 Rz. A 72 (April 2015).
137 *Kirchhof*, EStG, 15. Aufl. 2016, § 8 Rz. 15.

steuerpauschalierung nach § 37b EStG setzen sämtlich Sachlohn voraus. Nach § 8 Abs. 2 S. 11 EStG bleiben Sachbezüge, die nach S. 1 zu bewerten sind, außer Ansatz, wenn die sich nach Anrechnung der vom Steuerpflichtigen gezahlten Entgelte ergebenden Vorteile insgesamt 44 Euro im Kalendermonat nicht übersteigen. Diese Freigrenze gilt nicht für Barlohn und Geldzuwendungen.[138] Nach § 37b Abs. 2 EStG können betrieblich veranlasste Sachzuwendungen an Arbeitnehmer des Steuerpflichtigen, soweit sie steuerpflichtig sind[139], unter weiteren Voraussetzungen vom Arbeitgeber mit einem Pauschsteuersatz von 30 % besteuert werden. Das Gesetz setzt damit die Abgrenzung von Bar- und Sachlohn voraus.[140] Die Rechtsfolgenunterschiede fordern eine klare und eindeutige Antwort auf diese Abgrenzungsfrage.[141]

Mit mehreren grundlegenden Urteilen vom 11.11.2010[142] hat der BFH seine bisherige Rechtsprechung, die der damaligen Position der Finanzverwaltung in R 31 Abs. 1 S. 7 LStR 2004 ff. entsprach[143], ausdrücklich – zumindest partiell[144] – geändert. Sachbezüge im Sinne der Freigrenze des § 8 Abs. 2 EStG liegen danach auch dann vor, wenn der Arbeitgeber seine Zahlung an den Arbeitnehmer mit der Auflage verbindet, den empfange-

---

138 *Kirchhof*, EStG, 15. Aufl. 2016, § 8 Rz. 46 m.w.N.; *Krüger* in Schmidt, 35. Aufl. 2016, § 8 Rz. 68.
139 Grundlegend BFH v. 16.10.2013 – VI R 78/12, BFH/NV 2014, 401; näher *Geserich*, DStR 2014, 561; *Schneider*, NWB 2014, 340.
140 *Schneider*, Tankkarten, Tank- und Geschenkgutscheine: Barlohn oder Sachlohn?, NWB 2011, 508.
141 Ebenso bereits *Hermann*, Die einkommensteuerrechtliche Relevanz von Sachzuwendungen an Arbeitnehmer, 2004, S. 7.
142 BFH v. 11.11.2010 – VI R 21/09, BStBl. II 2011, 383; BFH v. 11.11.2010 – VI R 27/09, BStBl. II 2011, 386; BFH v. 11.11.2010 – VI R 41/10, BStBl. II 2011, 389 sowie (nicht amtlich veröffentlicht) BFH v. 11.11.2010 – VI R 26/08, BFH/NV 2011, 589; BFH v. 11.11.2010 – VI R 40/10, BFH/NV 2011, 590.
143 Nach der dort niedergelegten Auffassung der Finanzverwaltung war bei Gutscheinen von Barlohn auszugehen (dagegen explizit BFH v. 11.11.2010 – VI R 27/09, BStBl. II 2011, 386, Rz. 18).
144 BFH v. 11.11.2010 – VI R 27/09, BStBl. II 2011, 386, Rz. 17 betont, dass er entsprechend bereits zuvor unter Hinweis auf die wirtschaftliche Betrachtungsweise entschieden hatte, dass vom Arbeitgeber erbrachte Geldzahlungen an ein Leasingunternehmen als Sachlohn in Form der Überlassung von Dienstwagen und nicht als Barlohn gelten, obwohl die Arbeitnehmer Leasingnehmer der Fahrzeuge gewesen waren (BFH v. 6.11.2001 – VI R 62/69, BStBl. II 2002, 370, Rz. 15 ff.).

nen Geldbetrag nur in einer bestimmten Weise zu verwenden.[145] Der BFH hat mit seinen Urteilen vom 11.11.2010 „allgemein gültige Grundsätze zu der Unterscheidung von Barlohn ... und Sachlohn aufgestellt".[146] Gerade die Zuwendung von Warengutscheinen war zuvor lebhaft umstritten.[147] Nach der aktuellen Rechtsprechung des Lohnsteuersenats kommt es für die Abgrenzung von Bar- und Sachlohn allein auf die arbeitsvertraglichen Regelungen an. Entscheidend ist, was der Arbeitnehmer vom Arbeitgeber nach dem Arbeitsvertrag beanspruchen kann.[148] Mit dieser Abkehr von der bisherigen Unbeachtlichkeit der arbeitgeberseitigen Verwendungsauflage[149] hat der BFH den Sachlohnbegriff ausgedehnt.[150] Für den Fall des Tankgutscheins, durch den der Arbeitgeber seinem Arbeitnehmer das Recht einräumt, bei einer bestimmten Tankstelle auf seine Kosten tanken zu dürfen, hat der BFH einen Sachbezug i.S.d. § 8 Abs. 2 Sätze 1 und 9 (jetzt 11) EStG angenommen.[151] Denn trotz einer gewissen Handelbarkeit oder Tauschfähigkeit besteht ein solcher Gutschein nicht in Geld i.S.d. Negativabgrenzung in § 8 Abs. 2 S. 1 EStG und bleibt daher Sachbezug. Mit den in Aufbau und Wortfassung übereinstimmenden weiteren Urteilen vom selben Tage[152] hat der BFH einen Sachbezug auch im Falle der Überlassung von bei einer beliebigen Tankstelle einlösbaren Benzingutscheinen[153] und allgemein für bei einer größeren Buchhandelskette einlösbare Gutscheine über einen in Euro lautenden Höchstbetrag für den Bezug einer Sache aus deren Warensortiment angenommen.[154] Damit ist die Zuwendungskonstellation im Einzelfall, also z.B. die Frage, ob der Arbeitgeber oder

---

145 BFH v. 11.11.2010 – VI R 27/09, BStBl. II 2011, 386, 2. Leitsatz in erklärter Abkehr von BFH v. 27.10.2004 – VI R 51/03, BStBl. II 2005, 137.
146 Explizit *Schneider*, NWB 2014, 340 (344).
147 Näher *Hermann*, Die einkommensteuerrechtliche Relevanz von Sachzuwendungen an Arbeitnehmer, 2004, S. 85 f.; *Kimpel*, Sachbezüge im Lohnsteuerrecht, 2009, S. 184 ff. m.w.N.
148 BFH v. 11.11.2010 – VI R 21/09, BStBl. II 2011, 383, 1. Leitsatz; BFH v. 11.11.2010 – VI R 27/09, BStBl. II 2011, 386, 1. Leitsatz; BFH v. 11.11.2010 – VI R 41/10, BStBl. II 2011, 389, 1. Leitsatz.
149 So noch BFH v. 27.10.2004 – VI R 51/03, BStBl. II 2005, 137.
150 *Blümich/Glenk*, EStG/KStG/GewStG, § 8 EStG Rz. 165 (Juni 2014); *Oehlschlägel*, Die Besteuerung geldwerter Vorteilsgewährungen des Arbeitgebers, 2013, S. 29.
151 BFH v. 11.11.2010 – VI R 27/09, BStBl. II 2011, 386, Rz. 11–14 (Hervorhebung durch *Verf.*).
152 S. Note 142.
153 BFH v. 11.11.2010 – VI R 41/10, BStBl. II 2011, 389, Rz. 10 ff.
154 BFH v. 11.11.2010 – VI R 21/09, BStBl. II 2011, 383, Rz. 11 ff.

der Arbeitnehmer Vertragspartner des Dritten ist oder ob eine Bargeldzuwendung an den Arbeitnehmer zweckgebunden ist – letztlich also die Überlegung, ob sich die Zuwendung bei wirtschaftlicher Betrachtung als Bargeldersatz darstellt –, für die Abgrenzung von Bar- und Sachlohn nicht mehr entscheidend. Weiterhin liegt nach in den „11. November-Urteilen" des Lohnsteuersenats ein Sachbezug auch dann vor, wenn der Arbeitgeber dem Arbeitnehmer ein Recht, nämlich die Inanspruchnahme einer von ihm auszuwählenden Dienstleistung, einräumt. Denn zu den nicht in Geld bestehenden Vorteilen zählen auch Rechte, nicht nur konkrete Sachen oder Dienstleistungen.[155] Aus Sicht des BFH macht allein der Umstand, dass die ausgehändigten Geschenkgutscheine bereits einen Geldbetrag (Höchstbetrag) ausgewiesen hatten und sich daher eine Bewertung erübrigte, aus ihnen keine Geldleistung.[156] Dass ein Gutschein eine gewisse Handelbarkeit besitzt und letztlich reinen Geldersatz darstellt, ist demnach ohne Belang.[157] Dass für derartige Sachbezüge keine besonderen Bewertungsvorschriften, wie sie § 8 Abs. 2 Sätze 2 ff. EStG vorsehen, erforderlich sind, hindert die Qualifikation als Sachbezug nach der Rechtsprechung nicht. Der Sachbezug ist zwar regelmäßig besonders zu bewerten, aber die Bewertungsbedürftigkeit ist nur eine regelmäßige[158], aber keine konstitutive Voraussetzung eines Sachbezugs. Auch wenn der Wert – wie bei Tank- oder Geschenkgutscheinen – in Euro- und Centbeträgen ablesbar ist und es keines Bewertungsaktes mehr bedarf, liegt demnach nach der derzeitigen höchstrichterlichen Rechtsprechung ein Sachbezug vor.

Die Abgrenzungskriterien des BFH von Bar- und Sachlohn vom 11.11.2010 haben in der Literatur breite Gefolgschaft gefunden.[159] Lohnsteuerpraktiker begrüßen insbesondere die höchstrichterliche Klarheit und steuersystematische Richtigkeit der Abgrenzung.[160] Sie rühmen die

---

155 BFH v. 11.11.2010 – VI R 21/09, BStBl. II 2011, 383, Rz. 14; dem folgend *Kirchhof*, EStG, 15. Aufl. 2016, § 8 Rz. 18.
156 BFH v. 11.11.2010 – VI R 21/09, BStBl. II 2011, 383, Rz. 21.
157 *Kister* in Herrmann/Heuer/Raupach, EStG/KStG, § 8 EStG Rz. 29 (Sept. 2012) mit Verweis auf BFH v. 11.11.2010 – VI R 26/08, BFH/NV 2011, 589; BFH v. 11.11.2010 – VI R 21/09, BStBl. II 2011, 383.
158 *Breinersdorfer* in Kirchhof/Söhn/Mellinghoff, EStG, § 19 Rz. B 584 (Aug. 2012): „Sachbezüge müssen ... bewertet werden".
159 Darauf verweisend z.B. *Kirchhof*, EStG, 15. Aufl. 2016, § 8 Rz. 15, 31; *Kister*, in Herrmann/Heuer/Raupach, EStG/KStG, § 8 EStG Rz. 29 (Sept. 2012); *Schmidt/Krüger*, EStG, 35. Aufl. 2016, § 8 Rz. 17; zustimmend auch *Littmann/Bitz/Pust*, Das Einkommensteuerrecht, § 8 EStG Rz. 28 (Nov. 2013).
160 *Albert*, Kommentar, FR 2011, 388; *Hilbert*, NWB 2011, 1538 (1539).

BFH-Entscheidungen als „begrüßenswerte[n] Beitrag zur Kultur der Gesetzesauslegung im deutschen Steuerrecht", weil „einem Ausufern der ‚wirtschaftlichen Betrachtungsweise' zu Lasten des Steuerpflichtigen Einhalt geboten" werde.[161] Sie loben „ein seltenes Beispiel eines nennenswerten Beitrags zur Steuervereinfachung".[162] Auch wissenschaftliche Arbeiten stimmen dem Abgrenzungskriterium der faktischen Bereicherungsmöglichkeit nach der Leistung, die der Arbeitnehmer aufgrund seines Dienstverhältnisses tatsächlich verlangen kann und der Abkehr von der bisherigen „Verwaltungskasuistik" zu.[163] Selbst führende Angehörige der Finanzministerien folgen ohne Einschränkung und Vorbehalt den Abgrenzungskriterien der Rechtsprechung.[164] Nur vereinzelt wird an der neuen Rechtsprechung Kritik geübt[165] und gesetzgeberischer Handlungsbedarf in der Abgrenzungsfrage und der Freigrenze des § 8 Abs. 2 S. 11 EStG ausgemacht.[166] Angesichts der von der Beratungspraxis betonten Gestaltungsmöglichkeiten[167] einer Substitution von regelbesteuertem Barlohn durch privilegierten Sachlohn überrascht nicht, dass der Gesetzgeber wegen der Summierungseffekte der 44 Euro-Grenze pro Arbeitnehmer und Monat bereits rechtspolitisch über eine Eingrenzung

---

161 *Koller/Renn*, Mitarbeitergutscheine als steuerfreier Sachlohn, DStR 2011, 555 (558).
162 *Koller/Renn*, DStR 2011, 555 (558).
163 *Oehlschlägel*, Die Besteuerung geldwerter Vorteilsgewährungen des Arbeitgebers, 2013, S. 29.
164 *Breinersdorfer*, in Kirchhof/Söhn/Mellinghoff, EStG, § 19 Rz. B 584a–585 (Aug. 2012); *Kirchhof/Eisgruber*, EStG, 15. Aufl. 2016, § 19 Rz. 71a.
165 Andeutungsweise *Blümich/Glenk*, EStG/KStG/GewStG, § 8 EStG Rz. 163 (Juni 2014): „Hiermit steht die jüngste Rspr. zur Abgrenzung zw. Sachbezug und Barlohn bei zweckgebundenen Zuwendungen, Warengutscheinen und Tank- u. Telefonkarten u.Ä. nur bedingt in Einklang".
166 *Thomas*, Das Zusätzlichkeitserfordernis – Steuervergünstigung nur gegen mehr Lohn? DStR 2011, 789 (793 f.), weil „aus einer Vereinfachungs- eine Verkomplizierungsvorschrift geworden" sei.
167 Deutlich *Koller/Renn*, DStR 2011, 555 (558): „Arbeitgeber haben künftig die Möglichkeit, Arbeitnehmern Bezüge im Wert von bis zu monatlich 44 Euro durch die Überlassung von Gutscheinen unkompliziert und lohnsteuerfrei zuzuwenden. Über die vom BFH entschiedenen Anwendungsfälle (Benzin- und Büchergutscheine) hinaus sind in der Praxis vielfältige Gestaltungen denkbar. Die Verteilung von steuerfreien Essensgutscheinen wird ebenso möglich wie der steuerbefreite Monatsbeitrag für ein Fitnessstudio. Die Steuerbefreiung kann selbst in Fällen der Barerstattung von Sachaufwendungen erreicht werden, wenn diese Form der Sachzuwendung arbeitsvertraglich vereinbart wird."

des Sachlohnbegriffs nachgedacht hat.[168] Denn die Rechtsprechung des BFH eröffnet den Steuerpflichtigen mehr Gestaltungsraum für die Zuwendung von nicht in Geld bestehenden Einnahmen.[169] Unter Einsatz von Gutscheinen[170] ist derzeit eine Entgeltumwandlung von Bar- in Sachlohn[171] zur Ausschöpfung der Freigrenze[172] mit Wirkung für die Zukunft zulässig.[173] Gutscheine, die eine gewisse Handelbarkeit besitzen und letztlich reine Geldersatzfunktion haben[174], und gezielt als Surrogat für regelbesteuerten Barlohn zur Ausnutzung der Freigrenze eingesetzt werden, mag der Gesetzgeber aus Gleichheitsgründen überdenken. Er mag rechtspolitisch über die Bewertungsbedürftigkeit des Zuwendungsobjekts[175] als neues gesetzliches Tatbestandsmerkmal i.S.d. § 8 EStG nachdenken.[176] Immerhin ist bei „geldesgleichen" Leistungen, denen der Geldwert aufgedruckt ist, jedweder Bewertungsakt überflüssig.[177] Der Gesetzgeber mag in diesem Feld den Ausgleich zwischen der Gleichbelastung, der Praktikabilität des Steuervollzuges und auch einer Gestaltungsgrenze sorgsam neu abwägen.[178] Ein erster Gesetzesvorschlag[179], auf einen Geldbetrag lautende Vorteile und zweckgebundene Geld-

---

168 Bundesrat-Drucks. 432/14 v. 7.11.2014, S. 16.
169 So *Schneider*, NWB 2011, 508 (516).
170 Bei Warengutscheinen besteht bisher auch die Möglichkeit zur Pauschalbesteuerung nach § 37b EStG (*Oehlschlägel*, Die Besteuerung geldwerter Vorteilsgewährungen des Arbeitgebers, 2013, S. 129 m.w.N.).
171 Die Barlohnumwandlung erkennt auch BFH, Urt. v. 6.3.2008 – VI R 6/05, BStBl. II 2008, 530, Rz. 17 f., grundsätzlich an.
172 Explizit *Adamek* in Bordewin/Brandt, EStG, § 8 Rz. 9 (Nov. 2013): „zur Nutzung der Vorteile von § 8 Abs. 2 Satz 9 [Anm. jetzt 11] EStG".
173 *Krüger* in Schmidt EStG, 35. Aufl. 2016, § 8 Rz. 68.
174 *Kister* in Herrmann/Heuer/Raupach, EStG/KStG, § 8 EStG Rz. 29 (Sept. 2012).
175 *Kimpel*, Sachbezüge im Lohnsteuerrecht, 2009, S. 185.
176 Freilich sind auch die Weiterungen für Sachen, deren Wert sich einfach bestimmen lässt, weil dafür täglich etwa an der Börse ein Wert ermittelt wird, z.B. Aktien, andere Wertpapiere oder Edelmetalle (vgl. dazu bisher BFH v. 11.11.2010 – VI R 21/09, BStBl. II 2011, 383, Rz. 15; BFH v. 11.11.2010 – VI R 27/09, BStBl. II 2011, 386, Rz. 15), zu bedenken.
177 Bewertungsunsicherheiten erscheinen ausgeschlossen und Bewertungstoleranzen darum nicht notwendig.
178 Dabei zu bedenken ist auch die frühere Klage aus der Praxis über eine „harte" lohnsteuerrechtliche Erfassung von Sachzuwendungen, die dysfunktional zu Lasten der Unternehmen gehe (*Reuter*, Überzogene Lohnsteuer bei Sachzuwendungen, Steuerliche Vierteljahresschrift [StVj] 1990, 237 [252 f.]).
179 Bundesrat-Drucks. 432/14 v. 7.11.2014, S. 16.

zuwendungen zu den Geldeinnahmen zu rechnen, wurde bislang nicht umgesetzt.

V. Fazit und Ausblick zur Arbeitnehmerbesteuerung

Bereits auf der ersten Jahrestagung der DStJG in Bad Ems im Jahre 1985 zu „Grundfragen des Lohnsteuerrechts"[180] hatte *Joachim Lang* ein „Sonderrecht für Lohnsteuerpflichtige" beklagt und dem entgegengesetzt: „Lohnsteuerrecht ist ... Einkommensteuerrecht!"[181] Dieser Appell, der bereits in der Rechtsprechung und der Lohnsteuerpraxis Früchte getragen hat, ist zu erneuern und auf die Besteuerung von Arbeitnehmern insgesamt auszudehnen. „Arbeitnehmerbesteuerung" ist trotz des Massenfallrechts und der besonderen Vollzugsform systematisch Teil der Besteuerung des Einkommens nach der individuellen Leistungsfähigkeit des Steuerpflichtigen. Eigenheiten der Arbeitnehmerbesteuerung bleiben systematisch erklärungs- und rechtfertigungsbedürftig. Ich habe versucht, aus systematischer Sicht wesentliche Ursachen der Eigenheiten der Besteuerung von Arbeitnehmern aufzuzeigen und zugleich Argumente für ihre Eingrenzung zu liefern. Wenn sich die Einkunftsart der nichtselbständigen Arbeit nicht systematisch-teleologisch, sondern nur anhand der Modalität der Einkunftserzielung von anderen Einkünften abgrenzen lässt, hat dies Konsequenzen für die Qualifikation von Arbeitnehmereinkünften und ihre Ermittlung. Die Vollzugsform der Lohnsteuer mit der Haftung des Arbeitgebers verleitet in der Praxis zu Extensionen bei der Einordnung als Arbeitnehmer und als Arbeitslohn, die überdenkenswürdig sind. Umgekehrt bedürfen auch normative und faktische Vergünstigungen allein für Arbeitnehmer einer Rechtfertigung.[182] Belastende *und* entlastende Eigenheiten der Arbeitnehmerbesteuerung sind systematisch zu rechtfertigen.

Abschließend ist ein Ausblick auf Reformperspektiven der Arbeitnehmerbesteuerung zu richten. Angesichts der Verwaltungseffizienz und der seit Jahrzehnten relativ konstanten Aufkommensstärke der Lohnsteuer besteht insoweit nur geringer Reformdruck. Arbeitnehmereinkünfte gelten wegen des Quellenabzugs als besonders hinterziehungsresistent. Der

---

180 *Stolterfoht* (Hrsg.), DStJG 9 (1986).
181 *Lang*, DStJG 9 (1986), S. 15 (20).
182 Wegweisend für früher gesetzlos gewährte Steuerbefreiungen für Arbeitnehmer *Offerhaus*, DStJG 9 (1986), S. 117 (121 ff., 139).

Quellenabzug gilt als Vollzugsgarantie[183] und soll eine „fast lückenlose Erfassung der Bezüge" sichern.[184] Weithin besteht wegen der die Einkunftsart prägenden Vollzugsform eine „Vollzugszufriedenheit". Darum hat sich auf der Reformtagung der DStJG in Berlin die Besteuerung von Arbeitnehmern nicht als großes Reformthema erwiesen.[185] Auch im internationalen Kontext, vor allem der aktuellen BEPS-Diskussionen, stehen Arbeitnehmer und ihre Einkünfte nicht im Fokus, weil ihre Erfassung auch grenzüberschreitend hinreichend gesichert erscheint. Das wirft aber die Frage auf, ob sich Rechtssetzer und Rechtsanwender mit dem Vollzugserfolg bei einer bestimmten Einkunftsart in einer Binnensicht zufrieden geben dürfen oder aber einkunftsartenübergreifend Reformbedarf besteht. Die grundlegende Diskussion über eine duale Einkommensteuer, die rechtskategorisch zwischen Arbeits- und Kapitaleinkommen differenziert[186], wirft die Frage der verfassungsrechtlichen Zulässigkeit einer Diskriminierung ortsgebundener Einkünfte gegenüber solchen aus mobilem Kapital auf. Nicht allein, weil der Vollzug durch die Steuerentrichtungspflicht des Arbeitgebers relativ gesichert erscheint, sind Umfang und Intensität der Besteuerung auch in Relation zu anderen Einkommensteuerpflichtigen gerechtfertigt. Die dahinterstehende rechtspolitische Frage ist offen und darum sollten Reformoptionen durchaus diskutiert werden.

Beim „Spiel zu dritt"[187] im lohnsteuerrechtlichen Dreiecksverhältnis hat der Gesetzgeber ausgewogene Lösungen zu suchen. Gegen eine überambitionierte Entrichtungspflicht, die zur Überforderung des Arbeitgebers beim Lohnsteuerabzug führt[188], wird die Forderung nach Typisierung und Vereinfachung gesetzt[189]. Eine typisierte, pauschalierte und definitive Erhebung der Lohnsteuer würde zwar die Aufgaben der Ar-

---

183 Deutlich für eine Quellensteuer BVerfG v. 9.3.2004 – 2 BvL 17/02, BVerfGE 110, 94 (114 f., 134), in Anschluss an BVerfG v. 27.6.1991 – 2 BvR 1493/89, BVerfGE 84, 239 (281).
184 So *Stoltefoht*, Lohnsteuer- und Lohnsteuerabführungspflicht, 1975, S. 93; ähnlich *Jakob*, Einkommensteuer, 4. Aufl. 2008, Rz. 371.
185 *Drüen*, DStJG 37 (2014), S. 9 (13).
186 Nachweise bereits bei *Drüen*, DStJG 37 (2014), S. 9 (40 ff.); zuletzt *Konrad*, Gleichheit und Differentation. Die Duale Einkommensteuer und der Gleichheitssatz, Diss. München 2015.
187 *Trzaskalik*, Die Steuererhebungspflichten Privater, DStJG 12 (1989), S. 157 (160).
188 Zuletzt *G. Kirchhof*, FR 2015, 773 (778 f.).
189 *G. Kirchhof*, Die Erfüllungspflichten des Arbeitgebers im Lohnsteuerverfahren, 2005, S. 131 ff.

beitgeber sachgerecht reduzieren[190], allerdings darf der Steuerabzug als Vorgriff auf die Einkommensteuerschuld des Arbeitnehmers[191] dessen leistungsgerechte Besteuerung als Subjekt der Einkommensteuer nicht verhindern. Nach meiner Ansicht ist es nicht geboten, die Lohnsteuer durch definite Typisierungen und Pauschalierungen wieder und weiter von der Einkommensteuer zu entkoppeln. Die Verselbständigung der Lohnsteuer als Entrichtungsschuld[192] ist nicht zielführend. Stattdessen ist eine verfahrensrechtliche Integration des Steuerabzugsverfahrens zu erwägen.[193] Die Modernisierung des Besteuerungsverfahrens treibt zwar den schrittweisen Umbau von papiergebundenen zum elektronischen Lohnsteuerabzugsverfahren[194] auf einer neuen Digitalisierungsstufe des Steuerverfahrens voran. Eine echte Reform hätte die bereichsspezifischen Reformvorschläge eines digitalisierten und dialogischen Steuerabzugsverfahrens mit wechselseitigem Informationsaustausch[195] aufgegriffen. Wenn der Arbeitgeber von ihm geleistete Zahlungen und Surrogate an das Finanzamt meldet und dieses sodann die Steuer unter Auswertung der persönlichen Daten des Steuerschuldners berechnet und dem Abzugspflichtigen mitteilt, so würden sich beim Lohnsteuerabzug „auf Zuruf" die Vollzugslasten erheblich relativieren[196] und zudem würde die Lohnsteuerabzugspflicht – entgegen dem Status quo (s. II. 2.) – auf eine reine Zahlungsfunktion reduziert. Auch bei der Arbeitnehmerbesteuerung ist darum das Ende des Reformweges noch nicht erreicht.

---

190 G. Kirchhof, Die Erfüllungspflichten des Arbeitgebers im Lohnsteuerverfahren, 2005, S. 195 ff., 213 f.
191 BFH v. 20.7.2005 – VI R 165/01, BStBl. II 2005, 890 (891).
192 Zu dieser Tendenz im VerStG Heuermann, FR 2013, 354 (359).
193 Für die Nutzung der Chancen der Digitalisierung zur Entlastung auch G. Kirchhof, FR 2015, 773 (779).
194 Dazu bereits Heuermann/Wagner, Lohnsteuer, G Rz. 1 (Juli 2013).
195 Zum Gesetzesvorschlag eines digitalen Informationsaustausches im Steuerabzugsdreieck vgl. bereits Lang/Herzig/Hey/Horlemann/Pelka/Pezzer/Seer/Tipke, Kölner Entwurf eines Einkommensteuergesetzes, 2005, §§ 42–49 EStG-KE, mit Begründung Rz. 157–159.
196 Drüen, DStJG 31 (2008), S. 167 (199 f.).

Rechtsetzung und Rechtsanwendung im steuerlichen Massenfallrecht

Zu den lohnsteuerlichen Sachbezügen, der Modernisierung des Besteuerungsverfahrens, der gesetzlichen Typisierung sowie der Ist- und Soll-Ertragsbesteuerung

Prof. Dr. *Gregor Kirchhof*, LL.M.
Institut für Wirtschafts- und Steuerrecht, Universität Augsburg

I. **Die Selbstverständlichkeit der Steuerlast**
1. Einsichtiges Steuerrecht und Quellenbesteuerung
2. Steuerrecht als Massenfallrecht
3. Rechtssicherheit – der drängende Auftrag des Steuerrechts
4. Einheit von Steuergesetz und Steuervollzug

II. **Sachbezüge als steuerpflichtiger Lohn**
1. Fehlende gesetzliche Verallgemeinerungen im Steuerrecht
2. „Ganz überwiegend eigenbetriebliches Interesse" – irreführende Verallgemeinerung des BFH
3. Die maßgebliche Unterscheidung von Erwerbs- und Privatsphäre
4. Die vorgeschlagene Verallgemeinerung der Einkünfte aus nichtselbständiger Arbeit

III. **Modernisiertes Besteuerungsverfahren**
1. Entlastung der Finanzverwaltung, nicht der Steuerpflichtigen
2. Automatisiert anwendbare Gesetze und die Notwendigkeit der Verwaltung
3. Rechner und Verwaltung – die Gefahr eines rechtsstaatswidrigen Beherrschungsdefizits
4. Gesetzmäßigkeit – keine Belastung nach Wahrscheinlichkeit und Vermutung
5. Rechnergeleitete Selbstveranlagung, kein „automatischer Vollzug"
6. Auszugleichendes Informationsgefälle und Datenschutz
7. Der notwendige Schritt zur vorausgefüllten Steuererklärung

IV. **Ist- und Soll-Ertragsbesteuerung**
1. Verfassungsgebotene Ist-Ertragsbesteuerung
2. Die Entwicklung von der Soll- zur Ist-Ertragsbesteuerung in Deutschland
3. Zahlreiche Elemente der Soll-Ertragsbesteuerung im geltenden Ertragsteuerrecht
4. Der Systemvorschlag: Ist-Ertragsbesteuerung mit Elementen einer Soll-Ertragsteuer

V. **Gesetzliche Verallgemeinerung und Typisierung**
1. Typisierung als steuerliche Grenze typischen Verhaltens

2. Verweigerung der Typisierung als rechtfertigungsbedürftige Ausnahme
3. Typisierungen, um das objektive Nettoprinzip anwenden zu können
4. Die Notwendigkeit allgemeiner, auf den Massenvollzug ausgerichteter Steuergesetze

VI. **Gesetzgebung und Rechtsquellenvielfalt**

1. Die historische Errungenschaft der modernen Rechtsquellenvielfalt
2. Elemente der Soll-Ertragsbesteuerung im internationalen Steuerrecht
3. Die Gleichheitsforderung, alle Steuerpflichtigen zu erfassen
4. Rationalität des Gesetzes und des Vollzugs im Massenverfahren

I. Die Selbstverständlichkeit der Steuerlast

1. Einsichtiges Steuerrecht und Quellenbesteuerung

Normen schaffen Normalität. Das Bürgerliche Gesetzbuch gibt täglich Millionen von Kaufverträgen Rechtssicherheit, ohne dass die Betroffenen einen Gedanken an das Recht verschwenden. Das Strafrecht verhindert eine Vielzahl von Delikten, weil es ein allgemeines Rechtsbewusstsein festigt oder prägt. Auch die Besteuerung braucht eine verlässliche Normentreue. Das Steuerrecht ist aber nur in Teilen eine für jedermann einsichtige Gewohnheit geworden[1]. Eine Steuerlast, die trotz zahlreicher

---

[1] Deutlich *K. Tipke*, Die Steuerrechtsordnung, Band III, 2. Aufl. 2012, S. 1393 ff.; *J. Lang* in Tipke/Lang, Steuerrecht, 20. Aufl. 2010, S. VII (Vorwort), spricht von einem „Steueränderungsrausch"; *P. Kirchhof*, Der sanfte Verlust der Freiheit, 2004, S. 1 ff., 129 ff.; *R. Mellinghoff*, Erneuerung des Steuerrechts – Reformüberlegungen am Beispiel der Besteuerung von Einkommen und Vermögen, DStJG 37 (2014), S. 1 (3), beschreibt den Zustand des Steuerrechts als „nicht mehr akzeptabel"; *K.-D. Drüen*, Prinzipien und konzeptionelle Leitlinien einer Einkommensteuerreform, DStJG 37 (2014), S. 9 (12 ff.), betont einen differenzierten Reformbedarf; s. zudem *K.-D. Drüen*, Der Aufbruch zu einer neuen Steuerkultur, DStR 2010, 2 (2 f.); *J. Hey* in Tipke/Lang, Steuerrecht, 22. Aufl. 2015, § 3 Rz. 1 ff.; *R. Hüttemann*, Steuerrechtsprechung und Steuerumgehung, DStR 2015, 1146 (1148 m.w.H.): Der Gesetzgeber bleibt „auf manchen Besteuerungsfeldern ein ‚System' schuldig"; *W. Schön*, Steuerpolitik 2008 – Das Ende der Illusion?, DStR-Beihefter zu Heft 17/2008, 10 (10 ff., Zitat: 10): Die anerkannten „steuerpolitischen Ideale unserer Zeit – so scheint es – sind in Wahrheit steuerpolitische Illusionen."

komplizierter Regelungen und schwieriger Fälle im Regelfall selbstverständlich getragen wird, begründet die Umsatzsteuer. Den Grund für diese Normalität und Normentreue bildet die Erhebungsform[2]. Die Unternehmer führen die Umsatzsteuer ab[3]. Die indirekte Steuer ähnelt insoweit der Quellenbesteuerung[4]. Die Arbeitgeber erheben die Lohnsteuer[5], die Banken die Abgeltungsteuer[6]. Die Lohnsteuer ist gleichwohl in ihrer konkreten Höhe nur in einfachen Regelfällen eine nicht hinterfragte Last[7]. Die Lohnsteuer und weitere einkommensteuerliche Normen könnten aber so weiterentwickelt werden, dass die Steuerlast selbstverständlich wird[8].

---

2 Siehe hierzu *W. Widmann*, Vollzugsdefizite und Vollzugslasten im Umsatzsteuerrecht, DStJG 32 (2009), S. 103 (107 f.); *E. Schmidt*, Moderne Steuerungssysteme im Steuervollzug, DStJG 31 (2008), S. 37 (41 ff.); vgl. *K.-D. Drüen*, Inanspruchnahme Dritter für den Steuervollzug, DStJG 31 (2008), S. 167 (180 ff.).
3 *W. Widmann*, Vollzugsdefizite und Vollzugslasten im Umsatzsteuerrecht, DStJG 32 (2009), S. 103 (107 f.).
4 Siehe hierzu *R. Mellinghoff*, Eröffnung der Jahrestagung und Rechtfertigung des Themas, in diesem Band, S. 1 ff.; *K.-D. Drüen*, Arbeitnehmerbesteuerung im System der Einkommensteuer, in diesem Band, S. 11 ff.; *A. Meyer*, Die Rolle des Arbeitgebers im Lohnsteuerverfahren, in diesem Band, S. 177 ff.
5 Siehe hierzu *G. Kirchhof*, Die Erfüllungspflichten des Arbeitgebers im Lohnsteuerverfahren, 2005, S. 25 ff., 92 ff.; *K.-D. Drüen*, Inanspruchnahme Dritter für den Steuervollzug, DStJG 31 (2008), S. 167 (172 ff.); *K.-D. Drüen*, Die Indienstnahme Privater für den Vollzug von Steuergesetzen, 2012, S. 133 ff.
6 *F. Scheurle*, Die Vollziehbarkeit der Besteuerung von Einkommen aus Kapital, DStJG 30 (2007), S. 39 (40 ff.); *H. Tappe*, Privatisierung der Steuerverwaltung, in Schön/Röder (Hrsg), Zukunftsfragen des Steuerrechts III, 2017, i.E.
7 Siehe sogleich unter II. und *S. Breinersdorfer*, Arbeitslohn und seine Grenzen, in diesem Band, S. 105 ff.; *G. Kirchhof*, Die Überforderung der Arbeitgeber durch den Lohnsteuerabzug, FR 2015, 773 ff.; *G. Kirchhof*, Die Erfüllungspflichten des Arbeitgebers im Lohnsteuerverfahren, 2005, S. 92 ff.; *K.-D. Drüen*, Die Indienstnahme Privater für den Vollzug von Steuergesetzen, 2012, S. 133 ff.
8 Siehe sogleich unter IV. und V.

2. Steuerrecht als Massenfallrecht

Steuerrecht ist Massenfallrecht[9]. Die sehr hohe Zahl der Betroffenen wird als zentrales Problem der Steuergesetze beschrieben[10]. Doch ist das Gesetz seit jeher auf zahllose Fälle ausgerichtet. Das Faszinierende dabei ist, dass das Gesetz gerade in seiner Anwendung auf die Allgemeinheit versucht, das wohl elementarste Anliegen des Rechts zu erfüllen, der Gerechtigkeit zu dienen[11]. In einer allegorischen Darstellung von *Franz Conrad Linck* aus dem Jahre 1790 stützt sich die Gerechtigkeit auf die Gesetze[12]. Das Gesetz garantiert in seiner Allgemeinheit aus sich he-

---

9 BVerfG v. 7.4.2015 – 1 BvR 1432/10, FamRZ 2015, 1097 (Rz. 14) – kumulative Belastung von Erbschaft- und Einkommensteuer; BVerfG v. 12.10.2010 – 1 BvL 12/07, BVerfGE 127, 224 (Rz. 74) – Betriebsausgabenabzugsverbot; BVerfG v. 9.12.2008 – 2 BvL 1/07, BVerfGE 122, 210 (Rz. 60 f.) – Pendlerpauschale; BVerfG v. 21.6.2006 – 2 BvL 2/99, BVerfGE 116, 164 (Rz. 75) – Tarifbegrenzung für gewerbliche Einkünfte; vgl. BVerfG v. 7.12.1999 – 2 BvR 301/98, BVerfGE 101, 297 (Rz. 37) – häusliches Arbeitszimmer; BFH v. 29.1.2003 – III R 53/00, BStBl. II 2003, 565 (Rz. 44) – Eigenheimzulage; BFH v. 7.9.2005 – VIII R 42/02, BFH/NV 2006, 498 (Rz. 11) – Gewerbesteuerzerlegung; BFH v. 6.12.2006 – X R 34/04, BFH/NV 2007, 68 (Rz. 57) – Kreditvermittlungsgebühren; BFH v. 23.12.2013 – III B 88/13, BFH/NV 2014, 517 (Rz. 15) – Kindergeldberechtigung (zum Kindergeld); *J. Lang* in Tipke/Lang, Steuerrecht, 20. Aufl. 2010, § 4 Rz. 132; *J. Hey* in Tipke/Lang, 22. Aufl. 2015, § 3 Rz. 147; s. auch sogleich die Nachweise in Fn. 10.
10 *J. Isensee*, Die typisierende Verwaltung, 1976, S. 52; *J. Isensee*, Resilienz von Recht im Ausnahmefall, in Lewinski (Hrsg.), Resilienz des Rechts, 2016, S. 33 (40); *R. Seer*, Der Vollzug von Steuergesetzen unter den Bedingungen einer Massenverwaltung, DStJG 31 (2008), S. 7 (16 ff.); *E. Schmidt*, Moderne Steuerungssysteme im Steuervollzug, DStJG 31 (2008), S. 37 (38 ff.); s. auch die Nachweise in Fn. 9.
11 Siehe hierzu und zum Folgenden *G. Kirchhof*, Die Allgemeinheit des Gesetzes, 2009, insb. S. 35 ff., 67 ff.
12 In den Zeiten der französischen Revolution wurde der Wert des allgemeinen Gesetzes in Frankreich und weiteren Teilen Europas deutlich hervorgehoben. Die Aufklärung bereitete den Grundrechten und der Demokratie den Weg. Doch unmittelbar nach dieser Zeitenwende bewirkten nicht diese Errungenschaften, sondern die allgemeinen Gesetze und die Gewaltenteilung einen ungeheuren Gewinn an Freiheit und Selbstbestimmung in Frankreich (*H. Hofmann*, Menschenrechte und Demokratie, JZ 2001, 1 [7]).

raus Gerechtigkeit[13], ist „die geschworene Feindin der Willkür"[14]. Die Verallgemeinerung gewährleistet Gerechtigkeit und Freiheit. „Handle nur nach derjenigen Maxime, durch die du zugleich wollen kannst, dass sie ein allgemeines Gesetz werde"[15]. Im gesellschaftlichen Leben ist diese Allgemeinheit Allgemeingut. Selbstredend stellt man sich in einer Schlange an der Kasse hinten an. Dem Sport ist selbstverständlich, dass der Schiedsrichter ein Foul ohne Ansehen des Sportlers pfeift. Auch im Straßenverkehrsrecht wird die Regel nicht hinterfragt, dass die rote Ampel für jedes Kraftfahrzeug gilt. Ausnahmen sind durch ein Martinshorn klar ersichtlich und begründet.

3. Rechtssicherheit – der drängende Auftrag des Steuerrechts

Doch gerade im Steuerrecht hat die Gesetzesallgemeinheit an Kraft verloren[16]. Dieser Befund erstaunt, weil eine allgemeine Gesetzgebung für dieses Massenfallrecht selbstverständlich sein müsste. Die Steuerpflichtigen erwarten vom Steuerrecht vor allem eines: Rechtssicherheit[17]. Im nationalen Recht fordert gegenwärtig insbesondere das Steuerstrafrecht klarere Steuernormen[18]. Aktuell sind auf internationaler Ebene deutsche Unternehmen an über 1000 steuerlichen Streitbeilegungsverfahren mit offenem Ausgang beteiligt. Wenn im Schnitt in jedem Verfahren um einen zweistelligen Millionenbetrag gerungen wird, besteht eine Pla-

---

13 *Aristoteles*, Politik [Politica, zw. 329 u. 326 v. Chr.], 2003, 1287b; *G. Radbruch*, Rechtsphilosophie [1932], 1999, S. 26 [19 f.]; *H. L. A. Hart*, The Concept of Law, 1961, S. 20.
14 *R. von Jhering*, Geist des römischen Rechts [1852–1865], 8. Aufl. 1954, 2. Teil 2. Abteilung, S. 471, auch für die Gesellschaft.
15 *I. Kant*, Grundlegung zur Metaphysik der Sitten [1785], 2005, 421; s. zudem *I. Kant*, Metaphysik der Sitten [1797], 1954, 214.
16 Deutlich *K. Tipke*, Die Steuerrechtsordnung, Band III, 2. Aufl. 2012, S. 1393 ff., ohne diesen Befund aber unmittelbar auf das allgemeine Gesetz zu beziehen; s. bereits die Nachweise in Fn. 1.
17 Insoweit bezieht sich die „Steuerliche Kultur der Verlässlichkeit" (*K.-D. Drüen*, Der Aufbruch zu einer neuen Steuerkultur, DStR 2010, 2 [5]) vor allem auf die Gesetzgebung.
18 *R. Mellinghoff*, Steuerstrafrecht an der Schnittstelle zum Steuerrecht, DStJG 38 (2015), S. 1 (2 ff.); *E. Kirchler/M. Kasper*, Steuern und Psychologie. Überlegungen zur Wirkung von Steuern auf Steuerzahler, DStJG 38 (2015), S. 7 (20 ff.); *L. Kuhlen*, Vorsatz und Irrtum im Steuerstrafrecht, DStJG 38 (2015), S. 117 (118 ff.); s. sogleich unter V. 4.

nungsunsicherheit in Höhe eines zweistelligen Milliardenbetrages[19]. Ein allgemeines Steuergesetz wäre auf internationaler, aber auch auf nationaler Ebene ein nachhaltiges Konjunkturprogramm[20].

4. Einheit von Steuergesetz und Steuervollzug

Jedes zu vollziehende Gesetz ist nur so gerecht wie sein Vollzug[21]. Der Gleichheitssatz fordert für das Steuerrecht eine Gleichheit im Belastungserfolg[22]. Der steuerliche Vollzug rückt so in den Mittelpunkt rechtsstaatlicher Bemühungen um das Steuerrecht. Dieser Vollzug soll durch das Gesetz zur Modernisierung des Besteuerungsverfahrens[23] in einer Digitalisierung grundlegend geändert werden. Doch ohne eine grundlegende Vereinfachung des materiellen Steuerrechts wird die geplante automati-

---

19 Siehe für die Anzahl der Fälle und für Richtwerte über die allerdings schwer zu schätzende wirtschaftliche Bedeutung der Verfahren *St. Greil/St. Rasch*, Dispute resolution procedures in international tax matters – Germany, in International Fiscal Association (Hrsg.), Cahiers de droit fiscal international, volume 101 a 2016, S. 263 (274 f.); *St. Rasch/K. Mank* in Kroppen/Rasch (Hrsg.), Handbuch Internationale Verrechnungspreise, 23. Lfg. Nov. 2016, OECD-Kap. IV, Anm. 7; *K. Flüchter*, Seminar C: Verständigungsverfahren und die Beilegung grenzüberschreitender Streitigkeiten, IStR 2012, 694 (700), nennt exemplarisch Streitwerte von rund 200 und 700 Mio. Euro.
20 Deutlich *R. Seer*, Diskussion, DStJG 39 (2016), S. 88: „Die beste Wirtschaftsförderung ist nach wie vor ein neutrales Steuerrecht."
21 Siehe zur Maßgeblichkeit des steuerlichen Vollzugs BVerfG, 27.6.1991 – 2 BvR 1493/89, BVerfGE 84, 239 (Rz. 104 ff.) – Zinsbesteuerung; zur Verbindung von Gerechtigkeit und Gesetzesvollzug *K. Tipke*, Steuergerechtigkeit, Leitgedanken des Rechts, Bd. II, 2013, § 146 Rz. 5; *R. Seer*, Der Vollzug von Steuergesetzen unter den Bedingungen einer Massenverwaltung, DStJG 31 (2008), S. 7 (8 f. m.w.H.); s. zudem sogleich die Hinweise in Fn. 22.
22 BVerfG v. 14.6.2016 – 2 BvR 323/10, DStR 2016, 1731 (Rz. 101) – Altersvorsorgeaufwendungen; BVerfG v. 17.2.2010 – 1 BvR 2664/09, NVwZ-RR 2010, 457 (Rz. 46) – Zweitwohnungssteuer; BVerfG v. 9.3.2004 – 2 BvL 17/02, BVerfGE 110, 94 (Rz. 63) – Spekulationssteuer; BVerfG v. 7.12.1999 – 2 BvR 301/98, BVerfGE 101, 297 (Rz. 38) – häusliches Arbeitszimmer; BVerfG v. 10.4.1997 – 2 BvL 77/92, BVerfGE 96, 1 (Rz. 25, 31) – Weihnachtsfreibetrag; BVerfG v. 27.6.1991 – 2 BvR 1493/89, BVerfGE 84, 239 (Rz. 104, 106, 109) – Zinsbesteuerung; *R. Eckhoff*, Gleichmäßigkeit der Besteuerung, Leitgedanken des Rechts, Bd. II, 2013, § 148 Rz. 12 ff.
23 Gesetz zur Modernisierung des Besteuerungsverfahrens vom 18.7.2016, BGBl. I 2016, 1679.

sierte Anwendung der Steuergesetze nicht gelingen[24]. Für die notwendige Vereinfachung sollte das Steuerrecht beim verfassungsgeforderten Ausgangspunkt der Ist-Ertragsbesteuerung bleiben, sodann aber vermehrt Elemente der Soll-Ertragsbesteuerung nutzen[25]. Der Steuergesetzgeber hat sich grundsätzlich wieder darauf zu besinnen, dass die Typisierung im Gesetz nicht die rechtfertigungsbedürftige Ausnahme, sondern der Regelfall ist. Hier sind gängige Deutungen im Ausgangspunkt zu korrigieren[26]. Will das deutsche Steuerrecht im wachsenden Einfluss des internationalen Rechts bestehen, muss es Verallgemeinerungen wählen, die auf die moderne Rechtsquellenvielfalt ausgerichtet sind[27].

II. Sachbezüge als steuerpflichtiger Lohn

1. Fehlende gesetzliche Verallgemeinerungen im Steuerrecht

Arbeitslohn ist jeder geldwerte Vorteil, der dem Arbeitnehmer aus dem Dienstverhältnis als Gegenleistung für seine individuelle Arbeitskraft zufließt und damit durch das individuelle Dienstverhältnis veranlasst ist[28]. Zu den Geldleistungen – dem eigentlichen Lohn – treten Sachbe-

---

24 Siehe sogleich unter III. und für einen Vorschlag einer allgemeinen gesetzlichen Regel für den steuerpflichtigen Lohn einschließlich der unterschiedlichen Sachbezüge unter II.
25 Siehe unter IV. Diese These, die bestehende unübersichtliche Konkretisierung der Ist-Ertragsbesteuerung durch zahlreiche Elemente der Soll-Ertragsbesteuerung zu rationalisieren und zum System zu machen, steht auch im Mittelpunkt des folgenden Beitrags – in zum Teil parallelen, insbesondere aber in ergänzenden Begründungen und Perspektiven: *G. Kirchhof*, Renaissance der Sollertragsbesteuerung?, in Schön/Röder, Zukunftsfragen des deutschen Steuerrechts III, 2017, i.E.
26 Siehe unter V.
27 Siehe unter VI.
28 Unerheblich ist, „unter welcher Bezeichnung oder in welcher Form die Einnahmen gewährt werden." § 2 Abs. 1 Sätze 1 und 2 (Zitat) LStDV, § 8 Abs. 1, § 19 EStG. BFH v. 4.10.2016 – IX R 43/15, DStR 2017, 247 (Rz. 20 ff.) – Veräußerungsgewinn aus einer Kapitalbeteiligung; BFH v. 1.9.2016 – VI R 67/14, BStBl. II 2017 (Rz. 21 f.) – Verbilligte Überlassung von GmbH-Anteilen; BFH v. 26.8.2016 – VI R 95/15, BFH/NV 2016, 172 (Rz. 12) – Ausgleichszahlungen des Dienstherrn; BFH v. 17.7.2014 – VI R 69/13, BStBl. II 2015, 41 (Rz. 13) – Mitgliedschaft in einem Golfclub: „finaler Zusammenhang"; BFH v. 19.8.2004 – VI R 33/97, BStBl. II 2004, 1076 (Rz. 18) – überlassene Luxuswohnung; BFH v. 26.6.2003 – VI R 112/98, BStBl. II 2003, 886 (Rz. 13) – Führerscheinkosten; BFH v. 30.5.2001 – VI R 177/99, BStBl. II 2001, 671 (Rz. 9) – Mas-

züge und damit zahlreiche anspruchsvolle Rechtsfragen[29]. Zu erörtern ist, ob dem Arbeitnehmer Lohn zufließt, wenn der Arbeitgeber ihm Sportmöglichkeiten[30] zur Verfügung stellt, einen Führerschein[31], Vorsorgeuntersuchungen[32] oder Kuren[33] für den Arbeitnehmer zahlt, diesem unentgeltlich ein Fahrzeug[34], eine Wohnung[35], Mahlzeiten[36] oder Kleidung[37] überlässt, eine kostenlose Mitgliedschaft in einem Sportclub[38] gewährt oder – dies ist ein weiteres Beispiel aus der facettenreichen Rechtsprechung des BFH – wenn ein „Bildschirmarbeitnehmer" wohltuende Rückenmassagen am Arbeitsplatz erhält[39].

Die einschlägigen §§ 8 und 19 EStG helfen bei den Antworten auf diese Fragen kaum. Sie stehen exemplarisch für ein Steuerrecht, das weniger verallgemeinernde Tatbestände setzt, sondern zu Vorgaben von Fallgruppen neigt. § 8 Abs. 1 EStG regelt die Einnahmen in einer treffenden, aber sehr weiten Verallgemeinerung[40]. § 19 EStG definiert die Einkünfte aus

---

sage von Bildschirmarbeitnehmern; BFH v. 17.9.1982 – VI R 75/79, BStBl. II 1983, 39 (Rz. 20) – Vorsorgeuntersuchungen.
29 Siehe hierzu sogleich *S. Breinersdorfer*, Arbeitslohn und seine Grenzen, in diesem Band, S. 105 ff., und die Übersichten bei *Th. Eisgruber* in Kirchhof, § 19 EStG Rz. 78; *R. Krüger* in Schmidt, § 19 EStG Rz. 100; *S. Geserich* in Blümich, § 19 EStG Rz. 280; *H. Pflüger* in HHR, § 19 EStG Anm. 600; *S. Breinersdorfer* in KSM, § 19 EStG Rz. B 900.
30 BFH v. 27.9.1996 – VI R 44/96, BStBl. II 1997, 146 – Tennis- und Squashplätze.
31 BFH, 26.6.2003 – VI R 112/98, BStBl. II 2003, 886 – Führerscheinkosten.
32 BFH, 17.9.1982 – VI R 75/79, BStBl. II 1983, 39 – Vorsorgeuntersuchungen.
33 BFH v. 31.10.1986 – VI R 73/83, BStBl. II 1987, 142 (Rz. 10 ff.) – Kosten für Kuren.
34 § 8 Abs. 2 S. 2 ff. EStG; BFH v. 18.12.2008 – VI R 34/07, BStBl. II 2009, 381 – Werkstattwagen; BFH v. 6.11.2001 – VI R 62/96, BStBl. II 2002, 370 – Kraftfahrzeug.
35 BFH v. 19.8.2004 – VI R 33/97, BStBl. II 2004, 1076 – überlassene Luxuswohnung.
36 BFH v. 5.5.1994 – VI R 55/92, VI R 56/92, BStBl. II 1994, 771 (Rz. 14 f.) – Arbeitsessen.
37 BFH v. 11.4.2006 – VI R 60/02, BStBl. II 2006, 691 – Überlassung von Kleidungsstücken.
38 BFH v. 17.7.2014 – VI R 69/13, BStBl. II 2015, 41 – Mitgliedschaft in einem Golfclub; BFH, 15.5.1992 – VI R 106/88, BStBl. II 1993, 840 (Rz. 17 f., Zitat: 18) – Mitgliedschaft in Tennis- und Rotaryclub.
39 BFH v. 30.5.2001 – VI R 177/99, BStBl. II 2001, 671 (Rz. 11) – Massage von Bildschirmarbeitnehmern.
40 Vgl. *R. Krüger* in Schmidt, § 8 EStG Rz. 1; *J. Kister* in HHR, § 8 EStG Anm. 1; *C. Gröpl* in KSM, § 8 EStG Rz. A 1.

nichtselbständiger Arbeit sodann nicht in einer konkretisierenden allgemeinen Regel, sondern zählt Einzelfälle auf, die zu diesem Tatbestand „gehören" – wie Gratifikationen, Tantiemen, Zuwendungen im Rahmen von Betriebsveranstaltungen, Warte- oder Ruhegelder, Witwen- und Waisengelder, laufende Zuwendungen an einen Pensionsfonds sowie Sonderzahlungen an eine Versorgungseinrichtung[41]. Zahlreiche andere sachwerte Lohnleistungen bleiben ungeregelt. Es wird kein allgemeiner gesetzlicher Tatbestand entwickelt, sondern exemplarisch erläutert. Der Gesetzgeber erfüllt seinen Auftrag der allgemeinen Regelbildung nicht, sondern setzt Einzelfallvorgaben, die Aufgabe der Verwaltung sind[42].

2. „Ganz überwiegend eigenbetriebliches Interesse" – irreführende Verallgemeinerung des BFH

Der BFH hat auf Grund der fehlenden gesetzlichen Regel eine eigene Verallgemeinerung entwickelt, um die zahlreichen Fälle von Sachzuwendungen gleichheitsgerecht zu lösen. „Arbeitslohn liegt nach ständiger Rechtsprechung des BFH u.a. dann nicht vor, wenn die Arbeitnehmer durch Sachzuwendungen des Arbeitgebers zwar bereichert werden, der Arbeitgeber jedoch mit seinen Leistungen ganz überwiegend ein eigenbetriebliches Interesse verfolgt"[43]. Ob ein solches Interesse vorliegt, ist in einer objektiven Gesamtwürdigung der maßgeblichen Umstände festzustellen[44]. Diese Gesamtwürdigung ist sachgerecht. Doch ist der

---
41 § 19 Abs. 1 Nr. 1 ff. und Abs. 2 (Freibeträge) EStG; *Th. Eisgruber* in Kirchhof, § 19 EStG Rz. 1; *R. Krüger* in Schmidt, § 19 EStG Rz. 1; *H. Pflüger* in HHR, § 19 EStG Anm. 1; *S. Geserich* in Blümich, § 19 EStG Rz. 1; *S. Breinersdorfer* in KSM, § 19 EStG Rz. A 11.
42 Siehe hierzu *G. Kirchhof*, Die Allgemeinheit des Gesetzes, 2009, S. 174 ff. und insb. S. 298 ff. zur Gewaltenteilung.
43 BFH v. 16.5.2013 – VI R 94/10, BStBl. II 2015, 186 (Rz. 18, Hervorhebung nur hier) – Zuwendungen bei einer Betriebsveranstaltung; BFH v. 16.5.2013 – VI R 7/11, BStBl. II 2015, 189 (Rz. 18) – Betriebsveranstaltung; BFH v. 22.10.1976 – VI R 26/74, BStBl. II 1977, 99 (Rz. 21) – private Ferngespräche; BFH v. 21.3.1975 – VI R 94/72, BStBl. II 1975, 486 (Rz. 10) – Essensgeldzuschüsse; vgl. bereits BFH v. 15.3.1974 – VI R 25/70, BStBl. II 1974, 413 (Rz. 6) – Nachlässe bei Provisionen; st. Rspr.
44 BFH v. 11.4.2006 – VI R 60/02, BStBl. II 2006, 691 (Rz. 10) – Überlassung von Kleidungsstücken: „Ein Vorteil wird dann aus ganz überwiegend eigenbetrieblichem Interesse gewährt, wenn im Rahmen einer Gesamtwürdigung aus den Begleitumständen zu schließen ist, dass der jeweils verfolgte betriebliche Zweck ganz im Vordergrund steht. In diesem Fall des ‚ganz überwiegend' eigenbetrieblichen Interesses kann ein damit einhergehendes eigenes Interesse

Ausgangspunkt, die getroffene Verallgemeinerung, der Begriff des „ganz überwiegenden eigenbetrieblichen Interesses", irreführend[45]. Ohne Lohn würden die Arbeitnehmer nicht arbeiten. Der Arbeitgeber hat daher ein stärkeres Interesse, Lohn zu zahlen, als z.b. ein Unternehmensfest auszurichten oder andere Sachbezüge zu gewähren. Doch weist der Begriff der Eigenbetrieblichkeit in die richtige Richtung, wenn er sich nicht auf das betriebliche Interesse bezieht, sondern auf die Betriebssphäre – als Gegenpol zum Zufluss steuerpflichtigen Lohns, der in den Verfügungsbereich des Arbeitnehmers, in die Privatsphäre, gelangt.

3. Die maßgebliche Unterscheidung von Erwerbs- und Privatsphäre

Die Abgrenzung von steuerpflichtigem Lohn und nicht-lohnsteuerpflichtigen Vorteilen muss sich an der für das Einkommensteuerrecht konstitutiven Unterscheidung zwischen der Erwerbs- und der Privat-

---

des Arbeitnehmers, den betreffenden Vorteil zu erlangen, vernachlässigt werden. Die danach erforderliche Gesamtwürdigung hat insbesondere Anlass, Art und Höhe des Vorteils, Auswahl der Begünstigten, freie oder nur gebundene Verfügbarkeit, Freiwilligkeit oder Zwang zur Annahme des Vorteils und seine besondere Geeignetheit für den jeweils verfolgten betrieblichen Zweck zu berücksichtigen." BFH v. 30.5.2001 – VI R 177/99, BStBl. II 2001, 671 (Rz. 8) – Massage von Bildschirmarbeitnehmern; BFH v. 26.6.2003 – VI R 112/98, BStBl. II 2003, 886 (Rz. 14) – Führerscheinkosten; jeweils m.w.H. auf die st. Rspr.

45 Der BFH hegt selbst Zweifel an dem Kriterium, wenn er betont, dass eine betriebliche Veranlassung jeder Art von Lohnzahlung zugrunde liegt (BFH v. 30.5.2001 – VI R 177/99, BStBl. II 2001, 671 [Rz. 8] – Massage von Bildschirmarbeitnehmern). *St. Schneider*, Vom Arbeitgeber übernommene Buß- und Verwarnungsgelder sind Lohn, NWB 2014, 441 (443): Die Rechtsprechung des BFH „zeigt, dass das ganz überwiegend eigenbetriebliche Interesse zwar einen Befund umschreiben kann, der letztlich die Schlussfolgerung trägt, dass kein Lohn vorliegt, dass dabei aber das Interesse allein ein wenig greifbares Kriterium sein kann. Denn im Grunde liegt die Lohnzahlung insgesamt im ganz überwiegend eigenbetrieblichen Interesse, wie sollte der Arbeitgeber sonst den Betrieb in Gang halten?" Der „Tatbestand des ganz überwiegend eigenbetrieblichen Interesses" bedarf „einer Fortentwicklung", die der BFH in jüngeren Entscheidungen begonnen habe.

sphäre[46] orientieren. Diese Unterscheidung könnte in folgenden Schritten an Struktur gewinnen[47].

Lohn erhält ein Arbeitnehmer für sich. Der Arbeitnehmer verwendet den Lohn für seine Lebensführung. Im ersten Schritt ist daher zu fragen, ob der Arbeitnehmer eine Verfügungsmacht über den zugewendeten Vorteil in seiner Privatsphäre erhält. Wird dem Arbeitnehmer ein Fahrzeug auch für Privatfahrten[48] oder eine Wohnung[49] zur Verfügung gestellt, ist dies lohnsteuerpflichtig. Der Arbeitnehmer verfügt über die Güter in seinem Privatbereich. Überlässt ein Kleiderfabrikant dem Arbeitnehmer herkömmliche Kleider, werden diese in die Privatheit zugewendet[50]. Einheitliche Betriebskleidung – eine Unternehmensuniform – bleibt hingegen in der Betriebssphäre, mag sie später auch im häuslichen Schrank hängen[51]. Vom Arbeitgeber gezahlte Vorsorgeuntersuchungen[52] oder Massagen von „Bildschirmarbeitnehmern"[53] verursachen keinen steuerpflichtigen Arbeitslohn. Der Arbeitnehmer kann über diese Vor-

---

46 Siehe hierzu insb. BVerfG v. 23.11.1976 – 1 BvR 150/75, BVerfGE 43, 108 (Rz. 26 ff.) – Kinderfreibetrag; *R. Mellinghoff*, Privataufwendungen, Leitgedanken des Rechts, Bd. II, 2013, § 174 Rz. 2 f.; *H. G. Ruppe*, Die Abgrenzung der Betriebsausgaben/Werbungskosten von den Privatausgaben, DStJG 3 (1980), S. 103 (120 ff.); *G. Kirchhof*, Drei Bereiche privaten Aufwands im Einkommensteuerrecht, DStR 2013, 1867 ff.; *G. Kirchhof* in HHR, Einleitung zum EStG, Anm. 232 ff. m.w.H.
47 Siehe hierzu bereits *G. Kirchhof*, Die Überforderung der Arbeitgeber durch den Lohnsteuerabzug, FR 2015, 773 (774 ff.).
48 § 8 Abs. 2 S. 2 ff. EStG; BFH v. 18.12.2008 – VI R 34/07, BStBl. II 2009, 381 (Rz. 9) – Werkstattwagen; BFH v. 6.11.2001 – VI R 62/96, BStBl. II 2002, 370 (Rz. 13) – Kraftfahrzeug; jeweils m.w.H. auf die st. Rspr.
49 BFH v. 19.8.2004 – VI R 33/97, BStBl. II 2004, 1076 (Rz. 21) – überlassene Luxuswohnung.
50 BFH v. 11.4.2006 – VI R 60/02, BStBl. II 2006, 691 (Rz. 11 ff.) – Überlassung von Kleidungsstücken.
51 Werden Blusen, Hemden, Pullunder, Tücher und Krawatten in besonderen Farbtönen angeschafft, damit die Arbeitnehmer eines Unternehmens im Verkauf leichter zu erkennen sind, handelt es sich hierbei – in den Worten des BFH – um eine uniformähnliche Gemeinschaftsausstattung (BFH v. 22.6.2006 – VI R 21/05, BStBl. II 2006, 915 [Rz. 5 ff., insb. 19 f.] – einheitliche Betriebskleidung). § 3 Nr. 31 EStG bestätigt diesen Befund, weil hiernach die Überlassung typischer Berufskleidung steuerfrei ist.
52 BFH v. 17.9.1982 – VI R 75/79, BStBl. II 1983, 39 (Rz. 22) – Vorsorgeuntersuchungen; s. auch BFH v. 14.1.1975 – VI R 242/71, BStBl. II 1975, 340 (Rz. 12) – Kreislauftrainingskuren.
53 BFH v. 30.5.2001 – VI R 177/99, BStBl. II 2001, 671 (Rz. 10) – Massage von Bildschirmarbeitnehmern.

teile nicht privat verfügen. Steuerpflichtiger Lohn liegt aber vor, wenn der Arbeitgeber die Kosten für eine allgemeine Pflichtuntersuchung übernimmt oder eine gängige Kur bezahlt[54]. Hier trägt der Arbeitgeber private Aufwendungen des Arbeitnehmers, die dem Arbeitnehmer folglich erspart werden.

Bleibt ein Vorteil – dies ist das zweite, gleichsam spiegelbildliche Kriterium – in der Betriebssphäre, ist keine Lohnsteuer zu entrichten. Zahlt der Arbeitgeber seinen Fahrzeugführern einen Lkw-Führerschein, sind diese Aufwendungen nicht steuerbar, weil die Qualifikation speziell der betrieblichen Aufgabe dient. Einen Pkw-Führerschein[55] nutzt der Arbeitnehmer hingegen in der Privatsphäre, weil die vermittelten Kenntnisse zum Standard allg. Lebensführung gehören[56]. Sportangebote, die in den Arbeitsablauf eingebunden sind, bleiben im Betrieb[57]. Sportmöglichkeiten außerhalb des Betriebes[58] und unentgeltlich überlassene Mitgliedschaften in Sportclubs oder allgemein zugänglichen Vereinen[59] führen hingegen zu steuerpflichtigem Lohn.

---

54 BFH v. 31.10.1986 – VI R 73/83, BStBl. II 1987, 142 (Rz. 10 ff.) – Kosten für Kuren; BFH v. 11.3.2010 – VI R 7/08, BStBl. II 2010, 763 (Rz. 16) – Regenerierungskur: Die „Übernahme von Kurkosten durch den Arbeitgeber [ist] grundsätzlich Arbeitslohn […]. Dagegen können vom Arbeitgeber veranlasste unentgeltliche Vorsorgeuntersuchungen seiner leitenden Angestellten ebenso im ganz überwiegend eigenbetrieblichen Interesse liegen wie Maßnahmen zur Vermeidung berufsbedingter Krankheiten." Siehe zum „ganz überwiegenden eigenbetrieblichen Interesse" zuvor unter 2.
55 BFH v. 26.6.2003 – VI R 112/98, BStBl. II 2003, 886 (Rz. 16, 19) – Führerscheinkosten, mit der Begründung, dass der Arbeitnehmer hierdurch Aufwendungen erspare. Handelt es sich bei dem Führerschein jedoch nur um beiläufig erworbene Kenntnisse, die im Rahmen einer besonderen Polizeiausbildung gewonnen werden, liegt kein steuerlicher Lohn vor.
56 Siehe hierzu *H. Pflüger* in HHR, § 19 EStG Anm. 186 und 600; *Th. Eisgruber* in Kirchhof, § 19 EStG Rz. 78; *S. Breinersdorfer* in KSM, § 19 EStG Rz. B 900, jeweils m.w.H. Siehe dazu auch *S. Geserich* in Blümich, § 19 EStG Rz. 280.
57 Siehe für die Diskussion *H. Pflüger* in HHR, § 19 EStG Anm. 186; *Th. Eisgruber* in Kirchhof, § 19 EStG Rz. 78; *S. Breinersdorfer* in KSM, § 19 EStG Rz. B 900, jeweils m.w.H.
58 Wie unentgeltlich zur Verfügung gestellte Tennis- oder Squashplätze: BFH v. 27.9.1996 – VI R 44/96, BStBl. II 1997, 146 (Rz. 13) – Tennis- und Squashplätze.
59 BFH v. 17.7.2014 – VI R 69/13, BStBl. II 2015, 41 – Mitgliedschaft in einem Golfclub; BFH v. 15.5.1992 – VI R 106/88, BStBl. II 1993, 840 (Rz. 17 f.) – Mitgliedschaft in Tennis- und Rotaryclub.

Mahlzeiten dienen dem existenziellen, nicht betrieblich veranlassten Bedürfnis, sich zu ernähren. Sie sind daher steuerpflichtiger Arbeitslohn, selbst wenn sie in der Betriebsmensa eingenommen werden[60]. Werden bei Dienstbesprechungen oder Fortbildungsveranstaltungen Speisen und Getränke gereicht, liegt der Schwerpunkt nicht auf der Ernährung, sondern auf dem Gelingen der betrieblichen Veranstaltung[61].

Zu Recht betont der BFH aber, dass der Arbeitgeber steuerpflichtigen Lohn leistet, wenn die Beteiligten bei einer Fortbildung Kaviar und Champagner genießen[62]. Hier lohnt ein vergleichender Blick auf die Erwerbsaufwendungen. Nach § 4 Abs. 5 Nr. 7 EStG mindern unangemessene Aufwendungen, welche die Lebensführung berühren, den Gewinn nicht. Überhöhte Betriebsausgaben, die eindeutig der Erwerbsphäre zuzuordnen sind, können jedoch abgesetzt werden[63]. Nur in Grenzfällen, die auf der Schnittstelle zwischen der Erwerbs- und Privatsphäre liegen, ist der Wert der Aufwendung maßgeblich. Diese Zuwendungen müssen sich in einem angemessenen Rahmen halten[64]. Luxusaufwendungen

---

60 Ausdrücklich BFH v. 5.5.1994 – VI R 55/92, VI R 56/92, BStBl. II 1994, 771 (Rz. 14) – Arbeitsessen.
61 BFH v. 4.8.1994 – VI R 61/92, BStBl. II 1995, 59 (Rz. 16 ff.) – Arbeitnehmerbewirtung: „Soweit ein Arbeitgeber seine eigenen Arbeitnehmer außerhalb von herkömmlichen Betriebsveranstaltungen bewirtet, liegt darin in der Regel die Zuwendung von Arbeitslohn; ausnahmsweise kann nach der Rechtsprechung des Senats dann etwas anderes gelten, wenn Speisen und Getränke anlässlich und während eines außergewöhnlichen Arbeitseinsatzes aus durch den Arbeitsablauf bedingten Gründen unentgeltlich überlassen werden" (Rz. 16). BFH v. 5.5.1994 – VI R 55/92, VI R 56/92, BStBl. II 1994, 771 (Rz. 14 f.) – Arbeitsessen, ebenfalls unter Betonung der betrieblichen Programmabläufe; s. insges. zudem R 8.1. Abs. 7 u. 8 und R 19.5. und 19.6. LStR; *H. Pflüger* in HHR, § 19 EStG Anm. 186; *Th. Eisgruber* in Kirchhof, § 19 EStG Rz. 78; *R. Krüger* in Schmidt, § 19 EStG Rz. 100; *S. Geserich* in Blümich, § 19 EStG Rz. 280; *S. Breinersdorfer* in KSM, § 19 EStG Rz. B 900.
62 Vgl. BFH v. 16.5.2013 – VI R 94/10, BStBl. II 2015, 186 (Rz. 18) – Zuwendungen bei einer Betriebsveranstaltung, m.w.H.
63 Siehe hierzu mit der Begründung, die unangemessenen Kosten dürften nicht über die Steuer auf die Allgemeinheit abgewälzt werden, *W. Bode* in Kirchhof, § 4 EStG Rz. 219; *W. Heinicke* in Schmidt, § 4 EStG Rz. 601; *E. Wied* in Blümich, § 4 EStG Rz. 872; *H-J. Kanzler* in HHR, § 4 EStG Anm. 1600.
64 BFH v. 26.6.2003 – VI R 112/98, BStBl. II 2003, 886 (Rz. 16) – Führerscheinkosten; BFH v. 11.4.2006 – VI R 60/02, BStBl. II 2006, 691 (Rz. 11 ff.) – Überlassung von Kleidungsstücken: „Dabei besteht eine Wechselwirkung zwischen der Intensität des eigenbetrieblichen Interesses des Arbeitgebers und dem Ausmaß der Bereicherung des Arbeitnehmers. Je höher aus der Sicht des Arbeitneh-

sind nicht mehr durch den Erwerb veranlasst, sondern Ausgaben der Lebensführung[65]. Auch Aufmerksamkeiten und Betriebsveranstaltungen schlagen in steuerpflichtigen Lohn um, wenn der Wert der Zuwendung ein bestimmtes Maß überschreitet[66].

4. Die vorgeschlagene Verallgemeinerung der Einkünfte aus nichtselbständiger Arbeit

Das Steuergesetz sollte diese Kriterien in folgender Verallgemeinerung fassen:

Zu den Einkünften aus nichtselbständiger Arbeit gehören alle durch das Arbeitsverhältnis veranlassten geldwerten Vorteile, die aus der Erwerbssphäre des Arbeitgebers in die Privatsphäre des Arbeitnehmers fließen. Zu den Einkünften zählen auch unangemessene Aufwendungen, die die Lebensführung des Arbeitnehmers berühren.

Diese Verallgemeinerung sollte durch Regelbeispiele konkretisiert werden, die den genannten Beispielsfällen[67] entnommen werden können – wie Mahlzeiten[68], Veranstaltungen[69], Sportmöglichkeiten[70] oder die medizinische Versorgung[71] im Betrieb sowie die kostenlose Überlassung ei-

---

mers die Bereicherung anzusetzen ist, desto geringer zählt das aus der Sicht des Arbeitgebers vorhandene eigenbetriebliche Interesse" (Rz. 11).

65 Hiervon zu unterscheiden ist die Frage, ob ein Vorteil durch das Arbeitsverhältnis veranlasst ist. Hier kann ebenfalls der Wert des Vorteils für die Antwort maßgeblich sein. Werden Angestellten eines Autohauses Rabatte gewährt, die auch den Kunden erhalten, liegt kein Arbeitslohn vor. Erst wenn die Rabatte so hoch sind, dass sie nur Arbeitnehmer erhalten, haben sie ihren Rechtsgrund im Arbeitsverhältnis, sind sie Früchte der Arbeit und deshalb zu versteuern (BFH v. 17.6.2009 – VI R 18/07, BStBl. II 2010, 67 [Rz. 14] – Personalrabatt).

66 Siehe § 19 Abs. 1 Nr. 1a EStG; BFH v. 16.5.2013 – VI R 94/10, BStBl. II 2015, 186 (Rz. 18) – Zuwendungen bei einer Betriebsveranstaltung.

67 Siehe unter 1. bis 3.

68 BFH v. 5.5.1994 – VI R 55/92, VI R 56/92, BStBl. II 1994, 771 (Rz. 14 f.) – Arbeitsessen.

69 Siehe § 19 Abs. 1 Nr. 1a EStG; BFH v. 16.5.2013 – VI R 94/10, BStBl. II 2015, 186 (Rz. 18) – Zuwendungen bei einer Betriebsveranstaltung.

70 BFH v. 27.9.1996 – VI R 44/96, BStBl. II 1997, 146 – Tennis- und Squashplätze.

71 BFH v. 17.9.1982 – VI R 75/79, BStBl. II 1983, 39 – Vorsorgeuntersuchungen; BFH v. 31.10.1986 – VI R 73/83, BStBl. II 1987, 142 (Rz. 10 ff.) – Kosten für Kuren.

nes Kraftfahrzeugs[72], einer Wohnung[73] oder von Kleidung[74] durch den Arbeitgeber einschließlich der unentgeltlichen Mitgliedschaft in einem Sportclub[75].

Der Steuergesetzgeber sollte insgesamt Abstand von zu engen Spezialregelungen nehmen und allgemeine Gesetze erlassen. § 19 EStG steht – auch in der aktuellen Regelung der Betriebsveranstaltungen[76] – exemplarisch für zahlreiche Steuergesetze, in denen schlicht eine Verwaltungsauffassung in den Gesetzestext geschrieben wird. Der Gesetzgebungsauftrag wird so verweigert, die Gewaltenteilung missachtet[77].

---

72 § 8 Abs. 2 S. 2 ff. EStG; BFH v. 18.12.2008 – VI R 34/07, BStBl. II 2009, 381 – Werkstattwagen; BFH v. 6.11.2001 – VI R 62/96, BStBl. II 2002, 370 – Kraftfahrzeug.
73 BFH v. 19.8.2004 – VI R 33/97, BStBl. II 2004, 1076 – überlassene Luxuswohnung.
74 BFH v. 11.4.2006 – VI R 60/02, BStBl. II 2006, 691 – Überlassung von Kleidungsstücken.
75 BFH v. 17.7.2014 – VI R 69/13, BStBl. II 2015, 41 – Mitgliedschaft in einem Golfclub; BFH v. 15.5.1992 – VI R 106/88, BStBl. II 1993, 840 (Rz. 17 f., Zitat: 18) – Mitgliedschaft in Tennis- und Rotaryclub.
76 § 19 Abs. 1 Satz 1 Nr. 1a EStG: „Zu den Einkünften aus nichtselbständiger Arbeit gehören […] Zuwendungen des Arbeitgebers an seinen Arbeitnehmer und dessen Begleitpersonen anlässlich von Veranstaltungen auf betrieblicher Ebene mit gesellschaftlichem Charakter (Betriebsveranstaltung). Zuwendungen im Sinne des Satzes 1 sind alle Aufwendungen des Arbeitgebers einschließlich Umsatzsteuer unabhängig davon, ob sie einzelnen Arbeitnehmern individuell zurechenbar sind oder ob es sich um einen rechnerischen Anteil an den Kosten der Betriebsveranstaltung handelt, die der Arbeitgeber gegenüber Dritten für den äußeren Rahmen der Betriebsveranstaltung aufwendet. Soweit solche Zuwendungen den Betrag von 110 Euro je Betriebsveranstaltung und teilnehmenden Arbeitnehmer nicht übersteigen, gehören sie nicht zu den Einkünften aus nichtselbständiger Arbeit, wenn die Teilnahme an der Betriebsveranstaltung allen Angehörigen des Betriebs oder eines Betriebsteils offensteht. Satz 3 gilt für bis zu zwei Betriebsveranstaltungen jährlich. Die Zuwendungen im Sinne des Satzes 1 sind abweichend von § 8 Abs. 2 mit den anteilig auf den Arbeitnehmer und dessen Begleitpersonen entfallenden Aufwendungen des Arbeitgebers im Sinne des Satzes 2 anzusetzen […]."
77 Siehe hierzu *G. Kirchhof*, Die Allgemeinheit des Gesetzes, 2009, S. 174 ff., 298 ff.

III. Modernisiertes Besteuerungsverfahren

1. Entlastung der Finanzverwaltung, nicht der Steuerpflichtigen

Eine verallgemeinernde Regelbildung im Steuerrecht fordert auch das jüngst beschlossene Gesetz zur Modernisierung des Besteuerungsverfahrens[78]. Zu Recht sollen Rechner vermehrt genutzt werden – diese Forderung ist im modernen Massenfallrecht eine Selbstverständlichkeit[79]. Das Gesetz verfolgt das ehrgeizige und berechtigte Ziel, die Steuererhebung in der Regel automatisiert durchzuführen. Eine solche Steuererhebung könnte bewirken, dass die Steuerlast dem Steuerpflichtigen selbstverständlicher wird. Dies gelingt aber nur, wenn die Steuerpflichtigen, die Banken und die Arbeitgeber die notwendigen Daten computergerecht aufbereiten und prüfen können[80].

An Stelle eines Finanzbeamten soll nach der Begründung des Gesetzentwurfs in der Regel ein Rechner arbeiten. Der Fiskus prüft nur besondere Fälle, die eine Risikoprüfung oder der Zufall bestimmt[81]. Die Finanzverwaltung ist dem komplizierten Steuerrecht nicht mehr gewachsen. Doch der Gesetzgeber reduziert in der Modernisierung des Besteuerungsverfahrens die Vollzugslasten nicht durch ein einfaches Steuerrecht, sondern

---

[78] Gesetz zur Modernisierung des Besteuerungsverfahrens v. 18.7.2016, BGBl. I 2016, 1679.

[79] Entwurf eines Gesetzes zur Modernisierung des Besteuerungsverfahrens v. 3.2.2016, BT-Drucks. 18/7457, 46 f.; *R. Seer*, Modernisierung des Besteuerungsverfahrens. Gedanken zum Referentenentwurf zur Modernisierung des Besteuerungsverfahrens, StuW 2015, 315 ff.; *M. Heintzen*, Das gemeinsame Konzept von Bund und Ländern zur Modernisierung des Besteuerungsverfahrens, DÖV 2015, 780 (784 m.w.H.); *S. Baldauf*, Gesetz zur Modernisierung des Besteuerungsverfahrens – Kritische Betrachtung des Regierungsentwurfs, DStR 2016, 833 (834); deutlich zuvor *E. Schmidt*, Moderne Steuerungssysteme im Steuervollzug, DStJG 31 (2008), S. 37 (38 ff.); *R. Seer*, Der Vollzug von Steuergesetzen unter den Bedingungen einer Massenverwaltung, DStJG 31 (2008), S. 7 (19 ff.).

[80] Siehe zur notwendigen Koordination: Entwurf eines Gesetzes zur Modernisierung des Besteuerungsverfahrens v. 3.2.2016, BT-Drucks. 18/7457, 50, 100 ff., 119; *Chr. Gläser/Chr. Schöllhorn*, Die wesentlichen Neuerungen in der AO nach dem Gesetz zur Modernisierung des Besteuerungsverfahrens, DStR 2016, 1577 (1578).

[81] Entwurf eines Gesetzes zur Modernisierung des Besteuerungsverfahrens v. 3.2.2016, BT-Drucks. 18/7457, 48 f.; zuvor *E. Schmidt*, Moderne Steuerungssysteme im Steuervollzug, DStJG 31 (2008), S. 37 (38 ff.); *R. Seer*, Der Vollzug von Steuergesetzen unter den Bedingungen einer Massenverwaltung, DStJG 31 (2008), S. 7 (19 ff.).

entlastet einseitig die Verwaltung und belässt die Hauptlast bei den Steuerbetroffenen[82]. Dies widerspricht der Wertung der Art. 12 und 14 GG, den Steuerpflichtigen nicht über Gebühr zu beanspruchen. Ohne verständliche Gesetze werden die Steuerbetroffenen überfordert[83].

2. Automatisiert anwendbare Gesetze und die Notwendigkeit der Verwaltung

Ohnehin lässt sich nicht jedes Gesetz automatisiert anwenden. Nur hinreichend klare Regeln können ohne Beamte verwirklicht werden[84]. Die beschlossene Modernisierung des Besteuerungsverfahrens verlangt daher eine Vereinfachung des materiellen Steuerrechts[85]. Solange diese Vereinfachung nicht erreicht wird, missachtet die beschlossene Verfahrensmodernisierung zentrale staatsrechtliche Kategorien.

„Durch die ausdrückliche Regelung der vollautomatischen Fallbearbeitung auf der Basis eines Risikomanagementsystems schafft der Gesetzgeber" – so die Begründung des Gesetzentwurfs – „neben der herkömmlichen Bearbeitung der Steuererklärung durch Amtsträger, die wie bisher automationstechnisch unterstützt wird, ein zweites gesetzlich geregeltes Leitbild der Steuerfestsetzung, nämlich das einer ausschließlich automationsgestützten Bearbeitung mit einem ausschließlich automationsgestützt erlassenen oder korrigierten Steuerbescheid als Ergebnis"[86]. Dieses zweite Leitbild soll der Regelfall werden, weil die Finanzverwaltung

---

82 Siehe hierzu den Entwurf eines Gesetzes zur Modernisierung des Besteuerungsverfahrens v. 3.2.2016, BT-Drucks. 18/7457, 2 ff., 48.
83 Mit Blick auf die beschlossene Modernisierung des Besteuerungsverfahrens *G. Kirchhof*, Die Überforderung der Arbeitgeber durch den Lohnsteuerabzug, FR 2015, 773 ff.
84 *M. Heintzen*, Das gemeinsame Konzept von Bund und Ländern zur Modernisierung des Besteuerungsverfahrens, DÖV 2015, 780 (784), bemerkt, dass wie bei der Privatisierungseuphorie, die verflossen und in Rekommunalisierungen gemündet ist, die Automatisierungseuphorie bald zur praktischen Ernüchterung und dem Wunsch nach Repersonalisierung führen könnte.
85 *G. Kirchhof*, Die Überforderung der Arbeitgeber durch den Lohnsteuerabzug, FR 2015, 773 ff.; *H. Anzinger*, Selbstveranlagung – Wegfall des Amtsermittlungsgrundsatzes?, in DWS-Symposium 2014, 2015, S. 7 (39 m.w.H.), zitiert die Versicherungswirtschaft, nach der ein reiner Online-Vertrieb eines Produktes nur erfolgreich sei, wenn das Produkt für sich spricht und nicht erklärt werden muss.
86 Entwurf eines Gesetzes zur Modernisierung des Besteuerungsverfahrens v. 3.2.2016, BT-Drucks. 18/7457, 48.

nur noch wenige Fälle prüft[87]. Das Gesetz will sich – so fährt die Begründung fort – „vom althergebrachten Leitbild einer im Kern durch Amtsträger bearbeiteten Steuererklärung" verabschieden[88]. In der ersten Anwendung des Gesetzes, die in einem Steuerbescheid mündet, soll in aller Regel und in der nachfolgenden Prüfphase in der weit überwiegenden Zahl der Fälle auf den Gesetzesvollzug durch Finanzbeamte und insoweit auf eine Verwaltung verzichtet werden. Der Rechtsbegriff des Vollzugs aber beauftragt den Beamten, ein allgemeines Gesetz auf den Einzelfall anzuwenden und den Fall sodann durch Bescheid zu regeln[89]. Wird der Bescheid nicht angefochten, wird er bestandskräftig. Auch ein rechtswidriger Bescheid kann die Steuerschuld abschließend bestimmen[90]. Rechtfertigender Grund für diese Bestandskraft und die Rechtssicherheit aber ist die Prüfung und Entscheidung des Einzelfalles durch eine professionelle Verwaltung. Ein Computer aber trifft keine Entscheidungen, er rechnet.

3. Rechner und Verwaltung – die Gefahr eines rechtsstaatswidrigen Beherrschungsdefizits

Rechner werden die Rechtsanwendung in Zukunft noch besser unterstützen. Gerade in einem Massenverfahren können Computer Leistungen erbringen, die keinem Beamten möglich sind. Der Vergleich zahlloser Steuerfälle, der Abgleich mit weiteren Daten und die bemerkenswerten Weiterentwicklungen der Programme ermöglichen Prüfungen, die ein Finanzbeamter nicht leisten kann. Die technischen Möglichkeiten schaffen ein besonderes und im Vergleich zum Steuerpflichtigen überlegenes Fachwissen der Finanzverwaltung. Doch bleiben Rechner Maschinen, die zu fehlerhaften Ergebnissen gelangen können und manipulierbar sind. Der Computer rechnet im Verborgenen. Ein Beamter kann die Ergebnisse des Rechners nur schwer überprüfen, vor allem wenn sie aus einer Vielzahl von Daten gewonnen werden. Es entsteht ein Beherrschungsdefizit, das dem Rechtsstaat fernsteht.

---

87 Entwurf eines Gesetzes zur Modernisierung des Besteuerungsverfahrens v. 3.2.2016, BT-Drucks. 18/7457, 48 f.; s. bereits unter 1.
88 Entwurf eines Gesetzes zur Modernisierung des Besteuerungsverfahrens v. 3.2.2016, BT-Drucks. 18/7457, 49.
89 Siehe hierzu im Perspektive des Gesetzes *G. Kirchhof*, Die Allgemeinheit des Gesetzes, 2009, S. 304 ff.
90 Mit Blick auf das Besteuerungsverfahren *R. Seer* in Tipke/Lang, Steuerrecht, 20. Aufl. 2010, § 21 Rz. 50.

Der Rechner ist der Spezialist für den Regelfall und die Datenmasse. Der Beamte aber kann die Besonderheiten des Einzelfalls besser erkennen und prüfen – er kann im Gegensatz zur Maschine eine Entscheidung treffen. Die treffende Subsumtion komplizierter steuerrechtlicher Normen in atypischen Fällen können Rechner nicht leisten. Einfache Regelungen wie Geschwindigkeitsbeschränkungen können hingegen leicht automatisiert angewandt werden. Mit der gemessenen Überschreitung steht die Rechtsfolge fest. Ähnliches könnte für das Steuerrecht im Regelfall erreicht werden, wenn Kapitalerträge abschließend mit einer Abgeltungssteuer ohne Veranlagungsvorbehalt besteuert werden[91] oder wenn die Lohnsteuer an einen Arbeitslohn anknüpft, der alle alltäglichen Zuwendungen und Aufwendungen typisiert und pauschaliert erfasst. Das Einkommensteuerrecht ist aber gegenwärtig in vielen Regelungen so kompliziert, dass es in der Mehrzahl der Fälle nicht ‚automatisch angewandt' werden kann[92].

4. Gesetzmäßigkeit – keine Belastung nach Wahrscheinlichkeit und Vermutung

In Österreich werden die Steuergesetze seit langem in einem hohen Maß automationsgestützt angewandt. Auf Grund des komplizierten Steuerrechts und der damit verbundenen Fehleranfälligkeit haben die Steuerbescheide im Vergleich zum allgemeinen Verwaltungsverfahren aber eine deutlich geringere rechtliche Kraft. Ein Abgabenbescheid kann innerhalb eines Jahres ohne Angabe von Gründen korrigiert werden. Die Bescheide

---

91 Siehe hierzu *H. Söhn*, Der Dualismus der Einkunftsarten im geltenden Recht, DStJG 30 (2007), S. 13 (25 ff.); *J. Englisch*, Die Abgeltungsteuer für private Kapitalerträge – ein verfassungswidriger Sondertarif, 2016.
92 Deshalb irrt der Entwurf eines Gesetzes zur Modernisierung des Besteuerungsverfahrens v. 3.2.2016, BT-Drucks. 18/7457, 49, im folgenden Befund, solange das materielle Steuerrecht nicht vereinfacht wird: „Die Verabschiedung vom althergebrachten Leitbild einer im Kern durch Amtsträger bearbeiteten Steuererklärung, bei der die erklärten Angaben und die vorgelegten Belege im Finanzamt persönlich geprüft werden und über deren rechtliche Würdigung persönlich entschieden wird, bedeutet keinen Qualitätsverlust. Das Gesetz nimmt vielmehr die Herausforderung des technisierten Verwaltungshandelns an, lenkt sie in verfassungskonforme rechtsstaatliche Bahnen und gestaltet das modernisierte Besteuerungsverfahren aktiv."

– wenn man sie überhaupt so nennen darf – schaffen kaum Rechtssicherheit[93]. Der beschlossene „automatische Vollzug" eines wegen der Kompliziertheit nicht „automatisch vollziehbaren" Steuerrechts belastet nach Wahrscheinlichkeit und Vermutung. Dann aber wird strukturell auf die Gesetzmäßigkeit der Besteuerung und auf die Gleichheit im gesetzlichen Belastungserfolg[94] verzichtet – und dies im Bereich der Eingriffsverwaltung. Die Verfassung wird so verletzt[95]. Gegenwärtig werden wenige Steuererklärungen genau, viele jedoch nur in einem flüchtigen Blick geprüft[96]. Der Computer aber würde jeden Steuerfall mit gleicher Intensität behandeln. Diese – man ist geneigt zu sagen – „Gleichmäßigkeit im Vollzugsdefizit" ist aber nicht die rechtsstaatliche Gleichheit vor dem Gesetz.

5. Rechnergeleitete Selbstveranlagung, kein „automatischer Vollzug"

Das Gesetz zur Modernisierung des Besteuerungsverfahrens regelt keinen „automatischen Vollzug", an dessen Ende ein klassischer Steuer-

---

93 § 299 BAO; siehe insges. *T. Ehrke-Rabel*, Die Rechtskraft von Abgabenbescheiden, in Holoubek/Lang, Rechtskraft im Abgaben- und Verwaltungsverfahren, 2017, i.E.; insges. zur Diskussion in Deutschland *K.-D. Drüen*, Vorbehaltsfestsetzung und Vertrauensschutz, StuW 2009, 97 (98 ff.); *B. Helmert*, Steuerfestsetzung unter dem Vorbehalt der Nachprüfung – fakultative oder obligatorische abschließende Prüfung des Steuerfalles?, StuW 2016, 277 (285).
94 BVerfG v. 14.6.2016 – 2 BvR 323/10, DStR 2016, 1731 (Rz. 101) – Altersvorsorgeaufwendungen; BVerfG v. 17.2.2010 – 1 BvR 2664/09, NVwZ-RR 2010, 457 (Rz. 46) – Zweitwohnungssteuer; BVerfG v. 9.3.2004 – 2 BvL 17/02, BVerfGE 110, 94 (Rz. 63) – Spekulationssteuer; BVerfG v. 7.12.1999 – 2 BvR 301/98, BVerfGE 101, 297 (Rz. 38) – häusliches Arbeitszimmer; BVerfG v. 10.4.1997 – 2 BvL 77/92, BVerfGE 96, 1 (Rz. 25, 31) – Weihnachtsfreibetrag; BVerfG v. 27.6.1991 – 2 BvR 1493/89, BVerfGE 84, 239 (Rz. 104, 106, 109) – Zinsbesteuerung; zur Gesetzmäßigkeit *H. Jochum*, Gesetzmäßigkeit der Besteuerung, Leitgedanken des Rechts, Bd. II, 2013, § 149.
95 Siehe für die Frage nach dem Gesetzesvorbehalt auch sogleich unter V. 4.
96 Deutlich *J. Isensee*, Resilienz von Recht im Ausnahmefall, in Lewinski (Hrsg.), Resilienz des Rechts, 2016, S. 33 (40); *B. Helmert*, Steuerfestsetzung unter dem Vorbehalt der Nachprüfung – fakultative oder obligatorische abschließende Prüfung des Steuerfalles? Eine verfassungsrechtliche Betrachtung, StuW 2016, 277 (287); s. für die steuerliche Verwaltungsrealität zudem *E. Schmidt*, Moderne Steuerungssysteme im Steuervollzug, DStJG 31 (2008), S. 37 (38 ff.); s. auch sogleich unter V. 4.

bescheid steht, sondern etwas anderes: eine rechnergeleitete Selbstveranlagung.

Der Steuerpflichtige unterbreitet bei der Eingabe seiner Steuerdaten einen Subsumtionsvorschlag, den der Rechner vielleicht in Teilen korrigiert, regelmäßig aber übernimmt. Aus dem Rechtsgespräch mit der Finanzverwaltung wird ein Selbstgespräch am Rechner. Am Ende prägt die Rechtsauffassung des Steuerpflichtigen den Steuerbescheid. Der Rechtsstaat aber verlangt, dass die Verwaltung die Gesetzeskonkretisierung verantwortet[97].

Das Gesetz zur Modernisierung des Besteuerungsverfahrens sollte die Automation zu Ende führen. Bisher wurde nur für zahlreiche Fälle eine rechnergeleitete Selbstveranlagung geregelt. Wenn auf diese Veranlagung ein ausschließlich automationsgestützter Bescheid folgen soll, ist das erst rechtsstaatlich vertretbar, wenn die Steuergesetze so vereinfacht werden, dass ihnen der Steuerpflichtige bei der Eingabe der Daten folgen kann und der Rechner sie sodann mit seinen spezifischen Techniken[98] anzuwenden vermag.

6. Auszugleichendes Informationsgefälle und Datenschutz

Das modernisierte Besteuerungsverfahren schafft zudem ein Informationsgefälle, das gegenwärtig als Wirtschafts- und auch als Herrschaftsinstrument von Unternehmen wie Google, Amazon oder Apple beklagt wird. Die Unternehmen sammeln Daten der Nutzer in erheblichem Umfang. Diese Daten werden zu bemerkenswert genauen Profilen zusammengeführt. Die präzisen Kaufempfehlungen von Amazon bilden hier nur die Spitze des Eisbergs. Die Unternehmen sollten zur Offenlegung ihrer Informationen gegenüber den Betroffenen verpflichtet werden. Der Datenschutz legt sodann nahe, nicht die allgemeinen, aber die individua-

---

97 Siehe oben unter 2. und 3. Zu den Fällen der tatsächlichen und faktischen Selbstveranlagung im geltenden Recht *R. Seer*, Selbstveranlagung – Wegfall des Amtsermittlungsgrundsatzes?, in DWS-Symposium 2014, 2015, S. 7 (10 ff.); *R. Seer*, Modernisierung des Besteuerungsverfahrens. Gedanken zum Referentenentwurf zur Modernisierung des Besteuerungsverfahrens, StuW 2015, 315 (insb. 322 f.); *R. Seer*, Reform des Veranlagungsverfahrens, StuW 2003, 40 (42 ff.); *K.-D. Drüen*, Der Aufbruch zu einer neuen Steuerkultur, DStR 2010, 2 (4); *S. Baldauf*, Gesetz zur Modernisierung des Besteuerungsverfahrens – Kritische Betrachtung des Regierungsentwurfs, DStR 2016, 833 (833).
98 Siehe hierzu unter 2. und 3.

lisierten Profile auch oder besser nur den Nutzern zugänglich zu machen. Die technischen Möglichkeiten geben der Finanzverwaltung und auch den Beratern besondere Informationen über die Steuerpflichtigen. Einem kooperativen Besteuerungsverfahren steht es fern, den Steuerpflichtigen das überkomplizierte Steuerrecht in einem zum Scheitern verurteilten Versuch zunächst anwenden zu lassen, damit der Fiskus ihn dann mit seinem überlegenen Wissen korrigiert – und dies unter der Androhung steuerstrafrechtlicher Folgen. Anders als die genannten Unternehmen deckt der Rechtsstaat nach seinem Selbstverständnis die Karten gegenüber dem Steuerpflichtigen auf. Die Finanzverwaltung darf Daten nicht weitergeben, die das Steuergeheimnis anderer Steuerpflichtiger betreffen[99]. Zudem kann das Ermittlungsinteresse einer Datenweitergabe im Wege stehen, insbesondere um Steuerhinterziehungen wirksam zu bekämpfen. Das Recht auf informationelle Selbstbestimmung, das rechtliche Gehör, die Kooperation im Steuerverfahren und auch der Gedanke einer Wissens- und Waffengleichheit fordern aber generell, den Steuerpflichtigen umfassend über die ihn betreffenden Daten zu informieren.

7. Der notwendige Schritt zur vorausgefüllten Steuererklärung

Dann aber ist der Schritt zu der vom Fiskus vorausgefüllten Steuererklärung nicht mehr weit. Steuererklärungen, die *in Teilen* von der Finanzverwaltung ausgefüllt werden, kennen zahlreiche Länder – auch Deutschland. In vielen Staaten ist die Steuererklärung aber im Regelfall *vollständig* vorausgefüllt[100]. Auch die vorausgefüllten Daten sind vom Steuerpflichtigen zu prüfen[101]. Die Steuerpflichtigen können, wenn sich nichts geändert hat, die Erklärung dann aber mit einem einfachen Placet abgeben. In Schweden reicht hierfür eine Kurzmitteilung (SMS), in Dänemark gilt das Schweigen nach einem Zeitablauf als Abgabe der Erklärung[102]. Die Erfolgsquote ist in den meisten Ländern bemerkenswert. Zum Teil werden bis über 70 Prozent der Erklärungen nicht mehr korri-

---

99 *H. Anzinger* in H. Anzinger u.a. (Hrsg.), Schutz genetischer, medizinischer und sozialer Daten als multidisziplinäre Aufgabe, 2013, S. 97 (123 f.).
100 So etwa in Spanien, Dänemark, Schweden und den Niederlanden; s. hierzu *Deloitte*, Comparative study of the personal tax return process, 3. Aufl. 2015, S. 7.
101 *M. Eichhorn*, Zum „Berechtigungsmanagement" für die „vorausgefüllte Steuererklärung", DStR 2013, 2722 (2723); *H. Vinken*, Vollmachtsdatenbank und vorausgefüllte Steuererklärung, DStR 2012, 1205 (1207).
102 *G. Herrmann*, Steuererklärung per SMS, SZ Nr. 168 v. 23.7.2013, S. 18; *R. Rothbächer*, Vorausgefüllte Steuererklärung: Potential für ein Erfolgs-

giert[103]. Verschiedene europäische Staaten haben sich für die in der Regel vollständig vorausgefüllte Steuererklärung entschieden – Deutschland jedoch nicht[104]. Die moderne Technik gibt der Finanzverwaltung insbesondere im rechnergestützten Abgleich zahlreicher Fälle überlegene steuerliche Informationen. Soweit das Steuergeheimnis und der Kontrollauftrag des Fiskus dies erlauben, sollten die vorausgefüllten Steuererklärungen durch diese Informationen präzisiert und dem Steuerpflichtigen die Daten in diesen Erklärungen offengelegt werden. Die Erfolgsquote der Erklärungen würde erheblich gesteigert. Die Rechner der Finanzverwaltung würden ihre beträchtlichen Fähigkeiten auch für den Steuerpflichtigen einsetzen. Der Fiskus würde auffällige Punkte in jeder Steuererklärung markieren, die die Steuerlast erhöhen, aber eben auch senken. Fehler würden auch in ihren möglichen steuerstrafrechtlichen Folgen verhindert. Anders als bei der beschlossenen Reform wären nicht nur die Finanzbeamten, sondern auch die Steuerbetroffenen in der Regel erheblich entlastet[105]. Zwar wird es immer Ausnahmefälle geben. Das Ziel aber ist, das Einkommensteuerrecht so zu gestalten, dass es in der Regel auf Grundlage einer vorausgefüllten Steuererklärung automatisch angewandt werden kann. Dieses Ziel liegt nicht so fern, wie mancher meint.

IV. Ist- und Soll-Ertragsbesteuerung

1. Verfassungsgebotene Ist-Ertragsbesteuerung

Das geltende Steuerrecht zeichnet einen Weg, der eine weitgehende vollautomatische Gesetzesanwendung ermöglichen würde. Das Einkom-

---

modell, Legal Tribune Online, 14.12.2010, http://www.lto.de/persistent/ a_id/2128/ (abgerufen am: 20.12.2016).
103 R. Rothbächer, Vorausgefüllte Steuererklärung: Potential für ein Erfolgsmodell, Legal Tribune Online v. 14.12.2010, http://www.lto.de/persistent/ a_id/2128/ (abgerufen am: 20.12.2016); M. Eichhorn, Zum „Berechtigungsmanagement" für die „vorausgefüllte Steuererklärung", DStR 2013, 2722 (2723).
104 Deloitte, Comparative study of the personal tax return process, 3. Aufl. 2015, S. 6 f. Siehe auch Fn. 100, wenngleich weitere Staaten zu nennen wären und die Abgrenzung einer in Teilen von einer überwiegend und auch einer vollständig vorausgefüllten Steuererklärung nicht einfach ist. Siehe insges. auch R. Rothbächer, Vorausgefüllte Steuererklärung: Potential für ein Erfolgsmodell, Legal Tribune Online, 14.12.2010, http://www.lto.de/persistent/ a_id/2128/ (abgerufen am: 20.12.2016).
105 Siehe zu dieser verfassungsrechtlichen Schieflage der beschlossenen Reform bereits unter 1. m.w.H.

mensteuergesetz folgt dem Grundsatz der Ist-Besteuerung. Der Gesetzgeber muss an diesem Ausgangspunkt festhalten, sollte aber mehr Elemente der Soll-Ertragsbesteuerung nutzen.

Die Ist-Ertragsteuer wird vor allem aus dem freiheitlichen Grundanliegen der Verfassung hergeleitet, in dem das Leistungsfähigkeitsprinzip wurzelt. Die Steuer knüpft an die tatsächliche Leistungsfähigkeit an, belastet einen bestehenden Ist-Ertrag[106]. Die Soll-Ertragsbesteuerung legt demgegenüber einen erwarteten, einen typisierten Ertrag zugrunde[107]. Erwirtschaftet der Steuerpflichtige mehr als die erwarteten Einnahmen, zahlt er eine im Vergleich zu seiner Leistungsfähigkeit geringere Steuer. Unterschreitet sein Ertrag die Erwartung, muss er eine Steuerschuld begleichen, die seine nach der Leistungsfähigkeit bestimmte Last übertrifft. Die Soll-Ertragsteuer greift dann auf den Vermögensstamm des Steuerpflichtigen zu. Einem solchen steuerlichen Substanzzugriff setzt das Grundgesetz enge Grenzen[108]. Die Besteuerung des tatsächlichen Ertrags ist heute im Einkommensteuerrecht eine Selbstverständlichkeit[109].

2. Die Entwicklung von der Soll- zur Ist-Ertragsbesteuerung in Deutschland

Bis ins 20. Jahrhundert wurden in Deutschland gleichwohl Vermögensteuern, Grundsteuern und Gewerbekapitalsteuern erhoben[110]. Bis ins 18. Jahrhundert finanzierte sich die öffentliche Hand vor allem durch

---

106 *K. Tipke*, Die Steuerrechtsordnung, Band I, 2. Aufl. 2000, S. 497 f.; *K. Tipke*, Die Steuerrechtsordnung, Band II, 2. Aufl. 2003, S. 631 ff.; *J. Hey* in HHR, Einleitung zum EStG, Anm. 18; BFH v. 10.10.2015 – I R 20/15, BFHE 252, 44 (Rz. 38 m.w.H.) – Vorlage Zinsschranke; BVerfG v. 22.6.1995 – 2 BvL 37/91, BVerfGE 93, 121 (Rz. 50, 56 ff.) – Vermögensteuer; vgl. BVerfG v. 18.1.2006 – 2 BvR 2194/99, BVerfGE 115, 97 (Rz. 28) – Einkommen- und Gewerbesteuer.
107 BVerfG v. 22.6.1995 – 2 BvL 37/91, BVerfGE 93, 121 (Rz. 50) – Vermögensteuer; *J. Hey* in HHR, Einleitung zum EStG, Anm. 18.
108 BVerfG v. 22.6.1995 – 2 BvL 37/91, BVerfGE 93, 121 (Rz. 50, 56 ff., 108) – Vermögensteuer; *K. Tipke*, Die Steuerrechtsordnung, Band I, 2. Aufl. 2000, S. 497 f.; *K. Tipke.*, Die Steuerrechtsordnung, Band II, 2003, 2. Aufl., S. 631 ff.; *D. Birk*, Das Leistungsfähigkeitsprinzip als Maßstab der Steuernormen, 1983.
109 Deutlich *J. Hey* in HHR, Einleitung zum EStG, Anm. 18; s. zudem die weiteren Nachweise in Fn. 106.
110 *C.-P. Knöller*, Die Besteuerung von Sollertrag und Istertrag, 2015, S. 225 ff. m.w.H.

Vermögensteuern. Mit der Aufklärung lösten die Ertragsteuern die Vermögensteuern ab. Es setzte sich die Überzeugung durch, dass die Ertragsteuern die Leistungsfähigkeit besser erfassen als Vermögensteuern[111]. Zunächst präferierten die deutschen Staaten aber weiterhin das Soll-Ertragsmodell, das insbesondere in der Preußischen Klassensteuer von 1820 umgesetzt wurde[112]. Erst in der zweiten Hälfte des 19. Jahrhunderts begann der Siegeszug der Ist-Ertragsbesteuerung in Deutschland. In dieser Zeit der Hochindustrialisierung wollte die öffentliche Hand genauer und stärker an den wachsenden Erträgen der Unternehmen partizipieren. Die Bemessungsgrundlage der Steuer wurde genau ermittelt. Die Pflicht, arbeitsintensive Steuererklärungen abzugeben, war die Folge[113]. Trotz dieses Systemwechsels setzten die Steuergesetze schon damals in Typi-

---

111 Jedenfalls im 18. Jahrhundert wurde die Besteuerung nach der Leistungsfähigkeit ausdrücklich mit der Idee einer progressiven Einkommensteuer verbunden, einer nicht nur in absoluten Zahlen, sondern auch relativ steigenden Steuerlast (*D. Birk*, Das Leistungsfähigkeitsprinzip als Maßstab der Steuernormen, 1983, S. 7, m.w.H.). Rechtlich wurde das Leistungsfähigkeitsprinzip insb. in Art. 13 der Déclaration des Droits de L'Homme et du Citoyen v. 26.8.1789 aufgenommen. Hiernach ist für „die Unterhaltung der öffentlichen Macht und für die Kosten der Verwaltung […] ein gemeinschaftlicher Beitrag unumgänglich notwendig; dieser soll unter alle Bürger des Staates im Verhältnisse ihrer Vermögensumstände auf gleiche Weise eingeteilt werden" (BVerfG v. 27.6.1991 – 2 BvR 1493/89, BVerfGE 84, 239 [Rz. 104 6.] – Zinsbesteuerung; BVerfG v. 27.6.1991 – 2 BvR 1493/89, BVerfGE 84, 239 [269 f.]; für den Wortlaut des Artikels: *D. Gosewinkel/J. Masing*, Die Verfassungen in Europa 1789–1949, 2006, S. 166). Die Weimarer Reichsverfassung entscheidet sich in ähnlicher Klarheit für dieses „Fundamentalprinzip der Steuergerechtigkeit" (*J. Lang*, Die Bemessungsgrundlage der Einkommensteuer, 1988, S. 97). Nach Art. 134 WRV tragen „alle Staatsbürger ohne Unterschied […] im Verhältnis ihrer Mittel zu allen öffentlichen Lasten nach Maßgabe der Gesetze bei" (insges. zudem *D. Birk*, Leistungsfähigkeit, in Leitgedanken des Rechts, Band II, 2013, § 147 Rz. 2; *Th. Eisgruber*, Einkommensteuerobjekt und Bemessungsgrundlage, in Leitgedanken des Rechts, Band II, 2013, § 169 Rz. 1 ff.).
112 Weitere Beispiele bieten das Abgabengesetz (1819/20) und das Ertragsteuergesetz (1852) im Königreich Württemberg sowie die Steuergesetze von Sachsen (1834 und 1848); insges. *C.-P. Knöller*, Die Besteuerung von Sollertrag und Istertrag, 2015, S. 232 ff. m.w.H.
113 Exemplarisch können hier die Steuergesetze von Sachsen (1874), Bremen und Preußen (1891) genannt werden (*C.-P. Knöller*, Die Besteuerung von Sollertrag und Istertrag, 2015, S. 235 m.w.H.).

sierungen insbesondere von besonderen Aufwendungen Elemente der Soll-Ertragsbesteuerung ein[114].

3. Zahlreiche Elemente der Soll-Ertragsbesteuerung im geltenden Ertragsteuerrecht

Auch das heutige Einkommensteuergesetz der Ist-Ertragsbesteuerung ist von Elementen der Soll-Ertragsbesteuerung geprägt. Diese besonderen steuerlichen Regelungen werden steuersystematisch vor allem als Antworten auf typische Sachverhalte begründet[115].

Die schedulenartige Besteuerung der Land- und Forstwirtschaft und der Kapitalerträge reagiert steuersystematisch wohl vor allem auf die besondere Volatilität dieser Einnahmequellen[116]. Wer in der Landwirtschaft oder am Kapitalmarkt Erträge erwirtschaftet, kann über Nacht viel gewinnen, aber auch mehr als den gesamten Ertrag verlieren. Die zahlreichen Steuerbefreiungen des § 3 EStG wollen ebenfalls Sondersituationen gerecht werden. Über die Einkunftsarten hinaus weist das gesamte Steuerrecht Elemente der Soll-Ertragsbesteuerung auf, insbesondere in Abzugsverboten und Abzugsbeschränkungen, in der Absetzung für Abnutzung, in Freibeträgen und Freigrenzen sowie in Pauschalen[117]. Auch die

---

114 Insges. *C.-P. Knöller*, Die Besteuerung von Sollertrag und Istertrag, 2015, S. 225 ff.
115 *J. Hey* in HHR, Einleitung zum EStG, Anm. 18 (Zitat) und 732, nach der die bestehenden „Soll-Besteuerungselemente [...] im Rahmen von herkömmlichen Einkommensteuern einen rechtfertigungsbedürftigen Fremdkörper" darstellen. Siehe für steuersystematisch begründete Durchbrechungen der sachlichen Universalität und des objektiven Nettoprinzips *M. Desens*, Die Verwirklichung des Leistungsfähigkeitsprinzips als Maßstab der Steuernormen in der Rechtsprechung des BVerfG, StuW 2016, 240 (246 ff.).
116 *Schedulenartige Einkunftsarten*: Land- und Forstwirtschaft (Besteuerung nach Durchschnittssätzen, § 13a EStG); Besteuerung der Kapitalerträge (§ 2 Abs. 5b EStG; Verlustverrechnungsbeschränkung, § 20 Abs. 6 S. 1 EStG; Sparer-Pauschbetrag, § 20 Abs. 9 EStG); Tonnagebesteuerung bei Handelsschiffen im internationalen Verkehr (§ 5a Abs. 1 EStG); für die Kapitalertragsteuer: *G. Kirchhof* in HHR, Einleitung zum EStG, Anm. 271.
117 *Erwerbsspähre – Elemente der Soll-Ertragsbesteuerung*: u.a. Zinsschranke (§ 4h EStG, § 8a KStG), Abzugsverbote (z.B. § 4 Abs. 5 EStG), private Kfz-Nutzung (§ 4 Abs. 5 Nr. 6 S. 2 ff., § 6 Abs. 1 Nr. 4 S. 2 ff. EStG, § 9 Abs. 1 S. 3 Nr. 4 f. EStG), Investitionsrücklage (§ 6b EStG), Übertragung stiller Reserven (§ 6c EStG), AfA (§ 7 EStG), Investitionsabzugsbetrag (§ 7g Abs. 1 EStG), Sonderabschreibung für kleinere und mittlere Betriebe (§ 7g Abs. 5, 6 EStG), Werbungskostenpauschalen, Verlustverrechnungs- (z.B. §§ 20 Abs. 6, § 23 Abs. 3

Lohnsteuer setzt als Massenfallrecht in Pauschalen und den Lohnsteuerklassen auf Elemente der Soll-Ertragsbesteuerung[118]. Werden in der Privatsphäre Abzüge zugelassen, nutzt das Recht auch hier Typisierungen[119]. Schließlich mündet das Einkommensteuerrecht in zwei groben Typisierungen: im Steuertarif und in den Progressionsgrenzen.

So stehen wir vor einer erstaunlichen Ambivalenz. Das deutsche Steuerrecht entscheidet sich zu Recht für die Ist-Ertragsbesteuerung. Diese Grundentscheidung wird aber durch zahlreiche Elemente der Soll-Ertragsbesteuerung verwirklicht. Das Ergebnis ist eine unübersichtliche Mischung.

4. Der Systemvorschlag: Ist-Ertragsbesteuerung mit Elementen einer Soll-Ertragsteuer

Diese Mischung ist zu rationalisieren und zum System zu machen. Der Ausgangspunkt ist und bleibt die Ist-Ertragsbesteuerung. Sodann sollte in noch mehr Tatbeständen als bisher typisiert und pauschaliert werden. Der Steuerpflichtige müsste bei der Steuererklärung nur noch ankreuzen, wie groß sein Büro, wie sein Fuhrpark gestaltet ist, ob er zur Arbeit mit dem Pkw gefahren ist oder welche Sachbezüge[120] er erhalten hat. Auf dieser Grundlage könnte der Rechner im Regelfall die Steuergesetze

---

S. 7 f. EStG) und Verlustabzugsbeschränkungen (§ 10d EStG), Verluste bei beschränkter Haftung (§ 15a EStG), Freibeträge und Freigrenzen (z.B. § 13 Abs. 3 EStG), private Veräußerungsgewinne (§ 23 EStG), Anrechnung der GewSt (§ 35 EStG).

118 *Lohnsteuer – Elemente der Soll-Ertragsbesteuerung*: u.a. Werbungskostenpauschalen (§ 9a EStG), Verpflegungspauschalen (§ 9 Abs. 4a EStG), Lohnsteuerpauschalierungen (bei Sachzuwendungen: § 37b EStG, in besonderen Fällen: § 40 EStG, für Teilzeitbeschäftige und geringfügig Beschäftigte: § 40a EStG, bei bestimmten Zukunftssicherungsleistungen: § 40b EStG), Lohnsteuerklassen einschließlich der Zahl der Kinderfreibeträge (§ 38b EStG), Faktorverfahren anstelle der Steuerklassenkombination III/V (§ 39 f. EStG).

119 *Privatsphäre – Elemente der Soll-Ertragsbesteuerung*: u.a. Sonderausgaben nach § 10 Abs. 1 EStG (z.B. Betreuungskosten, Nr. 5; Begrenzung Berufsausbildungskosten für Erstausbildung, Nr. 7; Schulgeld für private Schulen, Nr. 9), Unterhaltsleistungen (§ 10 Abs. 1a Nr. 1 EStG), Vermögensübertragung gegen wiederkehrende Versorgungsleistungen (§ 10 Abs. 1a Nr. 2 EStG), Spendenabzug (§ 10b EStG), Sonderausgaben-Pauschbetrag (§ 10c EStG), sonstige Begünstigungen nach §§ 10e, 10f, 10g, 10h, 10i EStG, zumutbare außergewöhnliche Belastungen (§ 33 Abs. 3 EStG).

120 Siehe hierzu unter II.

gesetzeskonform und gleichheitsgerecht anwenden. Die Verwaltungslast wäre sachgerecht verteilt. Die Steuerpflichtigen informierten über die Wirklichkeit, aber nicht über ihr Subsumtionsergebnis. Auf dieser Grundlage könnte sodann das dafür geeignete einfache Steuerrecht automatisch angewandt werden. Der Gesetzgeber hätte seinen Auftrag, allgemeine gerechtigkeitsstiftende Gesetze zu erlassen[121], erfüllt.

V. Gesetzliche Verallgemeinerung und Typisierung

1. Typisierung als steuerliche Grenze typischen Verhaltens

Jedes Gesetz verallgemeinert[122]. Gesetze begründen für den Regelfall eine Rechtsfolge für alle den Tatbestand erfüllenden Fälle. Die synthetische Einkommensteuer[123] behandelt grundsätzlich alle Einkünfte gleich und lässt nach dem objektiven Nettoprinzip in der Regel alle Erwerbsaufwendungen zum Abzug zu[124]. Alle Einnahmen in Geld sind im Steuerrecht

---

121 Siehe hierzu bereits unter I. 2. m.w.H.
122 BVerfG v. 9.12.2008 – 2 BvL 1/07, BVerfGE 122, 210 (Rz. 60) – Pendlerpauschale: „Jede gesetzliche Regelung muss verallgemeinern." BVerfG v. 7.12.1999 – 2 BvR 301/98, BVerfGE 101, 297 (Rz. 37) – häusliches Arbeitszimmer: „Jede gesetzliche Regelung muss verallgemeinern. Der Gesetzgeber darf sich grundsätzlich am Regelfall orientieren und ist nicht gehalten, allen Besonderheiten jeweils durch Sonderregelungen Rechnung zu tragen. Diese gesetzlichen Verallgemeinerungen müssen allerdings auf eine möglichst weite, alle betroffenen Gruppen und Regelungsgegenstände einschließende Beobachtung aufbauen. Der Gesetzgeber hat vor allem bei der Ordnung von Massenerscheinungen und deren Abwicklung einen – freilich nicht unbegrenzten – Raum für generalisierende, typisierende und pauschalierende Regelungen." Insges. *G. Kirchhof*, Die Allgemeinheit des Gesetzes, 2009, S. 174 ff.
123 § 2 Abs. 1 und Abs. 2 EStG; BVerfG v. 7.12.1999 – 2 BvR 301/98, BVerfGE 101, 297 (Rz. 39) – häusliches Arbeitszimmer; *J. Hey* in HHR, Einleitung zum EStG, Anm. 14; *J. Lang* in Tipke/Lang, Steuerrecht, 20. Aufl. 2010, § 8 Rz. 1 f.; *J. Lang*, Die Bemessungsgrundlage der Einkommensteuer, 1988, S. 167 ff.; *P. Kirchhof* in Kirchhof, § 2 EStG Rz. 113; *Th. Eisgruber* Einkommensteuerobjekt und Bemessungsgrundlage, Leitgedanken des Rechts, Band II, 2013, § 169 Rz. 9.
124 § 2 Abs. 2 EStG: BVerfG v. 12.10.2010 – 1 BvL 12/07, BVerfGE 127, 224 (Rz. 57 ff.) – Betriebsausgabenabzugsverbot; BVerfG v. 7.12.1999 – 2 BvR 301/98, BVerfGE 101, 297 (Rz. 39) – häusliches Arbeitszimmer; BFH v. 28.4.2016 – IV R 20/13, BStBl. II 2016, 739 (Rz. 17 ff.) – Ausgleichs- und Abzugsbeschränkung für Verluste aus betrieblichen Termingeschäften; jeweils m.w.H. auf die st. Rspr.; *K. Tipke*, Die Steuerrechtsordnung, Band II, 2. Aufl. 2003, S. 762 ff.; *P. Kirchhof* in Kirchhof, § 2 EStG Rz. 11 f.; *J. Hey* in HHR,

nach dem Grundsatz der Ist-Besteuerung tatbestandsgenau zu fassen[125]. Doch wenn ein geldwertes Gut eingenommen wird, ist eine Bewertung und damit eine Typisierung notwendig[126]. Wenn ein Fall nur annähernd erfasst werden kann oder nach der Gesetzeskonzeption nicht präzise zu erfassen ist, wählt der Gesetzgeber die Typisierung. Er vereinfacht vergröbernd den Tatbestand im Muster- und Regelfall. Typisierungen der Sachverhalte und Pauschalierungen der zahlenmäßigen Rechtsfolgen treten weniger auf der Einnahmeseite und mehr auf der Ausgabenseite auf. Auch Betriebsausgaben und Werbungskosten sind – dem Prinzip der Ist-Ertragsbesteuerung folgend – grundsätzlich absetzbar, soweit sie tatsächlich entstanden sind. Zu Recht entscheidet sich das Einkommensteuerrecht aber für zahlreiche Typisierungen, die sich mit den genannten Elementen der Soll-Ertragsbesteuerung überschneiden. Die Typisierungen reichen von Abzugsverboten und der Absetzung für Abnutzung über Freibeträge und Freigrenzen zu Werbungskostenpauschalen[127].

Typisierungen sind – dies betont das BVerfG in ständiger Rechtsprechung – im Massenfallrecht notwendig, damit das Recht vollzogen werden kann[128]. Typisierungen bewirken eine Normenklarheit, entlasten die Steuerbetroffenen und die Finanzverwaltung bei der Rechtsanwendung, bekämpfen Steuermissbrauch und schützen die Daten der Betroffenen[129].

Einleitung zum EStG, Anm. 44; *G. Kirchhof* in HHR, Einleitung zum EStG, Anm. 295 ff.; *J. Englisch*, Verfassungsrechtliche Grundlagen und Grenzen des objektiven Nettoprinzips, Beihefter zu DStR 34/2009, 92 ff.; *H. Weber-Grellet* in Schmidt, § 2 EStG Rz. 10; *A. Musil* in HHR, § 2 EStG Anm. 503; *M. Desens*, Die Verwirklichung des Leistungsfähigkeitsprinzips als Maßstab der Steuernormen in der Rechtsprechung des BVerfG, StuW 2016, 240 (247 ff.).

125 *J. Hey* in HHR, Einleitung zum EStG, Anm. 18 m.w.H.
126 Siehe hierzu exemplarisch unter II.
127 Siehe unter IV. 3.
128 BVerfG v. 12.10.2010 – 1 BvL 12/07, BVerfGE 127, 224 (Rz. 52 m.w.H. auf die st. Rspr.) – Betriebsausgabenabzugsverbot; BVerfG v. 9.12.2008 – 2 BvL 1/07, BVerfGE 122, 210 (Rz. 60) – Pendlerpauschale; BVerfG v. 21.6.2006 – 2 BvL 2/99, BVerfGE 116, 164 (Rz. 75) – Tarifbegrenzung für gewerbliche Einkünfte; BVerfG v. 7.12.1999 – 2 BvR 301/98, BVerfGE 101, 297 (Rz. 37 ff.) – häusliches Arbeitszimmer; BVerfG v. 31.5.1988 – 1 BvR 520/83, BVerfGE 78, 214 (Rz. 26) – Existenzminimum.
129 *J. Isensee*, Vom Beruf unserer Zeit für Steuervereinfachung, StuW 1994, 3 (9 f.); *G. Kirchhof*, in HHR, Einleitung zum EStG, Anm. 199 f., 266, 282; *J. Hey* in Tipke/Lang, Steuerrecht, 22. Aufl. 2015, § 3 Rz. 23, 145 ff.; jeweils m.w.H.

Zu diesen anerkannten Gründen für Typisierungen nur schwer in Gesetz und Vollzug fassbarer Sachverhalte tritt die Typisierung nur begrenzt steuerlich anzuerkennender Fälle. Typisierungen sollen die Ausgaben in den Grenzen typischen Verhaltens binden. Die Kilometerpauschale erfasst die Realität in einem Typus, der nicht widerlegbar ist[130]. Es wird eine Grenze typischen Verhaltens gezeichnet, wenn die Kosten für einen Luxuswagen oder für Luxusbewirtungen[131] nicht absetzbar sind oder das Existenzminimum einheitlich gefasst wird[132].

2. Verweigerung der Typisierung als rechtfertigungsbedürftige Ausnahme

Typisierungen sind aus einer möglichst breiten Beobachtung der Realität zu entwickeln und dürfen sich nicht an einem atypischen Fall orientieren. Sie müssen zudem verhältnismäßig sein. Zu Recht wird vom BVerfG[133] und der Literatur[134] dieser anerkannte Maßstab hervorgeho-

---

130 § 4 Abs. 5 S. 1 Nr. 6 S. 2 f., § 6 Abs. 1 Nr. 4 S. 2 f. EStG, § 9 Abs. 1 Satz 3 Nr. 4 f. EStG.
131 § 4 Abs. 5 Nr. 2, § 9 Abs. Abs. 5 EStG.
132 *R. Mellinghoff*, Privataufwendungen, Leitgedanken des Rechts, Bd. II, 2013, § 174 Rz. 16 ff.; *G. Kirchhof*, Drei Bereiche privaten Aufwands im Einkommensteuerrecht, DStR 2013, 1867 ff.; *G. Kirchhof* in HHR, Einleitung zum EStG, Anm. 232 ff. m.w.H.
133 BVerfG v. 12.10.2010 – 1 BvL 12/07, BVerfGE 127, 224 (Rz. 52 m.w.H. auf die st. Rspr.) – Betriebsausgabenabzugsverbot: „Dabei ist zu berücksichtigen, dass Steuergesetze in der Regel Massenvorgänge des Wirtschaftslebens betreffen. Sie müssen, um praktikabel zu sein, Sachverhalte, an die sie dieselben steuerrechtlichen Folgen knüpfen, typisieren und dabei in weitem Umfang die Besonderheiten des einzelnen Falles vernachlässigen. Die wirtschaftlich ungleiche Wirkung auf die Steuerzahler darf allerdings ein gewisses Maß nicht übersteigen. Vielmehr müssen die steuerlichen Vorteile der Typisierung im rechten Verhältnis zu der mit der Typisierung notwendig verbundenen Ungleichheit der steuerlichen Belastung stehen. Außerdem darf eine gesetzliche Typisierung keinen atypischen Fall als Leitbild wählen, sondern muss sich realitätsgerecht am typischen Fall orientieren." Siehe insb. BVerfG v. 9.12.2008 – 2 BvL 1/07, BVerfGE 122, 210 (Rz. 60) – Pendlerpauschale; BVerfG v. 21.6.2006 – 2 BvL 2/99, BVerfGE 116, 164 (Rz. 75) – Tarifbegrenzung für gewerbliche Einkünfte; BVerfG v. 7.12.1999 – 2 BvR 301/98, BVerfGE 101, 297 (Rz. 37 ff.) – häusliches Arbeitszimmer; BVerfG v. 31.5.1988 – 1 BvR 520/83, BVerfGE 78, 214 (Rz. 26) – Existenzminimum; BVerfG v. 20.12.1966 – 1 BvR 320/57, BVerfGE 21, 12 (Rz. 59 f.) – Allphasennettoumsatzsteuer.
134 Jüngst *M. Desens*, Die Verwirklichung des Leistungsfähigkeitsprinzips als Maßstab der Steuernormen in der Rechtsprechung des BVerfG, StuW 2016,

ben und dem Gesetzgeber ein weiter Gestaltungsraum für Typisierungen zugebilligt. Dieses gängige Maß ist treffend, jedoch im Ausgangspunkt zu präzisieren: Die Typisierung steht nicht im Gegensatz zur gesetzlichen Regel. Vielmehr ist die Verweigerung der auslegungsleitenden Regel rechtfertigungsbedürftig. „Typisierung bedeutet" – in den Worten des BVerfG –, „bestimmte in wesentlichen Elementen gleich geartete Lebenssachverhalte normativ zusammenzufassen"[135]. Das aber ist Gesetzgebung.

---

240 (245); *H. G. Ruppe*, Steuergleichheit als Grenze der Steuervereinfachung, DStJG 21 (1998), S. 29 (37 f.): „Dem Gesetzgeber ist es gestattet, einfache und leicht handhabbare Regelungen zu treffen. Der Gleichheitssatz verbietet es dem Gesetzgeber nicht, bei der Normsetzung zu generalisieren, von einer auf den Regelfall abstellenden Durchschnittsbetrachtung auszugehen und zu typisieren. Insbesondere bilden verwaltungsökonomische Überlegungen bzw. konkreter die Absicht der Verringerung eines vermeidbaren unwirtschaftlichen Verwaltungsaufwandes ein aus der Sicht des Gleichheitssatzes anzuerkennendes Motiv des Gesetzgebers. [...] Die *Grenzen* dieser Maßnahmen zieht der VfGH allerdings in mehrfacher Hinsicht. Zum einen dürfen pauschalierende Regelungen, auch wenn sie im Interesse der Verwaltungsökonomie getroffen werden, nicht den Erfahrungen des täglichen Lebens widersprechen [...]. Zum anderen [müssen] verwaltungsökonomische Überlegungen [...] in einem angemessenen Verhältnis zu den damit in Kauf genommenen Differenzierungen stehen. [...] Die Praktikabilität des Gesetzes [...] findet ihre Grenze dort, wo anderen Überlegungen, die gegen die Regelung sprechen, größeres Gewicht beizumessen ist als den verwaltungsökonomischen Erwägungen." *U. Steenken*, Die Zulässigkeit gesetzlicher Pauschalierungen im Einkommensteuerrecht am Beispiel der Entfernungspauschale, 2002, S. 240; *J. Isensee*, Vom Beruf unserer Zeit für Steuervereinfachung, StuW 1994, 3 (9 f.); *J. Englisch*, Verfassungsrechtliche Grundlagen und Grenzen des objektiven Nettoprinzips, Beihefter zu DStR 34/2009, 92 (insb. 97); vgl. auch *T. Schober*, Verfassungsrechtliche Restriktionen für den vereinfachenden Einkommensteuergesetzgeber, 2009, S. 222; *K. J. von Bornhaupt*, Die Typisierung im Steuerrecht, NWB 1990, 5426; zusammenfassend und deutlich *J. Hey* in Tipke/Lang, Steuerrecht, 22. Aufl. 2015, § 3 Rz. 23, 145 ff., nach der unwiderlegbare Pauschalierungen unzulässig seien – jedenfalls wenn ein Regelfall nur schwer festzustellen ist (Rz. 149 a.E.).
135 BVerfG v. 9.12.2008 – 2 BvL 1/07, BVerfGE 122, 210 (Rz. 60) – Pendlerpauschale; s. auch die Nachweise in Fn. 133.

3. Typisierungen, um das objektive Nettoprinzip anwenden zu können

Auch das objektive Nettoprinzip[136] macht Typisierungen nicht zur Ausnahme. Vielmehr fordert es diese, damit das Steuerrecht vollzogen werden kann. Die Absetzung für Abnutzung[137] oder Bewertungen[138] verletzen das objektive Nettoprinzip nicht, sondern machen es in der Wirklichkeit handhabbar. Die genaue steuerliche Bewertung jedes Einzelfalls ist praktisch nicht möglich[139]. Die Typisierung führt den Ausnahmefall in die Regel zurück. Auch diese Gleichheit im Typus ist dem objektiven Nettoprinzip immanent, vor allem wenn Aufwendungen auf der Schnittstelle zwischen Erwerbs- und Privatsphäre liegen[140]. Wer mit der Luxus-

---

136 Siehe hierzu die Nachweise in Fn. 124.
137 § 7 EStG.
138 Siehe nur § 6 EStG und unter II. für Sachbezüge als steuerpflichtigen Lohn.
139 Das Grundgesetz regelt in Art. 108 Abs. 4 GG, dass der Gesetzesvollzug des Steuerrechts zu erleichtern und zu verbessern ist. Die Verknüpfung bezieht sich ausdrücklich auf die Kooperation von Bund und Ländern. *M. Heintzen*, Das gemeinsame Konzept von Bund und Ländern zur Modernisierung des Besteuerungsverfahrens, DÖV 2015, 780 (785), betont, dass der Gedanke zu verallgemeinern ist. *J. Hey* in Tipke/Lang, Steuerrecht, 22. Aufl. 2015, § 3 Rz. 145, spricht von einem „Praktikabilitätsprinzip". „Da Gesetze, die nicht praktikabel sind, nicht gleichmäßig durchgeführt werden können, dienen Vereinfachungszweckvorschriften letztlich auch dem Gleichheitssatz." Zugespitzt *K. J. von Bornhaupt*, Die Typisierung im Steuerrecht, NWB 1190, 5426: „Die Einkommensbesteuerung betrifft oft Vorgänge, die von den Finanzbehörden und Steuergerichten schwer nachprüfbar sind und von den Stpfl. schlecht nachgewiesen werden können. Diese Besonderheiten zwingen den Gesetzgeber, das Steuerrecht noch abstrakter zu gestalten und noch stärker zu schematisieren als andere Rechtsgebiete. Zu diesem Zweck hat der Gesetzgeber viele typisierte Rechtsnormen geschaffen, die der Stpfl. gegen sich gelten lassen muss, auch wenn die Voraussetzungen in seinem Fall nicht zutreffen. Die den Nachweis des Gegenteils ausschließenden Typisierungen widerstreiten zwar dem Prinzip der „individuellen" Steuergerechtigkeit, das auf die Leistungsfähigkeit des einzelnen Steuerpflichtigen abstellt. Die gesetzlichen Typisierungen entsprechen jedoch dem Grundsatz der „generellen" Steuergerechtigkeit, d.h. der Gleichmäßigkeit der steuerlichen Behandlung." Insges. auch *H.-J. Pezzer*, Gleichmäßiger Gesetzesvollzug in der Steuerrechtsordnung, StuW 2007, 101 (102 ff.).
140 BVerfG v. 7.12.1999 – 2 BvR 301/98, BVerfGE 101, 297 (Rz. 39) – häusliches Arbeitszimmer: „Der Gesetzgeber legt der Einkommensteuer das sog. Nettoprinzip zugrunde [...]. Der Gleichheitssatz fordert allerdings nicht, dass der Gesetzgeber stets den gewillkürten tatsächlichen Aufwand berücksichtigt,

karosse zur Arbeit fährt[141] oder bei einem Dienstessen schlemmt[142], wird steuerlich nicht im Individualfall, sondern im Normalfall belastet, der nicht widerlegbar ist – es wird eine Grenze typischen Verhaltens gezeichnet[143].

4. Die Notwendigkeit allgemeiner, auf den Massenvollzug ausgerichteter Steuergesetze

Gesetzgebung ist Verallgemeinern. Nur dann erfüllt das Gesetz seinen Auftrag, eine Vielzahl von Fällen zu regeln[144]. Diesen elementaren Gedanken vernachlässigt das Steuerrecht. Oft verallgemeinern die Steuergesetze nicht, sondern schreiben im Widerspruch zur Gewaltenteilung die Verwaltungsauffassung in das Gesetz[145]. Die Folge sind nicht, kaum oder nur in Einzelfällen vollziehbare Steuergesetze.

Wegen der missglückten Steuergesetzgebung befindet sich die Finanzverwaltung in dem Dilemma, entweder das Steuerrecht mit nicht selten erheblichen, zuweilen auch kaum überwindbaren Schwierigkeiten zu vollziehen, aber die Masse der Fälle unerledigt zu lassen, oder die gesetzlichen Vorgaben zu vernachlässigen[146]. Es ereignet sich ein Rechtsbruch

---

vielmehr kann es auch genügen, dass er für bestimmte Arten von Aufwendungen nur den Abzug eines in realitätsgerechter Höhe typisierten Betrages gestattet [...]. Dies gilt insbesondere, wenn die Erwerbsaufwendungen die Kosten der allgemeinen Lebensführung i.S.d. § 12 EStG berühren und deshalb zur Klarstellung wie zur Vereinfachung in einem unwiderleglichen Regeltatbestand erfasst werden. Dadurch können zugleich Ermittlungen im Privatbereich eingegrenzt werden." Siehe bereits oben unter II. 3.
141 § 4 Abs. 5 S. 1 Nr. 6 S. 2 f., § 9 Abs. 1 Satz 3 Nr. 4 EStG.
142 § 4 Abs. 5 Nr. 2, § 9 Abs. Abs. 5 EStG; s. hierzu auch unter II. 3.
143 Siehe bereits unter 1.
144 Siehe bereits unter I. 2. und 4. m.w.H.
145 Siehe bereits unter II. 1. und 4.
146 Deutlich *R. Mellinghoff*, Erneuerung des Steuerrechts – Reformüberlegungen am Beispiel der Besteuerung von Einkommen und Vermögen, DStJG 37 (2014), S. 1 (4): Die Finanzverwaltung ist gegenwärtig „nicht mehr in der Lage, das geltende Steuerrecht zu vollziehen." *J. Isensee*, Resilienz von Recht im Ausnahmefall, in Lewinski (Hrsg.), Resilienz des Rechts, 2016, S. 33 (40): „Der exakte Vollzug der komplizierten Steuergesetze im Einzelfall stößt auf Kapazitätsgrenzen der Finanzverwaltung. Diese Engpasssituation dadurch, dass sie das Vollzugsprogramm reduziert und statt umfassender Prüfung sich mit Stichproben und statt genauer Untersuchung des Einzelfalles sich mit einer typisierenden Betrachtungsweise begnügt, die sich an präterlegalen Pauschalen, Tabellen, Richtlinien, Schemata und Erfah-

im Vollzug[147], zuweilen ein „strukturelles Erhebungsdefizit"[148]. Auf diesen „Vollzugsnotstand"[149] reagiert auch das Gesetz zur Modernisierung des Besteuerungsverfahrens. Wenn aber die Verwaltung überlastet ist, ist nicht die Gesetzlichkeit der Verwaltung zu vernachlässigen[150] und ist auch nicht allein das Verfahren zu reformieren, sondern vor allem das materielle Steuerrecht zu ändern.

---

rungswertgen aller Art ausrichtet und die individuelle Besonderheit vernachlässigt. Die Verwaltung bewältigt so das Dilemma, entweder das Gesetz exakt zu vollziehen, aber in der Masse des Unerledigten steckenzubleiben, oder das Normprogramm von sich aus zu vereinfachen und zu verkürzten und so mit der Gesamtaufgabe fertig zu werden." *J. Hey* in HHR, Einleitung zum EStG, Anm. 732; *B. Helmert*, Steuerfestsetzung unter dem Vorbehalt der Nachprüfung – fakultative oder obligatorische abschließende Prüfung des Steuerfalles? Eine verfassungsrechtliche Betrachtung, StuW 2016, 277 (287), spricht mit Blick auf die „abschließenden Fallprüfungen" von einer „gewichtete(n), tiefgreifende(n) Absenkung der behördlichen Kontrolldichte", von einer generellen Orientierung am „verfassungsrechtlichen Mindestmaß der Kontrolldichte"; s. auch zuvor unter III. 4.

147 *J. Isensee*, Resilienz von Recht im Ausnahmefall, in Lewinski (Hrsg.), Resilienz des Rechts, 2016, S. 33 (40).
148 Ausdrücklich BVerfG v. 9.3.2004 – 2 BvL 17/02, BVerfGE 110, 94 (Rz. 73, 113) – Spekulationssteuer; s. auch die Nachweise in Fn. 22.
149 Deutlich *R. Mellinghoff*, Erneuerung des Steuerrechts – Reformüberlegungen am Beispiel der Besteuerung von Einkommen und Vermögen, DStJG 37 (2014), S. 1 (4); *J. Isensee*, Resilienz von Recht im Ausnahmefall, in Lewinski (Hrsg.), Resilienz des Rechts, 2016, S. 33 (40); s. bereits die Nachweise in Fn. 146.
150 Teilweise wird der Vollzugsauftrag der Steuerverwaltung auf Grund des Massenverfahrens auf ein „strukturelles Kontrollbedürfnis" reduziert. Das grundsätzliche Vertrauen, das den Angaben des Steuerpflichtigen entgegengebracht wird, ist auch rechtsstaatlich zu begrüßen. Jedoch darf die Gesetzmäßigkeit der Eingriffsverwaltung nicht geschwächt werden. Siehe insges. insb. *R. Seer*, Modernisierung des Besteuerungsverfahrens. Gedanken zum Referentenentwurf zur Modernisierung des Besteuerungsverfahrens, StuW 2015, 315 (insb. 318); *R. Seer*, Selbstveranlagung – Wegfall des Amtsermittlungsgrundsatzes?, in DWS-Symposium 2014, 2015, S. 7 ff. m.w.H. Angesichts der Vollzugsprobleme spricht *E. Schmidt*, Moderne Steuerungssysteme im Steuervollzug, DStJG 31 (2008), S. 37 (39 f.), aber von einer „Verifikationsverwaltung" (vgl. auch den Entwurf eines Gesetzes zur Modernisierung des Besteuerungsverfahrens, 3.2.2016, BT-Drucks. 18/7457, 48, 124) und *R. Seer*, Besteuerungsverfahren im 21. Jahrhundert, FR 2012, 1000 (1002), von einer „strukturellen Verifikation" sowie von einer „Abkehr vom 100 %-Doktrin" (*R. Seer*, Der Vollzug von Steuergesetzen unter den Bedingungen einer Massenverwaltung, DStJG 31 [2008], S. 7 [11 f.]).

Jedes zu vollziehende Gesetz ist so zu verfassen, dass es vollzogen werden kann. Gerade im Steuerrecht müssen die Gesetze auf den Massenvollzug ausgerichtet sein. Das gerechteste, das durchdachteste Steuergesetz bleibt ein Papiertiger, wenn es nicht verwirklicht wird. Der Gleichheitssatz ist verletzt, wenn keine Gleichheit im Vollzug, wenn keine Gleichheit im Belastungserfolg[151] erreicht wird. Die Steuergerechtigkeit wird hauptsächlich durch zwei Prinzipien verwirklicht: das Leistungsfähigkeitsprinzip und das Legalitätsprinzip, die Gesetzmäßigkeit der Besteuerung. Es geht darum, dass alle Steuerpflichtigen die geschuldete Steuer zahlen[152].

Das Steuerrecht folgt zu oft dem Gedanken, das Gesetz müsse den Einzelfall ‚millimetergenau' erfassen. Das objektive Nettoprinzip wird so missverstanden. Denn diese nur vermeintliche „Gerechtigkeit im Einzelfall" droht gerade im Massenfallrecht von den allgemeinen Belastungsprinzipen abzuweichen. Das objektive Nettoprinzip wird beiseitegeschoben, wenn die Steuergesetze nicht gleichheitsgerecht vollzogen werden können, wenn sie in der Praxis nur durch Schätzungen anzuwenden sind. Die Sicherheit des Straßenverkehrs hängt von der Qualität des Fahrers und von der Fahrtüchtigkeit des Pkw ab. Doch würde keiner auf die Idee kommen, die Geschwindigkeitsbeschränkung individuell auf die Eigenschaften von Fahrer und Pkw anzupassen. Auch das Steuerrecht soll und kann nicht jeden Euro erfassen. Das Gesetz muss vielmehr die Normalität einer Ertragsquelle und die daraus folgende individuelle Finanzkraft regeln.

Wenn Verstöße gegen das komplizierte Steuerrecht dann noch durch den Tatbestand der Steuerhinterziehung bestraft werden, ist eine Vereinfachung auch nach dem strengeren Bestimmtheitsgrundsatz des Art. 103

---

151 BVerfG v. 14.6.2016 – 2 BvR 323/10, DStR 2016, 1731 (Rz. 101) – Altersvorsorgeaufwendungen; BVerfG v. 17.2.2010 – 1 BvR 2664/09, NVwZ-RR 2010, 457 (Rz. 46) – Zweitwohnungssteuer; BVerfG v. 9.3.2004 – 2 BvL 17/02, BVerfGE 110, 94 (Rz. 63) – Spekulationssteuer; BVerfG v. 7.12.1999 – 2 BvR 301/98, BVerfGE 101, 297 (Rz. 38) – häusliches Arbeitszimmer; BVerfG v. 10.4.1997 – 2 BvL 77/92, BVerfGE 96, 1 (Rz. 25, 31) – Weihnachtsfreibetrag; BVerfG v. 27.6.1991 – 2 BvR 1493/89, BVerfGE 84, 239 (Rz. 104, 106, 109) – Zinsbesteuerung.
152 *J. Lang*, Steuergerechtigkeit, StuW 2016, 101 (102, 104 f. und insb. 116); *D. Birk*, Leistungsfähigkeit, Leitgedanken des Rechts, Bd. II, 2013, § 147 Rz. 15; *K. Tipke*, Steuergerechtigkeit, Leitgedanken des Rechts, Bd. II, 2013, § 146 Rz. 3 ff.; *P. Kirchhof*, Bundessteuergesetzbuch, 2011, Leitgedanken Rz. 7 ff. („unausweichliche Steuerlast").

Abs. 2 GG geboten[153]. Den objektiven Tatbestand – die Steuerverkürzung durch unrichtige oder unvollständige Angaben über steuerlich erhebliche Tatsachen[154] – erfüllen aufgrund des komplizierten Steuerrechts zahlreiche Steuerpflichtige: Kaum eine Steuererklärung ist richtig. Der subjektive Tatbestand stellt schwierige Abgrenzungsfragen – insbesondere wann ein dolus eventualis vorliegt[155]. Das Steuerermittlungsverfahren mit seinen Mitwirkungspflichten wird nicht strikt vom Steuerfahndungsverfahren mit seinem Aussageverweigerungsrecht getrennt[156]. Das Steuerstrafrecht ist zum rechtsstaatlichen Problem geworden[157]. Ein allgemeines verständliches Steuergesetz wird die verfassungsgeforderte Klarheit verbessern.

VI. Gesetzgebung und Rechtsquellenvielfalt

1. Die historische Errungenschaft der modernen Rechtsquellenvielfalt

Auch die moderne Rechtsquellenvielfalt und das internationale Steuerrecht fordern eine allgemeine Steuergesetzgebung. Seit Mitte des letzten Jahrhunderts leben wir in einer Zeit moderner Rechtsquellenvielfalt. Staaten, die eben noch gegeneinander Krieg führten, schlossen sich in einer atemberaubenden Weitsicht zusammen, um dem Frieden, der Freiheit und dem Wohlstand zu dienen. Die Vereinten Nationen wurden gegründet, der Europarat mit der EMRK auf den Weg gebracht und die europäische Integration geschaffen. Elementare Anliegen des Rechts werden seit-

---

153 *H. Anzinger*, Selbstveranlagung – Wegfall des Amtsermittlungsgrundsatzes?, in DWS-Symposium 2014, 2015, S. 7 (41), zur Modernisierung des Besteuerungsverfahrens: „Und insbesondere die Drohung mit der strafrechtlichen Verantwortung ist so gewaltig, dass Angst entsteht."
154 § 371 Abs. 1 Nr. 1 AO.
155 Siehe hierzu *L. Kuhlen*, Vorsatz und Irrtum im Steuerstrafrecht, DStJG 38 (2015), S. 117 ff.
156 *K. Herrmann*, Doppelfunktion der Steuerfahndung als Steuerkriminalpolizei und Finanzbehörde, DStJG 38 (2015), S. 249 ff.; *F. Salditt*, Bürger zwischen Steuerrecht und Strafverfolgung, DStJG 38 (2015), S. 277 ff.; *K.-D. Drüen*, Außenprüfung und Steuerstrafverfahren, DStJG 38 (2015), S. 219 ff.
157 Insges. *R. Mellinghoff*, Grundsätze und Grenzen im Besteuerungs- und Steuerstrafverfahren, Stbg 2014, 97 ff.; *R. Seer*, Steuerstrafrecht an der Schnittstelle zum Steuerrecht, DStJG 38 (2015), S. 1 (2 ff.); *Th. Weckerle*, Steuerstrafrechtliche Verantwortung des Beraters, DStJG 38 (2015), S. 171 ff.; *Chr. Kaeser*, Steuerstrafrechtliche Verantwortung im Unternehmen und selbstregulierende Tax Compliance, DStJG 38 (2015), S. 193 ff.

dem mit überstaatlichen Instrumenten verfolgt[158]. Das zwischenstaatliche Recht ist zu einer Selbstverständlichkeit geworden[159]. Dies ist eine historische Errungenschaft und ein Glücksfall für Deutschland.

Zu dem nationalen Recht des Bundes, der Länder und Gemeinden treten seitdem das internationale Völkerrecht, das regionale Völkerrecht mit der EMRK und das supranationale Europarecht. Angesichts dieser modernen Rechtsquellenvielfalt ist der alte Gedanke der Kodifikation[160] wiederzubeleben und neu zu denken: nicht in einem zusammenfassenden Überschreiben verschiedener Gesetze, sondern als ein Rechtstext, der das Recht, das verschiedenen Quellen entspringt, klar fasst[161]. Die

---

158 *G. Kirchhof/H. Kube/R. Schmidt* in G. Kirchhof/H. Kube/R. Schmidt (Hrsg.), Von Ursprung und Ziel der Europäischen Union. Elf Perspektiven, 2. Aufl. 2017, S. 187 (187 f. m.w.H.); *D. Grimm*, Souveränität, 2009, S. 11 f.; jeweils m.w.H.
159 Souveränität wird und kann „in unserer globalisierten Welt längst nur noch als eine beschränkte begriffen werden, beschränkt durch die rechtlich geleitete Einbindung in internationale und supranationale Institutionen." Mehr noch: „Der Verfassungsstaat im Geflecht der internationalen Beziehungen grundiert jedes juristische Erkenntnisinteresse" (*R. Schmidt*, Euro-Krise, FAZ, 5.4.2012, Nr. 82, S. 7; zu diesem Souveränitätsverständnis, das schon bei *Jean Bodin* klar zu erkennen ist, *G. Kirchhof*, Die Allgemeinheit des Verfassungsgesetzes, HStR XII, 3. Aufl. 2014, § 267 Rz. 44 ff.).
160 *K. Schmidt*, Die Zukunft der Kodifikationsidee, 1985; *D. Grimm*, Der Wandel der Staatsaufgaben und die Krise des Rechtsstaats, in D. Grimm (Hrsg.), Wachsende Staatsaufgaben, 1990, S. 291 (301); *G. Kirchhof*, Die Allgemeinheit des Gesetzes, 2009, S. 67 ff., 174 ff., 386 ff.
161 Die Koordination des Rechts war in Deutschland bis ins 19. Jahrhundert das tägliche Brot des Rechtslebens, weil das lokale Recht, das Fürstenrecht, überregionales Handelsrecht sowie das römische und kanonische Recht zu koordinieren waren (*P. Oestmann*, Gemeines Recht und Rechtseinheit, in Schumann [Hrsg.], Hierarchie, Kooperation und Integration im europäischen Rechtsraum, 2015, S. 1 ff.). Erst die großen Kodifikationen des StGB und des BGB haben die Rechtsquellenvielfalt in Deutschland in weiten Teilen überwunden. Ein vergleichbarer rechtsstaatlicher Schritt ist heute aber auf eine Rechtsquelle beschränkt. Die Kodifikationen haben die anderen Rechtsebenen weitgehend verdrängt. Die nationalen und zwischenstaatlichen Entscheidungsräume sind jeder für sich für die demokratische Legitimation, die Akzeptanz des Rechts und die notwendige Abstimmung auf die Besonderheiten der Entscheidungsräume unverzichtbar. Die Rechtsquellenvielfalt – diese historische Errungenschaft – darf nicht aufgegeben werden (insges. *G. Kirchhof*, Die Kodifikation in Zeiten moderner Rechtsquellenvielfalt, EurUP 2016, 324 ff.).

Koordination der Rechtsquellen ist der erste Auftrag der Gesetzgebung in unserer Zeit[162].

2. Elemente der Soll-Ertragsbesteuerung im internationalen Steuerrecht

Nationale Regeln, die in der Zeit moderner Rechtsquellenvielfalt bestehen und wirken wollen, und internationale Vorgaben, die in zahlreichen sehr unterschiedlichen Staaten befolgt werden sollen, sind in einer besonderen Klarheit zu verfassen. Ansonsten entsteht ein Regelungsgestrüpp, das die Wirkung des Rechts lähmt. Das Steuerrecht, das diesen unterschiedlichen Quellen entspringt, muss jährlich in einer Steuerlast zusammengeführt werden. Im Kampf gegen sachwidrige Steuerersparnisse von internationalen Unternehmen haben die Europäische Union[163] und die OECD[164] unter dem Stichwort „Base Erosion and Profit Shifting" Reformen des internationalen Steuerrechts vorgeschlagen, die in Teilen in Gesetzen Verbindlichkeit erlangt haben[165]. Steuersystematisch wurde ein Paradigmenwechsel im internationalen Steuerrecht erwogen. In Zukunft sollen nicht mehr das Ansässigkeits- oder das Quellenprinzip gelten. Be-

---

162 In Anlehnung an *F. C. von Savigny*, Vom Beruf unserer Zeit für Gesetzgebung und Rechtswissenschaft, 3. Aufl. 1840, insb. S. 48 ff. zum wissenschaftlichen Auftrag der Gesetzgebung; s. insges. *G. Kirchhof*, Die Kodifikation in Zeiten moderner Rechtsquellenvielfalt, EurUP 2016, 324 ff.
163 Europäische Kommission, Vorschlag für eine Richtlinie des Rates mit Vorschriften zur Bekämpfung von Steuervermeidungspraktiken mit unmittelbaren Auswirkungen auf das Funktionieren des Binnenmarkts, 2016, http://eur-lex.europa.eu/legal-content/DE/TXT/PDF/?uri=CELEX:52016PC0026&from=EN (abgerufen am 20.12.2016).
164 OECD, Addressing Base Erosion and Profit Shifting, 2013 (http://www.oecd-ilibrary.org/taxation/addressing-base-erosion-and-profit-shifting_9789264192744-en; s. ferner die Abschlussberichte unter http://www.oecd.org/tax/aligning-transfer-pricing-outcomes-with-value-creation-actions-8-10-2015-final-reports-9789264241244-en.htm; jeweils abgerufen am 20.12.2016).
165 Siehe die Richtlinie (EU) 2016/1164 des Rates v. 12.7.2016 mit Vorschriften zur Bekämpfung von Steuervermeidungspraktiken mit unmittelbaren Auswirkungen auf das Funktionieren des Binnenmarkts. Dazu *A. Schnitger/ D. Nitzschke/R. Gebhardt*, Anmerkungen zu den Vorgaben für die Hinzurechnungsbesteuerung nach der sog „Anti-BEPS-Richtlinie", IStR 2016, 960 (960 f.). Die Richtlinie wurde in Deutschland bereits umgesetzt (BGBl. I 2016, 3000); s. hierzu *J. Blumenberg/W. Kring*, Erste Umsetzung von BEPS in nationales Recht, BB 2017, 151.

steuert werden soll am Ort der Wertschöpfung[166]. Nicht zu Unrecht wird gegen diesen Wechsel eingewandt, dass ein solcher Ort insbesondere bei immateriellen Gütern schwer zu bestimmen ist[167]. Erhebliche Probleme bereitet zudem die räumliche Zuordnung von Geschäften des Finanzmarktes. Aber auch in der industriellen Produktion bräuchte es harsche Typisierungen, um die unterschiedlichen Orte der Wertschöpfung von internationalen Unternehmen zu ermitteln.

Die Vorschläge, die für die notwendigen Zuordnungen unterbreitet werden, erinnern an die preußische Klassensteuer von 1820. Diese Steuer war eine Soll-Ertragsteuer. Die Erträge wurden nach äußeren Kriterien ermittelt. Für ein landwirtschaftliches Unternehmen wurde die Steuerlast nach der Nutzart, der Größe, der Lage, der Anzahl der Mitarbeiter und der sichtbaren Kapitalausstattung bemessen[168]. Das internationale Steuerrecht erwägt gegenwärtig, den Ort der Wertschöpfung nach vergleichbaren Kriterien zu ermitteln[169]. Auch die geplante Reform des internationalen Steuerrechts drängt so zu Elementen der Soll-Ertragsbesteuerung, jedenfalls aber zu dem Versuch, schwierige Abgrenzungsfragen in Typisierungen zu beantworten.

---

166 Siehe die Nachweise in Fn. 163 und 164 und *W. Schön*, „Ein großer blinder Fleck", Gespräch über die Folgen von BEPS, EY TAX & LAW 04/2015 (http://www.tax.mpg.de/fileadmin/TAX/docs/TL/WS/EY_BEPS_2.pdf, abgerufen am 20.12.2016); *M. Kreienbaum*, OECD/G20-Staaten schließen BEPS-Aktionsplan erfolgreich ab, IStR 2015, 753; *B. Groß*, Anpassung der Ergebnisse von Verrechnungspreisen an die Wertschöpfung, IStR 2016, 233.
167 *W. Schön*, „Ein großer blinder Fleck", Gespräch über die Folgen von BEPS, EY TAX & LAW 04/2015 (http://www.tax.mpg.de/fileadmin/TAX/docs/TL/WS/EY_BEPS_2.pdf, abgerufen am 20.12.2016); *W. Schön*, Konzerninterne Risikoallokation und internationales Steuerrecht, StuW 2015, 69 f.; insges. zudem *X. Ditz/R. Pinkernell/C. Quilitzsch*, BEPS-Reformvorschläge zu Lizenzgebühren und Verrechnungspreisen bei immateriellen Wirtschaftsgütern aus Sicht der Beratungspraxis, IStR 2014, 45; *A. Crüger/A. Riedl*, Immaterielle Wirtschaftsgüter – aktuelle Entwicklungen zu Verrechnungspreisen, IStR 2014, 625.
168 Insges. *C.-P. Knöller*, Die Besteuerung von Sollertrag und Istertrag, 2015, S. 225 ff. m.w.H.
169 Deutlich *L. Feld* auf dem 59. Berliner Steuergespräch zum Thema „EU- und OECD-Initiativen gegen steuerliche Gewinnverlagerungen" (s. für die Dokumentation [i.E.] http://www.berlinersteuergespraeche.de); vgl. Art. 28 des Richtlinienvorschlags des Rates vom 25.10.2016, COM (2016) 683, über eine Gemeinsame konsolidierte Körperschaftsteuer-Bemessungsgrundlage.

3. Die Gleichheitsforderung, alle Steuerpflichtigen zu erfassen

Das Steuerrecht stellt so gegenwärtig die grundlegende Gleichheitsfrage, die zu Zeiten der Soll-Ertragsbesteuerung im Vordergrund stand. Der Gleichheitsgedanke sollte nicht die Bemessungsgrundlage millimetergenau erfassen – das ist bei einer Soll-Ertragsbesteuerung nicht möglich[170]. Das Gleichmaß erreichte sein Ziel, wenn alle gesetzeskonform zur Besteuerung herangezogen werden. Der Augsburger Kilianplan aus dem 17. Jahrhundert suchte dieses Gerechtigkeitsanliegen[171] zu erfüllen: Er diente der gleichmäßigen Erhebung der Vermögensteuer. Der koloriert gedruckte große Stadtplan wies durch goldene Striche und Nummern auf den Straßen und Häusern den Steuereintreibern den Weg, damit kein Steuerpflichtiger beim sog. Steuerumgang ausgelassen wird[172]. Heute einen vergleichbaren Plan zu zeichnen, der alle nationalen und übernationalen Steuerpflichtigen erfasst, ist unmöglich.

4. Rationalität des Gesetzes und des Vollzugs im Massenverfahren

Doch bedarf es eines solchen Plans nicht, wenn der Gesetzgeber der Rationalität des Gesetzes und des Vollzugs im Massenverfahren folgt[173]. Im Massenfallrecht drängen sich die Quellenbesteuerung und die indirekte Besteuerung auf[174]. Diese Erhebungsformen alleine genügen aber nicht. Beide wollen einfaches Steuerrecht anwenden[175]. Nur allgemeine Steuergesetze können auf Grundlage einer vorausgefüllten Steuererklärung in der Regel automatisch angewandt werden[176]. Ein verständlicheres und verlässlicheres Steuerrecht wäre national und international ein nachhaltiges Konjunkturprogramm[177]. In der Vereinfachung des Steuerrechts und der dann möglichen automatischen Gesetzesanwendung liegt die große Chance für das nationale und auch das internationale Steuerrecht,

---

170 Siehe soeben unter 2. und unter IV. 1. und 2.
171 Siehe unter I. 2. und V. 4. m.w.H.
172 *M. Cramer-Fürtig* (Hrsg.), Aus 650 Jahren. Ausgewählte Dokumente des Stadtarchivs Augsburg zur Geschichte der Reichsstadt Augsburg 1156–1806, 2006, S. 112, benannt nach *Wolfgang Kilian* (1581–1662), der den Plan im Jahre 1626 schuf; s. für ein Abbild eines Teiles (Lektion XLIV): http://cms.steuerforum-augsburg.de/ (abgerufen am 20.12.2016).
173 Siehe hierzu insb. unter V.
174 Siehe bereits unter I. 1. m.w.H.
175 Siehe hierzu unter II. und IV.
176 Siehe unter III.
177 Siehe unter I. 3. m.w.H.

die Rechtsquellen zu koordinieren und alle Steuerpflichtigen gleichmäßig zu belasten[178]. Diese Gleichheit führt zum Gerechtigkeitsgedanken des Gesetzes zurück[179]. Es ist – in den klaren Worten *John Lockes* – „*ein* Maß [anzulegen ...] für den Günstling am Hofe ebenso wie für den Bauern am Pflug"[180]. Vor einem Einzelfallgesetz ist Gleichheit nicht möglich[181]. Das allgemeine Gesetz ist Garant der Gerechtigkeit, wenn es für alle gleichmäßig gilt[182]. Nur dann wird es zur selbstverständlichen Regel[183], wird es allen gemein.

---

178 Siehe soeben unter 1. bis 3.
179 Siehe unter I. 2. m.w.H. und insges. *G. Kirchhof*, Die Allgemeinheit des Gesetzes, 2009.
180 *J. Locke*, Über die Regierung [Two Treatises of Government. The Second Treatise, 1690], 2003, 11. Kapitel § 142.
181 Art. 3 Abs. 1, Art. 19 Abs. 1 Satz 1 GG; *I. Kant*, Über den Gemeinspruch [1793], 1992, A 238 ff.
182 Siehe bereits unter I. 2. m.w.H.
183 Siehe bereits unter I. 1.

Diskussion

zur Rechtfertigung des Themas und den Referaten von Prof. Dr. *Klaus-Dieter Drüen* und Prof. Dr. *Gregor Kirchhof*, LL.M.

Prof. Dr. Heribert M. *Anzinger*, Ulm

Bei beiden Vorträgen, die mir sehr gut gefallen haben, verdienen Thesen Unterstützung, bei denen die Referenten sich nicht sicher waren, ob sie mit ihnen die Mehrheitsauffassung treffen. Herr *Drüen* hat eine Auslegung des § 8 Abs. 2 Satz 11 EStG präsentiert, bei der er den Aspekt der Bewertungsunsicherheit in den Mittelpunkt gerückt hat. Wo ein Gutschein ein Barsurrogat sei und keine Bewertungsunsicherheit bestehe, da gebe es auch keinen Sachlohn, der freizustellen ist. Mich hat das mit dem Zweck der Vorschrift überzeugt. Vielleicht würde entgegen der Zweifel des ersten Referenten eine Abstimmung sogar zu breiter Zustimmung zu seinen Thesen führen.

Gregor Kirchhof hat eine These formuliert, die er nicht als streitig bezeichnet hat, die aber vielleicht nicht unbedingt Zustimmung im Raum allgemein findet, vor allem bei der Finanzverwaltung. Er hat sich für eine geleitete Selbstveranlagung und gegen einen automatischen Steuervollzug ausgesprochen. Diese These möchte ich noch einmal unterstreichen. Der große Vorzug der geleiteten Selbstveranlagung besteht in meinen Augen darin, dass man den Steuerpflichtigen nicht entmündigt. Er wird anders als beim automatischen Steuervollzug nicht zum Objekt staatlichen Handelns. Er kann noch selbst agieren und wird gleichzeitig unterstützt. Weit auseinander liegen automatischer Steuervollzug und geleitete Selbstveranlagung gar nicht, aber das ausgewogenere Verhältnis zwischen dem Steuerpflichtigen und der Finanzbehörde und der mildere Eingriff in die informationelle Selbstbestimmung des Steuerpflichtigen lässt das Modell geleiteter Selbstveranlagung vorzugswürdig erscheinen.

Zwei kurze Fragen würde ich den Referenten gerne noch stellen: Herr *Drüen* hat sich im System des Lohnsteuerabzugs zur Wechselwirkung zwischen dem Begriff des Arbeitslohns und den Haftungsrisiken des abzugsverpflichteten Arbeitgebers geäußert. Müsste man diesen Gedanken nicht weiterentwickeln und die Wechselwirkung zwischen Vollziehbarkeit und Bemessungsgrundlage noch stärker berücksichtigen, insbesondere bei Arbeitslohn von Dritten? Im Gesetz findet diese Wechselwirkung an verschiedenen Stellen bereits Berücksichtigung, etwa in der

Vorschrift des § 8 Abs. 2 Satz 8 EStG, nach der Mahlzeiten nur dann Einnahmen bilden, wenn sie durch den Arbeitgeber veranlasst worden sind und er so von diesen Kenntnis erlangen konnte. Das könnte die Basis für einen allgemeinen Grundsatz bilden.

Herr *Kirchhof* hatte sich in seinem Referat insbesondere mit dem Datenschutz beschäftigt. Bestehen nicht besondere datenschutzrechtliche Risiken im Verhältnis Arbeitnehmer und Arbeitgeber, weil der Arbeitgeber mit den Informationen, die er zur Durchführung des Lohnsteuerabzugs erhält, auch in seiner Rolle als Arbeitsgeber Interesse hat?

Dr. *Michael Balke*, Hannover

Ich stimme *Heribert M. Anzinger* zu. Auch ich bin begeistert von den zwei Grundsatz-Vorträgen. Ich habe es gerne gehört, dass man bestrebt ist, auch die Arbeitnehmer als Besteuerungssubjekte zu sehen, die Steuergerechtigkeit verdient haben. Insofern Ermunterung – weiter so. Gleichzeitig möchte ich, mit Blick auf das Leitthema der diesjährigen Tagung „Besteuerung von Arbeitnehmern" darauf hinweisen, dass eine ganz grobe Benachteiligung der Arbeitnehmer im deutschen Steuerrecht vorliegt, etwas versteckt, deshalb bisher kaum erkannt. Hier ein paar Hinweise: Wir (der 7. Senat des Niedersächsischen Finanzgerichts) haben das Solidaritätszuschlaggesetz wegen Verfassungswidrigkeit dem Bundesverfassungsgericht wiederholt vorgelegt (in den Jahren 2009 und 2013); Kläger der Ausgangsverfahren war und ist ein Arbeitnehmer (7 K 143/08). Zunächst hatten wir allein wegen der gesetzesplanwidrigen immerwährenden Besteuerung durch den Solidaritätszuschlag vorgelegt. Danach, bei der Erarbeitung des heute beim Bundesverfassungsgericht immer noch anhängigen zweiten Aussetzungs- und Vorlagebeschlussverfahrens in derselben Rechtssache (2 BvL 6/14), haben wir, auch unter Berücksichtigung der veröffentlichten Prüfergebnisse des Bundesrechnungshofs, festgestellt, dass unser Arbeitnehmer (Kläger) im Vergleich zu gewerblich Tätigen und zu Beziehern von ausländischen Einkünften besonders benachteiligt ist. Denn die abgeführte Lohnsteuer wird zwar auf die Einkommensteuer des Arbeitnehmers angerechnet, sie kürzt aber nicht die Bemessungsgrundlage für den Solidaritätszuschlag. Bemessungsgrundlage für den Solidaritätszuschlag ist bei den Arbeitnehmern die festgesetzte Einkommensteuer ohne Berücksichtigung der Lohnsteuer. Anders bei gewerblichen und bei ausländischen Einkünften. Da sind die Steueranrechnungsvorschriften des § 35 EStG (bezüglich der Gewerbesteuer) und § 34c EStG (bezüglich der ausländischen

Steuern) bei der Berechnung des Solidaritätszuschlags zu berücksichtigen. Zum Beispiel werden bei einem unbeschränkt Steuerpflichtigen in Deutschland die im Ausland gezahlten Steuern auch für Zwecke des Solidaritätszuschlags vollangerechnet, was etwa beim Einkommensmillionär, der nur Einkünfte aus dem Ausland bezieht, zu einem Solidaritätszuschlag in Höhe von Null führt. Bei gewerblichen Einkünften ist es so, dass die Gewerbesteuer im Idealfall voll auf die Einkommensteuer und auf die Einkommensteuer als Bemessungsgrundlage für den Solidaritätszuschlag angerechnet wird und sich damit eine Ersparnis für Gewerbetreibende von 5,5 Prozent auf den Anrechnungsbetrag ergibt. Fazit: Im Vergleich zum Gewerbetreibenden oder zum Bezieher von ausländischen Einkünften steht der Arbeitnehmer bei gleich hohem Einkommen ertragsteuerlich wesentlich schlechter da. Das ist eine ganz grobe Benachteiligung der Arbeitnehmer durch die Besteuerung. Ich bin gespannt auf die rechtfertigenden Grundsatzbemerkungen der Grundsatzredner zu diesem Grundsatzproblem der Besteuerung von Arbeitnehmern. Gerade auch im Hinblick auf die grundlegenden Ausführungen von *Gregor Kirchhof*, die sogar an *Immanuel Kant* anknüpfen.

Prof. Dr. *Roman Seer*, Bochum

Erst einmal auch herzlichen Dank an beide Referenten. Wir haben den Mikrokosmos des Lohnsteuerrechts und der Arbeitnehmerbesteuerung, bei Dir, *Klaus-Dieter*, entfaltet gesehen und von Ihnen, Herr *Kirchhof*, einen weiteren großen Wurf, wie es denn vielleicht auch aussehen und es uns allen erleichtern könnte. Das war sehr befruchtend. Ich will dazu zwei Bemerkungen machen. Einmal zu *Klaus-Dieter*, der Vortrag hat mir sehr gefallen – nur bei einem habe ich so ein bisschen gestutzt, als Du die Arbeitnehmerbesteuerung, § 19 EStG, ziemlich deckungsgleich mit dem Lohnsteuerabzug gesetzt hast. Uns allen ist aber bewusst, dass der Lohnsteuerabzug nur einen Teilausschnitt erfasst, nämlich das, was der Arbeitgeber leisten kann und nicht mehr. Die Einkunftsart des § 19 EStG kann in der Selbstverantwortung des steuerpflichtigen Arbeitnehmers aber darüber hinausgehen. Dem sollten wir uns bewusst sein. Darauf wollte ich nur hinweisen. Das sehen wir dann besonders bei den Dritteinkünften. Deshalb haben wir auch gar keine Notwendigkeit, eine Schedulenbesteuerung durchzuführen, sondern es geht bei dem Lohnsteuerabzug nur darum, was kann an der Quelle, um diesen Teil der Einkommensteuer wirksam zu vollziehen, vom Arbeitgeber geleistet werden. Darauf wollte ich nur noch einmal klarstellend hinweisen. In dem Zusammenhang ist eines ganz wichtig, so habe ich auch Sie, Herr *Kirch-*

hof, verstanden, dass der Arbeitgeber dies auch leisten können muss; was er braucht, ist Planungssicherheit. Da wäre ich nicht nur für das allgemeine Gesetz, sondern für eine klar und kurz befristete Lohnsteueranrufungsauskunft; das tut mir leid, Herr *Breinersdorfer*, dass ich das der Verwaltung so auferlegen möchte. Wenn innerhalb dieser kurzen Frist keine Auskunft kommt, dann darf der Arbeitgeber machen, was er will und ist außerhalb der Haftung. Das wäre also mein faires System zur Gewinnung von Steuerplanungssicherheit. Ich werde das auch noch einmal literarisch demnächst untermauern.

Punkt zwei, noch einmal zu Ihrem Referat, Herr *Kirchhof*, das allgemeine Gesetz. Ja, ich stimme selbstverständlich dem zu, das das allgemeine Gesetz hilft. Dann haben Sie so eine schöne Definition gemacht, dass Sie gesagt haben, wir unterscheiden, wenn das in der betrieblichen Sphäre verbleibt, dann haben wir noch keine Einkünfte aus nichtselbständiger Arbeit und wenn es in die konsumfähige Privatsphäre fließt, dann wird besteuert – so das allgemeine Gesetz. Ich stimme gern zu. Dann frage ich aber, wie lösen Sie den Google-Campus, als Beispiel? Oder, die High-End-Beratungsfirma in Frankfurt, die in dem ganzen Turm den Supermarkt untergebracht hat, das Sportstudio, die Maniküre, die Rückenmassage. Kann ich übrigens nicht so richtig unterscheiden, die Rückenmassage vom guten Essen während der Arbeitszeit, wo ist da der Unterschied? D.h., ist das nicht nur eine semantische Verlagerung eines Problems, was wir im Moment tagtäglich zu lösen haben? Der Glaube, dass die Allgemeinheit des Gesetzes besonders zur vollzugseinfachen Gerechtigkeitslösung führt, da habe ich eine gesunde Skepsis. Ich habe auch nicht so ganz – an zwei Stellen – verstanden, was Sie mit „Sollertragsbesteuerung" genau meinen? Typisierung habe ich verstanden. Wir haben 1995 – auch unter der Ägide dieser Gesellschaft – einmal eine Sonderveranstaltung gemacht, die hieß „Steuergerechtigkeit durch Steuervereinfachung". Da haben wir versucht herauszuarbeiten und den Mittelweg zu finden, wie viel Typisierung notwendig ist, um Steuergerechtigkeit im Sinne von Gleichmäßigkeit, Gesetzmäßigkeit, vollziehbarer Gesetzmäßigkeit hinzubekommen und wie viel Einzelfallgerechtigkeit können wir uns leisten? Das ist m.E. das Thema, um das es geht. Ich glaube nicht, dass wir das – es tut mir wirklich leid – mit einem großen Schlag erreichen, sondern das ist die kleine Münze des dauernden Kampfes, so möchte ich mal sagen, des dauernden Einzelfallkampfes. Ihre Beispiele, die Sie anhand von geltendem Recht angesprochen haben, das sprengt irgendwann das Thema, wenn wir nun auch über die Land- und Forstwirte sprechen. ich weiß nicht, ob man die Volatilität von Erträgen unbedingt durch eine Sollertragsbesteuerung erfassen muss oder ob man nicht auch bei den Land- und Forstwirten eine Ist-Besteuerung erzwingen sollte, dies aus Gleichheitsgründen. Aber das ist ein ganz anderes Thema. Was mir schließlich aber sehr gefallen hat, ist Ihr Petitum, den Vollzug und das Verfahren nicht für sich zu betrachten, sondern, das war und ist auch schon seit Jahren mein Petitum, dass man sagt, wir müssen auch vom Vollzug zurück auf die Norm denken, reziprok und sagen, gerechtes Recht ist nur vollziehbares Recht und was nicht mehr vollziehbar ist, ist kein gerechtes Recht, ist vielleicht auch gar kein Recht mehr. So habe ich Sie verstanden und damit sind wir dann wieder beieinander.

Prof. Dr. *Klaus-Dieter Drüen*, München

Ich beginne mit dem letzten Punkt von Roman Seer: Aus systematischer Sicht ist das Stufenverhältnis völlig richtig geschildert. § 19 EStG regelt die Einkunftsart und § 38 EStG die Erhebungsform. Beide sind voneinander unabhängig. Insoweit ist durch die Frage das Stufenverhältnis noch einmal verdeutlicht worden, das natürlich in meiner Schriftfassung auch näher ausgeführt ist. Mein Punkt war, gerade wegen der letzten Bemerkung, die Vollziehbarkeit als Rechtsmaßstab. § 19 EStG enthält soweit „Übergriffe", weil auch Drittvergütungen erfasst werden. Dies ist so hinzunehmen, soweit es nicht verfassungswidrig ist. Insoweit meine ich sollte man systematisch sich noch einmal den Ausnahmecharakter vergegenwärtigen. Wenn die Vollzugsform diese Einkunftsart prägt, dann bedarf jeder Übergriff auf Dritte und durch sie geleistete Vergütungen einer besonderen Rechtfertigung. Im Fall des Surrogats, das die Drittleistung die Leistung des Arbeitgebers nur ersetzt, ist die sachliche Erstreckung als Umgehungsabwehr gerechtfertigt, weil ansonsten Gestaltungen schnell greifbar wären, dass nicht der Arbeitgeber direkt die Leistung erbringt, sondern die Arbeitsleistung von einem Dritten vergütet wird. Insoweit sind zwei Punkte festzuhalten: Das Stufenverhältnis ist richtig. Es bedarf aber einer Rechtfertigung, warum man Drittleistungen bei der Einkunftsart einbezieht. Für die Lohnsteuer ist völlig richtig betont worden, dass nur das vom Arbeitgeber eingefordert werden kann, was dieser auch beherrschen kann. Das ist zugleich die Antwort auf Herrn *Anzinger* und seine Frage zu den Mahlzeiten und der Veranlassung. Die Lohnsteuerpflicht resultiert gerade aus der Beherrschung des Zahlungsflusses. Historisch habe ich versucht, es mit dem Barlohn und der 10 %-Abführungspflicht noch einmal zu verdeutlichen. Drittvergütungen unterliegen nicht der Beherrschbarkeit durch den Arbeitgeber. Insoweit bedarf es eines besonderen Zurechnungsgrundes und dieser liegt im Veranlassungsgedanken.

Was Herr *Balke* angesprochen hat, ist die Frage der Gleichheit. Hier müsste man einen sachlichen Grund suchen, warum beim Solidaritätszuschlag und der Anrechnung das anders erfolgt. Diesen vermag ich ad hoc nicht zu erkennen. Ich bitte aber um Nachsicht, dass ich nicht alle Detailfragen schon im Eröffnungsreferat ansprechen konnte.

Prof. Dr. *Gregor Kirchhof*, LL.M., Augsburg

Ich bedanke mich herzlich für die Fragen und fange – wie *Dieter Drüen* – bei Herrn *Seer* an. Erst einmal freue ich mich über den gemeinsamen Ausgangspunkt. Zu den Insignien der Gerechtigkeit zählen in den Darstellungen die Waage, die Augenbinde und das Schwert, das die Durchsetzung und Durchsetzbarkeit des Gesetzes symbolisiert. Nur ein gleichmäßig durchsetzbares Steuergesetz verwirklicht die Gleichheit im Belastungserfolg. Jetzt zu Ihren kritischen Punkten: Es werden sich immer Abgrenzungsfragen stellen. Auch das allgemeine Gesetz kann und soll nicht jede Rechtsfrage beantworten. Die – wie Sie es genannt haben – kleine Münze des dauernden Einzelfallkampfes prägt den Rechtsalltag. In diesen Kampf sollten wir aber nicht ohne eine Strategie ziehen: Die auslegungsleitende Verallgemeinerung – das allgemeine Gesetz – ist notwendig, um unterschiedliche und bislang unbekannte Fälle zu lösen. In den §§ 18, 19, 20, 21, 22 EStG verweigert der Gesetzgeber z.B. die auslegungsleitende Regel. Der Bundesfinanzhof musste jeweils die Definition bei der Rechtsanwendung nachreichen, um einen rechtssicheren gleichmäßigen Vollzug zu gewährleisten. Das entspricht nicht der grundgesetzlichen Gewaltenteilung. Das gesetzgeberische Ideal wäre eine allgemeine Definition z.B. des Lohnes, die dann in Regelbeispielen konkretisiert wird. Die Rechtsanwendung hätte in der auslegungsleitenden Regel eine allgemeine Orientierung und könnte auf die Regelbeispiele den Gleichheitsschluss, das argumentum e simile, anwenden, um neue Rechtsfragen zu beantworten.

Lebt ein Arbeitnehmer auf dem Google-Campus, wird er dort in aller Regel eine Privatsphäre gründen. Anders als von den notwendigen Mahlzeiten hängt – das war Ihr zweites Beispiel – von der Rückenmassage die Existenz nicht ab. Die Massage ist deshalb nicht per se der Privatsphäre zuzurechnen. Aber nochmal: Auch die gelungenste Verallgemeinerung im Gesetz wird nicht alle Abgrenzungsfragen beantworten können.

Das allgemeine Gesetz folgt der Gewaltenteilung. Der Gesetzgeber kann nicht alle Fälle vorhersehen. Es bedarf der gesetzeskonkretisierenden

Verwaltung und Rechtsprechung mit je eigenem Entscheidungsraum. Das allgemeine Gesetz öffnet, die enge Detailregelung hingegen verschließt diese Räume. Gegenwärtig erleben wir eine Paradoxie der Entmachtung. Alle drei Gewalten werden entmachtet, wenn der Gesetzgeber die auslegungsleitende Regel verweigert, in engen Detailgesetzen den Entscheidungsraum der Verwaltung und der Rechtsprechung versperrt und so sachwidrig den Raum beider Gewalten verengt. Zudem entmachtet sich der Gesetzgeber selbst, wenn er die auslegungsleitende Regel unterlässt. Das Bundesverfassungsgericht wird dann bei der Interpretation des Grundgesetzes den nicht besetzten Raum zwischen Verfassung und Falllösung in grundgesetzkonkretisierenden Verallgemeinerungen ausfüllen. Diese binden den Gesetzgeber und verengen so seinen Gestaltungsraum. Würde der Gesetzgeber jedoch die Verfassung in allgemeinen Gesetzen konkretisieren, würde er seinen Entscheidungsraum behaupten, die Kompetenz von Rechtsprechung und Verwaltung respektieren und beide Gewalten durch die gesetzliche Verallgemeinerung leiten.

Schließlich haben Sie nach meinem Verständnis der Sollertragsbesteuerung gefragt. Ich plädiere nicht dafür, auf dieses System zu wechseln. Das Ertragsteuerrecht regelt aber in Typisierungen und Pauschalierungen bereits jetzt zahlreiche Elemente der Sollertragsbesteuerung. Das Recht geht treffend von der Istbesteuerung aus, konkretisiert diese dann aber in Tatbeständen der Sollertragsbesteuerung. Diese Mischung sollten wir zum System machen.

Zu Herrn *Balke*: *Dieter Drüen* hat Ihre Gleichheitsfrage treffend auf den Punkt gebracht. In Ihrem Verweis auf Kant fühle ich mich richtig verstanden.

Auch von *Heribert Anzinger* fühle ich mich treffend zitiert. Ich plädiere für eine geleitete Selbstveranlagung und dafür, durch eine Vereinfachung des Steuerrechts die Automation zu Ende zu führen. In der Vereinfachung liegt die Chance für das nationale und das internationale Steuerrecht, alle Steuerpflichtigen gleichheitsgerecht zu besteuern und die unterschiedlichen Rechtsquellen zu koordinieren. Das Gesetz zur Modernisierung des Besteuerungsverfahrens regelt keinen automatischen Vollzug, an dessen Ende ein klassischer Steuerbescheid steht, sondern eine rechnergeleitete Selbstveranlagung. Das Gesetz fasst insoweit sein Regelungsziel fehlerhaft. Angesichts des komplizierten geltenden Steuerrechts wird die Eingabe der Daten am Rechner durch den Steuerpflichtigen den Steuerbescheid prägen. In der Tat spricht auch der Datenschutz für das Mischsystem, das ich propagiere. Das Country-by-Country Reporting fragt gegenwärtig, ob der deutsche Fiskus die Steuerdaten weitergeben darf und ob die grundrechtlichen Schutzpflichten der Weitergabe entgegenstehen oder Bedingungen an diese knüpfen. Wenn die Daten in den anderen Ländern sind, hat die deutsche öffentliche Gewalt ihre Herrschaft über die Informationen verloren. Daher muss der grundrechtliche Schutz schon vor der Weitergabe ansetzen. Ein vereinfachtes Steuerrecht würde von vornherein darauf verzichten, bestimmte Daten zu erheben. Die Freiheitsrechte ergänzen diese grundrechtliche Perspektive in der Forderung, die Vollzugslasten zu reduzieren. Die Gleichheit vor dem Gesetz verpflichtet zu einer Gleichheit im Belastungserfolg und insoweit zu klareren Steuergesetzen. Die unterschiedlichen grundrechtlichen Vorgaben fordern so jeweils eine Vereinfachung des Steuerrechts. Die Vereinfachung könnte auf der steuerlichen Grundlage gelingen, den Ausgangspunkt der Istbesteuerung durch Elemente der Sollertragsbesteuerung zu konkretisieren.

Prof. Dr. *Jochen Lüdicke*, Düsseldorf

Frage an Herrn *Drüen*: Sie haben zu Recht in Ihrem Referat dieses antipodische Verhältnis zwischen Arbeitgeber und Arbeitnehmer in den Blick genommen und auch historisch begründet, dass es eigentlich darum ging, die Vielzahl von Vollstreckungsfällen der Finanzverwaltung zu ersparen, also die Indienstnahme der Privaten, der Arbeitgeber für die Vollstreckung in das Steuersubstrat. Aber ist das eigentlich heute noch zeitgemäß? Das habe ich als Grundfrage leider nicht gehört. Insofern vielleicht können Sie da noch ergänzen, Herr *Drüen*, denn wenn wir automatisch Daten austauschen, dann steht doch fest, wie hoch die Einkünfte sind. Wir können doch eine Meldung machen. Also bedarf es überhaupt der besonderen Erhebungsform der Lohnsteuer noch? Und dann mit der Folgefrage natürlich, sind dann die Ungleichheiten zugunsten der Arbeitnehmer, wie Steuerfreiheit der Nachtzuschläge usw. gegenüber Selbständigen, die genauso nachts arbeiten, sind die eigentlich berechtigt und begründbar? Müssen wir nicht die Fragen auch einmal in den Blick nehmen?

Prof. *Rüdiger von Groll*, München

Ich habe zwei Anmerkungen. Zunächst einmal vermisse ich die allgemeine Rechtsgrundlage für die Einkunftsart, die wir hier besprechen. Sie ist in § 2 EStG fixiert und damit ist die prinzipielle Gleichwertigkeit der Einkunftsarten garantiert. Der § 19 EStG ist nur eine Konkretisierungsnorm. Das ist sehr wichtig für die Tatbestandsverwirklichung. Das ist auch sehr wichtig für das weitere rechtliche Schicksal der erzielten Einkünfte, weil das nämlich dann gemeinsam wieder in § 2 Abs. 2, § 2 Abs. 3 EStG usw. berücksichtigt wird. Das ist der eine Punkt. Der andere Punkt ist, und da kommen meine ganz großen Bedenken: Sie sprachen – wie ich meine – leichtfertigerweise von Gewaltenteilung. Die haben wir als Ideal im Grundgesetz. In der Rechtswirklichkeit im Steuerrecht funktioniert sie überhaupt nicht. Ich habe schon Exekutivträger gehört, die von „unserem Gesetz" gesprochen haben und tatsächlich wird es im Parlament durchgewunken und die Gewaltenteilung in der EU gibt es sowieso nicht. Also das muss noch einmal berücksichtigt werden. Wir haben ja nicht nur drei Gewalten, wie sie *Montesquieu* vor Augen hatte. Wir haben ja fünf. Wir haben noch den Föderalismus und die kommunale Selbstverwaltung. Und das sind wirklich Gerechtigkeitsgaranten. Weil, wenn Sie das dem Roboter überlassen, wie Sie das offenbar propagieren, oder dem Betroffenen selbst, dann kann Gerechtigkeit nicht funktionieren. Ich meine auch, und das habe ich gegen die Sollbesteuerung, in Grunde genommen muss der Grundsatz der Legalität, der Legitimität, der muss die Rechtswirklichkeit erfassen und nicht nur irgendein Schema.

Prof. Dr. *Susanne Sieker*, Halle

Herr *Kirchhof*, die Abgrenzungsnorm, die Sie vermisst haben, ist für mich § 15 Abs. 2 EStG und für die Zurechnung einzelner Einnahmen oder Ausgaben zu einer Einkunftsart reicht m.E. das Veranlassungsprinzip, auf das Herr *Drüen* als Veranlassungsgrund hingewiesen hat. Daraus ergeben sich für mich zwei Anmerkungen zu dem Vortrag von Herrn *Drüen*. Herr *Drüen*, Sie haben mit einer gewissen Skepsis gesagt, § 19 EStG enthalte keine Subsidiaritätsklausel. Eine solche Klausel ist auch nicht erforderlich, weil § 15 Abs. 2 EStG die Einkünfte aus nichtselbständiger Arbeit von allen übrigen abgrenzt: anhand des Merkmals der Unselbständigkeit. Das ist gerade anders als bei Gewinneinkunftsarten und bei der Vermögensverwaltung. Der zweite Punkt betrifft Ihr Beispiel zum Interessenkonflikt des beherrschenden Gesellschafter-Geschäftsführers einer GmbH. Der Fall lässt sich auch mit Hilfe des Veranlassungsprinzips lösen, wenn wir darüber nachdenken, welchem Rechtsverhältnis dieser Vorgang zuzuordnen ist.

Herr *Kirchhof*, ich habe ein ungutes Gefühl in Bezug auf die Reichweite der Typisierung, die Ihnen offenbar vorschwebt. Dieses betrifft zunächst die Werbungskosten. Wenn die Pauschale nicht zu hoch oder zu niedrig sein soll, müsste doch irgendeine Art von Spezifizierung vorgenommen werden, etwa eine Unterscheidung nach Berufsgruppen oder nach der Höhe der Einkünfte. Wie würden Sie mit dem Problem umgehen? Meine zweite Frage betrifft die Steuerpflichtigen mit Gewinneinkünften. Sollen diese auch von der Typisierung erfasst werden?

Prof. Dr. *Klaus-Dieter Drüen*, München

Herzlichen Dank, Frau *Sieker*, für Ihren Hinweis auf das Veranlassungsprinzip durch den der Abgrenzugsmaßstab noch einmal klarer geworden ist. Ein Arbeitnehmer füllt nur eine Rolle aus und kann daneben auch andere Einkunftsarten haben. Die Abgrenzung hat zu erfolgen nach dem Veranlassungsprinzip. Dabei teile ich die Bedenken von Herrn *Kirchhof* an der Steuerungskraft des Gesetzes. In der Tat sind die Abgrenzugskriterien nur rudimentär im Gesetz angelegt und die Rechtsprechung muss dies unter Zuhilfenahme des Veranlassungsprinzips ergänzen und ausfüllen. Darum sind auch nicht immer die Abgrenzungen im Vorhinein rechtssicher zu erkennen. Insoweit besteht zwischen den Referenten Einklang. Was die fehlende Subsidiaritätsklausel bei § 19 EStG angeht, so war das nur eine Feststellung, dass der Gesetzgeber keine Subsidiarität geregelt hat, aber kein Bedauern. Ich teile inhaltlich Ihre Ansicht: Er musste die Nachrangigkeit nicht regeln, weil er mit Blick auf die besondere Vollzugsform und die personale Abgrenzung, wonach nichtselbständige Einkünfte nur von natürlichen Personen erzielt werden können, ein spezifisches Bild der Einkünfte vor Augen hatte, nämlich die Vergütung für das Schulden persönlich geleisteter Dienste. Das hat dem Grunde nach hinreichende Abgrenzungskraft. Deswegen – meine ich – muss man sich auch darauf zurückbesinnen. Es war mein Petitum, nicht voreilig innerhalb von § 2 EStG eine Konkurrenz anzunehmen, sondern im ersten Schritt sauber nach dem Veranlassungsprinzip zu prüfen, ob überhaupt für den konkreten Vorteil, der gewährt wird, ein Veranlassungsbezug besteht. Ob das im Einzelfall gegeben ist, bedarf letztlich einer Würdigung der Vertragsverhältnisse und der konkreten Abwicklung. Insoweit besteht hier Übereinstimmung. Was die Rollenkollision – wie ich es genannt habe – bei dem Gesellschafter-Geschäftsführer angeht, besteht abstrakt auch Übereinstimmung. Das Spannende ist die Zuordnung zu den verschiedenen Rechtsverhältnissen. Besteht ein Sonderrechtsverhältnis oder ist die Rechtsbeziehung noch Teil des Arbeitsverhältnisses? Die Revision zur Entscheidung des FG Köln, die noch nicht rechtskräftig ist, ist bezeichnender Weise auch „gewandert". Sie war zunächst anhängig beim VI. Senat und ist dann zum IX. Senat übergegangen. Das illustriert auch organisatorisch innerhalb der Spruchkörper die verschiedenen Zuordnungsansätze einschließlich der Zuständigkeitsfragen, die damit verbunden sind. Aufzulösen ist die Zuordnungsfrage m.E. mit Hilfe des Veranlassungsprinzips im Einzelfall.

Zweiter Punkt: Herr *von Groll*, Ihr Hinweis auf § 2 EStG ist völlig berechtigt. Meine Einleitung handelte von der Arbeitnehmerbesteuerung im System der Einkommensbesteuerung und damit als Teil der Einkünfte von § 2 EStG. Ich hatte das mitgedacht und darauf verwiesen, dass die Arbeitnehmerbesteuerung anders als die Abgeltungssteuer im System der synthetischen Einkommensteuer von § 2 EStG steht. Ihr Hinweis verdeutlicht das noch einmal.

Letzter Punkt: Herr *Lüdicke*, ich bitte um Nachsicht. Mein Auslassen der Grundfrage, ob die Indienstnahme Privater – gerade bei der Erhebung der Arbeitnehmereinkünfte – noch berechtigt ist, beruht nicht auf einer fehlenden Positionierung zu dieser Frage, der ich bereits in meiner Bochumer Habilitationsschrift nachgegangen bin. Meine Zurückhaltung ist nur der Dramaturgie der Tagung geschuldet, weil Herr *Meyer* dazu noch ein eigenes Referat halten wird. Aus meiner Sicht haben Sie völlig Recht. Die historische paternalistische Vorstellung des Gesetzgebers im Jahre 1920, dass man den Arbeitnehmern aufgrund der Häufung der Vollstreckungsfälle das Geld nicht auszahlt, sondern an der Quelle pauschal die Lohnsteuer einbehält, hat heute keine Rechtfertigungskraft mehr. Wir dürfen bei der Indienstnahme Privater, ungeachtet der Frage, wie man das Dreiecksverhältnis rechtlich rekonstruiert, was später noch Gegenstand der Tagung sein wird, nicht einfach die gewohnte traditionelle Maximalstellung als vorgegeben hinnehmen. Der Steuerabzug bei der Lohnsteuerpflicht basiert herkömmlich auf dieser Maximalstellung, indem die Arbeitgeberpflicht die Ermittlung, die Anmeldung und die Zahlung der Steuer umfasst. Ihr Hinweis, man könnte sich doch auch auf eine Informationspflicht beschränken, dass der Arbeitgeber nur dem Finanzamt meldet, was er ausgezahlt hat, belegt, dass man die Pflichten abschichten kann. Der historische Gesetzgeber hat, um die Vollstreckungsfälle zu verhindern, eine Vollübertragung der gesamten Pflichten im Ermittlungs- und Erhebungsverfahren auf den Arbeitgeber vorgenommen. Es ließe sich aber durchaus abschichten, dass der Arbeitgeber nur im Ermittlungsverfahren durch Informationspflichten in den Dienst genommen wird. Die Vorstellung, dass der Steuerabzug staatsnotwendig ist und quasi alternativlos, klingt auch in einer älteren Entscheidung des Bundesfinanzhofs an. Sie ist, wie der Blick über die Grenzen wirft, aber falsch. Auch das werden wir beim späteren Referat von Herrn *Haslehner* hoffentlich noch hören.

Prof. Dr. *Gregor Kirchhof*, LL.M., Augsburg
Hier darf ich in einem weiteren Einklang der Referenten anknüpfen. Das Schweizer Modell, die Information von der Quelle, genügt insbesondere angesichts der modernen Datenverarbeitung, um den Lohnsteuerertrag zu sichern – und die Arbeitgeber wären maßgeblich entlastet.

Jetzt aber zu den Fragen, die an mich gestellt wurden. Frau *Sieker*, wir sind einer Meinung, dass § 15 Abs. 2 EStG und das Veranlassungsprinzip gelungene allgemeine Regeln sind, die aber durch weitere Verallgemeinerungen zu konkretisieren wären. Es ist schwer, mit einer zwar treffenden, aber sehr weiten allgemeinen Regel atypische Einzelfälle zu lösen. Das konkretisierende allgemeine Gesetz mit Regelbeispielen würde als Zwischenschicht die notwendige Orientierung bieten. Die Gewaltenteilung drängt den Gesetzgeber, diese Zwischenschicht nicht den Richtern zu überlassen, wenngleich diese sicherlich treffende Verallgemeinerungen entwickeln. Frau *Sieker*, Sie haben ein ungutes Gefühl bei weiten Typisierungen. Müssten Sie bei all den aufgezählten Elementen der Sollertragsbesteuerung nicht ebenfalls ein ungutes Gefühl haben – also nahezu bei jeder Seite, die Sie im Einkommensteuergesetz aufschlagen? Auch aufgrund des bereits genannten Gewaltenteilungsgrundsatzes und des gleichmäßigen Vollzugs, den auch Herr *Seer* betont hat, plädiere ich für die allgemeine auslegungsleitende Regel. Wir brauchen Gesetze, die im Massenverfahren vollziehbar sind. Das detaillierte Gesetz, das den Einzelfall präzise zeichnet, wird im Massenverfahren kaum gleichheitsgerecht angewandt werden können. In der Tat würde ich nach Berufsgruppen und Einkunftsarten typisieren. Über die sachgerechten Verallgemeinerungen müssen wir aber sehr gut nachdenken. Zuweilen wird angenommen, dass die Typisierung die rechtfertigungsbedürftige Ausnahme ist. Typisierung bedeutet – in den Worten des Bundesverfassungsgerichts –, bestimmte, in wesentlichen Elementen gleich geartete Lebenssachverhalte normativ zusammenzufassen. Das aber ist Gesetzgebung.

Dieser Befund führt zu den Bemerkungen von Herrn *von Groll*. Ich glaube, wir sind nicht gegenteiliger, sondern einer Meinung. Ich habe betont, dass die Gesetze so zu gestalten sind, dass sie automatisch angewandt werden können. Eine Geschwindigkeitsbegrenzung ist automatisch vollziehbar. Mit der gemessenen Geschwindigkeit steht die Rechtsfolge fest. Es gibt in Dänemark zu Recht ein Gremium, das überwacht, ob das Steuerrecht hinreichend einfach ist, um automatisch vollzogen werden zu können. Das geltende deutsche Ertragsteuerrecht ist zu kompliziert, um es automatisch anzuwenden. Wir sollten es so vereinfachen, dass eine Automation möglich ist. Sie haben die Gewaltenteilung angesprochen. Natürlich soll der Gesetzgeber die Expertise der Regierung nutzen. Die Bundesregierung prägt die weite Mehrzahl der erfolgreichen Gesetzesinitiativen. Wenn die Kompetenz der Bundesregierung für die Gesetzgebung genutzt wird, muss die Regierung aber den anspruchsvollen Auftrag annehmen, Gesetze zu schreiben, also verallgemeinernde Regeln zu bilden. Es gilt zu überlegen, wie eine möglichst weite Anzahl von Fällen in einem Tatbestand zu regeln ist. Das verfassungsrechtliche Problem ist nicht so sehr die Hilfe der Regierung bei der Gesetzgebung, sondern dass die Regierung den Gesetzgebungsauftrag nicht annimmt und zu viele enge Detailregelungen auf den Weg bringt. Auf der europäischen Ebene haben wir in der Tat eine modifizierte Gewaltenteilung, die wir als institutionelles Gleichgewicht begreifen. Hier gelingt die geforderte Balance gegenwärtig nicht. Das institutionelle Gleichgewicht muss vor allem zwischen der Europäischen Union und den Mitgliedstaaten besser austariert werden. Das ist gegenwärtig eine wichtige Aufgabe der Europäischen Union – aber ein ganz anderes Thema.

Prof. Dr. *Christian Dorenkamp*, LL.M., Bonn

Ich würde am Ende des doch recht allgemeinen Vormittagsprogramms noch einmal eine andere Steuerart in Betracht ziehen wollen, die auch nicht gerade eine Bagatellsteuer ist, nämlich die Umsatzsteuer, bei der wir eine sehr große Wechselwirkung mit der Lohnsteuer haben. Vielleicht an Sie Herr Prof. *Kirchhof*, der Gedanke, dass die umsatzsteuerlichen Auswirkungen gerade bei den Sachbezügen es nicht ganz einfach machen dürften, eine Sollertragsbesteuerung zu implementieren, weil dies müsste bei der Umsatzsteuer auch gelten. An Prof. *Drüen* ganz große Unterstützung des Anliegens, das überwiegende eigenbetriebliche Interesse stärker zu betonen, auch in der Lohnsteuer, weil bei Sachverhaltsgestaltungen, wo wir vielleicht in der Lohnsteuer gar nicht so ein großes Problem haben mit Sachbezügen wegen des korrespondierenden Werbungskostenabzugs beim Arbeitnehmer, z.B. wenn man an Weiterbildungsmaßnahmen denkt. Wenn ich auf diese Tagung gehe, ist dies ja nicht nur für meinen Arbeitgeber gut, sondern auch für mich. Ich bilde mich hier auch fort und ich könnte meinen Arbeitgeber verlassen und dann wäre es auch in meinem Interesse, hier gewesen zu sein. Während das aber bei mir durch den Werbungskostenabzug im Rahmen der Einkommensteuer ausgeglichen würde, ist es bei der Umsatzsteuer nicht so. Da hätten wir eine endgültige Belastung, weil ich nicht vorsteuerabzugsberechtigt bin. Vor diesem Hintergrund spricht sehr viel dafür, den Anwendungsbereich des überwiegenden eigenbetrieblichen Interesses nicht zu gering werden zu lassen. Das mag bei der Lohnsteuer nicht ganz so schlimm sein, aber bei der Umsatzsteuer fällt es uns auf die Füße.

Dr. *Simon Kempny*, LL.M., Köln

Dann knüpfe ich daran an, was Herr *Dorenkamp* gesagt hat, und zwar an Herrn *Kirchhof* die Frage: Sie haben, wenn ich das richtig verstanden habe, bedauert, dass Modernisierung, Automatisierung dahin führe, dass die Rechtsauffassung des Steuerpflichtigen den Bescheid präge oder ersetze und das Rechtsgespräch mit der Verwaltung wegfalle. Wie beurteilen Sie denn vor diesem Hintergrund – Verzeihung, dass ich da jetzt weiter ausgreife – dann gerade die indirekten Steuern, wo wir das ja als Regelfall haben?

Prof. Dr. *Gregor Kirchhof*, LL.M., Augsburg

Herr *Dorenkamp*, ich bin auch für Vereinfachungen im Umsatzsteuerrecht. Aber die Grundlage dieser Vereinfachungen kann nicht eine Istbesteuerung sein, die durch Elemente der Sollertragsbesteuerung konkretisiert wird. Das Mischsystem aus Ist- und Sollertragsbesteuerung ist – darauf verweisen schon die Begriffe – auf Ertragsteuern ausgerichtet. Das Umsatzsteuerrecht kennt zahlreiche anspruchsvolle Regelungen und komplizierte Fälle – wie z.B. die Besteuerung der öffentlichen Hand. Im Regelfall funktioniert das System gleichwohl gut. Das liegt an der Erhebungsform – und das ist für mich die Brücke zum Lohnsteuerrecht. Und in der Tat – Herr *Kempny* – kann im Rahmen dieser Erhebungsform auch auf das Rechtsgespräch mit der Steuerverwaltung verzichtet werden.

In den letzten Jahren wurde oft der Servicegedanke für die Finanzverwaltung betont. Im Gesetz zur Modernisierung des Besteuerungsverfahrens plant die öffentliche Hand nun, dass sich die Finanzverwaltung, die gerade noch Serviceagentur genannt wurde, in der Mehrzahl der Fälle fast vollständig im sog. automatischen Vollzug zurückzieht. Dieser Wandel ist keine stringente Entwicklung und höchst zweifelhaft. Herr *Seer* hat zu Recht gerade und zuvor in Veröffentlichungen gefordert, dass die Verwaltung in Auskunftspflichten, die zeitnah zu erfüllen wären, weiterhin zur Verfügung stehen muss.

Lassen Sie mich abschließend die vier Besteuerungsgrundlagen in Erinnerung rufen, die *Adam Smith* im Jahre 1776 betont hat. *Adam Smith* forderte die Gleichmäßigkeit der Besteuerung und die steuerliche Bestimmtheit im Sinne einer „certainty", nach der die Steuerlast sicher zu erheben ist. Dann sprach er von der Bequemlichkeit der Besteuerung, also davon, dass die Steuer für den Betroffenen leicht zu entrichten sein und ihn nicht unnötig belasten soll. Schließlich drängte *Adam Smith* auf die steuerliche Billigkeit – die „economy". Die Erhebungskosten sollen möglichst gering sein. Diese vier Forderungen lassen sich in dem Appell nach einer vorausgefüllten Steuererklärung und einer steuerlichen Automation zusammenführen. Wir leben in einer Zeit moderner Rechtsquellenvielfalt, wenn das nationale Recht mit dem supranationalen Europarecht, dem regionalen Völkerrecht und dem internationalen Recht zusammenwirkt. Der Auftrag des Juristen in unserer Zeit ist die Koordination dieser Rechtsquellen. Die Gesetze sind auf diese Koordination des Rechts auszurichten. Es sind möglichst einfache Verallgemeinerungen zu finden, damit sich die Rechtsquellen nicht widersprechen. Der Blick des Juristen wechselt in den berühmten Worten von *Karl Engisch* immer zwischen Norm und Wirklichkeit hin und her. Die Analysen der Wirklichkeit und der Norm fordern aber heute jeweils selbst wechselnde Blicke. Auf der Ebene des Rechts sind die zahlreichen Rechtsquellen zu erfassen. Auf der Seite der Wirklichkeit müssen die großen Unterschiede in den verschiedenen Staaten berücksichtigt werden. In diesem doppelt wechselnden Blick ist die Rechtsanwendung kompliziert. Dies ist ein weiterer Appell für die Vereinfachung des Gesetzesrechts.

Prof. Dr. *Klaus-Dieter Drüen*, München

Ich beginne mit der Frage zum Verhältnis von Umsatzsteuer und Lohnsteuer, die aus Sicht der Unternehmen nahe miteinander verbunden sind. Herr *Dorenkamp* hat zu Recht die Folgewirkung der Lohnsteuer bei der Umsatzsteuer angesprochen. Steuersystematisch unterscheiden wir traditionell zwischen direkten und indirekten Steuern, obwohl die Finanzwissenschaft die Aussagekraft dieses Kriteriums schon seit Jahrzehnten infrage stellt und zum Teil über Bord geworfen hat. Wenn man nur auf den in Dienst Genommenen – wie ich ihn nennen möchte – abstellt, dann ist es unerheblich, dass die Lohnsteuer eigentlich den Arbeitnehmer als Steuerschuldner treffen soll und die Umsatzsteuer eine abzuwälzende Steuer ist, die den Endverbraucher treffen soll. Die Indienstnahme verpflichtet den Unternehmer als Arbeitgeber die Lohnsteuer zu ermitteln und einzubehalten. Bei der Umsatzsteuer spricht der EuGH explizit von dem Unternehmer als Abgabenkollektor. Das spricht dafür, das Steuerspartendenken zu überwinden und einheitliche Maßstäbe zu schaffen. Das war das Petitum von Herrn *Dorenkamp*. Allerdings zeigen sich bei jedem Versuch, Einkommensteuer und Umsatzsteuer zu parallelisieren, die unterschiedlichen Rechtsrahmen mit unterschiedlichen Zuständigkeiten. Ich habe vor einiger Zeit eine Doktorarbeit betreut, die der Frage nachging, ob und wieweit man nicht bei alltäglichen Sachverhalten wie der gemischten Nutzung eines Pkw bei beiden Steuerarten zu übereinstimmenden, kohärenten Lösungen kommen kann. Meine Hoffnung ist enttäuscht worden, nicht die in den Doktoranden, der reüssiert hat, sondern die auf Vereinheitlichung. Denn das Ergebnis der sehr gründlichen Analyse war, dass die Einkommensteuer einerseits und die harmonisierte Umsatzsteuer andererseits quasi vollkommen unterschiedliche Steuerwelten sind, so dass die Hoffnung der Abgabenkollektoren auf einheitliche Maßstäbe wohl leider daran scheitern wird. Das gleiche gilt, wenn wir das spätere Referat von Herrn *Schneider* zur Sozialversicherung noch einbeziehen. Auch insoweit würde man sich aus Sicht des Abzugspflichtigen eine rechtsbereichsübergreifende Übereinstimmung der Bestimmung wünschen, was Arbeitslohn ist. Aber auch insoweit führt die rechtsgebietsspezifische Teleologie zu Abweichungen. Der Hinweis auf Vereinheitlichung ist wichtig, nur fürchte ich, dass diese mit Bordmitteln der Rechtsanwendung nur unzulänglich herstellbar ist.

Auch ich erlaube mir noch eine Schlussbemerkung. Ich greife den Punkt auf, der zwischen uns stand, Herr *Kirchhof*, nämlich die Beurteilung meines Beispiels der Geldbußen. Dieses hat illustriert, wie man mit unterschiedlichen Wertungen zu unterschiedlichen Lösungen kommen kann. Sie stellen auf die Privatsphäre ab und fordern für Arbeitslohn und Sachlohn die Verfügbarkeit in der Privatsphäre. Ich fasse die Anforderungen enger als Konsumsphäre und verlange einen konsumierbaren Vorteil. Dabei ist die Geldbuße nicht konsumierbar wie Barlohn. Das ist eine Wertungsfrage, bei der man unterschiedlicher Meinung sein kann. Insgesamt eint uns aber die Erkenntnis, dass man das Recht immer vom Vollzug denken muss. Bei der Arbeitnehmerbesteuerung und der Lohnsteuer hat der Gesetzgeber ganz dezidiert das Gesetz von den Möglichkeiten der Erhebung her gedacht. Dass der Steuerabzug nicht deckungsgleich mit dem Einkünftebegriff des § 19 EStG ist, ist in der Diskussion noch einmal deutlich geworden. Gleichwohl ist bei der Rechtsetzung und der Rechtsanwendung die gleichmäßige Rechtsdurchsetzung immer zu bedenken. Dieser Wechselbezug ist auch in der Diskussion noch einmal deutlich geworden. Er zwingt darüber nachzudenken, ob nicht materiell-rechtlich weitere Verfahrensvereinfachungen und vor allen Dingen inhaltliche Vereinfachungen möglich oder geboten sind. Wie weit dabei Typisierungen reichen dürfen, ist eine weitere Frage.

Arbeitslohn und seine Grenzen

Dr. *Stefan Breinersdorfer*
Ministerialdirigent, Mainz

I. Aufgabenstellung
II. Arbeitslohn als steuerbare Zuwendung
1. Rechtfertigung der Besteuerung durch Marktteilnahme
2. Voraussetzung der Marktteilnahme
   a) Arbeitsverträge zwischen nahen Angehörigen am Beispiel von Ehegatten
   b) Familien- und Nachbarschaftshilfe
   c) Liebhaberei bei ehrenamtlicher Tätigkeit
III. Konkurrenz der Einkunftsarten
1. Abgrenzung gegenüber den Gewinneinkunftsarten
   a) Selbständigkeit als zentrales Abgrenzungskriterium
   b) Sonderproblem bei Organen juristischer Personen
   c) Sonderproblem bei Mitunternehmern
2. Abgrenzung gegenüber den anderen Überschusseinkunftsarten
   a) Einkünfte aus Kapitalvermögen
      aa) Entgeltliche Stundung
      bb) Typisch stille Gesellschaft
   b) Einkünfte aus Vermietung und Verpachtung
   c) Sonstige Einkünfte
      aa) Altersversorgung
      bb) Gruppenunfallversicherung
IV. Einkunftsart immanente Kriterien für Arbeitslohn

1. Einnahme
   a) Objektive Bereicherungsrechnung
      aa) Ideelle Vorteile
      bb) Auslagen- und Werbungskostenersatz
      cc) Forderungsverzicht durch den Arbeitgeber
      dd) Schadenersatz durch den Arbeitgeber
      ee) Rückzahlung von Arbeitslohn durch den Arbeitnehmer
   b) Normative Korrektur am Beispiel der Aufmerksamkeiten
2. Veranlassung durch das Dienstverhältnis
   a) Regelungsgehalt des Veranlassungsprinzips
   b) Konkurrierende Veranlassung auf Seiten des Arbeitnehmers
      aa) Rabatt von dritter Seite
      bb) Schadenersatz durch den Arbeitgeber
   c) Zuwendungen im ganz überwiegend eigenbetrieblichen Interesse des Arbeitgebers
      aa) Übliche Betriebsveranstaltungen
      bb) Berufliche Weiterbildung des Arbeitnehmers
      cc) Erstattung von Beiträgen
      dd) Reisen des Arbeitnehmers
V. Fazit

I. Aufgabenstellung

Der Wortlaut von § 19 Abs. 1 Satz 1 EStG erwähnt den Begriff des Arbeitslohns nicht. Die Einkunftsart nichtselbständige Arbeit wird vielmehr durch eine Aufzählung von Vergütungen umschrieben, die im Rechtsverkehr üblicherweise als Arbeitslohn qualifiziert werden. Genannt werden vor allem in Nr. 1 die Gehälter und Löhne und in Nr. 2 die Ruhegelder. Die diesen Regelbeispielen angefügte Formulierung „andere Bezüge und Vorteile" zeigt aber, dass durch eine Generalklausel jede vom Arbeitnehmer aus dem Dienstverhältnis erwirtschaftete Einnahme als Arbeitslohn erfasst werden soll. Konsequenterweise gehören nach § 2 Abs. 1 Satz 1 LStDV alle Einnahmen (§ 8 Abs. 1 EStG) zum Arbeitslohn, die dem Arbeitnehmer aus dem Dienstverhältnis zufließen.

Die Ausrichtung des Begriffs Arbeitslohn auf das Dienstverhältnis bedeutet aber nicht, dass jeder Vorteil, den der Arbeitnehmer in Zusammenhang mit seinem Dienstverhältnis erhält, Arbeitslohn darstellt. Der Arbeitslohn ist vielmehr abzugrenzen von Zuwendungen, die zwar mit Rücksicht auf die Arbeitsleistung oder das Bestehen des Dienstverhältnisses an den Arbeitnehmer erbracht werden, aber nicht zu den Einkünften aus nichtselbständiger Tätigkeit gehören, weil sie der Privatsphäre, einer anderen Erwerbsgrundlage oder dem betrieblichen Bereich zuzurechnen sind. Es muss also der Begriff des Arbeitslohns und seine Grenzen bestimmt werden. Dabei kann man drei Abgrenzungsebenen unterscheiden:

- Arbeitslohn muss das Ergebnis einer Teilnahme am Markt sein (Steuerbarkeit).
- Es darf keine andere Einkunftsart vorrangig Anwendung finden (Konkurrenz der Einkunftsarten).
- Die Voraussetzungen für Arbeitslohn, die sich aus § 19 EStG ergeben, müssen vorliegen (immanente Kriterien).

II. Arbeitslohn als steuerbare Zuwendung

1. Rechtfertigung der Besteuerung durch Marktteilnahme

Die Einkommensteuer ist verfassungsrechtlich gerechtfertigt, weil der Staat die Einrichtungen und Rahmenbedingungen des Marktes finanziert. Der Staat hat deshalb Anteil am Markterfolg des Einzelnen mit der Folge, dass er die Marktteilnehmer nach Maßgabe ihrer am Markt erwirtschafteten Leistungsfähigkeit an seinen Kosten beteiligen darf, indem er Steuern erhebt. Diese Rechtfertigung der Besteuerung setzt gleichzeitig dem Steuerzugriff eine verfassungsrechtliche Grenze: Alle steuerbaren Einkünfte müssen Markteinkommen sein.[1] Dabei ist Markteinkommen jede Bereicherung, die aus einer auf Erwerb am Markt gerichteten Tätigkeit resultiert. Einnahmen, die ihren Zuwendungsgrund in der Privatsphäre haben, werden an dieser Stelle über den Begriff des Markteinkommens aus der Besteuerung ausgeschieden, auch wenn sie mit Rücksicht auf eine Arbeitsleistung erbracht werden.

2. Voraussetzung der Marktteilnahme

Eine Tätigkeit ist dann auf einen Erwerb am Markt gerichtet, wenn sie mit Gewinnerzielungsabsicht unternommen wird und sich als Beteiligung am allgemeinen wirtschaftlichen Verkehr darstellt. Beide Aspekte sind in dem Begriff des Dienstverhältnisses verankert. Denn das Dienstverhältnis enthält ein Synallagma: Der Arbeitgeber zahlt dem Arbeitnehmer Arbeitslohn als Gegenleistung für dessen Arbeit. Arbeitnehmer und Arbeitgeber wollen durch den Leistungsaustausch einen Beitrag zu ihrer Lebensgrundlage erwirtschaften, handeln also mit Gewinnerzielungsabsicht. Vereinbart wird der Leistungsaustausch auf einem öffentlich zugänglichen Arbeitsmarkt, woraus sich die Beteiligung am allgemeinen wirtschaftlichen Verkehr ergibt.

a) Arbeitsverträge zwischen nahen Angehörigen am Beispiel von Ehegatten

Die Frage, ob Markteinkommen vorliegt, stellt sich in der Praxis häufig bei Arbeitsverträgen zwischen Ehegatten. Wegen des Art. 6 GG haben Ehegatten die Wahl, ihre berufliche Zusammenarbeit außerhalb des Marktes nach Maßgabe des Eherechts oder auf der Grundlage eines Dienstverhältnisses zu organisieren. Auf den ersten Blick erscheinen die Alternativen steuerlich unproblematisch, weil das Ehegattensplitting verhindert, dass sich die Verlagerung von Einkünften zwischen den Ehegatten steuerlich auswirkt. Es gibt aber einkunftsartspezifische Steuervergünstigungen, wie etwa den Arbeitnehmer-Pauschbetrag oder die steuerliche Geltendmachung eines Arbeitszimmers,[2] die einen Anreiz für Ehegatten-Arbeitsverträge schaffen. Da zwischen Ehegatten typischerweise kein wirtschaftlicher Interessengegensatz besteht, weil sie ei-

---
1 *Breinersdorfer* in Kirchhof/Söhn/Mellinghoff § 19 Rz. B 1.
2 BFH v. 29.4.2010 – VI B 153/09, BFH/NV 2010, 1442.

ne Erwerbsgemeinschaft bilden, muss man der Gefahr begegnen, dass private Unterhaltsleistungen als Arbeitslohn deklariert werden, nur um solche Steuervorteile in Anspruch nehmen zu können.

An die steuerliche Anerkennung von Arbeitsverträgen zwischen Ehegatten werden wegen der Gefahr des Missbrauchs strenge Anforderungen gestellt. Maßgebend ist der gemeinsame Wille der Ehegatten, die berufliche Zusammenarbeit nach den Kriterien des Marktes durchzuführen.[3] Diese innere Tatsache ist anhand einer Gesamtwürdigung aller äußeren Umstände des Einzelfalles zu ermitteln. Dabei kommt es entscheidend darauf an, dass die Vereinbarung und ihre tatsächliche Durchführung dem entsprechen, was unter fremden Dritten üblich ist.[4] Vor Aufnahme der Arbeitstätigkeit[5] müssen die Ehegatten eine ernstlich gewollte, klare und eindeutige,[6] zivilrechtlich[7] wirksame Abrede treffen. Eine Benachteiligung der Ehe, die gegen Art. 6 GG verstößt, liegt darin nicht, solange die Abgrenzungskriterien dem bei Ehegatten typischerweise fehlenden wirtschaftlichen Interessengegensatz Rechnung tragen und der daraus resultierenden Gefahr des Missbrauchs steuerlicher Gestaltungsmöglichkeiten entgegenwirken.

b) Familien- und Nachbarschaftshilfe

Auch bei der Familien- und Nachbarschaftshilfe kann sich das Problem des Markteinkommens stellen. Soweit ein Dienstverhältnis von Familienmitgliedern unproblematisch gewollt ist, weil beispielsweise ein schriftlicher Arbeitsvertrag vorliegt und Lohnsteuer abgezogen wird, sind zwar nicht steuerbare Zuwendungen ausgeschlossen. Die Abgrenzung des Arbeitslohns gegenüber einer Bereicherung in der Privatsphäre kann aber ausnahmsweise relevant werden, wenn es über den Leistungsaustausch hinaus keine Indizien für ein Dienstverhältnis sprechen. Solche Konstellationen finden sich bei der Abgrenzung des Arbeitslohns zur Familienhilfe.[8] Vereinbaren beispielsweise die pflegebedürftige Mutter mit ihrem Sohn ohne weitere Abreden, dass er die Pflege übernimmt und die Mutter den gemeinsamen Lebensunterhalt finanziert, dann wird

---

3 *Breinersdorfer* in Kirchhof/Söhn/Mellinghoff § 19 Rz. B 532.
4 BFH v. 17.7.2013 – X R 31/12, BStBl. II 2013, 1015; *Geserich* in Blümich, § 19 Rz. 90.
5 BFH v. 25.10.2004 – III B 131/03, BFH/NV 2005, 339.
6 BFH v. 8.10.1986 – I R 209/82, BFH/NV 1988, 434.
7 BFH v. 1.12.2004 – X R 4/03, BFH/NV 2005, 549.
8 *Pflüger* in Herrmann/Heuer/Raupach, EStG, § 19 Anm. 83.

zwar wirtschaftlich gesehen ein Entgelt für Arbeitsleistung gezahlt. Als Zuwendungsgrund kommt aber sowohl der private Aspekt des wechselseitigen Unterhalts als auch ein Dienstverhältnis in Betracht.

Beide Varianten können anhand des Gegenleistungszusammenhangs unterschieden werden. Bei der Familienhilfe gibt es nämlich keinen Rechtsbindungswillen in Bezug auf das Synallagma. Die Unterhaltsleistungen werden zwar wechselseitig erbracht, sie bedingen sich aber nicht rechtlich. Dem Sohn steht es etwa frei, die Pflege durch einen Pflegedienst zu organisieren, ohne dass dadurch die Finanzierung des gemeinsamen Lebensunterhalts durch die Mutter rechtlich in Frage gestellt wäre. Der nicht steuerbare familiäre Bereich wird erst verlassen, wenn eindeutige Indizien, die sich aus dem Leistungsaustausch ergeben müssen, für ein rechtlich bindendes Synallagma sprechen. Dies dürfte allerdings nur ganz ausnahmsweise der Fall sein. Zu denken wäre hier daran, dass sich beide Beteiligte durch irreversible Dispositionen auf einen langfristigen Leistungsaustausch eingestellt haben. Die Höhe des Entgelts ist dagegen ohne Bedeutung, solange es noch als Unterhalt qualifiziert werden kann.

Ähnlich ist die Abgrenzung des Arbeitslohns gegenüber der Nachbarschaftshilfe. Auch bei der Nachbarschaftshilfe kann es zu einer langfristig und koordinierten Zusammenarbeit und damit zu einem Leistungsaustausch von erheblichem wirtschaftlichen Wert kommen. Eine solche Konstellation ist etwa gegeben, wenn sich benachbarte Handwerker wechselseitig beim Hausbau helfen. Hier liegt typischerweise kein einheitliches tauschähnliches Dienstverhältnis mit einem wechselseitigen Sachbezug als Arbeitslohn vor. Denn Zuwendungsgrund ist der private Aspekt der nachbarschaftlichen Solidarität, so dass eine rechtliche Bindung im Sinne eines Synallagmas fehlt. Die Hilfe des Nachbarn kann deshalb auch nicht eingeklagt werden. Bei eindeutiger rechnungsmäßiger Abgrenzung der Handwerkerleistung nach der Zahl der geleisteten Stunden können aber steuerbare Einkünfte vorliegen. Wird Geld gezahlt, scheidet Nachbarschaftshilfe dagegen aus, mit der Folge, dass Arbeitslohn vorliegt oder eine andere Einkunftsart einschlägig ist.

c) Liebhaberei bei ehrenamtlicher Tätigkeit

Ein Markteinkommen fehlt schließlich auch noch in Fällen der Liebhaberei. Liebhaberei ist eine Tätigkeit, mit der sich der Steuerpflichtige zwar am allgemeinen wirtschaftlichen Verkehr beteiligt, die erzielbaren Erträge sind aber nicht geeignet, in der Gesamtperiode des Wirtschaftens einen Überschuss zu generieren. Entscheidendes Tatbestandsmerkmal ist hier die Gewinnerzielungsabsicht, denn die Liebhaberei dient nicht dem Ziel der Erwirtschaftung von Einkünften am Markt, vielmehr wird die Tätigkeit vom Steuerpflichtigen aus Gründen ausgeübt, die im Bereich seiner privaten Lebensführung liegen. Die Annahme steuerbarer Einkünfte scheitert auf der ersten Abgrenzungsebene mangels Markteinkommens, und zwar auch dann, wenn in einzelnen Veranlagungszeiträumen ein Überschuss erzielt wird. Beim Arbeitnehmer tritt die Abgrenzung zur Liebhaberei nur selten in Erscheinung, weil häufig das Dienstverhältnis die Existenzgrundlage bildet und deshalb zwingend einen Ertrag abwerfen muss.[9]

Die Frage, ob eine Zuwendung Arbeitslohn darstellt oder im Rahmen einer Liebhaberei erbracht wird, kann sich aber bei einer weisungsgebundenen ehrenamtlichen Tätigkeit stellen.[10] Soweit der ehrenamtlich Tätige seine Aufwendungen selbst trägt ohne ein Entgelt zu erhalten, lässt sich ein Überschuss nicht erwirtschaften, so dass Liebhaberei vorliegt. Problematisch ist aber der Fall des Aufwendungsersatzes: Werden lediglich die durch eine ehrenamtliche Tätigkeit entstandenen Selbstkosten erstattet, handelt es sich um einen Kostenersatz, der die Entgeltlichkeit, aus der die Gewinnerzielungsabsicht abzuleiten wäre, nicht begründet, wie bereits §§ 662, 670 BGB zeigen.[11] Wird dagegen auch der Zeitaufwand abgegolten, dann kommt es zu einem Überschuss, der die Liebhaberei ausschließt, wenn der Steuerpflichtige keinen weiteren, vom Aufwendungsersatz nicht abgedeckten Aufwand hat. Bis zu einer Freigrenze von 256 Euro im Kalenderjahr kann aus Vereinfachungsgründen analog § 22 Nr. 3 Satz 2 EStG von Kostenersatz ausgegangen werden.

III. Konkurrenz der Einkunftsarten

Steht fest, dass eine Einnahme des Arbeitnehmers Markteinkommen ist, dann stellt sich die Frage, welcher Einkunftsart i.S.d. § 2 EStG sie zugeordnet werden kann. Die (einschlägige) Einkunftsart konstituiert die Steuerbarkeit[12] und leitet daraus die Steuerpflicht und die Modalitäten der Besteuerung ab. So ist beispielsweise eine Einnahme, die als Arbeitslohn zur Einkunftsart nichtselbständige Tätigkeit gehört, wegen der Zu-

---

9 *Eisgruber* in Kirchhof[15], § 19 Rz. 14.
10 *Geserich* in Blümich, § 19 Rz. 98.
11 *Breinersdorfer* in Kirchhof/Söhn/Mellinghoff § 19 Rz. B 504.
12 *Breinersdorfer* in Kirchhof/Söhn/Mellinghoff § 19 Rz. B 2.

ordnung steuerbar. § 19 EStG begründet außerdem die Steuerpflicht und fügt den Arbeitslohn in den Reglungszusammenhang der nichtselbständigen Arbeit ein. So unterfällt der Arbeitslohn beispielsweise dem Arbeitnehmer-Pauschbetrag des § 9a Satz 1 Nr. 1. a) EStG und so mancher Pauschalierung.[13]

Die Einkunftsarten stehen in einer Konkurrenz, weil die nämliche Einnahme immer nur einer Einkunftsart zugerechnet werden kann. Die Antwort auf die Frage, nach welchen Kriterien die Konkurrenz zu entscheiden ist, kann an der Zweiteilung des § 2 EStG in Gewinneinkünfte und Überschusseinkünfte ansetzen:

1. Abgrenzung gegenüber den Gewinneinkunftsarten

Die Gewinneinkunftsarten des § 2 EStG sind die Einkünfte aus Land- und Forstwirtschaft, Gewerbebetrieb sowie selbständiger Arbeit. Sie grenzen sich gegenüber den Einkünften aus nichtselbständiger Arbeit dadurch ab, dass die Erwerbstätigkeit, aus der die Einkünfte resultieren, selbständig ausgeübt wird. Demgegenüber ist der Arbeitslohn das Entgelt, das ein Arbeitnehmer für eine weisungsgebundene und damit nichtselbständige Arbeit erhält, wie der Wortlaut des § 19 EStG gleich zu Beginn klarstellt. § 1 Abs. 3 LStDV bringt dies mit der Formulierung zum Ausdruck, dass Arbeitnehmer nicht ist, „wer Lieferungen und sonstige Leistungen innerhalb der von ihm selbständig ausgeübten gewerblichen oder beruflichen Tätigkeit im Inland gegen Entgelt ausführt, soweit es sich um die Entgelte für diese Lieferungen und sonstigen Leistungen handelt."

a) Selbständigkeit als zentrales Abgrenzungskriterium

Der Begriff der Selbständigkeit ist für alle Einkunftsarten einheitlich auszulegen. Selbständig ist, wer eigenverantwortlich am Markt tätig wird und dabei seine Entscheidungen frei trifft. Der Steuerpflichtige muss als Unternehmer am Markt initiativ werden und das unternehmerische Risiko dieses Engagements tragen. Für eine selbständige Tätigkeit sprechen z.B. die Beteiligung an den Anlagewerten des Unternehmens, das Bestehen eines Haftungsrisikos und die ausschließliche Gewinnabhängigkeit der Einkünfte. Auch Überwachungs- und Mitspracherechte zeigen eine selbständige Tätigkeit als Unternehmer an. Demgegenüber ist der Arbeitnehmer bei der Ausübung seiner Arbeitstätigkeit den Weisungen seines Arbeitgebers unterworfen und wird nicht durch das Unternehmerrisiko

---
13 *Pflüger* in Herrmann/Heuer/Raupach, EStG, § 19 Anm. 8.

belastet. Maßgebend ist das Weisungsrecht, nicht aber die Frage, ob Weisungen tatsächlich erteilt werden. Der Arbeitgeber kann deshalb die Arbeitstätigkeit im Detail reglementieren oder dem Arbeitnehmer weitgehende Entscheidungsfreiheit einräumen.

b) Sonderproblem bei Organen juristischer Personen

Das Abgrenzungsmerkmal der Selbständigkeit wird vor allem bei der Frage problematisch, ob die Bezüge von Organen juristischer Personen (z.B. Geschäftsführer einer GmbH) Arbeitslohn oder Vergütung für eine freiberufliche oder gewerbliche Tätigkeit sind. Aufgrund ihrer gesellschaftsrechtlichen Stellung, insbesondere der umfassenden Vertretungsmacht im Außenverhältnis, und den arbeitsrechtlichen Befugnisse, die sich aus dem Anstellungsvertrag ergeben, haben Geschäftsführer in der Praxis bei ihrer laufenden Geschäftsführung zwar weitgehende Entscheidungsfreiheit. Steuerlich wird aber trotzdem häufig keine Selbständigkeit angenommen, weil die Gesellschafterversammlung dem Geschäftsführer auf sämtlichen Feldern der Unternehmensleitung umfassend Weisungen erteilen kann (sog. Folgepflicht).[14]

Der BFH[15] hat den zwingenden Schluss vom Weisungsrecht der Gesellschafterversammlung auf die Arbeitnehmerschaft allerdings mittlerweile aufgegeben und prüft den Anstellungsvertrag nach den allgemeinen Kriterien daraufhin, ob die Erwerbstätigkeit des Geschäftsführers als selbständig qualifiziert werden kann. Maßgebend ist also eine Gesamtabwägung aller Umstände des Einzelfalls. Für eine nichtselbständige Tätigkeit spricht nach Auffassung des Gerichts insbesondere persönliche Abhängigkeit, Weisungsgebundenheit, feste Arbeitszeiten und Bezüge, Anspruch auf Urlaub und auf sonstige Sozialleistungen, Überstundenvergütung sowie Fortzahlung der Bezüge im Krankheitsfall und Eingliederung in den Betrieb. Selbständigkeit komme dagegen in Betracht bei Eigenständigkeit in der Organisation und der Durchführung der Tätigkeit, Unternehmerinitiative, Bindung nur für bestimmte Tage an den Betrieb, geschäftliche Beziehungen zu mehreren Vertragspartnern sowie Handeln auf eigene Rechnung und Eigenverantwortung.

Bei der Gesamtabwägung muss allerdings berücksichtigt werden, dass die in der laufenden Geschäftstätigkeit faktisch fehlende Weisungsgebundenheit des Geschäftsführers dadurch ausgeglichen wird, dass er

---

14 *Pflüger* in Herrmann/Heuer/Raupach, EStG, § 19 Anm. 60.
15 BFH v. 20.10.2010 – VIII R 34/08, BFH/NV 2011, 585.

in seiner Eigenschaft als Organ in besonderer Weise gesellschaftsrechtlich verpflichtet ist, bei seinen Entscheidungen die Interessen der Gesellschaft zu wahren. Die weitreichende Treuepflicht verlangt vom Geschäftsführer, dass er Alles tun muss, um den Gegenstand und Zweck der Gesellschaft zu fördern. Damit dient sie dem gleichen Ziele wie das Weisungsrecht des Arbeitgebers und kann es deshalb ersetzen.[16] Selbständigkeit wird man deshalb nur in Ausnahmefällen anzunehmen können, wenn etwa der Geschäftsführer nur die Vertretung nach außen wahrnehmen darf, die laufende Geschäftstätigkeit einschließlich der unternehmerischen Entscheidungen im Innenverhältnis aber einem anderen Geschäftsführer überlassen muss, weil entweder kein Anstellungsvertrag mit ihm vorliegt oder der Anstellungsvertrag eine entsprechende Aufgabenverteilung vorsieht.

c) Sonderproblem bei Mitunternehmern

Es gibt eine wichtige Ausnahme zu dem Grundsatz, dass der Arbeitslohn von Vergütungen im Rahmen der Gewinneinkunftsarten danach abzugrenzen ist, ob die entgeltliche Erwerbstätigkeit selbständig ausgeübt wird. Denn gem. § 15 Abs. 1 Satz 1 Nr. 2 EStG stellt bei einer Personengesellschaft die Vergütung, die ein Gesellschafter als Mitunternehmer für seine Tätigkeit im Dienst der Gesellschaft erhält, immer einen gewerblichen Vorabgewinn dar, und zwar unabhängig davon, wie das Rechtsverhältnis im Einzelnen ausgestaltet ist. Auch das Entgelt für eine weisungsgebundene Tätigkeit im Rahmen eines Arbeitsverhältnisses gehört deshalb für den Mitunternehmer zu den gewerblichen Einkünften. Damit soll erreicht werden, dass der Mitunternehmer einer Personengesellschaft in Bezug auf solche Vergütungen genauso besteuert wird wie der Einzelunternehmer, weil dieser keine Verträge mit sich selbst schließen kann.

2. Abgrenzung gegenüber den anderen Überschusseinkunftsarten

Bei den Überschusseinkünften konkurrieren vor allem drei andere Einkunftsarten mit den Einkünften aus nichtselbständiger Arbeit: Kapitalerträge, Vermietung und Verpachtung und die sonstigen Einkünfte.

---

16 *Breinersdorfer* in Kirchhof/Söhn/Mellinghoff § 19 Rz. B 86.

a) Einkünfte aus Kapitalvermögen

Eine besondere gesetzliche Regelung, die sich mit der Konkurrenz von Arbeitslohn und Kapitalerträgen befasst, gibt es nicht. § 20 Abs. 8 EStG normiert zwar eine Subsidiarität der Einkünfte aus Kapitalvermögen gegenüber Einkünften aus anderen Einkunftsarten, lässt dabei aber die Einkünfte aus nichtselbständiger Arbeit unerwähnt. Dennoch muss die Frage entschieden werden, welche Einkunftsart einschlägig ist, wenn Einkünfte, die ihrer Art nach Kapitalerträge sind, auch der Einkunftsart des § 19 EStG zugerechnet werden könnten. Da im Verhältnis dieser beiden Einkunftsarten keine Subsidiarität gesetzlich angeordnet ist, muss danach entschieden werden, welche Einkunftsart den Schwerpunkt bildet. Bei der Konkurrenz von Arbeitslohn und Kapitaleinkünften ist die Einkunftsart maßgebend, die im Vordergrund steht und die Beziehung zu den anderen Einkünften verdrängt.[17]

aa) Entgeltliche Stundung

Arbeitslohn ist vor allem dann von den Kapitalerträgen abzugrenzen, wenn der Arbeitnehmer Arbeitslohn seinem Arbeitgeber verzinslich stundet. Hier stellt der Zins bei wirtschaftlicher Betrachtung ein Entgelt für die Kapitalnutzung dar und ist deshalb der Art nach ein Kapitalertrag. Gleichzeitig besteht aber auch ein Bezug zum Dienstverhältnis, weil die gestundete Forderung dort ihren Rechtsgrund hat. Bei den Einkünften aus Kapitalvermögen ist es jedoch unerheblich, auf welchem Rechtsgrund die Kapitalüberlassung beruht. Damit können auch Geldansprüche des Arbeitnehmers aus dem Dienstverhältnis Erträge aus sonstigen Kapitalforderungen i.S.d. § 20 Abs. 1 Nr. 7 EStG sein, solange der Aspekt der Kapitalnutzung im Vordergrund steht, weil über die Verortung der gestundeten Forderung hinaus kein weiterer wesentlicher Bezug zum Dienstverhältnis besteht. Es sind sogar Fälle denkbar, in denen das Entgelt aufgeteilt werden muss. Ist beispielsweise der vereinbarte Zinssatz unüblich hoch, dann gehört der marktübliche Zins zu den Kapitalerträgen, der Überzins ist dagegen Arbeitslohn, weil er ein zusätzliches Entgelt für die Arbeitsleistung darstellt.

Lässt der Arbeitnehmer in einer Krise seines Arbeitgebers Arbeitslohn (entgeltlich) „stehen", dann ist der Zins wegen des besonderen Bezugs zum Dienstverhältnis Arbeitslohn, es sei denn die Stundung wird durch Novation des Lohnanspruchs in ein Arbeitnehmerdarlehen ersetzt. Eine

---

17 BFH v. 5.11.2013 – VIII R 20/11, BStBl. II 2014, 275 = BFHE 243, 481.

Novation liegt vor, wenn dem Arbeitnehmer bei wirtschaftlicher Betrachtung Arbeitslohn zufließt, den er durch Gewährung eines Darlehens beim Arbeitgeber investiert.[18] Ein Arbeitnehmerdarlehen kommt allerdings nur in Betracht, wenn der Arbeitgeber Arbeitslohn hätte auszahlen können und der Zahlungsaufschub im überwiegenden Interesse des Arbeitnehmers liegt. Dies dürfte in einer Krise des Arbeitgebers nur ausnahmsweise der Fall sein, beispielsweise wenn der Arbeitnehmer ein Programm zur Mitarbeiterbeteiligung in Anspruch nimmt, das bereits vor der Krise aufgelegt wurde. Dann entsteht mit dem Arbeitnehmerdarlehen neben dem Dienstverhältnis eine neue Erwerbsgrundlage, deren Erträge § 20 Abs. 1 Nr. 7 EStG unterfallen.

bb) Typisch stille Gesellschaft

Der Arbeitnehmer kann auch Kapitalerträge erzielen, indem er nach Maßgabe von § 230 HGB eine Einlage in das Unternehmen seines Arbeitgebers leistet und dafür ein Entgelt bekommt. Dadurch entsteht neben dem Dienstverhältnis eine stille Gesellschaft und damit eine neue Erwerbsgrundlage für den Arbeitnehmer, mit der er am Gewinn seines Arbeitgebers beteiligt wird. Die Erträge aus der Gewinnbeteiligung fallen unter § 20 Abs. 1 Nr. 4 EStG, und zwar auch dann, wenn die Einlage des Arbeitnehmers in der Erbringung von Arbeitsleistung besteht. Die Abgrenzung zum Arbeitslohn ist hier insoweit problematisch, als es auch partiarische Arbeitsverhältnisse gibt. Die Frage, ob der Gewinnbeteiligung eine rechtlich eigenständige typische stille Gesellschaft oder ein partiarisches Arbeitsverhältnis zugrunde liegt, ist im Einzelfall anhand einer Würdigung des Vertragsinhalts und -zwecks sowie einer Ermittlung der wirtschaftlichen Ziele der Beteiligten zu beantworten.

Bei einer Verlustbeteiligung des Arbeitnehmers kann nur eine typisch stille Gesellschaft vorliegen. Im Übrigen kommt es darauf an, ob sich die Beteiligten zur Erreichung eines gemeinsamen über das Dienstverhältnis hinausgehenden Ziels gleichberechtigt verbunden haben.[19] Vor allem die Vereinbarung von Kontrollrechten kann als Indiz für eine Gleichberechtigung im Bereich der Gewinnbeteiligung gewertet werden.[20] Abstufungen, die mit der Gesellschafterstellung vereinbar sind, bleiben bei der Prüfung allerdings unbeachtlich. So darf beispielsweise aus dem Umstand, dass der typisch stille Gesellschafter von der Geschäftsfüh-

---
18 *Pflüger* in Herrmann/Heuer/Raupach, EStG, § 19 Anm. 126.
19 *Breinersdorfer* in Kirchhof/Söhn/Mellinghoff § 19 Rz. A 35.
20 BMF v. 9.8.2004, BStBl. I 2004, 717 Abschnitt 4 Abs. 9.

rung ausgeschossen ist, nicht auf ein Unterordnungsverhältnis geschlossen werden, das für ein Dienstverhältnis spricht. Hat der Arbeitgeber dagegen ein umfassendes Weisungsrecht und besteht die Abweichung vom Leitbild des Dienstverhältnisses alleine in der Gewinnbeteiligung, dann liegt ein partiarisches Arbeitsverhältnis vor.

b) Einkünfte aus Vermietung und Verpachtung

Gesetzlicher Anknüpfungspunkt für die Abgrenzung des Arbeitslohns von den Mieteinkünften ist § 21 Abs. 3 EStG. Dort ist normiert, dass Einkünfte, die ihrer Art nach Mieteinkünfte sind, dennoch den Einkünften aus anderen Einkunftsarten zugerechnet werden müssen, soweit sie zu diesen gehören. Anders als § 20 Abs. 8 EStG erfasst diese Konkurrenzregelung auch das Verhältnis der Mieteinkünfte zu den Einkünften aus nichtselbständiger Arbeit. Sie bringt zunächst den allgemeinen Grundsatz zum Ausdruck, dass die nämlichen Einkünfte immer nur einer Einkunftsart unterfallen können. Darüber hinaus wird eine Subsidiarität in dem Sinne normiert, dass die Einkünfte aus Vermietung und Verpachtung hinter den anderen Einkunftsarten zurücktreten, wenn sich die Einkunftsarten überschneiden. Der Bezug zu den nichtselbständigen Einkünften muss also nicht den Schwerpunkt bilden, damit § 19 EStG Anwendung findet.

Die für die Abgrenzung des Arbeitslohns entscheidende Frage, unter welchen Voraussetzungen Zahlungen, die (auch) ein Entgelt für die Nutzung einer Sache darstellen, den Einkünften aus nichtselbständiger Arbeit zugerechnet werden können, bleibt jedoch in § 21 Abs. 3 EStG offen. Dass ein Arbeitnehmer seinem Arbeitgeber mit Rücksicht auf das Dienstverhältnis die Nutzung einer Sache entgeltlich überlässt, dürften zwar eher selten sein. Entschieden hat der BFH aber den Fall, dass der Arbeitnehmer seinem Arbeitgeber einen Büroraum in seinem Haus gegen Entgelt zur Nutzung überließ, in dem er seine Arbeitsleistung erbrachte.[21] Das Gericht hat hier die Einkünfte einem eigenständigen neben dem Dienstverhältnis stehenden Mietvertrag zugeordnet, weil der Arbeitgeber zu gleichen Bedingungen auch bei fremden Dritten Büroräume angemietet hatte.[22] Es ist also nicht zu einer Überschneidung der Einkunftsarten gekommen. Auch wenn der Arbeitnehmer ein Entgelt dafür erhält, dass er den von ihm genutzten Dienstwagen in seiner Gara-

---

21 BFH v. 20.3.2003 – VI R 147/00, BStBl. II 2003, 519 = BFHE 201, 311.
22 A.A. *Eisgruber* in Kirchhof[15], § 19 Rz. 63.

ge[23] unterstellt, muss Arbeitslohn von Mieteinkünften abgegrenzt werden.

Bei der Annahme eines eigenständigen Mietvertrags wird allerdings vorausgesetzt, dass die Nutzung der Büroräume oder der Garage vorrangig den nachvollziehbaren betrieblichen Interessen des Arbeitgebers dient.[24] Dieses Arbeitgeberinteresse muss objektiv über die Entlohnung des Arbeitnehmers und die Erbringung der Arbeitsleistung hinausgehen. Ein deutliches Indiz dafür ist bei der entgeltlichen Überlassung von Büroräumen gegeben, wenn dem Arbeitnehmer kein Arbeitsplatz im Betrieb seines Arbeitgebers zur Verfügung steht, weil dann der Arbeitgeber das Vorhalten eigener Ressourcen spart. Aber auch der Umstand, dass einem Geschäftsführer Mehrarbeit ermöglicht werden soll, kommt als relevantes Arbeitgeberinteresse in Betracht. Ein in etwa gleichgewichtiges Interesse von Arbeitgeber und Arbeitnehmer reicht jedoch nicht aus, um die vereinnahmten Mietzahlungen den Einkünften aus Vermietung und Verpachtung zuzuordnen.[25]

Hat dagegen der Arbeitnehmers ein besonderes Interesse an der Nutzung des häuslichen Büros, etwa weil er die Fahrt zu seinem Arbeitsplatz im Betrieb des Arbeitgebers sparen will, und wird die Nutzung des häuslichen Arbeitszimmers vom Arbeitgeber lediglich gestattet bzw. geduldet, dann entsteht die Konstellation des § 21 Abs. 3 EStG: Die Zahlung des Arbeitgebers ist einerseits Entgelt für die Nutzungsüberlassung und stellt deshalb ihrer Art nach Miete dar, andererseits erscheint sie (im weitesten Sinne) als Gegenleistung für das Zur-Verfügung-Stellen der individuellen Arbeitskraft des Arbeitnehmers, weil der Arbeitgeber dem Arbeitnehmer das Nutzungsentgelt ohne ein eigenes betriebliches Interesse mit Rücksicht auf das Dienstverhältnis zuwendet. Die Einkunftsart Vermietung und Verpachtung ist dann subsidiär. Bei der Überlassung einer Garage dürfte allerdings in der Regel das Interesse des Arbeitgebers überwiegen, Nachteile, die mit dem Abstellen im Freien verbunden sind (Beschädigung, Diebstahl, höhere Versicherungsprämien), zu vermeiden.[26]

---

23 BFH v. 7.6.2002 – VI R 24/00, BFH/NV 2003, 17.
24 BFH v. 16.9.2004 – VI R 25/02, BStBl. II 2006, 10 = BFHE 207, 457.
25 BFH v. 11.1.2005 – IX R 72/01, BFH/NV 2005, 882.
26 BFH v. 7.6.2002 – VI R 24/00, BFH/NV 2003, 17.

c) Sonstige Einkünfte

Arbeitslohn hat auch eine praktisch bedeutsame Schnittstelle zu den sonstigen Einkünften des § 22 EStG, denn der Arbeitnehmer erhält aufgrund des Dienstverhältnisses neben den laufenden Bezügen auch eine Versorgung durch die gesetzlichen Sozialversicherungen, die durch Arbeitgeberbeiträge und Arbeitnehmerbeiträge finanziert wird. Aber auch sonstige Ausgaben, die ein Arbeitgeber an andere Einrichtungen leistet, um einen Arbeitnehmer oder diesem nahestehenden Person für den Fall der Krankheit, des Unfalls, der Invalidität, des Alters und des Todes abzusichern, können als Zukunftssicherung (§ 2 Abs. 2 Nr. 3 LStDV) im Rahmen eines Dienstverhältnisses erbracht werden. In all diesen Konstellationen stellt sich die Frage, ob und gegebenenfalls wann der Arbeitnehmer Arbeitslohn erhält oder ob er sonstige Einkünfte – etwa eine Leibrente – bezieht.

aa) Altersversorgung

Bei der Altersversorgung hat sich für die Abgrenzung des Arbeitslohns von den sonstigen Einkünften eine Grundregel herausgebildet. Maßgebend ist, gegen wen sich der Versorgungsanspruch richtet. Muss der Arbeitgeber die Versorgungsleistungen wie etwa bei einer Direktzusage selbst erbringen, dann ist die Versorgungsanwartschaft eine Erscheinungsform des Lohnanspruchs. Der Lohnanspruch ist zwar ein verkehrsfähiger (abtretbarer) Vermögenswert, kann aber für sich genommen keinen Zufluss von Arbeitslohn bewirken, weil er Bestandteil des Dienstverhältnisses ist. Erst wenn der Arbeitnehmer diese Erwerbsgrundlage in der Weise nutzt, dass seine steuerliche Leistungsfähigkeit steigt, entsteht der staatliche Besteuerungsanspruch. Deswegen erhält der Arbeitnehmer bei der betrieblichen Altersversorgung durch die Erteilung einer Direktzusage und die dadurch begründete Versorgungsberechtigung keinen Arbeitslohn. Arbeitslohn fließt erst mit der Erfüllung des Lohnanspruchs zu, also dann, wenn der Arbeitgeber Versorgungsleistungen erbringt.

Anders ist der Arbeitslohn dagegen abzugrenzen, wenn der Arbeitnehmer einen unentziehbaren Anspruch auf Versorgung gegen einen Dritten erhält.[27] Denn der Arbeitgeber erfüllt mit der Dotierung des Versorgungsträgers den Lohnanspruch aus dem Dienstverhältnis,[28] der insoweit auf Begründung einer vom Arbeitgeber unabhängigen Versorgungsanwart-

---

27 BFH v. 5.7.2007 – VI R 47/02, BFH/NV 2007, 1876.
28 BFH v. 22.11.2006 – X R 29/05, BStBl. II 2007, 402.

schaft gerichtet ist. Die Erfüllung des auf Dotierung gerichteten Lohnanspruchs führt zum Zufluss von Arbeitslohn, und zwar auch dann, wenn die Versorgungsanwartschaft noch verfallbar oder in anderer Weise eingeschränkt ist. Der Vorgang wird also so behandelt, als ob der Arbeitnehmer Arbeitslohn erhalten und in den Erwerb der Versorgungsanwartschaft investiert hätte. Für den Arbeitnehmer kommt es dadurch zum Wechsel der Erwerbsgrundlage: Hinsichtlich der Versorgungsleistung tritt eine Versicherung oder Versorgungseinrichtung an die Stelle des Dienstverhältnisses, mit der Folge, dass die Versorgungsleistungen in der Auszahlungsphase der Einkunftsart sonstige Einkünfte unterfallen. Vor allem der Arbeitnehmer-Anteil zur Sozialversicherung ist deshalb Arbeitslohn.

Eine Zwischenstellung nimmt der Fall ein, dass der Arbeitgeber eine externe Versorgungseinrichtung dotiert, die – wie zum Beispiel eine Unterstützungskasse – dem Arbeitnehmer keinen eigenen Versorgungsanspruch einräumt. Dieser Durchführungsweg hat die Funktion einer Rückdeckung für den Arbeitgeber, so dass wie bei der Direktzusage Arbeitslohn erst mit Auszahlung der Versorgungsleistungen bezogen wird. Dies ist auch wertungsmäßig richtig, weil der Arbeitnehmer eine Altersversorgung, auf die er keinen Anspruch hat, aus eigenen Mitteln nicht finanzieren würde. Der Gedanke, der Arbeitnehmer erhalte im Zeitpunkt der Dotierung Arbeitslohn und investiere ihn in eine Altersversorgung, greift hier also nicht. Für die Frage, ob ein Versorgungsanspruch des Arbeitnehmers besteht, kommt es auf die Satzung der Versorgungsträgers an; arbeitsrechtliche Dotationspflichten und Leistungsberechtigungen bleiben also unberücksichtigt.

bb) Gruppenunfallversicherung

Die Abgrenzung des Arbeitslohns danach, gegen wen sich der Versorgungsanspruch richtet, gilt grundsätzlich für den gesamten Bereich der Zukunftssicherung. Davon macht der BFH[29] neuerdings bei Gruppenunfallversicherungen eine Ausnahme. Die Gruppenunfallversicherung ist eine Unfallversicherung für fremde Rechnung (§ 44 VVG). Der Arbeitgeber tritt als Versicherungsnehmer auf, der die Prämie zahlt, versicherte Person und damit rechtlich Inhaber des Versorgungsanspruchs ist aber der Arbeitnehmer. Dies spricht dafür, bereits die Zahlung der Prämie durch den Arbeitgeber als Gewährung von Arbeitslohn zu qualifizieren.

---

29 BFH v. 11.12.2008 – VI R 9/05, BStBl. II 2009, 385 = BFHE 224, 70.

Der Versicherungsanspruch kann aber nicht ohne den Arbeitgeber ausgeübt werden. Ein nicht durchsetzbarer Anspruch erscheint wenig geeignet, den Zufluss von Arbeitslohn zu begründen, weil der Arbeitnehmer eine solche unsichere Rechtsposition nicht mit seinem Arbeitslohn finanzieren würde.

Diesen Zwiespalt versucht der BFH[30] aufzulösen. Zunächst bestätigt er die Grundregel, wonach die Beitragszahlung des Arbeitgebers Arbeitslohn zufließen lässt, wenn der Arbeitnehmer im Versicherungsfall einen unentziehbaren Rechtsanspruch auf Leistung gegenüber dem Versicherer hat. Diese Voraussetzung sei bei einem Anspruch gegenüber dem Versorgungsträger, den der Arbeitgeber für den Arbeitnehmer ausüben muss, jedoch nicht gegeben. Ausgehend davon hätte das Gericht eigentlich annehmen müssen, dass die Versicherungsleistungen Arbeitslohn darstellen. Der BFH geht aber einen neuen Weg und sieht trotz fehlendem Leistungsanspruch des Arbeitnehmers die gezahlten Prämien als Arbeitslohn an, nur fließe dieser Arbeitslohn erst in dem Zeitpunkt dem Arbeitnehmer zu, in dem die Versicherungsleistung an ihn ausgezahlt wird. Der Höhe nach soll der Arbeitslohn zudem auf die ausgezahlten Versicherungsleistungen begrenzt sein.

Diesen neuen dogmatischen Ansatz könnte man dadurch rechtfertigen, dass im Versicherungsschutz ein geldwerter Vorteil liegt, über den der Arbeitnehmer erst wirtschaftlich verfügen kann, wenn er die Versicherungsleistung vereinnahmt.[31] Es stellt sich allerdings die Frage, ob dies dogmatisch konsequent ist. Dass Beiträge an eine Versicherung nur dann Arbeitslohn sein können, wenn der Arbeitnehmer einen unentziehbaren Leistungsanspruch erlangt, beruht auf der Erwägung, dass der Arbeitnehmer bei wirtschaftlicher Betrachtung Arbeitslohn erhalten und am Markt zum Erwerb einer Versicherung investiert hat. Eine für ihn nicht durchsetzbare Rechtsposition würde der Arbeitnehmer aber nicht finanzieren, egal ob seine Leistungserwartung versicherungsrechtlich (§ 44 VVG) unterhalb des Niveaus eines Rechtsanspruchs abgesichert ist. Das ist auch der tragende Grund dafür, dass die Dotierung einer Unterstützungskasse keinen Arbeitslohn darstellt. Weicht man von diesem Grundsatz ab, müsste die Besteuerung der betrieblichen Altersversorgung umkonzipiert werden.[32]

---

30 Vgl. hierzu *Breinersdorfer*, DB 2009, 1264.
31 *Bode*, DStR 2009, 319.
32 In diese Richtung *Otto*, DStR 2009, 1022.

IV. Einkunftsart immanente Kriterien für Arbeitslohn

Bei der Qualifikation einer Einnahme als Arbeitslohn sind nicht nur die externen Grenzen gegenüber den nicht steuerbaren Zuwendungen und den Einkünften aus anderen Einkunftsarten zu beachten. Es gibt vielmehr auch interne Grenzen für Arbeitslohn, die sich aus der Einkunftsart nichtselbständige Arbeit selbst ergeben. Den Ausgangspunkt bildet wieder der Grundbegriff des Dienstverhältnisses. Das Dienstverhältnis beschreibt die Erwerbsgrundlage, die zustande kommt, wenn der Lohnanspruch des Arbeitnehmers und der Anspruch des Arbeitgebers auf die Arbeitsleistung in einen Gegenleistungszusammenhang treten. Um Arbeitslohn zu erwirtschaften, muss der Arbeitnehmer diese Erwerbsgrundlage nutzen, indem er Einnahmen erzielt, die durch das Dienstverhältnis in seiner Eigenschaft als Erwerbsgrundlage veranlasst sind. Die Einnahme des Arbeitnehmers und das Veranlassungsprinzip bilden den zweigliedrigen Erfolgstatbestand des Arbeitslohns[33] und sind auf tatsächlicher Ebene nach wirtschaftlichen Gesichtspunkten zu beurteilen.

1. Einnahme

Der Begriff der Einnahmen wird in § 8 Abs. 1 EStG bestimmt. Danach sind Einnahmen alle Güter, die in Geld oder Geldeswert bestehen und im Rahmen einer Überschusseinkunftsart zufließen. Ausgehend davon erfordert die Annahme von Arbeitslohn, dass der Arbeitnehmer durch eine Zuwendung, die eine Zahlung oder ein Sachbezug sein kann, bereichert wird, und zwar in der Weise, dass sich seine steuerliche Leistungsfähigkeit durch eine Bereicherung erhöht. Die Bereicherung wird durch einen wirtschaftlichen Vermögensvergleich[34] ermittelt. Zunächst ist eine objektive Bereicherungsrechnung vorzunehmen, mit der ermittelt wird, ob der Arbeitnehmer eine am Markt bewertbare Vermögensmehrung erhalten hat. Ist das erzielte Ergebnis positiv, dann muss es anhand normativer Kriterien überprüft werden, denn der Steuerzugriff des Staates muss verhältnismäßig sein, so dass die Auffassung des redlichen Rechtsverkehrs zu der Frage, ob eine Zuwendung Arbeitslohn darstellt, auch Berücksichtigung finden muss.

---

33 *Pflüger* in Herrmann/Heuer/Raupach, EStG, § 19 Rz. 100.
34 *Breinersdorfer* in Kirchhof/Söhn/Mellinghoff, § 19 Rz. B 215.

a) Objektive Bereicherungsrechnung

Bei der objektiven Bereicherungsrechnung muss die Vermögenslage des Arbeitnehmers vor und nach der Zuwendung gegenüber gestellt werden. Maßgebend ist insoweit eine wirtschaftliche Betrachtungsweise, die darauf abstellt, ob durch die Zuwendung beim Arbeitnehmer eine am Markt bewertbare Vermögensmehrung eingetreten ist. Der Lohnanspruch des Arbeitnehmers bleibt allerdings bei der objektiven Bereicherungsrechnung unberücksichtigt. Er ist zwar ein marktfähiges Wirtschaftsgut, wie die Abtretbarkeit zeigt. Der Erfolgstatbestand erfordert aber die Nutzung der Erwerbsgrundlage, zu der es erst kommt, wenn der Lohnanspruch erfüllt wird.[35] Liegt eine relevante Vermögensmehrung beim Arbeitnehmer vor, dann ist es unerheblich, wenn er die Zuwendung subjektiv nicht als eine Bereicherung empfindet. Eine Bereicherungsabsicht des Arbeitgebers ist ebenfalls nicht erforderlich.

aa) Ideelle Vorteile

Ideelle Vorteile, die der Arbeitnehmer im Zusammenhang mit seiner Arbeitstätigkeit erlangt, führen nicht zu einer wirtschaftlichen Vermögensmehrung, weil der Vorteil in die Arbeitstätigkeit integriert ist und deshalb kein (separat) am Markt handelbares Wirtschaftsgut darstellt. Wegen der fehlenden Marktgängigkeit leisten ideelle Vorteile keinen Beitrag für die Lebensgrundlage des Arbeitnehmers im Sinne einer Steigerung der steuerlichen Leistungsfähigkeit. Dies gilt etwa für gute Arbeitsbedingungen,[36] und zwar auch dann, wenn ihre Nutzung als angenehm empfunden wird oder Luxus darstellt. Vor allem die Bereitstellung von modernen Arbeitsmitteln, einem Tele-Heimarbeitsplatz, von Annehmlichkeiten wie Kantinen- und Pausenräumen, gehören nicht zum Arbeitslohn. Kein ideeller Vorteil ist dagegen die kostenlose oder verbilligte Nutzung betriebseigener Freizeiteinrichtungen wie z.B. eines Tennisplatzes, denn es handelt sich hierbei um eine von der Arbeitstätigkeit abtrennbare und am Markt eigenständig bewertbare Vermögensmehrung.[37] Der Arbeitslohn besteht darin, dass der Arbeitnehmer Aufwendungen am Markt für den Erwerb des Nutzungsrechts spart.[38]

---

35 BFH v. 11.2.2010 – VI R 47/08, BFH/NV 2010, 1094
36 *Geserich* in Blümich, EStG, § 19 Rz. 170; *Pflüger* in Herrmann/Heuer/Raupach, EStG, § 19 Rz. 135.
37 *Eisgruber* in Kirchhof[15], § 19 Rz. 57.
38 *Krüger* in Schmidt[35], EStG, § 19 Rz. 41.

bb) Auslagen- und Werbungskostenersatz

Die nächste Fallgestaltung, bei der es an einer Bereicherung des Arbeitnehmers fehlt, ist der Auslagenersatz. Die objektive Bereicherungsrechnung setzt voraus, dass der Arbeitnehmer die wirtschaftliche Verfügungsmacht über die Zuwendung erlangt, weil nur dann die Vermögensmehrung in seinem Vermögen eintritt. Bei Zahlungen vom Arbeitgeber an den Arbeitnehmer ist dies typischerweise, aber nicht immer der Fall. Eine Ausnahme bildet vor allem der Auslagenersatz.[39] Auslagen sind begrifflich Aufwendungen, die der Arbeitnehmer für seinen Arbeitgeber und auf dessen Rechnung tätigt. Gleicht der Arbeitgeber die nachgewiesenen[40] Auslagen des Arbeitnehmers aus, dann unterliegt die Zahlung einer Zweckbindung, die eine freie Verfügung durch den Arbeitnehmer ausschließen soll. Der Arbeitnehmer befindet sich in der Position ähnlich einem Treuhänder, so dass die anvertrauten Gelder nicht seiner Vermögenssphäre, sondern entsprechend dem Rechtsgedanken von § 39 Abs. 2 Nr. 1 Satz 2 AO der des Arbeitgebers (Treugebers) zuzuordnen sind.

Die Fremdnützigkeit des Auslagenersatzes bildet die Grenze zum Werbungskostenersatz. Es gilt der Grundsatz, dass es Aufgabe des Arbeitnehmers ist, seine eigenen Werbungskosten selbst zu tragen. Übernimmt der Arbeitgeber trotzdem die Aufwendungen, dann geschieht dies im Interesse des Arbeitnehmers. Die Zahlung hat den Charakter eines Entgelts für die Arbeitsleistung des Arbeitnehmers und ist damit Arbeitslohn. Beim Auslagenersatz stehen also die Interessen des Arbeitgebers, beim Werbungskostenersatz die des Arbeitnehmers im Vordergrund. Wo der Interessenschwerpunkt liegt, ist eine Frage der Umstände des Einzelfalls. Vor allem wenn die Aufwendungen dazu dienen eine Aufgabe zu finanzieren, die nach allgemein geltenden Regeln des Arbeits- oder Auftragsrechts,[41] insbesondere aber auf der Grundlage einer tarifvertraglichen Regelung[42] dem Arbeitgeber zugewiesen ist, liegt kein Werbungskostenersatz, sondern Auslagenersatz vor.

cc) Forderungsverzicht durch den Arbeitgeber

Bei den ideellen Vorteilen und dem Auslagenersatz dürfte die Rechtslage weitgehend klar sein. Es gibt aber andere Konstellationen, in denen die

---
39 *Geserich* in Blümich, § 19 Rz. 175.
40 BFH v. 2.10.2003 – IV R 4/02, BStBl. II 2004, 129 = BFHE 203, 459.
41 *Eisgruber* in Kirchhof[15], § 19 Rz. 60.
42 BFH v. 28.3.2006 – VI R 24/03, BStBl. II 2006, 473.

Bereicherung durchaus problematisch ist. Verzichtet der Arbeitgeber auf eine Geldforderung gegen seinen Arbeitnehmer, dann stellt die damit bewirkte Befreiung von einer Verbindlichkeit eine Vermögensmehrung dar, die in der objektiven Bereicherungsrechnung berücksichtigt werden muss. Die Gründe, die den Arbeitgeber zu seinem Forderungsverzicht bewegt haben, sind für die steuerliche Beurteilung ohne Relevanz, solange ein Veranlassungszusammenhang zwischen Forderungsverzicht und Dienstverhältnis besteht. Eine Vermögensmehrung ist auch dann gegeben, wenn der Arbeitgeber auf die Forderung verzichtet, weil er sie für uneinbringlich hält. Denn die objektive Bereicherungsrechnung stellt nur auf die Vermögensverhältnisse beim Arbeitnehmer ab und dort befreit ihn der Erlass von einer Verbindlichkeit. Aus dem Begründungszusammenhang ergibt sich auch, dass entgegen gefestigter Rechtsprechung[43] der Forderungsverzicht zivilrechtlich wirksam sein muss. Die Vermögensmehrung ist mit dem Nennwert der Forderung, auf die verzichtet wurde, anzusetzen.

dd) Schadenersatz durch den Arbeitgeber

Auch bei Schadenersatz durch den Arbeitgeber wird Arbeitslohn abgelehnt.[44] Vor allem kann man in Frage stellen, dass es zu einer Bereicherung beim Arbeitnehmer kommt. Die Ersatzleistung, die der Arbeitgeber an seinen Arbeitnehmer erbringt, erscheint nämlich ungeeignet eine Vermögensmehrung zu begründen,[45] weil sie ein Schadensereignis kompensiert. Die Leistungsfähigkeit des Arbeitnehmers ist bei Betrachtung des Gesamtgeschehens im Saldo nicht gestiegen. Der Ansatz wirft allerdings Probleme auf, weil damit Schadensersatzleistungen immer mangels Bereicherung aus der Besteuerung ausscheiden, und zwar auch dann, wenn der Schaden in einem entgangenen Arbeitslohn besteht. Diese Konsequenz zeigt, dass hier das falsche Vergleichspaar gebildet wird: Vergleicht man dagegen richtigerweise das Vermögen des Arbeitnehmers vor und nach der Schadenersatzleistung, dann zeigt sich ein Zuwachs an Leistungsfähigkeit, weil im Zeitpunkt der Zahlung das Vermögen des Arbeitnehmers bereits durch das Schadensereignis gemindert war. Entscheidend bei der Schadenersatzleistung ist also nicht die Berei-

---

43 BFH v. 5.3.2007 – VI B 41/06, BFH/NV 2007, 1122 m.w.N.
44 BFH v. 14.6.2016 – IX R 2/16, DStR 2016, 2159 m.w.N.
45 *Pflüger* in Herrmann/Heuer/Raupach, EStG, § 19 Anm. 275; *Geserich* in Blümich, § 19 Rz. 219.

cherung, sondern die Frage, ob das Schadensereignis in der Berufs- oder Privatsphäre eingetreten ist.

ee) Rückzahlung von Arbeitslohn durch den Arbeitnehmer

Die objektive Bereicherungsrechnung kann auch zu einem negativen Ergebnis führen, nämlich dann, wenn der Arbeitnehmer erhaltenen Arbeitslohn, der dem Lohnsteuerabzug unterlegen hat, an seinen Arbeitgeber zurückzahlt. Es liegen dann negative Einnahmen vor. Abweichend davon wird teilweise angenommen, dass die Rückzahlung zu den Werbungskosten gehöre, weil es sich um Aufwendungen handelt, die durch das Dienstverhältnis veranlasst sind.[46] Diese Auffassung wird zwar dem heutigen Werbungskostenbegriff gerecht, der sich von dem final ausgerichteten Wortlaut des § 9 Abs. 1 Satz 1 EStG gelöst hat und parallel zu § 4 Abs. 4 EStG auf die Veranlassung abstellt.[47] Entscheidend ist hier aber, dass die Rückzahlung einen actus contrarius[48] zu dem zuvor erhaltenen (versteuerten) Arbeitslohn darstellt, weil im Ergebnis der Zustand herstellt werden soll, der ohne die ursprüngliche Lohnzahlung wirtschaftlich bestünde. Diesem Zweck wird die Annahme von Werbungskosten nicht gerecht, denn Werbungskosten müssen mit einem noch nicht ausgeschöpften Arbeitnehmer-Pauschbetrag verrechnet werden, mit der Folge, dass die Besteuerung des Arbeitslohns dann nicht oder nur teilweise kompensiert wird.

b) Normative Korrektur am Beispiel der Aufmerksamkeiten

Weist die objektive Bereicherungsrechnung eine am Markt erzielte wirtschaftliche Vermögensmehrung aus, dann liegt in der Regel Arbeitslohn vor, selbst wenn die Bereicherung gering ist. Es gibt allerdings Konstellationen, in denen der Steuerzugriff aus Sicht des redlichen Rechtsverkehrs unverhältnismäßig wäre. Deutlich wird dies bei Aufmerksamkeiten, die der Arbeitgeber seinem Arbeitnehmer gewährt; sie stellen bei wertender Betrachtung keinen Arbeitslohn dar, obwohl eine Bereicherung gegeben ist. Unter den Begriff der Aufmerksamkeit fallen Sachbezüge, die den gesellschaftlichen Gepflogenheiten, die auch außerhalb des Dienstverhältnisses gelten, entsprechen und zu keiner ins Gewicht fal-

---

46 Offen gelassen in BFH v. 7.5.2009 – VI R 37/08, BStBl. II 2010, 135.
47 *Loschelder* in Schmidt[35], EStG, § 9 Rz. 41; *v. Beckerath* in Kirchhof[15], § 9 Rz. 21; *Hey* in Tipke/Lang, Steuerrecht[21], § 8 Rz. 230.
48 BFH v. 10.8.2010 – VI R 1/08, BStBl. II 2010, 1074 = BFHE 230, 173.

lenden Bereicherung des Arbeitnehmers führen.[49] Als Beispiel kann das Geburtstagspräsent an Arbeitnehmer gelten, wenn der Wert der Zuwendung angemessen ist.

Bedeutet die Aufmerksamkeit für den Arbeitgeber kein Opfer, dann kann der Vorteil für den Arbeitnehmer entsprechend den gesellschaftlichen Konventionen höher sein. Deshalb liegt in der Erlaubnis, eine Bahncard auch privat zu nutzen, eine Aufmerksamkeit, selbst wenn der Arbeitnehmer von dieser Möglichkeit ausgiebig Gebrauch macht. Der Arbeitgeber muss allerdings bei Anschaffung der Bahncard davon ausgehen, dass sich seine Aufwendungen durch Dienstreisen amortisieren. Andernfalls erbringt er ein Opfer in Höhe der nicht „verbrauchten" Kosten der Bahncard, das ein Entgelt für die Leistung des Arbeitnehmers darstellt und damit Arbeitslohn ist.

2. Veranlassung durch das Dienstverhältnis

Der Erfolgstatbestand des § 19 EStG erfordert, dass die Einnahme durch das Dienstverhältnis veranlasst ist, denn die von der Einkunftsart erfassten Bezüge und Vorteile müssen „für eine Beschäftigung im öffentlichen oder privaten Dienst" (Abs. 1 Satz 1 Nr. 1), „aus früheren Dienstleistungen" (Abs. 1 Satz 1 Nr. 2) oder „aus einem bestehenden Dienstverhältnis" (Abs. Satz 1 Nr. 3) erwirtschaftet sein. Das Veranlassungsprinzip soll alle Einnahmen erfassen, die der Arbeitnehmer durch die Nutzung der Erwerbsgrundlage Dienstverhältnis erzielt. Die Einnahme muss sich aus Sicht des Arbeitnehmers[50] im weitesten Sinne als Gegenleistung für das Zurverfügungstellen der individuellen Arbeitskraft des Arbeitnehmers darstellen,[51] also Frucht seiner Arbeitsleistung sein.[52] Das Veranlassungsprinzip greift damit über den im Dienstverhältnis angelegten Gegenleistungszusammenhang hinaus und umfasst beispielsweise auch

---

49 *Eisgruber* in Kirchhof[15], § 19 Rz. 67.
50 **Kritisch** *Pflüger* in Herrmann/Heuer/Raupach, EStG, § 19 Anm. 155/171.
51 BFH v. 14.6.2016 – IX R 2/16, DStR 2016, 2159 m.w.N.; BFH v. 20.5.2010 – VI R 41/09, BStBl. II 2010, 1022 = BFHE 229, 346; BFH v. 22.3.1985 – VI R 170/82, BStBl. II 1985, 529 = BFHE 143, 544; BFH v. 30.5.2001 – VI R 159/99, BStBl. II 2001, 815 = BFHE 195, 364; BFH v. 26.6.2003 – VI R 112/98, BStBl. II 2003, 886 = BFHE 203, 53; BFH v. 17.1.2005 – VI B 30/04, BFH/NV 2005, 884 m.w.N.; *Geserich* in Blümich, § 19 Rz. 190; *Krüger* in Schmidt[35], EStG, § 19 Rz. 45; *Eisgruber* in Kirchhof[15], § 19 Rz. 62.
52 BFH v. 18.10.2012 – VI R 64/11, BStBl. II 2015, 184 = BFHE 239, 270; *Pflüger* in Herrmann/Heuer/Raupach, EStG, § 19 Anm. 170; *Eisgruber* in Kirchhof[15], § 19 Rz. 69.

Zuwendungen an den Arbeitnehmer von Dritten, die durch das Dienstverhältnis veranlasst sind. § 19 EStG wird dadurch zu einer Generalklausel.

a) Regelungsgehalt des Veranlassungsprinzips

Das Veranlassungsprinzip darf nicht mit der Kausalität gleichgesetzt werden. Kausalität klärt, ob ein Ereignis nicht hinweggedacht werden kann, ohne dass der Erfolg entfällt. Dieser empirische Test ist wertungsfrei und zieht deshalb den Kreis der Zurechnung zu weit. Die Kausalität kann z.B. nicht erklären, weshalb Zuwendungen im ganz überwiegenden betrieblichen Eigeninteresse des Arbeitgebers nicht zum Arbeitslohn gehören. Trotzdem ist die Kausalität als Zurechnungskriterium nicht obsolet, die Aussage ist nur eine ausgrenzende: Einnahmen, die nicht durch das Dienstverhältnis verursacht sind, können kein Arbeitslohn sein. Kausalität ist also notwendig, aber nicht hinreichend für die Zurechnung.

Ist Kausalität gegeben, dann entscheidet das Veranlassungsprinzip im Rahmen einer objektiven Betrachtung nach wertende Gesichtspunkte über das Vorliegen von Arbeitslohn. Dabei sind sämtliche Umstände des Einzelfalls wie z.B. Anlass, Zuwendungsgegenstand und Begleitumstände nach ihrer wirtschaftlichen Bedeutung zu berücksichtigen. Die relevanten Belange können nicht abschließend beschrieben werden und es gibt auch keine vom Einzelfall unabhängige Hierarchie einzelner Kriterien. Alle einschlägigen Parameter müssen vielmehr in eine abwägende Gesamtentscheidung eingestellt und zutreffend gewichtet werden. Diese Abwägung ist Aufgabe des Tatrichters und für das Revisionsgericht bindend, soweit sie verfahrensrechtlich einwandfrei zustande gekommen und nicht durch Denkfehler oder die Verletzung von Erfahrungssätzen beeinflusst worden ist.[53] Das Veranlassungsprinzip ist damit ein offener Typusbegriff.[54]

b) Konkurrierende Veranlassung auf Seiten des Arbeitnehmers

Es gibt Fälle, in denen auf Seiten des Arbeitnehmers mehrere Rechtsbeziehungen als Anknüpfungspunkt für die Veranlassung in Betracht

---

53 BFH v. 14.6.2016 – IX R 2/16, DStR 2016, 2159 m.w.N.
54 *Breinersdorfer* in Kirchhof/Söhn/Mellinghoff § 19 Rz. B 324; *Fellmeth*, Das lohnsteuerrechtliche Abgrenzungsmerkmal des ganz überwiegend eigenbetrieblichen Arbeitgeberinteresses, S. 31 Fußn. 145.

kommen. Bezieht der Arbeitnehmer beispielsweise mit Rücksicht auf das Bestehen des Dienstverhältnisses von einem Dritten verbilligt Waren oder Dienstleistungen, dann stellt sich die Frage, ob dies als Drittrabatt dem Dienstverhältnis oder als marktüblicher Vorteil dem privaten Erwerbsgeschäft zuzurechnen ist. Aber selbst dann, wenn keine Konkurrenz mehrerer eigenständiger Rechtsbeziehungen vorliegt, weil nur das Dienstverhältnis den Zuwendungsgrund bilden kann, ist das Veranlassungsprinzip mitunter notwendig, um Arbeitslohn abzugrenzen. Es ist nämlich zu beachten, dass der Arbeitnehmer neben seiner Einbindung in das Dienstverhältnis immer auch noch den Status einer Privatperson innehat. Vor allem wenn der Arbeitgeber Schadenersatz an seinen Arbeitnehmer leistet, muss entschieden werden, ob die Schadensregulierung das Dienstverhältnis oder die Privatsphäre des Arbeitnehmers betrifft.

aa) Rabatt von dritter Seite

Erhält ein Arbeitnehmer verbilligt Waren oder Dienstleistungen von einem fremden Unternehmen, dann liegt eine Lohnzahlung von einem Dritten vor, wenn der Rabatt durch das Dienstverhältnis veranlasst ist. Daran fehlt es, wenn Arbeitnehmer verschiedener Unternehmen einer Branche den Rabatt erhalten[55] und der Rabatt keinen Entgeltcharakter hat. Der BFH vertritt im Übrigen die Auffassung, dass ein finaler Zusammenhang[56] zwischen dem Dienstverhältnis und der Zuwendung erforderlich ist. Dieser finale Zusammenhang soll fehlen, wenn der zuwendende Dritte ein eigenwirtschaftliches Interesse wie etwa Marketing hat. Der Vorrang eines einzelnen Kriteriums ist aber mit dem Charakter des Veranlassungsprinzips als offenem Typusbegriff nicht vereinbar.[57] Die Zielsetzung des Zuwendenden ist nur ein Aspekt, der bei Prüfung der Veranlassung abgewogen werden muss.[58] Hat der Arbeitgeber bei der Verschaffung des Vorteils mitgewirkt[59] oder finanziert er ihn sogar,[60] dann spricht dies im Rahmen der erforderlichen Gesamtabwägung trotz

---

55 BFH v. 10.4.2014 – VI R 62/11, BStBl. I 2015, 191 = BFHE 245, 213; BFH v. 20.5.2010 – VI R 41/09, BStBl. II 2010, 1022 = BFHE 229, 346.
56 BFH v. 17.7.2014 – VI R 69/13, BStBl. II 2015, 41; ebenso *Strohner*, DB 2015, 580.
57 *Breinersdorfer* in Kirchhof/Söhn/Mellinghoff § 19 Rz. B 383.
58 BMF v. 20.1.2015, BStBl. I 2015, 143.
59 BFH v. 18.10.2012 – VI R 64/11, BStBl. II 2015, 184 = BFHE 239, 270; *Pflüger* in Herrmann/Heuer/Raupach, EStG, § 19 Anm. 172.
60 BFH v. 30.5.2001 – VI R 123/00, BStBl. II 2002, 230 = BFHE 195, 376.

eines eigenwirtschaftlichen Interesses des Dritten für eine Veranlassung durch das Dienstverhältnis.

bb) Schadenersatz durch den Arbeitgeber

Der vom Arbeitgeber an den Arbeitnehmer gezahlte Schadenersatz stellt Arbeitslohn dar, es sei denn das Schadensereignis ist in der Privatsphäre eingetreten. Ist der Arbeitgeber selbst der Schädiger, dann kommt es für die Abgrenzung nicht auf den zivilrechtlichen Rechtsgrund der Haftung an.[61] Bei vielen Schadensereignissen konkurrieren die vertragliche und deliktsrechtliche Haftung, so dass der Arbeitnehmer durch die Wahl der Anspruchsgrundlage das steuerliche Ergebnis bestimmen könnte. Richtig ist vielmehr eine Differenzierung nach Maßgabe des verletzten Rechtsguts: Soweit der Schadenersatz die Verletzung deliktsrechtlicher Schutzgüter kompensiert, gehört die Zahlung nicht zum Arbeitslohn,[62] weil diese Rechtspositionen gegenüber jedermann geschützt sind. Arbeitgeber und Arbeitnehmer begegnen sich hier wie fremde Dritte.[63] Arbeitslohn liegt aber dann vor, wenn ein durch das Schadenereignis entgangener steuerpflichtiger Ertrag, der in einem Veranlassungszusammenhang mit dem Dienstverhältnis gestanden hätte, ersetzt wird.

Anders ist zu beurteilen, wenn der Arbeitgeber seinem Arbeitnehmer einen Ausgleich dafür zahlt, dass er von einem Dritten geschädigt wurde. Eine solche Konstellation kann vor allem entstehen, wenn der Arbeitnehmer bei Ausübung seiner Arbeitstätigkeit in einen Unfall verwickelt wird. Erstattet der Arbeitgeber dem Arbeitnehmer dessen Eigenschäden, dann sind dies reine Vermögensschäden, die jenseits der deliktsrechtlichen Schutzwirkung alleine auf arbeitsvertraglicher Grundlage oder freiwillig erstattet werden. Denn der Arbeitgeber ist hier kein Schädiger, sondern stellt den Arbeitnehmer außerhalb seiner eigenen Haftung von den Folgen des Schadensereignisses frei. Als Anknüpfungspunkt für die Veranlassung bleibt nur das Dienstverhältnis übrig. Die Zahlung des Arbeitgebers gehört deshalb zum Arbeitslohn, dem allerdings gleich hohe Werbungskosten gegenüber stehen. Das gleiche gilt, wenn der Arbeitgeber seinen Arbeitnehmer von der Haftung gegenüber einem Unfallgegner freistellt.

---

61 So aber noch BFH v. 28.2.1975 – VI R 29/72, BStBl. II 1975, 520 = BFHE 115, 251.
62 In diese Richtung ebenfalls *Kirchhof* in Kirchhof[15], § 8 Rz. 10.
63 *Breinersdorfer* in Kirchhof/Söhn/Mellinghoff § 19 Rz. B 334.

c) Zuwendungen im ganz überwiegend eigenbetrieblichen Interesse des Arbeitgebers

Das Veranlassungsprinzip ordnet die Einnahme nicht dem Dienstverhältnis als Ganzes zu, sondern erfordert einen Bezug zum Status des Arbeitnehmers. Denn der Arbeitnehmer muss das Dienstverhältnis als Erwerbsgrundlage nutzen, damit die Einnahme als Arbeitslohn qualifiziert werden kann. Daran fehlt es, wenn eine Zuwendung im ganz überwiegenden eigenbetrieblichen Interesse des Arbeitgebers liegt, weil der Vorteil sich bei objektiver Würdigung aller Umstände nicht als Entlohnung, sondern lediglich als notwendige Begleiterscheinung betriebsfunktionaler Zielsetzungen erweist.[64] Der Vorteil ist dann auf den Status des Arbeitgebers bezogen, denn die Veranlassung macht nicht am individuellen Dienstverhältnis sondern am Betrieb fest.[65] Zwar kommt es typischerweise in den hier angesprochenen Konstellationen auch zu einer Bereicherung des Arbeitnehmers, dies ist aber aus Sicht des Arbeitgebers nur ein angemessenes Mittel, um ein betriebliches Ziel, nämlich die effizientere Gestaltung der Arbeitsabläufe, zu erreichen. Der Vorteil auf Seiten des Arbeitnehmers wird dadurch zu einem bloßen Reflex.

aa) Übliche Betriebsveranstaltungen

Zuwendungen im ganz überwiegenden eigenbetrieblichen Interesse des Arbeitgebers wurden bis 2014 vor allem bei Aufwendungen des Arbeitgebers für übliche Betriebsveranstaltungen angenommen. Mit Betriebsveranstaltungen[66] will der Arbeitgeber den persönlichen Kontakt zwischen den Arbeitnehmern fördern,[67] um die Effizienz und Effektivität der Arbeit zu erhöhen. Die Betriebsveranstaltung musste aber üblich sein und durfte kein Entgelt oder gar eine Belohnung für geleistete Arbeit darstellen. Eine Betriebsveranstaltung mit Entgeltcharakter wurde angenommen, wenn die Aufwendungen des Arbeitgebers je teilnehmendem Arbeitnehmer eine Freigrenze von 110 Euro überschritten hat. Die Finanzverwaltung berücksichtigte bei der Berechnung der Freigrenze alle Aufwendungen des Arbeitgebers, die dem einzelnen Arbeitnehmer in-

---

64 BFH v. 30.5.2001 – VI R 177/99, BStBl. II 2001, 671 = BFHE 195, 373; **kritisch** *Krüger* in Schmidt[35], EStG, § 19 Rz. 55.
65 *Pflüger* in Herrmann/Heuer/Raupach, EStG, § 19 Anm. 185.
66 BMF v. 14.10.2015, BStBl. I 2015, 832, **eingehend** auch zum neuen Recht *Geserich* in Blümich, § 19 Rz. 247 ff.
67 BFH v. 16.5.2013 – VI R 7/11, BStBl. II 2015, 189 = BFHE 241, 525; **grundlegend** BFH v. 25.5.1992 – VI R 85/90, BStBl. II 1992, 655 = BFHE 167, 542.

dividuelle zurechenbar waren, einschließlich der Kosten für den äußeren Rahmen der Betriebsveranstaltung.[68] Der BFH hielt dagegen nur Zuwendungen für relevant, die die Teilnehmer unmittelbar konsumieren können.[69] Die Kosten für den äußeren Rahmen wie z.B. die Saalmiete oder den Eventmanager waren danach kein Arbeitslohn.

Der Gesetzgeber hat auf diese Rechtsprechung mit einem Systemwechsel reagiert.[70] Durch den neu eingeführten § 19 Abs. 1 Satz 1 Nr. 1a EStG wird zunächst normiert, dass alle Zuwendungen des Arbeitgebers an seinen Arbeitnehmer und dessen Begleitperson anlässlich einer Betriebsveranstaltung zum Arbeitslohn gehören. Das ganz überwiegende eigenbetriebliche Interesse des Arbeitgebers wird damit zwar ausgeblendet, es dürfte aber vom weiten Gestaltungsspielraum des Gesetzgebers umfasst sein, wenn er bei Mischaufwand festlegt, welcher Aspekt rechtlich maßgebend ist. An die Stelle der 110 Euro-Freigrenze tritt ein betragsgleicher Freibetrag. Dies ist insoweit problematisch, als die vom Gesetzgeber ebenfalls eingefügte Definition der Betriebsveranstaltung nicht auf die Üblichkeit abstellt, so dass eigentlich auch belohnende Betriebsveranstaltungen begünstigt sind. Hier ist eine teleologische Reduktion angezeigt. Als Zuwendungen gelten kraft gesetzlicher Anordnung die individuell zurechenbaren Aufwendungen und der Anteil an den Gemeinkosten, den der Arbeitgeber gegenüber Dritten für den äußeren Rahmen der Betriebsveranstaltung aufwendet.

bb) Berufliche Weiterbildung des Arbeitnehmers

Das ganz überwiegend eigenbetriebliche Interesse des Arbeitgebers kann mit privaten Vorteilen ineinander greifen, die den Arbeitnehmer auch außerhalb des Dienstverhältnisses begünstigen. Hat eine Zuwendung diesen Mischcharakter, dann muss gewichtet werden. Ein nicht unerhebliches Interesse des Arbeitnehmers an der Zuwendung führt zu Arbeitslohn.[71] Problematisch ist insoweit etwa die vom Arbeitgeber finanzierte berufliche Weiterbildung. Im Unterschied zur Teilnahme an einer üblichen Betriebsveranstaltung verbleibt hier dem Arbeitnehmer dauerhaft ein Vorteil, weil er mit der Weiterbildung seine Fähigkeiten verbessert und dadurch seinen „Marktwert" erhöht.

---

68 H 19.5 (Entlohnungsabsicht Abs. 2) LStH 2013.
69 BFH v. 16.5.2013 – VI R 94/10 = BStBl. II 2015, 186.
70 *Breinersdorfer*, FR 2015, 779; *Krüger* in Schmidt[35], EStG, § 19 Rz. 82.
71 BFH v. 17.1.2008 – VI R 26/06, BStBl. II 2008, 378 = BFHE 220, 266.

Die berufliche Weiterbildung muss deshalb bei einer Gesamtwürdigung aller Umstände aus Sicht des Arbeitgebers ausschließlich oder nahezu ausschließlich der betrieblichen Sphäre zuzuordnen sein, weil sich die Einsatzfähigkeit des Arbeitnehmers in dem konkreten Umfeld seines Betriebes erhöht,[72] ansonsten liegt Arbeitslohn vor. Indizien sind beispielsweise eine Freistellung des Arbeitnehmers unter Fortzahlung des Arbeitslohns oder die Pflicht des Arbeitnehmers zur Teilnahme an der Weiterbildung.[73] Bei einem Sprachkurs kommt es nicht darauf an, ob eine Fachsprache oder Umgangssprache erlernt wird, maßgebend ist vielmehr, ob aus Sicht des Arbeitgebers die Arbeitstätigkeit entscheidend erleichtert wird.[74]

cc) Erstattung von Beiträgen

Zuwendungen mit einem Mischcharakter liegen auch vor, wenn der Arbeitgeber Berufshaftpflichtbeiträge übernimmt, wie es namentlich bei Rechtsanwälten und Steuerberatern vorkommt. Hier hat der Arbeitnehmer zwar einen Vorteil, weil er durch die Versicherung von der Haftung frei gestellt wird. Insoweit spart der Arbeitnehmer eigene Aufwendungen, die er im wohlverstandenen Eigeninteresse ansonsten selbst tragen müsste. Aus der maßgeblichen Sicht des Arbeitgebers steht dem aber ein betriebliches Interesse gegenüber, weil sich der Arbeitgeber vor einem Renommeeverlust durch ungedeckte Haftungsfälle schützt und eine defensive Arbeitshaltung seiner Arbeitnehmer vermeidet.

Bei der erforderlichen Gewichtung erscheinen die Belange des Arbeitgebers vorrangig, weil letztlich auch er im Schadensfall für seine Arbeitnehmer nach § 278 BGB haftet. Diese Erwägung gilt unabhängig davon, ob eine gesetzliche Versicherungspflicht besteht. Auch die Differenzierung in der Rechtsprechung, wonach die Erstattung von Beiträgen zu einer Eigenversicherung des Arbeitnehmers Arbeitslohn sind,[75] die Mitversicherung dagegen nicht,[76] werden der Interessenlage nicht gerecht.

Auch Beiträge zu Berufskammer gehören nicht zum Arbeitslohn. Die Kostenübernehme liegt im ganz überwiegenden eigenbetrieblichen Inte-

---

72 *Pflüger* in Herrmann/Heuer/Raupach, EStG, § 19 Anm. 186.
73 BFH v. 9.12.2010 – VI R 42/09, BStBl. II 2011, 522.
74 A.A. BFH v. 15.3.2007 – VI R 14/04, BStBl. II 2007, 814 = BFHE 217, 450 für den Werbungskostenabzug.
75 BFH v. 26.7.2007 – VI R 64/06, BStBl. II 2007, 892 = BFHE 218, 370.
76 BFH v. 19.11.2015 – VI R 47/14, BStBl. II 2016, 303; BFH v. 10.3.2016 – VI R 58/14, DStR 2016, 1256 vgl. dazu *Geserich*, DStR 2016, 441.

resse des Arbeitgebers, weil nur Kammermitglieder den Beruf ausüben dürfen. Die Kammerzulassung gehört damit im weitesten Sinne zu den Arbeitsmitteln, die der Arbeitgeber dem Arbeitnehmer für die Ausübung der Arbeitstätigkeit zur Verfügung stellen kann, ohne dass Arbeitslohn zufließt. Dahinter tritt das ebenfalls gegebene Eigeninteresse des Arbeitnehmers zurück,[77] zumal der Vorteil auf die Dauer des Dienstverhältnisses begrenzt ist.

Ersetzt der Arbeitgeber dagegen Arbeitnehmern in herausgehobener Position Beiträge für die Mitgliedschaft in Freizeitvereinen wie Rotary-, Tennis- oder Golf-Club,[78] so handelt es sich um eine Zuwendung, die den Arbeitnehmer ausschließlich in seiner Privatsphäre begünstigt, so dass Arbeitslohn vorliegt, und zwar selbst dann, wenn die Mitgliedschaft auf Bitte des Arbeitgebers erworben wurde, weil der Arbeitnehmer das Unternehmen seines Arbeitgebers repräsentieren soll.

dd) Reisen des Arbeitnehmers

Finanziert der Arbeitgeber eine Reise des Arbeitnehmers, dann sind mehrere Konstellationen zu unterscheiden: Ein- oder mehrtägige Dienstreisen liegen im ganz überwiegend eigenbetrieblichen Interesse des Arbeitgebers. Für den Arbeitnehmer angenehme Rahmenbedingungen wie z.B. Tagung in einem Luxushotel oder einer touristisch interessanten Stadt sind ein bloßer Reflex der Arbeitstätigkeit, so dass die Zuwendung des Arbeitgebers keinen Arbeitslohn darstellt. Umgekehrt verhält es sich bei sog. Incentive-Reisen.[79] Mit solchen Reisen will der Arbeitgeber einzelne Arbeitnehmer für besondere Leistungen belohnen.

Zu erkennen sind Incentive-Reisen an der Auswahl der Teilnehmer nach Leistungskriterien und der touristischen Ausrichtung der Veranstaltung, die sich vor allem im Tagungsort und im Programm zeigt; die Teilnahme ist in der Regel freiwillig. Der Annahme von Arbeitslohn steht das betriebliche Interesse des Arbeitgebers, mit der Incentive-Reise über eine bessere Motivation langfristig eine Umsatzsteigerung zu erzielen, nicht entgegen. Die Incentive-Reise soll nämlich anders als die Zuwendungen bei einer Betriebsveranstaltung nicht das Zusammengehö-

---

77 A.A. BFH v. 17.1 2008 – VI R 26/06, BStBl. II 2008, 378 = BFHE 220, 266 **differenzierend** *Peetz*, DStZ 2007, 107.
78 BFH v. 21.3.2013 – VI R 31/10, BStBl. II 2013, 700 = BFHE 241, 167.
79 BFH v. 6.10.2004 – X R 36/03, BFH/NV 2005, 682; BMF v. 14.10.1996, BStBl. I 1996, 1192; *Pflüger* in Herrmann/Heuer/Raupach, EStG, § 19 Anm. 235 ff.; *Rößler*, DStZ 1994, 58; *Thomas*, DStR 1996, 1678; *Albert*, FR 2002, 712.

rigkeitsgefühl im Betrieb, sondern die Einsatzbereitschaft von einzelnen Leistungsträgern fördern; sie ersetzt damit eine Gehaltssonderzahlung.[80] Arbeitslohn sind die (anteiligen) Kosten des Arbeitgebers für die Incentive-Reise.

Schwierig wird es, wenn sich bei der Reise betriebliche und belohnende Aspekte mischen. Ist ein Aspekt nur gering ausgeprägt, kann er vernachlässigt werden. Muss der Arbeitnehmer beispielsweise auf der Reise gelegentlich Dienstgeschäfte tätigen – wie etwa die kurzzeitige Betreuung eines kleineren Kreises[81] von Mitreisenden –, dann hindert diese nachgeordnete betriebliche Funktion nicht den Zufluss von Arbeitslohn, falls im Übrigen die Voraussetzungen einer Incentive-Reise gegeben sind. Auf der anderen Seite spricht der Umstand, dass die Arbeitstätigkeit den Arbeitnehmer auf der Reise zeitlich weitgehend in Anspruch nimmt und ihm eigene Freizeitaktivitäten untersagt sind, für eine Dienstreise. Dies gilt insbesondere, wenn der Arbeitnehmer im Rahmen seiner Arbeitstätigkeit an Stelle seines Arbeitgebers als Veranstalter auftritt und durch die Organisation vor Ort ausgelastet ist.[82]

Es verbleiben Reisen, bei denen teilweise die betriebliche Zielsetzung des Arbeitgebers ganz im Vordergrund steht, daneben aber auch ins Gewicht fallende Elemente mit Entlohnungscharakter gegeben sind (gemischte Reisen)[83]. Greifen die Veranlassungsbeiträge so ineinander, dass eine Trennung nicht möglich ist, entscheidet einheitlich die vorrangige Veranlassung.[84] Bei gemischten Reisen hat der BFH[85] aber eine Aufteilung erlaubt, wenn sich die Kosten, die der Arbeitgeber aufgewendet hat, leicht und eindeutig abgrenzen lassen. Zunächst sind die einzelnen Kostenbestandteile der Reise abzutrennen, die sich bei isolierter Betrachtung dem betriebsfunktionalen Bereich (z.B. Fahrt am Reiseort zu Besprechungen) oder dem privaten Vorteil (z.B. touristisches Beiprogramm) zuordnen lassen. Die verbleibenden Gemeinkosten (z.B. Kosten der An- und Abreise, Übernachtung, Verpflegung) sind sodann durch Schätzung

---

80 *Breinersdorfer* in Kirchhof/Söhn/Mellinghoff, § 19 Rz. B 624.
81 BFH v. 6.10.2004 – X R 36/03, BFH/NV 2005, 682.
82 BFH v. 5.9.2006 – VI R 65/03, BStBl. II 2007, 312 = BFHE 214, 566; BFH, 2.7.2008 – VI B 21/08, BFH/NV 2008, 1680.
83 *Albert*, FR 2010, 1032.
84 BFH v. 11.3.2010 – VI R 7/08, BStBl. II 2010, 763 = BFHE 228, 505; *Krüger* in Schmidt[35], EStG, § 19 Rz. 51.
85 BFH v. 18.8.2005 – VI R 32/03, BStBl. II 2006, 30 = BFHE 210, 420.

nach dem Verhältnis der Zeitanteile beider Bereiche zueinander aufzuteilen,[86] falls kein anderer Aufteilungsmaßstab sachgerechter ist.[87]

V. Fazit

Bei der Abgrenzung von Arbeitslohn müssen mehrere Ebenen unterschieden werden: (1) Zunächst ist zu prüfen, ob der Vorteil des Arbeitnehmers Markteinkommen darstellt. Ist dies nicht der Fall, gehört die Zuwendung unabhängig von ihrer Höhe in die nicht steuerbare Privatsphäre. (2) Anschließend muss das Markteinkommen der richtigen Einkunftsart zugeordnet werden. Von den Einnahmen im Rahmen der Gewinneinkünfte unterscheidet sich der Arbeitslohn dadurch, dass er für eine unselbständige Erwerbstätigkeit gezahlt wird. Die Konkurrenz des Arbeitslohns zu den anderen Überschusseinkünften ist vereinzelt gesetzlich geregelt (§ 21 Abs. 3 EStG). Im Übrigen ist die Einkunftsart maßgebend, die im Vordergrund steht und die Beziehung zu den anderen Einkünften verdrängt. (3) Schließlich gibt es auch noch in § 19 EStG angelegte Kriterien für Arbeitslohn. Ansatzpunkt ist dabei, dass der Arbeitnehmer mit der Erwirtschaftung des Arbeitslohns das Dienstverhältnis als Erwerbsgrundlage nutzt. Dieser Erfolgstatbestand setzt sich zusammen aus der Einnahme beim Arbeitnehmer und die Zuordnung dieser Einnahme zum Dienstverhältnis durch das Veranlassungsprinzip.

---

86 BFH v. 24.8.2010 – VI B 14/10, BFH/NV 2011, 24; BFH v. 18.8.2005 – VI R 32/03, BStBl. II 2006, 30 = BFHE 210, 420 mit Anm. *Albert*, FR 2006, 15.
87 BFH v. 21.9.2009 – GrS 1/06, BStBl. II 2010, 672 = BFHE 227, 1; BFH v. 24.2.2011 – VI R 12/10, BStBl. II 2011, 796.

Diskussion

zum Referat von Dr. *Stefan Breinersdorfer*

Prof. Dr. *Klaus-Dieter Drüen*, München

Wenn sich keine Meldung aus dem Publikum vordrängt, würde ich gerne zu Ihrem Vortrag etwas ergänzen, Herr *Breinersdorfer*. Herzlichen Dank für Ihr Referat, das belegt, wie eng die Themen miteinander verwoben sind. Ich habe Ihre systematische Eingrenzung nachvollzogen und möchte zu einzelnen Punkten noch etwas anmerken. Das Veranlassungsprinzip war natürlich auch mein Thema und ich habe es mit Beispielen unterlegt, einmal hinsichtlich der Zuordnung zu den Einkünften und auf der nachfolgenden Ebene der Frage des Arbeitslohns. Auch aus Ihren weiteren Hinweisen ist deutlich geworden, dass beides Wertungsfragen sind. Dafür ist der jeweils richtige Anknüpfungspunkt zu identifizieren. Das führt noch einmal zu der Grundfrage, die wir auch am Nachmittag noch einmal beantworten müssen: Worauf beruht unser Rechtsvertrauen auf Rechtmäßigkeit angesichts der zahlreichen Typusbegriffe im Lohnsteuerrecht? Ich hatte vorgestellt, dass die Parteien des Arbeitsverhältnisses rechtsmethodisch offene Typusbegriffe sind. Demnach sind die Fragen, wer überhaupt von der Regelung betroffen ist und wen die Abzugspflicht trifft, typologisch zu beantworten. Wenn selbst das Veranlassungsprinzip ein inhaltlich offener Typusbegriff sein soll, wie Sie ausdrücklich vertreten haben, dann ist es doch erstaunlich, welches Rechtsvertrauen wir in die richtige Anwendung so schwieriger Begriffe durch Private setzen. Ist das berechtigt und inwieweit ist die Rechtsdurchsetzung rechtssicher gewährleistet? Das war der erste Punkt.

Der zweite Punkt betrifft die Eingrenzung des Arbeitslohnes. Sie haben zu Recht die auszugrenzenden, rein ideellen Vorteile angesprochen, wie Ausstattung, Pausenräume und dergleichen. Das überschneidet sich zum Teil mit dem Kriterium der Rechtsprechung des ganz überwiegend eigenbetrieblichen Interesses, auf das ich bereits Bezug genommen habe. Dazu haben Sie gesagt, es ist am Betrieb festzumachen, die Veranlassung ist auf den Betrieb bezogen und nicht auf den einzelnen Arbeitnehmer. Insoweit möchte ich nur die Verbindung herstellen. Ich bin mit vielem, was Sie gesagt haben, einverstanden, aber ich meine, dass das Abstellen auf den Betrieb zu eng ist, weil letztlich alles durch den Betrieb bedingt ist. Auch die direkte Lohnzahlung ist betriebsbedingt, weil der Arbeitgeber sich dadurch den Produktionsfaktor Arbeit einkauft. Deswegen hatte ich den Vorschlag gemacht, um auch die verschiedenen Rollen abschichten zu können, auf das Unternehmen abzustellen und zu fragen, ob die Leistung im übergeordneten Unternehmerinteresse liegt. Das hat aus meiner Sicht den Vorteil, dass man z.B. bei der Ausstattung und Arbeitsmitteln einfach darauf abstellen kann, ob sie dem Arbeitnehmer vom Arbeitgeber vorgegeben werden. Das ist die Rückbindung, durch die ich mir mehr Rationalität verspreche bei der Wertung der Veranlassung. Entscheidend ist, ob etwas dem Arbeitnehmer, der weisungsgebunden und eingegliedert ist, so für die Erbringung seiner Arbeitsleistung vorgegeben ist. Denn insoweit bestimmt der Arbeitgeber den Rahmen der Erwerbstätigkeit des Arbeitnehmers. Dieser ist aus Sicht des Arbeitnehmers fremdbestimmt. Sie kommen zu demselben Ergebnis, haben aber z.B. bei der Ausstattung der Arbeitsbedingungen von einem Reflex gesprochen. Das machen wir Juristen häufig, wenn es Wertungen bedarf. Manchmal ist ein Umstand wertungsentscheidend, bei anderer Wertung ist er nur ein Reflex. Ich stimme mit vielen Ihren Ergebnissen überein, mein Punkt ist nur, ob wir nicht deren Berechenbarkeit verbessern können, wenn wir stärker versuchen, die Rechtsanwendung vom Vollzug her zu denken.

Ich komme zum letzten Punkt, auf den Sie auch hingewiesen haben, die Betriebsveranstaltungen. Die neue gesetzliche Regelung belegt deutlich, dass das Denken vom Vollzug die Gesetzgebung bestimmt. Sie haben die Korrekturgesetzgebung schön dargestellt. Nunmehr sind nach § 19 Abs. 1 S. 1 Nr. 1a S. 2 EStG Zuwendungen im Rahmen von Betriebsveranstaltungen „alle Aufwendungen des Arbeitgebers ... unabhängig davon, ob sie sich einem einzelnen Arbeitnehmer individuell zurechenbar sind". Das sehe ich als weiteres Anschauungsobjekt für meine These, dass der Vollzug das Gesetz bestimmt. Wenn Sie sich die Möglichkeiten der digitalen Außenprüfung vergegenwärtigen, dann kann der Lohnsteueraußenprüfer in einem Stadion-Fall sehr genau nachkalkulieren: Was kostet die Betriebsveranstaltung insgesamt, wenn ein ganzes Stadion angemietet wird? Was kosten die Busse, die der Arbeitgeber bereitstellt, um die Belegschaft zum Veranstaltungsort und zurück zu bringen? Was kostet das Catering? Was kosten Darbietungen, wie eine Musikgruppe? Es kommt nach dem neuen Gesetz nicht mehr darauf an, ob dem Einzelnen ein Vorteil zufließt. Unter dem Strich besteht in vielen Punkten Übereinstimmung, aber insgesamt denke ich, dass die erste Ebene der Qualifikation als Arbeitnehmer verlängert auf die zweite Ebene der Qualifikation als Arbeitslohn zu mehr Rationalität führt.

Diskussion – zum Referat von Breinersdorfer

Prof. Dr. *Gregor Kirchhof*, LL.M., Augsburg

Ich erlaube mir, hier gleich anzuknüpfen, weil *Dieter Drüen* einen Punkt anspricht, den auch ich mir notiert habe: Die Kritik an dem Kriterium des ganz überwiegend eigenbetrieblichen Interesses. Da kann ich auf *Stefan Schneider* verweisen, der die Kritik in einem Aufsatz auf den Punkt gebracht hat. Jede Lohnzahlung liegt im ganz überwiegend eigenbetrieblichen Interesse – und übrigens auch in dem erwogenen Unternehmerinteresse. Deshalb würde ich die Abgrenzung anbieten, ob ein Vorteil die Erwerbssphäre des Arbeitgebers verlässt und in die Privatsphäre des Arbeitnehmers übergeht. Das sind auch unbestimmte Begriffe, die aber meines Erachtens klarer fassen, wann lohnsteuerpflichtiger Lohn vorliegt. Wir widersprechen uns nicht. Ich biete nur andere Kriterien an, die in vielen Fällen zum gleichen Ergebnis kommen werden.

Nun erlaube ich mir noch auf einen Punkt einzugehen, den *Dieter Drüen* zum Schluss des letzten Gesprächs hervorgehoben hat. Sie haben ergänzend darauf hingewiesen, dass nicht maßgeblich sei, ob ein Vorteil in die Privatsphäre gelangt ist, sondern es auf die Möglichkeit ankomme, über das Erlangte frei zu disponieren. Die Dispositionsfreiheit ist sicherlich ein zentraler Sinn des Lohnes. Aber ist sie bei Sachleistungen wirklich das richtige Kriterium? Über Sachleistungen kann man jedenfalls nicht gänzlich frei verfügen. Auch deshalb schlage ich vor, zwischen Erwerbs- und Privatsphäre zu unterscheiden.

Dr. *Stefan Breinersdorfer*, Mainz

Dann möchte ich jetzt auf die Anregungen der beiden Kollegen antworten. Nach meinem Dafürhalten ist der zentrale Begriff von Herrn *Drüen* ganz am Anfang genannt worden. Das ist der offene Typusbegriff. Man muss bedenken, ich habe mein Statement begonnen mit dem Hinweis auf die hohe Komplexität. Wie gehen wir mit Komplexität um? Steuerjuristen neigen dazu, Lösungen immer in Wenn-Dann-Beziehungen zu präsentieren. Je höher die Komplexität wird, umso schwieriger wird dieser Vorgang. Das Problem entsteht, dass Sie Komplexität mit diesen Wenn-Dann-Beziehungen nicht mehr darstellen können. Wie gehe ich weiter vor? Ich kann probieren, mit Regelbeispielen zu arbeiten, das war Ihr Vorschlag. Aber ganz zum Schluss nähern wir uns einem sog. finalen Entscheidungsprogramm. Dass man also bei dem offenen Typusbegriff nicht das Ergebnis vorgibt, keine inhaltliche Vorgabe hat, sondern ein gewisses Verfahren vereinbart, wie man das richtige Ergebnis erstellt. Es müssen alle Umstände des Einzelfalls berücksichtigt werden. Sie müssen alle in die Erwägung eingestellt werden. Sie müssen richtig gewichtet werden. Das lässt Anleihen anklingen. Sie haben den Namen *Luhmann* genannt. Ich sage, Legitimation durch Verfahren, ist auch von *Luhmann*. Wir stehen häufig im Steuerrecht vor dieser Frage, dass wir – wie gesagt – einen Vorgang nicht präzise mit einer Formel umschreiben können und wir uns dann helfen müssen mit Bewertungskriterien, mit dem offenen Typusbegriff, der es zulässt, verschiedene Parameter einzubringen. Deswegen ergeben sich auch Differenzen bei unserer Betrachtung. Während Sie dem einen mehr Gewicht beifügen, ist es bei mir ein anderer Aspekt, der besonders gewichtig ist, obwohl wir in den Ergebnissen dann im Einzelnen wenig auseinander liegen. Das Problem des offenen Typusbegriffs, das ich als das zentrale Rechtsproblem auch in der Arbeitnehmerbesteuerung, aber auch darüber hinaus sehe, zeigt sich dann auch bei der Betriebsveranstaltung, weil der Gesetzgeber vor dieser Problemlage auch nicht gefeit ist. Wie geht er damit um? Er tut erst einmal gar nichts. Dann passt ihm eine Entscheidung des Bundesfinanzhofs zur Betriebsveranstaltung nicht und er regelt die Betriebsveranstaltung. Ist denn die Betriebsveranstaltung bei aller Bedeutung, die sie im Einzelfall hat, das prägende Problem der Lohnbesteuerung, und zwar so prägend, dass man da – ein Absatz ist es, glaube ich – das Gesetz darauf verwendet und andere Dinge schamhaft verschweigt? Das zeigt, dass der Gesetzgeber mit dieser Form der Komplexität eigentlich im Grunde nicht oder schlecht umgeht. Notwendig wäre eine abstrakte Formel, die das Ziel zum Ausdruck bringt. Diese Formel muss dann aufgelöst werden in Regelbeispiele, damit man für die praktische Umsetzung Hinweise bekommt. Diese Regelbeispiele können durchaus gegenläufig sein. Nehmen Sie das Beispiel der Sanierung. Wenn Sie ein großes Unternehmen haben mit einem hohen Personalbestand, kann Sanierung bedeuten, dass Sie Personal abbauen und das Unternehmen kleiner machen. Haben Sie ein Start-Up mit drei Leuten, die aber nicht richtig an den Markt kommen, weil Sie zu klein sind, dann müssen Sie das gleiche Unternehmen mit mehr Personal ausstatten. Also Sanierung geht in unterschiedliche Richtungen, ist aber jeweils eine Sanierung. Das bekommen Sie in eine Wenn-Dann-Beziehung nie hinein und dann müssen Sie schon entscheiden, nach welchen Regeln entschieden werden soll. Ein Typusbegriff ist dann meistens schon zwingend, aber nach welchen Regeln gehe ich damit um? Wir bewegen uns hier in einem Feld der Unvollkommenheit.

Diskussion – zum Referat von Breinersdorfer

Klaus Strohner, Köln

Herr Dr. *Breinersdorfer*, ich möchte zunächst einmal zu dem Gesetzgebungsverfahren bei den Betriebsveranstaltungen eine kleine Blickrichtungsänderung vorschlagen, denn ich glaube am Ende, bei allem Respekt vor der Gewaltenteilung ist es die Finanzverwaltung gewesen, die unliebsame BFH-Rechtsprechung hier korrigiert haben wollte. Nach meiner persönlichen Einschätzung hat man sich nicht getraut, einen Nichtanwendungserlass zu machen, weswegen man es geschafft hat, den Gesetzgeber zu bemühen, ein Gesetz zu machen, das noch – mit Verlaub gesagt – schlecht gemacht ist, denn das, was die Verwaltung vorhatte, die alte Richtlinienregelung in das Gesetz hineinzuschreiben, oder hineinschreiben zu lassen, ist nach meinem persönlichen Dafürhalten nicht gelungen, weswegen es jetzt neue Gestaltungsüberlegungen gibt, die großen Fässer für die Rechtsprechung aufmachen werden. Das zum einen. Zum anderen, Herr Prof. *Drüen*, ich möchte Ihre Position, das ganz überwiegend eigenbetriebliche Interesse von der Betrachtung her umzulenken auf das Interesse des Unternehmens, unterstreichen, nur bin ich anders als Herr Prof. *Kirchhof* der Meinung, dass durchaus mit Blick auf die Intention, auf den Veranlassungszusammenhang zu mehr sachgerechten Ergebnissen führen kann als das reine Gegensatzpaar Arbeitgeber – Arbeitnehmer zu betrachten. Denn der Arbeitgeber ist nach meiner Einschätzung ein Teilnehmer des Unternehmens und viele Intentionen eines Unternehmens, Aufwendungen zu tätigen, sind andere als die des reinen Arbeitgeberinteresses, das grundsätzlich dahin geht, den Arbeitnehmer zu entlohnen dafür, dass er Arbeitsleistungen erbringt. Da bin ich noch einmal, Herr *Breinersdorfer*, bei Ihnen, was das Thema der Rabatte von dritter Seite angeht, wie Sie es ausgeführt haben. Nach meinem Dafürhalten und so wie ich die Rechtsprechung des Bundesfinanzhofs verstehe, kann man die Thematik Rabatte von dritter Seite eigentlich erweitern auf die Thematik Arbeitslohn von dritter Seite. Da ist es nach meinem Dafürhalten hilfreich und notwendig, einen Blick auf das Arbeitsrecht zu werfen. Da ist es so, dass die arbeitsvertraglichen Pflichten die Arbeitsvertragsparteien betreffen. Hier habe ich den Arbeitgeber auf der einen und den Arbeitnehmer auf der anderen Seite, wo der Arbeitgeber dafür, dass er Arbeitsleistung vom Arbeitnehmer bekommt, Lohn schuldet. Dass ein Dritter das tut, ist die Ausnahme und das hat m.E. der Bundesfinanzhof konsequent in seiner Rechtsprechung ausgeprägt, indem er das zunächst vorweggesetzt hat. Das ein Dritter als Zahlstelle in die Pflicht genommen wird, was Sie, Herr Prof. *Drüen*, heute früh angesprochen haben, ist ein anderer Sachverhalt, aber immer dann, wenn ein Dritter etwas zuwendet, muss ich mir für die Frage, ist das denn Lohn, die Arbeitsvertragsparteien anschauen. Immer dann, wenn ein Dritter eine eigene Intention hat, etwas zu tun, was nichts mit den arbeitsvertraglichen Verpflichtungen zu tun hat, dann komme ich nicht zu Lohn, das halte ich für konsequent, wie es der Bundesfinanzhof herausgearbeitet hat. Hier hat der Bundesfinanzhof einmal die eigenwirtschaftlichen Interessen in den Blick genommen und hat festgestellt, wenn ein Dritter etwas tut, was er aus eigenwirtschaftlicher Intention tut, dann macht er das nicht, um jemanden zu bereichern, und zwar dafür, dass er in seinem Arbeitsverhältnis für seinen Arbeitgeber Arbeitsleistung erbringt. Das mögen möglicherweise sonstige Einkünfte sein, oder wir sind eben außerhalb der Einkunftsarten, aber es kann dann kein Lohn sein. Die Fremdüblichkeit kommt als weiterer Aspekt noch dazu.

Dr. *Stefan Breinersdorfer*, Mainz

Den letzten Punkt zunächst einmal aufgegriffen, bei den Rabatten von dritter Seite, das habe ich so als Leitbild eines Arbeitslohnes von dritter Seite genommen. Ich wollte eine konkrete Grundlage für die Diskussion schaffen. Es ist in der Tat richtig, wenn Sie sagen, wenn der Dritte, der zuwendet, eine eigene Strategie verfolgt, dann spricht das zunächst einmal gegen Arbeitslohn. Ich bin aber der Auffassung, das ist nicht der einzige Aspekt; darauf dürfen wir es nicht verkürzen. Wenn z.B. der Arbeitgeber sich mit dem Dritten zusammengetan hat und der Arbeitgeber finanziert diesen Vorteil, diese Zuwendung, ganz oder teilweise, dann ergibt die Gesamtbetrachtung schon ein ganz anderes Bild. Die BFH-Entscheidung ist aus meiner Sicht an dieser Stelle nicht so ganz eindeutig, aber der kurze Rückschluss von einem Eigeninteresse des Dritten darauf, dass es kein Arbeitslohn sein kann, das würde ich so nicht mit tragen, weil ich der Auffassung bin, dass der Typusbegriff uns gerade dazu verpflichtet, verfahrensmäßig, alle Aspekte einzuschließen und alle zu wägen. Nach meinem Dafürhalten spricht sehr viel dafür, Arbeitslohn anzunehmen, wenn der Arbeitgeber mit finanziert hat, weil da der Dritte schon fast die Position einer Zahlstelle hat. Zu den Betriebsveranstaltungen: wenn Sie sagen, es war eine ziemlich krude Situation, wie das entstanden ist im Gesetzgebungsverfahren, das kann ich durchaus bestätigen. Es war kein Anliegen der Länderseite, dass man das gesetzlich regelt. Das BMF ist bei Nichtanwendungserlassen mittlerweile so stark zurückhaltend, dass man mit einem Nichtanwendungserlass nicht mehr rechnen kann. Es war von Seiten des BMF das Anliegen, das schnell unterzubringen und die Schnelligkeit merkt man dann auch in der Qualität. Da gibt wieder eines das andere. Das ist eben auch ein Manko unseres Gesetzgebungsverfahrens, dass da auch einmal probiert wird, mit einer schnellen Attacke ein Ergebnis umzusetzen, und das ist selten der Qualität zuträglich.

Prof. Dr. *Susanne Sieker*, Halle

Herr *Breinersdorfer*, die Ausweitung des Typusbegriffs, die Sie vorgeschlagen haben, geht mir entschieden zu weit. Wir haben Typusbegriffe im Gesetz, den Gewerbebetrieb, den Mitunternehmer, den Arbeitnehmer. Das hat Herr *Drüen* heute Morgen entwickelt. Aber das Veranlassungsprinzip als Typusbegriff anzusehen, leuchtet mir nicht ein. Das Veranlassungsprinzip ist für die Betriebsausgaben im Gesetz explizit geregelt. Daran sollten wir uns halten. In diesem Rahmen geht es darum, einen Sachverhalt festzustellen, dessen zivilrechtliche causa wir ermitteln müssen, um die Rechtsbeziehung dem Familienrecht, dem Arbeitsrecht oder dem Bereich der Nachbarschaftshilfe zuzuordnen. Um diese Aufgabe bewältigen zu können, brauchen wir Indizien, die in eine Gesamtabwägung einzustellen sind. Wenn der BFH in diesem Zusammenhang die Bedeutung von Indizien hervorhebt, liegt darin die Hommage an den Oderkonto-Beschluss des Bundesverfassungsgerichts. Die Gesamtabwägung von Indizien, durch die die Veranlassung von Aufwendungen durch die Erwerbstätigkeit festgestellt werden soll, ist enger an das Tatbestandsmerkmal der Norm gebunden, auf das sie sich bezieht, als eine doch sehr viel offenere typologische Betrachtung.

Prof. Dr. *Klaus-Dieter Drüen*, München

Frau *Sieker*, ich teile Ihren Ansatz, die Typologie wieder einzugrenzen und auf das Gesetz zurückzuführen. Sie haben Recht, Herr *Breinersdorfer*, es sind Wertungen zu treffen, aber diese müssen auch im Massenfallrecht umgesetzt werden. In der Praxis wird es digital umgesetzt. Das bedeutet, der Computer erleichtert das Ganze, aber er ist binär codiert. Er kennt nur 0 und 1. Wer trifft also die Wertungen? Die müssen ihm irgendwie eingegeben werden und in Algorithmen abgebildet werden. Der Typus erklärt einiges, aber er ist kein Freibrief und muss stets auf das Gesetz zurückgeführt werden. Wenn die Wertungen nicht hinreichend klar sind, dann ist das ein Problem rechtsmethodischer und zugleich verfassungsrechtlicher Art.

Einen Punkt noch, weil Herr *Kirchhof* mich angesprochen hat, unsere beiden Ansätze, um Arbeitslohn einzugrenzen, schließen sich nicht aus. Die eine Frage ist nämlich, warum wird etwas geleistet, bei den Sachleistungen zum Beispiel, und insoweit maßgebend ist das Unternehmensinteresse, das Herr *Strohner* noch einmal bekräftigt hat. Die andere Überlegung ist, was wird geleistet? Besteht für den Arbeitnehmer ein Vorteil? Nur in diesem Punkt liegt zwischen uns der konstruktive Unterschied zwischen Konsumsphäre und Privatsphäre. Abgesehen davon lässt sich beides miteinander kombinieren. Und wie Sie richtig gesagt haben, bei den Ergebnissen wird in vielen Fällen eine zutreffende Eingrenzung des zu weit ausgreifenden Arbeitslohnsbegriffes herauskommen.

Dr. *Stefan Breinersdorfer*, Mainz

Ich möchte noch einmal ganz kurz auf Ihren Einwand eingehen. Ich will schon unterscheiden zwischen dem unbestimmten Rechtsbegriff und dem Typusbegriff. Der unbestimmte Rechtsbegriff ist ergebnisorientiert. Der Typusbegriff ist verfahrensorientiert. Je größer die Komplexität ist, umso mehr kommen Sie bei dem Typusbegriff heraus und wenn Sie die Praxis beobachten, so wird entschieden. Der Bundesfinanzhof sagt immer, es ist eine Gesamtabwägung anzustellen. Es sind alle Umstände des Einzelfalles zu berücksichtigen und dann ist abzuwägen. Wenn diese Abwägung sich in einem halbwegs vernünftigen Rahmen aufhält, dann entscheidet der Bundesfinanzhof auch nicht mehr, sondern sagt, das hat das Finanzgericht so entschieden, das ist vertretbar und gut, in Ordnung. Das zeigt, dass der Fokus in Richtung Verfahren geht und das ist mir wichtig. Das heißt nicht, ich habe da jetzt einen offenen Typusbegriff, Gott sei Dank, ich kann beliebig entscheiden. Nein, ich habe einen anderen Entscheidungsrahmen. Ich muss genau darauf schauen, wie ich verfahrensrechtlich damit umgehe, damit ich die Richtigkeit des Ergebnisses aus dem Verfahren ableite, Legitimation durch Verfahren und weniger aus dem unbestimmten Rechtsbegriff.

Dr. *Roland Krüger*, München

Ich möchte noch einmal auf diesen Typusbegriff eingehen. Die bisherige BFH-Rechtsprechung geht beim Arbeitslohn ja gerade nicht von einem Typusbegriff aus, sondern wir haben das Veranlassungsprinzip und wir sagen, Arbeitslohn muss Frucht der Arbeit sein. Ich würde meinen, dass das kein Typusbegriff ist, auch wenn man sagt, es müssen natürlich alle Umstände des Einzelfalls gewürdigt werden. Dadurch wird aber ein determinierter Begriff nicht zum Typusbegriff, nur weil ich alle Umstände des Einzelfalls in diesem Begriff berücksichtigen möchte. Wenn man jetzt auch noch anfangen würde, den Arbeitslohn als Typusbegriff zu sehen, dann muss man sich schon hinterher die Frage stellen, wo bleibt die Abgrenzung?

Verfahren und Rechtschutz im Lohnsteuerrecht

Dr. *Roland Krüger*
Richter am Bundesfinanzhof, München

I. Einführung
II. Die Stellung des Arbeitnehmers im Lohnsteuerabzugsverfahren
1. Zum Begriff des Arbeitnehmers
2. Von der Lohnsteuerkarte zu den elektronischen Lohnsteuerabzugsmerkmalen
3. Grundlagen des ELStAM-Verfahrens
   a) Bildung der Lohnsteuerabzugsmerkmale
   b) ELStAM als gesonderte Feststellung von Besteuerungsgrundlagen
   c) Rechtschutz
4. Das Lohnsteuerermäßigungsverfahren
   a) Bedeutung des Freibetrags nach § 39a EStG
   b) Berücksichtigungsfähige Beträge
   c) Zeitliche Wirksamkeit
   d) Rechtschutz
5. Die Lohnsteueranmeldung aus Sicht des Arbeitnehmers
   a) Änderung der Lohnsteueranmeldung
   b) Rechtschutzmöglichkeiten des Arbeitnehmers
6. Lohnsteuereinbehalt und Lohnsteuerabführung
7. Nachforderungsbescheid gegenüber dem Arbeitnehmer
   a) Überblick über spezielle Rechtsgrundlagen für die Lohnsteuernachforderung
   b) Nachforderung gem. § 42d Abs. 3 Sätze 1 und 4 EStG
   c) Inanspruchnahme des Arbeitnehmers nach Ablauf des Kalenderjahrs
8. Der lohnsteuerrechtliche Erstattungsbescheid
9. Fazit

I. Einführung

Das Einkommensteuergesetz definiert in § 38 Abs. 1 EStG die Lohnsteuer als den Abzug der Einkommensteuer vom Arbeitslohn. Die im Laufe des Kalenderjahres einzubehaltende und abzuführende Lohnsteuer ist folglich keine besondere Steuerart, sondern die Vorauszahlung auf die mit Ablauf des Kalenderjahres entstehende und auf die Einkünfte aus nichtselbständiger Arbeit entfallende Einkommensteuerschuld[1]. Das Lohnsteuerabzugsverfahren ist mithin ein bloßes Vorauszahlungsverfahren.

---
1 BFH v. 20.7.2005 – VI R 165/01, BFHE 209, 571 = BStBl. II 2005, 890; BFH v. 13.1.2011 – VI R 64/09, BFH/NV 2011, 753; BFH v. 14.11.2013 – VI R 50/12,

Nur ausnahmsweise, wenn keine Einkommensteuerveranlagung durchzuführen ist, gilt die auf die Einkünfte aus nichtselbständiger Arbeit entfallende Einkommensteuerschuld durch den Lohnsteuerabzug als abgegolten (§ 46 Abs. 4 EStG).

Das Lohnsteuerabzugsverfahren ist dadurch gekennzeichnet, dass von ihm nicht nur zwei, sondern drei Beteiligte betroffen. Dies sind der Arbeitnehmer, der Arbeitgeber und das Finanzamt. Dieses Dreipersonenverhältnis wirft im Lohnsteuerverfahren und im Rechtschutz verschiedene Probleme auf.

Im Lohnsteuerverfahren treffen vor allem den Arbeitgeber zahlreiche Pflichten, insbesondere die Pflicht zur Einbehaltung der Lohnsteuer nach §§ 38 Abs. 3, 39b, 39c EStG und die Pflicht zur Anmeldung und Abführung der einbehaltenen Lohnsteuer nach § 41a Abs. 1 EStG[2]. Da die Rolle des Arbeitgebers im Lohnsteuerverfahren an anderer Stelle behandelt wird, befasst sich der vorliegende Beitrag nur mit der Stellung des Arbeitnehmers im Lohnsteuerabzugsverfahren.

Die Lohnsteuer ist im VI. Abschnitt des EStG geregelt, der mit „Steuererhebung" überschrieben ist. In den §§ 38–42g EStG befinden sich allerdings nicht nur verfahrensrechtliche Vorschriften, wie die Überschrift des VI. Abschnitts nahe legen könnte, sondern auch zahlreiche materiellrechtliche Regelungen. Auch diese Vorschriften sind nicht Gegenstand der vorliegenden Betrachtung, die sich thematisch auf das Verfahrensrecht und den Rechtsschutz des Arbeitnehmers beim Lohnsteuerabzug beschränken soll. Der Gang der Untersuchung wird sich dabei am typischen Lohnsteuerabzugsverfahren orientieren.

II. Die Stellung des Arbeitnehmers im Lohnsteuerabzugsverfahren

1. Zum Begriff des Arbeitnehmers

Der Lohnsteuerabzug und das Lohnsteuerabzugsverfahren setzen das Vorhandensein eines Arbeitnehmers und eines Arbeitgebers voraus. Der Arbeitnehmer ist gem. § 38 Abs. 2 Satz 1 EStG Schuldner der Lohnsteu-

---

BFHE 243, 544; *Schmidt/Krüger*, EStG, 35. Aufl. 2016, § 38 Rz. 1; *Drenseck*, StuW 2000, 452, 453; *Heuermann*, FR 2013, 354.

2 S. zu den Pflichten des Arbeitgebers im Lohnsteuerabzugsverfahren auch *Drüen*, Die Indienstnahme Privater für den Vollzug von Steuergesetzen, Tübingen 2012, S. 135 ff.

er. Die Steuerschuldnerschaft des Arbeitnehmers ist einerseits Ausdruck der Verwirklichung des materiellen Steuertatbestands in § 19 EStG, sie hat aber auch eine verfahrensrechtliche, erhebungstechnische Komponente[3].

Der Begriff des Arbeitnehmers in verfahrensrechtlicher Hinsicht unterscheidet sich dabei nicht vom materiell-rechtlichen Arbeitnehmerbegriff. Der Arbeitnehmer ist Steuersubjekt im materiellen und Steuerschuldner im erhebungsrechtlichen Sinn.

§ 1 Abs. 1 Satz 1 LStDV beschreibt den Arbeitnehmer als eine in öffentlichem oder privatem Dienst angestellte oder beschäftigte Person, die aus diesem oder einem früheren Dienstverhältnis Arbeitslohn bezieht. Der eigenständige, steuerrechtliche Arbeitnehmerbegriff ist nach ständiger Rechtsprechung des BFH ein Typusbegriff[4]. Er kann nur durch eine größere und unbestimmte Zahl von Merkmalen beschrieben werden. Ob jemand eine Tätigkeit als Arbeitnehmer ausübt, ist deshalb anhand einer Vielzahl in Betracht kommender Merkmale im Einzelfall nach dem Gesamtbild der Verhältnisse zu beurteilen. Dabei sind die für und gegen ein Dienstverhältnis sprechenden Merkmale (Indizien), wie der BFH in der sog. „Werbedamenentscheidung"[5] an Hand von Beispielen aufgeführt, im konkreten Einzelfall jeweils zu gewichten und gegeneinander abzuwägen.

Da es auf das Gesamtbild der Verhältnisse ankommt, kann nicht mit Rücksicht auf das Vorliegen oder Fehlen bestimmter Merkmale die Arbeitnehmereigenschaft im Einzelfall eindeutig bejaht oder verneint werden[6]. Die Frage, ob ein Steuerpflichtiger selbständig oder nichtselbständig als Arbeitnehmer tätig wird, kann folglich auch nicht nach Berufsgruppen beurteilt werden. Bei der Würdigung des Gesamtbilds der Verhältnisse ist insbesondere das Vorliegen bzw. das Fehlen der Unternehmerinitiative und des Unternehmerrisikos von Bedeutung[7].

---

3 *Heuermann*, Systematik und Struktur der Leistungspflichten im Lohnsteuerabzugsverfahren, Münster 1997, S. 14.
4 z.B. BFH v. 22.7.2008 – VI R 51/05, BFHE 222, 438 = BStBl. II 2008, 981; BFH v. 20.11.2008 – VI R 4/06, BFHE 223, 425 = BStBl. II 2009, 374; BFH v. 18.6.2015 – VI R 77/12, BFHE 250, 132 = BStBl. II 2015, 903; *Lang* in Grundfragen des Lohnsteuerrechts, Köln 1986, DStJG Bd. 9, S. 22 ff.
5 BFH v. 14.6.1985 – VI R 150-152/82, BFH v. 14.6.1985 – VI R 150/82, VI R 151/82, VI R 152/82, BFHE 144, 225 – BStBl. II 1985, 661.
6 *Schmidt/Krüger*, (Fn. 1), § 19 Rz. 21; *Blümich/Geserich*, EStG, § 19 Rz. 73.
7 BFH v. 22.2.2012 – X R 14/10, BFHE 236, 464 = BStBl. II 2012, 511; *Breinersdorfer* in Kirchhof/Söhn/Mellinghoff, EStG § 19 Rz. B 89 ff.

Im Hinblick auf die verfahrensrechtliche Dimension des Arbeitnehmerbegriffs mag dessen Einordnung als offener Typusbegriff bedenklich erscheinen, erfordert das Verfahrensrecht grundsätzlich doch rechtssichere, eindeutige Begrifflichkeiten und Abgrenzungskriterien. Solche sind in Bezug auf den Arbeitnehmerbegriff im Lohnsteuerrecht jedoch nicht in Sicht. Es erscheint angesichts der Komplexität und Vielgestaltigkeit der heutigen Arbeitswelt auch ausgeschlossen, eine in sich geschlossene, von einer bestimmten Zahl fester Voraussetzungen abhängige Definition des Arbeitnehmerbegriffs zu erreichen. Eine gewisse Rechtsunsicherheit bei der Einzelfallabgrenzung wird daher wohl auch in Zukunft unvermeidlich bleiben.

Es fragt sich aber, ob dieser Unsicherheit nicht in verfahrensrechtlicher Hinsicht begegnet werden kann. Hier kann ein Blick über den „Tellerrand" des Steuerrechts helfen. Denn andere Rechtsgebiete, insbesondere das Arbeits- und das Sozialrecht, sind bei der Abgrenzung der Frage, welche Personen als Arbeitnehmer anzusprechen sind, vor ähnliche Probleme wie das Lohnsteuerrecht gestellt.

Das Sozialrecht hat mit dem Statusfeststellungsverfahren in § 7a SGB IV insoweit eine bemerkenswerte Regelung getroffen. Danach können die an einem Auftragsverhältnis Beteiligten, nämlich Auftraggeber und Auftragnehmer, bei der Deutschen Rentenversicherung Bund (DRV Bund) die rechtsverbindliche Feststellung beantragen, ob der Auftragnehmer eine versicherungspflichtige Tätigkeit ausübt bzw. ausübte. Innerhalb der DRV Bund ist die „bundesweite Clearingstelle für sozialversicherungsrechtliche Statusfragen" für das Statusfeststellungsverfahren zuständig.

Mit der Einführung des Anfrageverfahrens bezweckte der Gesetzgeber, dass die Beteiligten eines Auftragsverhältnisses durch einen Statusantrag zur Feststellung des Bestehens bzw. Nichtbestehens eines versicherungspflichtigen Beschäftigungsverhältnisses bereits vor Durchführung einer Betriebsprüfung darüber Rechtssicherheit erlangen, ob ein versicherungspflichtiges Beschäftigungsverhältnis besteht oder nicht.

Diese Vorschrift ist im geltenden Lohnsteuerrecht ohne Parallele. De lege ferenda wäre jedoch zu überlegen, ob die Einführung eines Statusfeststellungsverfahrens nach dem Vorbild des § 7a SGB IV nicht auch im Lohnsteuerrecht sinnvoll sein könnte. Dies gilt insbesondere vor dem Hintergrund, dass das Verfahren der Anrufungsauskunft gem. § 42e EStG durch die neuere Rechtsprechung des BFH[8] m.E. zu Unrecht erheblich

---

[8] BFH v. 27.2.2014 – VI R 23/13, BFHE 244, 572 = BStBl. II 2014, 894.

entwertet worden ist. Denn der BFH gibt weder dem Arbeitgeber noch dem Arbeitnehmer einen Anspruch auf eine inhaltlich richtige Auskunft. Arbeitgeber und Arbeitnehmer können mit der Anrufungsauskunft nach derzeitiger Rechtsprechung des BFH lediglich erfahren, wie die Finanzbehörde den dargestellten Sachverhalt gegenwärtig beurteilt[9]. Dies erscheint wenig befriedigend.

2. Von der Lohnsteuerkarte zu den elektronischen Lohnsteuerabzugsmerkmalen

Die Lohnsteuerkarte war, wie es *Drenseck* anlässlich der Jahrestagung der DStJG 1985 formuliert hat[10], die wichtigste Urkunde im Lohnsteuer-Abzugsverfahren. Die Eintragungen auf ihr waren Jahrzehnte die Grundlage für den Lohnsteuerabzug.

Die Lohnsteuerkarte wurde von den Gemeinden letztmalig für das Jahr 2010 ausgestellt. Allerdings war dieser Lohnsteuerkarte ein besonders langes Leben beschieden. Normalerweise galten Lohnsteuerkarten bekanntlich nur für ein Jahr. Es galt beim Lohnsteuerabzug das sog. Jahresprinzip. Die Lohnsteuerkarte 2010 fand wegen der Verschiebung des Einsatzes der elektronischen Lohnsteuerabzugsmerkmale (ELStAM) indessen auch noch in den Jahren 2011–2013 Anwendung[11]. Der Übergangszeitraum für die Anwendung der ELStAM erstreckte sich gem. § 52b EStG bis in das Jahr 2013 hinein.

Die wiederholte Verschiebung der Einführung der ELStAM sowie die verschiedenen, mit ihrer Einführung verbundenen Probleme und verfahrensrechtlichen Absicherungen verdeutlichen, welche Schwierigkeiten elektronische Steuerverfahren insbesondere im Massenfallrecht des Lohnsteuerabzugs aufwerfen können. Dessen ungeachtet war die Einführung der ELStAM letztlich erfolgreich. Mit der Ablösung der Lohnsteuerkarte und der Umstellung auf das elektronische Verfahren hat sich sowohl für Arbeitnehmer als auch für Arbeitgeber und die Finanzverwaltung eine Verfahrensvereinfachung und Verfahrensbeschleunigung ergeben. Insofern kann das ELStAM-Verfahren durchaus als Vorbild für die weitere „Digitalisierung" des steuerlichen Verfahrensrechts gelten.

---

9 kritisch z.B. *Schmidt/Krüger*, (Fn. 1), § 42e Rz. 5.
10 *Drenseck*, (Fn. 4), S. 383.
11 *Schmidt/Krüger*, (Fn. 1), § 39 Rz. 1, § 52b Rz. 2; *Fissenewert* in Herrmann/Heuer/Raupach, EStG, § 39 Rz. 5.

3. Grundlagen des ELStAM-Verfahrens

§ 39 EStG enthält die grundlegenden gesetzlichen Bestimmungen zur Ausgestaltung des ELStAM-Verfahrens. Die Vorschrift wurde durch das BeitrRLUmsG vom 7.12.2011[12] neu gefasst.

Das Lohnsteuerverfahren wird durch das Prinzip der Maßgeblichkeit der Lohnsteuerabzugsmerkmale bestimmt[13].

a) Bildung der Lohnsteuerabzugsmerkmale

Die ELStAM werden gem. § 39 Abs. 1 EStG auf Veranlassung des Arbeitnehmers grundsätzlich automatisiert gebildet. Die Einzelheiten des Verfahrens zur Bildung und Anwendung der ELStAM sind in § 39e EStG ausführlich geregelt.

Der Arbeitnehmer kann bei seinem gem. § 39 Abs. 2 EStG zuständigen Wohnsitz-FA einen Antrag stellen, ihm seine ELStAM mitzuteilen. Die ELStAM werden daraufhin durch das Bundeszentralamt für Steuern (BZSt) gegebenenfalls erstmalig gebildet (§ 39e Abs. 1 Satz 1 EStG) und dem Arbeitnehmer bekannt gegeben. Die Bildung der nicht automatisiert zu bearbeitenden ELStAM fällt gem. § 39 Abs. 1 S. 2 EStG dagegen in den Zuständigkeitsbereich des Wohnsitz-FA und nicht des BZSt.

Die erstmalige Bildung der ELStAM erfolgt ferner auf Anfrage des Arbeitgebers bei der Finanzverwaltung. Hierzu muss der Arbeitnehmer dem Arbeitgeber seine Identifikationsnummer und sein Geburtsdatum mitteilen. Eine Verpflichtung des Arbeitnehmers zur Offenbarung dieser Daten gegenüber seinem Arbeitgeber bei Eintritt in das Dienstverhältnis folgt aus § 39e Abs. 4 Satz 1 EStG. Die Kenntnis der vorgenannten Daten berechtigt den Arbeitgeber gem. § 39e Abs. 4 Satz 2 EStG zur Abfrage der ELStAM beim BZSt.

Die Bildung der Lohnsteuerabzugsmerkmale erfolgt ausschließlich durch die Finanzverwaltung und nicht wie früher bei der Lohnsteuerkarte im Wesentlichen durch die Gemeinde[14]. Grundlage sind die von den Meldebehörden an die Finanzverwaltung übermittelten melderechtlichen Daten, z.B. Familienstand, Kinder und Religionszugehörigkeit. Die Finanzverwaltung ist an diese Daten grundsätzlich gebunden, wie sich aus

---

12 BGBl. I 2011, 2592, BStBl. I 2011, 1171.
13 *Fissenewert*, (Fn. 11), § 39 Rz. 4; *Frotscher* in Frotscher, EStG § 39 Rz. 2.
14 *Fissenewert*, (Fn. 11), § 39 Rz. 8.

§ 39 Abs. 1 Satz 3 EStG ergibt[15]. Das FA kann aber, wenn der Arbeitnehmer die Unrichtigkeit der melderechtlichen Daten substantiiert geltend macht, deren Überprüfung durch die Meldebehörde anregen oder selbst eine Prüfung der melderechtlichen Daten vornehmen. Bei entsprechenden, von den melderechtlichen Daten abweichenden Feststellungen kann das FA eine eigene Entscheidung für Besteuerungszwecke treffen[16]. Die vom FA nach § 39 EStG gebildeten ELStAM hat es nach § 39e Abs. 1 Satz 2 EStG seinerseits dem BZSt mitzuteilen, damit das BZSt die ELStAM dem Arbeitgeber zum automatisierten Abruf bereitstellen kann.

§ 39 Abs. 4 EStG bestimmt, welche Lohnsteuerabzugsmerkmale zu bilden sind. Es handelt sich hierbei um die Steuerklasse und den Faktor, in den Steuerklasse I bis IV um die Zahl der Kinderfreibeträge, den Freibetrag und den Hinzurechnungsbetrag gem. § 39a EStG, und – auf Antrag – die Höhe der Beiträge einer privaten Kranken- und Pflegeversicherung sowie die Mitteilung über die Freistellung des Arbeitslohns von der Lohnsteuer aufgrund eines DBA.

b) ELStAM als gesonderte Feststellung von Besteuerungsgrundlagen

Gemäß § 39 Abs. 1 Satz 4 EStG ist die Bildung der ELStAM eine gesonderte Feststellung von Besteuerungsgrundlagen i.S.d. § 179 Abs. 1 AO, die unter dem Vorbehalt der Nachprüfung steht. Die ELStAM sind also Steuerverwaltungsakte, die gegenüber dem Arbeitnehmer erlassen werden. Dabei sind die ELStAM nicht in ihrer Gesamtheit eine einzige gesonderte Feststellung; vielmehr handelt es sich bei jedem einzelnen Lohnsteuerabzugsmerkmal i.S.v. § 39 Abs. 4 EStG um eine gesonderte Feststellung[17]. Es liegen also mehrere gesonderte Feststellungen vor, die lediglich in einem Datensatz zusammengefasst sind.

Welche Wirkung einer gesonderten Feststellung von Besteuerungsgrundlagen zukommt, ist in § 182 AO geregelt. Nach Abs. 1 Satz 1 dieser Vorschrift sind Feststellungsbescheide, auch wenn sie noch nicht unanfechtbar sind, für andere Feststellungsbescheide, für Steuermessbescheide, für

---

15 *Schmidt/Krüger*, (Fn. 1), § 39 Rz. 2; *Eisgruber* in Kirchhof, EStG, 15. Aufl. 2016, § 39 Rz. 4.
16 BMF, BStBl. I 2013, 951, Rz. 12; *Paintner*, DStR 2012, 105; *Schaffhausen/Plenker*, DB 2012, 2476.
17 So zu den Eintragungen auf der Lohnsteuerkarte bereits *Drenseck*, (Fn. 4), S. 384; *Fissenewert*, (Fn. 11), § 39 Rz. 12; kritisch *Frotscher*, (Fn. 13), EStG § 39 Rz. 9.

Steuerbescheide und für Steueranmeldungen, die das Gesetz als Folgebescheide definiert, bindend, soweit die in dem Feststellungsbescheid getroffenen Feststellungen für die Folgebescheide von Bedeutung sind. Es fragt sich in Bezug auf die ELStAM als gesonderte Feststellung von Besteuerungsgrundlagen also, für welche Folgebescheide sie hiernach bindend sind.

Sicher ist insoweit zunächst, dass die ELStAM, obwohl es sich um Verwaltungsakte gegenüber dem Arbeitnehmer handelt, auch für den Arbeitgeber im Lohnsteuerabzugsverfahren des Arbeitnehmers verbindlich vorschreiben, wie dieser den Lohnsteuerabzug vorzunehmen hat. Die ELStAM sind also, da es sich bei den Lohnsteueranmeldungen des Arbeitgebers gem. §§ 167, 168 AO um Steuerfestsetzungen unter dem Vorbehalt der Nachprüfung handelt, Grundlagenbescheide für diese Lohnsteueranmeldungen. Der Arbeitgeber darf den Lohnsteuerabzug folglich nicht abweichend von den ELStAM vornehmen. Die ELStAM sind darüber hinaus auch beim Lohnsteuerjahresausgleich durch den Arbeitgeber gem. § 42b EStG zu beachten.

Die ELStAM binden als gesonderte Feststellungen von Besteuerungsgrundlagen allerdings auch die Finanzverwaltung beim Erlass von Folgebescheiden. So darf das Betriebsstätten-FA des Arbeitgebers beim Erlass von (Lohn-)Steuer(-nachforderungs)bescheiden oder bei der Änderung der Steueranmeldungen des Arbeitgebers nicht von den ELStAM abweichen, solange diese wirksam festgestellt sind[18].

Die Bindungswirkung der ELStAM beschränkt sich auf das Lohnsteuerabzugsverfahren[19]. Den ELStAM kommt für das Veranlagungsverfahren somit keine Bindungswirkung zu. § 39 Abs. 1 Satz 4 EStG hat für die Festsetzung der Einkommensteuer keine Bedeutung.

Da die ELStAM unter dem Vorbehalt der Nachprüfung stehen, ist ihre Änderung gem. § 164 Abs. 2 AO jederzeit möglich. Die Änderung kann das Wohnsitz-FA von sich aus vornehmen. Ebenso kann der Arbeitnehmer die Änderung der ELStAM jederzeit beantragen. Die Änderung ist auch rückwirkend möglich[20]. Das FA hat bei einer Änderung oder Er-

---

18 Vgl. BFH v. 24.9.1982 – VI R 64/79, BFHE 136, 484 = BStBl. II 1983, 60; BFH v. 20.3.1987 – VI R 161/82, BFH/NV 1987, 511.
19 Frotscher, (Fn. 13), EStG § 39 Rz. 12.
20 BFH v. 24.9.1982 – VI R 64/79, BFHE 136, 484 = BStBl. II 1983, 60; *Drenseck*, (Fn. 4), S. 384.

gänzung der ELStAM den Zeitpunkt anzugeben, von dem an die Änderung oder Ergänzung gilt[21].

Im Zusammenhang mit der Änderung der ELStAM sind auch die Vorschriften in § 39 Abs. 5 bis Abs. 7 EStG in den Blick zu nehmen. Der Arbeitnehmer ist nach § 39 Abs. 5 EStG anzeigepflichtig, wenn die Voraussetzungen für eine ungünstigere Steuerklasse oder eine geringere Zahl von Kinderfreibeträgen eintreten[22]. Eine Mitteilungspflicht trifft den Arbeitnehmer gem. § 39e Abs. 6 Satz 5 EStG außerdem dann, wenn ihm bekannt wird, dass die ELStAM zu seinen Gunsten von den nach § 39 EStG zu bildenden Lohnsteuerabzugsmerkmalen abweichen. Die Meldepflicht des Arbeitnehmers besteht allerdings nicht, wenn sich die Änderung der ELStAM auf von den Meldebehörden nach § 39e Abs. 2 Satz 2 EStG zu übermittelnde Daten bezieht, also auf Religionszugehörigkeit, Familienstand und Kinder. Anders verhält es sich bei der Änderung von Umständen, die nicht im Melderegister erfasst werden, z.B. das dauernde Getrenntleben oder das Entfallen des Entlastungsbetrags für Alleinerziehende. Solche Änderungen sind dem FA mitzuteilen[23]. Das FA muss die Änderung der ELStAM auch dann vornehmen, wenn der Arbeitnehmer seine Anzeigepflicht verletzt. Bei einer Änderung von Lohnsteuerabzugsmerkmalen zugunsten des Arbeitnehmers kann dieser die Änderung beantragen, ohne hierzu verpflichtet zu sein. Eine Anzeigepflicht trifft den Arbeitnehmer ferner gem. § 39 Abs. 7 EStG beim Wechsel von der unbeschränkten zur beschränkten Steuerpflicht, damit das FA die ELStAM zum Zeitpunkt des Eintritts der beschränkten Steuerpflicht, also auch rückwirkend, ändern kann.

Die ELStAM sind als gesonderte Feststellungen von Besteuerungsgrundlagen Steuerbescheide. Sie müssen, wie jeder Verwaltungsakt, bekannt gegeben werden. Insofern enthält § 39 Abs. 1 Satz 5 EStG, der anordnet, dass die Bildung und Änderung der ELStAM dem Arbeitnehmer bekannt zu geben sind, eigentlich eine Selbstverständlichkeit. Hinsichtlich der Form der Bekanntgabe verweist § 39 Abs. 1 Satz 6 EStG auf § 119 Abs. 2 AO. Die Bekanntgabe kann folglich schriftlich, elektronisch, mündlich oder in anderer Weise erfolgen. § 39 Abs. 1 Satz 6 EStG verweist hinsichtlich der Bekanntgabe der ELStAM aber nicht nur auf § 119 Abs. 2 AO, sondern auch auf § 39e Abs. 6 EStG. Diese Vorschrift betrifft zu-

---

21 *Stache* in Bordewin/Brandt, EStG, § 39 Rz. 315.
22 Zu den Meldepflichten des Arbeitnehmers s. auch BMF BStBl. I 2013, 951, Rz. 70 ff.
23 *Schmidt/Krüger*, (Fn. 1), § 39 Rz. 6.

nächst die Bekanntgabe der ELStAM gegenüber dem Arbeitgeber. Auch diesem gegenüber muss folglich eine Bekanntgabe der ELStAM erfolgen. § 39e Abs. 6 EStG enthält im Weiteren aber auch eine Regelung über die Bekanntgabe der ELStAM gegenüber dem Arbeitnehmer. Gegenüber diesem gelten die ELStAM als bekannt gegeben, sobald der Arbeitgeber dem Arbeitnehmer den Ausdruck der Lohnabrechnung mit den darin ausgewiesenen ELStAM aushändigt oder elektronisch bereitstellt. Die Finanzverwaltung bedient sich damit auch bei der Bekanntgabe der ELStAM des Arbeitgebers. Der Bekanntgabe der ELStAM muss in der Regel keine Rechtsbehelfsbelehrung beigefügt werden, wie sich sowohl aus § 39 Abs. 1 Satz 7 EStG als auch aus § 39e Abs. 6 Satz 2 EStG ergibt.

Ausnahmsweise ist gem. § 39 Abs. 1 Satz 8 EStG allerdings doch ein schriftlicher Bescheid mit einer Belehrung über den zulässigen Rechtsbehelf zu erteilen, nämlich dann, wenn einem Antrag des Arbeitnehmers auf Bildung oder Änderung der ELStAM nicht oder nicht in vollem Umfang entsprochen wird oder der Arbeitnehmer die Erteilung eines Bescheids beantragt.

c) Rechtschutz

Bildung und Änderung der ELStAM sind, wie zuvor dargelegt wurde, gesonderte Feststellungen von Besteuerungsgrundlagen unter Nachprüfungsvorbehalt. Gegen die Bildung oder die Ablehnung der Bildung bzw. Änderung der ELStAM ist folglich der Einspruch gegeben[24]. Die Änderung der ELStAM kann darüber hinaus gem. § 164 Abs. 2 AO erreicht werden, solange der Vorbehalt der Nachprüfung wirksam ist. Einspruch und Änderungsantrag sind jeweils an das zuständige Wohnsitz-FA zu richten[25]. Da den ELStAM bei der Bekanntgabe grundsätzlich keine Rechtsbehelfsbelehrung beigefügt werden muss, können sie innerhalb eines Jahres nach Bekanntgabe angefochten werden (§ 356 Abs. 2 AO)[26].

Einspruch und Vorverfahren sind dabei zwingende Voraussetzungen für die Gewährung von gerichtlichem Rechtsschutz[27]. Eine unmittelbare

---

24 *Fissenewert*, (Fn. 11), § 39 Rz. 6; *Blümich/Thürmer*, (Fn. 6), § 39 Rz. 20.
25 *Schmidt/Krüger*, (Fn. 1), § 39 Rz. 10; *Frotscher*, (Fn. 13), EStG § 39 Rz. 43; *Eisgruber*, (Fn. 15), § 39 Rz. 3; a.A. *Fissenewert*, (Fn. 11), § 39 Rz. 6: Einspruchseinlegung beim BZSt, soweit die ELStAM automatisiert anhand der gemeindlichen Meldedaten gebildet worden sind.
26 Allg. Meinung, z.B. *Lewang* in Littmann/Bitz/Pust, Das Einkommensteuerrecht, § 39 Rz. 31.
27 *Frotscher*, (Fn. 13), EStG § 39 Rz. 43.

Klageerhebung ist unzulässig. Eine auf Bildung oder Änderung der ELStAM gerichtete Klage erfordert gem. § 44 FGO ein Vorverfahren über den außergerichtlichen Rechtsbehelf[28].

Verlief das Einspruchsverfahren ganz oder teilweise erfolglos, ist als weiterer Rechtsbehelf die Klage gegeben. Welche Klageart im Einzelfall die richtige ist, richtet sich nach den allgemeinen Grundsätzen. In der Regel ist daher Anfechtungsklage zu erheben[29]. Dies gilt z.B., wenn der Arbeitnehmer eine Änderung der Steuerklasse erreichen will[30] oder wenn Streit um die Höhe des festgestellten Freibetrags nach § 39a besteht[31]. Denn nach § 40 Abs. 1 Alt. 1 FGO kann mit der Anfechtungsklage nicht nur die Aufhebung, sondern auch die Änderung eines Verwaltungsakts begehrt werden. Die Verpflichtungsklage ist demgegenüber nach einer im Schrifttum vertretenen Auffassung die richtige Klageart, wenn der Steuerpflichtige die (erstmalige) Feststellung eines Lohnsteuerabzugsmerkmals begehrt[32]. Gleiches gilt, wenn Klage nach einem erfolglosen Änderungsantrag gem. § 164 Abs. 2 AO erhoben wird. Das Rechtsschutzverfahren entspricht damit im Ergebnis dem bei gesonderten Feststellungen[33].

Eine Besonderheit besteht allerdings aufgrund der begrenzten zeitlichen Geltungsdauer der ELStAM. Gemäß § 41b Abs. 1 Sätze 1 und 2 EStG hat der Arbeitgeber bei Beendigung des Dienstverhältnisses oder am Ende des Kalenderjahres das Lohnkonto des Arbeitnehmers – nach einem eventuellen Lohnsteuer-Jahresausgleich (§ 42b EStG) – abzuschließen und die Eintragungen bis zum 28. Februar des Folgejahres der Steuerverwaltung zu übermitteln (elektronische Lohnsteuerbescheinigung). Damit wird gem. § 41b EStG der Lohnsteuerabzug abgeschlossen[34]. Nach der Übermittlung oder Ausschreibung der Lohnsteuerbescheinigung ist

---

28 BFH v. 16.11.1995 – III S 4/95, BFH/NV 1996, 496.
29 *Schmidt/Krüger*, (Fn. 1), § 39 Rz. 10; *Fissenewert*, (Fn. 11), § 39 Rz. 6; *Blümich/Thürmer*, (Fn. 6), § 39 Rz. 22.
30 BFH v. 21.12.2012 – III B 41/12, BFH/NV 2013, 549; FG Baden-Württemberg v. 8.6.2011 – 12 V 1468/11, juris; *Trzaskalik*, (Fn. 7), § 39 Rz A 39. Die gegenteilige Auffassung in BFH v. 21.1.1983 – VI B 98/82, nach der in diesem Fall eine Verpflichtungsklage erhoben werden müsse, ist überholt; a.A. aber FG Düsseldorf v. 27.10.2011 – 14 K 2269/11 L, EFG 2012, 1401.
31 BFH v. 11.5.1973 – VI B 116/72, BFHE 109, 302 = BStBl. II 1973, 667; BFH v. 24.2.1987 – IX B 106/86, BFHE 148, 533 = BStBl. II 1987, 344.
32 *Lewang*, (Fn. 26), § 39 Rz. 32; *Tillmann*, (Fn. 11), § 39a Rz. 7.
33 *Frotscher*, (Fn. 13), EStG § 39 Rz. 43.
34 BFH v. 17.7.2013 – III B 30/13, BFH/NV 2013, 1625.

eine Änderung des Lohnsteuerabzugs gem. § 41c Abs. 3 Satz 1 EStG nicht mehr zulässig; der Lohnsteuer-Jahresausgleich ist nach § 42b Abs. 3 EStG spätestens bei der Lohnabrechnung für den im Februar des Folgejahres endenden Lohnzahlungszeitraum durchzuführen. Für eine Berichtigung oder (erstmalige) Bildung der ELStAM besteht nach diesem Zeitpunkt kein Rechtsschutzbedürfnis mehr[35]. Eine etwaige Klage erledigt sich hierdurch in der Hauptsache, weil sich eine Änderung oder (erstmalige) Bildung der ELStAM steuerlich nicht mehr auswirken kann[36].

Dies führt jedoch nicht zur Unzulässigkeit der Klage. Vielmehr kann auf Antrag das Anfechtungs- oder Verpflichtungsverfahren in ein Feststellungsverfahren nach § 100 Abs. 1 Satz 4 FGO übergeleitet werden, wenn der Arbeitnehmer ein berechtigtes Interesse an der Feststellung der Rechtswidrigkeit der ELStAM hat. Das berechtigte Interesse muss der Arbeitnehmer darlegen. Die Rechtsprechung des BFH stellt an das Vorliegen eines berechtigten Interesses, soweit es um Fragen des Lohnsteuerabzugs geht, allerdings keine hohen Anforderungen. Obwohl eine in einem Lohnsteuerermäßigungsverfahren ergangene gerichtliche Entscheidung die Beteiligten für die Folgejahre nicht bindet, nimmt der BFH an, dass sich die Beteiligten – bei unveränderter Sachlage – der Auffassung des Gerichts auch für Folgejahre anschließen werden[37] und die Entscheidung damit auch für folgende Lohnsteuer-Anmeldungen von Bedeutung ist[38]. Außerdem erkennt der BFH an, dass Streitfragen im Lohnsteuerabzugsverfahren anders als durch Fortsetzungsfeststellungsklage aufgrund der Dauer finanzgerichtlicher (Hauptsache-)Verfahren schwerlich gerichtlich geklärt werden können[39]. Die Erledigung der Hauptsache und der Übergang zur Fortsetzungsfeststellungsklage stellt für den Arbeitnehmer aufgrund der großzügigen, rechtsschutzgewährenden Auffassung des BFH somit kein gravierendes Problem dar.

Die begrenzte zeitliche Geltungsdauer der ELStAM hat bei Fragen des Steuerrechtsschutzes auch noch eine weitere Dimension. Denn obwohl

---

35 BFH v. 19.10.2001 – VI R 36/96, BFH/NV 2002, 340; BFH v. 7.2.2008 – VI B 110/07, BFH/NV 2008, 944; BFH v. 25.5.2012 – III B 166/11, BFH/NV 2012, 1605.
36 *Blümich/Thürmer*, (Fn. 6), § 39 Rz. 23; *Eisgruber*, (Fn. 15), § 39 Rz. 3; *Frotscher*, (Fn. 13), EStG § 39 Rz. 44.
37 BFH v. 7.6.1989 – X R 12/84, BFHE 157, 370 = BStBl. II 1989, 976; kritisch aber *Frotscher*, (Fn. 13), EStG § 39 Rz. 44.
38 BFH v. 20.7.2005 – VI R 165/01, BFHE 209, 571 = BStBl. II 2005, 890; BFH v. 9.12.2010 – VI R 57/08, BFHE 232, 158 = BStBl. II 2011, 978.
39 BFH v. 7.6.1989 – X R 12/84, BFHE 157, 370 = BStBl. II 1989, 976.

der BFH dem Arbeitnehmer beim Übergang zur Fortsetzungsfeststellungsklage keine größeren Hürden in den Weg stellt, ist dem Arbeitnehmer natürlich daran gelegen, dass sich eine gerichtliche Entscheidung auch noch auf den laufenden Lohnsteuerabzug auswirkt. Dies kann in der Regel nur in Verfahren des vorläufigen Rechtschutzes gelingen. Solchen Verfahren kommt beim Lohnsteuerabzug daher besondere Bedeutung zu.

Die FGO kennt als Verfahren des vorläufigen Rechtsschutzes bekanntlich die Aussetzung der Vollziehung gem. § 69 FGO und den Erlass einer einstweiligen Anordnung nach § 114 FGO. Welches Verfahren im Einzelfall einschlägig ist, richtet sich auch hier nach den allgemeinen Regeln. Es gilt der Grundsatz, dass ein Antrag auf Aussetzung der Vollziehung zu stellen ist, wenn in der Hauptsache Anfechtungsklage zu erheben wäre. Demgegenüber ist die einstweilige Anordnung der richtige Rechtsbehelf, wenn es sich bei der Hauptsache um eine Verpflichtungsklage handeln würde[40]. Daraus folgt, dass in Verfahren wegen der Bildung oder Änderung der ELStAM einstweiliger Rechtsschutz in der Regel durch Aussetzung der Vollziehung zu gewähren ist[41]. Auch ein Antrag auf Aussetzung der Vollziehung setzt aber voraus, dass sich die vorläufige Bildung oder Änderung der ELStAM beim Lohnsteuerabzug noch auswirken kann und nicht wegen Zeitablaufs ins Leere geht[42]. Ansonsten fehlt auch für einen solchen Antrag das Rechtschutzbedürfnis[43]. Ein Fortsetzungsfeststellungsverfahren existiert im einstweiligen Rechtschutz nicht.

Hat sich das FA geweigert, überhaupt ELStAM zu bilden, müsste der Arbeitnehmer nach den zuvor dargelegten Grundsätzen eigentlich den Erlass einer einstweiligen Anordnung nach § 114 FGO beantragen[44]. Für einen erfolgreichen Antrag auf Erlass einer einstweiligen Anordnung muss der Arbeitnehmer allerdings erhebliche Hürden überwinden. Dies gilt insbesondere in Bezug auf den Anordnungsgrund. Eine einstweilige Anordnung zur Regelung eines vorläufigen Zustandes in Bezug auf ein streitiges Rechtsverhältnis setzt nach § 114 Abs. 1 Satz 2 FGO voraus, dass die Regelung zur Abwendung wesentlicher Nachteile, zur Verhinderung drohender Gewalt oder aus anderen Gründen nötig erscheint (sog. Regelungs-

---

40 BFH v. 21.12.2012 – III B 41/12, BFH/NV 2013, 549.
41 BFH v. 23.8.2007 – VI B 42/07, BFHE 218, 558 = BStBl. II 2007, 799; BFH v. 25.8.2009 – VI B 69/09, BFHE 226, 85 = BStBl. II 2009, 826; BMF, BStBl. I 2013, 951, Rz. 109; *Blümich/Thürmer*, (Fn. 6), § 39 Rz. 2.
42 BFH v. 12.4.1994 – X S 20/93, BFH/NV 1994, 783.
43 BFH v. 17.7.2013 – III B 30/13, BFH/NV 2013, 1625, m.w.N.
44 *Frotscher*, (Fn. 13), EStG § 39 Rz. 47.

anordnung). Die für den Erlass einer einstweiligen Anordnung geltend gemachten Gründe müssen ähnlich gewichtig und bedeutsam sein wie die im Gesetz ausdrücklich genannten („wesentliche Nachteile" und „drohende Gewalt") und so schwerwiegend sein, dass sie eine einstweilige Anordnung unabweisbar machen[45]. Dass ein Arbeitnehmer derartige Gründe wegen der unterbliebenen Bildung der ELStAM darlegen und glaubhaft machen kann, erscheint schwer vorstellbar und kann allenfalls in Ausnahmefällen in Betracht kommen[46]. Ein Anordnungsgrund liegt insbesondere nicht in einem möglichen Zinsverlust, der daraus resultiert, dass einbehaltene Lohnsteuer erst im Veranlagungsverfahren angerechnet werden kann[47]. Es kommt hinzu, dass der Erlass einer einstweiligen Anordnung, die das Ergebnis des Hauptsacheverfahrens vorwegnimmt, in der Regel unzulässig ist[48]. Der BFH hat diese Erschwernisse im Verfahren nach § 114 FGO, die einen effektiven Rechtsschutz häufig unmöglich machen, ebenfalls erkannt. Er hat deshalb entschieden, dass vorläufiger Rechtsschutz auch dann durch Aussetzung der Vollziehung gem. § 69 FGO zu gewähren ist, wenn das FA die Bildung eines Lohnsteuerabzugsmerkmals, im damaligen Fall die Eintragung eines Freibetrags auf der Lohnsteuerkarte, in vollem Umfang abgelehnt hat[49]. Er hat sich hierzu auf die Rechtsprechung des Großen Senats des BFH zur Gewährung vorläufigen Rechtsschutzes gegenüber negativen Gewinnfeststellungsbescheiden[50] berufen.

Angesichts der geringen Erfolgsaussichten, die einem Antrag auf Erlass einer einstweiligen Anordnung im Lohnsteuerabzugsverfahren nach dem zuvor Dargelegten beschieden sind, muss es das Interesse des Arbeitnehmers sein, vorläufigen Rechtsschutz nach Möglichkeit im Verfahren der Aussetzung der Vollziehung gem. § 69 FGO zu erhalten. Vor diesem Hintergrund ist die Rechtsprechung des BFH, Streitigkeiten über die Bildung und Änderung der ELStAM vorwiegend als Anfechtungsklagen zu behandeln und vorläufigen Rechtsschutz nach § 69 FGO zu gewähren, unter Rechtsschutzgesichtspunkten zu begrüßen.

---

45 Z.B. BFH v. 22.12.2006 – VII B 121/06, BFHE 216, 38 = BStBl. II 2009, 839.
46 Kritisch mit beachtlichen Gründen daher *von Groll*, (Fn. 4), S. 454.
47 BFH v. 25.5.2011 – III B 166/11, BFH/NV 2012, 1605.
48 BFH v. 14.11.1986 – VI S 8/86, BFH/NV 1987, 263; BFH v. 26.4.1993 – VI B 28/92, juris.
49 BFH v. 29.4.1992 – VI B 152/91, BFHE 167, 152 = BStBl. II 1992, 752.
50 BFH vom 14.4.1987 – GrS 2/85, BFHE 149, 493 = BStBl. II 1987, 637.

4. Das Lohnsteuerermäßigungsverfahren
a) Bedeutung des Freibetrags nach § 39a EStG

Der Lohnsteuereinbehalt durch den Arbeitgeber erfolgt auf Grundlage der ELStAM, die den individuellen steuerlichen Umständen des Arbeitnehmers jedoch nicht umfassend Rechnung tragen. Obwohl es sich beim Lohnsteuerabzug lediglich um ein Vorauszahlungsverfahren handelt, widerspricht es dem Grundsatz der Besteuerung nach der wirtschaftlichen Leistungsfähigkeit, wenn die im Wege des Lohnsteuerabzugs erhobenen Vorauszahlungen materiell zu hoch ausfallen[51]. Daher ist es auch verfassungsrechtlich geboten, das Lohnsteuerabzugsverfahren dem gewöhnlichen Vorauszahlungsverfahren, wie es in § 37 EStG geregelt ist, zumindest anzunähern. Dies wird durch das Lohnsteuerermäßigungsverfahren erreicht.

Nach § 39a EStG ermittelt das FA auf Antrag des (unbeschränkt einkommensteuerpflichtigen) Arbeitnehmers die Höhe eines vom Arbeitslohn insgesamt abzuziehenden Freibetrags aus der Summe gesetzlich in § 39a Abs. 1 Satz 1 Nr. 1–8 EStG abschließend aufgezählter Beträge. Arbeitnehmer haben im Lohnsteuerabzugsverfahren hierdurch keine wesentlich schlechtere Stellung mehr als andere Steuerpflichtige im Rahmen des § 37 EStG. Eine Schlechterstellung ergibt sich zwar noch aus dem monatlichen Lohnsteuereinbehalt gegenüber der vierteljährlichen Vorauszahlungspflicht bei § 37 EStG. Dieser Nachteil dürfte im Interesse eines praktikablen Lohnsteuerabzugsverfahrens allerdings hinzunehmen sein[52].

Der Freibetrag und der Hinzurechnungsbetrag nach § 39a EStG sind gem. § 39 Abs. 4 Nr. 3 EStG Lohnsteuerabzugsmerkmale. Sie sind damit – wie oben bereits dargelegt wurde – eine gesonderte Feststellung der Besteuerungsgrundlagen. Der Freibetrag ist als Lohnsteuerabzugsmerkmal Grundlagenbescheid für die Lohnsteueranmeldung des Arbeitgebers und bei Lohnsteuernachforderungen gegen den Arbeitnehmer während des laufenden Abzugsjahres[53]. Er ist dagegen kein Grundlagenbescheid für die Jahressteuerfestsetzung des Arbeitnehmers[54]. Seine Rechtswirkung

---

51 *Tillmann*, (Fn. 11), § 39a Rz. 3; *Schmidt/Krüger*, (Fn. 1), § 39a Rz. 1.
52 *Eisgruber*, (Fn. 15), § 39a Rz. 1.
53 BFH v. 24.9.1982 – VI R 64/79, BFHE 136, 484 = BStBl. II 1983, 60; *Schmidt/Krüger*, (Fn. 1), § 39a Rz. 13.
54 *Drenseck*, (Fn. 4), S. 384 f.

beschränkt sich auf das Lohnsteuerabzugsverfahren als Vorauszahlungsverfahren.

b) Berücksichtigungsfähige Beträge

§ 39a EStG unterscheidet berücksichtigungsfähige Beträge mit und ohne Mindestgrenze. Nach § 39a Abs. 2 Satz 4 EStG ist der Antrag auf Berücksichtigung eines Freibetrags aus der Summe der Abzugspositionen in § 39a Abs. 1 Satz 1 Nr. 1–3 und Nr. 8 EStG unzulässig, wenn die Aufwendungen insgesamt 600 Euro nicht übersteigen. Die Grenze ist verfassungsgemäß[55]. Sie ist in Bezug auf Sonderausgaben und außergewöhnliche Belastungen auch bei den Einkommensteuervorauszahlungen gem. § 37 Abs. 3 Satz 4 EStG zu beachten.

In der Praxis des Lohnsteuerermäßigungsverfahrens kommt insbesondere der Berücksichtigung der Werbungskosten, die bei den Einkünften aus nichtselbständiger Arbeit anfallen, gem. § 39a Abs. 1 Satz 1 Nr. 1 EStG besondere Bedeutung zu. Diese Abzugsposition ist aber nicht auf Werbungskosten zu beschränken. Sie ist (mindestens entsprechend) anwendbar auf sog. negative Einnahmen bei den Einkünften aus nichtselbständiger Arbeit, da es sich insoweit um Werbungskosten ähnliche Aufwendungen handelt[56]. Der Abzug der negativen Einnahmen erfolgt neben dem Werbungskostenpauschbetrag, der durch die negativen Einnahmen nicht verbraucht wird[57].

Die Abzugspositionen in § 39a Abs. 1 Satz 1 Nr. 4–7 EStG sind ohne Mindestgrenze anzusetzen. Die Berücksichtigung der Abzugspositionen ist grundsätzlich eine gebundene Entscheidung des FA, also keine Ermessensentscheidung. Hat der Arbeitnehmer einen Abzugsbetrag nachgewiesen bzw. glaubhaft gemacht, wozu er nach der Rechtsprechung des BFH verpflichtet ist[58], hat das FA diesen Betrag zu berücksichtigen.

Etwas anderes soll aber für den Ansatz der negativen Summe der Einkünfte gem. § 39a Abs. 1 Satz 1 Nr. 5b EStG gelten[59]. Diese Beträge sind zu er-

---

55 FG München v. 26.3.1991 – 16 K 3082/90, EFG 1991, 568.
56 *Schmidt/Krüger*, (Fn. 1), § 39a Rz. 3; *Blümich/Thürmer*, (Fn. 6), § 39 Rz. 35; *Lewang*, (Fn. 26), § 39a Rz. 14; *Tillmann*, (Fn. 11), § 39a Rz. 16; a.A. *Eisgruber*, (Fn. 15), § 39a Rz. 7; *Trzaskalik*, (Fn. 7), § 39a Rz B 3.
57 AA *Tillmann*, (Fn. 11), § 39a Rz. 16.
58 BFH v. 5.11.1971 – VI R 284/69, BFHE 103, 477 = BStBl. II 1972, 139.
59 FG Hamburg v. 18.3.2011 – 3 V 15/11, EFG 2011, 1425; die Beschwerde wurde vom BFH mit Beschl. v. 16.6.2011 – IX B 72/11, BFH/NV 2011, 1880, zurückgewiesen.

mitteln, „wie sie nach § 37 Abs. 3 EStG bei der Festsetzung von Einkommensteuer-Vorauszahlungen zu berücksichtigen sind". Die Festsetzung der Vorauszahlungen zur Einkommensteuer stellt nach ständiger Rechtsprechung des BFH jedoch eine Ermessensentscheidung des FA dar[60]. Daraus wird geschlossen, dass auch der Ansatz der Beträge nach § 39a Abs. 1 Satz 1 Nr. 5b EStG bei der Berechnung des Freibetrags gem. § 39a EStG eine Ermessensentscheidung des FA sei. Diese Schlussfolgerung ist nach meiner Auffassung allerdings nicht zwingend.

Selbst wenn es sich bei der Festsetzung der Einkommensteuer-Vorauszahlungen nach § 37 EStG um eine Ermessensentscheidung handelt, folgt aus dem Verweis in § 39a Abs. 1 Satz 1 Nr. 5 EStG auf § 37 Abs. 3 EStG nicht notwendigerweise, dass damit auch die Entscheidungsform in Bezug genommen wird. Denn die Festsetzung des Freibetrags nach § 39a EStG ist selbst nicht als Ermessensvorschrift ausgestaltet. Ein wesentlicher Unterschied zwischen der Festsetzung der Einkommensteuer-Vorauszahlungen gem. § 37 EStG und der Berücksichtigung des Freibetrags nach § 39a EStG besteht insbesondere darin, dass durch den Freibetrag nach § 39a EStG ein Ausgleich für die ansonsten zu hohen Abzüge beim Lohnsteuereinbehalt erreicht werden soll. Es geht bei § 39a EStG also nicht darum, Einkommensteuer-Vorauszahlungen (ermessensfehlerfrei) in sachgerechter Höhe festzusetzen, sondern darum, einen zu hohen Lohnsteuerabzug zu verhindern, der ohne Berücksichtigung des Freibetrags aufgrund der übrigen Lohnsteuerabzugsmerkmale nach den zwingenden gesetzlichen Vorschriften eintreten würde. Für eine Ermessensentscheidung des FA ist bei dieser Ausgangslage meines Erachtens kein Raum.

c) Zeitliche Wirksamkeit

Der Antrag auf Feststellung des Freibetrags kann nur vom 1. Oktober des Vorjahres, für das der Freibetrag gelten soll, bis zum 30. November des Abzugsjahres nach amtlich vorgeschriebenem Vordruck gestellt werden. Die Eintragung eines Freibetrags auf der Lohnsteuerkarte galt wegen der jahresbezogenen Betrachtung beim Lohnsteuerkartenprinzip höchstens für ein Jahr. § 39a Abs. 1 Satz 2 EStG führt diese jahresbezogene Betrachtungsweise für den Freibetrag nur scheinbar fort. Denn die Be-

---

60 BFH v. 5.7.1966 – I 65/64, BFHE 86, 646 = BStBl. III 1966, 605; BFH v. 21.1.1976 – I R 21/74, BFHE 118, 169 = BStBl. II 1976, 389; BFH v. 22.10.1981 – IV R 81/79, BFHE 134, 415 = BStBl. II 1982, 446; BFH v. 10.7.2002 – X R 65/96, BFH/NV 2002, 1567.

schränkung auf ein Kalenderjahr gilt nur vorbehaltlich der Sätze 3–5 der Vorschrift. Ausgenommen von der auf ein Jahr begrenzten Geltungsdauer sind die Pauschbeträge für Behinderte und Hinterbliebene. Eine echte Neuerung bringt § 39a Abs. 1 Satz 3 EStG. Hiernach gelten der Freibetrag und der Hinzurechnungsbetrag nunmehr für zwei Kalenderjahre. Der Arbeitnehmer kann aber jederzeit eine Änderung beantragen, wenn sich die Verhältnisse zu seinen Gunsten ändern (§ 39a Abs. 1 Satz 4 EStG). Andererseits trifft ihn eine Anzeigepflicht, wenn sich die Verhältnisse zu seinen Ungunsten ändern (§ 39a Abs. 1 Satz 5 EStG).

§ 39a Abs. 1 Sätze 3–5 EStG sind mit Veröffentlichung des Startschreibens im Bundessteuerblatt[61] im Lohnsteuerermäßigungsverfahren ab dem 1.10.2015 mit Wirkung ab dem 1.1.2016 anzuwenden. Der Freibetrag und der Hinzurechnungsbetrag gelten mit Ausnahme des Behinderten- und Hinterbliebenenpauschbetrags somit ab 2016 längstens für zwei Kalenderjahre[62].

d) Rechtschutz

Der Rechtschutz bei der gesonderten Feststellung des Freibetrags gem. § 39a EStG richtet sich nach den oben bereits dargelegten Grundsätzen. Als außergerichtlicher Rechtsbehelf steht dem Arbeitnehmer daher der Einspruch zur Verfügung. Gerichtlicher Rechtsbehelf ist im Hauptsacheverfahren die Klage. Auch hier stellt sich die Frage nach der richtigen Klageart.

Erstrebt der Arbeitnehmer die Feststellung eines höheren Freibetrags, ist die richtige Klageart nach allgemeiner Auffassung die Anfechtungsklage. Problematischer sind jedoch die Fälle, in denen das FA die Feststellung des Freibetrags vollständig ablehnt. Hier wäre eigentlich die Verpflichtungsklage die richtige Klageart, da der Arbeitnehmer mit der Feststellung des Freibetrags den erstmaligen Erlass eines Verwaltungsakts, nicht aber die Änderung eines bereits erlassenen Bescheids begehrt[63]. Überwiegend, insbesondere in der für die Praxis bedeutsamen Rechtsprechung wird jedoch auch in dieser Konstellation die Anfechtungsklage als die richtige Klageart angesehen. Dies wird damit begründet, dass der Arbeitnehmer sich mit der von ihm begehrten (erstmaligen) Feststellung eines Freibetrags nach § 39a EStG letztlich gegen einen überhöhten Lohnsteu-

---

61 BStBl. I 2015, 488.
62 Dazu auch *Seifert*, NWB 2015, 2856; *Handor/Bergan*, SteuK 2016, 31.
63 *Tillmann*, (Fn. 11), § 39a Rz. 7.

ereinbehalt wendet und damit im Ergebnis ein Anfechtungsbegehren verfolgt[64].

Zwar trifft es zu, dass diese Auffassung die Rechtsnatur des Freibetrags als gesonderte Feststellung von Besteuerungsgrundlagen und damit als eigenständigen Verwaltungsakt weitgehend ausblendet, indem sie sie mit dem Lohnsteuerabzug unmittelbar verknüpft. Im Hauptsacheverfahren mag es für den steuerpflichtigen Arbeitnehmer letztlich bedeutungslos sein, ob das Gericht seine Klage als Anfechtungs- oder Verpflichtungsklage auslegt, da die Voraussetzungen beider Klagearten letztlich identisch sind. Bedeutung gewinnt der Meinungsstreit dagegen im Verfahren des vorläufigen Rechtsschutzes bei der oben bereits erörterten Frage, ob vorläufiger Rechtsschutz durch Aussetzung der Vollziehung oder Erlass einer einstweiligen Anordnung zu gewähren ist.

Aus den oben bereits dargelegten Gründen verdient hier der Weg über das Verfahren gem. § 69 FGO den Vorzug. Diesen Weg geht auch der BFH[65]. Das gilt auch dann, wenn ernstliche Zweifel daran bestehen, ob die maßgebliche gesetzliche Regelung verfassungsgemäß ist[66]. An die ernstlichen Zweifel hinsichtlich der Verfassungsmäßigkeit stellt insbesondere der für das Lohnsteuerrecht zuständige VI. Senat des BFH keine strengeren Anforderungen als beim Einwand (gewöhnlicher) fehlerhafter Rechtsanwendung. Das Verfahren nach § 69 FGO bietet daher auch bei verfassungsrechtlichen Fragen, die sich auf die Feststellung des Freibetrags auswirken können, einen effektiven Rechtsschutz, wie die BFH-Entscheidungen zur Aussetzung der Vollziehung betreffend das (damalige) Abzugsverbot der Aufwendungen für ein häusliches Arbeitszimmer und zur Eintragung der Entfernungspauschale belegen[67].

Kann sich der Freibetrag wegen Zeitablaufs im Lohnsteuerabzugsverfahren nicht mehr auswirken, fehlt allerdings auch für einen Antrag im vorläufigen Rechtsschutz das Rechtsschutzbedürfnis mit der Folge, dass

---
64 So bereits BFH v. 11.5.1973 – VI B 116/72, BFHE 109, 302; *Trzaskalik*, (Fn. 7), § 39a Rz A 17; *Blümich/Thürmer*, (Fn. 6), § 39a Rz. 21.
65 BFH v. 29.4.1992 – VI B 152/91, BFHE 167, 152 = BStBl. II 1992, 752; BFH v. 12.4.1994 – X S 20/93, BFH/NV 1994, 783; BFH v. 16.6.2011 – IX B 72/11, BFH/NV 2011, 1880.
66 BFH v. 23.8.2007 – VI B 42/07, BFHE 218, 558 = BStBl. II 2007, 799; BFH v. 25.8.2009 – VI B 69/09, BFHE 226, 85 = BStBl. II 2009, 826.
67 Vgl. dazu und zum Einfluss der Gewährung vorläufigen Rechtsschutzes im Lohnsteuerermäßigungsverfahren auf die pro-futuro-Rechtsprechung des BVerfG auch *Balke* in FS Lang, 2011, S. 970–975.

der Antrag unzulässig wird[68]. Der Arbeitnehmer muss seine Rechte dann im Rahmen der Veranlagung geltend machen[69]. Nach Ablauf des Kalenderjahres kann der Arbeitnehmer wegen zu viel einbehaltener Lohnsteuer aufgrund eines rechtsfehlerhaft zu niedrig festgestellten Freibetrags auch keinen Erstattungsanspruch nach § 37 Abs. 2 AO mehr geltend machen, da diesem allgemeinen Anspruch der Erstattungsanspruch aus der Veranlagung vorgeht[70].

Der Freibetrag kann, da er unter dem Vorbehalt der Nachprüfung festgestellt wird, jederzeit auch rückwirkend geändert werden[71]. Dies hat insbesondere Bedeutung, wenn das FA nach Ausschreibung der Lohnsteuerbescheinigung durch den Arbeitgeber zu wenig erhobene Lohnsteuer vom Arbeitnehmer nachfordern will. Da die Feststellung des Freibetrags nach § 39a EStG Grundlagenbescheid für den Lohnsteuerabzug ist, setzt auch der Erlass eines Nachforderungsbescheids voraus, dass die gesonderte Feststellung des Freibetrags noch geändert werden kann und vom FA auch geändert wird. Diese Änderung kann aber gleichzeitig mit dem Nachforderungsbescheid erfolgen, so dass zwei unterschiedliche Verwaltungsakte dann in einem Bescheid zusammengefasst sind. Selbst im Einspruchsverfahren gegen den Nachforderungsbescheid kann das FA die Feststellung des Freibetrags noch mit der Einspruchsentscheidung ändern.

5. Die Lohnsteueranmeldung aus Sicht des Arbeitnehmers

Die Lohnsteueranmeldung hat eine steuerschuldrechtliche und eine verfahrensrechtliche Dimension. Der vorliegende Beitrag befasst sich nur mit der letztgenannten, verfahrensrechtlichen Bedeutung der Lohnsteueranmeldung. Diese wird aus der Sicht des Arbeitnehmers beleuchtet.

Nun mag man sich allerdings fragen, was der Arbeitnehmer verfahrensrechtlich mit der Lohnsteueranmeldung überhaupt zu tun hat. Denn gem. § 41a Abs. 1 EStG ist es nicht der Arbeitnehmer, sondern der Arbeitgeber, der spätestens am zehnten Tag nach Ablauf eines Lohnsteuer-Anmeldungszeitraum dem Betriebsstätten-FA eine Steuererklärung einzureichen hat, in der er die Summen der im Lohnsteuer-Anmeldungszeitraum einzubehaltenden und zu übernehmenden Lohnsteuer angibt. Im Rechts-

---

68 BFH v. 21.12.1982 – VIII B 36/82, BFHE 137, 232 = BStBl. II 1983, 232; BFH v. 12.4.1994 – X S 20/93, BFH/NV 1994, 783.
69 BFH v. 19.10.2001 – VI R 36/96, BFH/NV 2002, 340; *Schmidt/Krüger*, (Fn. 1), § 39a Rz. 13.
70 *Schmidt/Krüger*, (Fn. 1), § 39a Rz. 13.
71 BFH v. 24.9.1982 – VI R 64/79, BFHE 136, 484 = BStBl. II 1983, 60.

verhältnis zum Betriebsstätten-FA ist der Arbeitgeber damit Steuerpflichtiger i.S.v. § 33 Abs. 1 Satz 1 AO[72]. Steuerschuldner wird der Arbeitgeber hierdurch aber nicht. Dies ist bei der Lohnsteuer gem. § 38 Abs. 1 EStG vielmehr allein der Arbeitnehmer. Allerdings kann bei der Lohnsteuerpauschalierung nach §§ 40, 40a, 40b EStG auch der Arbeitgeber selbst Schuldner der (pauschalen) Lohnsteuer sein.

Abgesehen von den Fällen der Lohnsteuerpauschalierung trifft den Arbeitgeber als Steuerpflichtiger (lediglich) eine Erklärungs-, Erhebungs- und Entrichtungspflicht, weshalb die Schuld des Arbeitgebers auch als „Entrichtungssteuerschuld"[73] oder „Erhebungssteuerschuld"[74] bezeichnet wird[75].

In verfahrensrechtlicher Hinsicht ist die Lohnsteueranmeldung eine Steueranmeldung im Sinne von § 150 Abs. 1 Satz 2 AO. Sie steht nach § 168 Satz 1 AO einer Steuerfestsetzung unter dem Vorbehalt der Nachprüfung gleich. Da Steuern von der Finanzbehörde, soweit nichts anderes vorgeschrieben ist, nach § 155 Abs. 1 Satz 1 AO durch Steuerbescheide festgesetzt werden, wirkt die Abgabe der Lohnsteuer-Anmeldung in diesen Fällen kraft Gesetzes wie der Erlass eines Steuerbescheids.

Die Steuerfestsetzung gem. § 167 Abs. 1 Satz 1 AO richtet sich gegen den Arbeitgeber als Entrichtungsverpflichteten (§ 43 Satz 2 AO)[76]. Der Arbeitgeber muss die Steueranmeldung abgeben; ihm gegenüber treten die Folgen der Steuerfestsetzung ein.

Gegenstand der Lohnsteuerfestsetzung ist die im jeweiligen Anmeldungszeitraum einzubehaltende und zu übernehmende Lohnsteuer. Die Steuerfestsetzung betrifft somit alle Sachverhalte, die im jeweiligen Anmeldungszeitraum zum Zufluss von Arbeitslohn bei den Arbeitnehmern des die Lohnsteuer anmeldenden Arbeitgebers geführt haben[77]. Die Lohnsteuerfestsetzung ist folglich ein zeitraumbezogener Steuerbescheid, der alle in dem Anmeldungszeitraum lohnsteuerrechtlich relevanten Sachverhalte umfasst[78].

---

72 *Heuermann*, (Fn. 3), S. 80.
73 *Drenseck*, (Fn. 4), S. 377, 387.
74 *Hartz/Meeßen/Wolf*, ABC-Führer Lohnsteuer, Stichwort „Lohnsteueranmeldung".
75 Dazu auch *Heuermann*, StuW 2006, 332.
76 *Heuermann*, StuW 2006, 332, 336.
77 *Heuermann*, (Fn. 3), S. 81.
78 BFH v. 15.5.1992 – VI R 183/88, BFHE 168, 505 = BStBl. II 1993, 829; *Thomas*, DStR 1992, 837, 839.

a) Änderung der Lohnsteueranmeldung

Wie zuvor dargelegt wurde, steht eine Lohnsteueranmeldung gem. § 168 Satz 1 AO einer Steuerfestsetzung unter Nachprüfungsvorbehalt gleich. Nach § 164 Abs. 2 AO kann eine Steuerfestsetzung, solange der Vorbehalt der Nachprüfung wirksam ist, jederzeit vom FA von Amts wegen oder auf Antrag des Steuerpflichtigen geändert werden. Diese Änderungsmöglichkeit entfällt jedoch nach § 164 Abs. 3 AO, sobald der Vorbehalt der Nachprüfung vom FA aufgehoben wird. Die Aufhebung erfolgt durch Steuerbescheid. Denn nach § 164 Abs. 3 Satz 2 AO steht die Aufhebung einer Steuerfestsetzung ohne Vorbehalt der Nachprüfung gleich.

Erkennt der Arbeitgeber, dass die Lohnsteueranmeldung fehlerhaft ist, bestehen für ihn folgende Möglichkeiten:

Er kann eine Änderung des Lohnsteuerabzugs gem. § 41c EStG vornehmen. Diese Möglichkeit ist nach § 41c Abs. 3 EStG allerdings zeitlich begrenzt. Der Arbeitgeber kann außerdem gegen seine Lohnsteueranmeldung innerhalb der Rechtsbehelfsfrist Einspruch einlegen und Aussetzung der Vollziehung beantragen[79]. Ferner kann er einen Antrag auf Änderung der Lohnsteueranmeldung gem. § 164 Abs. 2 Satz 2 AO beim Betriebsstätten-FA stellen. Schließlich kann er eine berichtigte Lohnsteueranmeldung abgeben, die ebenfalls die Wirkung des § 168 AO entfalten soll[80]. Führt die berichtigte Lohnsteueranmeldung aber zu einer Herabsetzung des ursprünglich angemeldeten Betrags, bedarf sie der Zustimmung des FA (§ 168 Satz 2 AO)[81].

Eine Änderung der Lohnsteueranmeldung kann nicht nur durch Änderung des nämlichen Bescheids erfolgen. Da die Lohnsteueranmeldung ein zeitraumbezogener Verwaltungsakt ist, führt auch der Erlass eines Lohnsteuer-Haftungsbescheids nach § 42d EStG wegen nicht vollständig angemeldeter Lohnsteuer materiell zu einer Änderung der Lohnsteueranmeldung[82]. Wird ein bislang zu Unrecht nicht erfasster Sachverhalt erstmals in einem Haftungsbescheid geregelt, liegt darin eine Berichtigung der Lohnsteueranmeldung. Es kommt dabei nicht darauf an, ob das FA den Lohnsteuer-Haftungsbescheid ausdrücklich als Änderungsbescheid bezeichnet. Andernfalls könnte das FA die Änderungsvorschrif-

---

79 *Heuermann* in Hübschmann/Hepp/Spitaler, AO/FGO, § 168 AO Rz. 20; Drenseck, DB 1983, 2326.
80 *Seer* in Tipke/Kruse, AO/FGO, § 168 AO Rz. 11.
81 *Schmidt/Krüger*, (Fn. 1), § 41a Rz. 6.
82 BFH v. 15.5.1992 – VI R 106/88, BFHE 168, 532 = BStBl. II 1993, 840.

ten dadurch unterlaufen, dass es einen Änderungsbescheid nicht auch als solchen benennt. Daher ist auch der Erlass eines Haftungsbescheids nur zulässig, wenn und soweit die Lohnsteueranmeldung für den jeweiligen Haftungszeitraum noch geändert werden kann. Für den Erlass eines Pauschalierungsbescheids gilt im Ergebnis nichts anderes. Auch durch einen Pauschalierungsbescheid wird der Regelungsbereich der Lohnsteueranmeldung tangiert[83].

b) Rechtschutzmöglichkeiten des Arbeitnehmers

Neben dem Arbeitgeber ist auch der Arbeitnehmer von der Lohnsteueranmeldung betroffen. Er ist der Schuldner der Lohnsteuer, die der Arbeitgeber anmeldet. Als Steuerschuldner muss er die Einbehaltung und Abführung der Lohnsteuer durch den Arbeitgeber als Entrichtungsverpflichteten dulden[84].

Der Arbeitnehmer hat deshalb ein eigenes Recht zur Anfechtung der Lohnsteueranmeldung des Arbeitgebers[85]. Dies erfordert die Gewährleistung effektiven Rechtschutzes. Eine Anfechtungsbefugnis in Bezug auf die Lohnsteueranmeldung des Arbeitgebers steht dem Arbeitnehmer allerdings nur unter den allgemeinen Voraussetzungen zu. Das bedeutet, dass der Arbeitnehmer die Lohnsteueranmeldung nur insoweit anfechten kann, als er von ihr betroffen ist[86], also soweit es um die (eigene) Lohnsteuerschuld des jeweiligen Arbeitnehmers geht.

Aus der Befugnis des Arbeitnehmers zur Anfechtung der Lohnsteueranmeldung folgt m.E. zwingend auch seine Befugnis, insoweit Aussetzung der Vollziehung zu begehren[87].

Die Gegenauffassung verneint zu Unrecht selbst die Anfechtungsbefugnis des Arbeitnehmers gegenüber der Lohnsteueranmeldung des Arbeitsgebers[88]. Die Begründung dieser Auffassung vermag nicht zu überzeugen. Zwar trifft es zu, dass sich die Lohnsteuererhebung des Arbeitgebers nach

---

83 BFH v. 15.5.1992 – VI R 183/88, BFHE 168, 505 = BStBl. II 1993, 829.
84 BFH v. 20.7.2005 – VI R 165/01, BFHE 209, 571 = BStBl. II 2005, 890.
85 BFH v. 20.0.2005 – VI R 165/01, BFHE 209, 571 = BStBl. II 2005, 890; *Reuss*, (Fn. 11), § 41a Rz. 12; *Frotscher*, (Fn. 13), EStG § 41a Rz. 24, 39a; *Schmidt/Krüger*, (Fn. 1), § 41a Rz. 7; *Blümich/Heuermann*, (Fn. 6), § 41a Rz. 23; *Eisgruber*, (Fn. 15), § 41a Rz. 5; *Drenseck*, (Fn. 4), S. 390.
86 *Reuss*, (Fn. 11), § 41a Rz. 11.
87 *Drenseck*, (Fn. 4), S. 389f.; *Schuhmann*, BB 1985, 187.
88 Z.B. FG Baden-Württemberg v. 14.10.1991 – 12 V 6/91, EFG 1992, 110; *Giloy*, BB 1983, 1410; *Hummel*, (Fn. 7), § 41a A 39, m.w.N.

den gesetzlichen Vorschriften richtet. Dies hat aber keinerlei Bedeutung für die Frage, ob ein durch eine Steuerfestsetzung Betroffener Rechtsschutz gegen diese Festsetzung begehren kann, wenn er geltend macht, die konkrete Steuerfestsetzung beruhe gerade nicht auf einer rechtmäßigen Anwendung der gesetzlichen Vorschriften, sondern sei rechtswidrig. Auch der Umstand, dass sich die Lohnsteueranmeldung für den betreffenden Anmeldungszeitraum auf die Entrichtungsschuld des Arbeitgebers hinsichtlich aller Arbeitnehmer und auch auf die pauschale Lohnsteuer des Arbeitgebers bezieht, steht der Anfechtungsbefugnis des Arbeitnehmers nicht entgegen. Selbstverständlich kann der Arbeitnehmer nicht die Lohnsteueranmeldung des Arbeitgebers insgesamt anfechten. Eine Anfechtungsbefugnis steht ihm nur insoweit zu, als sich die Lohnsteueranmeldung auf seinen Arbeitslohn bezieht. Die Praxis zeigt im Übrigen, dass es problemlos möglich ist, diesen Betrag im Einzelfall zu ermitteln und damit den Umfang der Anfechtungsbefugnis des Arbeitnehmers hinsichtlich der Lohnsteueranmeldung rechtssicher zu bestimmen.

Die Anfechtung der Lohnsteueranmeldung durch den Arbeitnehmer ist auch nicht deshalb unzulässig, weil sich seine Beschwer angeblich auf den rechtswidrigen Steuereinbehalt beschränke. Zwar wird der Arbeitnehmer auch durch einen rechtswidrig überhöhten Steuereinbehalt in seinen Rechten verletzt. Dies bedeutet im Umkehrschluss aber nicht, dass der Arbeitnehmer nicht auch durch eine überhöhte Lohnsteueranmeldung des Arbeitgebers in seinen Rechten verletzt sein kann. Das ist aber gerade der Fall. Denn nach der gesetzlichen Konzeption des Lohnsteuerabzugs in § 41a EStG beruht die Abführung der Lohnsteuer als Realakt auf der Steueranmeldung. Nach § 41a Satz 1 Nr. 1 EStG soll in der Lohnsteueranmeldung die einzubehaltende Lohnsteuer angegeben werden. Der Sinn der Anmeldung besteht also darin, den abzuführenden Steuerbetrag zu bestimmen und für die Abführung der Lohnsteuer einen Rechtsgrund zu schaffen[89]. Ficht der Arbeitnehmer eine Lohnsteueranmeldung nicht an, steht dies einem Erstattungsanspruch nach § 37 Abs. 2 AO entgegen[90]. Will der Arbeitnehmer die Abführung der Lohnsteuer verhindern bzw. seiner Auffassung nach zu viel abgeführte Lohnsteuer erstattet erhalten, ist er folglich gezwungen, die Lohnsteueranmeldung anzufechten. Dies muss daher zulässig sein. Ansonsten stünde dem Arbeitnehmer kein effektiver Rechtsschutz zur Verfügung.

---

89 BFH v. 12.10.1995 – I R 39/95, BFHE 179, 91 = BStBl. II 1996, 87.
90 BFH v. 17.5.1995 – I B 183/94, BFHE 178, 59 = BStBl. II 1995, 781.

Fechtet der Arbeitnehmer die Lohnsteueranmeldung des Arbeitgebers an, ist dieser zu dem Einspruchsverfahren hinzuzuziehen und im Klageverfahren notwendig beizuladen[91]. Nach § 60 Abs. 3 Satz 1 FGO sind Dritte zum finanzgerichtlichen Verfahren notwendig beizuladen, wenn sie an dem streitigen Rechtsverhältnis derart beteiligt sind, dass die gerichtliche Entscheidung auch ihnen gegenüber nur einheitlich ergehen kann[92]. Diese Voraussetzungen liegen bei einer Anfechtung der Lohnsteueranmeldung des Arbeitgebers durch den Arbeitnehmer vor. Denn die Anfechtung der Lohnsteueranmeldung wirkt unmittelbar auf diesen Bescheid ein, da sie entweder zu einer Bestätigung, Veränderung oder gar Aufhebung der Lohnsteueranmeldung führen kann.

Umgekehrt sollen die Arbeitnehmer bei Anfechtung der Lohnsteueranmeldung durch den Arbeitgeber nicht notwendig beizuladen sein[93]. Diese Auffassung ist sicherlich praxistauglich. Wollte man die gegenteilige Ansicht vertreten, würde dies bedeuten, dass in Fällen, in denen der Arbeitgeber ein Großunternehmen ist, möglicherweise tausende Arbeitnehmer beigeladen werden müssten.

Bei Anfechtung eines Haftungsbescheids hat der BFH bereits entschieden, dass die Arbeitnehmer, auf die sich die Inanspruchnahme aus dem Haftungsbescheid bezieht, zu dem finanzgerichtlichen Verfahren nicht notwendig beizuladen sind[94]. Diese Auffassung ist zutreffend. Denn im Verhältnis des Arbeitnehmers als Schuldner der Lohnsteuer und des Arbeitgebers als Haftungsschuldner können nicht nur einheitliche Entscheidungen ergehen. Für die Inanspruchnahme des Arbeitnehmers als Schuldner der Lohnsteuer und des Arbeitgebers als Haftungsschuldner sind unterschiedliche Voraussetzungen gegeben, die zum Teil in keinem Zusammenhang zueinander stehen. So kann der Arbeitgeber im Haftungsverfahren Einwendungen gegen seine Haftung vorbringen, die mit der Steuerschuld des Arbeitnehmers nichts zu tun haben.

Ob diese Überlegungen sinngemäß auch einschlägig sind, wenn es um die Anfechtung der Lohnsteueranmeldung durch den Arbeitgeber geht, ist allerdings fraglich. Hier liegt nämlich nur ein einziger Bescheid vor, der die einzubehaltende Lohnsteuer aller Arbeitnehmer in dem jeweiligen Anmeldungszeitraum verbindlich festlegt.

---

91 BFH v. 7.8.2015 – VI B 66/15, BFH/NV 2015, 1600; FG München v. 21.2.2001 – 8 K 3699/98, EFG 2002, 629.
92 BFH v. 12.1.2001 – VI R 49/98, BFHE 194, 6 = BStBl. II 2001, 246.
93 FG Bremen v. 29.9.1994 – 1 94 105 K 1, EFG 1995, 484.
94 BFH v. 7.2.1980 – VI B 97/79, BFHE 129, 310 = BStBl. II 1980, 210.

Letztlich entspricht die Ansicht, dass die Beiladung der Arbeitnehmer auch insoweit nicht notwendig ist, als sich die Anfechtung der Lohnsteueranmeldung durch den Arbeitgeber auf deren eigene Lohnsteuerschuld bezieht, mehr einem praktischen Bedürfnis. Dessen ungeachtet ist eine Beiladung der Arbeitnehmer im Falle der Anfechtung der Lohnsteueranmeldung durch den Arbeitgeber jedenfalls dann nicht notwendig, wenn sich die Anfechtung lediglich auf die pauschale Lohnsteuer bezieht, die der Arbeitgeber zu übernehmen hat. Von der Anmeldung der pauschalen Lohnsteuer sind die Arbeitnehmer von vornherein nicht betroffen.

6. Lohnsteuereinbehalt und Lohnsteuerabführung

Auf die Lohnsteueranmeldung des Arbeitgebers folgt nach der Vorstellung des Gesetzgebers die Abführung der einbehaltenen Lohnsteuer an das Betriebsstätten-FA, wie sich aus § 41a Abs. 1 Satz 1 Nr. 2 EStG ergibt. Sowohl die Einbehaltung der Lohnsteuer als auch deren Abführung sind tatsächliche Handlungen des Arbeitgebers. Es handelt sich nicht um Verwaltungsakte[95]. Daher kann der Arbeitnehmer gegen die Einbehaltung und die Abführung der Lohnsteuer auch keine Rechtsbehelfe nach der AO oder der FGO einlegen[96]. Vielmehr liegen Realakte eines Privaten vor, die nicht anfechtbar sind. Will sich der Arbeitnehmer gegen einen überhöhten Steuereinbehalt zur Wehr setzen, steht ihm ausschließlich der Erstattungsanspruch gegen das FA nach § 37 Abs. 2 AO zu.

7. Nachforderungsbescheid gegenüber dem Arbeitnehmer

Durch die Lohnsteueranmeldung des Arbeitgebers wird die Lohnsteuer, die in dem jeweiligen Lohnsteueranmeldungszeitraum entstanden ist, auch gegenüber dem Arbeitnehmer festgesetzt. Es sind allerdings verschiedene Fälle denkbar, in denen eine abweichende Festsetzung der Lohnsteuer gegenüber dem Arbeitnehmer erforderlich ist. Mit der Nachforderung versucht das FA, einen seiner Auffassung nach zu geringen Lohnsteuereinbehalt auszugleichen.

Auch der Nachforderungsbescheid gegenüber dem Arbeitnehmer ist daher ein Vorauszahlungsbescheid im Lohnsteuerabzugsverfahren[97]. Durch

---
95 *Drenseck*, (Fn. 4), S. 385.
96 *Hummel*, (Fn. 7), § 41a Rz. A 40.
97 *Drenseck*, (Fn. 4), S. 407.

einen Lohnsteuernachforderungsbescheid werden gegenüber dem Arbeitnehmer Steuerabzugsbeträge festgesetzt[98]. Die Nachforderung der Lohnsteuer gegenüber dem Arbeitnehmer erfordert keine Änderung der Lohnsteueranmeldung des Arbeitgebers. Diese ist Grundlage für die Verwirklichung der Entrichtungsschuld des Arbeitgebers, an der sich durch die Nachforderung von Lohnsteuer gegenüber dem Arbeitnehmer nichts ändert.

Das EStG enthält in verschiedenen Vorschriften spezielle Regelungen, die die Nachforderung von Lohnsteuer gegenüber dem Arbeitnehmer zulassen. Darüber hinaus sind in § 42d Abs. 3 Sätze 1 und 4 EStG allgemein die Voraussetzungen geregelt, unter denen das FA vom Arbeitnehmer Lohnsteuer nachfordern kann.

a) Überblick über spezielle Rechtsgrundlagen für die Lohnsteuernachforderung

Eine erste Vorschrift, die die Nachforderung von Lohnsteuer gegenüber dem Arbeitnehmer zulässt, ist in § 38 Abs. 4 Satz 4 EStG enthalten. Werden neben dem Barlohn hohe Sachbezüge gewährt oder hat der Arbeitgeber Abschlagszahlungen nach § 39b Abs. 5 EStG geleistet, kann der vorzunehmende Lohnsteuerabzug höher als der Barlohn bzw. der nach den Abschlagszahlungen noch ausstehende Arbeitslohn sein. Gleiches kann eintreten bei Lohnzahlungen durch Dritte[99]. Ist die einzubehaltende Lohnsteuer höher als die zur Verfügung stehenden Barlohnmittel, ist der Arbeitnehmer verpflichtet, dem Arbeitgeber den Fehlbetrag zur Verfügung zu stellen. Tut der Arbeitnehmer dies nicht, ist der Arbeitgeber zur Anzeige gegenüber dem Betriebsstätten-FA verpflichtet. Durch die Anzeige kann der Arbeitgeber seine Haftung vermeiden[100]. Das FA hat sodann die zu wenig erhobene Lohnsteuer vom Arbeitnehmer nachzufordern.

Auch in § 39 Abs. 5 Satz 2 und Abs. 7 Satz 4 EStG ist die Möglichkeit einer Lohnsteuernachforderung gegenüber dem Arbeitnehmer vorgesehen. Verletzt der Arbeitnehmer seine entsprechenden Anzeige- und Mitteilungspflichten, muss das FA vom Arbeitnehmer zu wenig erhobene Lohnsteuer nachfordern.

---
98 BFH v. 17.11.2010 – I R 68/10, BFH/NV 2011, 737.
99 *Schmidt/Krüger*, (Fn. 1), § 38 Rz. 18.
100 BFH v. 9.10.2002 – VI R 112/99, BFHE 200, 350 = BStBl. II 2002, 884; ablehnend *Eisgruber*, DStR 2003, 141; *Nacke*, DStR 2005, 1297.

Gemäß § 39a Abs. 5 EStG ist das FA verpflichtet, vom Arbeitnehmer Lohnsteuer nachzufordern, wenn zu wenig Lohnsteuer erhoben wurde, weil ein Freibetrag gem. § 39a EStG unzutreffend als Lohnsteuerabzugsmerkmal ermittelt wurde.

b) Nachforderung gem. § 42d Abs. 3 Sätze 1 und 4 EStG

§ 42d Abs. 3 Sätze 1 und 4 EStG bestimmen allgemein, in welchen Fällen der Arbeitnehmer im Rahmen der Gesamtschuld mit dem Arbeitgeber in Anspruch genommen werden kann. Nach der gesetzlichen Konzeption des Lohnsteuerabzugs ist die Pflicht des Arbeitnehmers zunächst darauf beschränkt, den Einbehalt der Lohnsteuer durch den Arbeitgeber zu dulden[101]. Hat der Arbeitgeber den Lohnsteuereinbehalt aber nicht zutreffend vorgenommen und damit nicht dafür gesorgt, dass die Lohnsteuerschuld des Arbeitnehmers aus § 38 Abs. 2 Satz 1 EStG erlischt, muss das FA die Möglichkeit haben, die nicht vorschriftsmäßig einbehaltene Lohnsteuer gegenüber dem Arbeitnehmer als deren Schuldner festzusetzen. § 42d Abs. 3 Satz 4 EStG enthält zwei Fallgruppen, in denen die Inanspruchnahme des Arbeitnehmers in Betracht kommt.

Nach Nr. 1 der Vorschrift kann der Arbeitnehmer (vorrangig) in Anspruch genommen werden, wenn der Arbeitgeber die Lohnsteuer nicht vorschriftsmäßig vom Arbeitslohn einbehalten hat. Der Tatbestand dieser Vorschrift ist allerdings nicht erfüllt, wenn der Arbeitgeber aufgrund einer ihm erteilten, aber materiell unrichtigen Lohnsteueranrufungsauskunft keine oder zu wenig Lohnsteuer einbehalten hat[102]. Denn die Finanzbehörden sind im Rahmen des Lohnsteuerabzugsverfahrens auch gegenüber dem Arbeitnehmer an eine dem Arbeitgeber erteilte Lohnsteueranrufungsauskunft gebunden[103]. Das FA kann daher die vom Arbeitgeber aufgrund einer (unrichtigen) Anrufungsauskunft nicht einbehaltene und abgeführte Lohnsteuer vom Arbeitnehmer nicht nach § 42d Abs. 3 Satz 4 Nr. 1 EStG nachfordern.

Nach Nr. 2 der Vorschrift kann der Arbeitnehmer für die Lohnsteuer in Anspruch genommen werden, wenn er weiß, dass der Arbeitgeber die einbehaltene Lohnsteuer nicht vorschriftsmäßig angemeldet hat. Obwohl die Lohnsteuerschuld des Arbeitnehmers mit dem korrekten Lohnsteuereinbehalt bereits erfüllt ist, kann das FA bei positiver Kenntnis des Ar-

---

101 *Heuermann*, (Fn. 3), S. 328.
102 *Gersch*, (Fn. 11), § 42d Rz. 84.
103 BFH v. 17.10.2013 – VI R 44/12, BFHE 243, 266 = BStBl. II 2014, 892.

beitnehmers von der nicht vorschriftsmäßigen Anmeldung der Lohnsteuer diesen dennoch in Anspruch nehmen. Dies gilt nur dann nicht, wenn der Arbeitnehmer den Sachverhalt, also die nicht vorschriftsmäßige Anmeldung der Lohnsteuer durch den Arbeitgeber, unverzüglich mitteilt. Ein Anwendungsfall des § 42d Abs. 3 Satz 4 Nr. 2 EStG ist z.B. die einvernehmliche Schwarzarbeit[104].

Maßgeblich ist insoweit allein, ob die Lohnsteuer vorschriftsmäßig angemeldet wurde. Die korrekte Abführung der Lohnsteuer ist für § 42d Abs. 3 Satz 4 Nr. 2 EStG unerheblich. Der Arbeitnehmer kann folglich nicht deshalb in Anspruch genommen werden, weil er weiß, dass der Arbeitgeber die angemeldete Lohnsteuer nicht abgeführt hat. Er kann vielmehr darauf vertrauen, dass das FA die angemeldete Lohnsteuer auch beitreiben wird[105]. Hat der Arbeitgeber die Lohnsteuer einbehalten, hat der Arbeitnehmer damit seine Verpflichtung zur Duldung der Einbehaltung der Lohnsteuer durch den Arbeitgeber erfüllt. Er ist in Höhe der einbehaltenen Lohnsteuer belastet. Wenn der Arbeitgeber als „Beauftragter" des FA ohne Wissen des Arbeitnehmers die Lohnsteuer nicht anmeldet (und auch nicht abführt), hat das FA das entsprechende Risiko zu tragen.

c) Inanspruchnahme des Arbeitnehmers nach Ablauf des Kalenderjahrs

Der Arbeitnehmer kann auch nach Ablauf des Kalenderjahres bis zum Ende der Festsetzungsfrist (§ 169 AO) durch Nachforderungsbescheid in Anspruch genommen werden. Denn der Lohnsteueranspruch erlischt nicht durch den bloßen Ablauf des Kalenderjahrs[106]. Selbst ein solcher Nachforderungsbescheid ist seinem Charakter nach ein Vorauszahlungsbescheid, wenn das zuständige Betriebsstätten-FA nur die Steuer des fehlerhaften Abführungszeitraums festsetzt[107].

Der Arbeitnehmer kann nach Ablauf des Kalenderjahres allerdings einwenden, dass sich der Fehler des Abführungszeitraums wegen anderer steuermindernder Merkmale im Rahmen der Jahressteuer nicht aus-

---

104 Vgl. BFH v. 21.2.1992 – VI R 41/88, BFHE 166, 558 = BStBl. II 1992, 443.
105 *Heuermann*, (Fn. 3), S. 336.
106 FG München v. 15.5.2003 – 11 K 2986/02, EFG 2003, 1281, m.w.N.
107 BFH v. 17.11.2010 – I R 68/10, BFH/NV 2011, 737; *Schmidt/Krüger*, (Fn. 1), § 42d Rz. 22.

wirkt[108]. Das FA hat dann eine Jahressteuerberechnung vorzunehmen. Der Arbeitnehmer kann mit seinen steuermindernden Einwendungen jedoch allenfalls die Nachforderung des FA zu Fall bringen, wenn er nicht von Amts wegen zur Einkommensteuer zu veranlagen ist und die Frist für die Beantragung einer Antragsveranlagung bereits abgelaufen ist. Eine Erstattung zu viel einbehaltener Lohnsteuer scheidet dann aus.

Wurde der Arbeitnehmer bereits zur Einkommensteuer veranlagt, kann die Nachforderung nur durch Änderung dieses Bescheids geltend gemacht werden[109]. Die Umdeutung eines Einkommensteuerbescheids in einen Lohnsteuernachforderungsbescheid und umgekehrt scheidet aus[110].

Im Übrigen gilt der Grundsatz, dass Steuern nach Maßgabe der Gesetze gleichmäßig festzusetzen und zu erheben sind (§ 85 AO). Stehen Verfahrensvorschriften nicht entgegen, kann vom Arbeitnehmer die noch nicht verjährte Steuer nachgefordert werden, sofern sie materiell vorschriftswidrig einbehalten wurde[111]. Hiergegen spricht insbesondere nicht die Verwendung des Wortes „nur" in 42d Abs. 3 Satz 4 EStG. Die Vorschrift gilt nicht, wenn es um die Geltendmachung der Jahressteuerschuld geht. Bei der Einkommensteuerveranlagung sind daher unabhängig von den Restriktionen im Lohnsteuerabzugsverfahren die zutreffenden Einkünfte aus nichtselbständiger Arbeit der Besteuerung zu unterwerfen[112].

8. Der lohnsteuerrechtliche Erstattungsbescheid

Im Lohnsteuerabzugsverfahren kann es nicht nur dazu kommen, dass zu wenig Lohnsteuer angemeldet (und abgeführt) wird. Ebenso ist denkbar, dass es zu einem mit der materiell-rechtlichen Rechtslage nicht in Einklang stehenden überhöhten Lohnsteuereinbehalt kommt. Es fragt sich dann, ob der Arbeitnehmer bereits während des laufenden Kalenderjahres gegenüber dem FA einen Erstattungsanspruch geltend machen kann, oder ob er das Veranlagungsverfahren abzuwarten hat.

---

108 *Drenseck*, (Fn. 4), S. 423 f.; vgl. auch BFH v. 26.1.1973 – VI R 136/69, BFHE 108, 338 = BStBl. II 1973, 338.
109 Vgl. BFH v. 21.2.1992 – VI R 141/88, BFHE 167, 131 = BStBl. II 1992, 565.
110 FG München v. 15.5.2003 – 11 K 2986/02, EFG 2003, 1281.
111 *Schmidt/Krüger*, (Fn. 1), § 42d Rz. 24; *Drenseck*, (Fn. 4), S. 380 ff.
112 BFH v. 13.1.2011 – VI R 61/09, BFHE 232, 5 = BStBl. II 2011, 479; BFH v. 17.5.1985 – VI R 137/82, BFHE 144, 217 = BStBl. II 1985, 660.

Nach zutreffender Ansicht[113] kann der Arbeitnehmer den Erstattungsanspruch bereits im Laufe des Kalenderjahrs geltend machen, in dem die Steuer einbehalten worden ist. Verpflichtet hierzu ist der Arbeitnehmer allerdings nicht. Er kann die Erstattung auch erst im Rahmen des Veranlagungsverfahrens verfolgen.

Auch der Erstattungsanspruch ist ein Anspruch im Rahmen des Vorauszahlungsverfahrens[114]. Er soll gewährleisten, dass die Abschlagszahlungen im Lohnsteuerabzugsverfahren soweit wie möglich mit der endgültigen Steuerschuld übereinstimmen. Ebenso wie für die Lohnsteuernachforderung gem. § 42d Abs. 3 Satz 4 Nr. 2 EStG kommt es auch für die Lohnsteuererstattung auf den Lohnsteuereinbehalt durch den Arbeitgeber an. Der Erstattungsanspruch entsteht in dem Zeitpunkt, in dem der Arbeitgeber die materiell-rechtlich zu hoch einbehaltene Lohnsteuer an das Finanzamt abzuführen verpflichtet war. Ob der Arbeitgeber dies auch getan hat, ist für den Erstattungsanspruch bedeutungslos.

Fraglich ist auch, ob die Verwirklichung des Erstattungsanspruchs einen gesonderten Bescheid voraussetzt. Dies ist dann nicht der Fall, wenn sich für die Finanzkasse eine Überzahlung aufgrund einer Abweichung zwischen Soll- und Ist-Bestand ergibt. Dies wird bei einem Erstattungsbegehren des Arbeitnehmers allerdings eher selten der Fall sein. Ist dem Arbeitgeber beim Steuerabzug ein Fehler unterlaufen und beantragt der Arbeitnehmer beim FA deshalb die Erstattung überhöht einbehaltener Lohnsteuer, ist vielmehr davon auszugehen, dass das FA einen förmlichen Verwaltungsakt über die Erstattung als Rechtsgrundlage für die Verwirklichung des Anspruchs zu erlassen hat[115].

Der Erstattungsanspruch setzt voraus, dass materiell-rechtlich zu viel Lohnsteuer einbehalten wurde. Ob dies der Fall ist, richtet sich nach den einschlägigen Vorschriften des Lohnsteuerrechts und dabei insbesondere nach den zu beachtenden Lohnsteuerabzugsmerkmalen. Beruht der nach Auffassung des Arbeitnehmers zu hohe Lohnsteuereinbehalt auf entsprechenden Lohnsteuerabzugsmerkmalen, bei denen es sich – wie bereits dargelegt wurde – um gesonderte Feststellungen von Besteuerungsgrundlagen handelt, muss der Arbeitnehmer zunächst eine Änderung der

---

113 *Drenseck*, (Fn. 4), S. 410; *Hartz/Meeßen/Wolf*, (Fn. 74), Stichwort „Erstattung von Lohnsteuer" Rz. 10; LStH 2016 R 41c.1 Abs. 5 Satz 3; a.A. *Giloy*, BB 1983, 2104, 2106.
114 BFH v. 17.11.2010 – I R 68/10, BFH/NV 2011, 737.
115 *Hartz/Meeßen/Wolf*, (Fn. 74), Stichwort „Erstattung von Lohnsteuer" Rz. 44.

Lohnsteuerabzugsmerkmale erreichen. Erst danach kann entweder der Arbeitgeber nach § 41c EStG verfahren oder der Arbeitnehmer kann seinen Erstattungsanspruch gegenüber dem FA verfolgen.

In zeitlicher Hinsicht kann der Erstattungsanspruch nur bis zur Durchführung der Veranlagung geltend gemacht werden. Ist über eine vom Arbeitnehmer beantragte Erstattung bis zum Ende des Kalenderjahrs, in dem die Lohnsteuer einbehalten worden ist, noch nicht bestandskräftig entschieden, muss das FA den Erstattungsantrag grundsätzlich auch nach Ablauf des Kalenderjahrs weiter bearbeiten[116]. Das FA ist dann aber berechtigt, eine Jahressteuerberechnung vorzunehmen, ohne die Prüfung isoliert auf den Lohnabrechnungszeitraum des betreffenden Erstattungsanspruchs beschränken zu müssen[117]. Nur so kann gewährleistet werden, dass der Arbeitnehmer keinen überhöhten Erstattungsbetrag erhält, der ihm nach der Jahressteuerschuld und den hierauf geleisteten Abzugsbeträgen nicht zusteht. Der Erstattungsanspruch wird erst dann gegenstandslos, wenn das FA die Einkommensteuer für den betreffenden Veranlagungszeitraum festsetzt[118]. Er tritt dann hinter den Erstattungsanspruch aus der Veranlagung zurück.

9. Fazit

Der Lohnsteuerabzug wirft nicht nur für den Arbeitgeber, sondern auch für den Arbeitnehmer verfahrensrechtliche Fragestellungen auf. Der Arbeitnehmer hat zahlreiche Möglichkeiten, im Lohnsteuerabzugsverfahren auf einen zutreffenden Lohnsteuerabzug hinzuwirken. Obwohl es sich beim Lohnsteuerabzug (nur) um ein Vorauszahlungsverfahren handelt, erfordert es der Grundsatz der Besteuerung nach der wirtschaftlichen Leistungsfähigkeit, dass der Arbeitnehmer nicht mit materiellrechtlich überhöhten Vorauszahlungen belastet wird. Das Verfahrensrecht stellt hierzu verschiedene Instrumente zur Verfügung, die im Wesentlichen ausreichen, um einen effektiven Rechtsschutz des Arbeitnehmers beim Lohnsteuerabzug zu gewährleisten.

---

116 *Hartz/Meeßen/Wolf*, (Fn. 74), Stichwort „Erstattung von Lohnsteuer" Rz. 11.
117 *Drenseck*, (Fn. 4), S. 411.
118 Vgl. BFH v. 12.10.1996 – I R 39/95, BFHE 179, 97 = BStBl. II 1996, 87.

Die Rolle des Arbeitgebers im Lohnsteuerverfahren

Prof. Dr. *André Meyer*, LL.M.
Taxation, Universität Bayreuth*

I. Bestandsaufnahme
1. Die steuerlichen Pflichten des Arbeitgebers
2. Legitimation der Pflichtenauferlegung, verfassungsrechtliche Würdigung und Rückbezüge zum Arbeitgeberbegriff
3. Disparate Umschreibungen der Arbeitgeberrolle

II. **Der Arbeitgeber zwischen öffentlichem und privatem Recht**
1. Die Dreiecksmetapher und die Grenzen ihrer Leistungsfähigkeit
2. Der Arbeitgeber als Steuerpflichtiger
3. Öffentlich-rechtliches Arbeitgeberhandeln?
   a) Rekonstruktion des Meinungsstands und offene Fragen
   b) Wertende Zuordnung des Arbeitgeberhandelns, Innen- und Außenwirkung

III. **Der Steuereinbehalt als Referenzfall der Außenwirkung**
1. Vorgehensweise und Begriffsbestimmung
2. Rechtsfolgen
   a) Steuerrecht
   b) Arbeitsrecht
3. Folgerungen und weitergehende Gesichtspunkte
   a) Der Arbeitgeber als in Dienst genommener Privater
   b) Mannigfaltigkeit der Einwirkungen des Steuerrechts auf das Arbeitsrecht
   c) Rechtslage bei Pflichtverletzungen: Arbeitsrechtliche Eigenhaftung vs. Zurechnung von Arbeitgeberfehlverhalten zum Staat

IV. **Haftung und Rückgriff**
1. Einführung, Innen- und Außenwirkung von Haftungssachverhalten
2. Die zentrale Bedeutung des Regresses bei Außenwirkung
   a) Gebot des Rückgriffs in voller Höhe
   b) Zivilrechtlicher Charakter des Innenausgleichs
3. Folgerungen
   a) Haftungsvoraussetzungen und ermessensleitende Erwägungen
   b) Anfechtungsbefugnis des Arbeitnehmers bei Außenwirkung

V. **Anmeldung und Abführung**
1. Anmeldung und Festsetzung nach § 167 Abs. 1 S. 1 AO
2. Abführung

VI. **Schluss**
1. Zusammenfassung der Ergebnisse
2. Reform der Arbeitnehmerbesteuerung

---

* Der Autor ist Inhaber des Lehrstuhls für Bürgerliches Recht und Steuerrecht, Gesellschafts- und Bilanzrecht der Universität Bayreuth.

I. Bestandsaufnahme

1. Die steuerlichen Pflichten des Arbeitgebers

Bei Einführung der Lohnsteuer durch das EStG 1920 waren die Pflichten des Arbeitgebers äußerst überschaubar[1]. Er war im Wesentlichen dazu verpflichtet, 10 % des Arbeitslohns einzubehalten (§ 45 EStG 1920)[2] und an das Finanzamt zu entrichten (vgl. § 50 EStG 1920)[3]. Komplizierte Berechnungen waren hiermit ebenso wenig verbunden wie schwierige Subsumtionsaufgaben[4]. Das gesamte Lohnsteuerrecht war in wenigen, kurz gefassten Normen enthalten. Mit der komplexen Welt des heutigen Lohnsteuerrechts ist die damalige Rechtslage nicht mehr zu vergleichen[5]. Die Gefahr, dass sich der Arbeitgeber im Dickicht des überbordenden Regelungswerks verheddert, ist groß, denn er ist Primäradressat des Lohnsteu-

---

1 Historische Vorläufer, Rechtsentwicklung und Hintergründe bei *Ellers*, Die gesetzliche Verpflichtung privater Arbeitgeber zum Lohnsteuereinbehalt, 2010, S. 5 ff.; *G. Kirchhof*, Die Erfüllungspflichten des Arbeitgebers im Lohnsteuerverfahren, 2005, S. 72 ff., S. 83 ff.

2 Der Normtext lautet: „Der Arbeitgeber hat nach näherer Anordnung des Reichsministers der Finanzen bei der Lohnzahlung zehn vom Hundert des Arbeitslohns zu Lasten des Arbeitnehmers einzubehalten und für den einbehaltenen Betrag Steuermarken in die Steuerkarte (§ 46) des Arbeitnehmers einzukleben und zu entwerten." Die Vorlage-, Nachweis- und Dokumentationspflichten (§§ 46 ff. EStG 1920) oblagen nach dem Gesetz ausschließlich dem Arbeitnehmer. Allerdings wurde der zunächst vorgesehene fixe Steuerabzug von 10 % noch im selben Jahr zugunsten einzelfallbezogener Abzugsbeträge und einer Staffelung nach Lohnhöhe abgeändert (näher *Trzaskalik* in Kirchhof/Söhn/Mellinghoff, § 38 EStG Rz. A 71 ff.).

3 Die Entrichtungspflicht wird in dieser Norm vorausgesetzt, wenn es heißt: „Der Arbeitgeber haftet dem Reiche für die Einbehaltung und Entrichtung des im § 45 bestimmten Betrags neben dem Arbeitnehmer als Gesamtschuldner." Die hier angeordnete Haftung muss vor dem Hintergrund der geringen Komplexität der damaligen Arbeitgeberpflichten eingeordnet werden und hatte mithin ein anderes Gepräge als nach heutiger Rechtslage.

4 Vgl. *Burgi*, Funktionale Privatisierung und Verwaltungshilfe, 1999, S. 115 a.E.: „rein mechanische Tätigkeit der Einbehaltung eines Teils des Barlohns"; *Drüen*, Die Indienstnahme Privater für den Vollzug von Steuergesetzen, 2012, S. 139; *Kruse* in GS Trzaskalik, 2005, S. 169 (169).

5 *Burgi* (Fn. 4), S. 115 f.; *Drüen* (Fn. 4), S. 135 ff., S. 143 ff., S. 293, S. 336 ff., S. 345 ff. (auch zu noch immer vorzufindenden abweichenden Sichtweisen); *Schick*, Grundfragen des Lohnsteuerverfahrens, 1983, S. 40 ff.; *Winter*, Der Arbeitgeber im Lohnsteuerrecht, 1998, S. 42 ff.; Wissenschaftlicher Beirat Steuern der Ernst & Young GmbH, DB 2013, 139 (143).

errechts[6]. Als solcher hat er etwa den ersten Zugriff auf die Auslegung von in ihren Randbereichen deutungsfähigen Rechtsbegriffen wie „Arbeitslohn" (vgl. § 2 LStDV)[7] und „Arbeitnehmer" (vgl. § 1 LStDV)[8]. Das verdeutlicht, warum bereits die erste Hauptaufgabe des Arbeitgebers, der korrekte Einbehalt der Steuer (§ 38 Abs. 3 S. 1 EStG), kaum ohne interne Spezialisten oder externen Sachverstand zu bewältigen ist[9]. Begeht er dabei Fehler, so haftet er, und zwar nach dem Normtext des § 42d EStG sogar verschuldensunabhängig[10]. Nicht nur in Bezug auf die Komplexität der Einzelvorgaben, sondern auch in Hinsicht auf den Pflichtenumfang unterscheidet sich die heutige Rechtslage erheblich von den historischen Wurzeln der Inpflichtnahme[11] des Arbeitgebers. Der Pflichtenkanon ist mit der Zeit immer stärker gewachsen und trägt an einzelnen Stellen bereits hypertrophe Züge[12]. Der Arbeitgeber hat die Lohnsteuer einzubehalten (§ 38 Abs. 3 S. 1, §§ 39b, 39c EStG), anzumelden und abzuführen (§ 41a EStG), er muss Aufzeichnungspflichten erfüllen (§ 41 EStG), Lohnsteuerbescheinigungen zur Verfügung stellen (§ 41b EStG), in vielen Fällen einen Lohnsteuer-Jahresausgleich durchführen (§ 42b EStG) sowie an

---

6 *Drüen* (Fn. 4), S. 338 f., S. 345 f. („Erstinterpret und Erstanwender", „Erst- und Regeladressat").
7 Dazu etwa *Drüen* (Fn. 4), S. 143 f.; *G. Kirchhof*, FR 2015, 773 (774 ff.); Wissenschaftlicher Beirat Steuern der Ernst & Young GmbH, DB 2013, 139 (141 f.).
8 Dazu etwa *Schmidt/Krüger*, 35. Aufl. 2016, § 19 EStG Rz. 20 ff.; *G. Kirchhof* (Fn. 1), S. 93 ff.
9 Vgl. *Drüen* (Fn. 4), S. 339 ff.; *G. Kirchhof* (Fn. 1), S. 131 ff., S. 181; Wissenschaftlicher Beirat Steuern der Ernst & Young GmbH, DB 2013, 139 (142).
10 Dazu näher unten IV.; zu den historischen Wurzeln s. Fn. 3.
11 Der Begriff „Inpflichtnahme" erscheint neutral genug, um an dieser Stelle eine Festlegung im Hinblick auf die rechtliche Einordnung der Arbeitgeberstellung noch zu vermeiden. Auf sie wird ausführlich unter II. und III. eingegangen.
12 Vgl. auch *Drüen* (Fn. 4), S. 7. Als Beispiel sei auf § 38 Abs. 1 S. 3 EStG Bezug genommen; dazu am Ende von 2. Es handelt sich hier um eine Erscheinungsform der auch sonst im Steuerrecht häufig anzutreffenden Entwicklung, dass an sich legitime Regelungszusammenhänge durch fortschreitende Gesetzgebung und/oder Rechtsdogmatik ein Eigenleben entfalten, das sich vom ursprünglichen Geltungsgrund in einer Weise verselbständigt, dass kaum mehr haltbare Ergebnisse entstehen. Als vergleichbare Entwicklung sei auf die fortschreitende Erfindung von Geschäftsführerpflichten und -verhaltensanforderungen durch die Rechtsprechung hingewiesen, die sich beim besten Willen nicht mit dem Norminhalt der §§ 69, 34 AO in Übereinstimmung bringen lassen (dazu *A. Meyer*, DStZ 2014, 228 [231 ff.]).

Prüfungen des Finanzamts mitwirken (vgl. §§ 42f, 42g EStG)[13]. Der vorliegende Beitrag bezieht und beschränkt sich auf die Rechtsstellung privater Arbeitgeber, denn primär für sie stellen sich die hauptsächlichen Rechtsfragen, die der Lohnsteuerabzug aufwirft[14].

2. Legitimation der Pflichtenauferlegung, verfassungsrechtliche Würdigung und Rückbezüge zum Arbeitgeberbegriff

Die Inpflichtnahme des Arbeitgebers ist im Ausgangspunkt legitim, denn im Gegensatz zum Finanzamt kann er – und nur er[15] – an der Quelle Zugriff nehmen und so die effektive Erhebung der Lohnsteuer sicherstellen[16]. Eine davon zu trennende Frage ist jedoch, welche Anstrengungen der Staat ihm abverlangen darf, wie weit diese Legitimation also umfangmäßig reicht. Insbesondere bestimmt das Gesetz den Arbeitgeber über die Auferlegung der vorbeschriebenen Pflichten zur Zentralfigur der Steuererhebung[17], ohne ihm eine Kompensation zuteilwerden zu lassen[18].

---

13 Ausführliche Erörterungen der Pflichtenlage des Arbeitgebers bei *Birkenfeld* in DStJG 9 (1986), S. 253 ff.; *G. Kirchhof* (Fn. 1), S. 92 ff.; *Schäfer*, Die Dreiecksbeziehung zwischen Arbeitnehmer, Arbeitgeber und Finanzamt beim Lohnsteuerabzug, 1990, S. 40 ff., jeweils unter Einbeziehung des Aspekts der Sachverhaltsermittlung im Vorfeld des Steuereinbehalts.

14 So resultiert der rechtliche Problemgehalt der ab II. erörterten Dreiecksbeziehung im Kern daraus, dass der Arbeitgeber dem Staat als Privatperson gegenübertritt. Auch beruhen die sogleich unter 2. angesprochenen verfassungsrechtlichen Fragen auf der Grundrechtsträgerschaft des Arbeitgebers.

15 Vgl. *Heuermann*, FR 2013, 354 (358).

16 Vgl. *Ellers* (Fn. 1), S. 43; *Sauer*, Die rechtliche Stellung des zur Einbehaltung von Steuern Verpflichteten, 2010, S. 156, S. 165 ff.; *Schirra*, Die Indienstnahme Privater im Lichte des Steuerstaatsprinzips, 2002, S. 16, S. 112; Wissenschaftlicher Beirat Steuern der Ernst & Young GmbH, DB 2013, 139 (141); ausführlich *Drüen* (Fn. 4), S. 291 f. mit S. 278 ff., der auf S. 293 zutreffend herausstellt, dass die zwischenzeitlich im Gesetz verankerte Pflicht zur Kindergeldauszahlung mangels Sachverantwortung des Arbeitgebers unzulässig war (zur Diskussion näher S. 145 ff.); so auch *Lang*, RdA 1999, 64 (67 f.); insoweit a.A. *Burgi* (Fn. 4), S. 259 f.

17 *G. Kirchhof* (Fn. 1), S. 92 („zentrale Person im Abzugsverfahren"); *Winter* (Fn. 5), S. 36 ff.

18 Ein entsprechender Anspruch lässt sich auch nicht unmittelbar aus der Verfassung ableiten (*Drüen* [Fn. 4], S. 380 ff. mit umfänglichen Nachweisen zu der dazu bestehenden Diskussion auf S. 4 f.; a.A. *Schirra* [Fn. 16], S. 143 ff.). Insbesondere kommt, anders als in zivilrechtlichen Kontexten (dazu ausführlich *A. Meyer*, AcP 216 [2016], 952 [964 ff.]), eine analoge Anwendung des § 670 BGB nicht in Betracht, da sie an der gesetzlichen Ausgestaltung der In-

Eine solche erscheint jedenfalls *de lege ferenda* angezeigt[19], da die Arbeitgeberpflichten deutlich über dasjenige hinausgehen, was der Gesetzgeber anderen in Pflicht genommenen Privaten zumutet[20], so dass durchaus von einer „Sonderlast"[21] gesprochen werden kann. Die Durchführung des Lohnsteuerabzugs bildet eine Staatsaufgabe, an der der Arbeitgeber keinerlei Eigeninteresse hat[22]. Ob in dem Ausmaß der nach aktuellem Recht vorzufindenden Inpflichtnahme – weitergehend – ein Verfassungsverstoß zu erblicken ist, ist umstritten[23]. Diese Frage wird in jüngerer Zeit in erster Linie mit Blick auf den steuerrechtlichen Pflichtenkanon des Arbeitgebers im Ganzen diskutiert, teilweise ergänzt um Arbeitgeberpflichten aus anderen Teilen der Rechtsordnung[24]. Überzeugende Gründe sprechen für eine in erster Linie freiheitsrechtlich[25] fundierte Pflicht des Gesetzgebers, die Inanspruchnahme des Arbeitgebers mit einer angemesse-

---

pflichtnahme des Arbeitgebers vorbeiginge (vgl. *Drüen* [Fn. 4], S. 307; *Winter* [Fn. 5], S. 140 f.; a.A. *Hendel*, Die Belastung der Arbeitgeber durch die Lohnsteuer, IFSt-Schrift Nr. 359, 1997, S. 67].

19 Gleichsinnig *Seer*, FR 2004, 1037 (1042); zu Reformvorschlägen s. auch unten VI. 2.

20 Im Schrifttum ist von einem „Maximalpflichtenstatus" die Rede (*Drüen* [Fn. 4], S. 137); zu Unrecht bagatellisierend *Burgi* (Fn. 4), S. 258 („eher randständige Inanspruchnahme").

21 Vgl. *Drüen* in DStJG 31 (2008), S. 184 und S. 186 („lastenintensivste[r] Prototyp des Steuerabzuges"); *Hey* in FS Kruse, 2001, S. 269 (287) sowie *Ellers* (Fn. 1), S. 56 und in allgemeinerem Kontext *Burgi* (Fn. 4), S. 201 („Sonderopfer"); *Heuermann*, FR 2013, 354 (359).

22 *Burgi* (Fn. 4), S. 269; *von Groll* in DStJG 9 (1986), S. 445 a.E.

23 Vgl. aus jüngerer Zeit etwa *Drüen* in DStJG 31 (2008), S. 180 ff.; *Ellers* (Fn. 1), S. 35 ff.; *Hendel* (Fn. 18), S. 53 ff.; *G. Kirchhof* (Fn. 1), S. 131 ff.; *Sauer* (Fn. 16), S. 159 ff.

24 Siehe insbesondere *G. Kirchhof*, FR 2015, 773 (778 f.); *G. Kirchhof* (Fn. 1), S. 15 ff., S. 195 ff.

25 Das BVerfG wählt Art. 12 Abs. 1 GG als (primären) Anknüpfungspunkt der Prüfung (BVerfG v. 13.1.1987 – 2 BvR 209/84, BVerfGE 74, 102 [119 f.]; BVerfG v. 29.11.1967 – 1 BvR 175/66, BVerfGE 22, 380 [383 f.]; s. auch *Hendel* [Fn. 18], S. 53; *Heuermann*, Systematik und Struktur der Leistungspflichten im Lohnsteuerabzugsverfahren, 1998, S. 240; *Schirra* [Fn. 16], S. 90 ff.). Da ein unmittelbar berufsregelnder Gehalt der Pflicht zum Lohnsteuerabzug verneint werden kann, wird teilweise auch Art. 2 Abs. 1 GG herangezogen (*Sauer* [Fn. 16], S. 161 ff.; *Trzaskalik* in DStJG 12 [1989], S. 163). Von anderer Seite wird zudem auf Art. 14 Abs. 1 GG (*Drüen* [Fn. 4], S. 216 ff.; *Ellers* [Fn. 1], S. 52 ff.), teilweise (*G. Kirchhof* [Fn. 1], S. 145 ff.) auch auf Art. 12 Abs. 2 GG Bezug genommen; ausschließlich gleichheitsrechtliche Verortung bei *Burgi* (Fn. 4), S. 261 ff.; zur besonderen Problematik der Kirchenlohnsteuer *Drüen* (Fn. 4), S. 294 ff.

nen finanziellen Kompensation zu verbinden, denn der Arbeitgeber nimmt eine staatliche Aufgabe wahr, die bei ihm zu erheblichen Mehrkosten führt[26]. Gleichwohl dürften die Erfolgschancen eines darauf gerichteten Ansatzes in der Verfassungswirklichkeit äußerst gering sein, da das BVerfG nie Anstoß an der Inpflichtnahme des Arbeitgebers genommen hat[27]. Zu konzedieren ist zwar, dass die zugehörigen, regelmäßig eher kursorischen Ausführungen keine Bindungswirkung entfalten[28] und dass sich bei Lektüre der Entscheidungsgründe bisweilen der Eindruck aufdrängt, als habe das Gericht die inhaltliche Tragweite der Arbeitgeberpflichten nur unzureichend reflektiert[29]. Festzustellen ist andererseits aber auch, dass in keiner jüngeren Entscheidung die Möglichkeit eines Verfassungsverstoßes auch nur angedeutet wird[30]. Eine verfassungsrechtlich kausierte Verbesserung der Arbeitgeberposition auf breiterer Front dürfte daher einstweilen ausscheiden.

---

26 Vgl. *Hendel* (Fn. 18), S. 66 ff.; *G. Kirchhof*, FR 2015, 773 (778); *G. Kirchhof* (Fn. 1), S. 178 ff., S. 201; Wissenschaftlicher Beirat Steuern der Ernst & Young GmbH, DB 2013, 139 (141 ff.) sowie *Burgi* (Fn. 4), S. 269 ff. (gleichheitsrechtlich fundiert); s. ferner *Trzaskalik* (Fn. 2), § 38 EStG Rz. A 96; *Ellers* (Fn. 1), S. 47 ff.; *Hey* in FS Kruse, 2001, S. 269 (287); offenlassend *Seer*, FR 2004, 1037 (1042); vgl. auch *Drüen* in DStJG 31 (2008), S. 197 ff.; a.A. in neuester Zeit *Heuermann*, FR 2013, 354 (359); *Sauer* (Fn. 16), S. 167 ff. Eine vergleichbare Diskussion ist auch bereits in der Anfangszeit des Lohnsteuerabzugs geführt worden (dazu *Drüen* [Fn. 4], S. 141 f.), jedoch ist die heutige Pflichtintensität eine völlig andere (*Drüen* in DStJG 31 [2008], S. 186 f.; s. oben 1.). Ferner gibt die Situation staatlicher Inpflichtnahme ganz generell Anlass zu der Frage, ob die Verfassung zur Einführung von Kompensationsregelungen zwingt (näher *Burgi* [Fn. 4], S. 260 ff.; *Drüen* [Fn. 4], S. 205 ff.).
27 Vgl. BVerfG v. 17.2.1977 – 1 BvR 33/76, BVerfGE 44, 103 (104); BVerfG v. 26.1.1977 – 1 BvL 7/76, BVerfGE 43, 231 (237 ff.); BVerfG v. 14.12.1965 – 1 BvL 31, 32/62, BVerfGE 19, 226 (240); gleicher Befund bei *Hey* in FS Kruse, 2001, S. 269 (286); zu möglichen Hintergründen vgl. *Drüen* (Fn. 4), S. 138 f.
28 Nachgewiesen von *Drüen*, FR 2004, 1134 (1139 ff.); ihm folgend *Brodersen* in FS Hj. Otto, 2008, S. 29 (33 f.).
29 Vgl. BVerfG v. 17.2.1977 – 1 BvR 33/76, BVerfGE 44, 103 (104): „nicht erheblich belastet wird"; s. auch die Ausführungen zur Lohnbuchhaltung in BVerfG v. 27.1.1982 – 1 BvR 807/80, BVerfGE 59, 302 (317 ff.) und die daran anknüpfende Kritik bei *Drüen* (Fn. 4), S. 144 f.
30 Vgl. BVerfG v. 10.4.1997 – 2 BvL 77/92, BVerfGE 96, 1 (7 f.); BVerfG v. 13.1.1987 – 2 BvR 209/84, BVerfGE 74, 102 (119 f.). Die Ausführungen in BVerfG v. 17.2.1977 – 1 BvR 33/76, BVerfGE 44, 103 (104) lassen sich eher als Beleg für eine aus Sicht des Gerichts bestehende Unbedenklichkeit der unentgeltlichen Inpflichtnahme des Arbeitgebers anführen.

Die eingangs herausgestellte, im Grundsatz bestehende Legitimation der Inpflichtnahme des Arbeitgebers hat Rückwirkungen auf den Arbeitgeberbegriff: Ist man, gegebenenfalls nach eingehender rechtlicher Analyse, zu dem Ergebnis gelangt, dass einer Person Arbeitnehmerstatus zukommt[31], so ist Arbeitgeber grundsätzlich derjenige, der ihr gegenüber dienstvertraglich zur Lohnzahlung verpflichtet ist[32], denn diese Pflicht korrespondiert bei normativer Betrachtung mit der Herrschaft über den Zahlungsfluss[33]. Soweit das Gesetz davon in Ausnahmesituationen abweicht, kommt dieser Legitimationsgrund nicht zum Tragen, so dass die Inpflichtnahme der betreffenden Person einer anderen Rechtfertigung bedarf. An dieser Stelle, d.h. gewissermaßen auf Mikroebene, besteht daher ein weiterer Anknüpfungspunkt, um Verfassungsrecht zur Abwehr überbordender Arbeitgeberpflichten in Stellung zu bringen[34]. So genügt ein bloßes Erkennenkönnen (vgl. § 38 Abs. 1 S. 3 EStG) nicht, um eine Einschaltung des Arbeitgebers zur Vermeidung von (vermeintlichen) Vollzugsdefiziten[35] zu rechtfertigen[36].

3. Disparate Umschreibungen der Arbeitgeberrolle

Wie sich die Rolle des Arbeitgebers beim Lohnsteuerabzug charakterisieren lässt, ist bereits nach den hierfür gewählten Umschreibungen wenig klar[37]. Das BVerfG hat den Arbeitgeber bereits früh als „Beauftragte[n] des Steuerfiskus" und „gleichsam" als „Hilfsorgan der staatlichen Finanz-

---

31 Vgl. oben Fn. 8.
32 Vgl. *Schmidt/Krüger* (Fn. 8), § 38 EStG Rz. 2. Korrespondiert der lohnsteuerpflichtige Bezug nicht einer Verpflichtung, Arbeitsleistungen zu erbringen (vgl. § 19 Abs. 1 S. 1 Nr. 2 EStG), so ist Arbeitgeber derjenige, der die Schuldnerposition in dem zugrunde liegenden Rechtsverhältnis innehat (*Trzaskalik* [Fn. 2], § 38 EStG Rz. B 8). Der bisweilen gewählte „Umweg" über einen Umkehrschluss zu § 1 Abs. 2 LStDV (vgl. BFH v. 13.7.2011 – VI R 84/10, BStBl. II 2011, 986 [987]; *Blümich/Thürmer*, § 38 EStG Rz. 65; *G. Kirchhof* [Fn. 1], S. 95) ist unnötig (vgl. *Trzaskalik* [Fn. 2], § 38 EStG Rz. B 6).
33 Zur Herrschaft über den Zahlungsfluss als Legitimationsgrund s. wiederum *Drüen* (Fn. 4), S. 291 f. In den problematischen Fällen besteht die eigentliche Schwierigkeit mithin in der Subsumtion unter den Arbeit*nehmer*begriff. Wer Arbeitgeber ist, ergibt sich im Normalfall einfach aus der Lohnzahlungspflicht.
34 Zu Situationen fehlender Sachverantwortung s. bereits Fn. 16 a.E.
35 Vgl. BR-Drucks. 630/1/03, S. 8; s. auch BT-Drucks. 15/1562, 34.
36 Sehr kritisch auch *Schmidt/Krüger* (Fn. 8), § 38 Rz. 7; *Drüen* (Fn. 4), S. 352 ff.
37 Vgl. nur die Zusammenstellung bei *Schick* (Fn. 5), S. 8 f.

verwaltung" charakterisiert[38]. Eine ganz ähnliche Einordnung hatte zuvor bereits der BFH zugrunde gelegt[39]. An anderer Stelle weist das BVerfG ergänzend auf den Gedanken der „Indienstnahme Privater für öffentliche Aufgaben" hin[40]. Aber auch die Unterstützung des Arbeitnehmers im Rahmen der „sozialstaatlich gebotene[n] Fürsorgepflicht" findet Erwähnung[41]. Wenig klar erscheint bei derartigen Umschreibungen allerdings, ob es sich um bloße Rollenmetaphorik handelt, oder aber belastbare rechtliche Aussagen getroffen werden sollen[42]. Ein gutes Beispiel für die vielfach vorzufindende Nebulosität gerichtlicher Ausführungen zu dieser Frage bildet eine jüngere Entscheidung des BAG, in der die Richter die rechtliche Stellung des Arbeitgebers ausdrücklich „dahinstehen" lassen und im Anschluss lediglich feststellen, dass er „Aufgaben der Finanzbehörden" wahrnehme[43]. Die vorzufindenden Stellungnahmen im Schrifttum sind an diesem Punkt oft wesentlich klarer, unterscheiden sich inhaltlich jedoch erheblich. Die Positionen reichen von der Einordnung des Arbeitgebers als „besondere örtliche Landesfinanzbehörde"[44] bis hin zu seiner Charakterisierung als „Erfüllungshelfer des Arbeitnehmers"[45]. Bereits diese beispielhafte Bezugnahme auf einen kleinen Teil der dazu vertretenen Auffassungen belegt, dass zum einen unsicher ist, ob der Arbeitgeber bei wertender Betrachtung im La-

---

38 BVerfG v. 14.12.1965 – 1 BvL 31, 32/62, BVerfGE 19, 226 (240); s. auch BVerfG v. 17.2.1977 – 1 BvR 33/76, BVerfGE 44, 103 (104); BVerfG v. 29.11.1967 – 1 BvR 175/66, BVerfGE 22, 380 (383) ("wird [...] zur Erfüllung von Verwaltungsaufgaben herangezogen").
39 BFH v. 5.7.1963 – VI 270/62 U, BStBl. III 1963, 468 (469); in späterer Zeit BFH v. 16.7.1985 – VII B 53/85, BStBl. II 1985, 553 (553 ff.); zu Vorläufern im Schrifttum und zur Problematik der vom BVerfG gewählten Formulierung *Drüen* (Fn. 4), S. 330 ff.
40 BVerfG v. 17.2.1977 – 1 BvR 33/76, BVerfGE 44, 103 (104). Von „Indienstnahme privater Unternehmen für staatliche Aufgaben im Rahmen ihrer unternehmerischen Tätigkeit" wird in BVerfG v. 13.1.1987 – 2 BvR 209/84, BVerfGE 74, 102 (120) gesprochen.
41 BVerfG v. 17.2.1977 – 1 BvR 33/76, BVerfGE 44, 103 (104); vgl. auch BFH v. 18.4.1958 – VI 16/58 U, BStBl. III 1958, 319 (320): „Treuhänder des Staates einerseits und der Arbeitnehmer andererseits"; dazu kritisch unten III. 1.
42 Vgl. auch *Burgi* (Fn. 4), S. 83; Wissenschaftlicher Beirat Steuern der Ernst & Young GmbH, DB 2013, 139 (139 f.).
43 BAG v. 30.4.2008 – 5 AZR 725/07, BAGE 126, 325 (329 f.); vgl. auch BAG v. 7.3.2001 – GS 1/00, BAGE 97, 150 (153).
44 *Kloubert*, Rechtliche Stellung des Arbeitgebers beim Lohnsteuerabzug, 1988, S. 49.
45 *G. Kirchhof* (Fn. 1), S. 58, S. 71.

ger des Staates oder des Arbeitnehmers steht oder aber für beide tätig wird[46]. Zum anderen wird darüber gestritten, ob er auf öffentlich-rechtlicher oder privatrechtlicher Basis handelt. Diesem Fragenkreis wird im Folgenden nachgegangen.

II. Der Arbeitgeber zwischen öffentlichem und privatem Recht

1. Die Dreiecksmetapher und die Grenzen ihrer Leistungsfähigkeit

Zwischen Arbeitgeber und Arbeitnehmer besteht ein Dienstvertrag, der regelmäßig ein Arbeitsverhältnis konstituiert. In dieses zivilrechtliche Pflichtengefüge greift das Lohnsteuerrecht ein. Hierdurch gelangt ein Dreiecksverhältnis zwischen Arbeitgeber, Arbeitnehmer und Staat zur Entstehung[47]. Im Schrifttum werden bei der Charakterisierung der zugehörigen Rechtsverhältnisse bisweilen Anleihen an diejenigen Begrifflichkeiten genommen, die dem Zivilisten im Hinblick auf Anweisungs- und Rückabwicklungsverhältnisse bestens geläufig sind[48]. Auf Grundlage dieses Modells wäre der Arbeitnehmer der Anweisende und der Arbeitgeber der Angewiesene, denn er behält die Lohnsteuer gem. § 38 Abs. 3 S. 1 EStG für Rechnung des Arbeitnehmers ein. Die Crux an dieser Analogie besteht darin, dass die Verpflichtung des Arbeitgebers zum Lohnsteuerabzug nicht aus einem zwischen ihm und dem Arbeitnehmer bestehenden „Deckungsverhältnis"[49] folgt, sondern aus seiner Inpflichtnahme durch den Staat: Nach dem Gesetz *hat* der Arbeitgeber die Steuer einzubehalten, ohne dass es darauf ankommt, was der Arbeitnehmer davon hält[50]. Der Arbeitgeber handelt daher bei normativ-wertender Betrachtung nicht auf Anweisung des Arbeitnehmers, sondern auf Anweisung des Staates. Folglich ist insoweit – im Gegensatz zum zivilrecht-

---

46 Vgl. aus dem Schrifttum *Heuermann* (Fn. 25), S. 152 f.; Wissenschaftlicher Beirat Steuern der Ernst & Young GmbH, DB 2013, 139 (140).
47 Statt aller *Drüen* (Fn. 4), S. 315 ff.; *Schäfer* (Fn. 13), S. 23 ff.
48 Vgl. *Heuermann* (Fn. 25), S. 76 f.; vgl. zur bereicherungsrechtlichen Dogmatik nur *Schwab* in MünchKomm/BGB, 7. Aufl. 2017, § 812 BGB Rz. 68.
49 Vgl. erneut *Heuermann* (Fn. 25), S. 76 sowie auch *Giloy*, BB 1993, 1410 (1411).
50 Siehe insoweit auch *Schwab* (Fn. 48), § 812 BGB Rz. 115, dessen weitere Folgerungen den Besonderheiten des lohnsteuerrechtlichen Dreiecksverhältnisses jedoch nicht gerecht werden; zutreffend hingegen *Schäfer* (Fn. 13), S. 153 Fn. 144.

lichen Grundmodell – das Rechtsverhältnis zwischen Staat und Arbeitgeber das entscheidende, weil es die zu befolgenden Pflichten konstituiert.

2. Der Arbeitgeber als Steuerpflichtiger

Diese Pflichten sind öffentlich-rechtlicher Natur. Der Arbeitgeber steht dem Staat als Privatperson gegenüber. Der Staat schaltet ihn zwar in die Steuererhebung ein, jedoch bleibt er nach dem Gesetz Steuerpflichtiger (§ 33 Abs. 1 AO)[51]. In Zusammenschau mit weiteren Vorschriften, die seine Rechtsstellung im Lohnsteuerverfahren regeln[52], ergibt sich mit hinreichender Deutlichkeit, dass er weder Behörde noch Teil einer Behörde ist[53]. Schon deshalb ist er nicht an Verwaltungsvorschriften gebunden, sondern hat lediglich das Gesetz zu befolgen[54]. Die aus diesen Gründen angebrachte Skepsis gegenüber öffentlich-rechtlichen Einordnungen des Arbeitgeberhandelns wird inzwischen von vielen[55], jedoch nicht von allen[56] geteilt. Die Kernfrage lautet, ob der Arbeitgeber – obwohl Privatperson – den Steuerabzug *im Verhältnis zum Arbeitnehmer*

---

51 Zu Recht betont von *Heuermann*, StuW 1999, 349 (352 f.); *Tillmann*, Der Rechtsschutz im Lohnsteuerverfahren, 2000, S. 134 f.; s. auch bereits *Drenseck* in DStJG 9 (1986), S. 382; vgl. ferner *Sauer* (Fn. 16), S. 23.
52 Siehe im Einzelnen *Trzaskalik* (Fn. 2), § 38 EStG Rz. A 11.
53 Vgl. *Drenseck* in DStJG 9 (1986), S. 382; *Drüen* (Fn. 4), S. 327, S. 330 ff.; *Heuermann* (Fn. 25), S. 184 ff., S. 200 ff., S. 215 ff.; *G. Kirchhof* (Fn. 1), S. 47 ff.; *Lang*, RdA 1999, 64 (67); *Sauer* (Fn. 16), S. 20 ff., S. 54 ff.; *Tillmann* (Fn. 51), S. 132 ff.; speziell zur fehlenden Beliehenenigenschaft s. auch unten III. 2. b) und 3.
54 Vgl. *Ellers* (Fn. 1), S. 22 ff.; *Sauer* (Fn. 16), S. 20 f.; Wissenschaftlicher Beirat Steuern der Ernst & Young GmbH, DB 2013, 139 (140). Der gegenläufige Satzteil des § 44 Abs. 1 S. 3 EStG, der mit Wirkung vom 1.1.2016 durch das StÄndG 2015 (BGBl. I 2015, 1834) für die Kapitalertragsteuer eingefügt wurde, ist wegen Verstoßes gegen Art. 80 Abs. 1 GG verfassungswidrig und nichtig: Will der Bundesgesetzgeber den Bürger an steuerrechtliche Vorgaben der Exekutive binden, so bedarf es dazu einer Rechtsverordnung; vgl. zum Problemkreis *Wallrabenstein* in v. Münch/Kunig, 6. Aufl. 2012, Art. 80 GG Rz. 31; *Mann* in Sachs, 7. Aufl. 2014, Art. 80 GG Rz. 12 f.
55 *Brodersen* in FS Hj. Otto, 2008, S. 29 (35 ff.); *Drüen* (Fn. 4), S. 330 ff.; *Heuermann*, StuW 1999, 349 (351 ff.); *G. Kirchhof* (Fn. 1), S. 47 ff.; *Lang*, RdA 1999, 64 (65 ff.); *Tillmann* (Fn. 51), S. 132 ff.; *Walz*, BB 1991, 880 (882); Wissenschaftlicher Beirat Steuern der Ernst & Young GmbH, DB 2013, 139 (139 f.); vgl. schon *Mösch*, Über die Erhebung der Lohnsteuer durch den Arbeitgeber, 1968, S. 11 ff., S. 39 ff. mit weiteren Nachweisen zum damaligen Meinungsstand.
56 Siehe aus dem neueren Schrifttum *Musil* in Hübschmann/Hepp/Spitaler, § 6 AO Rz. 12; *Trzaskalik* (Fn. 2), § 38 EStG Rz. A 10 ff., D 6; *Sauer* (Fn. 16),

gleichwohl in öffentlich-rechtlichen Formen durchführt, oder ob es auch insoweit einfach bei seiner zivilrechtlichen Arbeitgeberstellung bleibt[57]. Das Gesetz vermeidet eine eindeutige Festlegung, so dass es nicht verwundern kann, dass sich im Schrifttum eine Vielzahl an Einordnungsversuchen findet[58]. Auch auf der Jahrestagung der Deutschen Steuerjuristischen Gesellschaft in Bad Ems (1985) bestand über diesen Punkt keine Einigkeit[59].

3. Öffentlich-rechtliches Arbeitgeberhandeln?

a) Rekonstruktion des Meinungsstands und offene Fragen

Betrachtet man die Entwicklung des Meinungsstands, so schwang das Pendel zunächst in die zivilrechtliche Richtung. Namentlich das BAG hat das arbeitsrechtliche Fürsorgepflichtkonzept[60] fruchtbar gemacht, um zu begründen, dass wesentliche steuerrechtliche Pflichten des Arbeitgebers zugleich Nebenpflichten aus dem Arbeitsverhältnis darstellen[61]. Eine Gleichsetzung der Pflichtenlagen kann jedoch schon deshalb nicht überzeugen, weil sich im Lohnsteuerrecht Arbeitgeberpflichten ohne zi-

---

S. 49 ff.; zu älteren, öffentlich-rechtlich geprägten Ansätzen s. unten 3. a) sowie auch Fn. 59.

57 Vgl. *Trzaskalik* (Fn. 2), § 38 EStG Rz. A 10, 12, D 5 f.; *Brodersen* in FS Hj. Otto, 2008, S. 29 (36 ff.); *Drüen* (Fn. 4), S. 91 f.; *Heuermann* (Fn. 25), S. 77, S. 216 f., *Sauer* (Fn. 16), S. 49 ff.
58 Dazu auch *Drüen* (Fn. 4), S. 315 ff.
59 Siehe einerseits *Stolterfoht* in DStJG 9 (1986), S. 191 ff.; ihm folgend *von Groll* in DStJG 9 (1986), S. 445; andererseits *Drenseck* in DStJG 9 (1986), S. 382.
60 Zu ihm *Müller-Glöge* in MünchKomm/BGB, 6. Aufl. 2012, § 611 BGB Rz. 981 ff.; *U. Koch* in Schaub, Arbeitsrechts-Handbuch, 16. Aufl. 2015, § 106 Rz. 1 ff.; (lediglich) den Terminus „Fürsorgepflicht" ablehnend *Zöllner/Loritz/Hergenröder*, Arbeitsrecht, 7. Aufl. 2015, § 19 Rz. 3.
61 Vgl. BAG v. 14.6.1974 – 3 AZR 456/73, BAGE 26, 187 (191); BAG v. 23.3.1961 – 5 AZR 156/59, BAGE 11, 73 (76 f.); BAG v. 17.3.1960 – 5 AZR 395/58, BAGE 9, 105 (111) sowie auch noch BAG v. 20.2.1997 – 8 AZR 121/95, NZA 1997, 880 (881); vgl. aus jüngerer Zeit BAG v. 30.4.2008 – 5 AZR 725/07, BAGE 126, 325 (328) (Abzug und Abführung der Lohnsteuer); BAG v. 11.6.2003 – 5 AZB 1/03, NZA 2003, 877 (878) (richtiges Ausfüllen der Lohnsteuerkarte); *Krause* in Münchener Handbuch zum Arbeitsrecht, 3. Aufl. 2009, § 55 Rz. 57; *Lang*, RdA 1999, 65 (66 f.); *Tillmann* (Fn. 51), S. 137 ff.; *Walz*, BB 1991, 880 (883) sowie auch BFH v. 27.9.1996 – VI R 44/96, BStBl. II 1997, 146 (147); zu Hintergründen und Einzelheiten dieser Rechtsprechung näher *Sauer* (Fn. 16), S. 31 ff.; *Stolterfoht* in DStJG 9 (1986), S. 178 ff.

vilrechtliche Relevanz finden[62]. Bedenklich musste auch erscheinen, dass dieser Ansatz darauf hinauslief, die Korrektheit des Steuereinbehalts innerhalb der Lohnzahlungsklage zu prüfen, ohne dass den Feststellungen der Arbeitsgerichtsbarkeit jedoch Bindungswirkung für das Steuerverfahren zukam[63]. Aufgrund der dadurch hervorgerufenen Gefahr widerstreitender Entscheidungen war der Arbeitgeber „in die Zange genommen"[64]. Mit seiner Stellung als Inpflichtgenommener für Fremdinteressen ließ sich das nicht vereinbaren[65].

Es nimmt daher nicht wunder, dass diese Rechtsposition nicht unbestritten geblieben ist. Ein diametral entgegengesetzter Ansatz fand insbesondere in den 80er und 90er Jahren des 20. Jahrhunderts im steuerrechtlichen Schrifttum zahlreiche Vertreter. Die lohnsteuerrechtlichen Pflichten seien solche des öffentlichen Rechts und könnten nicht durch arbeitsrechtliche Fürsorgepflichten substituiert werden[66]. Mit bisweilen kühn anmutenden Konstruktionen wurde der Arbeitgeber zum Hoheitsträger[67], teilweise, wie schon erwähnt, sogar zur Landesfinanzbehörde erhoben[68]. Er setze den Steueranspruch gegen den Arbeitnehmer fest und

---

62 Beispielsweise hat die Abführung der Steuer (vgl. § 41a Abs. 1 S. 1 Nr. 2 EStG) richtigerweise keine Bedeutung für das Rechtsverhältnis zwischen Arbeitgeber und Arbeitnehmer (zutreffend LAG Berlin-Brandenburg v. 17.4.2015 – 6 Sa 1689/14, Rz. 58 ff. [juris]; Nachweise zu der abweichenden Rechtsprechung des BAG in Fn. 107); näher zu diesem Fragenkreis unten III. und V. 2.
63 Näher *Sauer* (Fn. 16), S. 33, S. 40 ff.; zu weiteren Kritikpunkten s. *Trzaskalik* (Fn. 2), § 38 EStG Rz. A 40; *Drüen* (Fn. 4), S. 317 sowie insbesondere *Stolterfoht* in DStJG 9 (1986), S. 182 ff. Hierauf wird unter III. 2. b) zurückgekommen.
64 Vgl. *Trzaskalik* (Fn. 2), § 38 EStG Rz. A 41 f.; *Sauer* (Fn. 16), S. 48 („Spielball"); *Stolterfoht* in DStJG 9 (1986), S. 185 f.; *Trzaskalik* in DStJG 12 (1989), S. 172 f. („Zweifrontenkrieg").
65 Vgl. *Giloy*, BB 1993, 1410 (1412); zur verfassungsrechtlichen Dimension der Problemstellung vgl. *Trzaskalik* (Fn. 2), § 38 EStG Rz. A 43.
66 Vgl. *Schick* (Fn. 5), S. 26 f.; *Stolterfoht* in DStJG 9 (1986), S. 182 ff.; ihm folgend *Schäfer* (Fn. 13), S. 58 ff.; s. aus jüngerer Zeit auch noch *Sauer* (Fn. 16), S. 34 ff.
67 *Stolterfoht* in DStJG 9 (1986), S. 191 ff. („funktionell Verwaltungsbehörde"); für Beleihung auch *Schäfer* (Fn. 13), S. 70 ff.; *Winter* (Fn. 5), S. 64 ff., S. 88 ff., S. 123 ff.; Einordnung als „Verwaltungshelfer" bei *Schick* (Fn. 5), S. 9 ff., S. 37 ff.
68 *Kloubert* (Fn. 44), S. 48 ff.; für Einordnung als Finanzbehörde (§ 6 Abs. 2 AO) auch *Winter* (Fn. 5), S. 123 f.; von einem „Verwaltungsrechtsverhältnis eigener Art" geht *Schick* (Fn. 5), S. 13 ff. aus.

vollstrecke ihn sogleich[69]. Sein Verhältnis zum Finanzamt sei durch Gleichordnung und Aufgabenteilung geprägt[70]. Ein derartiger Einordnungsversuch geht an dem unter 2. herausgestellten Befund vorbei, dass das Gesetz mit Eindeutigkeit gegen eine solch herausgehobene Stellung des Arbeitgebers spricht[71]. Er ist nun einmal Steuerpflichtiger und nicht Behörde. Zudem geht die generelle Ablehnung des arbeitsrechtlichen Fürsorgepflichtkonzepts zu weit[72]. Wie unter III. gezeigt wird, bleibt auch bei lohnsteuerrechtsbezogenen Sachverhalten Raum für vermögensrechtliche Fürsorge durch den Arbeitgeber[73], so dass es entscheidend auf die richtige Grenzziehung ankommt[74]. Nach Beobachtung des Verfassers hat sich der Meinungsstand in den letzten zwei Jahrzehnten konsolidiert, und man ringt eher – und zu Recht – um einen Mittelweg[75]. In besonderem Maße umstritten sind nach wie vor der Rechtsweg[76] sowie die Frage, ob eine Verletzung von Arbeitgeberpflichten in den zivilrechtlichen Schadensersatz oder in die Staatshaftung mündet[77].

b) Wertende Zuordnung des Arbeitgeberhandelns, Innen- und Außenwirkung

Im Folgenden soll unter Einbeziehung der wesentlichen Einzelpflichten des Arbeitgebers ein möglichst konsensfähiges Gesamtkonzept präsen-

---

69 *Kloubert* (Fn. 44), S. 24, S. 43 f., S. 49. Der Arbeitgeber sei für den Erlass von Einspruchsentscheidungen zuständig und Beteiligter im finanzgerichtlichen Verfahren (S. 81 ff.). Der Steuereinbehalt wird auch von *Schick* (Fn. 5), S. 18 f. und *Winter* (Fn. 5), S. 129 f. als Verwaltungsakt qualifiziert; abweichend *Schäfer* (Fn. 13), S. 118 ff.
70 *Kloubert* (Fn. 44), S. 50 ff.
71 Vgl. erneut die Nachweise in Fn. 53.
72 Gleichsinnig *Heuermann* (Fn. 25), S. 152 ff.; *Tillmann* (Fn. 51), S. 139 f.
73 Die Vertreter der Gegenauffassung (vgl. die Nachweise Fn. 66) erfassen bisweilen die Reichweite des Fürsorgepflichtkonzepts (hierzu etwa *U. Koch* [Fn. 60], § 106 Rz. 36 ff.) nicht hinreichend.
74 Vgl. insoweit auch *Stolterfoht* in DStJG 9 (1986), S. 199 („Sphärenabgrenzung").
75 Vgl. *Trzaskalik* (Fn. 2), § 38 EStG Rz. A 10 ff., D 5 f. (Unterscheidung zwischen den unterschiedlichen Rechtsbeziehungen geboten); *Ellers* (Fn. 1), S. 30 ff., S. 71 ff.; *Sauer* (Fn. 16), S. 19 ff., S. 49 ff. (jedoch nicht ohne Brüche); vgl. auch bereits *Riepen*, Die Rechtsstellung des Arbeitgebers im Lohnsteuerabzugsverfahren, 1967, S. 43.
76 *Drüen* (Fn. 4), S. 319 ff.
77 Siehe den gleichgerichteten Befund bei *Heuermann*, StuW 1999, 349 (351); zur Haftungsfrage in jüngerer Zeit *Ellers* (Fn. 1), S. 71 ff.; *Sauer* (Fn. 16), S. 88 f.

tiert werden. Dieses Konzept fußt auf der – ihrerseits nicht unstreitigen – Prämisse, dass der Arbeitgeber den Lohnsteuerabzug bei normativwertender Betrachtung im Auftrag des Staates und zu dessen Gunsten vornimmt[78]. Wie unter 1. herausgestellt, geht die „Anweisung" zum Lohnsteuerabzug vom Staat aus. Es ist der Steuergesetzgeber, der zur Sicherung des Steueraufkommens störend in das arbeitsrechtliche Gefüge eingreift. Die darauf gerichteten Pflichten hat der Arbeitgeber jedenfalls in erster Linie gegenüber dem Staat zu erfüllen. Soweit auch der Arbeitnehmer davon profitiert[79], handelt es sich um Reflexvorteile. Der Arbeitgeber steht mithin, wertend betrachtet, im Lager des Staates. Auf dieser Überlegung aufbauend erscheint folgende Unterscheidung zielführend: Als „Innenwirkung" wird die Situation bezeichnet, dass lohnsteuerrechtliche Pflichten ausschließlich das Verhältnis zwischen Staat und Arbeitgeber betreffen, ohne Auswirkungen auf die Rechtsstellung des Arbeitnehmers zu haben. „Außenwirkung" kommt demgegenüber solchen Regelungszusammenhängen zu, die auch für die Rechtsstellung des Arbeitnehmers von Belang sind[80].

III. Der Steuereinbehalt als Referenzfall der Außenwirkung

1. Vorgehensweise und Begriffsbestimmung

Die zentrale Arbeitgeberpflicht mit Außenwirkung besteht im Einbehalt der Steuer[81]. Daher soll in erster Linie mit Blick auf diese Pflicht untersucht werden, wie sich die öffentlich-rechtliche Inpflichtnahme des Arbeitgebers auf das arbeitsrechtliche Pflichtengefüge auswirkt. Auf dieser Grundlage kann sodann beantwortet werden, ob es öffentlich-rechtlicher Begründungsmuster für das Handeln des Arbeitgebers gegen-

---

78 *Ellers* (Fn. 1), S. 22; *Sauer* (Fn. 16), S. 34 ff.; *Schick*, BB 1983, 1041 (1042); *Stolterfoht* in DStJG 9 (1986), S. 182; abweichend vor allem *G. Kirchhof* (Fn. 1), S. 58 f.; *Heuermann* (Fn. 25), S. 225.
79 Vgl. BVerfG v. 17.2.1977 – 1 BvR 33/76, BVerfGE 44, 103 (104); BVerfG v. 26.1.1977 – 1 BvL 7/76, BVerfGE 43, 231 (238); *G. Kirchhof* (Fn. 1), S. 58 f., S. 171 f.; Vorteile des Arbeitnehmers in Abrede stellend hingegen die in Fn. 78 zitierten Autoren sowie *von Groll* in DStJG 9 (1986), S. 445 a.E.; *Trzaskalik* in DStJG 12 (1989), S. 163.
80 In ganz ähnlicher Weise differenziert *Schäfer* (Fn. 13), S. 41 ff., S. 104 ff. zwischen Pflichten gegenüber dem Arbeitnehmer („Außenverhältnis") und dem Finanzamt („Innenverhältnis").
81 Siehe auch *G. Kirchhof* (Fn. 1), S. 28.

über dem Arbeitnehmer bedarf. In einem ersten Schritt soll beleuchtet werden, was das Gesetz meint, wenn es den Arbeitgeber in § 38 Abs. 3 S. 1 EStG verpflichtet, die Steuer bei jeder Lohnzahlung vom Arbeitslohn einzubehalten. Zu der Frage, was man sich unter diesem „Einbehalt" genau vorzustellen hat, bestehen unterschiedliche Sichtweisen. Manche Ausführungen lassen auf ein Verständnis schließen, wonach der Arbeitgeber den Bruttolohn zu diesem Zweck so aufteilt, dass er den Nettolohn an den Arbeitnehmer ausbezahlt, während er den Steuerbetrag für die zeitlich nachfolgende Abführung an das Finanzamt (vgl. § 41a Abs. 1 S. 1 Nr. 2 EStG) bereithält[82]. Auf dieser Separierungsthese aufbauend kommt in der finanzgerichtlichen Rechtsprechung bisweilen die Vorstellung zum Ausdruck, bei dem Steuerbetrag handele es sich um Treuhandgeld[83]. Diese Sichtweise ist schon deshalb falsch, weil es bereits an einer rechtlichen Grundlage für eine Pflicht des Arbeitgebers fehlt, eine Geldsumme in Höhe des Abzugsbetrags vorzuhalten[84]. Das Tatbestandsmerkmal „einzubehalten" in § 38 Abs. 3 S. 1 EStG ist daher ganz anders, nämlich losgelöst von mehr oder weniger diffusen Treuhanderwägungen zu verstehen: Die Steuer ist im Sinne des Gesetzes bereits dann einbehalten, wenn der Arbeitgeber den um die Steuer gekürzten Lohn auszahlt[85]. Daraus folgt zugleich, dass die Steuer bei Durchführung einer Nettolohnvereinbarung einbehalten *ist*, ohne dass es insoweit weiterer Überlegungen bedarf[86].

---

82 Siehe etwa *Sauer* (Fn. 16), S. 26 f.; *Schäfer* (Fn. 13), S. 152 f.; für eine dahingehende Verpflichtung *Beermann*, FR 1992, 262 (266).
83 BFH v. 1.8.2000 – VII R 110/99, BStBl. II 2001, 271 (272); BFH v. 26.7.1988 – VII R 83/87, BStBl. II 1988, 859 (860); BFH v. 18.4.1958 – VI 16/58 U, BStBl. III 1958, 319 (320); gleichsinnig BAG v. 30.4.2008 – 5 AZR 725/07, BAGE 126, 325 (329); BAG v. 7.3.2001 – GS 1/00, BAGE 97, 150 (159); BAG v. 17.3.1960 – 5 AZR 395/58, BAGE 9, 105 (112); *Sauer* (Fn. 16), S. 133 ff.
84 Siehe auch *Trzaskalik* (Fn. 2), § 38 EStG Rz. D 4; ausführlich zum Ganzen *A. Meyer*, DStZ 2014, 228 (245 f.); gegen eine treuhänderische Bindung auch etwa BGH v. 22.1.2004 – IX ZR 39/03, BGHZ 157, 350 (358 f.); *Schön* in FS H.P. Westermann, 2008, S. 1469 (1483).
85 Vgl. auch *Trzaskalik* (Fn. 2), § 38 EStG Rz. D 1; *Heuermann* (Fn. 25), S. 75 a.E., S. 142 a.E., S. 252.
86 Vgl. BFH v. 8.11.1985 – VI R 238/80, BStBl. II 1986, 186 (187); *Blümich/Wagner*, § 42d EStG Rz. 88; *Trzaskalik* (Fn. 2), § 38 EStG Rz. D 1, § 39b Rz. C 4; unnötig relativierend BFH v. 13.12.2007 – VI R 57/04, BStBl. II 2008, 434 (436); *Riepen* (Fn. 75), S. 10 („wirkt so, als ob"); a.A. (verfehlt) *Schäfer* (Fn. 13), S. 215 ff.

2. Rechtsfolgen
a) Steuerrecht

Einer verbreiteten Auffassung zufolge erlischt der Lohnsteueranspruch des Staates gegen den Arbeitnehmer bereits mit dem Einbehalt der Steuer[87]. Diese Auffassung trifft zu. Denn zum einen ist der Arbeitnehmer schon aufgrund des Lohnsteuereinbehalts wirtschaftlich in voller Höhe belastet, ohne eigene Aktivitäten zur Tilgung der Schuld entfalten zu können[88]. Zum anderen hat, wie dargelegt, der Staat den Arbeitgeber mit der Erhebung der Lohnsteuer betraut, so dass die weiteren Verfahrensschritte den Arbeitnehmer nur noch in Ausnahmefällen[89] etwas angehen[90]. Wurde die Steuer in der richtigen Höhe einbehalten, so sind Fehler des Arbeitgebers in späteren Verfahrensstadien folglich nicht dem Arbeitnehmer zuzurechnen, sondern es ist ausschließlich das Rechtsverhältnis zwischen Arbeitgeber und Staat betroffen (dazu auch unten

---

[87] LAG Berlin-Brandenburg v. 17.4.2015 – 6 Sa 1689/14, Rz. 59 (juris); *Blümich/Wagner*, § 42d EStG Rz. 88; *Trzaskalik* (Fn. 2), § 38 EStG Rz. C 6; *Heuermann* (Fn. 25), S. 16 ff., S. 251 ff.; *Schäfer* (Fn. 13), S. 27 ff.; *Schick* (Fn. 5), S. 19 f. Die Gegenansicht (BFH v. 17.10.2013 – VI R 44/12, BStBl. II 2014, 892 [894]; *Lang*, RdA 1999, 64 [65]; *Sauer* [Fn. 16], S. 75 ff.; *Tillmann* [Fn. 51], S. 125 ff.; *Völlmeke*, DB 1994, 1746 [1748]) stellt unter – freilich nicht zwingender (*Schäfer* [Fn. 13], S. 33 ff.) – Bezugnahme auf § 47 AO auf die Abführung der Steuer ab.

[88] Vgl. *Heuermann* (Fn. 25), S. 252.

[89] Bei ordnungsgemäß einbehaltener Steuer kann der Arbeitnehmer nur in dem Ausnahmefall des § 42d Abs. 3 S. 4 Nr. 2 EStG in Anspruch genommen werden. Nach richtiger Ansicht handelt es sich hierbei um einen – rechtspolitisch überaus zweifelhaften – Haftungstatbestand, der an die nach § 42d Abs. 1 EStG haftungsbewehrten Arbeitgeberpflichten anknüpft (vgl. *Blümich/Wagner*, § 42d EStG Rz. 95; *Heuermann* [Fn. 25], S. 253 f., S. 335 ff., S. 428 f.; *Schäfer* [Fn. 13], S. 233 ff.; *Schick*, BB 1983, 1041 [1042]; *Winter* [Fn. 5], S. 135 f.; a.A. *Trzaskalik* [Fn. 2], § 42d EStG Rz. D 6; *Völlmeke*, DB 1994, 1746 [1748]). Außerhalb dieses Sonderfalls kann nach ordnungsgemäßem Einbehalt der Steuer keine Gesamtschuld nach § 42d Abs. 3 S. 1 EStG bestehen, da die Steuerschuld des Arbeitnehmers, wie im Haupttext dargelegt, erloschen ist. Hierfür spricht auch ein Umkehrschluss zu § 42d Abs. 3 S. 4 EStG (*Heuermann* [Fn. 25], S. 253). Die damit verbundene Akzessorietätslockerung der Arbeitgeberhaftung ist hinzunehmen (*Heuermann* [Fn. 25], S. 254 f.; a.A. *Gast-de-Haan* in DStJG 9 [1986], S. 146 f.; *Sauer* [Fn. 16], S. 80 f.; *Tillmann* [Fn. 51], S. 125 f.; skeptisch noch *A. Meyer*, DStZ 2014, 228 [244]).

[90] Vgl. *Trzaskalik* (Fn. 2), § 38 EStG Rz. C 6 („Inkassostelle für das Finanzamt").

V.)[91]. Die einbehaltene Steuer ist dem Arbeitnehmer auch dann im Rahmen der Anrechnung nach § 36 Abs. 2 Nr. 2 S. 1 EStG zugute zu bringen, wenn der Arbeitgeber sie pflichtwidrig nicht an den Staat abführt[92]. Plastisch ausgedrückt: Der Arbeitgeber behält die Steuer zwar für Rechnung des Arbeitnehmers ein (§ 38 Abs. 3 S. 1 EStG), er führt sie aber für Rechnung des Staates an diesen ab[93]. Hat der Arbeitgeber einen zu hohen Betrag einbehalten, so kommt auch der Differenzbetrag dem Arbeitnehmer zugute. So ist zu Recht weithin anerkannt, dass ein darauf beruhender, unterjähriger Erstattungsanspruch aus § 37 Abs. 2 AO dem Arbeitnehmer, nicht aber dem Arbeitgeber zusteht[94]. Praktisch von größerer Relevanz ist, dass der Mehrbetrag dem Arbeitnehmer auch im Rahmen des Lohnsteuer-Jahresausgleichs (§ 42b EStG) und der Anrechnung nach § 36 Abs. 2 Nr. 2 S. 1 EStG zugutekommt[95].

b) Arbeitsrecht

Weniger stark ausgeleuchtet als die Steuerrechtslage sind die arbeitsrechtlichen Konsequenzen des Lohnsteuereinbehalts. Sie betreffen aber den Kern des Problems, nämlich die Rechtslage im Verhältnis zwischen Arbeitgeber und Arbeitnehmer. Denn vielfach wird gerade im Lohnsteu-

---

91 Vgl. BFH v. 8.11.1985 – VI R 238/80, BStBl. II 1986, 186 (187); *Drenseck* in DStJG 9 (1986), S. 411 f. („so hat das Finanzamt das Risiko zu tragen"); *Sauer* (Fn. 16), S. 132.
92 Siehe nur BFH v. 8.11.1985 – VI R 238/80, BStBl. II 1986, 186 (187); *Trzaskalik* (Fn. 2), § 38 EStG Rz. A 21 (auch zur Rechtslage bei Durchführung des Lohnsteuer-Jahresausgleichs).
93 Siehe auch *Heuermann* (Fn. 25), S. 268 f.; *Schäfer* (Fn. 13), S. 29 f.; a.A. BAG v. 7.3.2001 – GS 1/00, BAGE 97, 150 (154 ff.); *G. Kirchhof* (Fn. 1), S. 59; Wissenschaftlicher Beirat Steuern der Ernst & Young GmbH, DB 2013, 139 (139).
94 *Trzaskalik* (Fn. 2), § 38 EStG Rz. D 13 ff.; *Drenseck* in DStJG 9 (1986), S. 410 ff.; *Drüen* (Fn. 4), S. 328 f.; *Sauer* (Fn. 16), S. 86 f.; *Schäfer* (Fn. 13), S. 129 ff. (für Analogie); *Stolterfoht* in DStJG 9 (1986), S. 204 f.; eine unterjährige Erstattung ablehnend aber BFH v. 19.12.2000 – VII R 69/99, BStBl. II 2001, 353 (357); ebenso *Heuermann* (Fn. 25), S. 211, jedoch auf Grundlage der nicht überzeugenden Auffassung, die Anmeldung bilde die Rechtsgrundlage für den Einbehalt (dazu unten V. 1.). Erstattungen nach § 41c EStG liegt ein Anspruch aus § 37 Abs. 2 AO zugrunde (*Blümich/Heuermann*, § 41c EStG Rz. 6).
95 Vgl. BFH v. 17.6.2009 – VI R 46/07, BStBl. II 2010, 72 (73 f.); *Krause* (Fn. 61), § 55 Rz. 26; *Sauer* (Fn. 16), S. 86; näher zur Verhältnisbestimmung *Drenseck* in DStJG 9 (1986), S. 410 f.; zu Rechtsschutzmöglichkeiten gegen das Finanzamt wegen rechtswidrigen Steuereinbehalts *Trzaskalik* (Fn. 2), § 38 Rz. A 101 f.

ereinbehalt öffentlich-rechtliches Handeln des Arbeitgebers erblickt[96], und es besteht die Bereitschaft, ihm den Status eines Beliehenen[97] oder eines Verwaltungshelfers[98] zuzuordnen. Derartige Erklärungsmuster haben schon deshalb Skepsis hervorgerufen, weil das Arbeitgeberhandeln nur mit erheblichen argumentativen Klimmzügen unter das weithin konsentierte, zu öffentlich-rechtlichem Handeln hinführende Verständnis dieser Rechtsfiguren subsumiert werden kann[99]. Wie bereits dargelegt, kann die Annahme eines öffentlich-rechtlichen Handelns des Arbeitgebers auch kaum in Übereinstimmung mit seiner Stellung als Steuerpflichtiger gebracht werden (vgl. oben II. 2.). Die im Schrifttum teilweise vorzufindende Trennung zwischen der Rolle des Arbeitgebers im Verhältnis zum Staat einerseits und im Verhältnis zum Arbeitnehmer andererseits[100] erscheint gekünstelt und wirkt schon deshalb wenig plausibel[101].

Wie im Folgenden nachgewiesen wird, ist der öffentlich-rechtliche Lösungsansatz – über diese Einwände hinaus – auch sachlich nicht veranlasst. Im Kern lebt diese Sichtweise von dem Bild eines kraft Zivilrechts fixierten Bruttolohns, den der Arbeitgeber einseitig kürzt, und zwar aufgrund einer Machtbefugnis, die ihm das Steuerrecht verleiht[102]. Zugleich wird der Arbeitnehmer als verpflichtet angesehen, ebendiesen Eingriff in seine bestehenden arbeitsvertraglichen Rechte zu dulden[103].

---

96 Treffend die Beobachtung *Drüens* (Fn. 4), S. 91 f.; vgl. die unter II. sowie im Folgenden nachgewiesenen Vertreter öffentlich-rechtlicher Lösungsansätze.
97 Nachweise in Fn. 67.
98 *Musil* (Fn. 56), § 6 AO Rz. 12; *Sauer* (Fn. 16), S. 64 ff.; vgl. auch bereits *Schick* (Fn. 5), S. 9 ff., S. 37 ff.
99 Den Beleihungsansatz ablehnend *Musil* (Fn. 56), § 6 AO Rz. 12; *Burgi* (Fn. 4), S. 116 mit S. 81 ff.; *Ellers* (Fn. 1), S. 22 ff.; *Heuermann*, StuW 1999, 349 (351 ff.); *G. Kirchhof* (Fn. 1), S. 45 ff. Auf die – inhaltlich viel weniger klare – Rechtsfigur des Verwaltungshelfers wird unter 3. c) zurückgekommen; symptomatisch insoweit der wenig überzeugende Einordnungsversuch bei *Sauer* (Fn. 16), S. 64 ff.; gegen eine derartige Sichtweise *G. Kirchhof* (Fn. 1), S. 57.
100 Vgl. *Trzaskalik* (Fn. 2), § 38 EStG Rz. A 10 ff., D 5 f.; *Sauer* (Fn. 16), S. 52 f.; *Schäfer* (Fn. 13), S. 102; s. auch bereits *Riepen* (Fn. 75), S. 43; *Stolterfoht* in DStJG 9 (1986), S. 191 f.
101 Für „unvertretbar" hält sie *Heuermann*, StuW 1999, 349 (352 a.E.).
102 Vgl. etwa *Schäfer* (Fn. 13), S. 97 ff.; *Stolterfoht* in DStJG 9 (1986), S. 193 f.
103 Diese Duldungspflicht wird auch von solchen Autoren anerkannt, die einen privatrechtlichen Ansatz vertreten; grundlegend *Heuermann* (Fn. 25), S. 229 ff. mit S. 117 ff., der auf dieser Basis zu einer „gemeinschaftlichen Schuld" von Arbeitnehmer und Arbeitgeber gelangt; s. auch *Heuermann*,

Dieses Bild ist jedoch nicht zwingend, sondern bedarf im Gegenteil der Revision. Das zeigt sich, wenn man auf vorgelagerter Ebene ansetzt, und zwar beim Lohnanspruch des Arbeitnehmers. Das Steuerrecht greift an dieser Stelle nämlich gestaltend in das Zivilrechtsgefüge ein. Der Arbeitnehmer kann zu keinem Zeitpunkt die Auszahlung des vertraglich vereinbarten Bruttolohns verlangen, denn § 38 Abs. 3 S. 1 EStG verpflichtet den Arbeitgeber, den Steuerbetrag bei jeder Lohnzahlung einzubehalten[104]. Die zivilrechtliche Verpflichtung des Arbeitgebers „zur Gewährung der vereinbarten Vergütung" (§ 611 Abs. 1 Halbs. 2 BGB) besteht folglich aufgrund öffentlich-rechtlicher Überformung[105] darin, den Nettolohn an den Arbeitnehmer auszuzahlen und auf diese Weise zugleich die Lohnsteuer (sowie auch die Sozialabgaben) einzubehalten[106]. Mit anderen Worten: Der Schuldinhalt wird kraft zwingenden Rechts modifiziert. Kommt der Arbeitgeber seinen so konkretisierten Pflichten nach, so tritt, anders als das BAG meint, auch zivilrechtlich Erfüllungswirkung ein[107].

StuW 1999, 349 (353 ff.); vgl. ferner *Drüen* (Fn. 4), S. 327 f.; *G. Kirchhof* (Fn. 1), S. 47; Wissenschaftlicher Beirat Steuern der Ernst & Young GmbH, DB 2013, 139 (139) sowie auch BAG v. 30.4.2008 – 5 AZR 725/07, BAGE 126, 325 (329). Wie im Folgenden gezeigt wird, sind derartige Konstruktionen jedoch nicht erforderlich.

104 Insoweit auch *Drüen* (Fn. 4), S. 326 f.; Wissenschaftlicher Beirat Steuern der Ernst & Young GmbH, DB 2013, 139 (139).

105 Vgl. FG Mecklenburg-Vorpommern v. 4.5.1993 – I 104/92, EFG 1993, 744 (744) („überlagert"); Wissenschaftlicher Beirat Steuern der Ernst & Young GmbH, DB 2013, 139 (139) sowie in allgemeinerem Kontext auch etwa *Heuermann*, StuW 1999, 349 (351).

106 Vgl. auch *Krause* (Fn. 61), § 55 Rz. 42; teilweise abweichend BAG v. 7.3.2001 – GS 1/00, BAGE 97, 150 (152 ff.); siehe aber BAG v. 21.12.2016 – 5 AZR 273/16, NZA 2017, 449 (450). Einer Aufrechnung bedarf es nicht (*Müller-Glöge* [Fn. 60], § 611 BGB Rz. 838). Gegen die hier vertretene Sichtweise lässt sich nicht einwenden, dass im Rahmen der Lohnzahlungsklage der Bruttobetrag eingeklagt und tenoriert wird (s. nur BAG, a.a.O.). Denn das ist einfach der in § 38 Abs. 2 S. 2, Abs. 3 S. 1 BGB angelegten Besonderheit geschuldet, dass die Steuer erst im Zuflusszeitpunkt entsteht und einbehalten werden muss. Erhebliche Schwierigkeiten bereitet die öffentlich-rechtliche Überformung des Lohnzahlungsanspruchs allerdings im Rahmen der Zwangsvollstreckung (dazu näher *Schäfer* [Fn. 13], S. 157 ff.).

107 Vgl. LAG Berlin-Brandenburg v. 17.4.2015 – 6 Sa 1689/14, Rz. 58 ff. (juris); FG Mecklenburg-Vorpommern v. 4.5.1993 – I 104/92, EFG 1993, 744 (744); *Trzaskalik* (Fn. 2), § 38 EStG Rz. A 50; *Sauer* (Fn. 16), S. 71; *Schick* (Fn. 5), S. 20; *Stolterfoht* in DStJG 9 (1986), S. 202 ff. Demgegenüber reflektiert das BAG die zentrale steuerrechtliche Bedeutung des Einbehalts (oben a)) nur un-

Sinnvoll und geboten erscheint es, an dieser Stelle noch einen Schritt weiterzugehen und die durch das Steuerrecht bedingte arbeitsrechtliche Erfüllungswirkung auf den konkret einbehaltenen Betrag zu beziehen, d.h. auch dann durchgreifen zu lassen, wenn der Arbeitgeber zu viel einbehält. Dieser Ansatz ist im Schrifttum verbreitet[108] und geht im Kern auch mit der neueren Rechtsprechung des BAG konform, das lediglich dann eine Ausnahme machen will, wenn für den Arbeitgeber eindeutig erkennbar gewesen ist, dass keine Verpflichtung zum Abzug bestanden hat[109]. Für diese Lösung lässt sich anführen, dass der Arbeitgeber im Lager des Staates steht, soweit er den Lohnsteuereinbehalt vornimmt (dazu oben II. 3. b)). Dann ist es konsequent, dass der Arbeitnehmer darum rankende Streitigkeiten mit dem Staat und nicht mit dem Arbeitgeber ausfechten muss[110]. Der konkret einbehaltene Betrag kommt ihm, wie unter a) dargelegt, steuerrechtlich in voller Höhe zugute. Der hier vertretene Ansatz hat den Vorteil, dass sich die Arbeitsgerichtsbarkeit nicht mit der Höhe der Lohnsteuer befassen muss[111], was widersprüchliche Entscheidungen[112], Überforderungssituationen der Verfahrensbeteiligten und Rechtsanwendungsfehler zu vermeiden hilft[113]. Einzuräumen ist

---

zureichend, wenn behauptet wird, Erfüllung trete erst bei Abführung der Steuer ein (vgl. BAG v. 21.12.2016 – 5 AZR 266/16, NJW 2017, 972 [972 f.]; BAG v. 30.4.2008 – 5 AZR 725/07, BAGE 126, 325 [329]; BAG v. 7.3.2001 – GS 1/00, BAGE 97, 150 [154 ff.]).

108 *Trzaskalik* (Fn. 2), § 38 EStG Rz. A 50; *Sauer* (Fn. 16), S. 84 f.; *Schäfer* (Fn. 13), S. 152 ff.; *Stolterfoht* in DStJG 9 (1986), S. 202 ff. sowie auch FG Mecklenburg-Vorpommern v. 4.5.1993 – I 104/92, EFG 1993, 744 (744).

109 BAG v. 21.12.2016 – 5 AZR 266/16, NJW 2017, 972 (973); BAG v. 30.4.2008 – 5 AZR 725/07, BAGE 126, 325 (328 ff.), wo allerdings zu Unrecht (Fn. 107) entscheidend auf die Abführung abgestellt wird, die einen „besonderen Erfüllungseinwand" begründe; dieser Rechtsprechung folgend *Müller-Glöge* (Fn. 60), § 611 BGB Rz. 838.

110 Siehe auch bereits FG Mecklenburg-Vorpommern v. 4.5.1993 – I 104/92, EFG 1993, 744 (744) sowie *Stolterfoht* in DStJG 9 (1986), S. 203 ff., entgegen dessen Auffassung diese Lösung auch bei zivilrechtlichem Handeln des Arbeitgebers erzielbar ist; zu Rechtsschutzmöglichkeiten wegen rechtswidrigen Steuereinbehalts s. Fn. 95.

111 Eingeklagt und ausgeurteilt wird der vertraglich vereinbarte Bruttolohn (näher Fn. 106).

112 Dazu bereits oben II. 3. a).

113 Überantwortet man die um die Rechtmäßigkeit des Steuereinbehalts rankenden Streitfragen mithin dem zwischen Arbeitnehmer und Staat bestehenden Rechtsverhältnis, so besteht m.E. kein genügender Anlass für die Einführung eines besonderen Abzugsstreitverfahrens (zu darauf gerichteten Überlegungen s. zuletzt *Drüen* [Fn. 4], S. 377 f.).

zwar, dass die Höhe des erfüllungstauglichen Steuereinbehalts auf Basis dieses Ansatzes vom konkreten Auszahlungsverhalten des Arbeitgebers abhängt. Gleichwohl bedarf es auch in dieser Hinsicht nicht der Rechtsfigur eines kraft öffentlichen Rechts eingreifenden Arbeitgebers. Die zivilrechtliche Erfüllungswirkung des konkret einbehaltenen Betrages ergibt sich vielmehr unmittelbar aus den zugrunde liegenden gesetzlichen Regelungen. Letztlich ist sie den Besonderheiten des lohnsteuerrechtlichen Dreiecks geschuldet.

3. Folgerungen und weitergehende Gesichtspunkte

a) Der Arbeitgeber als in Dienst genommener Privater

Die Analyse der Rechtslage beim Lohnsteuereinbehalt hat mithin belegt, dass das Lohnsteuerrecht in der Lage ist, auf die zivilrechtliche Pflichtenlage einzuwirken. Im Bereich des Steuereinbehalts handelt es sich um eine Einwirkung in Form einer Modifikation[114]. Ein Bedürfnis für eine öffentlich-rechtliche Einordnung des Arbeitgeberhandelns ist, wie dargelegt, vor diesem Hintergrund nicht erkennbar. Es bietet sich daher an, den Arbeitgeber auf Grundlage eines inzwischen verbreiteten Begriffsverständnisses als in Dienst genommenen Privaten einzuordnen, der im Verhältnis zum Arbeitnehmer auf der Ebene des Zivilrechts agiert[115]. Diese Aussage ist verallgemeinerungsfähig und bewährt sich auch bei anders gearteten Einwirkungen des Lohnsteuerrechts auf das Arbeitsrecht, wie im Folgenden beispielhaft anhand der Pflicht zur Überlassung von Lohn-

---

114 *Trzaskalik* (Fn. 2), § 38 EStG Rz. A 50.
115 Ausführlich *Drüen* (Fn. 4), S. 85, S. 109 ff., S. 133 ff., S. 316, S. 330 ff.; gleichsinnig *Brodersen* in FS Hj. Otto, 2008, S. 29 (40 f.); *Ellers* (Fn. 1), S. 28 ff.; Wissenschaftlicher Beirat Steuern der Ernst & Young GmbH, DB 2013, 139 (140); weitergehend *G. Kirchhof* (Fn. 1), S. 47 ff., S. 57 ff., S. 67 ff. („originär private Aufgabe"). Die hier zugrunde gelegte Terminologie ist jedoch nicht konsentiert (näher wiederum *Drüen* [Fn. 4], S. 11 ff., S. 85 ff.); ein abweichendes Begriffsverständnis (öffentlich-rechtliches Tätigwerden) zugrunde legend *Burgi* (Fn. 4), S. 116 mit S. 81 ff. (hier verneinend); s. auch bereits *H.P. Ipsen* in FG Kaufmann, 1950, S. 141 (159) (bejahend); wieder anders *Schirra* (Fn. 16), S. 10 f. („Aufgabenübertragung gegen den Willen"; sie vorliegend bejahend S. 14 ff.). Mit dem hier vertretenen Ansatz inhaltlich übereinstimmend geht *Burgi* (Fn. 4), S. 116 von „einem Fall der zwangsweisen funktionalen Privatisierung" aus. Auch *Heuermann*, StuW 1999, 349 (351 ff.) gelangt zu privatrechtlichem Handeln des Arbeitgebers; in terminologischer Hinsicht kritisch aber *Heuermann*, FR 2013, 354 (354, 358).

steuerbescheinigungen und des Pauschalierungswahlrechts bei geringfügig Beschäftigen nachgewiesen wird.

b) Mannigfaltigkeit der Einwirkungen des Steuerrechts auf das Arbeitsrecht

Nach näherer Maßgabe von § 41b Abs. 1 S. 3 ff. EStG hat der Arbeitgeber dem Arbeitnehmer eine Lohnsteuerbescheinigung zugänglich zu machen. Diese Pflicht hat der Arbeitgeber in seiner Rolle als Steuerpflichtiger zu erfüllen, so dass sie zunächst einmal gegenüber dem Staat besteht[116]. Mit Blick auf die Dokumentations- und Nachweisfunktion der Lohnsteuerbescheinigung[117] liegt es allerdings äußerst nahe, dass dem Arbeitnehmer ein Anspruch auf die Bescheinigung zustehen muss[118]. Ob sich aus einem steuerrechtlichen Regelungszusammenhang ein derart „überschießender", anspruchsbegründender Gehalt im Rechtsverhältnis zwischen Arbeitgeber und Arbeitnehmer gewinnen lässt, muss für jede normative Situation gesondert analysiert werden. Anders als es vor allem in der früheren arbeitsgerichtlichen Rechtsprechung angelegt ist, verbieten sich insoweit Automatismen[119]. Die Interessenlage spricht hier für einen Anspruch des Arbeitnehmers auf Zugänglichmachung der Bescheinigung, wenngleich über diese Frage Streit besteht[120]. Will man diesen Anspruch anerkennen, so bedarf es dafür ebenfalls keines öffentlich-rechtlichen Erklärungsmusters. Vielmehr stehen zwei konstruktive Wege für eine zivilrechtliche Lösung zur Verfügung. Entweder man leitet eine darauf gerichtete, ungeschriebene arbeitsvertragliche Nebenleistungspflicht ab[121], oder man misst der steuerrechtlichen Norm zugleich zivilrechtlichen Gehalt zu, so dass ihr ein doppelfunktionaler Charakter

---

116 *Hummel* in Kirchhof/Söhn/Mellinghoff, § 41b EStG Rz. A 2.
117 Vgl. BFH v. 4.9.2008 – VI B 108/07, BFH/NV 2009, 175 (175); BFH v. 13.12.2007 – VI R 57/04, BStBl. II 2008, 434 (436); *Fissenewert* in Herrmann/Heuer/Raupach, § 41b EStG Rz. 13.
118 Vgl. FG Hamburg v. 30.6.2003 – II 110/03, EFG 2003, 1639 (1639); Blümich/Heuermann, § 41b EStG Rz. 3, 4; *Fissenewert* (Fn. 117), § 41b EStG Rz. 6; Schmidt/Krüger (Fn. 8), § 41b EStG Rz. 2; *Tillmann* (Fn. 51), S. 154.
119 *Trzaskalik* (Fn. 2), § 38 EStG Rz. A 40; zu der dazu geführten Diskussion s. oben II. 3. a).
120 Siehe einerseits die Nachweise in Fn. 118 und andererseits *Hummel* (Fn. 116), § 41b EStG Rz. A 2, A 5 (Anspruch nur gegenüber der Finanzverwaltung).
121 Vgl. FG Münster v. 30.3.2011 – 8 K 1968/10, EFG 2011, 1735 (1737); Blümich/Heuermann, § 41b EStG Rz. 4; *Fissenewert* (Fn. 117), § 41b EStG Rz. 6; *Tillmann* (Fn. 51), S. 154 f., anknüpfend an denjenigen Ansatz, der auf das

zukommt: Sie ist öffentlich-rechtlicher Natur, soweit sie das Rechtsverhältnis zum Staat betrifft, und zivilrechtlicher Natur, soweit sie das Arbeitsverhältnis ausgestaltet und damit ausschließlich Privatrechtssubjekte (als solche) berechtigt und verpflichtet[122]. Da § 41b Abs. 1 S. 3 ff. EStG Regelungen enthält, von denen der Arbeitnehmer profitiert, liegt es bereits mit Blick auf den Gesetzeswortlaut nahe, diesen Vorschriften unmittelbar einen auch-zivilrechtlichen Gehalt zuzumessen[123]. Folgt man dieser Einordnung, so kommt dem Lohnsteuerrecht in dieser Hinsicht anspruchskonstituierende Wirkung für das Arbeitsverhältnis zu.

In diesem Zusammenhang sei ferner betont, dass für Rechtsstreitigkeiten über die Pflichten des Arbeitgebers im Verhältnis zum Arbeitnehmer die Arbeitsgerichte zuständig sind (vgl. § 2 Abs. 1 Nr. 3 ArbGG)[124]. Dies gilt unabhängig von den Einzelheiten der rechtskonstruktiven Ableitung des jeweiligen Anspruchs, denn dieser ist, wie dargelegt, stets zivilrechtlicher Natur und wurzelt im Arbeitsverhältnis[125]. Der gegenläufigen Rechtsauffassung, die das BAG im Hinblick auf den Fragenkreis

---

Fürsorgepflichtkonzept abstellt (Nachweise unter II. 3. a), insbesondere in Fn. 61).

122 Vgl. zu der entscheidenden Bedeutung „der Natur des Rechtsverhältnisses, aus dem der Klageanspruch hergeleitet wird", für die Zuordnung zum öffentlichen bzw. privaten Recht GmS-OGB v. 29.10.1987 – GmS-OGB 1/86, GmS-OGB BGHZ 102, 280 (283 f.); GmS-OGB v. 10.4.1986 – GmS-OGB 1/85, GmS-OGB BGHZ 97, 312 (313 f.); nicht überzeugend hingegen die Sachausführungen in GmS-OGB v. 4.6.1974 – GmS-OGB 2/73, NJW 1974, 2087 (2087 f.); vgl. dazu auch *Tillmann* (Fn. 51), S. 160 f. Gesetzgebungskompetenziell liegt ein genügend enger Sachzusammenhang vor.

123 Gleichsinnig FG Hamburg v. 30.6.2003 – II 110/03, EFG 2003, 1639 (1639) („handelt es sich auch um eine Norm des Privatrechts"); FG Brandenburg v. 3.12.1996 – 1 K 1366/96, EFG 1997, 358 (358 f.) („dem Charakter nach [...] eine Norm des Privatrechts"); insoweit a.A. FG Münster v. 30.3.2011 – 8 K 1968/10, EFG 2011, 1735 (1737); einen derartigen Anspruch schon im Ausgangspunkt ablehnend *Hummel* (Fn. 116), § 41b EStG Rz. A 5.

124 Vgl. für den vorliegenden Kontext *Blümich/Heuermann*, § 41b EStG Rz. 3; *Fissenewert* (Fn. 117), § 41b EStG Rz. 6; *Schmidt/Krüger* (Fn. 8), § 41b EStG Rz. 2 sowie Nachweise in Fn. 125.

125 Gleichsinnig FG Münster v. 30.3.2011 – 8 K 1968/10, EFG 2011, 1735 (1736 f.); FG München v. 20.7.2007 – 1 K 1376/07, EFG 2007, 1707 (1707 f.); FG Hamburg v. 30.6.2003 – II 110/03, EFG 2003, 1639 (1639 f.); FG Brandenburg v. 3.12.1996 – 1 K 1366/96, EFG 1997, 358 (358 f.); *Tillmann* (Fn. 51), S. 160 f.

der Lohnsteuerbescheinigung vertritt[126], ist nicht zu folgen, und es stellt ein Versäumnis sowohl des BFH als auch des BAG dar, das fällige Vorlegungsverfahren nach § 11 RsprEinhG mit gekünstelt anmutenden Differenzierungen vermieden zu haben[127]. Nach Dafürhalten des Verfassers richtet sich der Vorwurf fehlender Rechtsschutzklarheit daher in erster Linie an die Gerichte[128].

Das Lohnsteuerrecht kann auch noch auf andere Weise auf das Arbeitsrecht einwirken. So kennt es Vorschriften, nach denen dem Arbeitgeber Wahlrechte zustehen. Dazu folgendes Beispiel: § 40a Abs. 2 EStG berechtigt ihn, in Bezug auf geringfügig Beschäftigte zwischen Pauschalbesteuerung und individueller Besteuerung zu wählen. Dieses Beispiel ist in zweifacher Hinsicht lehrreich: Erstens ermöglicht das Gesetz dem Arbeitgeber, den Erfüllungsinhalt durch eine von ihm selbst getroffene Entscheidung zu konkretisieren und damit gestaltend auf das arbeitsvertragliche Pflichtengefüge einzuwirken[129]. Das wirft die Frage auf, ob es nicht wenigstens hier eines öffentlich-rechtlichen Erklärungsmusters bedarf. Im Ergebnis kann das aber erneut verneint werden: Einseitige Leistungsbestimmungsrechte, die aus gesetzlichen Vorschriften resultieren, sind der Zivilrechtsordnung auch sonst nicht fremd[130]. Soweit dem Arbeitgeber die Befugnis eingeräumt wird, den arbeitsvertraglichen Erfüllungsinhalt zu konkretisieren, wirkt das Steuerrecht derart auf das Arbeitsrecht ein, dass dem Arbeitgeber eine solche Konkretisierungsbefugnis kraft Gesetzes verliehen ist. Auch insoweit handelt es sich folglich

---

126 BAG v. 7.5.2013 – 10 AZB 8/13, NZA 2013, 862 (862 f.); BAG v. 11.6.2003 – 5 AZB 1/03, NZA 2003, 877 (878); vgl. auch *Hummel* (Fn. 116), § 41b EStG Rz. A 4; *Schäfer* (Fn. 13), S. 155.
127 Vgl. BFH v. 4.9.2008 – VI B 108/07, BFH/NV 2009, 175 (175 f.); BFH v. 13.12.2007 – VI R 57/04, BStBl. II 2008, 434 (435); BAG v. 7.5.2013 – 10 AZB 8/13, NZA 2013, 862 (863 f.).
128 Insoweit abweichend *Drüen* (Fn. 4), S. 376 f.
129 Anders als im Normalfall der individuell erhobenen Lohnsteuer (dazu oben 2. b)) wird der Schuldinhalt hier nicht steuerrechtlich modifiziert, da bei Pauschalbesteuerung kein Steuereinbehalt erfolgt. Ob eine Steuerüberwälzung möglich ist, richtet sich allein nach Zivilrecht (*Wagner* in Herrmann/Heuer/Raupach, § 40 EStG Rz. 24; *Linck* in Schaub, Arbeitsrechts-Handbuch, 16. Aufl. 2015, § 71 Rz. 6; dazu Fn. 135). Aufgrund von § 40 Abs. 3 S. 2 Halbs. 2 EStG wirkt sich steuerrechtlich nicht aus.
130 BGH v. 13.6.2007 – VIII ZR 36/06, BGHZ 172, 315 (319) (zu § 4 AVBGasV); s. beispielsweise §§ 660, 661 Abs. 2 BGB, § 12 ArbnErfG, § 16 BetrAVG, § 14 Abs. 1 RVG, § 5 Abs. 2 GOÄ sowie *Würdinger* in MünchKomm/BGB, 7. Aufl. 2016, § 315 BGB Rz. 7.

um eine Überformung des Arbeitsrechts durch das Steuerrecht, die sich dadurch auszeichnet, dass das Steuerrecht ein auch zivilrechtlich bedeutsames Bestimmungsrecht gewährt. Dessen Besonderheit besteht im Vergleich zu den weitaus meisten gesetzlichen Leistungsbestimmungsrechten des Zivilrechts[131] darin, dass das Steuerrecht keine Leitlinien für die Wahlrechtsausübung vorgibt[132]. Das lässt sich damit rechtfertigen, dass auf diese Weise im Verhältnis zum Finanzamt klare Verhältnisse geschaffen werden. Ferner entscheidet der Arbeitgeber nicht über die Höhe des von ihm geschuldeten Arbeitslohns, sondern nur über dessen steuerliche Behandlung[133].

Zweitens führt dieses Beispiel noch zu einem anderen, ganz wesentlichen Gesichtspunkt hin: Zwar ist die Wahlrechtsausübung des Arbeitgebers bestimmend für die steuerrechtlichen Folgen[134]. Gleichwohl liegt es äußerst nahe, davon auszugehen, dass der Arbeitgeber aus Gründen vermögensrechtlicher Fürsorge im Verhältnis zum Arbeitnehmer *verpflichtet* ist, die Pauschalbesteuerung durchzuführen, wenn der Arbeitnehmer das wünscht und sich mit der Übernahme der Steuer einverstanden erklärt[135]. Hierfür spricht nicht zuletzt, dass mit dem niedrigen Steuersatz Lenkungszwecke verfolgt werden und der Genuss der Steu-

---

131 Die Leistungsbestimmung nach Maßgabe der in Fn. 130 angeführten Vorschriften muss regelmäßig nach billigem Ermessen erfolgen; vgl. dazu *Staudinger/Rieble*, Neubearbeitung 2015, § 315 BGB Rz. 276.
132 Siehe zur Wahlfreiheit des Arbeitgebers BFH v. 20.11.2008 – VI R 4/06, BStBl. II 2009, 374 (376); BAG v. 13.11.2014 – 8 AZR 817/13, NZA 2015, 166 (167); *Blümich/Thürmer*, § 40a EStG Rz. 6; a.A. Trzaskalik (Fn. 2), § 40 EStG Rz. A 40 ff.
133 Hinzukommt, dass der Arbeitgeber im Verhältnis zum Arbeitnehmer nach richtiger Ansicht Bindungen unterliegt; dazu sogleich.
134 *Wagner* (Fn. 129), § 40 EStG Rz. 15.
135 Vgl. *Trzaskalik* (Fn. 2), § 40a EStG Rz. A 9; offenbar auch BAG v. 5.8.1987 – 5 AZR 22/86, BAGE 56, 14 (18); a.A. *Wagner* (Fn. 129), § 40a EStG Rz. 18 und wohl auch BAG v. 13.11.2014 – 8 AZR 817/13, NZA 2015, 166 (167), wo dem Arbeitnehmer angesonnen wird, „eine entsprechende Vereinbarung vorzuschlagen". Es bestehe auch keine Pflicht, den Arbeitnehmer darauf hinzuweisen, dass die Möglichkeit der Pauschalbesteuerung offensteht (nicht zweifelsfrei!). Einen Anspruch des Arbeitnehmers auf Durchführung der Regelbesteuerung hat das BAG hingegen mit Eindeutigkeit bejaht (BAG v. 5.8.1987 – 5 AZR 22/86, BAGE 56, 14 [18]). In derselben Entscheidung wird der Arbeitgeber zudem als grundsätzlich befugt angesehen, die pauschale Steuer auf den Arbeitnehmer abzuwälzen (S. 15 ff.). Dafür spricht, dass es sich auch bei der pauschalen Lohnsteuer bei materieller Betrachtung um eine Angelegenheit des Arbeitnehmers handelt (ausführlich BAG v. 1.2.2006

ererleichterung nicht von der Willkür des Arbeitgebers abhängen darf[136]. Diese interne Bindung kann als Korrektiv für die Wahlfreiheit des Arbeitgebers im Verhältnis zum Finanzamt verstanden werden, das an die Stelle des ansonsten regelmäßig anzutreffenden Erfordernisses billiger Ermessensausübung[137] tritt und inhaltlich über dieses hinausreicht. Auf Basis dieses Ansatzes ergibt sich eine weitere Form der Einwirkung des Lohnsteuerrechts auf das Arbeitsrecht: Es handelt sich vorliegend um eine zwar auf das Lohnsteuerrecht bezogene, von ihm jedoch abstrahierte arbeitsrechtliche Pflicht. Daraus folgt, dass lohnsteuerrechtliche Regelungszusammenhänge in die Entstehung eigenständiger arbeitsrechtlicher Pflichten münden können. Auch insoweit sind das konkrete Regelungsgefüge und die daran anknüpfende zivilrechtliche Interessenlage entscheidend.

c) Rechtslage bei Pflichtverletzungen: Arbeitsrechtliche Eigenhaftung vs. Zurechnung von Arbeitgeberfehlverhalten zum Staat

Hat der Arbeitgeber die Verletzung einer derartigen, genuin arbeitsrechtlichen Pflicht zu vertreten, so schuldet er dem Arbeitnehmer nach allgemeinen zivilrechtlichen Grundsätzen (vgl. §§ 280 ff. BGB) Schadensersatz. Fraglich ist, ob Gleiches auch dann gilt, wenn der Arbeitgeber eine steuerrechtliche Pflicht mit Außenwirkung[138] verletzt. Es erscheint konsequent, eine arbeitsrechtliche Eigenhaftung dort zu bejahen, wo dieser Pflicht ein gleichgerichteter arbeitsrechtlicher Gehalt zukommt, wie das unter b) für § 41b Abs. 1 S. 3 ff. EStG befürwortet wurde. Denn das haftungsrechtliche Spiegelbild des Erfüllungsanspruchs auf Primärebene bildet eine Schadensersatzpflicht im Nicht- bzw. Schlechterfüllungsfall.

Allerdings gerät ein Ansatz, der sich ausschließlich auf die arbeitsrechtliche Eigenhaftung des Arbeitgebers stützt, an Grenzen. Er kann nämlich nur so weit reichen, wie sich vor dem Hintergrund des jeweiligen lohnsteuerrechtlichen Regelungszusammenhangs arbeitsrechtliche Pflichten ableiten lassen, die mit der steuerlichen Pflichtenlage korrespondieren

---

– 5 AZR 628/04, NZA 2006, 682 [683 f.]; s. aus dem Schrifttum etwa *Krause* [Fn. 61], § 55 Rz. 40; zur individuell erhobenen Steuer s. unten IV. 2.).
136 Vgl. *Trzaskalik* (Fn. 2), § 40b EStG Rz. A 20; zum Subventionscharakter des § 40a Abs. 2 EStG näher *Wagner* (Fn. 129), § 40a EStG Rz. 3.
137 Vgl. Fn. 131.
138 Zur Terminologie oben II. 3. b).

bzw. an diese anknüpfen[139]. Das ist bei weitem nicht bei jeder lohnsteuerrechtlichen Pflicht mit Außenwirkung der Fall – und insbesondere für diejenige Pflicht zu verneinen, die im Zentrum der Schadensersatzdiskussion steht[140], nämlich die Verpflichtung des Arbeitgebers zum Lohnsteuereinbehalt. Allerdings ist diese Pflicht vor allem von der arbeitsgerichtlichen Rechtsprechung lange Zeit zivilrechtlich so gespiegelt worden, dass der Arbeitgeber dem Arbeitnehmer gegenüber zum Einbehalt des korrekten Steuerbetrages verpflichtet ist[141]. Geht man so vor, liegt es äußerst nahe, eine Schadensersatzpflicht des Arbeitgebers abzuleiten, wenn er schuldhaft zu viel Lohnsteuer einbehält[142]. Jedoch sprechen mehrere Gründe gegen die Annahme einer derartigen (schadensersatzbewehrten) arbeitsvertraglichen Pflicht. Erstens streitet der Aspekt der Vermögensfürsorge hier nicht mit zwingender Evidenz für eine solche Lösung, denn auch der zusätzlich erhobene Betrag kommt dem Arbeitnehmer steuerrechtlich zugute[143]. Aufgrund der Besonderheiten des lohnsteuerrechtlichen Dreiecks kann und muss er sich an den Staat halten[144]. Nicht hingegen kann er den entsprechenden Betrag vom Arbeitgeber nachfordern, da zivilrechtlich Erfüllungswirkung eingetreten ist[145]. Zweitens, und eng damit zusammenhängend, relativierte eine arbeitsrechtliche Eigenhaftung die Argumente, die unter 2. b) zugunsten der zivilrechtlichen Erfüllungswirkung des konkret einbehaltenen Betrags angeführt wurden. Insbesondere müsste auf Grundlage dieser Lö-

---

139 Vgl. auch bereits *Stolterfoht* in DStJG 9 (1986), S. 199 f. („Sphärenabgrenzung").
140 Siehe etwa *Trzaskalik* (Fn. 2), § 38 EStG Rz. A 12 ff., A 51; *Ellers* (Fn. 1), S. 71 ff.; *Sauer* (Fn. 16), S. 34 ff.; *Schäfer* (Fn. 13), S. 160 ff.; *Stolterfoht* in DStJG 9 (1986), S. 196 ff.
141 In diesem Sinne BAG v. 16.6.2004 – 5 AZR 521/03, BAGE 111, 131 (133 f.); BAG v. 14.6.1974 – 3 AZR 456/73, BAGE 26, 187 (191); BAG v. 17.3.1960 – 5 AZR 395/58, BAGE 9, 105 (111); undeutlich nunmehr BAG v. 30.4.2008 – 5 AZR 725/07, BAGE 126, 325 (330); *Müller-Glöge* (Fn. 60), § 611 BGB Rz. 838.
142 Vgl. wiederum BAG v. 16.6.2004 – 5 AZR 521/03, BAGE 111, 131 (133 f.) sowie aus dem Schrifttum etwa *Krause* (Fn. 61), § 55 Rz. 59; s. zur Schadensentstehung beispielhaft *Tillmann* (Fn. 51), S. 153 f.
143 Siehe oben 2. a); insoweit gleichsinnig *Stolterfoht* in DStJG 9 (1986), S. 182 f.; vgl. auch die Einwände bei *Drüen* (Fn. 4), S. 329 f. („Gebot der Störungsfreiheit").
144 Siehe wiederum oben 2. a).
145 Dazu oben 2. b).

sung doch (auf Sekundärebene) vor dem Arbeitsgericht darüber verhandelt werden, wie hoch der korrekte Lohnsteuerbetrag gewesen wäre[146].

Drittens ist zu bedenken, dass der Arbeitgeber beim Einbehalt der Lohnsteuer im Lager des Staates steht, der ihn kraft zwingender Vorschriften des öffentlichen Rechts in Dienst genommen hat. Es wäre ungereimt, wenn der Staat seine Erhebungsverantwortung auf Private verlagern könnte, ohne für dabei auftretende Fehler haftbar zu sein[147]. Ebenso unausgegoren erscheint die Situation aus Sicht des Arbeitgebers: Er wird zum Lohnsteuerabzug zwangsverpflichtet, muss sich aus diesem Grund mit schwierigen Rechtsanwendungsfragen befassen und erhält dafür keinerlei Kompensation. Vor diesem Hintergrund kann ihm schwerlich angesonnen werden, auch noch im Verhältnis zum Arbeitnehmer für jeden fahrlässig herbeigeführten Fehler zu haften[148]. Ungereimt erscheint die Lage schließlich auch aus Sicht des Arbeitnehmers, der auf die – weniger sichere – Eigenhaftung des Arbeitgebers verwiesen wird, obwohl dieser steuererhebend tätig geworden ist[149]. Aus diesen Gründen erscheint es richtig, das Handeln des Arbeitgebers für haftungsrechtliche Zwecke dem Staat zuzurechnen[150].

Konstruktiv wäre es denkbar, an das zwischen Staat und Arbeitnehmer bestehende Steuerpflichtverhältnis (§ 33 Abs. 1 AO) anzuknüpfen, das als pflichtenbegründende Sonderverbindung eingeordnet werden kann[151]. Da der Staat nicht mehr Lohnsteuer beanspruchen darf, als sich aus den zugrunde liegenden Rechtsnormen ergibt, kann der Zuvieleinbehalt

---

146 Gleichsinnig *Stolterfoht* in DStJG 9 (1986), S. 202 („inkonsequent").
147 Vgl. im allgemeinen Kontext *Papier/Shirvani* in MünchKomm/BGB, 7. Aufl. 2017, § 839 BGB Rz. 138.
148 Aufgrund von § 280 Abs. 1 S. 2 BGB wäre es zudem Sache des Arbeitgebers, sich zu exkulpieren.
149 Vgl. *Trzaskalik* (Fn. 2), § 38 EStG Rz. A 51.
150 Vgl. auch bereits *Ellers* (Fn. 1), S. 72 ff. (S. 78); Diskussion der in Betracht kommenden Zurechnungskriterien bei *Burgi* (Fn. 4), S. 398 ff., dessen eigenes, primär für den Amtshaftungsanspruch formuliertes Kriterium (S. 405 f.: „Durchführung einer vom Staat vorgegebenen Handlung") den Lohnsteuereinbehalt durchaus abdeckt, wenngleich er selbst auf S. 392 f. (unter dem Eindruck der arbeitsgerichtlichen Rechtsprechung) einer abweichenden Lösung zuzuneigen scheint.
151 Vgl. zum Steuerrechtsverhältnis *Drüen* in Tipke/Kruse, Vor § 33 AO Rz. 1 ff.; *Waldhoff* in DStJG 27 (2004), S. 135 ff. Insbesondere erscheint es diskutabel, aus dieser Sonderverbindung vermögensrechtliche Pflichten abzuleiten, die in § 37 AO keinen Widerhall finden. Allerdings ist diese Sichtweise angreifbar (vgl. bei und in Fn. 153).

durch den Arbeitgeber als Pflichtverletzung angesehen werden, die dem Staat entsprechend § 278 S. 1 Alt. 2 BGB zuzurechnen ist. Folgt man dem, so wäre § 280 Abs. 1 BGB (in analoger Anwendung) die zentrale Anspruchsgrundlage[152]. Gegen diese Lösung lässt sich freilich einwenden, dass sie auf die Begründung steuerschuldrechtlicher Pflichten ohne gesetzliche Grundlage hinausläuft[153]. Die hier befürwortete Zurechnungslösung ist jedoch auch über den Amtshaftungsanspruch (Art. 34 S. 1 GG, § 839 Abs. 1 S. 1 BGB) ableitbar, allerdings nicht deshalb, weil der Arbeitgeber in eigener Person öffentlich-rechtlich tätig wird (das wird er nicht)[154], sondern weil seine Einschaltung in die staatliche Aufgabe der Steuererhebung aus den oben angeführten Gründen eine haftungsrechtliche Zurechnung seiner Handlungen zum Staat gebietet[155]. Zweitrangig ist dabei, ob man in dieser Hinsicht den – äußerst heterogen verwendbaren und daher wenig eindeutigen[156] – Begriff des „Verwaltungshelfers" heranziehen will[157]. Die erforderliche Drittbezogenheit ist gegeben, da die zu viel einbehaltene Lohnsteuer zu einem unmittelbaren

---

152 Vgl. *Maurer*, Allgemeines Verwaltungsrecht, 18. Aufl. 2011, § 8 Rz. 22 mit § 29 Rz. 4 f.: Anwendbarkeit der schuldrechtlichen Regelungen des BGB, insbesondere des Leistungsstörungsrechts.
153 Vgl. (allgemeiner) *Drüen* (Fn. 4), S. 308 f.; *Waldhoff* in DStJG 27 (2004), S. 142.
154 Siehe oben a) und b); allgemein für die Fälle „funktionaler Privatisierung" (vgl. Fn. 156) *Burgi* (Fn. 4), S. 390, S. 398 f., s. aber S. 408; insoweit abweichend offenbar *Ellers* (Fn. 1), S. 78 a.E.
155 In diesem Sinne (im allgemeineren Kontext) *Papier/Shirvani* (Fn. 147), § 839 BGB Rz. 138, die den „Rechtsgedanken" des § 278 BGB heranziehen wollen, welcher jedoch im deliktischen Bereich nicht trägt (s. auch *Burgi* [Fn. 4], S. 399 f.). Letztlich geht es um wertende Zurechnung. Mit Blick u.a. auf staatlich beauftragte Abschleppunternehmer wird ein gleichgerichteter Ansatz auch von *Ossenbühl/Cornils*, Staatshaftungsrecht, 6. Aufl. 2013, S. 24 ff. vertreten.
156 Näher *Burgi* (Fn. 4), S. 152 ff., S. 387 f., auch zum engen Konnex mit dem Amtshaftungsanspruch. Er selbst bezieht die Begriffe „Verwaltungshilfe" und „Verwaltungshelfer" auf alle Situationen „funktionaler Privatisierung" (zur Phänomenologie S. 100 ff.), d.h. auf privatrechtliches Handeln der Hilfsperson.
157 So *Musil* (Fn. 56), § 6 AO Rz. 12; *Sauer* (Fn. 16), S. 64 ff. (auf Basis öffentlich-rechtlicher Einordnung des Arbeitgeberhandelns) sowie in anderem Kontext der Indienstnahme privater Unternehmer BGH v. 9.10.2014 – III ZR 68/14, NJW 2014, 3580 (3581 f.); BGH v. 14.10.2004 – III ZR 169/04, BGHZ 161, 6 (10 f.) („[selbständiger] Verwaltungshelfer"); anders offensichtlich BGH v. 21.1.1993 – III ZR 189/91, BGHZ 121, 161 (164 ff.): Differenzierung zwischen Verwaltungshelfer und selbständigem Unternehmer.

Liquiditätsentzug beim Arbeitnehmer führt, welcher legitimerweise mit dem Empfang des vollen Nettolohns rechnen darf[158]. Passivlegitimiert ist das Land, das die Einkommensteuer verwaltet[159]. Ein Rückgriff des Staates scheidet mangels Rechtsgrundlage aus[160].

Zu konzedieren ist allerdings, dass sich die hier vertretene Rechtsansicht bisher nicht durchgesetzt hat. Insbesondere bezieht sich der BGH in seiner Rechtsprechung zur Amtshaftung auch in neuester Zeit noch auf das Erfordernis einer Werkzeugeigenschaft des eingeschalteten Privaten[161]. Ein derartiger Werkzeugcharakter kommt dem – weisungsfrei handelnden – Arbeitgeber jedoch nicht zu[162]. Für die Rechtspraxis bleibt daher einstweilen nur der Weg über eine arbeitsrechtliche Eigenhaftung des Arbeitgebers, die aber aus den genannten Gründen abzulehnen ist.

---

158 Da der Arbeitgeber aus den vorstehend dargestellten Gründen nicht haftet, greift auch § 839 Abs. 1 S. 2 BGB nicht ein (vgl. *Trzaskalik* (Fn. 2), § 38 EStG Rz. A 51).
159 Überzeugend *Trzaskalik* (Fn. 2), § 38 EStG Rz. A 13; ebenso *Sauer* (Fn. 16), S. 88 f.; vgl. ferner *Stolterfoht* in DStJG 9 (1986), S. 198.
160 Das zwischen Staat und Arbeitgeber bestehende Rechtsverhältnis gehört dem öffentlichen Recht an (oben II. 2.). Da § 42d EStG eine abschließende Regelung betreffend die Einstandspflicht des Arbeitgebers gegenüber dem Staat darstellt, besteht keine Rechtsgrundlage für einen Regress (a.A. *Schäfer* [Fn. 13], S. 171 ff.; *Stolterfoht* in DStJG 9 (1986), S. 198 f.; offenlassend *Trzaskalik* [Fn. 2], § 38 EStG Rz. A 14). Dass die haftungsbegrenzende Vorschrift des Art. 34 S. 2 GG nach Meinung des BGH keine Anwendung auf private Unternehmer findet (BGH v. 14.10.2004 – III ZR 169/04, BGHZ 161, 6 [11 ff.]; a.A. *Burgi* [Fn. 4], S. 409), wirkt sich im vorliegenden Kontext folglich nicht aus.
161 Vgl. BGH v. 9.10.2014 – III ZR 68/14, NJW 2014, 3580 (3581 f.); BGH v. 26.1.2006 – I ZR 83/03, NJW 2006, 1804 (1805) („verlängerter Arm der Verwaltungsbehörden"); progressiver noch BGH v. 14.10.2004 – III ZR 169/04, BGHZ 161, 6 (10 f.); BGH v. 21.1.1993 – III ZR 189/91, BGHZ 121, 161 (165 ff.), wo auch auf die Rechtsfigur des „Erfüllungsgehilfen" Bezug genommen wird; ablehnend etwa *Papier/Shirvani* (Fn. 147), § 839 BGB Rz. 138; *Burgi* (Fn. 4), S. 403 f.; zur Entwicklung des Meinungsstandes näher *Ellers* (Fn. 1), S. 73 ff.
162 Vgl. auch *Ellers* (Fn. 1), S. 74; *G. Kirchhof* (Fn. 1), S. 57; abweichend *Musil* (Fn. 56), § 6 AO Rz. 12; *Sauer* (Fn. 16), S. 68 f.; die Werkzeugeigenschaft – entgegen der Rechtsprechung des BGH (vgl. die Nachweise in Fn. 157, 161) – auch einem Abschleppunternehmer absprechend *Papier/Shirvani* (Fn. 147), § 839 BGB Rz. 137.

Die bisherigen Ausführungen haben sich auf den Fall bezogen, dass der Arbeitgeber zu viel Lohnsteuer einbehalten hat. Demgegenüber steht dem Arbeitnehmer im Falle eines Nicht- bzw. Mindereinbehalts richtigerweise kein Schadensersatzanspruch zu[163]. Der Arbeitgeber haftet nach der hier vertretenen Lösung nicht, da er, wie dargelegt, dem Arbeitnehmer gegenüber nicht zur korrekten Durchführung des Steuerabzugs verpflichtet ist. Eine Fürsorgepflichtverletzung, die darauf gestützt werden müsste, dass der Arbeitgeber dem Arbeitnehmer *zu wenig* Liquidität entzogen hat, wäre m.E. ebenfalls nicht überzeugend begründbar, zumal es sich bei der Lohnsteuer um eine Schuld des Arbeitnehmers handelt. Auch der Staat haftet nicht, da eine arbeitnehmerschützende (Amts-)Pflicht, die Steuer sofort in voller Höhe zu erheben, nicht nur nicht erkennbar ist, sondern auch auf eine Verkehrung der Verhältnisse hinausliefe, denn der Staat ist Gläubiger der Steuer und kann den Arbeitnehmer im Falle eines Mindereinbehalts unmittelbar in Anspruch nehmen (vgl. § 42d Abs. 3 S. 4 Nr. 1 EStG; dazu sogleich unter IV.).

IV. Haftung und Rückgriff

1. Einführung, Innen- und Außenwirkung von Haftungssachverhalten

Im Folgenden wird auf die Rolle des Arbeitgebers in Bezug auf die Themenbereiche Haftung und Rückgriff (hier unter IV.) sowie Anmeldung und Abführung (unter V.) eingegangen. Zunächst zur Haftung: Macht man mit der Feststellung ernst, dass der Arbeitgeber beim Lohnsteuerabzug Fremdinteressen des Staates wahrnimmt, und berücksichtigt man ferner, dass das Gesetz ihm eine Kompensation versagt, so ist die im Wortlaut des § 42d EStG angelegte verschuldensunabhängige Haftung ein Fremdkörper[164]. Es kann daher nicht erstaunen, dass verbreitet der Versuch unternommen wird, Härten im Wege der Auslegung zu vermeiden[165]. In welchem Umfang es derlei Korrekturkonstruktionen bedarf, hängt zu nicht unwesentlichen Teilen von der (Vor-)Frage ab, ob der Arbeitgeber beim Arbeitnehmer Rückgriff nehmen kann. Ihr wird daher in einem ersten Schritt nachgegangen. Auch insoweit bewährt sich die un-

---

163 *Riepen* (Fn. 75), S. 72; a.A. *Schäfer* (Fn. 13), S. 162 ff.; wohl auch *Stolterfoht* in DStJG 9 (1986), S. 196 f. (jeweils bezogen auf den Amtshaftungsanspruch).
164 Siehe auch etwa *Gersch* in Herrmann/Heuer/Raupach, § 42d EStG Rz. 22.
165 Nachweise unter 3. a).

ter II. 3. b) dargestellte Differenzierung zwischen Innen- und Außenwirkung: Der Haftung kommt Außenwirkung zu, wenn auch der Arbeitnehmer nach Maßgabe von § 42d Abs. 3 EStG im Rahmen der Gesamtschuld in Anspruch genommen werden kann, was insbesondere dann der Fall ist, wenn der Arbeitgeber keine oder zu wenig Lohnsteuer einbehalten hat (vgl. § 42d Abs. 3 S. 4 Nr. 1 EStG), wobei es genügen muss, dass ein Haftungsbescheid auf einen solchen Sachverhalt gestützt wird[166]. Arbeitgeberfehler, die nicht mit einem zu geringen Steuereinbehalt bzw. einer zu hohen Erstattung[167] einhergehen, entfalten hingegen regelmäßig Innenwirkung, weil sie nur das Rechtsverhältnis zwischen Arbeitgeber und Staat betreffen[168].

2. Die zentrale Bedeutung des Regresses bei Außenwirkung
a) Gebot des Rückgriffs in voller Höhe

Im Folgenden wird schwerpunktmäßig die Situation analysiert, dass gehaftet werden soll, weil zu wenig Lohnsteuer einbehalten wurde, so dass alle drei Rechtsverhältnisse betroffen sind. Zunächst wird das Rechtsverhältnis zwischen Arbeitgeber und Arbeitnehmer untersucht, um im Anschluss Folgerungen für das Verhältnis zum Staat abzuleiten. Wird der Arbeitgeber in der hier beschriebenen Situation aus seiner Haftung in Anspruch genommen, so kommt der Haftungsbetrag dem Arbeitneh-

---

166 Unter III. ist dargelegt worden, dass sich der Arbeitnehmer im Falle eines Zuvieleinbehalts an den Staat zu halten hat. Wird ein Haftungsbescheid zu Unrecht darauf gestützt, dass zu wenig Lohnsteuer einbehalten wurde, ist die Situation identisch (*Trzaskalik* [Fn. 2], § 42d EStG Rz. A 31 f.): Der Haftungsbetrag kommt auch in diesem Fall steuerrechtlich in voller Höhe dem Arbeitnehmer zugute (s. zum „Normalfall" der Haftung wegen zu geringen Steuereinbehalts sogleich unter 2. a)), und es ist deshalb auch hier angezeigt, den Arbeitgeber belastungsfrei zu stellen. Daher muss eine Rückgriffsmöglichkeit gegen den Arbeitnehmer (zu ihr allgemein unter 2. a)) bestehen (vgl. BAG v. 16.6.2004 – 5 AZR 521/03, BAGE 111, 131 [133 f.]; BAG v. 23.3.1961 – 5 AZR 156/59, BAGE 11, 73 [78 f.]), und es ist zugleich geboten, die Reichweite der Gesamtschuld von der Bescheidlage abhängig zu machen (a.A. *Schäfer* [Fn. 13], S. 66 f.; *Stolterfoht* in DStJG 9 [1986], S. 188). Dem Arbeitnehmer steht in diesem Fall ein Anfechtungsrecht gegen den Haftungsbescheid zu (dazu unten 3. b)).
167 Erstattungen durch den Arbeitgeber kommen nach § 41c EStG sowie im Wege des Lohnsteuer-Jahresausgleichs (§ 42b EStG) in Betracht.
168 Zum Ausnahmetatbestand des § 42d Abs. 3 S. 4 Nr. 2 EStG s. bereits oben in Fn. 89.

mer zugute[169]. Denn er bezieht sich – wegen des ursprünglich nicht erfolgten Steuereinbehalts – auf die noch nicht getilgte Lohnsteuer des Arbeitnehmers[170]. Daher ist grundsätzlich anerkannt, dass der Haftungsbetrag bei Veranlagung des Arbeitnehmers gem. § 36 Abs. 2 Nr. 2 S. 1 EStG anzurechnen ist[171]. Hieraus folgt mit Notwendigkeit, dass der Arbeitgeber die Möglichkeit haben muss, stets in voller Höhe gegen den Arbeitnehmer Regress zu nehmen[172]. Für diese Lösung streitet auch das

---

169 Vgl. *Trzaskalik* (Fn. 2), § 42d EStG Rz. A 31; *Schick*, BB 1983, 1041 (1042). Die Situation ist identisch mit derjenigen, in der der Arbeitgeber von vornherein den richtigen Steuerbetrag einbehalten hat (s. oben III. 2. a)). Die Lohnsteuerschuld erlischt allerdings erst mit Eingang des Haftungsbetrags beim Finanzamt (BFH v. 29.10.1993 – VI R 26/92, BStBl. II 1994, 197 [198 f.]).

170 Soweit im Haftungsbescheid ein zu hoher Steuerbetrag ausgewiesen ist, greifen die gleichen Rechtsfolgen ein wie bei einem zu hohen Steuereinbehalt durch den Arbeitgeber (Fn. 166). Es ist Sache des Arbeitnehmers, den Bescheid anzufechten, wenn er einen Rückgriff des Arbeitgebers vermeiden will, denn es obliegt ihm und nicht dem Arbeitgeber, sich in einer derartigen Situation mit dem Staat auseinanderzusetzen (vgl. oben III. 2. a)). Eine Pflicht des Arbeitgebers zur Abwehr unberechtigter Steueransprüche (so noch BAG v. 23.3.1961 – 5 AZR 156/59, BAGE 11, 73 [76 f.]) besteht daher nicht (*Trzaskalik* [Fn. 2], § 42d EStG Rz. A 27 ff.; vgl. auch BAG v. 16.6.2004 – 5 AZR 521/03, BAGE 111, 131 (134): Der Arbeitgeber darf sich auf die Berechnung des Finanzamts verlassen). Aus Gründen vermögensrechtlicher Fürsorge kann lediglich die Pflicht bestehen, den Arbeitnehmer mit den zur Rechtswahrung nötigen Informationen auszustatten.

171 Vgl. *Blümich/Wagner*, § 42d EStG Rz. 38; *Trzaskalik* (Fn. 2), § 42d EStG Rz. A 17. Richtigerweise kann es im Verhältnis zum Finanzamt nicht darauf ankommen, ob der Arbeitgeber tatsächlich Rückgriff genommen hat (vgl. *Heuermann* [Fn. 25], S. 316).

172 Vgl. etwa BAG v. 16.6.2004 – 5 AZR 521/03, BAGE 111, 131 (133); grundlegend BAG v. 27.3.1958 – 2 AZR 221/56, BAGE 6, 52 (54 ff.); anders bei (originärer) Nettolohnvereinbarung (*Krause* [Fn. 61], § 55 Rz. 60 a.E.); zur pauschalen Lohnsteuer s. Fn. 135 a.E. Aufgrund dieses Regresses bedarf es der verbreitet vertretenen (*Gersch* [Fn. 164], § 42d EStG Rz. 22; *Schmidt/Krüger* [Fn. 8], § 42d EStG Rz. 2; *Drüen* in DStJG 31 [2008], S. 190; *Gast-de-Haan* in DStJG 9 [1986], S. 158 ff.; *Lang*, RdA 1999, 64 [65 f.]), jedoch mit dem Gesetz kaum zu vereinbarenden (*Trzaskalik* [Fn. 2], § 42d EStG Rz. A 9 ff.; *Heuermann* [Fn. 25], S. 313 ff.; *G. Kirchhof* [Fn. 1], S. 120 ff.) Verknüpfung der Haftung mit der Einkommensteuerschuld des Arbeitnehmers nicht (zutreffend *Blümich/Wagner*, § 42d EStG Rz. 38; *Trzaskalik* [Fn. 2], § 42d EStG Rz. A 15 ff.; *Heuermann* [Fn. 25], S. 315 f.). Die bei *Heuermann* (Fn. 25), S. 317 ff. erörterten verfahrensrechtlichen Sonderkonstellationen haben sich infolge der Einführung des § 171 Abs. 15 AO weitgehend erledigt.

Leistungsfähigkeitsprinzip, denn im Haftungsbetrag spiegelt sich keine erhöhte Leistungsfähigkeit des Arbeitgebers wider, sondern die noch offene Lohnsteuerschuld des Arbeitnehmers, dem der zu wenig einbehaltene Betrag auch zugutegekommen ist[173]. In einer derartigen normativen Lage ist der Rechtsanwender gehalten, einschlägige Anspruchsnormen im Rahmen des methodisch Möglichen so auszulegen, dass ein Rückgriff gewährleistet ist[174].

b) Zivilrechtlicher Charakter des Innenausgleichs

Entgegen einer teilweise im Schrifttum zum Ausdruck kommenden Rechtsmeinung[175] ist der Regress zivilrechtlicher Natur, da sein Bezugspunkt in dem zwischen Arbeitgeber und Arbeitnehmer bestehenden Rechtsverhältnis liegt, welches zivilrechtlicher Natur ist, da gleichgeordnete Private betroffen sind[176]. Weil zwischen beiden Parteien ein steuerrechtliches Gesamtschuldverhältnis besteht, ist eine analoge Anwendung des § 426 Abs. 1 S. 1 BGB möglich[177]. Der Anspruch richtet sich vor

---

173 Vgl. auch *Stolterfoht* in DStJG 9 (1986), S. 183; *Völlmeke*, DB 1994, 1746 (1747).
174 Ausführlich zu Fallkonstellationen, in denen das Leistungsfähigkeitsprinzip – wie hier – für einen Innenausgleich streitet, *A. Meyer*, Steuerliches Leistungsfähigkeitsprinzip und zivilrechtliches Ausgleichsystem, 2013, S. 196 ff., S. 206 ff. (mit Erörterung konkreter Fallgruppen im 2. Teil der Schrift).
175 *Trzaskalik* (Fn. 2), § 42d EStG Rz. A 30; *Kloubert*, FR 2001, 465 (468); *Schäfer* (Fn. 13), S. 255 ff.; *Stolterfoht* in DStJG 9 (1986), S. 183 f., S. 207.
176 Dazu ausführlich und sachgebietsübergreifend *A. Meyer* (Fn. 174), S. 390 ff.; gegen die Auffassung der in Fn. 175 zitierten Autoren auch *Blümich/Wagner*, § 42d EStG Rz. 122; *Heuermann*, StuW 1998, 219 (225); *G. Kirchhof* (Fn. 1), S. 127 ff.; *Lang*, RdA 1999, 64, 66 f.; *Sauer* (Fn. 16), S. 100 ff. Eine zivilrechtliche Einordnung wird auch von der arbeitsgerichtlichen Rechtsprechung zugrunde gelegt (s. nur BAG v. 16.6.2004 – 5 AZR 521/03, BAGE 111, 131 [133]); zu der ganz ähnlichen Diskussion betreffend die Lohnsteuerbescheinigung s. oben III. 3. b).
177 Zu den Hintergründen und der Notwendigkeit einer Analogiebildung näher *A. Meyer* (Fn. 174), S. 388 ff., S. 394 ff.; die Vorschrift direkt anwendend etwa BAG v. 16.6.2004 – 5 AZR 521/03, BAGE 111, 131 (133). Wie in Fn. 166 dargelegt, besteht der Anspruch auch bei rechtswidriger Haftungsinanspruchnahme, so dass es nicht zu dem von *Stolterfoht* in DStJG 9 (1986), S. 188 befürchteten Auseinanderfallen von Gesamtschuldnerausgleich und Aufwendungsersatz (zu diesem sogleich) kommt. Demgegenüber ist eine entsprechende Anwendung von § 426 Abs. 2 BGB auf Steuergesamtschulden, entgegen einer vielfach zum Ausdruck kommenden Rechtsmeinung (etwa BFH v. 29.10.1993 – VI R 26/92, BStBl. II 1994, 197 [198 f.]; *Blümich/Wagner*, § 42d EStG Rz. 123;

der Inanspruchnahme des Arbeitgebers durch den Staat auf Freistellung, anschließend auf Zahlung[178]. Ein gleichgerichteter, idealkonkurrierender Anspruch folgt auch aus § 670 BGB analog[179]. Der Arbeitgeber handelt zwar in Bezug auf den Lohnsteuerabzug nicht im Auftrag des Arbeitnehmers, sondern steht im Lager des Staates (s. oben II. 3.; b)). Gleichwohl handelt es sich bei der Tilgung der Lohnsteuerschuld, die mittels der Haftungsinanspruchnahme bewirkt wird, bei materiell-verfassungsbezogener Betrachtung um eine Angelegenheit des Arbeitnehmers, was eine entsprechende Anwendung des § 670 BGB rechtfertigt[180]. Bei Anwendung dieser Vorschriften müssen die Besonderheiten des lohnsteuerrechtlichen Dreiecksverhältnisses berücksichtigt werden, so dass der Arbeitgeber in der Lage sein muss, in voller Höhe Rückgriff zu nehmen. Tarifvertragliche Ausschlusstatbestände sind daher in dieser Hinsicht eng auszulegen[181].

3. Folgerungen

a) Haftungsvoraussetzungen und ermessensleitende Erwägungen

Aus diesem Zusammenspiel von Gesamtschuld, Haftung und Regress ergeben sich wichtige Folgerungen für die Auslegung des § 42d EStG. Vielfach wird die Härte der Haftung beklagt und eine verfassungsgeleitete *extra legem*-Reduktion auf Fälle fahrlässigen Handelns oder sogar grober Fahrlässigkeit befürwortet[182]. Angesichts der Komplexität des Lohn-

---

Trzaskalik [Fn. 2], § 42d EStG Rz. A 30; *Stolterfoht* in DStJG 9 [1986], S. 207), nicht überzeugend zu begründen (näher *A. Meyer* [Fn. 174], S. 433 ff.).
178 Vgl. BFH v. 29.10.1993 – VI R 26/92, BStBl. II 1994, 197 (198 f.); BAG v. 19.1.1979 – 3 AZR 330/77, BAGE 31, 236 (238) (jedoch ohne Nennung einer Anspruchsgrundlage); näher *A. Meyer* (Fn. 174), S. 410 ff.; einen Befreiungsanspruch bejahend auch *Schäfer* (Fn. 13), S. 255 f.; *Stolterfoht* in DStJG 9 (1986), S. 205; a.A. *Preißer*, Die Gesamtschuld im Steuerrecht nach der AO 1977, 1985, S. 187.
179 Die neuere Rechtsprechung verortet diesen Anspruch zu Recht im Arbeitsvertrag (erstmalig BAG v. 14.6.1974 – 3 AZR 456/73, BAGE 26, 187 [189 ff.]; ebenso etwa *Blümich/Wagner*, § 42d EStG Rz. 122). Der zugehörige Freistellungsanspruch ergibt sich aus § 257 BGB.
180 Vgl. sachgebietsübergreifend *A. Meyer* (Fn. 174), S. 689 f. mit S. 600 ff.
181 Treffende Problemanalyse bei *Stolterfoht* in DStJG 9 (1986), S. 187 f.; vgl. die Überlegungen zur Fälligkeit in BAG v. 19.1.1979 – 3 AZR 330/77, BAGE 31, 236 (238 ff.).
182 Vgl. *Gersch* (Fn. 164), § 42d EStG Rz. 8, 23; *Trzaskalik* (Fn. 2), § 42d EStG Rz. B 7 ff.; *Gast-de-Haan* in DStJG 9 (1986), S. 150 ff.; *Sauer* (Fn. 16), S. 91 ff.; *Schick*, BB 1983, 1041 (1043 ff.); a.A. *Blümich/Wagner*, § 42d EStG Rz. 60;

steuerrechts könne, so wird argumentiert, dem Arbeitgeber, der lediglich Fremdinteressen wahrnehme, keine strikte Haftung für jedes Fehlverhalten angesonnen werden[183]. Diese Kritik ist bisweilen in ihrer Dramaturgie überzeichnet, hat jedoch einen berechtigten Kern. Hervorzuheben ist zunächst, dass die relevanten Rechtsanwendungsfehler beim Einbehalt der Steuer auftreten. Wird der Arbeitgeber in einer solchen Situation als Haftender in Anspruch genommen, so kann er sich, wie soeben dargelegt, in voller Höhe beim Arbeitnehmer schadlos halten. Der Regressanspruch ist in aller Regel auch werthaltig, da die Haftung weder rechtlich noch tatsächlich auf eine Insolvenzsituation reagiert[184]. Dem Arbeitgeber werden auf diese Weise zwar Unannehmlichkeiten und Rechtsverfolgungskosten zugemutet (vgl. § 12a Abs. 1 ArbGG). In unhaltbarer Weise prekär erscheint seine Position jedoch nicht, zumal seine Inanspruchnahme nach der Rechtsprechung ermessensfehlerhaft ist, wenn ein entschuldbarer Rechtsirrtum vorliegt[185].

Die besondere Stellung des Arbeitgebers als entschädigungslos in Dienst Genommener für Fremdinteressen rechtfertigt es nach Dafürhalten des Verfassers, noch über diese Rechtsprechung hinauszugehen: In der hier analysierten Situation kann der Staat auch den Arbeitnehmer in Anspruch nehmen (vgl. § 42d Abs. 3 S. 4 Nr. 1 EStG). Richtigerweise muss er sich zuvörderst an ihn – den Steuerschuldner – halten, sofern dies erfolgversprechend erscheint und auf Seiten des Arbeitgebers kein grobes Verschulden vorliegt. Im Vergleich zur bisherigen Rechtspraxis fällt diese Lösung zwar aus Sicht der Finanzverwaltung deutlich weniger bequem aus[186]. Das ist jedoch hinzunehmen, da der Staat seine Auswahl-

---

Schmidt/Krüger (Fn. 8), § 42d EStG Rz. 7; *Heuermann* (Fn. 25), S. 281 ff.; für Verfassungswidrigkeit der geltenden Regelung *Hey* in FS Kruse, 2001, S. 269 (286 f.).

183 In diesem Sinne etwa *Gersch* (Fn. 164), § 42d EStG Rz. 23.
184 Dass der Rückgriff in der Praxis (angeblich) nur selten vorkommt (so *Kruse* in GS Trzaskalik, 2005, S. 169 [171]), ändert an diesem Befund nichts. Bei Verzicht auf den Rückgriff wendet der Arbeitgeber Arbeitslohn zu (BFH v. 29.10.1993 – VI R 26/92, BStBl. II 1994, 197 [198]; *Heuermann* [Fn. 25], S. 353).
185 Siehe etwa BFH v. 18.8.2005 – VI R 32/03, BStBl. II 2006, 30 (31 ff.); BFH v. 18.9.1981 – VI R 44/77, BStBl. II 1981, 801 (804 f.).
186 Die Rechtsprechung lässt eine Inanspruchnahme des Arbeitgebers aus Gründen der Verfahrensvereinfachung namentlich dann zu, wenn eine Vielzahl gleicher Sachverhalte betroffen ist (s. etwa BFH v. 24.1.1992 – VI R 177/88, BStBl. II 1992, 696 [698 f.]; weitere Nachweise und Kasuistik bei *Schmidt/Krüger* [Fn. 8], § 42d EStG Rz. 31). Voraussetzung ist freilich auch hier, dass

entscheidung nicht zwischen zwei beliebigen Steuerpflichtigen zu treffen hat, die gleich weit von ihm entfernt stehen, sondern er selbst es gewesen ist, der den Arbeitgeber zu Steuererhebungszwecken eingesetzt hat, ohne bereit zu sein, dafür eine Entschädigung zu zahlen. Aus dieser Nähe folgt in Zusammenschau mit der Intensität der Arbeitgeberpflichten (oben I. 1.) zum einen ein Gebot der Verfahrensfürsorge[187] und zum anderen ein Gebot der Mäßigung bei der Haftungsdurchsetzung gegenüber redlichen Arbeitgebern[188]. Mithin ist eine Reduktion des Auswahlermessens angezeigt[189]. Ferner ist der konstruktive Ausgangspunkt der Rechtsprechung, das Ermessen als richtigen Ort für die erforderlichen Abschichtungen fruchtbar zu machen, *de lege lata* beifallswürdig[190]. Wie soeben dargelegt, muss die besondere Rolle des Arbeitgebers jedoch stärker berücksichtigt werden.

b) Anfechtungsbefugnis des Arbeitnehmers bei Außenwirkung

Eine Berechtigung des Arbeitnehmers, den Haftungsbescheid anzufechten, wird teilweise verneint[191], von der überwiegenden Meinung hingegen zumindest im Grundsatz bejaht[192]. Dem herrschenden Ansatz liegt eine wegweisende Entscheidung aus dem Jahr 1973 zugrunde, in der der BFH ein Anfechtungsrecht insoweit bejaht hat, als der Arbeit-

---

    kein entschuldbarer Rechtsirrtum vorliegt (BFH v. 18.9.1981 – VI R 44/77, BStBl. II 1981, 801 [804 f.]).
187 Ausführlich *Drüen* (Fn. 4), S. 357 ff.
188 Vgl. *von Groll* in DStJG 9 (1986), S. 446 f. („Rechtsbegrenzung nach Treu und Glauben"). Der BFH folgt diesem Gedanken, wie dargelegt, nur in Bezug auf entschuldbare Rechtsirrtümer (vgl. erneut BFH v. 18.9.1981 – VI R 44/77, BStBl. II 1981, 801 [804 f.]). Man kann beide Maximen als Ausprägungen eines Indienstnahmerechtsverhältnisses ansehen (zur Verhältnisbestimmung *Drüen* [Fn. 4], S. 308 a.E.).
189 Ist der Arbeitnehmer veranlagt worden und die Möglichkeit der Lohnsteuernachforderung deshalb entfallen (vgl. *Trzaskalik* (Fn. 2), § 42d EStG Rz. D 7; *Heuermann* [Fn. 25], S. 19 ff.), kann der Staat aus den hier genannten Gründen – weitergehend – nicht mehr aus der Lohnsteuergesamtschuld vorgehen. Aus § 42d Abs. 3 S. 3 EStG ergibt sich nichts anderes, da die Rechtsfolgenseite identisch ist (Ermessensentscheidung).
190 Vgl. auch *Kruse* in GS Trzaskalik, 2001, S. 169 (178).
191 *Trzaskalik* (Fn. 2), § 42d EStG Rz. A 59; *Drenseck* in DStJG 9 (1986), S. 400; *Schäfer* (Fn. 13), S. 242 ff.
192 Vgl. BFH v. 8.6.2011 – I R 79/10, BStBl. II 2012, 421 (423); BFH v. 7.2.1980 – VI B 97/79, BStBl. II 1980, 210 (211); FG Nds. v. 28.8.2009 – 11 K 528/07, EFG 2009, 1904 (1905); *Blümich/Wagner* § 42d EStG Rz. 159; *Gersch* (Fn. 164), § 42d EStG Rz. 107.

nehmer persönlich für die nachgeforderte Steuer in Anspruch genommen werden kann[193]. Diese Lösung geht mit der hier zugrunde gelegten Differenzierung zwischen Innen- und Außenwirkung konform; ihr ist zu folgen: Hat die Haftung nur Innenwirkung und betrifft sie daher die Rechtsstellung des Arbeitnehmers nicht, so besteht kein Anlass, eine Anfechtung durch ihn zuzulassen. Hat der Arbeitgeber die Lohnsteuer beispielsweise in richtiger Höhe einbehalten, jedoch nicht abgeführt, so geht dieser haftungsbegründende Sachverhalt (vgl. § 42d Abs. 1 Nr. 1 EStG) den Arbeitnehmer nichts an, da seine Steuerschuld erloschen ist und der einbehaltene Betrag ihm steuerlich vollständig zugutekommt (näher oben III. 2. a)). Entfaltet die Haftung hingegen Außenwirkung, insbesondere weil der Haftungsbescheid darauf gestützt wird, dass zu wenig Steuer einbehalten ist, so steht auch dem Arbeitnehmer eine Anfechtungsbefugnis zu, da es materiell um die Erfüllung seiner Steuerschuld geht[194]. Dieses Anfechtungsrecht hilft, bei unberechtigten Haftungsbegehren eine Abwicklung über das Dreieck und damit eine Einbeziehung des Arbeitgebers zu vermeiden.

V. Anmeldung und Abführung

1. Anmeldung und Festsetzung nach § 167 Abs. 1 S. 1 AO

Die zu Haftung und Rückgriff gefundenen Ergebnisse lassen sich auf den Bereich der Anmeldung übertragen. Dazu ist zunächst festzuhalten, dass die Anmeldung im Normalfall lediglich Innenwirkung entfaltet, die Rechtsstellung des Arbeitnehmers also nicht berührt wird[195]. Das hat einen eher rechtstechnischen und einen materiellen Grund: Erstens ist die Lohnsteueranmeldung vom Einzelsachverhalt abstrahiert. Angegeben werden lediglich die Summen der im Anmeldungszeitraum einbehaltenen und übernommenen[196] Steuerbeträge (§ 41a Abs. 1 S. 1 Nr. 1

---

193 BFH v. 29.6.1973 – VI R 311/69, BStBl. II 1973, 780 (781).
194 Siehe oben bei und in Fn. 170; vgl. wiederum BFH v. 29.6.1973 – VI R 311/69, BStBl. II 1973, 780 (781) sowie insbesondere *Heuermann* (Fn. 25), S. 360 f.
195 Vgl. *Hummel* (Fn. 116), § 41a EStG Rz. A 39, A 40; *Sauer* (Fn. 16), S. 45 f., S. 88 S. 113 ff. Entgegen BFH v. 12.10.1995 – I R 39/95, BStBl. II 1996, 87 (87); *Heuermann* (Fn. 25), S. 111 ff., S. 168 ff. bildet die Anmeldung aus den in diesem Abschnitt angeführten Gründen nicht den Rechtsgrund des Steuereinbehalts.
196 In dieser Hinsicht unterscheidet sich der Wortlaut von § 41a Abs. 1 S. 1 Nr. 1 und Nr. 2 EStG. Da Anmeldung und Abführung auf die Weiterleitung des einbehaltenen Betrags gerichtet sind, ist § 41a Abs. 1 S. 1 Nr. 1 EStG korrigie-

EStG)[197]. In steuerschuldrechtlicher Hinsicht geht es einerseits um die Entrichtungspflicht des Arbeitgebers als Surrogat der ursprünglichen, durch den Einbehalt erloschenen Steuerschuld des Arbeitnehmers[198], andererseits um die infolge der Pauschalierung entstandene eigene Steuerschuld des Arbeitgebers[199]. Das Gesetz legt der Anmeldung die Rechtswirkungen einer Steuerfestsetzung unter Vorbehalt der Nachprüfung bei (§ 168 S. 1 AO)[200]. Ihr Adressat ist lediglich der Arbeitgeber, nicht hingegen der Arbeitnehmer[201]. Zweitens kann der Staat vom Arbeitnehmer nach ordnungsgemäßem Einbehalt grundsätzlich nichts mehr verlangen. Der Arbeitgeber steht im Lager des Staates, so dass die Verfahrensschritte nach dem Einbehalt den Arbeitnehmer im Normalfall nichts mehr angehen (s. oben II. 3. b) und III. 2. a)). Folglich besteht weder Anlass noch Notwendigkeit, dem Arbeitnehmer in dieser Situation eine Anfechtung der Steueranmeldung zu ermöglichen[202].

---

rend auszulegen (s. auch *Hummel* [Fn. 116], § 41a EStG Rz. A 1, A 31, A 35, B 1 ff.; a.A. BFH v. 30.10.2008 – VI R 10/05, BStBl. II 2009, 354 [355]; *Reuss* in Herrmann/Heuer/Raupach, § 41a EStG Rz. 9; *Heuermann* [Fn. 25], S. 95 ff. S. 168 ff.). „Zu übernehmende" und „übernommene" pauschale Lohnsteuer fallen ohnehin zusammen (vgl. § 40 Abs. 3 EStG und dazu *Wagner* [Fn. 129], § 40 EStG Rz. 53].

197 Das betonen auch: *Hummel* (Fn. 116), § 41a EStG Rz. A 39; *Sauer* (Fn. 16), S. 116; abweichend *Heuermann* (Fn. 25), S. 114 f.; zu Reformüberlegungen in Richtung auf eine Individualisierung und Vernetzung mit der Arbeitnehmerveranlagung *Drüen* (Fn. 4), 349 ff.; *Seer*, FR 2004, 1037 (1043).

198 Vgl. *Hummel* (Fn. 116), § 41a EStG Rz. A 7, A 12. Mit der Entrichtungspflicht korrespondiert kein Anspruch aus einem Steuerschuldverhältnis, wie § 37 Abs. 1 AO verdeutlicht (BFH v. 24.3.1998 – I R 120/97, BStBl. II 1999, 3 [3]; *Drüen* [Fn. 150], § 37 AO Rz. 4; *von Groll* in DStJG 9 [1986], S. 447; *Heuermann*, StuW 2006, 332 [332 f.]; *A. Meyer*, DStZ 2014, 228 [244]; *Tillmann* [Fn. 51], S. 86 f.; a.A. *Hummel* [Fn. 116], § 41a EStG Rz. A 7; *Drenseck* in DStJG 9 [1986], S. 387; *Sauer* [Fn. 16], S. 110; *Schäfer* [Fn. 13], S. 180 ff.). Die abweichenden Vorschriften des § 7 Abs. 2, 8 VersStG bestätigen in dieser Hinsicht nur die Regel.

199 Siehe nur *Hummel* (Fn. 116), § 41a EStG Rz. A 8.
200 Siehe dazu *Heuermann*, FR 2013, 354 (355).
201 *Reuss* (Fn. 195), § 41a Rz. 6; *Drenseck* in DStJG 9 (1986), S. 386 ff.; *Heuermann* (Fn. 25), S. 112 f.
202 Siehe auch *Hummel* (Fn. 116), § 41a EStG Rz. A 39, A 40; *Sauer* (Fn. 16), S. 114 ff.; *Schäfer* (Fn. 13), S. 199 f.; anders die h.M.: BFH v. 21.10.2009 – I R 70/08, BStBl. II 2012, 493 (494); BFH v. 20.7.2005 – VI R 165/01, BStBl. II 2005, 890 (891); BFH v. 12.10.1995 – I R 39/95, BStBl. II 1996, 87 (87); *Blümich/Heuermann*, § 41a EStG Rz. 23; *Reuss* (Fn. 195), § 41a Rz. 11; *Schmidt/Krüger* (Fn. 8), § 41a EStG Rz. 7; *Drenseck* in DStJG 9 (1986), S. 390 f.

Abweichend ist die Rechtslage – wiederum – dann, wenn es der Arbeitgeber versäumt hat, den (vollen) Steuerbetrag einzubehalten, und er sein Versäumnis auch nicht nachträglich korrigiert[203]. Dann hat das Finanzamt nach der zwar mit guten Gründen bestrittenen[204], *de lege lata* aber letztlich unausweichlichen[205] herrschenden Meinung die Möglichkeit, anstelle einer Beschreitung des Haftungswegs die Steuer in der zutreffenden Höhe festzusetzen, wie sich aus § 167 Abs. 1 S. 1 AO ergibt[206]. Steuerschuldrechtlicher Bezugspunkt ist hinsichtlich des nicht einbehaltenen (Differenz-)Betrags eine Haftungsschuld des Arbeitgebers[207]. Nach richtiger Ansicht müssen daher die seinem Schutz dienenden Haftungsvoraussetzungen auch bei einem Vorgehen nach § 167 Abs. 1 S. 1 AO erfüllt sein[208]. Auch im Dreieck entspricht die Rechtslage derjenigen, die in der Haftungssituation Platz greift: In Höhe des nacherhobenen Betrages hat

---

203 Zur Änderungsmöglichkeit nach § 41c Abs. 1 S. 1 Nr. 2 EStG s. *Heuermann* (Fn. 25), S. 125. Es bleibt dem Arbeitgeber ferner unbenommen, den einzubehaltenden Betrag anzumelden und so einer Inanspruchnahme durch den Staat zuvorzukommen (für eine darauf gerichtete Pflicht *Sauer* [Fn. 16], S. 112 f.; a.A. *Hummel* [Fn. 116], § 41a EStG Rz. B 1 ff.). Im Dreieck ergeben sich dann dieselben Rechtsfolgen wie bei einer Festsetzung nach § 167 Abs. 1 S. 1 AO (dazu sogleich).
204 *Hummel* (Fn. 116), § 41a EStG Rz. A 32 ff., B 2 ff.; *Sauer* (Fn. 16), S. 120 ff.; vgl. auch *Kruse* in GS Trzaskalik, 2005, S. 169 (178 f.) sowie FG Nds. v. 29.6.1999 – VI 177/96, EFG 2000, 468 (469 f.); FG Münster v. 2.2.1998 – 15 V 7148/97 L, EFG 1998, 823 (823); FG Hamburg v. 17.6.1996 – II 40/96, EFG 1997, 17 (18 f.).
205 Treffend *Seer* in Tipke/Kruse, § 167 AO Rz. 8.
206 BFH v. 13.12.2011 – II R 52/09, BFH/NV 2012, 695 (696); BFH v. 7.7.2004 – VI R 171/00, BStBl. II 2004, 1087 (1088 f.); BFH v. 13.9.2000 – I R 61/99, BStBl. II 2001, 67 (68 f.); *Reuss* (Fn. 195), § 41a Rz. 10; *Schmidt/Krüger* (Fn. 8), § 41a EStG Rz. 1; *Heuermann* in FS P. Kirchhof, Bd. II, 2013, § 179 Rz. 9 ff.; weitergehend für Vorrang eines Vorgehens nach § 167 Abs. 1 S. 1 AO *Schulze-Osterloh* in GS Trzaskalik, 2005, S. 151 (152 ff.); dagegen *Heuermann*, StuW 2006, 332 (336).
207 BFH v. 13.12.2011 – II R 52/09, BFH/NV 2012, 695 (696); BFH v. 13.9.2000 – I R 61/99, BStBl. II 2001, 67 (69); *Gersch* (Fn. 164), § 42d EStG Rz. 13; *Heuermann* (Fn. 25), S. 81, S. 127; a.A. *Schmidt/Krüger* (Fn. 8), § 41a EStG Rz. 1.
208 *Gersch* (Fn. 164), § 42d EStG Rz. 13; *Seer* (Fn. 205), § 167 AO Rz. 8; *Drüen*, DB 2005, 299 (302 ff.); *Heuermann*, StuW 2006, 332 (335); vgl. auch *Kruse* in GS Trzaskalik, 2005, S. 169 (179); a.A. *Schmidt/Krüger* (Fn. 8), § 41a EStG Rz. 1; wohl auch BFH v. 7.7.2004 – VI R 171/00, BStBl. II 2004, 1087 (1089); differenzierend BFH v. 13.9.2000 – I R 61/99, BStBl. II 2001, 67 (69); offenlassend BFH v. 30.10.2008 – VI R 10/05, BStBl. II 2009, 354 (355); zur verfassungsrechtlichen Dimension der Fragestellung vgl. *Drüen* (Fn. 4), S. 379.

die Festsetzung Außenwirkung. Dieser Betrag kommt dem Arbeitnehmer zugute[209]. In entsprechender Höhe steht dem Arbeitgeber ein Regressanspruch[210] und dem Arbeitnehmer ein Anfechtungsrecht zu[211].

2. Abführung

Die Abführung geht den Arbeitnehmer nichts an, sondern bewirkt lediglich das Erlöschen des darauf gerichteten Anspruchs des Staates gegen den Arbeitgeber[212]. Hat dieser folglich den einbehaltenen Steuerbetrag angemeldet, aber nicht abgeführt, so hat dieser Sachverhalt ausschließlich Innenwirkung zwischen Arbeitgeber und Staat, welcher aus der Anmeldung gegen den Arbeitgeber vorgehen kann[213]. Hat der Arbeitgeber hingegen einen höheren Betrag abgeführt, als er einbehalten hat, so ist auch dieser Sachverhalt nur für das Verhältnis zwischen Staat und Arbeitgeber von Bedeutung: Deckt sich der abgeführte Betrag mit dem angemeldeten, so muss der Arbeitgeber gegen die Anmeldung vorgehen[214], andernfalls steht ihm unmittelbar ein Erstattungsanspruch gegen den Staat zu[215].

---

209 Vgl. *Heuermann*, StuW 2006, 332 (337). Entscheidend ist der Abführungszeitpunkt (vgl. auch Fn. 169).
210 *Heuermann*, StuW 2006, 332 (335 ff.).
211 Es kann nichts anderes gelten als bei Inanspruchnahme des Arbeitgebers durch Haftungsbescheid; insoweit zutreffend *Heuermann*, StuW 2006, 332 (337).
212 Insoweit ebenso *Heuermann* (Fn. 25), S. 265 ff.; zu den steuerschuldrechtlichen Bezugspunkten dieses Anspruchs s. oben 1.
213 Dazu *Heuermann* (Fn. 25), S. 141 f., S. 414 ff.; *Sauer* (Fn. 16), S. 126 f. Der konkret einbehaltene Betrag kommt dem Arbeitnehmer auch dann zugute, wenn er zu hoch gewesen ist; *insoweit* ist allein das Rechtsverhältnis zwischen Arbeitnehmer und Staat betroffen (s. oben III. 2. a). Deckt sich der angemeldete mit dem einbehaltenen Betrag, kann der Arbeitgeber daher nicht mit Erfolg gegen die Anmeldung vorgehen (vgl. auch Fn. 196). Liegt der angemeldete unter dem einbehaltenen Betrag, ist die Anmeldung zu ändern.
214 Vgl. zu seinen Rechtsschutzmöglichkeiten *Schmidt/Krüger* (Fn. 8), § 41a EStG Rz. 6. Erfolgversprechend ist das freilich nur, wenn das Finanzamt keinen durchsetzbaren Haftungsanspruch wegen Mindereinbehalts von Lohnsteuer entgegenhalten kann.
215 Vgl. *Heuermann* (Fn. 25), S. 267 ff.; *Schäfer* (Fn. 13), S. 203 f., auch zum Einwand unzulässiger Rechtsausübung, wenn der Arbeitgeber einen zu geringen Betrag einbehalten hat.

VI. Schluss

1. Zusammenfassung der Ergebnisse

Der Arbeitgeber ist Steuerpflichtiger. Die von ihm zu erfüllenden lohnsteuerrechtlichen Pflichten werden kraft öffentlichen Rechts an ihn herangetragen. Wertungsmäßig steht er bei Durchführung des Lohnsteuerabzugs im Lager des Staates. Ein eigenunternehmerisches Interesse an der Einschaltung in die Steuererhebung besteht nicht. Der Arbeitgeber hat die Stellung eines in Dienst genommenen Privaten, der gegenüber dem Arbeitnehmer ausschließlich auf zivilrechtlicher Basis agiert. Streitigkeiten zwischen Arbeitgeber und Arbeitnehmer sind auch dann vor den Arbeitsgerichten auszutragen, wenn lohnsteuerrechtliche Fragen berührt werden.

Es kann zwischen lohnsteuerrechtlichen Pflichten mit Außenwirkung und solchen mit Innenwirkung unterschieden werden. Außenwirkung besteht dann, wenn auch die Rechtsstellung des Arbeitnehmers betroffen ist. In diesem Fall können steuerrechtliche Pflichten auf die Zivilrechtslage einwirken. Einerseits ist das Steuerrecht in der Lage, arbeitsrechtliche Ansprüche zu modifizieren und sogar zu konstituieren. Andererseits können eigenständige arbeitsrechtliche Pflichten entstehen, die an lohnsteuerrechtliche Regelungszusammenhänge anknüpfen. Aus einer Verletzung lohnsteuerrechtsbezogener arbeitsvertraglicher Pflichten können zivilrechtliche Schadensersatzansprüche resultieren. Die Ableitung solcher Pflichten setzt eine sorgfältige Analyse des Regelungsgefüges und der Interessenlagen voraus. Eine unreflektierte Gleichsetzung steuer- und arbeitsrechtlicher Pflichten verbietet sich. Insbesondere überzeugt der vielfach vertretene Ansatz nicht, den Arbeitgeber als im Verhältnis zum Arbeitnehmer verpflichtet anzusehen, den Lohnsteuerabzug korrekt durchzuführen. Erleidet der Arbeitnehmer einen Schaden, weil zu viel Lohnsteuer einbehalten wurde, so ist das Arbeitgeberfehlverhalten für haftungsrechtliche Zwecke dem Staat zuzurechnen.

Dem Einbehalt der Lohnsteuer kommt sowohl steuerrechtlich als auch arbeitsrechtlich Erfüllungswirkung zu. Die anschließenden Verfahrensschritte (Anmeldung und Abführung) betreffen grundsätzlich nur noch das Innenverhältnis zwischen Arbeitgeber und Staat. Anders ist das namentlich dann, wenn der Arbeitgeber zu wenig Steuer einbehalten hat. Nimmt der Staat ihn deshalb im Haftungswege oder durch Nachforderungsbescheid (vgl. § 167 Abs. 1 S. 1 AO) in Anspruch, so kann er beim Arbeitnehmer Regress nehmen. Diesem steht in derartigen Fällen ein Anfechtungsrecht zu. Einbehaltene und nacherhobene Beträge kommen steuerrechtlich dem Arbeitnehmer zugute. Ein Schadensersatzanspruch des Arbeitnehmers unter dem Gesichtspunkt des Mindereinbehalts von Lohnsteuer kommt nicht in Betracht.

Im Rahmen der Rechtsanwendung ist darauf zu achten, dass der redliche Arbeitgeber im Ergebnis möglichst schadlos gestellt wird, und sei es über das Dreieck. Die verschuldensunabhängige Haftung nach § 42d EStG stellt einen Fremdkörper dar, weil der Staat den Arbeitgeber aus eigenem Interesse in den Lohnsteuerabzug eingeschaltet hat und ihm zugleich jede Kompensation verwehrt. Richtigerweise folgt daraus das Gebot, bei verzeihlichen Rechtsanwendungsfehlern in erster Linie den Arbeitnehmer in Anspruch zu nehmen, sofern das rechtlich und tatsächlich möglich ist.

2. Reform der Arbeitnehmerbesteuerung

Die soeben herausgestellten Gründe, die für die Schutzbedürftigkeit des redlichen Arbeitgebers sprechen, geben Anlass zu der Frage, ob es zu seiner Entlastung sinnvoll ist, ganz von der Erhebung an der Quelle abzugehen und sie durch ein Informationsmodell zu ersetzen[216]. Nach Dafürhalten des Verfassers ist diese Frage zu verneinen[217]. Der Steuerabzug an der Quelle funktioniert seit Jahrzehnten und hat sich prinzipiell bewährt[218]. Auch bei Umstellung auf ein Informationssystem müsste der Arbeitgeber schwierige Abgrenzungsfragen, die sich etwa bei der Subsumtion unter die Rechtsbegriffe des Arbeitnehmers und des Arbeitslohns ergeben, zumindest als solche identifizieren[219]. Die Entlastungswirkung der Systemumstellung dürfte daher überschaubar sein. Der Gesetzgeber wäre schon aus fiskalischen Gründen gehalten, ein Vorauszahlungssys-

---

216 Vgl. *G. Kirchhof*, FR 2015, 773 (778); *Tipke* in FS Kruse, 2001, S. 215 (224 f.) sowie auch *Drüen* (Fn. 4), S. 285 f.; *Hendel* (Fn. 18), S. 56.
217 Siehe auch *Seer*, FR 2004, 1037 (1042); Wissenschaftlicher Beirat Steuern der Ernst & Young GmbH, DB 2013, 139 (141 ff.).
218 Vgl. *Burgi* (Fn. 4), S. 259; *Heuermann*, StuW 1998, 219 (227); insoweit auch *Drüen* (Fn. 4), S. 314 f.; *Hey* in FS Kruse, 2001, 269 (279); vgl. ferner BVerfG v. 10.4.1997 – 2 BvL 77/92, BVerfGE 96, 1 (7 f.): Quellenbesteuerung als „wirksamste Form eines gegenwartsnahen Gesetzesvollzugs".
219 Vgl. *Trzaskalik* in DStJG 12 (1989), 168 sowie in allgemeinerem Kontext *Drüen* (Fn. 4), S. 129 („Fakten und Rechtssatz [sind] interdependent"), relativierend aber S. 285 f.

tem einzuführen[220], das im Vergleich zum Quellenabzug stärkeren Steuerwiderstand hervorruft, zu gesteigerten Durchsetzungskosten führt und das Ausfallrisiko des Staates erhöht. Der Quellenabzug durch den Arbeitgeber stellt vor diesem Hintergrund die effizientere und praktikablere Lösung dar[221].

Das Problem der Be- und in Teilen auch Überlastung gerade kleinerer Arbeitgeber[222] ist folglich anders anzugehen. Nahe liegt der Ruf nach einer Vereinfachung des Lohnsteuerrechts[223], der allerdings in der Gesetzgebungsrealität kaum Gehör finden dürfte[224]. Gerade deshalb erscheint es geboten, den Arbeitgeber für seine – unternehmensfremde – Tätigkeit, der er zugunsten des Staates nachgehen muss, angemessen zu entschädigen[225]. Auf Grundlage eines derartigen Entlohnungsmodells wäre gegen eine Haftung für leicht fahrlässiges Fehlverhalten nichts mehr zu erinnern[226]. Da der Arbeitgeber im staatlichen Interesse handelt, muss darüber hinaus die Anrufungsauskunft (§ 42e EStG) deutlich effektuiert, nämlich zu einem Instrument ausgebaut werden, das dem Arbeitgeber zeitnahe Informationen der Finanzverwaltung garantiert[227].

---

220 Gleicher Befund bei *Hendel* (Fn. 18), S. 58; vgl. auch *Drüen* (Fn. 4), S. 281 f.; eine darauf gerichtete Systemänderung befürwortend offenbar *Trzaskalik* (Fn. 2), § 38 EStG Rz. A 112 ff.; dagegen *Seer*, FR 2004, 1037 (1042).
221 Gleichsinnig noch *G. Kirchhof* (Fn. 1), S. 174 f.; zu den Vorteilen des Steuerabzugs an der Quelle vgl. *Drüen* (Fn. 4), S. 278 ff. (zugleich relativierend); *Heuermann*, FR 2013, 354 (358 f.); *Sauer* (Fn. 16), S. 2; *Seer*, FR 2004, 1037 (1042).
222 Vgl. zuletzt *G. Kirchhof*, FR 2015, 773 (773 ff.).
223 Siehe insbesondere die zutreffende Kritik *Drüens* (Fn. 4), S. 345 ff. („Gebot der Vollzugsorientierung") sowie *G. Kirchhof* (Fn. 1), S. 132 ff., S. 174 ff. und bereits *Schick* (Fn. 5), S. 41.
224 Gleicher Befund bei Wissenschaftlicher Beirat Steuern der Ernst & Young GmbH, DB 2013, 139 (143).
225 Siehe zu der dazu bereits *de lege lata* geführten Diskussion oben I. 2. mit entsprechenden Nachweisen.
226 Weitergehend *Drüen* (Fn. 4), S. 383 (auch verschuldensunabhängige Haftung).
227 Vgl. *Drüen* (Fn. 4), S. 360.

Lohnsteuervollzug im Europäischen Rechtsvergleich

Prof. Dr. *Werner Haslehner*, LL.M.

Universität Luxemburg

I. Einführung
II. Rechtsvergleich als Systemvergleich
III. Systematische Analyse des Lohnsteuervollzugs
 1. Bedeutung der Lohnsteuer in Europa
 2. Typologie und Entwicklung des Lohnsteuervollzugs
 3. Dimensionen einer systematischen Analyse
  a) Vorbemerkung
  b) Individualisierung des Lohnsteuervollzugs
  c) Synchronizität des Lohnsteuervollzugs
  d) Komplexität und Lastenverteilung
  e) Erhebungssicherheit und Schutz der Privatsphäre

IV. Einordnung und Besonderheiten ausgewählter Lohnsteuersysteme
 1. Lohnsteuervollzug „Pay-As-You-Earn" im Vereinigten Königreich
 2. Lohnsteuerabzug und geleitete Selbstveranlagung in Kontinentaleuropa
 3. „Lohnsteuervollzug" ohne Lohnsteuerabzug in der Schweiz und Frankreich
  a) Effektive Steuererhebung durch Vorauszahlungen ohne Belastung der Arbeitgeber
  b) Lohnsteuerreform in Frankreich: Der Weg zur „europäischen Normalität"?

V. Zusammenfassung

VI. Schlussbemerkung

I. Einführung

Ohne Zweifel spielt die Rechtsvergleichung in den Rechtswissenschaften eine zunehmend prominente Rolle, sei es in Folge einer wachsenden internationalen Vernetzung von Wirtschaft und Politik, als Nebeneffekt einer zunehmenden Bedeutung internationaler Normen oder eine Auswirkung einer natürlichen Evolution wissenschaftlicher Methodik, welche nach stets neuen Erkenntnissen strebt.

Das dem Verfasser gestellte Thema stellt diesen gleichwohl vor eine Reihe von Schwierigkeiten; insbesondere bedarf es der Klärung, was darin untersucht werden soll. Es ist ohne weitere Begründung einsichtig, dass schon eine bloße Darstellung der lohnsteuerlichen Vorschriften nur eines einzigen Staates den zur Verfügung stehenden Rahmen sprengen würde. Die Vornahme einer gegenüberstellenden Analyse verschiedener – gar aller – europäischer Lohnsteuervollzugsregelungen kann daher klarerweise nicht die Aufgabe sind. Darüber hinaus ist darauf hinzuweisen, dass für die in Deutschland in den letzten Jahren unternommenen verfassungsrechtlichen – insbesondere grundrechtlichen – Untersuchungen[1] zur Erhebung der Lohnsteuer in anderen europäischen Ländern bislang kaum Äquivalente zu finden sind, wie überhaupt die rechtswissenschaftliche Aufarbeitung der Materie vielfach weniger stark entfaltet ist. Dies erschwert die rechtsvergleichende Betrachtung zusätzlich, da sie notwendigerweise in einem wesentlichen Umfang auf der Identifizierung und Aufarbeitung einer vergleichenden Untersuchung zugänglicher Rechtsprobleme aufbaut.

Es ist daher nicht Ziel dieses Beitrages, einen Detailvergleich vielfältiger technischer Fragen des Lohnsteuervollzugs in verschiedenen Ländern Europas vorzunehmen, die jeweiligen dogmatischen Überlegungen zu analysieren und einander gegenüberzustellen. Wenn zwei konkrete, einander verwandte Rechtssysteme in einem direkten Vergleich untersucht werden, kann ein solcher Detailvergleich freilich sehr aufschlussreich sein und sogar helfen, dogmatische Irrwege als solche zu erkennen. Auf diese Weise kann Rechtsvergleichung denn auch nach *Häberle* als „fünfte Auslegungsmethode" begriffen werden[2]. Will man den Vergleich aber sowohl jurisdiktionell als auch materiell weiter ziehen, wie es dem gestellten Thema angemessen erscheint, muss auch die Orientierung eine andere sein. Im Folgenden wird daher stattdessen der Versuch eines *Systemvergleichs* mit dem Ziel unternommen, die wesentlichen Abwägungen und Weichenstellungen für ein modernes Lohnsteuervollzugssystem darzulegen und bestimmte grundlegende Unterschiede der existierenden Systeme aufzuzeigen.

II. Rechtsvergleich als Systemvergleich

Rechtsvergleichung hat mehrere Zwecke. Indem sie unterschiedliche Lösungsansätze für vergleichbare praktische Fragen sichtbar macht,

---

1 *G. Kirchhof*, Die Erfüllungspflichten des Arbeitgebers im Lohnsteuerverfahren, 2005; *Drüen*, Die Indienstnahme Privater für den Vollzug von Steuergesetzen, 2012.
2 *Häberle*, Grundrechtsgeltung und Grundrechtsinterpretation im Verfassungsstaat – Zugleich zur Rechtsvergleichung als „fünfter" Auslegungsmethode, JZ 1989, 913.

trägt sie neben der bloßen Kenntnis der Rechtsordnungen insbesondere zum Verständnis alternativer Gestaltungsformen bei. Rechtsvergleichung ist daher mehr als bloße Auslandsrechtskunde, wenn diese auch ein notwendiger Bestandteil eines jeden Vergleichs ist. Darüber hinaus dient sie zumal im europäischen Rechtsraum der Identifizierung von Gemeinsamkeiten und Disparitäten, welche eine Beurteilung von Notwendigkeit und Machbarkeit einer rechtlichen Angleichung ermöglicht. Dies hat dabei nicht nur rechtspolitische Bedeutung, sondern aufgrund des weitreichenden Potentials richterlicher Rechtsfortbildung durch die europäischen Gerichte in Luxemburg ganz praktische Bedeutung für die Rechtsanwendung. Beispiele hierfür lassen sich etwa in der Entwicklung der aus dem Rechtsvergleich gewonnenen europäischen Grundrechte[3], in zunehmenden Maß aber wenigstens implizit auch in der steuerlichen Rechtsprechung des EuGH finden[4]. Schließlich erlaubt die Rechtsvergleichung die Bewertung der nebeneinander gestellten Lösungen und kann damit zur Verbesserung des Rechts beitragen.

Wie aber soll der Rechtsvergleicher feststellen, was sinnvoll zu vergleichen ist? Die moderne *funktionale Rechtsvergleichung* als eigenständige Methode der Rechtswissenschaft baut hierfür auf der Überlegung auf, dass alle Rechtssysteme auf weitgehend ähnliche interpersonale, gesellschaftliche und wirtschaftliche Probleme reagieren und diese zu lösen

---

3 Nach Art. 6(3) AEUV sind die „Grundrechte ... wie sie sich aus den gemeinsamen Verfassungsüberlieferungen der Mitgliedstaaten ergeben, ... als allgemeine Grundsätze Teil des Unionsrechts". Zur Bedeutung der Rechtsvergleichung für das EU Recht allgemein und für die EU Grundrechte s. *Lenaerts*, Interlocking Legal Orders in the European Union and Comparative Law, International and Comparative Law Quarterly 2003, 873.

4 Als Beispiele hierfür lassen sich etwa die Auslegung nicht eigens definierter steuerlicher Fachbegriffe in Richtlinien, wie etwa dem Begriff der „Steuerbefreiung" in der Mutter-Tochter-Richtlinie, oder dem Begriff der „Realisierung" im Rahmen der Wegzugsbesteuerungsrechtsprechung des EuGH anführen. Ebenso bedeutsam ist die Rechtsvergleichung für die Beurteilung seitens einzelner Mitgliedstaaten vorgebrachter Rechtfertigungsgründe für Grundfreiheitseingriffe. Ein drittes Beispiel lässt sich schließlich in der beihilferechtlichen Rechtsprechung finden, wenn der EuGH zur Bestimmung des Referenzrahmens für die Feststellung einer selektiven Maßnahme scheinbar abstrakte Prinzipien des Steuerrechts heranzieht, anstatt auf das jeweils innerstaatliche Recht zu verweisen. Zwar folgt der EuGH in keinem dieser Fälle ausdrücklich eine rechtsvergleichenden Methodik, es erscheint aber geradezu zwingend, angesichts fehlender Definition im europäischen Primär- oder Sekundärrecht auch hier auf gemeinsame Traditionen der Mitgliedstaaten zu rekurrieren.

versuchen[5]. Das zentrale Gebot der rechtswissenschaftlichen Forschung liegt daher im Vergleich der Lösungen, die verschiedene Rechtsordnungen für bestimmte Sachprobleme bereithalten. Ein solcher Vergleich setzt neben der Kenntnis der Rechtsordnungen insbesondere eine Systematisierung jener Probleme voraus, deren Lösungen einer vergleichenden Analyse unterzogen werden sollen. Für die vorliegende Aufgabe einer rechtsvergleichenden Analyse des Lohnsteuervollzugs in Europa bedarf es daher zuallererst einer Untersuchung, welche Probleme durch die jeweilige Form des Lohnsteuervollzugs gelöst werden sollen sowie welche praktischen Schwierigkeiten als Folge der jeweils gewählten rechtlichen Gestaltung zu Tage treten, und wie auf diese wiederum reagiert wird. Durch eine derart vorgenommene Systematisierung der Probleme wird also gleichsam die Perspektive für die Durchführung des Rechtsvergleichs eingestellt.

Zur Identifizierung dieser Probleme ist es schließlich auch hilfreich, sich zusätzlich mit historischen Entwicklungen verschiedener Länder zu beschäftigen. Gerade für ein Rechtsgebiet wie das Lohnsteuerrecht, welches in seinen Grundzügen bereits sehr lange als solches besteht, kann die vergleichende Rechtsgeschichte als „Rechtsvergleichung in der Zeit" dazu dienen, in der Untersuchung der Evolution der modernen Lohnsteuervollzugssysteme deren Zwecke sichtbar werden zu lassen. Ein Überblick über deren Entwicklung ermöglicht es daher, jene Probleme zu identifizieren, welche durch das Recht gelöst werden sollen. Dies erst öffnet den Weg zur Vornahme eines bedeutungsvollen Vergleichs.

III. Systematische Analyse des Lohnsteuervollzugs

1. Bedeutung der Lohnsteuer in Europa

Die Bedeutung der Lohnsteuer in Europa ergibt sich im Wesentlichen aus zwei Aspekten.

Zum einen macht die Lohnsteuer in den meisten europäischen Ländern den ganz überwiegenden Großteil der Einkommensteuer und zwischen einem Viertel und einem Drittel des Gesamtsteueraufkommens aus. Wie *Mellinghoff* in der Einführung und Rechtfertigung zu diesem Band anmerkt, liegt in der Bundesrepublik Deutschland die Lohnsteuer an der Spitze aller Steuerarten mit Bezug auf das Gesamtsteueraufkommen[6],

---

5 *Kischel*, Rechtsvergleichung, 2015, S. 6.
6 Vgl. *Mellinghoff*, in diesem Band.

mit einem geschätzten Anteil von 29 % im Jahr 2015. Zwar ist dieser Anteil nicht für alle europäischen Staaten ohne weiteres verlässlich verfügbar, aber schon auf Grundlage der von der OECD veröffentlichten Daten ist eine erhebliche Schwankungsbreite innerhalb Europas erkennbar: während die Lohnsteuer etwa in Dänemark mehr als 50 % der gesamten Steuereinnahmen ausmacht, sind es in Tschechien und der Slowakei nur um die 10 %[7]. Die daraus folgenden Unterschiede im Hinblick auf ihre fiskalische Bedeutung können die Art und Weise der Steuererhebung wesentlich beeinflussen. In Frankreich etwa wurde die relativ geringe Bedeutung der Einkommensteuer (etwa 17 % des Gesamtsteueraufkommens im Vergleich zum OECD Durchschnitt von etwa 25 %) jahrelang als Teil der Begründung gegen die Einführung eines umfassenden Lohnsteuerabzugs angeführt.

Neben der daraus folgenden fiskalischen Bedeutung kommt der Lohnsteuer zum anderen als wichtigste, praktisch alle Gesellschaftsschichten einschließende direkte Steuer auch demokratiepolitisch besonderes Gewicht als sichtbarer „Preis der Zivilisation" zu. Ihre Rolle als Verbindung des Steuerpflichtigen zum Staat hängt ebenso mit der Art des Steuervollzugs zusammen: Wird die Steuer durch Abzug an der Quelle erhoben, mag die verminderte Sichtbarkeit des geleisteten Beitrages zwar auf der einen Seite den Steuerwiderstand mindern, sie kann aber auf der anderen Seite auch eine Schwächung des staatsbürgerlichen Bewusstseins und damit verbundenen Pflichtgefühls gegenüber dem Staat zur Folge haben[8].

2. Typologie und Entwicklung des Lohnsteuervollzugs

Am Anfang der Untersuchung der in Europa verbreiteten Lohnsteuervollzugssysteme soll eine kurze typologische Einordnung stehen. Eine erste Betrachtung nach der äußeren Form der Steuererhebung ermöglicht es sogleich, grob zwischen drei Arten des Lohnsteuervollzugs zu unterscheiden: (1) die Erhebung der Steuer im Wege der Veranlagung durch den Steuerpflichtigen, (2) die Erhebung alleine im Wege des Steuerabzugs durch Dritte und (3) die Erhebung der Steuer in Kombination der ersten beiden Formen, also eine Art des gemischten Lohnsteuervoll-

---

[7] Die Steueraufkommensdaten sind unter http://stats.oecd.org/abrufbar (zuletzt abgerufen am 7.12.2016).
[8] So etwa die Bedenken des *Conseil des prélèvements obligatoires* in seinem Schlussbericht zur Frage der Einführung eines Lohnsteuerabzugs in Frankreich (Februar 2012), S. 12–13.

zugs. Es ist ohne Frage so, dass letztere Mischform der Steuererhebung den ganz überwiegenden Regelfall in Europa und der Welt darstellt. Es bietet sich daher an, die Unterteilung weiter zu verfeinern, und innerhalb der gemischten Lohnsteuersysteme zwischen jenen, in denen der Steuerabzug grundsätzlich bloß als vorläufig ausgestaltet ist, und jenen, wo er wenigstens für einen Teil der Arbeitnehmer endgültig erfolgt, zu unterscheiden.

Die Entwicklung von einem System der reinen Steuerveranlagung – oder allenfalls einer an deren Stelle tretenden Schätzung – zu einem System eines Steuer*abzugs*, der häufig zuerst als vorläufige Erhebung in *pauschaler* Form, schließlich immer stärker elaboriert ausgestaltet wird, um eine möglichst weitreichende endgültige Lohnsteuererhebung im Abzugswege zu erreichen, stellt dabei den häufigsten Fall in Europa dar. Instruktiv hierfür sind insbesondere die Beispiele Deutschlands[9] und des Vereinigten Königreiches[10], deren Modellen in einer Vielzahl anderer Länder gefolgt wurde, sowie jenes der unten noch näher zu beschreibenden jüngsten Entwicklungen in Frankreich. Freilich handelt es sich dabei nicht um eine notwendige oder linear verlaufende Evolution, wie sich an einer Reihe von Beispielen zeigen ließe.

3. Dimensionen einer systematischen Analyse
a) Vorbemerkung

Was sind die Gründe für diese Entwicklung und die bestehenden Unterschiede im Lohnsteuervollzug in Europa? Als erste Annäherung lassen sich diese anhand der durch die Lohnsteuer im Allgemeinen – und den

---

9 Die Einführung der Lohnsteuer erfolgte in Deutschland erstmals 1920 durch die *Erzbergersche* Steuerreform als fixe Abschlagzahlung i.H.v. 10 %. Bereits nach wenigen Monaten wurde diese jedoch aus Gerechtigkeitsüberlegungen als nicht tragbar eingestuft und durch die Berücksichtigung von Existenzminimum und die Zahl der zum Haushalt gehörenden Personen reformiert. Siehe umfassend G. *Kirchhof* (Fn. 1), S. 84.

10 Im Vereinigten Königreich wurde eine erste Abzugssteuer bereits 1803 durch *Addington* in Reform der *Pitt*'schen Einkommensteuer von 1799 eingeführt, welche als unmittelbares Vorbild für die kurz darauf in Preußen umgesetzte Quellenbesteuerung für Staatsbedienstete diente. (G. *Kirchhof* [Fn. 1], S. 78). 1944 erfolgte schließlich die Einführung der modernen britischen Arbeitnehmerbesteuerung, welche – auf einem zuvor freiwilligen Abzugssystem während der 1930er Jahre aufbauend – persönliche Umstände und pauschale Werbungskosten berücksichtigen konnte. Zur Genese dieses Systems s. *Pearce* in Tiley (Hrsg.), Studies in the History of Tax Law (Volume 5), 2012, S. 193–218.

Lohnsteuerabzug durch den Arbeitgeber im Speziellen – verfolgten Ziele darstellen. Im Wesentlichen geht es allen Staaten um eine faire, zeitgerechte, effiziente und sichere Steuererhebung[11]. Diese Ziele sind jedoch nicht gleichzeitig in größtmöglicher Ausprägung zu erreichen, da sie vielfach in einem Spannungsverhältnis, wenn nicht gar direktem Konflikt zueinander stehen. Aus ihnen lassen sich aber jedenfalls mittelbar vier Dimensionen der Ausgestaltung des Lohnsteuervollzugs ableiten, welche für den vorliegenden Beitrag als Individualisierung, Synchronizität, Komplexität und Privatsphärenschutz im Rahmen der Lohnbesteuerung definiert werden. Diese vier Dimensionen gilt es im Folgenden kurz näher zu erörtern. Daraufhin gilt es zu untersuchen, inwiefern durch die Betrachtung verschiedener existierender Lohnbesteuerungssysteme aus dem Blickwinkel ebendieser Dimensionen im Rahmen einer rechtsvergleichenden Analyse bedeutsame Einsichten gewonnen werden können.

b) Individualisierung des Lohnsteuervollzugs

Als erste Dimension ist die Individualisierung oder Personalisierung der Lohnsteuer in den Blick zu nehmen. Das Ziel einer individualisierten Einkommensbesteuerung bedarf kaum der Erläuterung; es kann für moderne demokratische Rechtsstaaten geradezu als selbstverständlich angesehen werden, dass die Höhe der Steuer den konkreten Umständen des Steuerpflichtigen angepasst ist. Als bloße Erhebungsform der Einkommensteuer ist die Lohnsteuer notwendigerweise durch ein Streben nach Übereinstimmung mit dem Leistungsfähigkeitsprinzip geprägt. Dass für den einfachen Gesetzgeber die Möglichkeit einer gewissen Pauschalisierung oder Typisierung bestehen muss, wie es insbesondere *Kirchhof* in seinem Beitrag betont[12], wird gar nicht in Abrede gestellt. Die konkrete Frage für diese Untersuchung ist aber freilich, inwieweit individuelle Umstände des Steuerpflichtigen im Rahmen des Lohnsteuerabzugs überhaupt Berücksichtigung finden können. Es sind schlussendlich nicht nur die Grenzen des technisch Möglichen, sondern auch jene des in Anbetracht steigender Verwaltungskosten rechtlich Zumutbaren, welche

---

11 In Anlehnung an die bereits von *Adam Smith* angelegten Kriterien guter Steuerpolitik („*maxims with regard to taxes*"): *Equality* (Fairness), *Certainty* (Sicherheit), *Convenience of Payment* (Bequemlichkeit der Steuerzahlung) und *Economy of Collection* (Effizienz der Steuereinhebung). Vgl. *Adam Smith*, The Wealth of Nations (Introduction by *Robert Reich*), The Modern Library 2000, S. 888 f.
12 Vgl. *G. Kirchhof*, in diesem Band.

die Abwägung zwischen angestrebter Einzelfallgerechtigkeit und notwendiger Pauschalbetrachtung prägen. Kernproblem dabei ist die große Menge an Information, die für jeden einzelnen Steuerpflichtigen gesammelt und verarbeitet werden muss, um eine passgenaue individualisierte Steuerschuld bereits im Zeitpunkt des Steuerabzugs zu ermöglichen. Die zunehmende Digitalisierung der Datenverarbeitung zum Zwecke der Lohnsteuerabrechnung auf Seiten sowohl der Arbeitgeber als auch der Finanzverwaltung erleichtert dabei zweifellos die Berücksichtigung individueller Umstände in immer größerem Umfang. Soweit es sich dabei tatsächlich nur um bloße Detailinformationen handelt, deren Verarbeitung ohne weiteres automatisiert erfolgen kann und daher wenig Aufwand schafft, spricht diese Einfachheit fürs Erste klar für eine Berücksichtigung beim Steuerabzug. Soweit die Einordnung jener Informationen jedoch einer qualifizierten rechtlichen Abwägung bedarf, welche nicht ohne weiteres automatisiert erfolgen kann, spricht der Gedanke der Verwaltungsvereinfachung stärker für eine Pauschalisierung.

c) Synchronizität des Lohnsteuervollzugs

Soweit eine vollständige Individualisierung durch Berücksichtigung aller notwendigen Kosten und persönlichen Umstände nicht bereits bei der Durchführung eines Abzugssystems möglich ist, ergibt sich ein Spannungsverhältnis zur zweiten Dimension einer systematischen Analyse des Lohnsteuervollzugs: Es handelt sich dabei um die Frage der Synchronizität der Lohnbesteuerung. Darunter ist die möglichst große zeitliche Nähe von Einkommenserzielung und Steuererhebung zu verstehen. Dabei kommt es sowohl auf den *Zeitpunkt* als auch die *Adäquanz der Einhebung* aus Sicht der jährlich berechneten Einkommensteuer an.

Wie eine rechtshistorische Analyse zeigt, wird das Ziel der zeitnahen Besteuerung sowohl aus praktischen fiskalischen Gründen als auch aus Gerechtigkeitsüberlegungen angestrebt. Auf der einen Seite gelangt der Fiskus so früher zu seinen Einnahmen, als wenn die Steuer stets mit einem Jahr Verzögerung eingehoben wird. Darüber hinaus kann durch einen – angesichts unzureichender Individualisierung naheliegenden – übermäßigen Lohnsteuerabzug im Vergleich zur endgültigen Steuerpflicht auf Seiten des Fiskus ein nicht unwesentlicher Zinsvorteil generiert werden[13]. Auf der anderen Seite wird der Steuerpflichtige im Ideal-

---

13 Freilich zielen die meisten Reformen, die eine stärkere Synchronizität des Lohnsteuervollzugs anstreben, auch darauf ab, eben diese übermäßige Ein-

fall von der Unsicherheit einer künftig anfallenden Steuerlast befreit; er wird im Zeitpunkt seiner größten Leistungsfähigkeit angegriffen[14]. Letzteres scheint tatsächlich der wesentliche Grund der Einführung des britischen Pay-As-You-Earn Systems während des Zweiten Weltkrieges gewesen zu sein[15] und wird nunmehr erneut als *der* wesentliche Vorteil des Steuerabzugs in der französischen Reformdiskussion angeführt, aus dem sich andere, wie etwa die höhere Akzeptanz der Einkommensteuer, mittelbar ergeben. Ob die synchrone Besteuerung gelingt, zeigt sich schließlich daran, ob und in welchem Ausmaß ein System auf den Steuerausgleich durch nachgelagerte Steuererklärungen angewiesen ist. Dies wird vor allem von der Integration relevanter Informationen in ein Steuerabzugssystem bestimmt und hängt damit vornehmlich vom Ausmaß der Individualisierung der Besteuerung ab.

d) Komplexität und Lastenverteilung

Will man nun gleichzeitig eine größtmögliche Personalisierung und Synchronizität der Lohnbesteuerung erreichen – eine Besteuerung also, die gleichermaßen fair und zeitnah erfolgt – so erweitert sich das Spannungsfeld unmittelbar um eine dritte Dimension, die sich aus dem weiteren Ziel der effizienten Besteuerung ergibt. Diese dritte Dimension der systematischen Analyse von Steuervollzugssystemen ist deren Komplexität, die wiederum ihren stärksten Ausdruck in Form der administrativen Last der am Steuervollzug beteiligten Akteure findet. Es geht dabei im Wesentlichen um drei Fragen, welche jedes Lohnbesteuerungssystem beantworten muss: Erstens stellt sich die Frage nach der absoluten Höhe der Erhebungskosten der Steuer, die als notwendig und akzeptabel anzusehen ist, also dem Gesamtaufwand der Last in Relation zur erhobenen Steuer; die Höhe des akzeptablen Kostenaufwandes wird sich dabei typischerweise am Anteil der konkreten Steuer am Gesamtaufkommen des Staates einerseits und einer Abwägung aufkommensunab-

---

behaltung und die daraus folgende notwendige Abgabe einer Steuererklärung hintanzuhalten.
14 *Kruse* in Stolterfoht (Hrsg.), Grundfragen des Lohnsteuerrechts, DStJG 11 (1986), S. 6.
15 *Pearce* zitiert eine Notiz des Vorsitzenden des Ausschusses/Rates der Steuerverwaltung (Board of the Inland Revenue) vom 10.7.1940: „*The raison d'être for the introduction of a scheme of deduction at the source is to be found in the fact that employees cannot pay their tax and the Revenue will not be able to collect it, unless payment is spread over the year.*" Siehe *Pearce* (Fn. 10), S. 202.

hängiger Interessen an der Erhebung andererseits zu orientieren haben. Dem hat als zweites die Frage nach der *Verteilung* der Last zwischen den an der Steuererhebung beteiligten Akteuren zu folgen, mithin der Lastenverteilung zwischen Steuerverwaltung, dem einkommenserzielenden Arbeitnehmer und allfälligen beteiligten Dritten. Soweit letzteren – für gewöhnlich den Arbeitgebern – ein Teil der Last übertragen wird, ist drittens zu fragen, wodurch eine derartige Belastung gerechtfertigt wird und wie eine allenfalls für notwendig erachtete Kompensierung für ebendiese Belastung erfolgen soll.

Wenngleich alle drei Fragen gleichermaßen bedeutsam für die Ausgestaltung des Lohnsteuersystems sind, steht jene nach der Belastung des Arbeitgebers und eines möglichen Ausgleichs hierfür jedenfalls in Deutschland typischerweise im Vordergrund der Diskussion[16]. Die rechtsvergleichende Betrachtung zeigt jedoch, dass insoweit kaum Unterschiede bestehen. Wenn es zum Steuerabzug durch den Arbeitgeber kommt, wird diese Belastung in praktisch allen Staaten als unentgeltlich zu erbringende Nebenpflicht – von *Popitz* in einem vielzitierten Diktum als ein *„nobile officium"*[17] der Unternehmen bezeichnet – angesehen. Zumal in der deutschen Literatur wird aber zu Recht die Frage gestellt, ob der in der so auferlegten Last bestehende Grundrechtseingriff angesichts der seit der ursprünglichen Einführung stetig ansteigenden Komplexität und des damit verbundenen Aufwandes noch als verhältnismäßig angesehen werden kann.[18] In der internationalen Diskussion wird mitunter angeführt, eine angemessene Gegenleistung für die Lastenübernahme seitens der Unternehmen könne in der Nutzbarkeit der einbehaltenen Beträge während der Zeitperiode zwischen der Lohnauszahlung und der Lohnsteuerabfuhr gesehen werden.[19] Diese Periode beträgt mithin zumeist kaum mehr als einen Monat, auch wenn beispielsweise in den Niederlanden bis zu zwei Monate, und für kleinere Beträge sogar vier Monate, von der Einbehaltung bis zur Abfuhr der Lohnsteuer verstreichen können. Freilich korreliert der dadurch zu erlangende Vorteil nur in geringem Maße mit dem tatsächlichen Aufwand der Steuererhebung. Das einzige Beispiel für eine *unmittelbare* Vergütung des Arbeitgeberaufwandes findet sich in der Schweiz, welche Arbeitgebern

---

16 Siehe z.B. *Drüen*, in diesem Band.
17 Zitiert nach *Drüen* (Fn. 1), S. 141.
18 Siehe bereits *Kruse* (Fn. 14), S. 6 f.; *Drüen* (Fn. 1), S. 141.
19 ZB *van den Heeden* in Thuronyi (Hrsg.) Tax Law Design and Drafting, 2000, S. 564 (574).

eine Gegenleistung für den (nur für Nichtansässige vorgesehenen) Steuerabzug gewährt[20]. Diese „Bezugsprovision" beträgt je nach Kanton derzeit zwischen 1 und 3 % der einbehaltenen Steuer[21]. Selbst diese Vergütung ist aber einerseits höchstens als grobe Annäherung an die tatsächlichen Kosten anzusehen, welche wohl insbesondere bei Klein- und Mittelbetrieben höher, bei großen Betrieben aufgrund von Größeneffekten und Digitalisierung tendenziell niedriger anzusetzen sein werden. Darüber hinaus wird der Vergütungssatz in den letzten Jahren radikal reduziert[22], und soll nach den Plänen der Schweizerischen Regierung künftig einheitlich nur noch 1 % betragen[23]. Begründet wird dies mit administrativen Vereinfachungen und Automatisierungen, die sich aus der Möglichkeit elektronischer Quellensteuerabrechnungen ergäbe. Wenn sich ein wesentlicher Anteil des Aufwandes für den Arbeitgeber jedoch aus rechtlichen Wertungsentscheidungen ergibt[24], so reduziert sich dieser Aufwand nicht in entsprechend hohem Ausmaß alleine aufgrund einer zunehmenden Digitalisierung rein administrativer Abläufe.

e) Erhebungssicherheit und Schutz der Privatsphäre

Schließlich ist die sichere Erfassung der Lohnsteuer aufgrund ihres Charakters als Massensteuer von großer Bedeutung für die Ausgestaltung des Systems. Diese hängt ebenso direkt mit der Frage der Lastenverteilung zusammen – soweit der Lohnsteuer*abzug* die lückenlose Besteuerung sichert, folgt daraus geradezu notwendigerweise eine höhere Belastung des Arbeitgebers. Sie eröffnet aber darüberhinaus noch eine vierte Dimension zur Analyse der Systeme des Lohnsteuervollzugs, nämlich

---

20 Siehe Art. 88 Abs. 4 Schweizer Bundessteuergesetz.
21 Siehe Art. 13(1) Schweizerische (Bundes)Quellensteuerverordnung (642.118.2): „Die Bezugsprovision für den Schuldner der steuerbaren Leistung beträgt mindestens 1 und höchstens 3 Prozent des gesamten Quellensteuerbetrags." Art. 37(3) des Schweizerischen Bundesgesetzes über die Harmonisierung der direkten Steuern der Kantone und Gemeinden sieht ohne nähere Präzisierung „eine Bezugsprovision" für den Schuldner der steuerbaren Leistung vor.
22 Im Jahr 1989 verwies *Gremaud* im Nationalbericht der IFA noch auf eine Vergütung i.H.v. 2–5 %. Siehe *Gremaud* in IFA (Hrsg.), Cahiers de droit fiscal international 74b, 1989, S. 595 (602).
23 Siehe die Botschaft zum Bundesgesetz über die Revision der Quellenbesteuerung des Erwerbseinkommens vom 28.11.2014, S. 671 (abrufbar unter https://www.admin.ch/opc/de/federal-gazette/2015/657.pdf). Zum Zeitpunkt der Fertigstellung des Manuskripts im Dezember 2016 war der Gesetzesentwurf noch nicht endgültig angenommen.
24 *Drüen* (Fn. 1), S. 144.

jene des Schutzes der Privatsphäre des Steuerpflichtigen. Wurde die Einführung eines Steuerabzugs durch den Arbeitgeber in den Anfängen der Lohnbesteuerung im Vereinigten Königreich und den deutschen Staaten als Garant dieses Schutzes angesehen, weil so die Offenlegung sämtlicher Einkünfte und Verhältnisse gegenüber dem Staat unterbunden werden konnte[25], steht heute die Sorge eines zu großen Einblickes seitens des Arbeitgebers in die persönlichen Umstände des Arbeitnehmers im Mittelpunkt der Diskussion, wie sich namentlich in der Diskussion der Einführung des Lohnsteuerabzugs in Frankreich zeigt. Insbesondere in jenen Systemen, die auf eine stärkere Synchronizität setzen – also wenigstens in einer Mehrzahl der Fälle die Endgültigkeit des Steuerabzugs anstreben – stellt sich ganz allgemein die Frage, inwieweit die passgenaue Erhebung ohne Offenlegung sensibler Daten an private Dritte als Erfüllungsgehilfen des Staates bei der Steuererhebung möglich ist. Die Ziele der Individualisierung und der Synchronizität stehen daher notwendigerweise in starkem Widerstreit mit dem Rechtsgut des Schutzes der Privatsphäre, sei es, dass relevante private Daten zwar unmittelbar an die Finanzverwaltung gegeben werden, die daraus abgeleitete und an den Arbeitgeber übermittelte Information diesem jedoch Rückschlüsse auf jene Daten erlaubt[26], sei es, dass die Daten zum Zwecke der Entlastung der Finanzverwaltung direkt dem Arbeitgeber zur Berechnung der Lohnsteuer zu übermitteln sind.

Die bisher angestellten Überlegungen zeigen bereits, dass eine für alle Staaten gültige „Ideallösung" im vierdimensionalen Spannungsfeld aus Personalisierung der Lohnsteuer, Synchronizität der Einhebung, Höhe und Verteilung der Belastung und Schutz der Privatsphäre nicht zu finden ist. Es ist jedoch möglich, die von verschiedenen Staaten gewählten Formen und Ausprägungen ihrer Lohnsteuervollzugssysteme im Lichte dieser vier Dimensionen zu analysieren und das Ergebnis gleichsam als Abwägung zwischen den unterschiedlichen relevanten Aspekten darzustellen. Eine Einordnung und Untersuchung der unterschiedlichen Systeme anhand dieser Dimensionen sollte es somit vermögen, den Blick auf die im eigenen System vorgenommenen Abwägungen zu schärfen und diese allenfalls bewusst neu zu überdenken.

---

25 *G. Kirchhof* (Fn. 1), S. 72 ff.
26 So wird etwa in Deutschland kritisiert, dem Arbeitgeber könnten bei Anwendung des Faktorverfahrens Rückschlüsse auf das Einkommen des bei ihm nicht beschäftigten Ehepartners ermöglicht werden; s. *Eisgruber* in Kirchhof, EStG, Kommentar, 14. Aufl. 2015, § 39f Rz. 1.

IV. Einordnung und Besonderheiten ausgewählter Lohnsteuersysteme

1. Lohnsteuervollzug „Pay-As-You-Earn" im Vereinigten Königreich

Die folgende überblicksmäßige Einordnung der Lohnsteuervollzugssysteme ausgewählter europäischer Staaten soll mit dem Geburtsland sowohl der Einkommensteuer als auch des Lohnsteuerabzugs beginnen, dem im Vereinigten Königreich während des Zweiten Weltkrieges entwickelten (und später auch von der Republik Irland weitgehend übernommenen) *Pay-As-You-Earn* System. Das herausragende Merkmal dieses Lohnsteuersysteme liegt in der starken Synchronizität des Lohnsteuervollzugs mit der Einkommensentstehung. Das meist kurz „PAYE" genannte Konzept basiert im Unterschied zu den meisten kontinentaleuropäischen Systemen auf einem Steuerabzug durch den Arbeitgeber auf Grundlage des im jeweiligen Steuerjahr *kumulativ* erwirtschafteten Einkommens, so dass gleichsam ein ständiger Lohnsteuerausgleich stattfindet. Verbunden mit einer ausgefeilten Methode zur Einbeziehung individueller Abzüge von der Bemessungsgrundlage befindet sich das PAYE System auf dem Spektrum der oben dargestellten Dreiteilung am weitesten auf dem Weg zur reinen Lohnabzugssteuer ohne anschließende Veranlagung. Das Kodierungssystem, welches jedem Steuerpflichtigen einen individuellen, aus Buchstaben und Ziffern bestehenden Code zur Bestimmung der vom Arbeitgeber einzubehaltenden Steuer zuweist, erlaubt es auch – wenngleich in begrenztem Ausmaß[27] – Einkünfte aus anderen als nichtselbständigen Tätigkeiten in den Steuerabzug einzubeziehen. Dies erfolgt im Wege einer „negativen Kodierung", mit der das System dem Arbeitgeber die Einbehaltung von Steuer zu einem höheren Tarif anzeigt[28]. Gleichzeitig sind insbesondere im Vereinigten Königreich die zulässigen Abzüge und damit die Individualisierung der Lohnbesteuerung begrenzt – so sind etwa nur *zwingend notwendige* Ausgaben als Werbungskosten abzugsfähig[29]. In der Praxis gelingt es jedoch auch den

---

27 Ungeachtet der Höhe anderer Einkünfte ist der Abzugsbetrag von den Lohneinkünften mit 50 % der Barauszahlung gedeckt.
28 *Tiley/Loutzenhiser*, Revenue Law, 7. Aufl. 2012, S. 229.
29 Nach Section 336 ITEPA (Income Tax [Earnings and Pension] Act 2003) sind nur Ausgaben abzugsfähig, welche aufzuwenden der Arbeitnehmer aufgrund seines Arbeitsverhältnisses verpflichtet war und die gänzlich, ausschließlich und notwendigerweise (*wholly, exclusively and necessarily*) in der Ausführung der Arbeitspflichten aufzuwenden waren.

britischen und irischen Systemen freilich nicht, Arbeitnehmerveranlagungen gänzlich zu vermeiden, da sie trotz ihrer fein austarierten Abzugssysteme den Erwartungen an eine hinreichende Individualisierung der Lohnsteuer ansonsten nicht gerecht werden könnten.

Das PAYE System erreicht trotz der Prävalenz des Steuerabzugs eine Balance aus relativ niedriger Belastung des Arbeitgebers und relativ hohem Schutz der Privatsphäre des Steuerpflichtigen, indem der wesentliche Informationsfluss zur Berechnung der richtigen Steuererhebung zwischen Arbeitnehmer und Steuerverwaltung stattfindet. Gleichwohl stellt sich die Durchführung des PAYE Systems insofern als Belastung der Arbeitgeber dar, als diese für Fehler in der Höhe der Einbehaltung des korrekten Steuerbetrages haften und ein Regress auf den Arbeitnehmer nur in beschränktem Umfang möglich ist. Zur korrekten Anwendung des Steuerabzugs auf kumulativer Basis ist darüber hinaus bei unterjährigem Wechsel ein zusätzlicher administrativer Aufwand zur Feststellung der richtigen Kodierung fällig, der freilich in den letzten Jahren durch eine digitale Kommunikation mit der Steuerverwaltung wesentlich vereinfacht wurde[30]. Darüber hinaus verbleibt auch ein nicht unwesentlicher Aufwand für die Steuerverwaltung, welche mitunter während des Jahres mehrfach eine Neukodierung aufgrund einer Änderung der Verhältnisse beim Steuerpflichtigen vornehmen muss.

2. Lohnsteuerabzug und geleitete Selbstveranlagung in Kontinentaleuropa

In den meisten anderen europäischen Staaten sind die Lohnsteuerabzugssysteme weniger ausgefeilt. Zumeist wird der Abzug mit einer mehr oder weniger zwingenden nachfolgenden Veranlagung verbunden. Es handelt sich also um gemischte Lohnsteuervollzugssysteme in der Mitte des zuvor angesprochenen Spektrums, in denen im Ergebnis der Individualisierung der Lohnbesteuerung der Vorrang gegenüber der Synchronizität von Einkommensentstehung und Steuererhebung eingeräumt wird. Im Einzelnen gibt es natürlich etliche Unterschiede, und die Grenzen sind fließend. So befindet sich etwa das niederländische System mit seinen stark eingeschränkten Abzugsmöglichkeiten auch im Wege der Steuerveranlagung insofern näher am britischen Modell einer geringeren Personalisierung und damit verbundener reduzierter Be-

---

30 Vgl. *Lee*, Revenue Law: Principles and Practice, 29. Aufl. 2011, S. 224.

lastung der Arbeitgeber[31]. Gleichzeitig wird von der großen Mehrzahl der Steuerpflichtigen eine jährliche Steuererklärung abgegeben, obwohl dies nur in besonderen Fällen verpflichtend vorgesehen ist. Im Gegensatz dazu ist in Belgien von jedem Arbeitnehmer zwingend eine Steuererklärung abzugeben[32]. Die Norm unter Staaten mit gemischten Systemen ist allerdings, dies nur unter besonderen Umständen wie dem Vorliegen mehrerer Tätigkeiten oder häufig dem Überschreiten von Einkommensschwellen zu verlangen. Der Anteil jener Arbeitnehmer, die eine Steuererklärung abgeben, ist dessen ungeachtet in nahezu allen kontinentaleuropäischen Ländern recht hoch – er liegt im Durchschnitt bei etwa 70–90 % – was aber zunehmend durch die Zusendung vorausgefüllter Steuererklärungen[33] sowie die Übermittlung einer Jahreszusammenstellung besteuerter Lohneinkünfte[34] erleichtert wird. Man kann diese Lohnsteuersystemen mithin als eine Form der geleiteten Selbstveranlagung ansehen, in der ein Schwerpunkt auf der Initiative der Arbeitnehmer insbesondere zur Vermeidung einer Überbelastung durch einen vereinfachten Lohnsteuerabzug liegt. Die Individualisierung der Steuer wird überwiegend erst im Veranlagungswege in einem akzeptablen Ausmaß erreicht, wobei sich beim Umfang der zulässigen Abzüge auch in diesem zweiten Schritt klarerweise umfangreiche Unterschiede zeigen. Als allgemeine Tendenz ist feststellbar, dass anstelle persönlicher Freibeträge vermehrt Steuerabzugsbeträge (*tax credits*) zur Anwendung kommen, um die konkreten Umstände der Arbeitnehmer zu berücksichtigen. In den meisten Ländern bestehen neben einer Anpassung der Lohnsteuer auf Grundlage der familiären Situation auch Regelungen für pauschale Abzüge, welche im Rahmen des Lohnsteuerabzugs an die Stelle tatsächlicher Ausgaben treten[35]. Seltener hingegen ist noch ein spezieller Arbeitnehmerfreibetrag als Ausgleich für die frühere Besteuerung der Lohneinkünfte im Vergleich zu anderen Einkunftsarten vorgesehen. Lu-

---

31 Vgl. *Prokisch* in Mössner (Hrsg.), Taxation of Workers in Europe, 2010, S. 185 (189).
32 Vgl. Art. 305 bEStG (*Code des impôts sur les revenus 1992*).
33 Diese werden beispielsweise jedenfalls in Belgien, Dänemark, Finnland, Italien, den Niederlanden, Norwegen, Schweden und Spanien allen Steuerpflichtigen zugänglich gemacht.
34 Dies erfolgt anstelle einer vorausgefüllten Steuererklärung etwa in Luxemburg. Für Lohneinkünfte wird in Österreich ein Jahreslohnzettel seitens des Arbeitgebers an das zuständige Finanzamt übermittelt. Der Arbeitnehmer kann diesen online einsehen oder eine Kopie vom Arbeitgeber anfordern.
35 Vgl. *Eden/Taboado* in Mössner (Hrsg.), Taxation of Workers in Europe, 2010, S. 25 (33 f.).

xemburg hat einen derart begründeten Freibetrag im Jahr 2008 unter Verweis auf das verfassungsrechtliche Gleichheitsgebot abgeschafft[36]. Der Schutz der Privatsphäre des Steuerpflichtigen hängt in den gemischten Lohnsteuervollzugssystemen zumeist davon ab, inwieweit tatsächliche Umstände des Steuerpflichtigen bereits im Wege des Steuerabzugs berücksichtigt werden. Wo dies in geringem Ausmaß der Fall ist, wie etwa in den Niederlanden, reduziert dies zusätzlich die den Arbeitgebern auferlegten administrativen Lasten.

3. „Lohnsteuervollzug" ohne Lohnsteuerabzug in der Schweiz und Frankreich

a) Effektive Steuererhebung durch Vorauszahlungen ohne Belastung der Arbeitgeber

Als Sonderfall innerhalb Europas sind die Lohnbesteuerungssysteme in Frankreich und der Schweiz anzusehen. Der wesentliche Unterschied zu den übrigen Ländern besteht dabei im (nahezu) gänzlichen Fehlen eines Steuerabzugs für Lohneinkünfte. Sie fallen damit ans andere Ende des Spektrums europäischer Lohnsteuervollzugssysteme. Eine offensichtliche Erklärung für diese Besonderheit ist schwer auszumachen; so hebt etwa *Rompe* in seiner Untersuchung der französischen Einkommensteuerentwürfe der Vorkriegszeit – als sich in Deutschland der Lohnsteuerabzug trotz vielfacher Kritik durchzusetzen vermochte[37] – auch für Frankreich die „historisch bedingte und in der individualistischen Geisteseinstellung der Massen begründete Abneigung gegen die Deklaration" als prägend hervor, redet aber angesichts des mit der Quellenbesteuerung verbundenen Verlusts des Blicks auf die „Einkommensgesamtheit und damit auf die Gesamtleistungsfähigkeit" dessen ungeachtet einer Besteuerung durch Veranlagung das Wort[38]. In Frankreich wie auch in der

---

36 Ersatz durch pauschalen Steuerabsetzbetrag von 300 Euro für selbständige und unselbständige gleichermaßen. Interessant ist dies vor allem deshalb, weil etwa in Deutschland die Einführung des so geschaffenen Vorteilsausgleichs verfassungsrechtlich begründet wurde und dessen späterer Ersatz durch einen Werbungskostenpauschbetrag beim BVerfG anhängig war. Vgl. BVerfG v. 10.4.1997 – 2 BvL 77/92, DStR 1997, 954.
37 Instruktiv zu den damaligen Abwägungen *G. Kirchhof* (Fn. 1), S. 84 ff.
38 *Rompe*, Die Ideengeschichtliche Entwicklung des Einkommensteuerproblems im Frankreich der Vorkriegszeit, 1930, S. 96 f.

Schweiz werden Arbeitnehmer bis heute[39] wie selbständig Tätige in praktisch allen Fällen über eine jährlich zwingend einzureichende Steuererklärung veranlagt. Zum Lohnsteuerabzug kommt es in beiden Ländern nur ganz ausnahmsweise, nämlich für beschränkt steuerpflichtige Arbeitnehmer[40]. Auch bei diesen entfaltet der Steuerabzug jedoch nur ausnahmsweise Abgeltungswirkung[41]. Mangels Steuerabzugs fallen Einkünfteerzielung und Steuererhebung somit typischerweise zeitlich auseinander. Den dabei zu erwartenden Problemen im Hinblick auf einen lückenlosen Steuervollzug – sei es aus Gründen der Ehrlichkeit oder Liquiditätsengpässen bei nachgelagerter Besteuerung – begegnen diese Systeme auf jeweils eigene Art und Weise. In beiden Ländern trifft die Arbeitgeber beispielsweise eine Auskunftspflicht hinsichtlich der jährlichen Lohneinkünfte ihrer Arbeitnehmer, wodurch Bedenken hinsichtlich der Kontrollierbarkeit weitestgehend eingedämmt werden. Die Belastung der Arbeitgeber hält sich dabei naturgemäß in Grenzen, geht es doch im Wesentlichen um die Übermittlung einer übersichtlichen Darstellung der Lohninformationen, welche dem Arbeitgeber vorliegen sollte. Die größte Schwierigkeit ist dabei wohl die Bewertung von Sachbezügen. Für diese bestehen aber neben einer Reihe von Befreiungen häufig vereinfachende Regelungen zur Bewertung, wodurch die Belastung der Arbeitgeber auf ein akzeptables Maß reduziert wird. Den Steuerpflichtigen wird die Veranlagung in Frankreich wie in vielen anderen europäischen Staaten[42] darüber hinaus durch die Zusendung vorausgefüllter Steuererklärungen erleichtert, was auch zu einer akzeptableren Lastenverteilung beiträgt, indem es den Steuerpflichtigen entlastet.

Möglichen Liquiditätsproblemen wird durch eine gestaffelte Steuereinhebung vorgebeugt. In Frankreich etwa wird die Steuer grundsätzlich in

---

39 Beachtenswert ist, dass in Frankreich zwischen 1939 und 1948 vorübergehend ein allgemeiner Einkommensteuerabzug in Form eines sog. *"stoppage à la source"* zur Anwendung kam, welcher als proportionale und schuldbefreiende Belastung ausgestaltet war. Vgl. *Conseil des prélèvements obligatoires*, Prélèvement à la Source et impôt sur le revenu – Synthèse, 2012, S. 7.
40 Siehe Art. 182A fEStG *(Code général des impôts)* und Art. 83 Schweizer Bundessteuergesetz.
41 Eine Veranlagungspflicht für beschränkt Steuerpflichtige entfällt im System der Schweizer Quellensteuer wenn die Bruttoeinkünfte im Steuerjahr CHF 120 000 nicht überschreiten (Art. 4 i.V.m. Nr. 2 Anhang Schweizer Quellensteuerverordnung). In Frankreich entfällt eine über die Quellensteuer hinausgehende Besteuerung sofern die Einkünfte den Betrag von Euro 41 909 nicht überschreiten.
42 Siehe oben Fn. 33.

drei Teilzahlungen im Februar, Mai und Oktober oder auf Antrag des Steuerpflichtigen monatlich zwischen Januar und Oktober mit anschließendem Ausgleich im November (*mensualisation*) – freilich stets im Jahr *nach* der Einkünfteerzielung – durch direkten Bankeinzug erhoben. In der Schweiz werden freiwillige Vorauszahlungen durch eine positive Verzinsung der so geleisteten Beträge – mit einem aktuell durchaus attraktiven Zins von bis zu 2 % – angeregt. Auf diese Weise gelingt es in beiden Ländern, die Nachteile schwacher Synchronizität zu mildern und die Steuerausfallsquote gering zu halten.

Besonders interessant sind die Erfahrungen in Frankreich und der Schweiz angesichts der in Deutschland wiederholt geführten Debatte über die verfassungsrechtliche Rechtfertigung der Indienstnahme des Arbeitgebers, in welcher etwa die Rechtsprechung verschiedentlich die *Notwendigkeit des Lohnsteuerabzugs für einen gegenwartsnahen, gleichmäßigen und effizienten Steuervollzug* betont hat[43]. Wenn durch ein System, welches nahezu keine Belastung des Arbeitgebers voraussetzt, nach den in der politischen Debatte genannten Zahlen in Frankreich zu 99 %[44] und der Schweiz zu 99,5 % des erwarteten Steueraufkommens erhoben wird und die große Mehrzahl[45] aller Einkommensteuerpflichtigen freiwillig zur monatlichen Zahlung per Bankeinzug optieren, wird diese Rechtfertigung kritisch hinterfragt werden können und wohl müssen. Damit soll freilich nicht gesagt sein, dass der Lohnsteuerabzug nicht in mehrerlei Hinsicht das vorzuziehende Modell der Arbeitnehmerbesteuerung darstellt. Zuletzt ist nun nämlich auf die in Frankreich anstehende Reform einzugehen, welche ab 2018 erstmals einen Lohnsteuerabzug einführen soll.

b) Lohnsteuerreform in Frankreich: Der Weg zur „europäischen Normalität"?

Damit ist zuletzt der Blick auf aktuelle Entwicklungen zur Lohnbesteuerung in Frankreich zu lenken. Frankreich diskutiert seit Jahrzehnten über eine Lohnsteuerreform, mit der das bestehende System der Lohnsteuererhebung ausschließlich im Veranlagungsweg durch die Ein-

---

43 Vgl. *Drüen* (Fn. 1), S. 165.
44 Vgl. *Conseil des prélèvements obligatoires*, Prélèvement à la Source et impôt sur le revenu – Synthèse, 2012, S. 14.
45 Laut dem Bericht des *Conseil des prélèvements obligatoires* war dies in Frankreich Anfang 2012 bereits für über 80 % der steuerpflichtigen Arbeitnehmer der Fall.

führung eines generellen Abzugssystems ersetzt werden sollte. Im Sommer 2015 kündigte die französische Regierung an, ab 2018 ein konventionelleres System des Lohnsteuerabzugs durch den Arbeitgeber zur Anwendung bringen zu wollen. Ein entsprechender Gesetzesvorschlag wurde im Rahmen des Budgetgesetzes 2017 im Parlament eingebracht[46].

Für die Rechtsvergleichung ist es besonders spannend, wenn eine solche grundlegende Reform wie die nun angekündigte umfassend auch mit Blick auf bestehende Systeme diskutiert wird. In der französischen Diskussion findet eine aktive, praktische Rechtsvergleichung statt, indem auf die Vorzüge und Nachteile der in anderen Ländern vorgesehenen Vollzugssysteme Bezug genommen wird. Interessant ist dabei, wie scheinbar gleiche Bedenken zu sehr unterschiedlichen Lösungen führen können. Als Beispiel sei hier der Schutz der Privatsphäre genannt. Lässt sich die Einführung des Abzugsverfahrens etwa im Vereinigten Königreich und Deutschland auf Widerstand gegen „inquisitorische Ausforschungen" durch die Steuerverwaltung zurückführen[47], zeigt die Debatte in Frankreich eine ganz andere Ausrichtung: Dort wird unter dem Schlagwort der *confidentialité* vor allem darauf geachtet, dem *Arbeitgeber* möglichst wenig Einblick in die Verhältnisse des Arbeitnehmers zu ermöglichen. Nach dem Vorschlag der Regierung soll dem Arbeitgeber alleine der auf den jeweiligen Arbeitnehmer anzuwendende *Steuersatz* mitgeteilt werden, der anhand von Informationen der letzten Steuererklärungen sowie allfälliger zusätzlicher Mitteilungen des Steuerpflichtigen ermittelt wird. Die Rolle des Arbeitgebers im Lohnsteuervollzug wird damit auf die Anwendung des mitgeteilten Steuersatzes, die Einbehaltung des entsprechenden Betrages und die Erklärung sowie Übermittlung desselben an die Steuerverwaltung reduziert[48]. Um Rückschlüsse aus dem Steuersatz etwa auf den Familienstand oder das Vorliegen weiterer Arbeitsverhältnisse zusätzlich zu erschweren, soll dem Steuerpflichtigen dabei die Möglichkeit gewährt werden, für Zwecke des Lohnsteuerabzugs die Anwendung eines standardisierten Steuersatzes unter Außerachtlassung bloß des Familienstandes[49] oder auch ande-

---

46 Projet de loi de finances pour 2017 (28.9.2016) N 4061 (abrufbar unter http://www.assemblee-nationale.fr/14/projets/pl4061.asp).
47 *Kirchhof* (Fn. 1), S. 72 ff.
48 Vgl. *Ministère des Finances et des Comptes Publics*, Étude technique générale de mise en place du prélèvement à la source à destination des collecteurs vom 29.7.2016, S. 5.
49 Art. 38 (99)-(105) fEStG (*Code général des impôts*) i.d.F. Projet de loi de finances 2017.

rer persönlicher Umstände und zusätzlicher Einkünfte zu beantragen.[50] In diesen Fällen muss der Steuerpflichtige jedoch für die monatliche Berechnung und Überweisung eines allfälligen Fehlbetrages gegenüber dem richtigen Steuerbetrag Sorge tragen.

Als wesentlicher Vorteil des Steuerabzugs wird in der französischen Reformdiskussion wenig überraschend eine zeitgerechtere Steuererhebung hervorgehoben. Diese soll einerseits Härten bei sinkenden Lohneinkommen reduzieren und andererseits die volkswirtschaftliche Stabilisierungsfunktion der Einkommensteuer stärken[51]. Die tatsächliche Synchronizität der vorgeschlagenen Lohnsteuer bleibt im Ergebnis aber auch nach der Reform vergleichsweise schwach ausgeprägt; insbesondere wird weiterhin von jedem Steuerpflichtigen eine jährliche Steuererklärung abzugeben sein. In der Abwägung der oben angesprochenen Ziele legt der französische Reformvorschlag insbesondere dem Schutz der Privatsphäre besonderes Gewicht bei. Dies ist wenig überraschend, stellt die Umstellung doch ohnedies eine deutliche Verbesserung der Synchronizität im Vergleich zum bestehenden System der nachgelagerten Besteuerung dar, während anderseits die erstmalige Einbeziehung der Arbeitgeber in den Lohnsteuervollzug spezielle Unsicherheiten schafft.

Die Umstellung von einer nachgelagerten Besteuerung zur zeitgleichen Besteuerung wirft die Frage auf, wie der Übergang zu bewerkstelligen ist. Da Steuerpflichtige in Frankreich im geltenden System stets „nachzahlen", im Jahr 2018 also regulär die Steuer für 2017 entrichten würden, ergibt die nach der Reform darüberhinaus zu erfolgende zeitgleiche Erhebung im Wege des Lohnsteuerabzugs in diesem Jahr eine Doppelbelastung, da gleichsam die Steuer für zwei Jahre auf einmal erhoben wird. Dies könnte nach Ansicht des „Beirates für die Abgabenerhebung" (*Conseil des prélèvements obligatoires*) die Akzeptanz der angestrebten Reform fatal schädigen[52]. Die Alternative – ein „weißes Jahr" 2017, des-

---

50 Art. 38 (46)-(50) fEStG (*Code général des impôts*) i.d.F. Projet de loi de finances 2017.
51 *Conseil des prélèvements obligatoires*, Prélèvement à la Source et impôt sur le revenu – Synthèse, 2012, S. 16. In der politischen Diskussion wurde seitens der Regierung auch vorgebracht, dass die synchrone Steuererhebung den Konsum ankurbeln werde, da die Steuerpflichtigen nicht für die später anfallende Steuer sparen müssten; was von Seiten der Ökonomen angesichts der nicht allzu hohen Sparquote für Steuerzahlungen jedoch weniger optimistisch beurteilt wird.
52 *Conseil des prélèvements obligatoires*, Prélèvement à la Source et impôt sur le revenu – Synthèse, 2012, S. 30.

sen Einkommen faktisch nie besteuert wird – mag freilich ebenso wenig hinnehmbar scheinen, zumal dann, wenn bestimmte Steuerpflichtige ihr Einkommen aus 2016 oder 2018 in jenes verlagern könnten[53]. Die französische Regierung schlägt daher vor, eine Entlastung durch eine besondere Steuergutschrift für „*nicht außergewöhnliche*" Erträge des Jahres 2017 zu erreichen, und definiert in ihrem Gesetzesvorschlag eine Liste von dreizehn Einkunftsquellen, welche nicht von dieser effektiven Befreiung erfasst sein sollen, darunter etwa Abfindungen, als Kapital ausbezahlte Rentenansprüche, Überzahlungen des Arbeitgebers über die rechtlichen Ansprüche des Arbeitnehmers, Zahlungen die sich auf vorangegangene oder nachfolgende Jahre beziehen sowie alle Arten von Einkünften, die ihrer Natur nach nicht jährlich erhältlich sind.[54] Diese radikale volle Entlastung einer in jahresübergreifender Gesamtbetrachtung bloß scheinbaren Doppelbesteuerung im Jahr des Überganges sieht somit keinerlei Anpassung für den in den vorangegangenen Jahren gewährten Steuervorteil einer kontinuierlichen nachgelagerten Steuererhebung vor und lässt diesen damit endgültig dauerhaft werden. Angesichts der Tatsache, dass der erstmals in die Steuerpflicht gleichsam hineinwachsende Arbeitnehmer im geltenden System mitunter erst nach dem ersten Arbeitsjahr überhaupt zur Steuer herangezogen wird, erscheint diese Übergangsvorschrift nachgerade als Steueramnestie[55]. Es

---

53 Beachtenswert ist jedoch, dass dies auch in anderen europäischen Ländern bei erstmaliger Einführung des Lohnsteuerabzugs umgesetzt wurde, so etwa zuletzt in Dänemark im Jahr 1970.
54 Siehe Art. 38 (277)-(290) fEStG (*Code général des impôts*) i.d.F. Projet de loi de finances 2017. Zusätzliche spezielle Regelungen sind für Arbeitnehmer vorgesehen, die über besondere Mittel zur Anpassung ihrer Einkünfte in den relevanten Jahren verfügen (insbesondere vormals unselbständig Tätige und Führungskräfte von Unternehmen sowie diesen nahestehende Personen), für welche die Höhe der Steuergutschrift mit Blick auf die in den Jahren 2014, 2015 und 2016 erhaltenen Einkünfte berechnet wird, so dass eine Verlagerung aus jenen Jahren in das „weiße" Jahr 2017 zu einer entsprechenden Reduktion der Gutschrift führt (vgl. Art. 38 (299)-(322) fEStG (*Code général des impôts*) i.d.F. Projet de loi de finances 2017).
55 Die geradezu übermäßige Begünstigung dieser Übergangsvorschrift lässt sich an einem einfachen Rechenbeispiel verdeutlichen. Man denke an die Situation eines Steuerpflichtigen, der erstmals zum 1. Januar 2016 erwerbstätig wird und mit Ende 2018 seine Erwerbstätigkeit einstellt. Unterstellt man gleichmäßige Einkünfte von 100 pro Jahr, mithin ein periodenübergreifendes Einkommen von 300, zeigt sich, dass bloß 200 der Steuer unterworfen werden: im Jahr des Arbeitsbeginns fällt noch keine Steuer an, da diese erst im Jahr 2017 erhoben wird. In 2018 wiederum würde zwar theoretisch die Steuer für

ist geradezu so, als läge der Fiskus keinen Wert auf den Ausgleich des sich aus dem – in der nachgelagerten Erfassung angelegten – späten Eintritt in die Besteuerung ergebenden Steuerausfalls. Diese Nachsicht überrascht umso mehr, wenn man bedenkt, dass der vorliegende Reformvorschlag vorsieht, die Arbeitgeber im Dezember 2018 zur zweimaligen Lohnsteuerabfuhr zu verpflichten – einmal Mitte Dezember für im November ausbezahlte Löhne, einmal Ende Dezember für die in diesem Monat auszuzahlenden Löhne –, um zu vermeiden, dass im Laufe des Kalenderjahres nur 11 Monatsbeträge überwiesen werden. Hierbei kommt es der Regierung also auf eine zwei Wochen frühere Zahlung an.

V. Zusammenfassung

1. Die Lohnbesteuerung ist trotz ihrer enormen praktischen Bedeutung für die Finanzierung von Staatsaufgaben sowie ihrer Allgegenwärtigkeit eines Großteils der Steuerpflichtigen als klassische „Massensteuer" rechtswissenschaftlich europaweit relativ wenig durchdrungen. Dies gilt umso mehr für Fragen des Lohnsteuervollzugs, welcher überwiegend als technisch-administrative Materie wahrgenommen wird. In Deutschland vorliegende verfassungsrechtliche Untersuchungen zum Lohnsteuerabzug jüngerer Jahre finden in anderen europäischen Ländern kaum ein Äquivalent, was die rechtsvergleichende Analyse erschwert.

2. Die Rechtsvergleichung dient der Sichtbarmachung von Gemeinsamkeiten und Unterschieden zwischen den Lösungsansätzen unterschiedlicher Rechtsordnungen. Dies ermöglicht einerseits – zumal im europäischen Rechtsrahmen – eine Beurteilung der Sinnhaftigkeit möglicher Rechtsangleichung, und andererseits eine Bewertung der eigenen Rechtsordnung im Lichte so aufgezeigter Regelungsalternativen.

3. Die moderne funktionale Rechtsvergleichung als eigenständige Methode der Rechtswissenschaft baut auf der Überlegung auf, dass alle Rechtssysteme auf weitgehend ähnliche zwischenmenschliche, gesellschaftliche und wirtschaftliche Probleme reagieren und diese zu lösen versuchen. Das zentrale Gebot der rechtswissenschaftlichen Forschung liegt daher im Vergleich der Lösungen, die verschiedene Rechtsordnun-

---

das Einkommen in 2017 und 2018 (also 200) erhoben, jedoch durch die Steuergutschrift i.H.v. 100 (nicht außergewöhnliche Erträge in 2017) reduziert, um gerade jene scheinbare „Doppelbesteuerung" zu vermeiden, die in Wahrheit eine periodenübergreifend gleichmäßige Besteuerung sicherstellen würde.

gen für bestimmte Sachprobleme bereithalten. Ein solcher Vergleich setzt neben der Kenntnis der Rechtsordnungen insbesondere eine Systematisierung der Probleme voraus, deren Lösungen einer vergleichenden Analyse unterzogen werden sollen. Es bedarf daher zuallererst einer Untersuchung, welche Probleme denn durch die Lohnsteuer gelöst werden sowie welche praktischen Schwierigkeiten als Folge der jeweils gewählten rechtlichen Gestaltung zu Tage treten, auf wie wiederum in unterschiedlicher Weise reagiert wird. Durch eine derartige Systematisierung der Probleme wird also gleichsam die Perspektive für die Durchführung des Rechtsvergleichs eingestellt.

4. Als „Rechtsvergleichung in der Zeit" ist dafür auch die (vergleichende) Rechtsgeschichte von Bedeutung, insoweit eine Untersuchung der Evolution der Rechtsnormen in verschiedenen Systemen zur Feststellung ihrer Zwecke beiträgt. Ein Überblick über die Entwicklung moderner Lohnsteuervollzugssysteme ermöglicht es daher, jene Probleme zu identifizieren, welche durch das Recht gelöst werden sollen. Dies erst öffnet den Weg zur Vornahme eines bedeutungsvollen Vergleichs.

5. Die Lohnsteuer macht in den meisten europäischen Ländern den ganz überwiegenden Großteil der Einkommensteuer und zwischen einem Viertel und einem Drittel des Gesamtsteueraufkommens aus. Neben der daraus folgenden fiskalischen Bedeutung kommt ihr als wichtigste, praktisch alle Gesellschaftsschichten einschließende direkte Steuer auch demokratiepolitisch besonderes Gewicht als sichtbarer „Preis der Zivilisation" zu.

6. Eine erste Betrachtung nach der äußeren Form der Steuererhebung ermöglicht es, grob zwischen drei Arten des Lohnsteuervollzugs zu unterscheiden: die Erhebung der Steuer im Wege der Veranlagung durch den Steuerpflichtigen, die Erhebung im Wege des Steuerabzugs durch Dritte und die Erhebung der Steuer in Kombination der ersten beiden Formen.

7. Diese Grundformen des Lohnsteuervollzugs sind in wenigstens vier Dimensionen zu untersuchen. *Erstens* ist die Lohnsteuer als Erhebungsform der Einkommensteuer wie diese durch das Streben nach einer dem Leistungsfähigkeitsprinzip innewohnenden umfassenden Individualisierung der Steuerlast geprägt. Gegenstand der Untersuchung muss in diesem Zusammenhang sein, in welchem Ausmaß individuelle Umstände des Steuerpflichtigen im Rahmen der Lohnsteuer Berücksichtigung finden können. *Zweitens* zeigt schon eine kursorische rechtshistorische Untersuchung der Entwicklung des Lohnsteuervollzugs als gegenläufiges Ziel zur Individualisierung jenes einer Synchronizität der Lohnbesteue-

rung auf. Unter Synchronizität ist dabei die möglichst große zeitliche Nähe der Einkommenserzielung und der Steuererhebung zu verstehen. Diese wird sowohl aus praktischen fiskalischen Gründen als auch aus Gerechtigkeitsüberlegungen angestrebt. *Drittens* stellt sich die Komplexität des Steuervollzugssystems als bedeutsame Dimension der Analyse dar, die sich in Form administrativer Last für die beteiligten Akteure niederschlägt. Dabei geht es neben der Frage nach der notwendigen und akzeptablen Höhe der Last vor allem auch um jene nach der Verteilung der Lasten zwischen Steuerverwaltung, Arbeitnehmer und Dritten. Insbesondere soweit Dritten ein Teil der Last übertragen wird, ist wiederum nach der Rechtfertigung der Aufgaben- und Lastenübertragung zu fragen. *Viertens* ist schließlich der Schutz der Privatsphäre des Steuerpflichtigen im Rahmen des Lohnsteuervollzugs anzuführen. Probleme ergeben sich dabei typischerweise im Dreiecksverhältnis zwischen Steuerverwaltung, Arbeitnehmer und Arbeitgeber, wenn letzterer mit der Durchführung der Steuererhebung durch Abzug beauftragt wird und dafür Zugang zu persönlichen Informationen über den Steuerpflichtigen erhält.

8. In dem so dargelegten vierdimensionalen Spannungsfeld ist *die* „ideale Lösung" mit Allgemeingeltung offensichtlich nicht zu finden. Die in einzelnen europäischen Ländern gewählten Formen des Lohnsteuervollzugs basieren jedoch durchwegs auf der Abwägung dieser Elemente. Eine Einordnung und Untersuchung der unterschiedlichen Systeme anhand dieser Dimensionen schärft somit den Blick auf die im eigenen System vorgenommene Abwägungsentscheidung und ermöglicht es, diese aus anderen Perspektiven zu überdenken.

9. Das im Vereinigten Königreich entwickelte *Pay-As-You-Earn* oder PAYE genannte System basiert auf einem Steuerabzug auf Grundlage des kumulativen Einkommens im jeweiligen Steuerjahr, welches einen ständigen unterjährigen Lohnsteuerausgleich zur Folge hat. Verbunden mit einer ausgeklügelten Methode zur Einbeziehung individueller Abzüge von der Bemessungsgrundlage befindet sich das PAYE System auf dem Spektrum der oben dargestellten Dreiteilung am weitesten auf dem Weg zur reinen Form des Lohnsteuerabzugs ohne nachfolgende Veranlagung. In der Praxis gelingt es jedoch auch dem britischen und dem irischen System nicht, Arbeitnehmerveranlagungen gänzlich zu vermeiden, da sie trotz ihrer ausgefeilten Abzugssysteme den Erwartungen an eine hinreichende Personalisierung der Lohnsteuer ansonsten nicht gerecht werden könnten. Das System erreicht trotz der Prävalenz des Steu-

erabzugs eine Balance relativ niedriger Belastung des Arbeitgebers und relativ hohem Schutz der Privatsphäre des Steuerpflichtigen, indem der wesentliche Informationsfluss zur Berechnung der richtigen Steuererhebung zwischen Arbeitnehmer und Steuerverwaltung stattfindet.

10. Im Vergleich zu den *PAYE* Systemen erscheinen die in den Benelux Staaten angewandten Formen der Lohnabzugsbesteuerung weniger ausgefeilt. Gemeinsam ist diesen Systemen wie auch jenem in Deutschland oder Österreich, dass es sich um gemischte Lohnsteuervollzugssysteme handelt, in denen Steuerabzug und Veranlagung sich notwendigerweise ergänzen. Zumeist entspricht dies einem Vorrang der Personalisierung über die Synchronizität der Lohnbesteuerung. Im Einzelnen unterscheiden sich die so zusammengefassten Systeme freilich in mehrerlei Hinsicht. Der Anteil jener Arbeitnehmer, die eine Steuererklärung abgeben, ist jeweils hoch, wobei dies dem Steuerpflichtigen zumeist durch die Zusendung vorausgefüllter Steuererklärungen oder die Übermittlung einer Jahreszusammenstellung besteuerter Lohneinkünfte erleichtert wird. Die Individualisierung der Steuer wird daher überwiegend erst im Veranlagungswege erreicht, wobei sich beim Umfang der zulässigen Abzüge ebenfalls Unterschiede zeigt.

11. Die Systeme der Lohnbesteuerung in Frankreich und der Schweiz unterscheiden sich markant vom Rest Europas, da sie weitgehend ohne Steuerabzug auskommen. Beide fallen damit ans andere Ende des Spektrums europäischer Lohnsteuervollzugssysteme. Zum Lohnsteuerabzug kommt es in beiden Ländern nur für beschränkt steuerpflichtige Arbeitnehmer, der jedoch nur in bestimmten Fällen Abgeltungswirkung entfaltet. Mangels Steuerabzugs fallen Einkünfteerzielung und Steuererhebung zeitlich auseinander. Zu erwartenden Problemen begegnen diese Systeme auf jeweils eigene Art und Weise. In beiden Ländern trifft die Arbeitgeber eine Auskunftspflicht hinsichtlich der jährlichen Lohneinkünfte ihrer Arbeitnehmer, wodurch Bedenken hinsichtlich der Kontrollierbarkeit eingedämmt werden. Den Steuerpflichtigen wird die Steuerveranlagung darüber hinaus durch die Zusendung vorausgefüllter Steuererklärungen erleichtert, wodurch eine akzeptable Lastenverteilung erreicht wird. Möglichen Liquiditätsproblemen wird durch eine gestaffelte Steuereinhebung im Jahr nach der Einkommenserzielung vorgebeugt. Auf diese Weise gelingt es auch in diesem System, die Nachteile schwacher Synchronizität zu mildern und die Steuerausfallsquote gering zu halten.

12. Frankreich diskutiert seit Jahrzehnten über eine Lohnsteuerreform und die Abschaffung der „*exception française*" einer Lohnsteuererhebung ausschließlich im Veranlagungsweg. Im Juli 2016 kündigte die französische Regierung an, ab 2018 ein konventionelleres System des Lohnsteuerabzugs durch den Arbeitgeber zur Anwendung bringen zu wollen. Von besonderem Interesse sind dabei neben der konkreten Ausgestaltung des vorgeschlagenen Steuerabzugs auch Übergangsfragen. Im Vorfeld wurden insbesondere Bedenken einer möglichen Doppelbelastung im Jahr des Umstieges sowie Unbehagen hinsichtlich der Übermittlung persönlicher Daten an den Arbeitgeber als Abzugsverpflichteten geäußert. Die für beide Probleme vorgeschlagenen Lösungen im Rahmen der anstehenden Reform zeigen die fortgesetzt unterschiedliche Abwägung der hier zugrunde gelegten Interessen im Vergleich zu etwa Deutschland und dem Vereinigten Königreich und damit auch Regelungsalternativen zu in diesen Ländern vorliegenden Systemen auf.

VI. Schlussbemerkung

Welche Lehren lassen sich aus dem hier vorgenommenen Systemvergleich ziehen? Zunächst ist festzustellen, dass der Lohnsteuervollzug in Europa zwar heterogen erfolgt, aber überall von im Wesentlichen gleichen Überlegungen geprägt ist. Es zeigt sich auch, dass die Entwicklungen der unterschiedlichen Systeme einander wenigstens langfristig gegenseitig befruchten, erfolgreiche Innovationen übernommen und wohl auch aus Fehlern gezogene Lehren mitunter Beachtung finden können. Dennoch lässt sich dies nicht ohne weiteres als Konvergenz der Systeme deuten, wenngleich bei oberflächlicher Betrachtung mit der Einführung des Lohnsteuerabzugs in Frankreich ab 2018 eine scheinbar vollständige Gleichschaltung des Lohnsteuervollzugs in Europa konstatiert werden könnte. Grundlegende Unterschiede bestehen aber nicht nur in den vielen Details, sondern auch auf Systemebene fort, wie die Untersuchung im Lichte der vier maßgeblichen Dimensionen der Individualisierung, Synchronizität, Lastenverteilung und Privatsphärenschutz zeigt. Dies ist auf eine aus dem demokratischen Prozess folgende unterschiedliche Abwägung der wenigstens zum Teil gegensätzlichen Ziele und Dimensionen des Lohnsteuervollzugs zurückzuführen, wie sie vor allem bei anstehenden umfassenden Reformen, im Rahmen derer offene Diskussionen über die notwendige Zielabwägung geführt werden, klar zu Tage tritt. Aus derartigen öffentlich geführten Debatten ergeben sich dann auch für andere Staaten die Gelegenheit, über die im eigenen System getroffenen – oftmals allzu leicht als alternativlos vorausgesetzten – Abwägungen zu reflektieren. Darin vermag dann auch die rechtsvergleichende Forschung ihren wichtigsten Zweck zu erreichen, wenn sie im Rahmen solcher Reflexion sowohl das Verständnis der eigenen Rechtsordnung fördert als auch zu ihrer systematischen Verbesserung im Lichte der von ihr verfolgten Ziele beiträgt.

Diskussion

zu den Referaten von Dr. *Roland Krüger,* **Prof. Dr.** *André Meyer* **und Prof. Dr.** *Werner Haslehner,* **LL.M.**

Dr. *Jürgen Pelka,* Köln

Ich habe eine Anmerkung zum Vortrag von Herrn Prof. Meyer. Am Schluss Ihres Vortrages haben Sie angemerkt, dass auch nach Ihrer Ansicht die Arbeitgeber durch die staatlich angeordneten Dienstleistungen wirtschaftlich belastet werden und es daher angemessen wäre, ihnen hierfür eine Vergütung zu gewähren. Ich möchte dies pointierter und schärfer herausarbeiten. Sie haben – wie ich glaube zu Recht – dargestellt, dass die Pflicht des Arbeitgebers zur Berechnung, Einbehaltung und Abführung der Lohnsteuer nicht zivilrechtlich aus dem Arbeitsverhältnis begründbar ist, sondern dass dies eine öffentlich-rechtliche Pflicht ist, die der Staat dem Arbeitgeber auferlegt. Die Auferlegung einer solchen Pflicht ist verständlich. Es gibt sicherlich auch Gründe des Gemeinwohls, die es rechtfertigen, dass der Arbeitgeber zu dieser Dienstleistung herangezogen wird. Es ist aber eine Aufgabe, die der Staat einem privaten Unternehmen auferlegt und die erhebliche Kosten verursacht. Es gibt verlässliche Schätzungen darüber, wie viel Aufwand die Arbeitgeber hierdurch haben. Die Berechnungen schwanken zwischen 10 und 40 Euro pro Arbeitnehmer und Monat. Wenn man das hochrechnet, dann entstehen Kosten für alle Arbeitgeber von zwei bis drei Milliarden Euro pro Jahr, die von den Arbeitgebern aufgebracht werden müssen, um Aufgaben des Staates zu erfüllen. Natürlich stellt sich dann die Frage, ob das wirklich entschädigungslos zulässig ist. Ist das nicht doch ein enteignungsgleicher Eingriff, den der Staat nicht so ohne Weiteres auferlegen kann, nur, weil es praktisch und vielleicht auch notwendig ist. Ist es vertretbar, diese Aufgabe den Unternehmen ohne Vergütung aufzuerlegen? Kann der Staat berechtigterweise Hunderttausenden von Arbeitgebern eine Aufgabe auferlegen, die eigentlich seine eigene originäre ist? Darf der Staat diesen Aufwand ohne Entschädigung verlangen? Ich meine sehr pointiert: Nein, das darf er nicht. Das ist ein enteignungsgleicher Eingriff, der den Staat zu Entschädigung verpflichtet. Ob diese Entschädigung pauschal angesetzt wird, z.B. wie in der Schweiz mit zwei oder drei Prozent, oder wie bei der Kirchenlohnsteuer, bei der der Staat acht Prozent von den eingenommenen Steuern einbehält, oder ob pro Arbeitnehmer ein pauschaler Betrag angesetzt wird, mag der Gesetzgeber entscheiden. Eine Entschädigung muss

Diskussion – zu Krüger, Meyer und Haslehner, LL.M.

aber dem Arbeitgeber gewährt werden. Ich halte dies nicht nur für rechtspolitisch erforderlich. Die entschädigungslose Inanspruchnahme der Arbeitgeber ist m.E. auch verfassungsrechtlich unzulässig.

Prof. Dr. *Klaus-Dieter Drüen*, München
Zunächst an alle Referenten mein herzlicher Dank für hervorragende Referate. Unmittelbar anknüpfend an Herrn *Pelka* eine Frage an Herrn *Meyer*: Ist es nicht gerade bei der Vergütungsfrage wertungswidersprüchlich, Herr *Pelka* hat es angesprochen, wenn der Staat von den Kirchen eine Provision für das Inkasso kassiert, sich aber weigert, den Arbeitgebern, die mit der Kirchenlohnsteuer ungefähr 90 Prozent des gesamten Kirchensteueraufkommens erheben, einen Teil davon weiterzugeben? Insoweit sehe ich durchaus eine verfassungsrechtliche Dimension des Aufwandersatzes.

An Herrn *Haslehner* nur mein Dank für diesen lehrreichen Systemvergleich, der noch einmal deutlich untermauert hat, dass der Lohnsteuerabzug durch den Arbeitgeber nicht alternativlos ist. Diese Erkenntnis ist auch bei der verfassungsrechtlichen Würdigung miteinzubeziehen, weil es entgegen manch nationaler Denkgewohnheiten auch andere Möglichkeiten gibt, die andere Staaten auch praktizieren.

Die letzte Frage geht an Herrn *Krüger*. Ich wage von der von Herrn *Hüdepohl* vorgegebenen Frage abzuweichen und frage nicht nach der rechtspolitischen Zulässigkeit eines Statusfeststellungsverfahrens im Steuerrecht, sondern möchte einen Schritt weitergehen. Herr *Krüger*, wenn bei der Lohnsteuer der Status klar ist, stellt sich immer wieder die Frage, ob einzelne Zahlungen zum Arbeitslohn gehören. Würden Sie es als rechtspolitisch sinnvoll oder im Sinne eines effektiven Rechtsschutzes vielleicht sogar als geboten ansehen, hierfür ein abgeschichtetes Arbeitslohnfeststellungsverfahren einzuführen, um die Arbeitslohnqualität zeitnah zu klären? Nehmen Sie als Beispiel Managementprogramme, bei denen die Qualifikation umstritten ist. Bisher muss der Arbeitgeber den Weg der Anfechtung der eigenen, aus seiner Sicht unzutreffenden Anmeldung gehen. Durch ein Feststellungsverfahren ließe sich auch ein Aspekt verwirklichen, den Herr *Haslehner* Synchronität genannt hat. Zeitnähe des Vollzuges wäre gewährleistet, wenn der Staat schnell eine Entscheidung für Arbeitgeber und Arbeitnehmer zu treffen hätte, ob eine Einbehaltungspflicht besteht oder nicht.

Diskussion – zu Krüger, Meyer und Haslehner, LL.M.

Dr. Michael Balke, Hannover

Ich nehme Bezug auf die sehr interessanten Ausführungen von Roland *Krüger*, Stichwort: vorläufiger Rechtsschutz im Lohnsteuer-Ermäßigungsverfahren. Sie haben, Herr *Krüger*, zu Recht die sehr erfolgreichen Entscheidungen des VI. Senats des Bundesfinanzhofs zur Pendlerpauschale und zum Arbeitszimmer erwähnt und haben auch vom effektiven Rechtsschutz gesprochen. Dann haben Sie allerdings Schluss gemacht, statt den riesigen Sieg der Steuergerechtigkeit angemessen zu feiern. Ich versuche, dies ein wenig nachzuholen. Sie, Herr *Krüger*, hätten sagen können, dass die Entscheidungen im vorläufigen Rechtsschutzverfahren unmittelbar Auswirkungen auf die Hauptverfahren gehabt haben. Denn die festgefahrene, unsägliche pro-futuro-Rechtsprechungspraxis des Bundesverfassungsgerichts wurde hier im Sinne effektiven Rechtsschutzes mehrfach erfolgreich durchbrochen. Bislang war es so, dass das Bundesverfassungsgericht den effektiven Rechtsschutz grundgesetzwidrig außer Kraft setzte, wenn es für den Fiskus drohte, teuer zu werden. Sie kennen das. Bei vom Bundesverfassungsgericht festgestellten Verfassungswidrigkeiten, bei der Erbschaftsteuer wiederholt, auch bei anderen Steuerarten, sagte das Bundesverfassungsgericht: Rechtsschutz nicht für diese Generation, erst in der nächsten Generation soll es gerecht werden. Hier war es zum Glück, im Sinne effektiven Steuerrechtsschutzes, anders. Bei der gesetzlichen Kürzung der Pendlerpauschale war von vornherein die Aussetzung der Vollziehung gewährt worden, schon Anfang 2007, und bei den gekappten Arbeitszimmerkosten etwas später. Und beide erfolgreichen Verfahren zum vorläufigen Rechtsschutz führten zu direkten Auswirkungen auf die einschlägigen Hauptverfahren beim Bundesverfassungsgericht. Dies können Sie unmittelbar den Begründungen der Entscheidungen des Bundesverfassungsgerichts zur Pendlerpauschale und zum Arbeitszimmer entnehmen. In den jeweils vorletzten Absätzen der Entscheidungen hat das Bundesverfassungsgericht ausdrücklich ausgeführt, dass der Gesetzgeber von vornherein nicht habe davon ausgehen können, die verfassungswidrig erhobenen Steuern behalten zu dürfen, weil u.a. bereits frühzeitig vorläufiger Rechtsschutz gewährt worden sei. Das – so denke ich – ist ein beachtlicher Sieg für den effektiven Rechtsschutz in Steuersachen. Dies führt auch von dieser Stelle zu einem wichtigen Hinweis für die steuerrechtliche Praxis: Wer als Steuerpflichtiger verfassungsrechtlich unterwegs ist, sollte das volle Programm nutzen, Klageverfahren mit Vorlage oder Verfassungsbeschwerde sowie vorläufiges Rechtsschutzverfahren, damit Mann/Frau zum Schluss nicht nur ein formaler Sieger ist, der die verfassungswidrigen Steuern gleichwohl samt Kosten zu zahlen hat. Bei nichtverfassungsrechtlichen Fragen, also bei einfach-rechtlichen Streitfragen fragen Richter aus dem 7. Senat des Niedersächsischen Finanzgerichts gegenüber den Rechtsschutzsuchenden bei neuen Anträgen auf Aussetzung der Vollziehung (AdV) im Sinne des effektiven Rechtsschutzes nach, ob sie sich das auch gut überlegt hätten, denn wenn sie hier tatsächlich vorläufigen Rechtsschutz bekämen, aber später im Hauptverfahren verlören, dann müssen sie sechs Prozent AdV-Zinsen zahlen. Bei den heutigen geringen Markt-Zinssätzen ein stattlicher Kostenfaktor. Andersherum, wenn die Rechtsschutzsuchenden den AdV-Antrag zurücknähmen oder gar nicht erst stellten, mache es noch mehr Sinn im Hauptverfahren zu gewinnen, zunächst einmal, um viel erstattet zu bekommen gepaart mit sechs Prozent Prozesszinsen oben drauf. Zum Schluss und zum gesteigerten Verständnis lassen Sie mich bitte die Geschichte von Herrn *Krüger* von Anfang an skizzieren, damit Sie als Steuerberater oder Rechtsanwalt erkennen können, wie schwierig es mitunter ist, den richtigen Antrag zu stellen. Ich denke an *Paul Kirchhof*, der öffentlich bekannte, als Richter könnten wir nur dann unserer Aufgabe als zuständiger Entscheider nachkommen, wenn der richtige Antrag gestellt werde. Damals waren wir (der 7. Senat des Niedersächsischen Finanzgerichts) in den Ausgangsverfahren für die eingangs benannten Entscheidungen des VI. Senats des Bundesfinanzhofs bezüglich der Pendlerpauschale und des Arbeitszimmers zuständig. Und es war so, dass zunächst einmal im Lohnsteuer-Ermäßigungsverfahren ein Klageantrag gestellt worden ist, mit dem Ziel zurück zur alten Pauschale ohne Kürzung um die ersten 20 Kilometer. Dann wurde von unserer Seite beim Klägervertreter, einem Anwalt, angerufen, um das genaue Rechtsschutzziel herauszubekommen. Die richterlichen Fragen lauteten sinngemäß: Wollen Sie von uns einen aufwändigen Aussetzungs- und Vorlagebeschluss nach Artikel 100 GG oder wollen Sie einen möglichst schnellen Rechtsschutz effektiver Art über § 69 FGO, der auch noch ihre Chancen im Hauptverfahren verbessern kann? Die Antwort sinngemäß: Sofortiger Rechtsschutz nach § 69 FGO. Danach haben wir im Rahmen unserer Prozessfürsorgepflicht des § 76 Absatz 2 FGO noch auf Folgendes hingewiesen: Sie sollten nun einen AdV-Antrag stellen, und zwar zunächst beim Finanzamt, nach Ablehnung bei uns, beim Finanzgericht. Das Finanzgericht gibt dann eventuell den vorläufigen Rechtsschutz in Form der AdV. Gesagt, getan. Alles ging rasch. Die einzige Sorge, die wir damals hatten, war: Hilft das zuständige Finanzamt möglicherweise ab? Das ist aber nicht geschehen. Offenbar hatte sich dort auch rechtsstaatlicher Unmut über die Kürzung der

Pendlerpauschale versammelt. Es lief durch, wie Herr *Krüger* bereits berichtete, und der VI. Senat des Bundesfinanzhofs bestätigte unsere AdV-Gewährungen bei der Pendlerpauschale und beim Arbeitszimmer. Es ging weiter zum Bundesverfassungsgericht. Der Bundesfinanzhof und andere Finanzgerichte hatten vorgelegt. Und dann kamen die Entscheidungen des Bundesverfassungsgerichts: Zurück zum Recht ohne pro-futuro-Rechtsprechungspraxis, die Kürzungen der Pendlerpauschale und der abzugsfähigen Arbeitszimmerkosten wurden rückgängig gemacht, von Anfang an. Meinen wichtigsten Hinweis, zugleich den Aufruf für den Einsatz des vorläufigen Rechtsschutzes gegen die grundgesetzwidrige pro-futuro-Rechtsprechung des Bundesverfassungsgerichts, wiederhole ich noch mal: Wenn Sie als Rechtsschutzsuchender verfassungsrechtlich unterwegs sind, dann sollten Sie nicht nur einen Klageantrag stellen, um gegen die Verfassungswidrigkeit vorzugehen, sondern auch gleichzeitig ein AdV-Verfahren mit entsprechendem Antrag eröffnen. Nur so, mit dem vollen Rechtschutzprogramm, können Sie derzeit zum wirklichen, zum effektiven Rechtsschutz in Steuersachen gelangen.

Prof. Dr. *André Meyer*, LL.M., Bayreuth

Herr *Pelka*, Sie fragen zu Recht, ob der Entschädigungsgesichtspunkt nur ein frommer rechtspolitischer Wunsch ist oder ob es ein darauf gerichtetes Verfassungsgebot gibt. Zunächst, der bloße Umstand einer Indienstnahme führt nicht automatisch in so eine Art Aufwendungsersatz, aber der Punkt ist, dass wir bei der Lohnsteuer aufgrund der Komplexität der Materie und sicherlich auch der Kumulation mit anderen Arbeitgeberlasten, beispielsweise aus dem Bereich der Sozialversicherung, eine gewisse Schwelle überschritten haben, bei der man sich ernsthaft die Frage stellen muss, ob hier nicht von Verfassungs wegen eingegriffen werden muss. Herr *Drüen* hat das heute Vormittag – zu Recht – „Maximalstellung" genannt. Eine Antwort auf die Frage, wie sich die Verfassungsrechtslage darstellt, fällt schwer. Der Grund sind die Entscheidungen des Bundesverfassungsgerichts, die diese Frage betreffen. Wir wissen aus diesen Entscheidungen, dass das Bundesverfassungsgericht, jedenfalls in erster Linie, Art. 12 Abs. 1 GG fruchtbar machen möchte. Das ist sicherlich ein vernünftiger Ansatz. Allerdings: Die dazu vorzufindenden Ausführungen des Gerichts lassen darauf schließen, dass es die geltende Rechtslage nicht beanstandet. Nun kann man sagen, diese Erwägungen sind nie entscheidungstragend gewesen, und man kann auch sagen, dass in den kurzen Ausführungen des Gerichts überhaupt kein Gefühl für die Komplexität der Arbeitgeberpflichten vorzufinden ist, so dass ich nach wie vor der Auffassung bin, dass es sich um eine valide verfassungsrechtliche Frage handelt. Meine Antwort lautet: Der Arbeitgeber hat von seiner Einbeziehung in den Lohnsteuerabzug nichts. Es ist allein der Staat, der davon profitiert. Der Arbeitgeber hat nur Kosten. Wenn also die Inpflichtnahme des Arbeitgebers mit diesem komplexen Leistungsprogramm nur in Kosten mündet, die relativ hoch sind, meine ich, dass zur verfassungsrechtlichen Rechtfertigung in der Tat eine Entschädigung geboten ist, auch wenn das Bundesverfassungsgericht dies möglicherweise anders sieht. Darauf aufbauend: Herr *Drüen* sprach den Punkt der Kirchenlohnsteuer an und Herr *Pelka* wies zu Recht darauf hin, dass der Staat sich von den Kirchengemeinschaften dafür bezahlen lässt, dass er den Lohnsteuereinzug für sie betreibt, aber nichts an den Arbeitgeber weitergibt. Wir haben hier das Problem noch einmal in einer deutlich gesteigerten Form vor uns, denn der Arbeitgeber hat mit der Glaubensgemeinschaft des Arbeitnehmers nun wirklich nichts zu tun. Ich kann hier keinen Anknüpfungspunkt erkennen, der einen kompensationslosen Einbezug in die Steuererhebung rechtfertigen würde. Deswegen gilt alles das, was ich eben gesagt habe, hier erst Recht und in besonderem Maße, und man kann – weitergehend – Zweifel daran haben, ob die Indienstnahme hier überhaupt zulässig ist.

Prof. Dr. *Werner Haslehner*, LL.M., Luxemburg

Ich habe nicht wirklich eine Frage bekommen, aber ich bin dankbar für die nochmalige Bestätigung von Herrn *Drüen* für einen wesentlichen Aspekt meines Vortrages: dass das deutsche System des Lohnsteuervollzuges eben nicht alternativlos ist. Inwiefern jetzt die Lohnsteuer-Besteuerungssysteme in Frankreich oder der Schweiz als Vorbild für Deutschland dienen können oder was das beste System wäre – wie zu Beginn angesprochen wurde –, dazu möchte ich kein abschließendes Urteil abgeben. Interessant finde ich aber jedenfalls, sich die Situation in Frankreich anzusehen, wo ganz aktiv ein Rechtsvergleich angewendet und durchgeführt wurde, wobei auch Deutschland in den Blick genommen wurde. Es kommt dabei eindeutig auch zu einem starken Anlehnen, wenn auch nicht in der Form, dass man genau das umsetzt, was das deutsche System ist, aber sich doch damit beschäftigt hat. Zum Thema der Alternativlosigkeit würde ich allenfalls noch sagen: Im Endeffekt ist es eine politische Frage, wie man das System haben möchte. Das liegt eben an der Abwägung der verschiedenen Elemente, die ich in meinem Vortrag angesprochen habe, und deren relativer Gewichtung durch den Gesetzgeber. Ich habe auch die Wichtigkeit der Lohnsteuer für das Verhältnis zwischen dem Steuerpflichtigen und dem Staat angesprochen. Das war auch zuvor schon einmal erwähnt worden. Ist es denn gut, wenn die Steuer so unsichtbar für den Steuerpflichtigen ist, wenn er gar nicht weiß, dass sie abgezogen wird? Das macht ihn zwar vielleicht vielfach glücklich. Auf der anderen Seite findet man in der Diskussion auch das Argument, man solle doch gerade nicht etwa einen völlig unsichtbaren endgültigen Lohnsteuerabzug haben, weil sich die Steuerpflichtigen immer sehr freuen, wenn sie eine Rückzahlung bekommen. Daher solle man unbedingt noch einen Steuerausgleich ermöglichen und dann immer auch zusehen, dass durch den Lohnsteuerabzug mehr einbehalten wird als eigentlich an Einkommensteuer anfallen soll. Da spielen noch ganz andere politische Überlegungen mit hinein. Das sieht man auch in Frankreich. Ich habe gesagt, dass bereits seit Jahrzehnten diskutiert wird, ob man auch dort auf ein System des Lohnsteuerabzuges umsteigen soll. Die jetzt anstehende Reform, die Präsident *Hollande* offenbar noch durchbringen möchte, steht den Empfehlungen einer Studie, die die französische Regierung vor vier Jahren in Auftrag gegeben hat, diametral entgegen. In jener Studie, wo ganz intensiv andere Systeme angesehen wurden und man schließlich zu dem Ergebnis kam: Nein, das System braucht sich nicht zu ändern. Frankreich sollte nicht den Lohnsteuerabzug einführen, weil es eigentlich gar keine Notwendigkeit dafür gibt. Ungeachtet dessen wird es jetzt trotzdem umgesetzt, damit irgendetwas passiert – die Idee scheint zu sein: Vielleicht wird es ja besser. Also ich weiß nicht, inwiefern das eine Lehre im positiven oder im negativen Sinn für Deutschland sein kann, aber es ist jedenfalls nach wie vor richtig, dass man sagen kann, das bestehende System ist nicht alternativlos. Wenn natürlich Frankreich umsteigt und wir in nochmals 30 Jahren wieder eine Tagung zu diesem Thema haben, dann gibt es vielleicht keine Beispiele mehr, wo jemand keinen Lohnsteuerabzug hat. Dann muss man sich insofern rein auf die Rechtshistorie verlegen: Aber auch die vermag ja durchaus eine ergiebige Quelle für gute Ideen zu sein.

Dr. *Roland Krüger*, München

Das Statusfeststellungsverfahren wäre ja ein spezielles Verfahren nur für die Arbeitnehmereigenschaft. Man bräuchte so ein Verfahren eigentlich nicht, wenn man das Anrufungsauskunftsverfahren wieder so ausgestalten würde, wie es einmal war, dass man sagt, man gibt dem Arbeitgeber einen Anspruch auf eine richtige Auskunft. Von dieser Rechtsprechung hat sich der Bundesfinanzhof – aus meiner Sicht leider – vor kurzem erst verabschiedet. Wo man jetzt nur noch sagt, ähnlich wie bei der verbindlichen Auskunft, man hat nur einen Anspruch auf eine Auskunft, wie das Finanzamt die Rechtslage im Moment sieht und man hat nur einen Anspruch darauf, dass das Finanzamt den Sachverhalt richtig erfasst hat. Ich meine allerdings, bei der Anrufungsauskunft und bei der verbindlichen Auskunft sind schon Unterschiede zu sehen, weil es bei der Anrufungsauskunft ja darum geht, wie der Arbeitgeber zwingend den Lohnsteuerabzug vornehmen muss und es bei einer verbindlichen Auskunft meistens um Fragen der Gestaltung geht. Kann ich die Gestaltung A oder kann ich die Gestaltung B machen? Wenn ich jetzt z.b. ein Managementbeteiligungsprogramm auflegen würde, dann ist es natürlich ganz stark im Interesse des Arbeitgebers zu wissen, welche Lohnsteuer fällt an, und auch im Interesse des Arbeitnehmers zu wissen, ist das jetzt steuerbar oder ist das nicht steuerbar? Wenn man dann im Vorfeld eine Anrufungsauskunft machen könnte und man würde dann eine richtige Auskunft auch vor dem Finanzgericht erstreiten können, dann würde dem Arbeitnehmer und dem Arbeitgeber sicherlich auch geholfen sein. Ob der Bundesfinanzhof jetzt aber in so kurzer Zeit wieder seine Rechtsprechung ändert, das möchte ich einmal bezweifeln, das weiß ich nicht. Jedenfalls aus meiner Sicht wäre die Anrufungsauskunft, so wie sie einmal ausgeprägt war, als Verwaltungsakt mit einem Anspruch auf eine richtige Auskunft, der richtige Weg. Was Herrn *Balke* betrifft, mit der Pendlerpauschale und dem Arbeitszimmer, das waren natürlich beides schöne Erfolge, auch für den Steuerpflichtigen und auch für die Finanzgerichtsbarkeit. Ob der Grund, der das Bundesverfassungsgericht bewogen hat, in diesen Fällen die pro-futuro-Rechtsprechung nicht anzuwenden, wirklich die gewährte AdV war oder nicht, das kann ich nicht beurteilen.

Prof. Dr. *Gregor Kirchhof*, LL.M., Augsburg

Jetzt erlaube ich mir doch, mich noch einmal zu melden, weil wir Themen diskutieren, die ich in meiner Dissertation bearbeitet habe. Ich danke sehr für die klaren Vorträge. Herr *Haslehner*, ich würde doch eine Präferenz für ein System äußern wollen: Die Information von der Quelle, das Modell der Schweiz und Frankreichs. Der Arbeitgeber muss dann nur die parallelen Informationen über seine Arbeitnehmer der Finanzverwaltung zur Verfügung stellen. So sichern wir den Steuerertrag, vermeiden Steuerhinterziehungen. Aber die Lasten für den Arbeitgeber wären – wie Sie das auch in Ihrem Vortrag beschrieben haben – im Vergleich zum geltenden Lohnsteuerabzug deutlich reduziert.

Diskussion – zu Krüger, Meyer und Haslehner, LL.M.

Herr *Meyer*, ich stimme Ihnen in vielen Punkten zu. Sie haben mich aber in Ihrem eindrucksvollen Vortrag nicht ganz überzeugt. Der Bundesfinanzhof betont zu Recht, dass Steuerschulden Bringschulden sind. Wenn nun der Arbeitgeber – in der Tat öffentlich-rechtlich verpflichtet – die Lohnsteuer abführt, entrichtet er die Steuer für seine Arbeitnehmer. Der Arbeitgeber wird für den Arbeitnehmer in Dienst genommen. Mit Blick auf die Rechtsfolge ist ein Entgelt für den Arbeitgeber im Ergebnis sachgerecht, verfassungsrechtlich aber schwierig. Würden Grundrechtseingriffe regelmäßig durch ein Entgelt gemäßigt und so in das Maß der Verfassung gebracht, würden wir uns letztlich Freiheit abkaufen lassen. Das steht dem Rechtsstaat fern. Art. 14 Abs. 3 GG regelt in der Entschädigung für Enteignungen eine Ausnahme. Eigentum hat einen Geldwert. Eine Enteignung kann daher sachgerecht durch eine Entschädigung gemäßigt werden. Wer seinen Beruf ausübt, erwartet hierfür ein Entgelt. Die Berufsausübungsfreiheit ist in aller Regel auf ein Entgelt gerichtet. Daher liegt eine weitere verfassungsrechtliche Ausnahme nahe, auch Belastungen der Berufsfreiheit durch ein Entgelt zu reduzieren. Ohnehin werden dem Arbeitgeber im Lohnsteuerverfahren Pflichten auferlegt, die er in aller Regel nicht selbst erfüllen kann. Er muss Dritte gegen Entgelt einstellen. Auch deshalb drängt sich eine Entschädigung verfassungsrechtlich auf. Der Entschädigungsgedanke darf aber auf weitere Grundrechte nicht übertragen werden, auch nicht auf die Freiheit, den Beruf zu wählen. Sonst drohen die Grundrechte zu einem käuflichen Gut zu werden. Ohnehin steht mit der Information von der Quelle ein System bereit, das die Ziele ebenso erreicht, den Arbeitgeber aber deutlich weniger belastet. Diese Diskussion führen wir in der Grundrechtsdogmatik auf der Ebene der Erforderlichkeit. Wenn wir dem Gesetzgeber hier einen Gestaltungsraum öffnen und er sich dann für das System entscheidet, das für den Arbeitgeber deutlich arbeitsintensiver ist, liegt es verfassungsrechtlich nahe – und hier treffen wir uns –, die Belastung durch ein Entgelt zu mäßigen.

Prof. Dr. *Nikolaus Zorn*, Wien

Ich würde das Podium um eine Stellungnahme zum Verhältnis zwischen dem Einkommensteuerbescheid, der an den Arbeitnehmer ergeht, und einer nachträglichen Geltendmachung der Haftung gegenüber dem Arbeitgeber ersuchen. Nehmen wir an, es ist nach Ablauf des betreffenden Jahres bereits ein Einkommensteuerbescheid an den Arbeitnehmer ergangen, in dem die Einkünfte aus nichtselbständiger Arbeit erfasst sind.

Dieser Einkommensteuerbescheid gegenüber dem Arbeitnehmer ist bestandskräftig geworden, allenfalls kann ihn das Finanzamt ändern, wenn ihm neue Informationen über die nichtselbständigen Einkünfte zukommen. Gibt es bei dieser Situation überhaupt noch eine Berechtigung, nachträglich aufgrund einer Lohnsteuerprüfung die Haftung für Lohnsteuer gegenüber dem Arbeitgeber geltend zu machen, wenn der Arbeitnehmer ohnedies die Einkommensteuer auf die im Einkommensteuerbescheid bestandskräftig festgestellten Einkünfte bezahlen kann und will?

Dr. *Jürgen Pelka*, Köln

Ich möchte gerne zu den Bemerkungen von Herrn Prof. *Kirchhof* noch einmal Stellung nehmen. Mein Vorschlag sollte nicht als ein Verkauf von Grundrechten verstanden werden. Art. 12 GG verstehe ich genau wie Sie. Es ist akzeptabel, den Arbeitgeber für diese Dienstleistung in Anspruch zu nehmen. Das verletzt noch nicht das Grundrecht aus Art. 12 GG. Art. 14 GG ist die Rechtsnorm, auf die ich rekurriere. Art. 14 GG sieht für einen enteignungsgleichen Eingriff ja als Rechtsfolge ausdrücklich eine angemessene Entschädigung vor. Damit wird kein Grundrecht abgekauft, sondern dafür gilt genau die Rechtsfolge, die die Verfassung für einen enteignungsgleichen Eingriff vorsieht. Der Anspruch auf Schadensersatz lässt sich auch leicht begründen. Die Kosten, die einem Arbeitgeber entstehen, sind unschwer zu ermitteln. Einem Arbeitgeber einen Ersatzanspruch zu gewähren, stellt sich daher nicht als ein Abkaufen von Grundrechten dar, sondern es gilt die in der Verfassung für einen solchen Eingriff angeordnete Rechtsfolge.

Prof. Dr. *Sabine Kirchmayr-Schliesselberger*, Wien

Ich würde nur zur verfassungsrechtlichen Diskussion anmerken, wir haben 2011 unser Kapitalertragsteuersystem massiv ausgeweitet. Die Kapitalertragsteuer und die Lohnsteuer unterscheiden sich zwar fundamental, sind aber in einem Punkt gleich: Es geht um die Einbehaltung der Steuern für andere. Die Ausweitung dieses Systems hat im Zeitpunkt der Einführung etliche hundert Millionen Euro gekostet, weil die Systeme anzupassen waren, und sind auch an unserem Verfassungsgerichtshof bekämpft worden, genau mit diesen Argumenten. Letztendlich sind wir nicht durchgedrungen. Die Pflicht zur Einbehaltung, die Pflicht zum Steuerabzug war entgeltlos und ist an unserem Verfassungsgerichtshof gescheitert. Da sehe ich schon eine gewisse Parallele zur

Lohnsteuer. Zum Zweiten – und da war ich überrascht – ganz insbesondere auch durch Ihre Ausführungen. Für mich ist das – gefühlt – nicht selbstverständlich, dass man sagt, man kann die Lohnsteuer ganz einfach durch ein Meldeverfahren ersetzen. Ich würde da für den durchschnittlichen Österreicher nicht sozusagen meine Hand ins Feuer legen, weniger, dass, wenn der Fiskus alle Informationen hat, dass man hier ordnungsgemäß festsetzt, sondern dass die Finanzierung auch tatsächlich gesichert ist. Daher glaube ich, dass einer der Knackpunkte der ist, dass man sagt, die richtige Festsetzung mag ja richtig sein, aber dass auch die Finanzierung in den niedrigeren Einkommensschichten gesichert ist, das stelle ich zweifelnd für Österreich in den Raum. Ich war überrascht, dass das in Frankreich so reibungslos funktioniert.

Prof. Dr. *André Meyer*, LL.M., Bayreuth

Herr *Kirchhof*, Sie haben das französische Beispiel und das Schweizer Beispiel angesprochen. Ich möchte hier nochmals dafür plädieren, das Lohnsteuersystem im Wesentlichen so beizubehalten, wie es derzeit ausgestaltet ist, nämlich als Erhebung an der Quelle. Unser System ist leistungsfähig. Es ist effizient. Es funktioniert. Es führt in Relation zum Steueraufkommen zu relativ wenig Streit. Deswegen bin ich der Überzeugung, dass wir dieses System in seinem Kerngehalt so belassen sollten. Die Frage lautet, wie wir die Beteiligten, insbesondere den Arbeitgeber, entlasten können. Wir haben eben noch über die Anrufungsauskunft diskutiert. Es ist ein Unding, dass der Staat sich des Arbeitgebers bedient und ihm dann eine belastbare und zeitnahe Auskunft verweigert. Das ist eine Stellschraube, an der zu drehen ist. Das ist gar nicht so sehr Aufgabe der Rechtsprechung, sondern es ist in erster Linie Aufgabe des Gesetzgebers, hier einen klaren Mechanismus einzubauen, über den der Arbeitgeber zeitnah Rechtssicherheit erhält.

Was die Frage des Abkaufs des Grundrechtseingriffs angeht, so handelt es sich um ein Denkmodell, das verfassungsrechtlich in Art. 14 angelegt ist, aber sicherlich nicht in Art. 12. Ich meine aber dennoch, dass wir hier eine Besonderheit vor uns haben. Es geht vorliegend um den Rechtsgedanken des Aufwendungsersatzes. Das, was der Arbeitgeber macht, ist unternehmensfremd. Er muss zugunsten des Staates hochkomplexe Pflichten erfüllen und hat selbst nichts davon, sondern trägt nur die Kosten. Wegen dieser besonderen Lage meine ich, dass man hier ausnahmsweise dazu kommen kann, dass eine Entschädigung unter dem Gesichtspunkt der

Diskussion – zu Krüger, Meyer und Haslehner, LL.M.

verfassungsrechtlichen Verhältnismäßigkeit zur Rettung der einschlägigen Normen möglich ist.

Dann ist noch gefragt worden, wie es sich mit der Haftung verhält, wenn der Arbeitnehmer veranlagt ist. Diese Frage stellt sich in den Konstellationen, die ich in meinem Vortrag erörtert habe, nämlich beim ursprünglichen Mindereinbehalt, wo auch die Rechtsverhältnisse des Arbeitnehmers betroffen sind. Aufgrund von § 42d Abs. 3 Satz 3 EStG ist eine Haftung auch noch nach Veranlagung möglich. Deswegen ist meine Überlegung – und ich bin nicht der einzige, der sich darüber Gedanken gemacht hat –, wie wir das möglichst für den Arbeitgeber abfedern können. Die Lösung lautet auch hier: Er hat eine Regressmöglichkeit beim Arbeitnehmer. Schwierigkeiten entstünden nur – das hatten Sie angesprochen – wenn der Arbeitnehmer veranlagt ist und die Bescheide nicht mehr änderbar wären. Dann hätten wir das Problem, dass diese Abwicklung über das Dreieck nicht mehr richtig funktioniert. In einem solchen Fall könnte man in der Tat annehmen, dass der Staat bereits den Arbeitgeber nicht mehr in Haftung nehmen kann. Allerdings ist die Arbeitnehmerveranlagung nach derzeitiger Rechtslage änderbar, so dass die Regresslösung funktioniert. Eine Haftung nach Arbeitnehmerveranlagung läuft für den Staat auch nicht auf ein Nullsummenspiel hinaus. Wenn man es richtig durchdekliniert, wird im Ergebnis der Arbeitnehmer belastet, und das ist auch richtig.

Dr. *Roland Krüger*, München

Zu der Frage von Ihnen, Herr *Zorn*: Rechtlich ist es so, der Arbeitgeber kann immer in Haftung genommen werden, auch wenn der Arbeitnehmer veranlagt ist. Der Punkt ist, so eine Haftung des Arbeitgebers wird im Zweifel durch eine Lohnsteueraußenprüfung kommen. Dann wird sich die Frage stellen: Hat der Arbeitgeber zu wenig abgeführt? Wenn das der Fall sein sollte, dann ist natürlich auch die Veranlagung des Arbeitnehmers regelhaft änderbar, weil es dann nach § 173 Abs. 1 Nr. 1 AO neue Tatsachen sind. D.h., die Finanzverwaltung könnte nach einer Lohnsteueraußenprüfung auch gegenüber dem Arbeitnehmer noch vorgehen, selbst wenn die Veranlagung formell bestandskräftig ist. Das wird auch regelhaft gemacht. Bei der Haftung des Arbeitgebers ist es ständige Rechtsprechung, dass, wenn nur wenige Arbeitnehmer von der Lohnsteuernachforderung betroffen wären, die Inspruchnahme des Arbeitgebers ermessensfehlerhaft wäre. Wir brauchen diese zivilrechtlichen Konstruktionen steuerrechtlich nicht. Die Haftung des Arbeitgebers wird im Regelfall immer nur durchschlagen, wenn es Massenfallrecht ist, was für den einzelnen Arbeitnehmer kleine Beträge sind. Ansonsten ist es so, dass sich die Frage der Verjährung nach heutiger Rechtslage auch nicht mehr stellen wird. Denn wenn es eine Lohnsteueraußenprüfung beim Arbeitgeber gibt, gibt es eine neue Vorschrift, die sagt, dass auch die Verjährung gegenüber dem Arbeitnehmer nicht abläuft. Diese Verjährungsproblematik kann sich heute eigentlich nicht mehr stellen. Insofern ist das geklärt. Die Sachen kommen durch eine Lohnsteueraußenprüfung ans Licht. Die werden dann auch entsprechend abgearbeitet und die richtige Steuer wird im Regelfall dann festgesetzt.

Prof. Dr. *Werner Haslehner*, LL.M., Luxemburg

Ich verstehe bei Herrn *Kirchhof* die Präferenz für die Information an der Quelle und das reine Meldeverfahren. Ich bin da auch kein Gegner davon, aber ich bleibe diesbezüglich agnostisch, schlichtweg auch deswegen, weil sich auch die Frage stellt: Wie hoch sind die Lasten des Arbeitgebers aktuell und wie hoch sind sie dann noch im Meldeverfahren? Schließlich stellt sich die Frage: Was muss denn dann tatsächlich gemeldet werden? Wieviel an Beurteilungsaufwand, den der Arbeitgeber aktuell hat, geht dann tatsächlich verloren? Die Beurteilung beispielsweise wie Sachleistungen zu bewerten sind, was tatsächlich Arbeitslohn ist, wer Arbeitnehmer, der der Lohnsteuer unterliegt, ist und wer nicht, das würde ja nicht unbedingt wegfallen, es sei denn, wir würden annehmen, der Arbeitgeber übermittelt schlichtweg eine lange Beschreibung aller Fakten, was so passiert ist in seinem Unternehmen und überlässt es dann der Steuerverwaltung zu beurteilen, wer davon jetzt Arbeitnehmer ist und wer als Selbständiger tätig ist usw. Das kann man ja wohl nicht vorsehen. Dementsprechend ist dann die Frage, wie viel an Last würde dadurch wirklich verschoben werden und was sind die anderen Nachteile. Ich möchte dann noch auf den Hinweis von *Sabine Kirchmayer-Schliesselberger* eingehen, wie ohne Steuerabzug denn die Finanzierung der Steuer noch gesichert sein kann. Ich sehe das etwas weniger kritisch. Ich meine, wenn man hier entweder durch Anreize oder durch eine Pflicht für eine monatliche Vorauszahlung agieren würde, dann wäre das auch kein Problem, dass der Steuerpflichtige auch diese Lohnsteuerzahlung selbst vornimmt, ohne dass sie unmittelbar abgezogen wird. Dass die Leute ihr Geld immer gleich ausgeben in dem Moment, wo sie es erhalten und dann einen Monat oder zwei Monate später merken, ich sollte ja die Steuer bezahlen, das glaube ich dann doch nicht. Das größere Problem ist vielleicht im Übergang. Der Übergang von einem System auf das andere ist immer schwierig. Wenn sich noch keine Kultur und kein Bewusstsein gebildet hat, dass man seine Steuern noch bezahlen muss und man gewöhnt ist, dass es immer für einen übernommen wird, ist es vielleicht für einen gewissen Zeitraum ein kleines Problem. Wenn man die Erfahrungen in Frankreich und in der Schweiz sieht, kann ich mir aber doch nicht vorstellen, dass etwa die Österreicher oder die Deutschen so viel anders und unfähig wären, selbst ihre Steuer zu bezahlen. Ich stehe da irgendwo so in der Mitte und sehe das im Ergebnis sozusagen als neutraler Beobachter dieser verschiedenen Systeme.

Internationale Arbeitnehmerbesteuerung

– aus Arbeitgebersicht

Prof. Dr. *Christian Dorenkamp*

Bonn

I. Einleitung
II. Zielsetzungen internationaler Arbeitnehmerbesteuerung
 1. Vermeidung von Doppelbesteuerung
 2. Vermeidung von doppelter Nichtbesteuerung
 3. Verwaltungspraktikabilität der Lohnbesteuerung
III. Grundsätze internationaler Arbeitnehmerbesteuerung
 1. Ansässigkeitsprinzip (Art. 15 Abs. 1 Satz 1 Halbs. 1 OECD-MA)
 2. Arbeitsortprinzip (Art. 15 Abs. 1 Satz 1 Halbs. 2 und Satz 2 OECD-MA)
 3. „183 Tage-Regelung" (Art. 15 Abs. 2 OECD-MA)
  a) 183 Tage Mindestaufenthalt (Art. 15 Abs. 2 Buchst. a) OECD-MA)
  b) Abkommensrechtlicher bzw. wirtschaftlicher Arbeitgeberbegriff (Art. 15 Abs. 2 Buchst. b) OECD-MA)
  c) Betriebsstätten (Art. 15 Abs. 2 Buchst. c) OECD-MA)
   aa) Lohnbesteuerung
   bb) Ertragsbesteuerung

IV. Besteuerungspraktische Problemfelder („Arbeitswelt 4.0")
 1. „Einbindung" in ein Unternehmen („wirtschaftlicher Arbeitgeber")
 2. Unternehmensstrukturen mit Betriebsstätten („Einheitsunternehmen")
 3. Joint Management-Gesellschaften (Entlokalisierung der Arbeit)
V. Steuersystematische sowie besteuerungspraktische Lösungsansätze
 1. „Wirtschaftlicher Arbeitgeber" – Kostentragung statt lediglich „Einbindung", Verlängerung Drei-Monats-Vereinfachungsregelung auf sechs Monate
 2. Selbständigkeitsfiktion der Betriebsstätte auch bei Lohnbesteuerung („Authorized OECD Approach"), 20-Tage-Bagatellgrenze
 3. Ertragsteuerliche Betriebsstätten durch internationalen Mitarbeitereinsatz
VI. Fazit und Ausblick

I. Einleitung

Die Sicht des Arbeitgebers auf die internationale Arbeitnehmerbesteuerung ist im Grundsatz keine andere als die von Arbeitnehmer oder Finanzverwaltung: Jeweils geht es um die Erfüllung sämtlicher steuergesetzlicher Vorschriften in allen betroffenen Länder, und zwar möglichst ohne unverhältnismäßigen Verwaltungsaufwand. Ziel ist die gesetzeskonforme Aufteilung des Besteuerungssubstrats aus grenzüberschreitender nichtselbständiger Arbeit unter Vermeidung sowohl von Doppelbesteuerung als auch doppelter Nichtbesteuerung international tätiger Arbeitnehmer.

Diese Ziele der internationalen Arbeitnehmerbesteuerung einschließlich der Nebenbedingung Verwaltungspraktikabilität, die gleichermaßen aus dem Massenfallrechtscharakter als auch der zeitlichen Unmittelbarkeit der (monatlichen) Lohnbesteuerung folgen, werden im nachfolgenden Abschnitt II aufgefächert. Abschnitt III widmet sich anschließend den unilateralen sowie doppelbesteuerungsrechtlichen Grundlagen der Besteuerung grenzüberschreitend tätiger Arbeitnehmer, insbesondere dem Ansässigkeits- und Arbeitsortprinzip sowie der sog. 183-Tage-Regelung in ihren unterschiedlichen Facetten.

Abschnitt IV geht auf ausgewählte Problemfelder der internationalen Lohnbesteuerung ein, die in der Besteuerungswirklichkeit einer „Arbeitswelt 4.0" besonders wesentlich erscheinen. Hierzu zählen durch Digitalisierungstendenzen etc. in Teilen überholte sachverhaltliche Anknüpfungspunkte bei der Aufteilung von Besteuerungsrechten sowie eine unzulängliche Abbildung grundlegender Betriebsstättenthematiken im internationalen Abkommensrecht.

Lösungsmöglichkeiten sowohl kurz- als auch mittel- bzw. langfristiger Natur für diese Besteuerungsproblematiken werden in Abschnitt V aufgezeigt, und zwar sowohl aus steuersystematischer als auch besteuerungspraktischer Sicht. Die Darlegung dieser Reformoptionen stellt einen besonderen Schwerpunkt dieses Beitrags dar, der durch einen Abschnitt VI mit einem Fazit sowie Ausblick beschlossen wird.

II. Zielsetzungen internationaler Arbeitnehmerbesteuerung

1. Vermeidung von Doppelbesteuerung

Arbeitnehmer, die grenzüberschreitend tätig sind, sollen ebenso wenig mit ihren Einkünften aus nichtselbständiger Arbeit doppelt besteuert werden wie andere Steuerpflichtige, die entweder rein binnenorientiert wirtschaftlich tätig sind oder anderweitige Einkünfte mit Berührungspunkten zu zwei Steuerjurisdiktionen beziehen. Anderenfalls würde gegen den Grundsatz der Besteuerung nach der individuellen wirtschaftlichen Leistungsfähigkeit verstoßen, der als bereichsspezifische Ausprägung des allgemeinen Gleichheitssatzes des Art. 3 Abs. 1 GG eine gerechte Austeilung der Steuerlasten verlangt – eine Doppelbesteuerung von Einkünften aus internationaler Arbeitnehmertätigkeit ist hiermit unvereinbar.[1]

Da Einkünfte aus nichtselbständiger Arbeit ausschließlich von natürlichen Personen erzielt werden und regelmäßig die Haupt- wenn nicht gar einzige nennenswerte Einnahmequelle des jeweiligen Steuerpflichtigen darstellen, erscheint die Vermeidung der Doppelbesteuerung bei Arbeitnehmern besonders wesentlich. So geht es nicht um „große, anonyme" Kapitalgesellschaften oder sonstige juristische Personen, sondern u.U. existenzrelevante Mehrbelastungen – aus einem Gehalt lassen sich nun einmal nicht zwei progressive Steuerbelastungen bestreiten, ohne erdrosselnde Wirkung zu entfalten, Art. 2 Abs. 1 GG.[2]

Die Doppelbesteuerung wird unilateral durch die Anrechnung ausländischer Steuern auf die inländische Einkommensteuer vermieden, § 34c EStG, sowie bilateral entweder durch die Freistellung ausländischer Einkünfte aus nichtselbständiger Arbeit, Art. 23A i.V.m. 15 DBA OECD-MA – so in Deutschland als Ansässigkeitsstaat üblich – oder wiederum über

---

[1] Zum Leistungsfähigkeitsprinzip im Steuerrecht im Allgemeinen vgl. grundlegend *Tipke*, Steuerrechtsordnung, Bd. I, 2. Aufl. 2000, S. 284 u. 485 m.w.N. sowie *Hey* in Tipke/Lang, Steuerrecht, 22. Aufl. 2015, § 4 Rz. 110 ff.; vgl. zum hieraus abgeleiteten Gebot der Vermeidung einer Doppelbesteuerung im Besonderen z.B. *Schaumburg*, Internationales Steuerrecht, 4. Aufl. 2017, Rz. 17.8: „Indessen ist es das verfassungsrechtlich verankerte Rechtsprinzip der Besteuerung nach der Leistungsfähigkeit, das eine Vermeidung der Doppelbesteuerung gebietet."

[2] Vgl. zu dieser freiheitsrechtlich begründeten Beschränkung des staatlichen Abgabenrechts z.B. *Hey* in Tipke/Lang, Steuerrecht (Fn. 1), § 8 Rz. 74 m.w.N.

die Anrechnungsmethode, diesmal DBA-rechtlich fundiert, Art. 23B OECD-MA.

2. Vermeidung von doppelter Nichtbesteuerung

Ebenfalls bei natürlichen Personen besonders wesentlich ist das Ziel der Vermeidung einer doppelten Nichtbesteuerung von Einkünften. Dies gilt wiederum vor dem Hintergrund, dass Einkünfte aus nichtselbständiger Arbeit regelmäßig die Haupteinnahmequelle des Steuerpflichtigen darstellen, d.h. die in Rede bestehenden Beträge keinesfalls unwesentlich sind wie u.U. Erträge aus der einen oder anderen Kapitaleinkunftsquelle. Zudem weist Arbeitslohn im grenzüberschreitenden Kontext keinen nennenswerten Unterschied zu dem Gehalt auf, das ein inländischer Arbeitnehmer von einem inländischen Arbeitgeber erhält, weshalb uneingeschränkte Vergleichbarkeit besteht – die hieraus folgende Transparenz verlangt bereits aus steuerpsychologischer Sicht besondere Rechtfertigungsgründe für eine etwaige Ungleichbehandlung, fehlt es doch an einer Andersartigkeit wie z.B. bei Dividenden.

Besteuerungslücken werden vermieden durch das Zusammenspiel von unbeschränkter Steuerpflicht, die bei inländischen Wohnsitz oder gewöhnlichen Aufenthalt im Inland das „Welteinkommen" und damit auch ausländische Einkünfte aus nichtselbständiger Arbeit von Steuerinländern umfasst, § 1 Abs. 1 EStG, und beschränkter Steuerpflicht gem. § 1 Abs. 4 i.V.m. § 49 Abs. 1 Nr. 4 EStG, der die im Inland erzielten Einkünfte aus nichtselbständiger Arbeit von Steuerausländern unterliegen.

Ergänzt wird der deutsche Besteuerungsanspruch im Hinblick auf das Gebot der Einmalbelastung von Einkünften aus nichtselbständiger Arbeit von Steuerinländern durch eine Rückausnahme von der DBA-rechtlichen Befreiungsmethode durch 50 Abs. 8 EStG. Hiernach ist die Steuerbefreiung von der Erbringung des Nachweises durch den Steuerpflichtigen abhängig, dass die ausländische Steuer auch wirklich entrichtet wurde.

Darüber hinaus beinhaltet 50d Abs. 9 Satz 1 Nr. 2 EStG eine Rückfallklausel für die Fälle, in denen der ausländische Staat nur deshalb von einer Besteuerung der Einkünfte aus nichtselbständiger Arbeit absieht, weil sie von einem Steuerausländer bezogen werden. Dies soll nach § 50d Abs. 9 Satz 4 EStG i.d.F. des Gesetzes zur Umsetzung der Änderungen der EU-Amtshilferichtlinie und von weiteren Maßnahmen gegen Gewinnkürzungen und -verlagerungen[3] auch für „Teile von Einkünften" gelten (indem das einleitende Wörtchen „wenn" durch „soweit" ersetzt wird), d.h. z.B. im Ausland steuerfreie Lohnbestandteile, die das inländische Steuerrecht nicht kennt (wie u.U. der Ersatz bestimmter Aufwendungen).[4]

3. Verwaltungspraktikabilität der Lohnbesteuerung

Die Ziele der internationalen Arbeitnehmerbesteuerung erschöpfen sich allerdings nicht in der Vermeidung von Doppelbesteuerung und doppelter Nichtbesteuerung. Bereits aus dem Viereck mit den Eckpunkten Arbeitnehmer und Arbeitgeber nebst jeweiligem Finanzamt, das im internationalen Kontext zum „Vieleck" mutiert – zu den beiden inländischen Finanzämtern gesellen sich zwei ausländische Finanzbehörden, von den steuerlichen Beratern vor Ort ganz abgesehen –, folgt das Gebot der Vewaltungspraktikabilität der Arbeitnehmerbesteuerung.[5] Dies gilt um so mehr als es für den Arbeitgeber im Lohnsteuerrecht nicht etwa um „eigene" Steuern geht, sondern er als „Erfüllungsgehilfe" der Finanzverwaltung fungiert, beim Einzug „fremder" Steuern behilflich ist.[6]

Hinzu kommt, dass lohnsteuerliche Entscheidungen regelmäßig unter großem Zeitdruck getroffen werden müssen. Steuererklärungen sind anders als bei den Ertragsteuern (als eigene Steuern des Unternehmens) nicht erst nach Ablauf des Geschäftsjahres abzugeben, sondern Lohnsteuern monatlich anzumelden, vom laufenden Gehalt einzubehalten und abzuführen, d.h. es bedarf einer lohnzahlungszeitgleichen Würdigung sämtlicher relevanter Fakten.

Diese Fakten aber stellen sich im Lohnsteuerrecht als besonders vielschichtig dar. So können Lohnbesteuerungsfolgen von einer etwaigen

---

3 Vgl. BT-Drucks. 18/9536 v. 5.9.2016.
4 Die hiermit einhergehende „Atomisierung von Einkünften" für DBA-Zwecke stellt die internationale Besteuerung von Arbeitnehmern vor besondere Herausforderungen. So ist (auch) das ausländische Lohnsteuerrecht in seiner Kleinteiligkeit z.B. im Zusammenhang mit Mehraufwendungen für doppelte Haushaltsführung nur schwer überschaubar, zumal bereits vergleichsweise geringe Beträge Abzugsverpflichtungen des Arbeitgebers begründen können – und zwar obgleich diese Einnahmen u.U. beim Arbeitnehmer abzugsfähige Werbungskosten sind, d.h. im Ergebnis den Charakter von „durchlaufenden Posten" haben.
5 Vgl. *Englisch* in Tipke/Lang, Steuerrecht (Fn. 1), § 5 Rz. 68: „Gesetze sollen praktikabel, d.h. durchführbar, nicht lebensfremd ausgelegt werden."
6 Vgl. z.B. *Hey* in Tipke/Lang, Steuerrecht (Fn. 1), § 8 Rz. 970 (Arbeitgeber als „Beauftragter des Fiskus" bzw. „Hilfsorgan der staatlichen Finanzverwaltung").

Veränderung des Arbeitsverhaltens im Zeitablauf sowie der konkreten Art und Weise der Ausübung einer bestimmten Tätigkeit abhängen, die sich in Zeiten der Digitalisierung zudem zunehmend lokal „entgrenzt". Kennzeichnend ist eine ausgeprägte Faktenausdifferenziertheit lohnsteuerlicher Sachverhalte, die sich häufig einer konkreten Bestimmbarkeit und damit auch Dokumentation entziehen.

Schließlich resultiert das steuersystematische Ziel der Verwaltungspraktikabilität aus dem Umstand, dass es sich beim internationalen Lohnsteuerrecht häufig um „Massenfallrecht"[7] handelt, gerade bei Entsendungsproblematiken, die die Arbeitswirklichkeit in internationalen Unternehmensgruppen mehr und mehr prägen (Stichwort „Expats"), oder auch im Betriebsstättenkontext mit „Ein-Tages-Lohnbesteuerungen", vgl. dazu unten Abschnitt IV.2.

III. Grundsätze internationaler Arbeitnehmerbesteuerung

1. Ansässigkeitsprinzip (Art. 15 Abs. 1 Satz 1 Halbs. 1 OECD-MA)

Die Prinzipien, die bei der internationalen Arbeitnehmerbesteuerung zur Anwendung gelangen, ergeben sich letztlich aus dem Abkommensrecht, konkret Art. 15 DBA-MA. Zwar können Doppelbesteuerungsabkommen keine Besteuerungsrechte begründen, sondern lediglich den staatlichen Abgabenzugriff beschränken[8], weshalb die Besteuerung internationaler Arbeitnehmereinkünfte entsprechende lokale Steuergesetze voraussetzt, vgl. z.B. § 1 Abs. 1 EStG (unbeschränkte Steuerpflicht sämtlicher Einkünfte von Steuerinländern, Welteinkommensprinzip) bzw. § 1 Abs. 4 i.V.m. 49 Abs. 1 Nr. 4 EStG (beschränkte Steuerpflicht inländischer Einkünfte aus nichtselbständiger Arbeit von Steuerausländern, Territorialitätsprinzip). Der denklogische Konflikt zwischen diesen üblicherweise in beiden betroffenen Staaten verwirklichten Konzepten – die unbeschränkte Steuerpflicht im Ansässigkeitsstaat konfligiert mit der beschränkten Steuerpflicht im Tätigkeits- bzw. Quellenstaat und umgekehrt – wird DBA-rechtlich über Art. 15 OECD-MA aufgelöst.

Gemäß Art. 15 Abs. 1 Satz 1, Halbs. 1 OECD-MA können Gehälter, Löhne und ähnlich Vergütungen, die eine in einem Vertragsstaat ansäs-

---

7 Vgl. z.B. *Englisch* in Tipke/Lang, Steuerrecht (Fn. 1), § 7 Rz. 27 („Massenrecht").
8 Vgl. z.B. *Schaumburg*, Internationales Steuerrecht (Fn. 2), Rz. 16.5 („Schrankenwirkungen").

sige Person aus unselbständiger Arbeit bezieht, nur in diesem Staat, d.h. im Ansässigkeitsstaat besteuert werden. Hiernach ist der andere Staat, der Tätigkeitsstaat, nicht berechtigt, sein (beschränktes) Besteuerungsrecht auszuüben.

2. Arbeitsortprinzip (Art. 15 Abs. 1 Satz 1 Halbs. 2 und Satz 2 OECD-MA)

Etwas anderes ergibt sich allerdings bereits aus dem zweiten „es sei denn"-Halbsatz von Art. 15 Abs. 1 Satz 1 OECD-MA. Hiernach kann der andere (Tätigkeits-)Staat die Einkünfte aus nichtselbständiger Arbeit besteuern, soweit diese für Arbeit bezogen wurden, die in diesem anderen Staat ausgeübt wurde, sog. Tätigkeits- oder Arbeitsortprinzip.

Ausdrücklich heißt es folgerichtig in Satz 2 von Art. 15 Abs. 2 OECD-MA: „Wird die Arbeit dort [im Tätigkeitsstaat] ausgeübt, so können die dafür bezogenen Vergütungen im [Tätigkeitsstaat] besteuert werden."

3. „183 Tage-Regelung" (Art. 15 Abs. 2 OECD-MA)

Das „letzte Wort" bei der Auflösung des Besteuerungskonflikts zwischen Ansässigkeits- und Tätigkeitsstaat hat allerdings Art. 15 Abs. 2 DBA-MA, gemeinhin – etwas verkürzt und damit missverständlich – als „183-Tage-Regelung" bezeichnet.

Art. 15 Abs. 2 OECD-MA formuliert drei gleichwertige kumulative Voraussetzungen dafür, dass das Besteuerungsrecht für Einkünfte aus nichtselbständiger Artbeit auch für eine Tätigkeit, die außerhalb des Ansässigkeitsstaates geleistet wird, bei diesem Ansässigkeitsstaat verbleibt. Hierdurch wird eine Ausnahme von dem im vorangehenden Abschnitt erörterten Tätigkeitsortprinzip des Art. 15 Abs. 1 OCED-MA konstituiert, wonach jener Staat das Besteuerungsrecht verfügt, in dem die Tätigkeit ausgeübt wird. Die Voraussetzungen für dieses ausnahmsweise gewährte Besteuerungsrecht des Ansässigkeitsstaats sind negativ formuliert, was das Leseverständnis nicht unerheblich erschwert (Besteuerungsrecht im Ansässigkeitsstaat „wenn a) nicht […], und b) nicht […], und c) nicht […]").

Positiv gewendet lässt sich der kumulative Charakter der drei Voraussetzungen für das Ausnahmebesteuerungsrecht des Ansässigkeitsstaats auch als jeweils alternative Begründung eines Besteuerungsrechts dcs Tätigkeitsstaats verstehen, d.h. für ein solches Besteuerungsrecht genügt es, wenn entweder die Tatbestandsvoraussetzungen von Art. 15

Abs. 2 Buchst. a) OECD-MA erfüllt sind oder die von Buchst. b) oder aber Buchst. c).

a) 183 Tage Mindestaufenthalt (Art. 15 Abs. 2 Buchst. a) OECD-MA)

Die erste Voraussetzung der 183-Tage-Regelung erscheint nicht nur vergleichsweise simpel, sondern ist in der Rechtsanwendungspraxis auch tatsächlich eher einfach zu handhaben – woraus das Risiko resultiert, dass Art. 15 Abs. 2 OECD-MA in seiner Gesamtheit gerade vom steuerlichen Laien unzutreffenderweise auf diese zeitliche Komponente reduziert wird[9]. Hiernach hat der Tätigkeitsstaat gem. Art. 15 Abs. 2 Buchst. a) trotz Ausübung der Arbeit in seinem Hoheitsbereich kein Besteuerungsrecht, wenn sich der Arbeitnehmer nicht länger als 183 Tage im Tätigkeitsstaat aufhält.

Diese Mindestaufenthaltsdauer von einem halben Jahr bezieht sich auf einen Zeitraum von zwölf Monaten, der in dem jeweiligen Steuerjahr beginnt oder endet, und wirft ebenfalls zahlreiche Zweifelsfragen auf, z.B. wie werden An- und Abreisetage gezählt etc.[10] Letztlich kann unter Art. 15 Abs. 2 Buchst. a) OECD-MA aber anhand eines Arbeitstagebuchs subsumiert werden, was, auf die Verwaltungspraktikabilität der internationalen Arbeitnehmerbesteuerung „einzahlend" (Besteuerung nur im Ansässigkeitsstaat bei weniger als 183 Tage Aufenthalt im Tätigkeitsstaat), die Regelung sehr praxistauglich macht – wären da nicht die zwei weiteren Voraussetzungen der Buchstaben b) und c) des Art. 15 Abs. 2 OCED-MA, die ebenfalls erfüllt sein müssen, um ein Besteuerungsrecht des Tätigkeitsstaats nicht zur Entstehung gelangen zu lassen, das die Steuerpflichtigen erst mit zwei Steuerjurisdiktionen konfrontiert.

---

9 Genau in diesem Umstand liegt allerdings auch eine steuerpolitische Chance, vgl. zu einem entsprechenden Reformvorschlag unten Abschnitt V.1, der für Zwecke des wirtschaftlichen Arbeitgeberbegriffs i.S.v. Art. 15 Abs. 2 Buchst. b OECD-MA schon aus Konsistenz- bzw. Wiedererkennungsgründen ebenfalls eine halbjährige Vereinfachungsregelung vorsieht.

10 Vgl. hierzu z.B. *Eisgruber*, Internationale Arbeitnehmerbesteuerung – aus Arbeitnehmersicht, in diesem Band.

b) Abkommensrechtlicher bzw. wirtschaftlicher Arbeitgeberbegriff (Art. 15 Abs. 2 Buchst. b) OECD-MA)

Selbst wenn sich der Arbeitnehmer also weniger als 183 Tage im Tätigkeitsstaat aufhält, wird – positiv formuliert – ein Besteuerungsrecht des Tätigkeitsstaat begründet, falls die Vergütungen von einem rechtlichen oder wirtschaftlichen Arbeitgeber getragen werden, der im Tätigkeitsstaat ansässig ist. Hierbei wirft der abkommensrechtliche Arbeitgeberbegriff, der gemeinhin aus der Formulierung „wenn die Vergütungen von einem Arbeitgeber oder für einen Arbeitgeber gezahlt werden" abgeleitet wird[11], in der Besteuerungspraxis die größten Abgrenzungsprobleme der gesamten internationalen Arbeitnehmerbesteuerung auf[12].

Der *rechtliche* Arbeitgeber als erste Ausprägung des abkommensrechtlichen Arbeitgeberbegriffs lässt sich unproblematisch bestimmen. Wesentlich ist hier allein der Arbeitsvertrag, der auch arbeitgeberseitig zweifelsfrei einer natürlichen oder juristischen Person zuzuordnen ist. Diese ist dann eben entweder im Tätigkeitsstaat ansässig oder nicht.

Gänzlich unabhängig von der klar abgrenzbaren arbeitsrechtlichen Beziehung wird in die Abkommensformulierung „von einem oder für einen Arbeitgeber gezahlt" des Art. 15 Abs. 2 Buchst. b) OECD-MA aber auch eine andere natürliche oder juristische Person in den abkommensrechtlichen Arbeitgeberbegriff hineingelesen, die die Vergütung für die geleistete unselbständige Tätigkeit wirtschaftlich trägt, jedenfalls soweit der Einsatz des Arbeitnehmer im Interesse des aufnehmenden Unternehmens erfolgt und der Arbeitnehmer in dieses Unternehmen eingebunden ist.[13]

---

11 Vgl. z.B. *Prokisch* in Vogel/Lehner, DBA, 6. Aufl. 2015, Tz. 49f ff.
12 Vgl. z.B. *Hasbargen*, Steuerfalle „Wirtschaftlicher Arbeitgeber", Handelsblatt Steuerboard v. 20.7.2010; *Portner*, Anmerkung zu Urteil FG BW v. 26.7.2013, IStR 2014, 454 (455) („„wahrer'Arbeitgeber").
13 Vgl. BFH, Urt. v. 23.2.2005 – I R 46/03, BStBl. II 2005, 547: „Entsendet eine inländische Gesellschaft einen ihrer Arbeitnehmer zu einer spanischen Tochtergesellschaft und erstattet ihr diese denjenigen Teil des Arbeitslohns, der auf die für sie in Spanien ausgeübte Tätigkeit entfällt, so wird hierdurch die Tochtergesellschaft nicht notwendig zur Arbeitgeberin des betreffenden Arbeitnehmers im abkommensrechtlichen Sinne. Voraussetzung hierfür ist vielmehr, dass der Einsatz des Arbeitnehmers bei der Tochtergesellschaft in deren Interesse erfolgt und dass der Arbeitnehmer in den Arbeitsablauf der Tochtergesellschaft eingebunden ist." Vgl. weitere Rechtsprechungsnachweise zur Kostentragung in Fn. 29. Ähnlich hinsichtlich der Kostentragungsvoraussetzung z.B. *Wassermeyer* in Wassermeyer/Schwenke, OECD-MA, Art. 15 Rz. 122,

Die Finanzverwaltung geht sogar einen erheblichen Schritt weiter, in dem sie es für die Annahme eines wirtschaftlichen Arbeitgebers genügen lässt, dass das aufnehmende Unternehmen den Arbeitslohn zwar nicht wirtschaftlich trägt, die Kostentragung nach dem (ertragsteuerlichen) Fremdvergleichsgrundsatz aber sachgerecht gewesen wäre. So heißt es zum abkommensrechtlichen Arbeitgeberbegriff im BMF-Schreiben vom 12.11.2014 im Hinblick auf die „klassischen" Entsendungsfälle: „Dagegen wird das aufnehmende verbundene Unternehmen zum Arbeitgeber im abkommensrechtlichen Sinne (wirtschaftlicher Arbeitgeber), wenn der Arbeitnehmer in das aufnehmende Unternehmen eingebunden ist und das aufnehmende Unternehmen den Arbeitslohn (infolge seines eigenen betrieblichen Interesses an der Entsendung des Arbeitnehmers) wirtschaftlich trägt oder nach dem Fremdvergleichsgrundsatz hätte tragen müssen."[14]

Hinsichtlich des Kriteriums der Einbindung soll hierbei das „Gesamtbild der Verhältnisse maßgebend" und damit insbesondere zu berücksichtigen sein, ob „das aufnehmende Unternehmen die Verantwortung oder das Risiko für die durch die Tätigkeit des Arbeitnehmers erzielten Ergebnisse trägt und der Arbeitnehmer den fachlichen Weisungen des aufnehmenden Unternehmens unterworfen"[15] ist.

Darüber hinaus soll es „u.a." darauf ankommen können, „wer über Art und Umfang der täglichen Arbeit, die Höhe der Bezüge, die Teilnahme an einem etwaigen Erfolgsbonus- und Aktienerwerbsplan des Konzerns oder Urlaubsgewährung entscheidet, wer die Arbeitsmittel stellt, das Risiko für eine Lohnzahlung im Nichtleistungsfall trägt, das Recht der Entscheidung über Kündigung oder Entlassung hat, oder für die Sozialversiche-

---

134. Erg.-Lief. 07/2016: „Danach kommt es nicht auf das Bestehen eines zivilrechtlichen Arbeitsvertrags, sondern darauf an, dass der Arbeitgeber die Vergütungen für die ihm geleistete nichtselbständige Arbeit wirtschaftlich trägt." Vgl. z.B. auch *Hofmann/Schubert*, BB 2004, 1477 (Kostentragung entscheidendes Merkmal des wirtschaftlichen Arbeitgeberbegriffs) sowie *Hilbert/Nowotnick/Straub*, DStR 2013, 2433 (Fälle „unbillig" sowie „praktisch weitgehend undurchführbar bei Abstellen auf etwaiges ‚Tragenmüssen'").

14 BMF-Schreiben v. 12.11.2014 – IV B 2 - S 1300/08/10027, BStBl. I 2014, 1467, Rz. 102. Vgl. auch BMF-Schreiben v. 14.9.2006 – IV B 6 - S 1300 - 367/06, BStBl. I 2006, 532, Rz. 70 sowie BMF-Schreiben v. 9.11.2001 – IV B 4 - S 1241 - 20/01, BStBl. I 2001, 796 (Verwaltungsgrundsätze-Arbeitnehmerentsendung), hier den Fremdvergleichsgrundsatz allerdings nur für Zwecke der Einkunftsabgrenzung bemühend.

15 BMF-Schreiben Fn. 14, Rz. 103.

rungsbelange des Arbeitnehmers verantwortlich ist, in wessen Räumlichkeiten die Arbeit erbracht wird, welchen Zeitraum das Tätigwerden im aufnehmenden Unternehmen umfasst, wem gegenüber Abfindungs- und Pensionsansprüche erwachsen und mit wem der Arbeitnehmer Meinungsverschiedenheiten aus dem Arbeitsvertrag auszutragen hat"[16]. Diese teilweise sehr konkreten faktischen Komponenten sind jedenfalls partiell der OECD-Musterkommentierung aus 2010 entlehnt, z.B. in Sachen Arbeitsmittelgewährung, Kündigungsrechten sowie Arbeitszeit- bzw. Urlaubsbestimmungsregelungen.[17]

c) Betriebsstätten (Art. 15 Abs. 2 Buchst. c) OECD-MA)

aa) Lohnbesteuerung

Darüber hinaus erfolgt eine Besteuerung der Einkünfte aus nichtselbständiger Arbeit im Tätigkeitsstaat gem. Art. 15 Abs. 2 Buchst. c) OECD-MA ungeachtet der 183-tägigen Mindestaufenthaltsdauer des Art. 15 Abs. 2 Buchst. a) OECD-MA oder eines wirtschaftlichen Arbeitgebers im Tätigkeitsstaat i.S.v. Art. 15 Abs. 2 Buchst. b) OECD-MA, wenn der Arbeitslohn von einer Betriebsstätte getragen wird, die der Arbeitgeber im Tätigkeitsstaat hat.

Sobald also das Arbeitgeber-Unternehmen über eine feste Geschäftseinrichtung i.S.v. Art. 5 Abs. 1 OECD-MA bzw. § 12 AO verfügt[18], durch die die Geschäftstätigkeit des Arbeitgeber-Unternehmens ganz oder teilweise ausgeführt wird, begründet bereits der erste (und u.U. auch einzige) Arbeitstag für diese Betriebsstätte eine Lohnsteuerabzugsverpflichtung hinsichtlich des Betriebsstätten-Arbeitnehmers, vgl. dazu ausführlich unten Abschnitt IV.2.

bb) Ertragsbesteuerung

Aus ertragsteuerlicher Sicht gilt, dass der grenzüberschreitend tätige Arbeitnehmer nicht nur „Opfer" der Betriebsstättenregelung des Art. 15

---

16 BMF-Schreiben Fn. 14, Rz. 104.
17 Vgl. OECD-MK, 2010, Art. 15 Rz. 8.14 („who puts the tools and materials necessary for the work at the individual's disposal", „who has the right to select the individual who will perform the work and to terminate the contractual arrangements entered into with that individual for that purpose"; „who determines the holiday and work schedule of that individual").
18 Vgl. hierzu sowie zur nicht nur vorübergehenden Verfügungsgewalt z.B. *Görl* in Vogel/Lehner (Fn. 11), Art. 15 DBA Rz. 11–18.

Abs. 2 Buchst. c) OCED-MA sein kann (im Sinne einer Lohn- und persönlichen Einkommensteuerpflicht „ab dem ersten Tätigkeitstag"), sondern auch „Täter". So begründet der grenzüberschreitende Mitarbeitereinsatz zuweilen erst eine Betriebsstätte des entsendeten Unternehmens, nämlich wenn der Mitarbeiter ein Büro nutzt (z.B. in den Räumlichkeiten des verbundenen Unternehmens), das nicht nur vorübergehend ausschließlich ihm zur Verfügung steht, d.h. von dessen Nutzung er andere rechtlich oder faktisch dauerhaft ausschließen kann.[19] Der entsendete Arbeitnehmer wächst damit nicht nur in die Lohnsteuerpflicht herein (unabhängig von 183 Tagen Mindestaufenthalt oder einem wirtschaftlichen Arbeitgeber im Tätigkeitsstaat), sondern das Unternehmen auch in die Ertragsteuerpflicht und damit schwierige Fragen der Stammhaus-Betriebsstätten-Gewinnabgrenzung, Art. 7 Abs. 1 i.V.m. Art. 5 Abs. 1 OECD-MA[20] – wer kann in einer immer arbeitsteiligeren Welt schon mit hinreichender Sicherheit bestimmen, wie hoch der Gewinnanteil ist, der auf die Tätigkeit des einzelnen Mitarbeiters im anderen Staat entfällt?

IV. Besteuerungspraktische Problemfelder („Arbeitswelt 4.0")

Der im vorangehenden Abschnitt adressierte ertragsteuerliche Aspekt leitet unmittelbar zu den besteuerungspraktischen Problemfeldern über, die mit der internationalen Arbeitnehmerbesteuerung aus Arbeitgebersicht verbunden sind, insbesondere vor dem Hintergrund einer zunehmenden „Entlokalisierung" der Arbeit, die in der „Arbeitswelt 4.0"[21], d.h. einem zunehmend von Digitalisierung geprägten beruflichen Umfeld, nicht länger „am Fabriktor" beginnt und endet. Ständige Erreichbarkeit sowie allgegenwärtiges Internet und *Social Media* als (auch erwerbs-)lebensprägende Rahmenbedingungen und Smartphones sowie

---

19 Vgl. zu Nachweisen ebd., Rz. 16–18.
20 Vgl. Art. 7 Abs. 1 OECD-MA: „Gewinne eines Unternehmens eines Vertragsstaats können nur in diesem Staat besteuert werden, es sei denn, das Unternehmen übt seine Geschäftätigkeit im anderen Vertragsstaat durch eine dort gelegene Betriebstätte aus. Übt das Unternehmen seine Geschäftätigkeit auf diese Weise aus, so können die Gewinne, die der Betriebsstätte nach Abs. 2 zuzurechnen sind, im anderen Staat besteuert werden."
21 Vgl. z.B. *Bundesministerium für Arbeit und Soziales*, Grünbuch Arbeiten 4.0, 2015, https://www.bmas.de/SharedDocs/Downloads/DE/PDF-Publikationen-DinA4/gruenbuch-arbeiten-vier-null.pdf?__blob=publicationFile, z.B. Seite 35: „Arbeiten 4.0 wird vernetzter, digitaler und flexibler sein. Wie die zukünftige Arbeitswelt im Einzelnen aussehen wird, ist noch offen."

Videokonferenzen sind die zur Zeit augenscheinlichsten Beispiele dieser Entwicklung, vermutlich aber nur Vorboten einer weitaus „digitaleren" Arbeitsumgebung in naher Zukunft.

1. „Einbindung" in ein Unternehmen („wirtschaftlicher Arbeitgeber")

Wie bereits der Umfang der oben in Abschnitt III.3.b) aufgezählten Einbindungskriterien nahe legt, die ausweislich des BMF-Schreibens vom 12.11.2014 für die wirtschaftliche Arbeitgeberstellung des aufnehmenden Unternehmens maßgeblich sein sollen, resultieren hieraus zahlreiche Abgrenzungsschwierigkeiten, die wegen des zeitnah abzubildenden Massenfallcharakters der internationalen Lohnbesteuerung[22] kaum rechtssicher auflösbar sind. Wie sich das „Gesamtbild der Verhältnisse" darstellt, lässt sich womöglich nach mehreren Monaten bestimmen, nicht aber bereits im ersten Lohnsteueranmeldungszeitraum und damit nach wenigen Wochen, und selbst nach einem längeren Zeitraum bzw. in der Rückschau wird die Wesentlichkeit einzelner Komponenten des „Gesamtbilds" von Arbeitgeber und Arbeitnehmer sowie Finanzverwaltung nur selten einheitlich gewertet werden.

Auch das Kriterium, wonach es darauf ankommen soll, wer Verantwortung und Risiko für die Ergebnisse trägt, die durch die Tätigkeit des Arbeitnehmers erzielt werden, klingt zwar zunächst wirtschaftlich orientiert und damit sachgerecht, hält aber dem Praxistest nicht stand. Was unterscheidet einen eigenen Arbeitnehmer insoweit von einem Berater (z.B. Management Consultant oder Software-Ingenieur), der ein Transformations- oder IT-Projekt in einem Unternehmen vorantreibt? Jeweils verbleiben Verantwortung und Risiko für die Arbeitsergebnisse letztlich beim Unternehmen, was z.B. auch für die vertrautere steuerliche Beratungswelt gilt: Die steuerlichen Transaktionsrisiken (und Chancen) trägt der Mandant, ob von einem externen Steuerberater bei der Strukturierung unterstützt oder nicht.

Greifbarer sind jedenfalls vordergründig die „u.a."-Kriterien, die das o.g. BMF-Schreiben in Rz. 104 aufzählt. Kann es in einer *„bring your own device"*-Arbeitswelt[23] aber darauf ankommen, welches Unternehmen

---

22 Vgl. dazu oben Abschnitt II.3.
23 Mit „bring your own device" wird eine sich zunehmend verbreitende Strategie bezeichnet, die aufgrund entsprechender Präferenzen der Nutzer die Integration privater mobiler Endgeräte wie Laptops, Tablets oder Smartphones in die

die Arbeitsmittel stellt (im Zweifel keines)? In Matrix-Organisationen von Unternehmen, welche die üblicherweise dezentral verortete disziplinarische Führungsverantwortung von der fachlichen, regelmäßig in der Unternehmenszentrale angesiedelten Funktionsverantwortung trennen bzw. über gemeinsame Zielerreichungs- und „Exit"-Gespräche von disziplinarischer und fachlicher Führungskraft miteinander verweben (Stichwort „*dotted line*"[24]), verliert auch das zunächst robust anmutende Kriterium Kündigungsrecht an Eindeutigkeit. Gleiches gilt für die Entscheidungsbefugnis über die Teilnahmeberechtigung an Erfolgsbonus- oder Aktienerwerbsplänen, wenn diese – wie häufig – zentral durch HR-Richtlinien vorgegeben bzw. an die Zugehörigkeit zu einer bestimmten Management-Hierarchiegruppe geknüpft werden, d.h. für den Vorgesetzten letztlich nicht disponibel sind.

In Zeiten einer zunehmenden Verflechtung von Arbeit und Freizeit verliert auch das Recht, Urlaub zu gewähren oder über die konkrete Arbeitszeit zu bestimmen, mehr und mehr an Bedeutung, Unternehmen gehen z.B. zum Prinzip der „Zeitsouveränität" über, nach dem der (leitende) Angestellte selbst entscheidet, wann (und wie viel) er arbeitet oder eben Urlaub nimmt – allein das Arbeits*ergebnis* zählt, nicht aber der eigene Aufwand, mit dem es erzielt wurde. Ähnliches gilt für die Arbeitsräumlichkeiten: *Home Office*-Tage liegen im Trend, in denen die Arbeit weder in den Büros des entsendenden noch aufnehmenden Unternehmens erbracht wird, weshalb auch dieses Einbindungskriterium faktisch leer läuft bzw. wird zumindest wenig aussagekräftig ist; Gleiches gilt für das sprichwörtliche Prenzlauer Berg-Cafe in Berlin, in dem die *Start Up*-Angestellten ihrer Tätigkeit nachgehen statt an einem festen Arbeitsplatz „verwurzelt" zu sein. Wenn es allerdings darum geht, „mit wem der Arbeitnehmer Meinungsverschiedenheiten aus dem Arbeitsvertrag auszutragen hat", sei nicht nur auf die bereits oben adressierten Matrixstrukturen verwiesen (in denen selbst diese Frage nicht eindeutig zu beantworten ist), sondern auch darauf, dass in einer schnelllebigen Arbeitswelt die Trennung bei Meinungsverschiedenheiten, die „auszutragen" sind, meist nicht weit ist, d.h. die Frage nach dem wirtschaftlichen Arbeitgeber sich allenfalls noch kurzfristig stellt.

Netzwerke von Unternehmen oder auch Schulen sowie Universitäten oder Bibliotheken ermöglicht, vgl. z.B. https://de.wikipedia.org/wiki/Bring_your_own_device.

24 Vgl. z.B. https://de.wikipedia.org/wiki/Dotted-Line-Prinzip (Teilung von fachlicher und disziplinarischer Unterordnung).

Vor dem Hintergrund der zunehmenden Aufweichung „klassischer" Einbindungskriterien wie Urlaubsgewährungs- oder Kündigungsrechte sowie Gestellung von Büros oder Arbeitsmitteln, die mit der modernen Arbeitswelt einhergeht, erscheint aus Rechtssicherheits- sowie Praktikabilitätsgründen[25] unbefriedigend, dass die Finanzverwaltung das einzig leicht bestimmbare Kriterium zur Bestimmung des wirtschaftliche Arbeitgebers – die tatsächliche Kostentragung –, außer Acht lassen bzw. durch ein streitanfälliges[26] ertragsteuerlich geprägtes Abgrenzungskriterium ersetzen will, nämlich indem es gemäß o.g. BMF-Schreiben genügen soll, dass das „aufnehmende Unternehmen den Arbeitslohn [...] nach dem Fremdvergleichsgrundsatz hätte tragen müssen"[27].

Dadurch dass die Rechtsprechung bislang neben den Einbindungskriterien auch auf die tatsächliche Kostentragung abgestellt hat, erwuchs der Besteuerungspraxis faktisch ein Wahlrecht[28], wodurch die Problematik der weitgehenden Konturenlosigkeit der klassischen Einbindungsmaßstäbe wesentlich entschärft wurde: Wenn die wirtschaftliche Arbeitgeberstellung des aufnehmenden (ausländischen) Unternehmens bereits an der tatsächlichen Kostentragung scheiterte, kam es auf die eher nebensächlichen Umstände wie Urlaubsgewährungsrechte oder Arbeitsmittelgestellung nicht länger an. Umgekehrt war die tatsächliche Kostentragung, d.h. die Weiterbelastung des Personalaufwands durch den zivilrechtlichen Arbeitgeber, ein sehr starkes Indiz dafür, dass wirtschaftlicher und rechtlicher Arbeitgeber in der Tat auseinanderfallen – schließlich ist jedes Geschäftsführungsorgan, auch innerhalb von konzernverbundenen Unternehmen, gesellschaftsrechtlich zunächst dem Wohl der eigenen Gesellschaft verpflichtet, d.h. hat nichts „zu verschenken".

---

25 Vgl. zu deren Wesentlichkeit gerade im Lohnsteuerrecht oben Abschnitt II.3 (Massenfallrecht, monatliche und damit überaus zeitnahe Handlungsverpflichtungen des Arbeitgebers als „Erfüllungsgehilfe" des Fiskus).
26 Die jüngsten verfügbaren OECD-Statistiken (für das Jahr 2013) weisen einen Anstieg der zwischenstaatlichen Verständigungsverfahren um 94 % im 7-Jahresvergleich aus, bei denen es sich zu einem großen Teil um Auslegungsstreitigkeiten zum arm's length-Grundsatz in Verrechnungspreisfragen handeln dürfte, vgl. http://www.oecd.org/ctp/dispute/map-statistics-2006-2013.htm.
27 BMF-Schreiben v. 12.11.2014 (Fn. 14), Rz. 102.
28 Vgl. *Bourseaux/Levedag* in Schönfeld/Ditz, DBA, 2013, Art. 15 Rz. 100: „Hatte die Rechtsprechung in der Vergangenheit immer gefordert, dass die Kostentragung tatsächlich stattgefunden hat, und somit faktisch eine Option geschaffen, das Besteuerungsrecht entweder im Tätigkeitsstaat (Kostentragung) oder im Wohnsitzstaat (keine Kostentragung) zu begründen, wird dies durch die Finanzverwaltung abgelehnt."

Sollte die Indizwirkung der tatsächlichen Kostentragung künftig entfallen, würde die Administrierbarkeit der internationalen Arbeitnehmerbesteuerung aus Sicht aller Beteiligten ungemein erschwert. Dies gälte selbstredend insbesondere dann, wenn der BFH nicht länger an seiner bisherigen Auffassung festhielte, wonach es gerade auf die tatsächliche Kostentragung ankommen soll[29] – und nicht etwa auf die nach dem *arm's length*-Grundsatz gebotene Kostentragung, eine Auslegung, die weder der Wortlaut des Art. 15 Abs. 2 Buchst. b) OECD-MA nahelegt („wenn Vergütungen *von* einem Arbeitgeber oder *für* einen Arbeitgeber *gezahlt* werden, der nicht im anderen [Tätigkeit-]Staat ansässig ist") noch die entsprechende Formulierung in § 38 Abs. 1 Satz 2 EStG: „Inländischer Arbeitgeber im Sinne des Satzes 1 ist in den Fällen der Arbeitnehmerentsendung auch das in Deutschland ansässige aufnehmende Unternehmen, das den Arbeitslohn für die ihm geleistete Arbeit *wirtschaftlich trägt*; Voraussetzung hierfür ist *nicht*, dass das Unternehmen dem Arbeitnehmer den Arbeitslohn *im eigenen Namen und für eigene Rechnung* auszahlt."[30]

2. Unternehmensstrukturen mit Betriebsstätten („Einheitsunternehmen")

Neben der umfassenden und in weiten Teilen von der modernen Arbeitswelt überholten Faktenausdifferenziertheit der Einbindungskriterien, deren Problematik durch einen „Verzicht" der Finanzverwaltung

---

29 Vgl. insbesondere BFH v. 23.2.2005 – I R 46/03, BStBl. II 2005, 547 (wörtlich zitiert in Fn. 13). Vgl. auch BFH v. 2.3.2010 – I R 75/08, BFH/NV 2010, 1820 („Person, die die Vergütung wirtschaftlich trägt"); BFH v. 15.3.2000 – I R 28/99, BStBl. II 2002, 238 sowie BFH v. 21.8.1985 – I R 63/80, BStBl. II 1986, 4 („Arbeitgeber i.S.d. Abkommens ist derjenige, der die Vergütungen wirtschaftlich trägt"); FG BW v. 26.7.2013 – 5 K 4110/10, EFG 2014, 774 („Vergütung letztlich wirtschaftlich getragen").

30 Hervorhebungen jeweils nicht im Original. Insbesondere lässt sich auch aus dem zweiten Halbsatz von § 38 Abs. 1 Satz 2 EStG, wonach nicht die Auszahlung des Arbeitslohns im eigenen Namen und für eigene Rechnung maßgeblich ist, nicht ableiten, dass eine reine Weiterbelastungs*fähigkeit* nach dem ertragsteuerlichen Fremdvergleichsgrundsatz für die Annahme eines wirtschaftlichen Arbeitgebers genügt. Vielmehr wird hierdurch allein verdeutlicht, dass für eine wirtschaftliche Tragung im Sinne des ersten Satzteils die schlichte Weiter*belastung* (statt direkter Lohnauszahlung) ausreicht – genau dieser bedarf es aber auch. Ebenso z.B. *Krüger* in Schmidt, EStG, 35. Aufl. 2016, § 38 Rz. 3 („ein ‚Tragenmüssen' reicht insoweit nicht aus") sowie Nachweis in Fn. 13 a.E.

auf das zusätzliche Element der Kostentragung wie im vorangehenden Abschnitt III.3.a) dargestellt noch wesentlich verschärft würde, stellen sich als zweites großes Problemfeld der internationalen Arbeitnehmerbesteuerung Betriebsstättenstrukturen dar, die aus einem „Einheitsunternehmen" resultieren, d.h. das Operieren mit rechtlich unselbständigen Niederlassungen im Ausland. Zwar sind ausländische Betriebsstätten aus ertragsteuerlicher Sicht nicht einfacher zu administrieren als rechtlich selbständige Legaleinheiten, d.h. vornehmlich Tochterkapitalgesellschaften im Ausland. Sie stellen aber auch keine *größere* Herausforderung an die (ertragsteuerliche) Besteuerungspraxis dar als Tochtergesellschaften, weshalb die (ertragsteuerliche) Besteuerungspraxis hier zunehmend indifferent wird – die ertragsteuerlichen sog. AOA-Grundsätze *(Authorized OECD Approach*[31]*)* haben zu einer weitgehenden Angleichung der Registrierungspflichten, Gewinnabgrenzungsregelungen etc. hinsichtlich *subsidiaries* einerseits und *permanent establishments* andererseits geführt, die Wahl zwischen rechtlich selbständigen und unselbständigen Auslandseinheiten könnte aus rein *ertragsteuerlicher* Sicht damit mehr und mehr den nichtsteuerlichen Kollegen überlassen werden.

Bei der internationalen Arbeitnehmer- und damit Lohnbesteuerung aber verhält es sich grundlegend anders – und dies ist, sehr zum Leidwesen der nichtsteuerlichen Entscheidungsträgern in den Unternehmen, denen es nachvollziehbarerweise schwer fällt, die administrativen Hürden bei der lohnsteuerlichen Behandlung von Betriebsstätten und damit deren „Diskriminierung" gegenüber Tochterkapitalgesellschaften nachzuvollziehen –, inzwischen der Hauptgrund, warum die Besteuerungspraxis um fast jeden Preis die Betriebsstättengründung zu vermeiden sucht, d.h. auch dann Tochtergesellschaftsstrukturen im Ausland präferiert, wenn Betriebsstätten vor Ort aus nichtsteuerlichen Gründen eindeutig vorzugswürdig wären. Unternehmen entscheiden sich somit allein aus lohnsteuerlichen Praktikabilitätsgründen gegen Betriebsstätten – und damit gegen das ansonsten häufig aus Effizienz- oder anderen Governance-Gründen angestrebte Zielbild „Einheitsunternehmen".

Der grundlegende Unterschied zwischen der lohnsteuerlichen Behandlung der Mitarbeiter ausländischer Betriebsstätten und ausländischer Tochtergesellschaften besteht darin, dass nur letztgenannte Auslands-

---
31 Vgl. § 1 Abs. 5 AStG (innerstaatliche Umsetzung) bzw. grundlegend *OECD, Report on the Attribution of Profits to Permanent Establishments* (Betriebsstättenbericht 2008), Juli 2008.

einheiten Arbeitgeber i.S.d. Art. 15 Abs. 2 OECD-MA, d.h. abkommensrechtliche (rechtliche oder wirtschaftliche) Arbeitgeber sein können. Grund hierfür ist die mangelnde Rechtspersönlichkeit und damit Arbeitgeberfähigkeit von Betriebsstätten als rechtlich unselbständige Einheiten der Legaleinheit des „Stammhauses". Damit läuft die letztlich als Vereinfachungsregelung intendierte 183-Tage-Regelung wegen Art. 15 Abs. 2 Buchst. b) OECD-MA denknotwendig in allen Fällen leer, in denen ein Betriebsstättenmitarbeiter kurzzeitig im Stammhaus tätig ist, und sei es nur für einen Tag.

Jeweils ist nämlich die zweite (kumulativ zu erfüllende sowie negativ formulierte) Voraussetzung nicht erfüllt, wonach eine Ausnahme von der Besteuerung nach dem Tätigkeitsortprinzip (hier Stammhausstaat) und damit ein Verbleib des Besteuerungsrechts im Mitarbeiter-Ansässigkeitsstaat (hier Betriebsstättenstaat) nur in Betracht kommt, wenn die Vergütungen nicht von einem Arbeitgeber gezahlt werden, der im Tätigkeitsstaat (hier Stammhausstaat) ansässig ist. Denn dies ist hier genau der Fall: Der Mitarbeiter, der vorübergehend im Stammhaus tätig ist, hat zwar einen lokalen Arbeitsvertrag mit der lokalen Betriebsstätte (jeweils im Ausland aus Sicht des inländischen Staates), d.h. die arbeitsvertragliche Situation stellt sich ebenso nach lokalem ausländischen Arbeitsrecht dar wie die Lohnabrechnung in lokaler ausländischer Währung mit dortigem Sozialversicherungs- und Lohnsteuerabzug erfolgt; rein zivilrechtlich ist aber das (inländische) Stammhaus Arbeitgeberin, nämlich die (ausländische) Betriebsstätte, die ja rechtlich unselbständiger Bestandteil des (inländischen) Stammhauses ist.

Hält sich also ein ausländischer Betriebsstättenmitarbeiter z.B. für Schulungszwecke für drei oder fünf Arbeitstage im deutschen Stammhaus auf, hat das deutsche Stammhaus für diesen ausländischen Betriebsstättenmitarbeiter eine Schattenlohnkonto zu führen und bei Überschreiten des (monatlichen) Grundfreibetrags Lohnsteuer anzumelden und abzuführen. Diese deutsche „Mini"-Lohnsteuer kann der ausländische Mitarbeiter sich im Rahmen seiner (inländischen) Einkommensteuererklärung womöglich erstatten oder im Rahmen seiner (ausländischen) Einkommensteuererklärung u.U. anrechnen lassen, was wegen des unverhältnismäßigen Verwaltungsaufwands aber häufig unterbleiben dürfte (und letztlich auch dem Stammhausunternehmen nicht den administrativen Mehraufwand der Pflege lohnsteuerlicher Schattenkonten erspart, die mit Informationen aus ausländischen Gehaltsabrechnungen (in fremder Sprache und Währung etc.) zu befüllen sind, und zwar ab dem allerersten (!) Anwesenheitstag jedes Kollegen einer ausländischen Betriebsstätte, der im Inland „tätig" wird).

Dieser jedenfalls nichtsteuerlich vorgebildeten Unternehmensbereichen schon fast absurd erscheinende lohnsteuerliche „Komplexitätstreiber" – Lohnsteuerpflicht im Inland ab dem ersten Tag, z.b. im Rahmen einer Schulung – stellt sich in der Besteuerungswirklichkeit von international tätigen Betriebsstättenarbeitnehmern zudem nicht nur im Verhältnis Stammhaus-Betriebsstätte. Infolge der dritten (ebenfalls kumulativ zu erfüllenden sowie wiederum negativ formulierten) Voraussetzung der 183-Tage-Regelung, wonach von einem Besteuerungsrecht des Tätigkeitsstaats bei kurzfristigen Aufenthalten nur dann abzusehen ist, wenn die Vergütungen nicht von einer Betriebsstätte getragen wird, die der Arbeitgeber im Tätigkeitsstaat hat, Art. 15 Abs. 2 Buchst. c) OECD-MA, wird die „1-Tages-Lohnsteuer-Problematik" auch auf die Arbeitnehmer einer Auslandsbetriebsstätte übertragen, die kurzfristig in einer anderen Auslandsbetriebsstätte desselben Stammhauses tätig sind, z.B. um dort bei der Einführung einer neuen Produktionsplattform zu unterstützen. Arbeitgeber ist nämlich das Stammhaus, das, als Einheitsunternehmen organisiert, über beide Betriebsstätten A und B verfügt und damit eben auch über eine Betriebsstätte im Tätigkeitsstaat B, in deren Interesse der Mitarbeiter der Betriebsstätte A hier kurzfristig tätig wird.

Wiederum scheitert die eigentlich als Voraussetzung einer lokalen Lohnsteuerabzugsverpflichtung intendierte Verwurzelung der Arbeitgebereinheit in dem Tätigkeitsstaat (über eine lokale Betriebsstätte, d.h. feste Geschäftseinrichtung vor Ort, über die das Arbeitgeberunternehmen sein Geschäft ganz oder teilweise ausübt, Art. 5 Abs. 1 OECD-MA) daran, dass nicht die ausländische Betriebsstätte als abkommensrechtlicher Arbeitgeber angesehen wird, sondern infolge ihrer fehlenden Rechtspersönlichkeit die Legaleinheit des Stammhauses. Obgleich das Stammhaus eigentlich keine Arbeitnehmer in den Tätigkeitsstaat B entsendet (außer über die ihr rechtlich zuzurechnende Betriebsstätte im Staat A) und die entsendende Betriebsstätte des Staates A, mit der die entsendeten Arbeitnehmer ihre Arbeitsverträge nach lokalem Recht etc. abgeschlossen haben, vor Ort im Tätigkeitsstaat B eigentlich keine verfestigte Präsenz hat (außer über die Verbundenheit der beiden Betriebsstätten durch das gemeinsame Stammhaus), entstehen in dem Tätigkeitsstaat A ab dem ersten Tag lohnsteuerliche Abzugsverpflichtungen, die von welchem Teil des (rechtlichen) Einheitsunternehmens auch immer zu erfüllen sind.

3. Joint Management-Gesellschaften (Entlokalisierung der Arbeit)

Schließlich sei auf einen Problemkomplex der internationalen Arbeitnehmerbesteuerung hingewiesen, der eher ertragsteuerlich wirkt. Aus Effizienzgründen – und infolge der zunehmenden Entlokalisierung der Arbeit, d.h. des Umstands, dass sich der berufliche Alltag mehr und mehr ortsunabhängig, z.B. via E-Mail-Korrespondenz oder Videokonferenz gestaltet – tendiert die *Governance*, d.h. das Steuerungsmodell von grenzüberschreitend tätigen Unternehmensgruppen zu sog. *Joint Management*-Strukturen. Wesensmerkmal ist, dass die Funktion z.B. des Finanzgeschäftsführers *(CFO)* oder gar des *CEO* von Tochtergesellschaften in benachbarten Ländern, z.B. den Benelux-Staaten oder auch in Osteuropa (beispielsweise Tschechien und die Slowakei oder Slowenien und Kroatien), von einem Arbeitnehmer, d.h. personenidentisch wahrgenommen werden. Ähnliches ist für die Rolle des *Chief Marketing Officer* oder auch des *Chief Information Technology Officer* denkbar und auch die nachgeordnete Hierarchieebene, jeweils ebenfalls mit dem Ziel, Effizienzreserven zu heben, eine möglichst große Übereinstimmung in den jeweiligen Auslandseinheiten herzustellen und Reibungsverluste innerhalb der Unternehmensgruppe zu minimieren (Stichworte *Efficiency, Alignment, Commitment, Collaboration*).

Üblicherweise werden die Führungskräfte mit Funktionsverantwortung in zwei Ländern arbeitsvertragliche Beziehungen zu beiden Landesgesellschaften haben (sog. *Split Contract*). Auch über ein Büro werden sie jeweils vor Ort verfügen und dienstanlassbezogene Reisetätigkeiten zwischen den beiden Ländern nicht nur durchführen, sondern auch in lohnsteuerangemessener Weise dokumentieren können. Die Aufteilung der Gehälter auf Ansässigkeits- und Tätigkeitsstaat für Lohn- und private Einkommensteuerzwecke anhand der Arbeitstage, die im Tätigkeitsstaat verbracht wurden, wird somit keine sonderlich großen Schwierigkeiten aufweisen, zumal es sich bei den Anwendern der *Split Contract*-Methode vermutlich um eine eher begrenzte Anzahl von Arbeitnehmern handelt, nämlich höhere Führungskräfte, hier also nicht unbedingt ein „Massenfallrecht" zu besorgen ist.

Problematisch sind aber die *ertragsteuerlichen* Konsequenzen solcher *Joint Management*-Strukturen. So erscheint die Annahme schon fast lebensfremd, dass sich der *CEO* oder *CTIO*, der die ersten drei Tage der Arbeitswoche in seinem Büro der Landesgesellschaft A verbringt und sich am Donnerstag und Freitag in seinem Büro bei der Landesgesellschaft B aufhält, von Montag bis Mittwoch ausschließlich Angelegenheiten von A widmet und die letzten beiden Tage der Arbeitswoche allein mit Fragestellungen von B beschäftigt ist. Umso mehr würde dies wohl gelten, wenn regelmäßig eine gesamte Arbeitswoche in Land A und eine in Land B verbracht wird, um den Reiseaufwand zu halbieren – es ist kaum vorstellbar, dass die Angelegenheiten der jeweils anderen Gesellschaft eine gesamte Woche „ruhen", d.h. nicht aus der Ferne adressiert werden. Wenn dem aber so ist, folgt hieraus nahezu zwangsläufig eine Betriebsstätte der beiden Landesgesellschaften in den jeweils anderen Land, übt sie doch durch ihren *CEO*, *CTIO* oder sonstigen Top-Manager ihren Geschäftsbetrieb teilweise in einer festen Geschäftseinrichtung, nämlich im Büro der Führungskraft in den Räumlichkeiten der jeweils anderen Gesellschaft, in dem anderen Land aus.

Wenn aber von einer wechselseitigen Betriebsstätte der beiden *Joint Management*-Landesgesellschaften in dem jeweils anderen Land auszugehen, d.h. eine solche zu registrieren und darüber hinaus ertragsteuerlich zu administrieren ist, stellt sich insbesondere die Frage der sachgerechten Gewinnallokation zwischen Stammhaus und Betriebsstätte. Welchen Anteil am Gesamtgewinn der Landesgesellschaft A ist dem CEO oder CTIO überhaupt zuzuordnen, und wie viel von diesem Anteil wurde nun gerade in dem Büro im anderen Land erzielt? Zumal als „Gretchenfrage" verbleibt, die allein den Steuerpflichtigen vor aufwendigen zwischenstaatlichen Verständigungsverfahren bewahren kann: Wird dies der andere beteiligte Fiskus alles ebenso sehen?

V. Steuersystematische sowie besteuerungspraktische Lösungsansätze

Die nachfolgenden Abschnitte versuchen, für jede der in den vorstehenden Abschnitte aufgeworfenen Problematiken, die sich bei der internationalen Besteuerung von Arbeitnehmern (auch) aus Arbeitgebersicht stellen, einen Lösungsvorschlag zu unterbreiten. Steuersystematische Gesichtspunkte sollen hierbei ebenso im Vordergrund stehen wie besteuerungspraktische Aspekte, die letztlich Voraussetzung eines gleichheitssatzgerechten Gesetzesvollzugs bei der staatlichen Zuteilung steuerlicher Lasten sind. Weiteres Kriterium ist die Umsetzungswahrscheinlichkeit nicht zuletzt auf der Zeitschiene, die im internationalen, multilateralen OECD-Kontext eine besondere Rolle spielt.[32]

---
32 Vgl. Nachweise in Fn. 1 und 5.

1. „Wirtschaftlicher Arbeitgeber" – Kostentragung statt lediglich „Einbindung", Verlängerung Drei-Monats-Vereinfachungsregelung auf sechs Monate

Einer zu hohen Faktenausdifferenziertheit der abkommensrechtlichen Arbeitgeberkriterien, der im lohnsteuerlichen Massenfallrecht kaum ausreichend Rechnung getragen werden kann, zumal die Würdigungen durch den Rechtsanwender hier sehr zeitnah, nämlich monatlich vorzunehmen und mit nicht unerheblichen steuerstrafrechtlichen Risiken sowohl für Arbeitgeber als auch Arbeitnehmer verbunden sind, lässt sich mit zusätzlichen Faktoren für Zwecke der Auslegung des Art. 15 Abs. 2 OECD-MA begegnen, die *einfach* sind, d.h. deren unproblematische Beobachtbarkeit in der Besteuerungswirklichkeit die Subsumtion erleichtert und damit die Rechtsanwendung mit hinreichender Sicherheit letztlich erst ermöglicht.

Eindeutig bestimmbar in diesem Sinne wäre der abkommensrechtliche Arbeitgeberbegriff z.b. wenn er auf den zivilrechtlichen Arbeitgeber „zurückgeschnitten" würde. Wer zivilrechtliche Arbeitsvertragspartei des international tätigen Arbeitnehmers ist, lässt sich zweifelsfrei durch einen Blick in den jeweiligen Arbeitsvertrag erkennen. Allerdings ist bei steuersystematischen sowie besteuerungspraktischen Lösungsvorschlägen für Problematiken des Art. 15 OECD-MA zu beachten, dass es sich hierbei um „bilaterales" Steuerrecht handelt, d.h. bei Änderungswünschen letztlich das Einvernehmen mit möglichst sämtlichen DBA-Vertragspartnern herzustellen wäre, deren ganz überwiegende Mehrzahl ebenfalls dem wirtschaftlichen Arbeitgeberkonzept als herkömmlichen OECD-Standard folgt.

Anders verhält es sich aber im Hinblick auf die weite Auslegung des Kriteriums der Lohnsteuertragung durch die deutsche Finanzverwaltung. Ausweislich des BMF-Schreibens vom 12.11.2014[33] soll Arbeitslohn selbst dann im Tätigkeitsstaat zu versteuern sein, wenn die 183-Tage-Grenze unterschritten wurde und der Arbeitslohn zwar nicht von einem Unternehmen des Tätigkeitsstaats getragen worden ist, dies nach dem ertragsteuerlichen Fremdvergleichsgrundsatz aber angezeigt gewesen wäre. Hintergrund dieser weiten Auslegung des wirtschaftlichen Arbeitgeberbegriffs, der nicht in Übereinstimmung mit der einschlägigen BFH- sowie FG-Rechtsprechung in Deutschland steht[34], ist das Leitbild eines

---

33 Vgl. Fn. 14, Rz. 104.
34 Vgl. Nachweise zur BFH-Judikatur in Fn. 13.

Gleichlaufs zwischen Ertragsteuern und Lohnsteuer[35], der auf den ersten Blick auch sachgerecht erscheint. So würde die Betriebsausgabenabzugsfähigkeit des Lohnaufwands im Tätigkeitsstaat, die durch den ertragsteuerlichen Fremdvergleichsgrundsatz bestimmt wird, mit dem Lohnbesteuerungsrecht im Hinblick auf eben diese Einkünfte aus nichtselbständiger Arbeit korrespondieren; der Grundsatz der Einmalversteuerung wäre innerhalb eines Staates gewahrt, es würde kein (ertragsteuerliches) Besteuerungssubstrat aufgegeben, ohne durch ein ebenso hohes Lohnbesteuerungsrecht „kompensiert" zu werden.

Allerdings würde ein derart „absoluter" Gleichlauf von Ertrags- und Lohnbesteuerungsrecht die unterschiedliche Zielsetzung sowie Erhebungswirklichkeit beider Steuerarten sachwidrigerweise unberücksichtigt lassen. So ist zum einen bei der Lohnbesteuerung international tätiger Arbeitnehmer das Gebot der Vermeidung von Doppelbesteuerung – und sei sie auch nur zeitweiser Natur, d.h. bis zum Abschluss eines Verständigungsverfahrens – ganz elementarer Natur, ist doch das Arbeitseinkommen regelmäßig die primäre Einkunftsquelle des Steuerpflichtigen, deren Doppelbesteuerung existenzbedrohend wirken kann, vgl. oben Abschnitt II.1, was bei der „üblichen" ertragsteuerlichen Gewinnabgrenzungsfrage zwischen verbundenen Unternehmen bzw. Stammhaus und Betriebsstätte allenfalls ausnahmsweise der Fall sein dürfte, d.h. den Gehältern einzelner international entsendeter Mitarbeiter fehlt es insoweit an Materialität.

Zudem sei erneut erwähnt, dass der Anwender des Lohnsteuerrechts sich sehr schnell, nämlich in Monatsfrist über die Würdigung eines Sachverhalts zu entscheiden hat. Ertragsteuerliche Erklärungen sind hingegen erst im Laufe des Folgejahres abzugeben, was die Einschätzung – weil gewissermaßen „im Nachhinein", d.h. mit Kenntnis sämtlicher sachverhaltlicher Entwicklungen z.B. in Sachen Arbeitsverhalten während des gesamten Kalenderjahrs und einiger Monate danach – wesentlich erleichtert. Letztlich macht es in der Besteuerungswirklichkeit – und dies ist das entscheidende Argument gegen den vordergründig plausiblen Gleichlauf von veranlagter Ertragsteuer und Lohnbesteuerung – einen erheblichen Unterschied, ob der Fremdvergleichsgrundsatz im

---

35 Vgl. z.B. *Wassermeyer* in Wassermeyer/Schwenke (Fn. 13), Art. 15 Rz. 40: „Anders ausgedrückt soll der Einsatzstaat für die Belastung der betreffenden Gewinn- und Verlustrechnung mit den Löhnen und Gehältern der aus dem anderen Vertragsstaat entsandten Mitarbeiter einen Ausgleich durch den Anspruch auf die Lohnbesteuerung dieser Vergütungen erhalten."

Rahmen einer ertragsteuerlichen Betriebsprüfung erst Jahre später und daher „mit etwas mehr Abstand" sowie im Kontext anderer etwaiger BP-Streitigkeiten angewendet wird oder die hieraus resultierenden Fragen, die z.B. bei konzernseitig „getriebenen" Gemeinschaftsprojekten keinesfalls trennscharf zu beantworten sind – erfolgt die Einführung eines konzerneinheitlichen Standards, bei dem der entsendete Mitarbeiter mitwirkt, nur im Interesse der lokalen Landesgesellschaft oder auch der Konzernobergesellschaft, d.h. fallen die „benefits" allein vor Ort oder auch zentral an? – auch für den monatlichen Lohnsteuerabzug im In- und Ausland sowie die private Einkommensteuererklärung des grenzüberschreitend tätigen Mitarbeiters maßgeblich sein sollen. Das unvergleichlich zeitnah zu administrierende und mehrere Parteien (Arbeitgeber und Arbeitnehmer mit ihren jeweiligen Finanzämtern im In- und Ausland) betreffende Lohnsteuerabzugsverfahren darf nicht mit diffizilen ertragsteuerlichen Konzernfragen überfrachtet werden, sondern verlangt geradezu nach einfach beobachtbaren Kriterien wie der tatsächlichen Arbeitslohntragung.

Insbesondere kann auch eine etwaige Missbrauchsanfälligkeit nicht gegen die Kostentragung als zusätzliche, neben die Einbindungskriterien tretende Voraussetzung der wirtschaftlichen Arbeitgeberstellung angeführt werden. Zwar darf es in der Tat nicht „im Belieben" des Arbeitgebers stehen, welchem Staat das Lohnbesteuerungsrecht zusteht. Wahlrechte in diesem Sinne lassen sich aber durch die allgemeine Missbrauchsvorschrift vermeiden, 42 AO.[36] Wo eine Weiterbelastung offensichtlich rein willkürlich erfolgt oder unterbleibt, fehlt es an einem außersteuerlichen Grund für diese Vorgehensweise, die nach der allgemeinen Missbrauchsklausel als Ausprägung der wirtschaftlichen Betrachtungsweise im Steuerrecht[37] somit für (auch lohn-)steuerliche Zwecke unbeachtlich ist. Insoweit kann zwanglos an Gliederungspunkt 4.3.3.5 des BMF-Schreibens vom 12.11.2014 angeknüpft werden, in dem es zutreffend heißt: „Dient eine Arbeitnehmerentsendung ausschließlich oder fast ausschließlich dazu, die deutsche Besteuerung zu vermeiden, ist im Einzelfall zu prüfen, ob ein Missbrauch rechtlicher Gestaltungsmöglichkeiten nach § 42 AO vorliegt."

Zwar ist zuzugeben, dass mit dem Missbrauchsvorbehalt die Trennschärfe, die das Festhalten an der Kostentragung als Voraussetzung der

---
36 Zur grundsätzlichen Anwendbarkeit von § 42 AO auch im Abkommensrecht vgl. z.B. *Schaumburg*, Internationales Steuerrecht (Fn. 2), Rz. 16.131.
37 Vgl. *Englisch* in Tipke/Lang, Steuerrecht (Fn. 1), § 5 Rz. 116.

wirtschaftlichen Arbeitgeberstellung mit sich bringt, partiell verloren geht. Missbräuchliches Verhalten ist aber weitaus rechtssicherer zu erkennen als der ertragsteuerliche Fremdvergleichsgrundsatz im monatlichen Lohnsteuerabzug zweifelsfrei anwendbar, weshalb ein erhebliches „Mehr" an Rechtssicherheit und damit Verwaltungspraktikabilität verbleibt – ohne dass eine beliebige „Zuteilung" von Besteuerungsrechten durch den Steuerpflichtigen ermöglicht würde, vgl. hierzu auch das im o.g. BMF-Schreiben zu § 42 AO angeführte Beispiel eines Schweizer Gesellschafter-Geschäftsführers, der offensichtlich rechtsmissbräuchlich grenzüberschreitend im Rahmen eines „Managementleihvertrags" in Deutschland tätig wird.

Neben der Einschränkung von Rz. 104 des BMF-Schreibens vom 12.11.2014 im vorstehenden Sinne (ersatzlose Streichung des Halbsatzes „oder nach dem Fremdvergleichsgrundsatz hätte tragen müssen"), empfiehlt es sich, die im Grundsatz gelungene (und auch in anderen OECD-Staaten wie ähnlicher Weise implementierte[38]) Vereinfachungsregelung des Gliederungspunktes 4.3.3.2 des vorgenannten BMF-Schreibens in quantitativer Hinsicht zu erweitern. So soll gemäß Rz. 112 „bei einer Arbeitnehmerentsendung zwischen international verbundenen Unternehmen von nicht mehr als drei Monaten [...] eine widerlegbare Vermutung dafür [sprechen], dass das aufnehmende Unternehmen mangels Einbindung des Arbeitsnehmers nicht als wirtschaftlicher Arbeitgeber anzusehen ist". Würde diese Vereinfachungsregelung zu Art. 15 Abs. 2 Buchst. b) OECD-MA von drei auf sechs Monate verlängert, bestünde ein weitgehender Gleichlauf zu den 183 Tagen des Art. 15 Abs. 2 Buchst. a) OECD-MA, d.h. dem Steuerpflichtige stünde ein einheitlicher Maßstab im Sinne eines zeitlichen *safe harbor* für Zwecke der 183-Tage-Regelung des Art. 15 Abs. 2 OECD-MA in seiner Gesamtheit zur Verfügung.

In diesem Zusammenhang sollte nicht unterschätzt werden, wie wichtig *einfache* Regelungen für den Steuervollzug sind, gerade im Massenfallrecht. Nicht die Konzernsteuerabteilung und auch nicht der steuerliche Berater sind „überfordert", zwei unterschiedliche Fristen zu erinnern bzw. zu administrieren, einmal drei und einmal sechs Monate, die im Grundsatz jeweils Vereinfachungsregelungen darstellen, einerseits auf Verwaltungserlassebene und andererseits auf abkommensrechtlicher und damit im Ergebnis gesetzlicher Grundlage. Dem Arbeitnehmer selbst aber, dessen Problembewusstsein für eine lohnsteuerliche *Compliance*

---

[38] Die USA sowie Niederlande beispielsweise sehen eine qualitativ vergleichbare zweimonatige Nichtaufgriffsgrenze vor.

von keinesfalls zu unterschätzender Bedeutung ist (weiß der selbst betroffene Arbeitnehmer doch schlicht mehr als selbst die bestens in sämtliche betrieblichen Prozesse eingebundene Konzernsteuerabteilung), sind unterschiedliche steuerliche Fristen nur schwerlich „zuzumuten".

Einheitliche 183 Tage und damit rund ein halbes Jahr wäre eine Richtschnur, die sich voraussichtlich sehr gut durchsetzen ließe – bzw. bereits durchgesetzt hat, nämlich in das Bewusstsein eines Großteils der deutschen sowie internationalen Arbeitnehmerschaft hat es vermutlich allein dieses Kriterium des Art. 15 Abs. 2 OECD-MA geschafft, nicht aber die diffizilen Bestimmungen zum wirtschaftlicher Arbeitgeber oder der Betriebsstätte gem. Art. 15 Abs. 2 Buchst. b) bzw. c) OECD-MA.

Schließlich gilt: Warum sollten die Gründe, die das BMF zu einer dreimonatigen Vereinfachungsregelung für wirtschaftliche Arbeitgeberzwecke bewogen haben, nicht überzeugend genug sein für eine Erstreckung auf sechs Monate, zumal sich hierfür das zusätzliche Argument der Konsistenz zwischen den ersten beiden Buchstaben des Art. 15 Abs. 2 OECD-MA anführen ließe und sich der Fiskus per Saldo keiner Besteuerungsrechte begibt, fände die Vereinfachungsregelung doch in beiderlei Richtung Anwendung, d.h. sowohl in *Inbound*-Fällen, in denen das Besteuerungsrecht Deutschlands durch eine quantitative Ausdehnung im Sinne einer „Verdoppelung" der zeitlichen Nichtaufgriffsgrenze eingeschränkt würde (Entsendung eines ausländischen Arbeitnehmers in eine inländische Tochtergesellschaft), als auch in *Outbound*-Fällen, in denen der umgekehrte Effekt einträte (Entsendung eines inländischen Arbeitnehmers in eine Auslandsgesellschaft), jeweils eine reziproke Regelung im Ausland sowie vergleichbar große Expat-Volumina unterstellt.

2. Selbständigkeitsfiktion der Betriebsstätte auch bei Lohnbesteuerung *(„Authorized OECD Approach"),* 20-Tage-Bagatellgrenze

Ähnlich wie bei den Lösungsvorschlägen zu den aufgezeigten besteuerungspraktischen Problemen beim wirtschaftlichen Arbeitgeberbegriff sind auch Reformoptionen hinsichtlich des Problematik „Lohnsteuerpflicht ab dem ersten Tag", die sämtliche Mitarbeiter von Betriebsstätten mit kurzfristiger Tätigkeit entweder im Stammhaus oder einer Betriebsstätte in einer anderen Steuerjurisdiktion trifft und letztlich *den* Hinderungsgrund für nichtsteuerlich häufig wünschenswerte Betriebsstättenstrukturen („Einheitsunternehmen") darstellt, dahingehend zu unterscheiden, ob sie einen neuen abkommensrechtlichen Konsens erfordern oder unilateral nationalstaatlich umgesetzt werden können – nur letztgenannte Maßnahmen erscheinen wegen der Langwierigkeit internationaler Abstimmungsprozesse zumindest kurz- bis mittelfristig realistisch und daher für die Besteuerungspraxis von Interesse.

Steuersystematisch ist nur schwer nachvollziehbar, warum international tätige Arbeitnehmer, die bei einer ausländischen Betriebsstätte angestellt sind, lohnsteuerlich anders behandelt werden als Kollegen, die bei einer ausländischen Tochtergesellschaft beschäftigt sind. Jeweils wird vor Ort ein Arbeitsvertrag nach lokalem Recht abgeschlossen, und welche „*legal entity*" innerhalb einer verbundenen Unternehmensgruppe arbeitgeberseitig Vertragspartei ist, dürfte vielen Angestellten häufig nicht einmal bewusst sein, jedenfalls aber keine Entscheidungsrelevanz haben. Die steuersystematische Fragwürdigkeit einer unterschiedlichen Lohnbesteuerung – die einen Arbeitnehmer können sich auf die 183-Tage-Regelung des Art. 15 Abs. 2 OECD-MA berufen, d.h. werden im Regelfall erst nach einem halben Jahr Aufenthalt im Tätigkeitsstaat lohn- und privat einkommensteuerpflichtig, bei den anderen ist dies bereits ab dem ersten Tag der Fall mit der Konsequenz arbeitsaufwendiger Schattenlohnbuchhaltung *(„shadow payroll")*, vgl. oben Abschnitt IV.2 –, wird umso deutlicher je mehr sich die Ertragsbesteuerung von rechtlich selbständigen Tochterkapitalgesellschaften auf der einen Seite und rechtlich unselbständigen Betriebsstätten auf der anderen Seite einander annähert, z.B. rechtlich bindende Verträge durch *„dealings"* zwischen Stammhaus und Betriebsstätte bzw. vertragliche Chancen- und Risikozuordnungen durch Zugrundelegung von *„significant people functions"* in Richtung der Betriebsstättengewinnallokation aufgeweicht werden, sog. *AOA*- bzw. *Authorized OECD Approach*-Grundsätze (weitgehende Behandlung der Betriebsstätte wie ein fiktiv selbständiges und unabhängiges Unternehmen für Zwecke der steuerlichen Gewinnabgrenzung[39]).

Vor dem Hintergrund dieser Annäherung von *„subsidiary"* und *„permanent establishment"* läge es nahe, auch der Betriebsstätte – trotz ihrer rechtlichen Unselbständigkeit – die Arbeitgeberfunktion i.S.d. Art. 15 Abs. 2 Buchst. b) und c) OECD-MA zuzugestehen.[40] Dann wäre auch in Betriebsstättenstrukturen die 183 Tage-Regelung des Art. 15

---

39 Vgl. Nachweise in Fn. 31.
40 So auch *Vogler/Nientimp*, Folgen des Authorized OECD Approach (AOA) für den Arbeitgeberbegriff im DBA-Recht – Auswirkungen auf die Arbeitnehmerbesteuerung?, IStR 2014, 427 (433) („weite Auslegung des Arbeitgeberbegriffs geboten", „wirtschaftliche Auslegung ‚AOA-konform'").

Abs. 2 Buchst. a) OECD-MA anwendbar, d.h. eine Lohnsteuerpflicht im Tätigkeitsstaat würde bei Betriebsstätten- oder Stammhausmitarbeitern ebenso wie bei Arbeitnehmern von Tochtergesellschaften eine gewisse zeitliche Verfestigung der Auslandstätigkeit voraussetzen.

Allerdings wird der Finanzverwaltung zuzugestehen sein, dass die von den acht Spitzenverbänden der deutschen Wirtschaft mit Schreiben vom 23.10.2014 erhobene Forderung, „für Zwecke der Lohn- und der individuellen Einkommensteuer der Mitarbeiter die Betriebsstätten rechtlich selbständigen Tochtergesellschaften gleichzustellen"[41], wegen des Umstands, dass es sich bei der Betriebsstätte zivilrechtlich gerade nicht um den Arbeitgeber handelt – eine rechtliche Stellung, die letztlich aufgrund der rechtlichen Unselbständigkeit der Betriebsstätte eben allein das Stammhaus haben kann –, eine „Abweichung von der aktuellen OECD-Auslegung"[42] darstellen würde. Eine Ausweitung der Selbständigkeitsfiktion von Betriebsstätten für Zwecke der ertragsteuerlichen Gewinnzuordnung auf das Lohn- und Arbeitnehmereinkommensteuerrecht erscheint damit zwar besteuerungspraktisch und aus Gründen der Gleichbehandlung wirtschaftlich wesentlich identischer Sachverhalte auch steuersystematisch geboten, aber nicht unbedingt zeitnah realisierbar, zumal selbst ein Konsens auf OECD-Ebene zunächst seinen Weg in die zahlreichen DBA's finden müssten, die Deutschland in der Vergangenheit unter Verwendung des herkömmlichen Art. 15 Abs. 2 OECD-MA-Wortlauts abgeschlossen hat.

Kurzfristige Abhilfe könnte in den fast absurden, aber eben aus *tax compliance*-Sicht dennoch zwingend zu administrierenden „1-Tages-Lohnsteuer-Fällen" aber eine unilateral mögliche Vereinfachungsregelung schaffen, die eine Nichtaufgriffsgrenze für de minimis-Fälle zieht (Bagatellgrenze). Unterhalb eines Schwellenwerts von z.B. 20 Arbeitstagen (vier Arbeitswochen bzw. ein Arbeitsmonat) im Jahresverlauf würde aus Vereinfachungsgründen von lohnsteuerlichen Verpflichtungen abgesehen, was korrespondierend für die entsprechende beschränkte Einkommensteuerpflicht des ausländischen Betriebsstättenmitarbeiters zu gelten hätte. Solange der Auslandsmitarbeiter eines Einheitsunternehmens sich also z.B. zu nicht mehr als vier Schulungen oder Besprechungen á fünf Tage pro Jahr im inländischen Stammhaus aufhält, hätten

---

41 Vgl. Schreiben von DIHK, ZDH, BDB, HDE, BDI, BDA, GDV und BDA v. 23.10.2014, S. 4.
42 Vgl. BMF-Schreiben v. 18.5.2015 – IV B 2 - S 1300/08/10027, S. 2.

hierzulande weder Arbeitgeber noch Arbeitnehmer lohn- oder einkommensteuerliche Konsequenzen zu ziehen.

Entgegen der auch insoweit ablehnenden BMF-Antwort vom 18.5.2015 auf die Eingabe der „8er Bande" vom 23.10.2014 kann durch eine Einschränkung dieser Nichtaufgriffs- bzw. Bagatellregelung auf Fälle, in denen der Entsendestaat den Lohnanteil, der auf die im Inland ausgeübte Tätigkeit entfällt, weiterhin der unbeschränkten Einkommensteuerpflicht im Ausland unterwirft, das Risiko einer „wettbewerbsverzerrenden Doppelnichtbesteuerung" unproblematisch eliminiert werden. Ohnehin scheint die Befürchtung der deutschen Finanzverwaltung angesichts der hier adressierten Auslandsaufenthalte von wenigen Tagen recht fernliegend, wonach „der Vorschlag einer Freistellung von Einkünften bei kurzzeitigen Entsendungen von Mitarbeitern ausländischer Betriebsstätten zum inländischen Stammhaus in vielen Fällen auf einen einseitigen Steuerverzicht Deutschlands hinauslaufen" könnte, „ohne dass die Besteuerung durch den anderen Staat sichergestellt wäre", nämlich „insbesondere wenn der Ansässigkeitsstaat des Arbeitnehmers kurzzeitige Arbeitsaufenthalte im Ausland steuerlich fördert, indem er sie nach innerstaatlichem Recht von der Besteuerung ausnimmt"[43].

Auch gehen die beiden Argumente der Finanzverwaltung im Ergebnis an der Sache vorbei, mit denen die Vereinfachungswirkung einer Bagatellgrenze von z.B. 20 Arbeitstagen im Jahr angezweifelt wird. So trifft es zwar zu, dass auch die Einhaltung einer Bagatellgrenze zu überprüfen ist, d.h. eine tageweise Erfassung von Auslandsaufenthalten erforderlich sein kann. Zum einen resultiert der eigentliche Aufwand nicht etwa aus der tageweisen Erfassung, sondern der Ziehung der entsprechenden lohnsteuerlichen und auch individualeinkommensteuerlichen Konsequenzen, z.B. der taggenauen Berechnung, Anmeldung und Abführung von Lohnsteuern sowie Erstellung der jeweiligen individuellen Einkommensteuererklärungen im In- und Ausland. Zum anderen lassen sich Nichtaufgriffsgrenzen unternehmensseitig in Gestalt von zwingend einzuhaltenden Richtlinien operationalisieren, wonach Betriebsstättenmitarbeiter eben nur wenige Tage im Jahr im Stammhaus anwesend sein dürfen – lediglich ein allein lohnsteuerlich begründetes Verbot, überhaupt ins Stammhaus zu reisen, d.h. dort auch nur einen einzigen Tag zu verbringen, ist in vielen Konstellationen, bei denen der gelegentliche persönliche Kontakt oder Wissensaustausch wesentlich ist, arbeitsöko-

---

43 BMF-Schreiben Fn. 42, S. 3.

nomisch ineffizient und in der Besteuerungspraxis anders als eine 10 – oder 20-Tage-Obergrenze nicht durchsetzbar.

Als Vorbild für eine uni- oder auch bilaterale *de minimis*-Nichtaufgriffsgrenze eignet sich die Verordnung zur Umsetzung der Deutsch-Luxemburgischen Konsultationsvereinbarung vom 26.5.2011. So findet sich die 20-Tage-Freigrenze in dessen § 5 Abs. 3 wie folgt kodifiziert: „Ist ein Arbeitnehmer im Ansässigkeitsstaat oder in Drittstaaten während weniger als 20 Arbeitstagen im Kalenderjahr tätig und wird dieser Teil des Arbeitsentgelts bereits durch Luxemburg als Tätigkeitsstaat tatsächlich besteuert, ist dieser Teil des Arbeitsentgelts abweichend von 3 Abs. 1 von einer Besteuerung in Deutschland als Ansässigkeitsstaat auszunehmen."[44]

Nicht ersichtlich ist, warum diese wohl auf Banken-Grenzpendler zugeschnittene Regelung nicht auf sämtliche Betriebsstätten- und Stammhauskonstellationen erstreckt werden kann, zumal der hierin enthaltene Vorbehalt einer Ansässigkeitsstaatsbesteuerung für die Freistellung von der Besteuerung im Tätigkeitsstaat auch jegliches (Rest-)Risiko von weißen Arbeitnehmereinkünften ausschließen würde. Der Besteuerungspraxis wäre damit ganz erheblich geholfen, Betriebsstättenstrukturen müssten nicht länger allein aus administrativen Lohnsteuergründen von der Konzernsteuerabteilung „torpediert" werden.

3. Ertragsteuerliche Betriebsstätten durch internationalen Mitarbeitereinsatz

Ein grenzüberschreitender Mitarbeitereinsatz z.B. in Form von *Split Contract*-Konstellationen kann die Begründung einer ertragsteuerlichen Betriebsstätte in dem jeweils anderen Land zur Folge haben, nämlich wenn aus dem Büro des international tätigen Mitarbeiters in dem einen Land auch Aufgaben für die andere Landesgesellschaft bewältigt werden. Dies ist z.B. bei sog. *Joint Management*-Geschäftsführungsorgangen denkbar, bei denen ein Arbeitnehmer für zwei unterschiedliche Gesellschaften in zwei verschiedenen Ländern zugleich tätig wird, nämlich weil eine Funktion in zwei Legaleinheiten aus Effizienz- oder Konsistenz- bzw. Kollaborationsgründen personenidentisch besetzt ist, z.B. die des Finanzgeschäftsführers.

---

44 BGBl. I 2012, 1484.

Wird nicht durch eine sehr disziplinierte (und auch zeit- sowie kostenaufwendige) Dienstreiseplanung sicher gestellt, dass diese „*dual citizens*" sich in dem jeweiligen Land wirklich nur mit Belangen der betreffenden Landesgesellschaft beschäftigen, nicht aber geschäftliche Belange der „Schwestergesellschaft" aus dem benachbarten Land B adressieren, stellt sich bei vergleichsweise niedrigen lokalen Anforderungen an die „Festigkeit" der Geschäftseinrichtung „nur" noch die Frage, welcher Gewinn der Betriebsstätte zuzuordnen ist, die auf die Tätigkeit des Funktionsträgers in dem jeweils anderen Land entfällt.

Diese ertragsteuerliche Gewinnallokation zwischen Stammhaus und Betriebsstätte hat grundsätzlich der herkömmlichen Funktions- und Risikoanalyse entsprechend der einschlägigen OECD-Verrechnungspreisgrundsätze[45] zu folgen. Allerdings bestehen vorliegend zwei Besonderheiten. Zum einen resultiert die Betriebsstättenbegründung ausschließlich aus der partiellen Anwesenheit eines Mitentscheidungsträgers in dem anderen Land (aus Gründen, die mit der Gesellschaft, der nunmehr eine ausländische Betriebsstätte erwächst, nichts zu tun hat, sondern allein aufgrund der parallelen Arbeitsverpflichtungen für die Schwester-Gesellschaft aus dem *Split Contract*-Konstrukt). Zum anderen besteht Reziprozität: Die Landesgesellschaft A verfügt aufgrund der personenidentischen Funktionsbesetzung im *Joint Management*-Szenario nicht nur über eine Betriebsstätte in Land B, sondern die Landesgesellschaft B ihrerseits spiegelbildlich über eine Betriebsstätte im Land A.

Vor diesem Hintergrund – und auch weil es bei vielschichtigen und interdependenten Team-Entscheidungen zunehmend schwieriger werden dürfte, einer einzelnen Person einen direkten Erfolgsbeitrag zuzumessen – erscheint es naheliegend, vereinfachend entweder reziprok von einer Betriebsstättenbegründung im jeweils anderen Land abzusehen (wogegen allerdings die gegenwärtige Auslegung des Betriebsstättenartikels 5 OECD-MA spricht, die jedenfalls der kurz- oder mittelfristigen Umsetzung dieser Reformoption im Wege steht) oder aber – und dies ist der vorliegend konkret unterbreitete Reformvorschlag – eine pauschale Betriebsstättengewinnzuordnung vorzunehmen, z.B. in Höhe eines 25 %igen Zuschlags auf das entsprechende Arbeitsentgelt der jeweiligen *Joint Manager*. Dieser Betrag würde der Gewinnbesteuerung der Betriebsstätte zugrunde ge-

---

45 Vgl. *OECD*, Verrechnungspreisleitlinien für multinationale Unternehmen und Steuerverwaltungen, 2010, http://www.oecd.org/ctp/oecd-verrechnungspreisleitlinien-fur-multinationale-unternehmen-und-steuerverwaltungen-2010-9789264125483-de.htm.

legt und zugleich bei der steuerlichen Gewinnermittlung des Stammhauses als freizustellendes Betriebsstätteneinkommen ausgesondert. Hierdurch würde sowohl eine Doppelbesteuerung als auch doppelte Nichtbesteuerung vermieden und der herkömmlichen Betriebsstättendefinition gemäß OECD-MA Rechnung getragen, ohne einen unverhältnismäßigen Verwaltungsaufwand zu betreiben.

VI. Fazit und Ausblick

Die internationale Arbeitnehmerbesteuerung ist kein „Gewinnerthema", schon gar nicht aus Arbeitgebersicht. Letztlich geht es darum, die lohnsteuerlichen *Compliance*-Fallstricke möglichst rechtssicher, aber eben auch mit einem nicht allzu unverhältnismäßigen Aufwand zu vermeiden, und zwar sowohl im Interesse des Unternehmens als auch des Arbeitnehmers, für den der Arbeitgeber auch insoweit eine gewisse Fürsorgepflicht hat.

Besonders problematisch ist die umfassende Faktenausdifferenziertheit im internationalen Lohnsteuerrecht sowie der Umstand, dass viele der Faktoren, die nach Auffassung der Finanzverwaltung in das „maßgebende Gesamtbild der Verhältnisse" einfließen sollen, in einer modernen Arbeitswelt überholt scheinen, in der die Grenzen zwischen Erwerbs- und Privatleben zunehmen verschwimmen und neue technische Entwicklungen die Arbeit mehr und mehr „entlokalisieren" (z.B. die herkömmliche Arbeitsmittelgestellung vs. *bring your own device*-Politik oder klassische Urlaubsgewährung vs. Zeitsouveränität der Arbeitnehmer). Dies gilt insbesondere, weil es sich angesichts der globalisierungsbedingten Vielzahl an „Expats", d.h. konzerninternen Versendungsfällen auch beim internationalen Lohnsteuerrecht inzwischen um Massenfallrecht handelt, das sehr zeitnah, nämlich monatlich anzuwenden ist.

Als wesentliche Brennpunkte im Sinne von Rechtssicherheit und Verwaltungspraktikabilität der internationalen Arbeitnehmerbesteuerung erscheint ein zu weiter wirtschaftlicher Arbeitgeberbegriff sowie eine unzureichende Adressierung der Betriebsstättenproblematik im OECD-MA. Hier ebenso steuersystematisch überzeugende als auch verwaltungspraktikable Lösungsvorschläge zu unterbreiten, war wesentliches Ziel des vorliegenden Beitrags.

Im Hinblick auf den abkommensrechtlichen Arbeitgeberbegriff bedeutet dies, dass an dem Kriterium der tatsächlichen Kostentragung – mit der bisherigen BFH-Rechtsprechung, aber gegen das BMF-Schreiben zur doppelbesteuerungsrechtlichen Arbeitslohnbesteuerung vom 12.11.2014 – als einem einfach zu beobachtbaren Tatbestandsmerkmal festgehalten werden sollte, flankiert durch die Anwendung von 42 AO, um eine rein willkürlich erfolgende oder unterlassene Weiterbelastung zu adressieren. Darüber hinaus erscheint eine Verlängerung der BMF-Vereinfachungsregelung für Arbeitnehmerentsendungen von drei auf sechs Monate ratsam, insbesondere um eine Einheitlichkeit mit den 183 Tagen von Art. 15 Abs. 2 Buchst. a) OECD-MA herzustellen, die im allgemeinen Bewusstsein der deutschen sowie internationalen Arbeitnehmerschaft erfahrungsgemäß fest verankert sind, was aufgrund des Wissensvorsprungs der jeweils betroffenen Arbeitnehmer eine nicht zu unterschätzender Faktor im Hinblick auf eine möglichst umfassende lohnsteuerliche *Compliance* ist.

In der Betriebsstättenthematik sollte auf uni- oder bilateraler Ebene eine *de minimis*-Bagatellgrenze von 20 Arbeitstagen eingeführt werden, um der Problematik einer „Lohnsteuerpflicht ab dem 1. Tag" Herr zu werden. Als Vorbild auch für eine unilaterale Umsetzung im Sinne der Besteuerungspraktikabilität ist hier eine entsprechende Regelung für deutsch-luxemburgische Grenzgänger geeignet, insbesondere ohne dass hiermit das Risiko der Schaffung „weißer Einkünfte" einherginge.

Ertragsteuerlich sollte eine Gewinnallokation zwischen Stammhaus und rein „arbeitnehmerbegründeten" Betriebsstätten z.B. bei sog. Joint Management- bzw. Split Contract-Konstellationen anhand eines pauschalen Zuschlags i.H.v. z.B. 25 % auf den entsprechenden Gehaltsaufwand erfolgen, um Steuerpflichtigen und Finanzverwaltung kaum befriedigend auflösbare Funktions- und Risikoanalysen zu ersparen.

Würden die vorstehend zusammengefassten Reformvorschläge umgesetzt, was auch jeweils unilateral und damit kurzfristig möglich wäre, liefe die internationale Arbeitnehmerbesteuerung weit weniger Gefahr, zumindest in Einzelfällen ein „Verlierer-Thema" zu werden, womit in diesem Bereich im Ergebnis niemanden geholfen ist – weder dem Arbeitgeber oder Arbeitnehmer noch den Finanzämtern in den betroffenen Ländern.

Internationale Arbeitnehmerbesteuerung

– aus Arbeitnehmersicht

Dr. *Thomas Eisgruber*
Bayerisches Staatsministerium der Finanzen,
für Landesentwicklung und Heimat, München

I. Einführung oder der Umfang des Themas
II. Schwer vorhersehbare Tatbestandsvoraussetzungen
III. Die steuerliche Ausgangslage
IV. Grundsätze der Aufteilung des Besteuerungsrechts
V. Die Ansässigkeit
VI. Die 183-Tage-Regel
 1. Die Tatbestandsvoraussetzungen der Rückausnahme
 2. Aufenthalts- oder Ausübungstage
 3. Der maßgebliche Zeitraum
 4. Die Zahlung durch einen im Tätigkeitsstaat ansässigen Arbeitgeber
 5. Die Zahlung des Arbeitslohns zu Lasten einer Betriebsstätte des Arbeitgebers im Tätigkeitsstaat
 6. Die Aufteilung des Arbeitslohns
VII. Grenzgänger-Klauseln
VIII. Auslandstätigkeitserlass
IX. Bi- und Unilaterale Rückfallklauseln
 1. Grundsätzliches
 2. Bilaterale Rückfallklauseln
 3. Unilaterale Rückfallklauseln
X. Fazit

I. Einführung oder der Umfang des Themas

Vorweg: Das Thema ist zu groß. Sowohl für einen Vortrag von 30 Minuten, als auch für einen schriftlichen Beitrag, der im Rahmen eines Beitrags für den Jahresband bleiben soll. Es ist aber meist auch zu groß für den betroffenen Arbeitnehmer.

Aus der Sicht des Arbeitnehmers ist die internationale Arbeitnehmerbesteuerung eine undurchschaubare Komplexität, die ihn mit nicht abgestimmten Steuerrechtsordnungen, mäßig miteinander kommunizierenden Steuerverwaltungen und zudem – zumindest in Deutschland – mit einer Rechtsprechung konfrontiert, die auf nationaler Ebene die wenigen Abstimmungen zwischen den Staaten als irrelevant betrachtet.

Das ist gerade für einen Arbeitnehmer ein schwer erträglicher Zustand. Die Einkommensteuer ist für ihn meist die größte wirtschaftliche Belastung im Rahmen seiner Entlohnung. Er ist auf einen monatlichen Liquiditätszufluss angewiesen und hat in der Regel wenig Möglichkeiten, sein steuerliches Umfeld zu gestalten. Wird er vom „falschen Staat" zunächst lohnbesteuert, wird die Nachforderung einer Jahressteuer durch den richtigen Staat ihn existenziell bedrohen.

Für den Arbeitnehmer, der sich Steuerforderungen zweier Administrationen ausgesetzt sieht, ist ein Verständigungsverfahren kein geeignetes Instrument. Aufwand, Komplexität und Dauer führen dazu, dass die rechtliche Abkommensberechtigung faktisch unausübbar wird.

II. Schwer vorhersehbare Tatbestandsvoraussetzungen

Die rechtliche Prüfung eines Einzelfalls ist durch eine Unzahl von gesetzlichen Regelungen geprägt, die innerhalb des Einkommensteuergesetzes (§§ 1, 49, 50, 50d) weit verstreut sind und sich im jeweils maßgeblichen Doppelbesteuerungsabkommen finden, die durch dazu gehörige Konsultationsvereinbarungen angereichert und durch BMF-Schreiben – wie dem Schreiben zu den 183-Tage-Regelungen oder dem Auslandstätigkeitserlass – detailverliebt konkretisiert werden.[1]

Das führt dazu, dass sich die einfache Frage „Bin ich beschränkt oder unbeschränkt steuerpflichtig?" für einen grenzüberschreitend beschäftigten Arbeitnehmer nicht so einfach beantworten lässt. Nur als Arbeitnehmer[2] kann man ohne Wohnsitz oder gewöhnlichen Aufenthalt – und ohne Antrag[3] – unbeschränkt steuerpflichtig sein.

---

1 Für den Arbeitnehmer kommt es dabei im ersten Schritt nicht darauf an, ob sich die Rechtsprechung durch Konsultationsvereinbarungen oder entsprechende – aus Sicht der Rechtsprechung verunglückte – Rechtsverordnungen gebunden fühlt. Im ersten Schritt ist das für ihn reale Praxis.

2 Exakter wäre die Aussage, dass man nur in Zusammenhang mit Einkünften aus nichtselbständiger Arbeit unbeschränkt steuerpflichtig werden kann, da der hier maßgebliche § 1 Abs. 2 EStG auch „zum Haushalt gehörende Angehörige" unbeschränkt werden lässt. Dies allerdings auch wieder nur, wenn sie deutsche Staatsangehörige sind oder keine nicht nur im Inland steuerpflichtigen Einkünfte beziehen.

3 Ein Antrag, um begünstigende Regeln, die der unbeschränkten Steuerpflicht vorbehalten sind, in Anspruch nehmen zu können, wird von § 1 Abs. 3 EStG vorausgesetzt. Bei genauer Betrachtung führt ein Antrag nach § 1 Abs. 3 EStG bei Vorliegen der übrigen Voraussetzungen allerdings nur zu einer fiktiven unbeschränkten Steuerpflicht.

Nach § 1 Abs. 2 EStG kommt es darauf an,
- welche Staatsangehörigkeit man besitzt (deutsch, Satz 1),
- wer Arbeitgeber ist (juristische Person des öffentlichen Rechts, Satz 1 Nr. 2)
- woraus der Arbeitslohn bezogen wird (inländische öffentliche Kasse, Satz 1 Nr. 2) und
- welchen Steuerstatus man im Wohnsitzstaat hat (höchstens beschränkt steuerpflichtig, Satz 2).

Die Vorschriften sind kumulativ. Deshalb wird, wer als Deutscher in China am Goethe-Institut arbeitet, nicht unbeschränkt steuerpflichtig, obwohl das Institut mit öffentlichen Mitteln finanziert wird, also Einkünfte aus inländischen Kassen bezogen werden.[4] Denn das Goethe-Institut ist ein Verein und als juristische Person des privaten Rechts der „falsche" Arbeitgeber. Zwar begründet nach § 49 Abs. 1 Nr. 4 b EStG eine Zahlung aus einer öffentlichen Kasse eine beschränkte Steuerpflicht, auch wenn kein Zahlungsanspruch gegenüber inländischen öffentlichen Kassen besteht, eine unbeschränkte aber eben nicht.

Dass für die Besteuerung die Herkunft der Mittel entscheidend ist, spielt vor allem in der Entwicklungshilfe eine tragende Rolle. Ist im DBA eine erweiterte Kassenstaatsklausel (sog. Entwicklungshelferklausel) vereinbart[5], kommt es für den Arbeitnehmer darauf an, von wem seine konkreten Tätigkeiten finanziert wurden.[6]

---

4 BFH, Urt. v. 22.2.2006 – I R 60/05, BStBl. II 2007, 106.
5 Etwa im Streit befangenen Fall (s. Fn. 5) Art. 19 Abs. 3 des DBA Indonesien („Abs. 1 [Kassenstaatsprinzip] gilt entsprechend für Vergütungen, die im Rahmen eines Entwicklungshilfeprogramms eines Vertragsstaats, eines seiner Länder oder einer ihrer Gebietskörperschaften aus Mitteln, die ausschließlich von diesem Staat, dem Land oder der Gebietskörperschaft bereitgestellt werden, an Fachkräfte oder freiwillige Helfer gezahlt werden, die in den anderen Vertragsstaat mit dessen Zustimmung entsandt worden sind.").
6 Nur nebenbei bemerkt ist für die Entwicklungshelferklausel (anders als im Auslandstätigkeitserlass; s. dazu 9.) nicht so ausschlaggebend, wer der Arbeitgeber ist: „Für die Annahme eines deutschen Entwicklungshilfeprogramms ist es unschädlich, wenn zu dessen Durchführung die Deutsche Gesellschaft für Technische Zusammenarbeit GmbH (GTZ) als Durchführungsorganisation eingeschaltet ist"; BFH, Urt. v. 7.7.2015 – I R 42/13, BStBl. II 2016, 14 (Leitsatz der Entscheidung).

Das kann zu komplexen Konstellationen führen, wie der zuletzt entschiedene[7] Fall zeigt, bei dem der angestellte Kläger für die GIZ als „Ländermanager Ausland" in Jakarta tätig war. Für seine Besteuerung kam es darauf an, wieviel Arbeitszeit welche Tätigkeiten in Anspruch nahm. Aufgeteilt wurde in allgemeine Bürotätigkeit, Tätigkeiten für „kofinanzierte Maßnahmen" und für Projekte, die ausschließlich vom BMZ finanziert wurden.

Hätte der Angestellte mehr Zeit für allgemeine Bürotätigkeit gebraucht, wäre es steuerlich für ihn günstiger gewesen. Offen blieb, weil das Finanzamt hier bereits nachgegeben hatte, ob die Tätigkeit für die „kofinanzierten Maßnahmen" nach Finanzierung aufgeteilt werden müssten. Dagegen spricht neben dem Wortlaut des DBA („ausschließlich") vor allem, dass der Arbeitnehmer einer Entwicklungshilfeorganisation keinen Einblick hat, welche Finanzierungsanteile welcher Staat erbracht hat. Diese könnten sich auch während des Projekts ändern oder die Zahlungen nicht kongruent erfolgen. Für den Kläger war es wahrscheinlich schon überraschend genug, dass der konkrete Tagesablauf die Höhe der Besteuerung bestimmt.

Die dargestellten Normen und Fälle zeigen nur einen Ausschnitt der „überraschenden" Tatbestandsmerkmale (wie unter 1. bereits ausgeführt, „das Thema ist zu groß"). Sie zeigen aber bereits ein grundsätzliches Problem der internationalen Besteuerung für den Arbeitnehmer auf, dass nämlich die Tatbestandsmerkmale mit seiner eigenen Leistungsfähigkeit oft überhaupt nichts zu tun haben.

Der Arbeitnehmer kann die Steuerwirkungen oft nicht voraussehen und in der Regel kann er sich auch nicht „steuerangepasst" verhalten. Wie lange man an einem Ort tätig ist[8], wo genau innerhalb eines Staatsgebiets die Leistungen für den Arbeitgeber erbracht werden,[9] wann man Urlaub nimmt oder krank wird,[10] sind Fragen, die für den Arbeitnehmer durch das Arbeitsverhältnis vorgegeben oder verursacht sind.

Steuergetrieben sind die Handlungen nur in seltenen Fällen. Die Frage, welcher Staat seinen Lohn besteuert, ist für den Arbeitnehmer regelmäßig nicht entscheidend. Natürlich gibt es auch in diesem Bereich Arbitrage-Differenzen, die gerne mitgenommen werden. Aber nur wenige sind

---

7 BFH, Urt. v. 7.7.2015 – I R 42/13, BStBl. II 2016, 14.
8 Siehe dazu die Ausführungen zur 183-Tage-Regel unter 6.
9 Siehe dazu die Ausführungen zu den Grenzgänger-Regelungen unter 7.
10 Wieder ein Thema der 183-Tage-Regel; s. dazu VI.2.

in der Lage ihre Arbeitstätigkeit zu steueroptimieren. Als Arbeitnehmer müssen sie ihre Arbeit regelmäßig so (und dort) erbringen, wie (und wo) es ihr Arbeitgeber von ihnen verlangt.

III. Die steuerliche Ausgangslage

In grenzüberschreitenden Fällen ist die Grundfrage zunächst, ob Deutschland den Lohn besteuern darf.[11] Dazu muss entweder eine unbeschränkte Steuerpflicht des Arbeitnehmers bestehen oder die besonderen Tatbestandsvoraussetzungen des § 49 Abs. 1 Nr. 4 EStG erfüllt sein. Dann muss Deutschland das Besteuerungsrecht zustehen oder es aufgrund von Nichtbesteuerung durch den anderen Staat wieder an Deutschland zurückfallen. Manchmal ist der Lohn auch zwischen den Staaten aufzuteilen.

Die Frage, ob der bezogene Lohn überhaupt steuerbar ist, bestimmt sich ausschließlich nach deutschem Recht. Ein Doppelbesteuerungsabkommen kann ein Besteuerungsrecht nur beschränken, niemals aber begründen.

Ist der Arbeitnehmer nicht unbeschränkt steuerpflichtig, kommt es nach § 49 Abs. 1 Nr. 4 EStG darauf an,

- wo die Tätigkeit ausgeübt wurde (im Inland oder an Bord eines Flugzeugs einer inländischen Fluggesellschaft), lit. a und e,
- wo die Tätigkeit verwertet wird oder wurde, lit. a,
- aus welchem Topf sie bezahlt wird (aus einer inländischen öffentlichen Kassen), lit. b, oder
- wofür bezahlt wurde (für eine Tätigkeit[12] als Organ[13] oder Prokurist einer inländischen Gesellschaft oder als Entschädigung für die Auflösung eines Dienstverhältnisses, das der inländischen Besteuerung unterlag), lit. c und d.

---

11 Natürlich spielt es für den Arbeitnehmer auch eine Rolle, was der andere Staat von ihm verlangt. Diese Frage bleibt aber im Rahmen dieses Beitrags gänzlich unbeachtet (s. oben „Das Thema ist zu groß").
12 Nicht aber wenn die Vergütung für das Nichttätigwerden gezahlt wird (z.B. in der Freistellungsphase bei einem Blockmodell der Altersteilzeit, BFH, Urt. v. 12.1.2011 – I R 49/10, BStBl. II 2011, 446; BMF, Schr. v. 12.11.2014, BStBl. I 2014, 1467; *Gosch* in Kirchhof § 49 Rz. 67).
13 Der Gesetzeswortlaut spricht zwar allgemein von Geschäftsführern, ein faktische Geschäftsführungstätigkeit reicht aber nicht (*Gosch* in Kirchhof § 49 Rz. 66).

Voraussetzung ist aber, dass überhaupt nichtselbständige Einkünfte[14] vorliegen.

Besteht ein Besteuerungsrecht, können Quellensteuern anzurechnen sein. Fehlt es daran, so dass Löhne in Deutschland steuerbefreit sind, können sie trotzdem im Wege des Progressionsvorbehalts für die Besteuerung andere Einkünfte zu berücksichtigen sein. Bei grenzüberschreitenden Fällen stellt sich auch die Frage, welche Werbungskosten – ganz oder nur teilweise – in Deutschland berücksichtigt werden können.

IV. Grundsätze der Aufteilung des Besteuerungsrechts

Das Besteuerungsrecht zwischen dem Ansässigkeitsstaat (Art. 4 OECD-MA[15]) und dem Tätigkeitsstaat richtet sich nach Art. 15 OECD-MA. Dabei ist der Tätigkeitsstaat der Staat der Arbeitsausübung, also der Staat, in dem sich der Arbeitnehmer zur Ausübung seiner Tätigkeit persönlich aufhält.

Der Normalfall ist ein Besteuerungsrecht des Tätigkeitsstaats, das abkommenstechnisch als Ausnahme in Art. 15 Abs. 1 Satz 2 OECD-MA zum Grundsatz des Besteuerungsrechts des Ansässigkeitsstaats geregelt ist. Dieser eigentliche Grundsatz kommt bei Arbeitslohn aus aktiver Tätigkeit gerade nicht zum Tragen.

Dafür enthält Art. 15 Abs. 2 OECD-MA eine „Rückausnahme" vom Normalfall, die sog. 183-Tage-Klausel. Danach hat wieder der Ansässigkeitsstaat das Besteuerungsrecht, wenn gleichzeitig folgende Tatbestände erfüllt sind:

– Der Arbeitnehmer hält sich im Tätigkeitsstaat insgesamt nicht länger als 183 Tage auf,

– die Vergütungen werden von einem Arbeitgeber oder für einen Arbeitgeber gezahlt, der nicht im Tätigkeitsstaat ansässig ist, und

---

14 Die Einkünfte werden in Art. 15 DBA-MA als „unselbständig" bezeichnet. Ein erkennbarer Unterschied zum Begriff der „nichtselbständigen Arbeit", wie er im deutschen EStG verwendet wird (schon seit 1920, im Preußischen EStG von 1891 zählte das von Arbeitern erzielte Einkommen zu den „gewinnbringenden Beschäftigungen"), besteht evident nicht. Der englische Text des Musterabkommens verwendet seit 2000 den Begriff „Income of Employment", davor wurden „Dependent Personal Services" geregelt.
15 OECD-Musterabkommen 2014.

- die Vergütungen werden nicht von einer Betriebsstätte getragen, die der Arbeitgeber im Tätigkeitsstaat hat.

Dem Ansässigkeitsstaat kann das Besteuerungsrecht zudem auch für sog. Grenzgänger[16] zustehen, allerdings nur wenn im konkreten Doppelbesteuerungsabkommen eine Grenzgängerregelung vereinbart wurde (DBA Frankreich[17], DBA Schweiz[18] und DBA Österreich[19]).

V. Die Ansässigkeit

Die Ansässigkeit in mindestens einem Staat ist Voraussetzung, dass der Arbeitnehmer überhaupt abkommensberechtigt ist (Art. 1 OECD-MA). Die unbeschränkte Steuerpflicht nach § 1 EStG i.V.m. §§ 8, 9 AO entspricht bei Arbeitnehmern in weiten Teilen der Ansässigkeit nach Art. 4 Abs. 1 OECD-MA.[20] Zwar lässt § 8 AO mehrere Wohnsitze zu, nach Art. 4 OECD-MA kann es aber immer nur einen Wohnsitz geben. Im Zweifel entscheidet in diesen Fällen die „tie-breaker-rule" des Art. 4 Abs. 2 OECD-MA. Die Ansässigkeit entscheidet sich in abgestuften Kriterien mit folgender Prüfungsreihenfolge:

- Ständige Wohnstätte oder ständiger Wohnsitz, in Form eines „qualifizierten Wohnsitzes"; dabei kommt es insbesondere auf die tatsächliche regelmäßige Nutzung an,

- der Mittelpunkt der Lebensinteressen,

- der gewöhnliche Aufenthalt,

- die Staatsangehörigkeit und zu guter Letzt

---

16 Siehe dazu die Ausführungen unter VII.
17 Art. 13 Abs. 5 DBA-Frankreich („Abweichend ... können Einkünfte aus nichtselbständiger Arbeit von Personen, die im Grenzgebiet eines Vertragsstaats arbeiten und ihre ständige Wohnstätte, zu der sie in der Regel jeden Tag zurückkehren, im Grenzgebiet des anderen Vertragsstaats haben, nur in diesem anderen Staat besteuert werden.").
18 Art. 15a DBA-Schweiz („Ungeachtet des Art. 15 können Gehälter, Löhne und ähnliche Vergütungen, die ein Grenzgänger aus unselbständiger Arbeit bezieht, in dem Vertragsstaat besteuert werden, in dem dieser ansässig ist.").
19 Art. 15 Abs. 6 DBA-Österreich („Abs. 1 gilt nicht, wenn die Person 1. in dem einen Staat in der Nähe der Grenze ihren Wohnsitz und in dem anderen Staat in der Nähe der Grenze ihren Arbeitsort hat und 2. täglich von ihrem Arbeitsort an ihren Wohnsitz zurückkehrt (Grenzgänger).").
20 Der Wortlaut spricht von einer „Person, die ... auf Grund ihres Wohnsitzes, ihres ständigen Aufenthalts, ... steuerpflichtig ist ..." Der ständige Aufenthalt entspricht dem gewöhnlichen Aufenthalt des § 9 AO.

– eine Verständigung der Vertragsstaaten im gegenseitigen Einvernehmen (Verständigungsverfahren)

Die Rechtsprechung sieht die Wirkung des Art. 4 OECD-MA aber strikt bilateral. So hat sie unlängst[21] eine „abkommensübergreifende" Anwendung der tie-breaker-rule abgelehnt.

Der Arbeitnehmer hatte in Österreich und Frankreich einen Wohnsitz und arbeitete in Deutschland. Als Tätigkeitsstaat hatte Deutschland das Besteuerungsrecht gegenüber Österreich, gegenüber Frankreich galt aber die Grenzgängerregelung. Das Finanzamt wollte nun zwischen Österreich und Frankreich die tie-breaker-rule anwenden, weil sich danach nur eine Ansässigkeit in Österreich ergeben hätte. Der BFH hielt das DBA-Österreich für die Frage, ob nach DBA Frankreich die Einkünfte freizustellen sind, für unbeachtlich. Wenn das DBA Frankreich-Österreich das Besteuerungsrecht tatsächlich Österreich zuordnet, was nach Art. 4 OECD-MA wahrscheinlich ist, dann hat kein Staat mehr ein Besteuerungsrecht.[22]

VI. Die 183-Tage-Regel

1. Die Tatbestandsvoraussetzungen der Rückausnahme

Die Frage, ob der Ansässigkeitsstaat das Besteuerungsrecht für im Tätigkeitsstaat erzielte Einkünfte aus nichtselbständiger Arbeit behält,[23] entscheidet sich regelmäßig daran, ob die Rückausnahmevoraussetzungen des Art. 15 Abs. 2 OECD-MA (sog. 183-Tage-Klausel) erfüllt sind. Damit der Ansässigkeitsstaat das Besteuerungsrecht behält, müssen kumulativ drei[24] Tatbestandsvoraussetzungen erfüllt sein:

---

21 BFH, Beschl. v. 4.11.2014 – I R 19/13.
22 Dieses entsteht auch nicht durch unilaterale Rückfallklauseln; s. dazu die Fortführung dieses Falles unter 9.3.
23 Da sich dieses Ergebnis über eine Rückausnahme verwirklicht, könnte systematisch dies auch als „wieder zurück bekommen" qualifiziert werden. Ob die Rückausnahme die Ausnahme unwirksam macht, so dass diese nicht wirkt, also inhärent Teil der Ausnahme ist oder als Ausnahme zur Ausnahme etwas wieder gewährt, was bereits verloren war, es also quasi denklogisch eine Situation gab, in der das Besteuerungsrecht verloren war, weil die Rückausnahme erst nach der Ausnahme wirksam wurde, ist dogmatisch spannend, aber praktisch irrelevant.
24 Im DBA-Norwegen kommt als vierte Voraussetzung hinzu, dass der Arbeitgeber im selben Staat wie der Arbeitnehmer ansässig sein muss (Art. 15 Abs. 2 Buchstabe b DBA-Norwegen). Auch wieder eine dieser für den Arbeitnehmer

- kein Aufenthalt von mehr als 183 Tagen im Tätigkeitsstaat[25],
- keine Zahlung durch einen oder für einen im Tätigkeitsstaat ansässigen Arbeitgeber und
- keine Zahlung des Arbeitslohns zu Lasten einer Betriebsstätte des Arbeitgebers im Tätigkeitsstaat

Wird eine der drei Bedingungen verletzt, bleibt es bei der Grundregel, dass der Tätigkeitsstaat besteuert. Für den Arbeitnehmer heißt dies, dass er dann einem weiteren Steuergläubiger gegenübersteht, da er dem Ansässigkeitsstaat aufgrund der unbeschränkten Steuerpflicht unterworfen ist.

2. Aufenthalts- oder Ausübungstage

Nur der erste Tatbestand des Art. 15 Abs. 2 OECD-MA[26] ist für den Arbeitnehmer selbst transparent.[27] Diese Transparenz wird allerdings dadurch etwas getrübt, dass die Fülle der Möglichkeiten, wie diese 183-Tage-Frist berechnet werden könnte, in den unterschiedlichen DBA voll ausgeschöpft wurde.

Das Spektrum beginnt damit, welche Tage überhaupt für die Berechnung berücksichtigt werden. Bei den meisten DBA reicht die bloße körperliche Anwesenheit (Aufenthaltstage) aus (z.B. in Frankreich, Italien oder Österreich[28]), während in anderen DBA (z.B. in Dänemark[29] oder Belgien[30]) nur die Tage mitzählen, in denen die Tätigkeit auch ausgeübt wurde (Ausübungstage).

„schwer vorhersehbaren" Tatbestandsvoraussetzungen. Gerade bei kürzeren Aufenthalten im Ausland wird eine vorbereitende Information über die steuerliche Situation bei einem Aufenthalt weniger intensiv sein.

25 Trotz der namenprägenden Qualität des Merkmals handelt es sich nur um eine der Voraussetzungen.
26 „der Empfänger sich im anderen Staat insgesamt nicht länger als 183 Tage innerhalb eines Zeitraums von zwölf Monaten, der während des betreffenden Steuerjahres beginnt oder endet, aufhält ..."
27 Der Arbeitnehmer kann regelmäßig nicht feststellen, ob „die Vergütungen von einem Arbeitgeber oder für einen Arbeitgeber gezahlt werden, der nicht im anderen Staat ansässig ist," (Art. 15 Abs. 2 lit. b OECD-MA) und ob zusätzlich auch noch („und") „die Vergütungen nicht von einer Betriebsstätte getragen werden, die der Arbeitgeber im anderen Staat hat" (Art. 15 Abs. 2 lit. b OECD-MA).
28 Art. 13 Abs. 4 Nr. 1 DBA-Frankreich; Art. 15 Abs. 2 Buchstabe a DBA-Italien; Art. 15 Abs. 2 Buchstabe a DBA-Österreich.
29 Art. 15 Abs. 2 Buchstabe a DBA-Dänemark.
30 Art. 15 Abs. 2 Nr. 1 DBA-Belgien.

Wenn Wochenendheimfahrer erst Samstag früh bzw. schon Sonntagabend aufbrechen, um nach Hause beziehungsweise zur Arbeitsstätte zu gelangen, sind diese Tage im Regelfall (Aufenthaltstage) hinzurechnen, nicht aber wenn der Arbeitsplatz in Dänemark liegt (oder für in Dänemark Ansässige der Arbeitsplatz in Deutschland). In Belgien sind nur Ausübungstage maßgeblich. Weil aber dort übliche Arbeitsunterbrechungen auch dann mitgezählt werden, wenn sie nicht im Tätigkeitsstaat verbracht werden, rechnen die Wochenenden mit, wenn der Arbeitnehmer schon am Freitag bzw. erst am Montag losgefahren ist.[31] Die Maßgeblichkeit der Ausübungstage zeigt sich für deutsch-belgische Konstellationen, wenn das Wochenende nicht zwischen zwei Arbeitswochen lag, sondern der Arbeitnehmer zum Arbeitsantritt bereits am Sonntag anreiste. Gezählt wird in diesem Fall erst ab Montag.

Sind Aufenthaltstage maßgeblich, zählen dazu alle Tage der Anwesenheit im Tätigkeitsstaat unmittelbar vor, während und unmittelbar nach der Tätigkeit.[32] Verzögert sich allerdings die Abreise wegen einer Krankheit, werden diese Tage nicht mitgerechnet. Dafür gehören Urlaubstage, die unmittelbar vor, während und nach oder in einem engen zeitlichen Zusammenhang mit der Tätigkeit im Tätigkeitsstaat verbracht werden, selbst dann zu den Aufenthaltstagen im Tätigkeitsstaat, wenn sie im Ansässigkeitsstaat verbracht werden.

3. Der maßgebliche Zeitraum

Nach dem aktuellen OECD-Standard (Art. 15 Abs. 2 OECD-MA)[33] wird für die Berechnung nur allgemein auf einen „Zeitraum von zwölf Mona-

---

31 Eine ähnliche Regelung gibt es auch noch mit der Elfenbeinküste (Art. 15 Abs. 2 Buchstabe a), Marokko (Art. 15 Abs. 2 Nr. 1) und Tunesien (Art. 15 Abs. 2 Buchstabe a). Im ersten Moment überrascht es, dass die Wochenendpendler bei den Verhandlungen mit der Elfenbeinküste relevant waren.
32 Steht der Aufenthalt nicht in einem Zusammenhang mit einer Tätigkeit dort, weil der Staat etwa für eine Tätigkeit in einem anderen Staat durchquert wird (Transittag), wird er nicht hinzugerechnet. (s. BMF, Schr. v. 12.11.2014, BStBl. I 2014, 1467, Rz. 67).
33 So vereinbart mit den Ländern Albanien, Algerien, Aserbaidschan, Bulgarien, Belarus, Georgien, Großbritannien, Kanada, Kasachstan, Kirgisistan, Korea, Kroatien, Liechtenstein, Liberia, Luxemburg, Malaysia, Malta, Mazedonien, Mexiko, Norwegen, Polen, Rumänien, Russland, Singapur, Slowenien, Spanien, Syrien, Tadschikistan, Ungarn, Uruguay, Usbekistan und Zypern.

ten" abgestellt. Das führt dazu, dass sich mit jedem Aufenthaltstag[34] des Arbeitnehmers neue zu beachtende 12-Monats-Zeiträume ergeben. Ansonsten wird auf das „Steuerjahr abgestellt", das in den meisten Staaten dem Kalenderjahr entspricht.[35] Dann sind die Aufenthaltstage für jedes Kalenderjahr getrennt zu ermitteln. Ist ein Arbeitnehmer etwa vom 1. Oktober bis 31. Mai des Folgejahres für seinen deutschen Arbeitgeber in Schweden tätig, bleibt das Besteuerungsrecht in Deutschland, weil in keinem Jahr mehr als 183 Tage in Schweden verbracht wurden.

Ansonsten beginnt die Frist auch erst, wenn Tätigkeit und Ansässigkeit auseinanderfallen. Tage, an denen der Arbeitnehmer im Tätigkeitsstaat noch ansässig war, bleiben bei der Berechnung der 183 Tage unberücksichtigt.

4. Die Zahlung durch einen im Tätigkeitsstaat ansässigen Arbeitgeber

Unabhängig von der Dauer der Anwesenheit des Arbeitnehmers fehlt es an der Rückausnahme, wenn der Lohn durch oder für einen im Tätigkeitsstaat ansässigen Arbeitgeber gezahlt wird. Arbeitgeber kann dabei nicht nur der zivilrechtliche, sondern auch ein wirtschaftlicher Arbeitgeber sein.

Die Frage des wirtschaftlichen Arbeitgebers ist für den Arbeitnehmer wieder wenig transparent. Denn die Eigenschaft hängt nicht von einer förmlichen Änderung des Arbeitsvertrages oder dem Abschluss eines zusätzlichen Arbeitsvertrages ab. Vielmehr kommt es darauf an, ob der Arbeitnehmer in das aufnehmende Unternehmen eingebunden ist und das aufnehmende Unternehmen den Arbeitslohn wirtschaftlich trägt oder nach dem Fremdvergleichsgrundsatz hätte tragen müssen. Für die letzte Voraussetzung ist es unerheblich, ob die Vergütungen dem betreffenden Arbeitnehmer auch unmittelbar ausgezahlt werden. Der Arbeitnehmer kann in diesen Fällen kaum erkennen, dass dem Tätigkeitsstaat ein Besteuerungsrecht zusteht, obwohl sein Aufenthalt keine 183 Tage gedauert hat.

---

34 Das gilt entsprechend natürlich ebenso für Ausübungstage, die hier aus Gründen der besseren Lesbarkeit einfach unterschlagen werden.
35 Von den abgeschlossenen DBA gilt ein abweichendes Steuerjahr in Australien, Bangladesch, Indien, Iran, Namibia, Neuseeland, Pakistan, Sri Lanka und Südafrika.

Ob ein wirtschaftlicher Arbeitgeber vorliegt, bestimmt sich nach dem „Gesamtbild der Verhältnisse", also ob das aufnehmende Unternehmen die Verantwortung oder das Risiko für die durch die Tätigkeit des Arbeitnehmers erzielten Ergebnisse trägt und der Arbeitnehmer den fachlichen Weisungen des aufnehmenden Unternehmens unterworfen ist.

Die Verwaltung listet noch eine Reihe weiterer Anzeichen für den wirtschaftlichen Arbeitgeber auf, etwa

- wer über Art und Umfang der täglichen Arbeit, die Höhe der Bezüge, die Teilnahme an einem etwaigen Erfolgsbonus- und Aktienerwerbsplan des Konzerns oder die Urlaubsgewährung entscheidet,

- wer die Arbeitsmittel stellt, das Risiko für eine Lohnzahlung im Nichtleistungsfall trägt, das Recht der Entscheidung über Kündigung oder Entlassung hat, oder für die Sozialversicherungsbelange des Arbeitnehmers verantwortlich ist,

- in wessen Räumlichkeiten die Arbeit erbracht wird,

- welchen Zeitraum das Tätigwerden im aufnehmenden Unternehmen umfasst,

- wem gegenüber Abfindungs- und Pensionsansprüche erwachsen und

- mit wem der Arbeitnehmer Meinungsverschiedenheiten aus dem Arbeitsvertrag auszutragen hat.

Für den typischen Fall, dass der Arbeitnehmer von einer Muttergesellschaft zu ihrer Tochtergesellschaft entsandt wird, ist zumindest entschieden, dass es darauf ankommt, ob der Arbeitnehmer in die Hierarchie der Tochtergesellschaft eingebunden ist. Fehlt es daran, ist es auch nicht schädlich, wenn die Tochtergesellschaft der Muttergesellschaft den Arbeitslohn ersetzt.[36]

In der Summe lässt sich dazu zumindest feststellen, dass die Voraussetzungen umso weniger wahrscheinlich erfüllt sind, je kürzer der Aufenthalt im Tätigkeitsstaat ist. Die Verwaltung geht davon aus, dass bei einer Arbeitnehmerentsendung zwischen international verbundenen Unternehmen von nicht mehr als drei Monaten eine widerlegbare Anscheinsvermutung besteht, dass das aufnehmende Unternehmen mangels Einbindung des Arbeitnehmers nicht als wirtschaftlicher Arbeitgeber anzusehen ist.

---

36 BFH, Urt. v. 23.2.2005 – I R 46/03, BStBl. II 2005, 547.

Wer aber bei einer gewerblichen Leiharbeitsfirma angestellt ist, kann im Regelfall davon ausgehen, dass beim grenzüberschreitenden Einsatz der Entleiher, bei mehrstöckigen gewerblichen Arbeitnehmerüberlassungen der letzte Entleiher, die wesentlichen Arbeitgeberfunktionen wahrnimmt und damit als wirtschaftlicher Arbeitgeber nach DBA anzusehen ist, sofern der Einsatz nicht nur kurzfristig ist.[37]

Bei Personengesellschaften bestimmt sich deren Ansässigkeit grundsätzlich nach dem Ort der Geschäftsleitung. Dies gilt auch dann, wenn eine Personengesellschaft im anderen Staat wie eine Kapitalgesellschaft besteuert wird. Eine Betriebsstätte kommt aber zivilrechtlich nicht als Arbeitgeberin i.s.d. DBA in Betracht.[38]

5. Die Zahlung des Arbeitslohns zu Lasten einer Betriebsstätte des Arbeitgebers im Tätigkeitsstaat

Diese letzte Voraussetzung des Art. 15 Abs. 2 OECD-MA ist für den Arbeitnehmer regelmäßig intransparent. Da es allein darauf ankommt, ob und ggf. in welchem Umfang die ausgeübte Tätigkeit des Arbeitnehmers der Betriebsstätte zuzuordnen ist und die Vergütung wirtschaftlich zu Lasten der Betriebsstätte geht, kann er auch nicht darauf vertrauen, wer die Vergütungen auszahlt oder abrechnet.

Es wird ihm wenig helfen, wenn die Verwaltung für diese Beantworten dieser Frage auch noch auf die Betriebsstätten-Verwaltungsgrundsätze[39] und die „Verwaltungsgrundsätze-Arbeitnehmerentsendung"[40] verweist.

6. Die Aufteilung des Arbeitslohns

Besteht für den (Jahres-)Arbeitslohn sowohl für den Ansässigkeits- wie auch für den Tätigkeitsstaat ein Besteuerungsrecht, ist der Arbeitslohn aufzuteilen. Aufgeteilt wird der Arbeitslohn unabhängig von der sog. 183-Tage-Klausel.[41] Um die steuerpflichtigen und steuerfreien Teile zu

---

37 BFH v. 4.9.2002 – I R 21/01, BStBl. II 2003, 306.
38 BFH, Urt. v. 29.1.1986 – I R 109/85, BStBl. II 1986, 442 und v. 29.1.1986 – I R 296/82, BStBl. II 1986, 513.
39 BMF, Schr. v. 24.12.1999, BStBl. I 1999, 1076 und v. 20.11.2000, BStBl. I 2000, 1509; v. 29.9.2004, BStBl. I 2004, 917, und v. 25.8.2009, BStBl. I 2009, 888.
40 BMF, Schr. v. 9.11.2001, BStBl. I 2001, 796.
41 Reine Aufenthaltstage, die ein Besteuerungsrecht begründet haben können, bleiben dafür gänzlich unbeachtet.

ermitteln, werden vorab die Lohnteile zugeordnet, für die eine direkte Zuordnung des Lohn möglich ist, z.b.

- Auslandszulagen
- Überstundenvergütungen
- Reisekosten/Gestellung einer Wohnung im Tätigkeitsstaat
- Kosten für Orientierungsreise, Sprachunterricht, interkulturelle Schulungen

Der verbleibende Arbeitslohn, insbesondere laufende Vergütungen und Zahlungen wie Weihnachts- oder Urlaubsgeld, sind aufzuteilen.

Durch das neue 183-Tage-Schreiben wurde dabei die Methode grundsätzlich geändert. Waren bisher[42] die vertraglich vereinbarten Arbeitstage maßgeblich, wird nun[43] nach dem Verhältnis der tatsächlichen Arbeitstage aufgeteilt. Auf Antrag gilt die Aufteilung nach Verhältnis der tatsächlichen Arbeitstage in allen offenen Fällen.

Tatsächliche Arbeitstage sind alle Tage, an denen der Arbeitnehmer seine Tätigkeit tatsächlich ausübt und für die er Arbeitslohn bezieht. Dazu gehören auch Wochenend- und Feiertage, wenn der Arbeitnehmer an diesen Tagen tatsächlich arbeitet und vergütet wird (z.B. durch Arbeitszeitausgleich). Keine tatsächlichen Arbeitstage sind Urlaubstage, ganztägiger Arbeitszeitausgleich oder Krankheitstage, unabhängig davon, ob es dafür eine Lohnfortzahlung gibt.

Da der Lohnsteuerabzug diesbezüglich nur auf einer Prognose basieren kann, kann es bei der Veranlagung für den Arbeitnehmer zu „Überraschungen" kommen. In der Regel wirken belastende Veränderungen für den Arbeitnehmer dann willkürlich.

VII. Grenzgänger-Klauseln

Mit drei Staaten (Frankreich, Schweiz und Österreich) hat sich Deutschland auf sog. Grenzgängerregelungen geeinigt. Die Grenzgängerregelung ist eine Ausnahme der 183-Tage-Regel. Die 183-Tage-Regel basiert auf dem Ansatz, dass das Besteuerungsrechts des Tätigkeitsstaats daraus erwächst, weil sich der Arbeitnehmer „überwiegend", also mehr als die Hälfte des Jahres[44] im Tätigkeitsstaat aufgehalten hat. Diese „Hälfte"-Re-

---

42 Rz. 105–118 des BMF-Schreibens v. 14.9.2006, BStBl. I 2006, 532.
43 Rz. 161–174 des BMF-Schreibens v. 12.11.2014, BStBl. I 2014, 1467.
44 Die Hälfte eines (nicht Schalt-)Jahres sind 182,5 Tage.

gel wirkt aber dann nicht überzeugend, wenn die Person an jedem Tätigkeitstag (oder zumindest in der Regel) sich auch im Ansässigkeitsstaat aufhält. Das aber ist der Grundfall bei Grenzgängern.

Grenzgänger sind Personen, die zwar im Tätigkeitsstaat arbeiten, weil dort ihr Arbeitgeber sitzt, die aber „regelmäßig an ihren Wohnsitz zurückkehrt."[45] In diesem Fall entscheidet die Grenzgängerregel dann für ein Besteuerungsrecht beim Ansässigkeitsstaat.

Systematisch ist das ein wenig unübersichtlich. Grundsätzlich hat der Ansässigkeitsstaat nach Art. 15 Abs. 1 Satz 1 Halbs. 1 OECD-MA das Besteuerungsrecht, es sei denn die Arbeit wird im Nicht-Ansässigkeitsstaat ausgeübt (Art. 15 Abs. 1 Satz 1 2. Halbsatz). Das Besteuerungsrecht des Tätigkeitsstaats ist also die Ausnahme zum Grundfall, zu der nun Art. 15 Abs. 2 Satz 1 OECD-MA die Rückausnahme bringt, dass das Besteuerungsrecht im Ansässigkeit bleibt (oder wieder auf ihn zurückfällt), wenn der maßgebliche Zeitraum nicht mindestens 183 Tage beträgt. Da die Grenzgängerregelung das Besteuerungsrecht beim Ansässigkeitsstaat verortet, obwohl die Rückausnahme nicht erfüllt ist, handelt es sich um eine zweite (zur 183-Tage-Regel parallele) Rückausnahme.

Die von Deutschland vereinbarten Grenzgängerregelungen haben für jeden der drei Vertragsstaaten einen anderen Inhalt.

Im DBA-Frankreich regelt Art. 13 Abs. 5 die Besteuerung von Grenzgängern:

Art. 13 [Unselbständige Arbeit]

...

(5)

a) Abweichend von den Abs. 1, 3 und 4 können Einkünfte aus nichtselbständiger Arbeit von Personen, die im Grenzgebiet eines Vertragsstaats arbeiten und ihre ständige Wohnstätte, zu der sie in der Regel jeden Tag zurückkehren, im Grenzgebiet des anderen Vertragsstaats haben, nur in diesem anderen Staat besteuert werden;

b) das Grenzgebiet jedes Vertragsstaats umfasst die Gemeinden, deren Gebiet ganz oder teilweise höchstens 20 km von der Grenze entfernt liegt;

c) die Regelung nach Buchstabe a gilt auch für alle Personen, die ihre ständige Wohnstätte in den französischen Grenzdepartements haben und in deutschen

---

45 Das DBA Schweiz enthält in Art. 15a Abs. 2 eine Legaldefinition des Grenzgänger: „Grenzgänger i.S.d. Abs. 1 ist jede in einem Vertragstaat ansässige Person, die in dem anderen Vertragsstaat ihren Arbeitsort hat und von dort regelmäßig an ihren Wohnsitz zurückkehrt."

Gemeinden arbeiten, deren Gebiet ganz oder teilweise höchstens 30 km von der Grenze entfernt liegt.

Neben der Eigenschaft des – zumindest in der Regel – täglichen Rückkehrens zur Wohnstätte (lit. a) kommt hinzu, dass die Wohnstätte (nicht die Arbeitsstätte) im Grenzgebiet liegt, zu der alle Gemeinden zählen, die höchsten 20 km von der Grenze entfernt sind (lit. b). Für Pendler aus einem französischen Grenzdepartment ist das aber dann egal, sofern zumindest die Gemeinde, in der sie arbeiten nicht mehr als 30 km von der Grenze entfernt ist (lit. c).

Im DBA-Österreich regelt Art. 15 Abs. 6 die Grenzgänger:

Art. 15 [Unselbständige Arbeit]

...

(6) Abs. 1 gilt nicht, wenn die Person

1. in dem einen Staat in der Nähe der Grenze ihren Wohnsitz und in dem anderen Staat in der Nähe der Grenze ihren Arbeitsort hat und
2. täglich von ihrem Arbeitsort an ihren Wohnsitz zurückkehrt (Grenzgänger).

Statt genauer Kilometerangaben reicht es danach, dass der Wohnsitz und (im Gegensatz zum DBA Frankreich auch) die Arbeitsort „in der Nähe der Grenze" liegt. Der Grenzgänger muss aber – nicht nur in der Regel – vom Arbeitsort zum Wohnsitz zurückkehren.

Das DBA Schweiz widmet dem Grenzgänger einen ganzen Artikel.

Art. 15 [Unselbständige Arbeit]

(1) Ungeachtet des Art. 15 können Gehälter, Löhne und ähnliche Vergütungen, die ein Grenzgänger aus unselbständiger Arbeit bezieht, in dem Vertragstaat besteuert werden, in dem dieser ansässig ist. ...

(2) Grenzgänger i.S.d. Abs. 1 ist jede in einem Vertragstaat ansässige Person, die in dem anderen Vertragstaat ihren Arbeitsort hat und von dort regelmäßig an ihren Wohnsitz zurückkehrt. Kehrt diese Person nicht jeweils nach Arbeitsende an ihren Wohnsitz zurück, entfällt die Grenzgängereigenschaft nur dann, wenn die Person bei einer Beschäftigung während des gesamten Kalenderjahres an mehr als 60 Arbeitstagen auf Grund ihrer Arbeitsausübung nicht an ihren Wohnsitz zurückkehrt.

...

Der Grenzgänger wird in Art. 15 Abs. 2 Satz 2 abstrakt definiert, ohne dass ein Grenzgebiet definiert wird. Art. 15 Abs. 2 Satz 2 enthält aber eine besondere Ausschlussregel. Wenn die Person zu oft aus Arbeitsgründen nicht an den Wohnsitz zurückkehrt, verliert sich seine Grenzgängereigenschaft mit dem Ergebnis, dass dann wieder die 183-Tage-Regel uneingeschränkt gilt. Um Grenzgänger zu sein, darf er nicht mehr als 60 sog. Nichtrückkehrtage haben.

Eine interessante Variante dieser Problemlage hatte der BFH zu entscheiden.[46] Der Arbeitnehmer erfüllte abstrakt die Grenzgängereigenschaft des Art. 15 Abs. 2 Satz 1 DBA Schweiz. Bei seinen vielen Dienstreisen weltweit, konnte er nicht an seinem Wohnsitz übernachten. Die Anzahl der Tage, an deren er nicht zu seinem Wohnsitz zurückkehrte, überstieg die Zahl 60 aber nur dann, wenn man auch die Dienstreisen in Deutschland berücksichtigte.

Der BFH zählte auch die Tage, in denen der Arbeitnehmer zwar in Deutschland aber nicht an seinem Wohnsitz war, zu den Nichtrückkehrtagen, da „eine zweimalige Grenzüberschreitung des Arbeitnehmers in Art. 15a DBA-Schweiz 1992 für die Annahme eines „Rückkehrtages" nicht verlangt" werde. Deutschland verlor nach Auffassung des I. Senats sein Besteuerungsrecht also dadurch, dass der Steuerpflichtige in Deutschland tätig war.[47]

VIII. Auslandstätigkeitserlass

Von einer besonderen Qualität ist der Auslandstätigkeitserlass.[48] Danach wird „bei Arbeitnehmern eines inländischen Arbeitgebers ... von der Besteuerung des Arbeitslohns abgesehen, den der Arbeitnehmer auf Grund eines gegenwärtigen Dienstverhältnisses für eine begünstigte Tätigkeit im Ausland erhält." Diese Steuerbegünstigung, die sich – allerdings EU-rechtswidrig[49] – auf Tätigkeiten für einen inländischen Arbeitgeber beschränkt, fördert Auslandstätigkeiten, die „mindestens drei Monate ununterbrochen in Staaten ausgeübt werden, mit denen kein Abkommen zur Vermeidung der Doppelbesteuerung besteht".

Der Auslandstätigkeitserlass fördert in erster Linie die deutsche Exportwirtschaft, was auf dem Rücken des Arbeitnehmers ausgetragen wird

---

46 BFH, Urt. v. 11.11.2009 – I R 15/09, BStBl. II 2010, 602.
47 „Die Annahme eines Nichtrückkehrtages hängt daher davon ab, ob durch die berufsbedingte Nichtrückkehr die persönliche Bindung des Arbeitnehmers an seinen Wohnort gelockert wird; dies ist auch dann der Fall, wenn der Arbeitnehmer im Rahmen einer Dienstreise außerhalb des Wohnortes im Ansässigkeitsstaat übernachtet." (BFH, Urt. v. 11.11.2009 – I R 15/09, BStBl. II 2010, 602, unter Rz. 30).
48 BMF, Schr. v. 31.10.1983, BStBl. I 1983, 470.
49 EuGH, Urt. v. 28.2.2013, Rechtssache C-544/11.

und für diesen schwer nachzuvollziehen ist. Rechtlich ist das aber möglich.

„Denn es mag zwar richtig sein, dass die wirtschaftliche Leistungsfähigkeit eines Arbeitnehmers nicht davon abhängt, ob er – unter ansonsten gleichen Umständen – für einen inländischen oder einen ausländischen Arbeitgeber tätig ist. Doch wird die in § 34c Abs. 5 EStG angelegte und im Auslandstätigkeitserlass umgesetzte steuerliche Bevorzugung bestimmter Auslandstätigkeiten von einem Gesichtspunkt – der Förderung bestimmter Bereiche der Volkswirtschaft – getragen, der auch aus verfassungsrechtlicher Sicht neben die allgemeinen Besteuerungsgrundsätze tritt und insbesondere gegenüber dem Grundsatz der Gleichbehandlung verschiedener Arbeitnehmer nicht zurücktreten muss."[50]

Von den abschließend aufgezählten Tätigkeiten[51] ist in Anbetracht der vielen abgeschlossenen Doppelbesteuerungsabkommen insbesondere noch die Tätigkeit im Zusammenhang mit der deutschen öffentlichen Entwicklungshilfe im Rahmen der technischen oder finanziellen Zusammenarbeit bedeutsam.

IX. Bi- und unilaterale Rückfallklauseln

1. Grundsätzliches

Eine Steuerfreistellung aufgrund eines Doppelbesteuerungsabkommens ist an sich nicht davon abhängig, ob im Tätigkeitsstaat auch tatsächlich besteuert wird.[52] Um aber dennoch eine Einmalbesteuerung zu gewährleisten, gibt es sog. Rückfallklauseln. Diese können bereits bilateral im Doppelbesteuerungsabkommen vereinbart sein. § 50d Abs. 8 und 9 EStG enthält daneben[53] auch noch unilaterale Rückfallklauseln.

Für den Arbeitnehmer sind diese Regeln entgegen ihrer Komplexität und der dahinterstehenden Systematik, indes einfach zu verstehen. Wenn der Arbeitslohn im Ausland nicht versteuert wird, muss er ihn

---

50 BFH, Beschl. v. 8.12.2010 – I B 98/10, BFH/NV 2011, 596.
51 Alle Tätigkeiten (von der Planung bis zur Wartung) in Zusammenhang mit Fabriken oder vergleichbaren Anlagen (Nr. 1) und dem Aufsuchen von Bodenschätzen (Nr. 2) und der Beratung ausländischer Organisationen für Vorhaben nach Nr. 1 und 2 (Nr. 3). Daneben ist auch noch deutsche öffentliche Entwicklungshilfe begünstigt (Nr. 4).
52 Grundsatz der der Vermeidung einer virtuellen Besteuerung (BFH, Urt. v. 7.7.1967 – III 210/61, BStBl. III 1967, 365 mit Verweis auf ein Urteil des RFH v. 29.2.1940 – III 206/39, RStBl. 1940, 532).
53 Das Verhältnis zwischen bi- und unilateralen Rückfallklauseln ist kein Sonderproblem der Arbeitnehmerbesteuerung. Eine systematische Aufarbeitung würde den Rahmen dieses Beitrag sprengen.

im Inland der Besteuerung unterwerfen. Trotz des Verstehens fehlt allerdings häufig das Verständnis für diese Regeln, weil der Arbeitnehmer die Nichtbesteuerung im Ausland als ihm und eben nicht als dem deutschen Staat zustehend empfindet. Die aus der in dieser Hinsicht immer wieder die Doppelnichtbesteuerung akzeptierende Rechtsprechung entspringende Volatilität, ob nun besteuert wird oder nicht, erhöht die Akzeptanz solcher Regelungen wenig.

2. Bilaterale Rückfallklauseln

Zu den bilateralen Rückfallklauseln hat die Verwaltung ein umfangreiches BMF-Schreiben veröffentlicht.[54] Danach ist zwischen Rückfall- bzw. Subject-to-tax-Klauseln (Besteuerungsvorbehalten), Remittance-base-Klauseln (Überweisungsklauseln) und Switch-over-Klauseln (Umschaltklauseln) zu unterscheiden.

Bei Subject-to-tax-Klauseln wird die Freistellung nur gewährt, wenn tatsächlich im anderen Vertragsstaat besteuert wird. Solche Besteuerungsvorbehalte wurden mit der Schweiz und Österreich vereinbart.[55] Im DBA-Dänemark wurde eine besondere Einkünfte-Herkunftsbestimmung vereinbart.

„Für die Zwecke dieses Artikels gelten Gewinne oder Einkünfte einer in einem Vertragsstaat ansässigen Person als aus Quellen innerhalb des anderen Vertragsstaats stammend, wenn sie in Übereinstimmung mit diesem Abkommen im anderen Vertragsstaat besteuert werden."[56]

Die Remittance-Base-Klauseln reagieren auf den Umstand, dass manche Staaten nach ihrem nationalen Recht nur dann besteuern können, wenn Einkünfte dorthin überwiesen werden. Das ist etwa im Vereinigten Königreich der Fall. Nach Art. 24 DBA-UK fällt in einem solchen Fall das Besteuerungsrecht an Deutschland als Ansässigkeitsstaat zurück.[57]

---

54 BMF, Schr. v. 20.6.2013 (Anwendung von Subject-to-tax-, Remittance-base- und Switch-over-Klauseln nach den Doppelbesteuerungsabkommen unter Berücksichtigung des Urteils des BFH v. 17.10.2007 – I R 96/06, BStBl. II 2008, 953), BStBl. I 2013, 980.
55 Art. 15 Abs. 4 DBA Österreich, Art. 15 Abs. 3 Satz 2 und Abs. 4 Satz 2 DBA Schweiz.
56 Art. 24 Abs. 3 DBA Dänemark.
57 Die Formulierung ist komplex, weil bilateral eine Formulierung gefunden werden musste, die in der Wirkung nur eine Besonderheit des Vereinigten Königreichs betrifft: „Gilt nach diesem Abkommen für Einkünfte oder Gewinne in einem Vertragsstaat eine Steuervergünstigung und ist nach dem im anderen Vertragsstaat geltenden Recht eine Person hinsichtlich dieser Einkünfte oder

Bei Switch-over-Klauseln wird von der Freistellungsmethode auf die Anrechnungsmethode umgeschaltet. Dies bestimmt etwa Art. 28 DBA-Österreich für den Fall, „wenn

- ... Einkünfte ... unterschiedlichen Abkommensbestimmungen zugeordnet oder verschiedenen Personen zugerechnet werden ... und
- dieser Konflikt sich nicht durch ein Verfahren nach Art. 25 regeln lässt und

wenn auf Grund dieser unterschiedlichen Zuordnung oder Zurechnung die betreffenden Einkünfte oder Vermögenswerte unbesteuert blieben oder zu niedrig besteuert würden."

Bei einer bisherigen Nichtbesteuerung nutzt dem Arbeitnehmer eine mögliche Anrechnung natürlich nichts.

3. Unilaterale Rückfallklauseln

§ 50d EStG enthält in den Abs. 8 und 9 Rückfallklauseln, die eine Besteuerung durch Deutschland auch dann bestimmen, wenn es an sich aufgrund des Doppelbesteuerungsabkommen an einem deutschen Besteuerungsrecht mangelt. Dadurch soll eine Einmalbesteuerung sichergestellt werden.

Die Vorschriften betreffen unterschiedliche Fallvarianten. Abs. 8 betrifft ausschließlich Einkünfte aus nichtselbständiger Arbeit. Er sieht vor, dass eine Steuerfreistellung von Arbeitslohn voraussetzt, dass (§ 19) nach einem Abkommen zur Vermeidung der Doppelbesteuerung von dem ausländischen Staat, dem nach dem Abkommen das Besteuerungsrecht zusteht, entweder

- auf dieses Besteuerungsrecht verzichtet hat oder
- dass die in diesem Staat auf die Einkünfte festgesetzten Steuern entrichtet wurden.

Gewinne mit dem Betrag dieser Einkünfte oder Gewinne steuerpflichtig, der in den anderen Staat überwiesen oder dort bezogen wird, nicht aber unter Zugrundelegung des Gesamtbetrags dieser Einkünfte oder Gewinne, so ist die nach diesem Abkommen im erstgenannten Staat zu gewährende Steuervergünstigung nur auf den Teil der Einkünfte oder Gewinne anzuwenden, der in dem anderen Staat besteuert wird."

Der Nachweis[58] gelingt grundsätzlich durch Steuerbescheid und Zahlungsbeleg. Das schließt aber nicht andere Nachweismethoden aus. In Staaten mit Selbstveranlagung (z.B. USA) reicht die Vorlage der Steuererklärung und des Zahlungsbelegs. Die Verwaltung erkennt auch ausländische Gehaltsabrechnungen an, wenn diese die abgeführten Quellensteuern ausweisen.[59] Zudem gilt eine Bagatelle-Grenze von 10 000 Euro.[60]

Abs. 8 führt aber nicht in jedem Fall eines Qualifikationskonflikts zu einer (mindestens) Einmalbesteuerung. Wenn der andere Staat trotz eines aus deutscher Sicht bestehenden Besteuerungsrechts von einer Freistellung ausgeht und für die Steuern mit 0 festsetzt, ist ein solcher Null-Bescheid sogar auch noch der Nachweis, dass die festgesetzte Steuer „entrichtet" wurde.[61]

Für solche Qualifikationskonflikte sieht aber Abs. 9 Nr. 1 vor, dass dann die abkommensrechtliche Freistellung des Arbeitslohns in Deutschland entfällt. Abs. 9 Nr. 2 ergänzt die Regelung um Fälle, bei denen der ausländische Staat zwar von seinem Besteuerungsrecht ausgeht, aber bei nur beschränkt Steuerpflichtigen auf eine Besteuerung verzichtet, weil eine territoriale Zuordnung der erbrachten Arbeit zum eigenen Staatsgebiet fehlt.[62]

Nach der aktuellen Gesetzeslage ist Abs. 9 neben Abs. 8 anwendbar, § 50d Abs. 9 Satz 3 EStG.[63] Da eine anteilige Besteuerung des Arbeitslohns aufgrund des Wortlaut („wenn" nicht „soweit") eine Besteuerung des noch nicht besteuerten Arbeitslohns ausschließt,[64] ist eine entspre-

---

58 Der Nachweis ist nur im Rahmen der Veranlagung des Arbeitnehmers von ihm zu erbringen, nicht bereits im Lohnsteuerverfahren. (BMF, Schr. v. 21.7.2005, BStBl. I 2005, 821 Tz. 1 Abs. 2).
59 BMF-Schreibens vom 12.11.2014 (Steuerliche Behandlung des Arbeitslohns nach den Doppelbesteuerungsabkommen), BStBl. I 2014, 1467.
60 BMF, Schr. v. 21.7.2005, BStBl. I 2005, 821, Rz. 4.2.
61 Siehe auch das entsprechende Beispiel in Rz. 46 des BMF-Schreibens v. 12.11.2014, BStBl. I 2014, 1467 a.a.O.
62 Das ist etwa im Vereinigten Königreich der Fall.
63 Anders noch zur Rechtslage vor Einfügung des Satzes 3, BFH, Urt. v. 11.1.2012 – I R 27/11, BFH/NV 2012, 862.
64 BFH, Urt. v. 20.5.2015 – I R 68/14, BStBl. II 2016, 90.

chende Anpassung des § 50d Abs. 9 EStG durch das BEPS-Umsetzung Gesetz geplant.[65] Aber auch diese vielfältigen und systematisch schwer gliederbaren Überschreibungen führen nicht immer zu einer tatsächlichen Einmalbesteuerung. Der oben beschriebene Dreiecksfall des Grenzgängers aus Frankreich mit Familienwohnsitz in Österreich führt weder durch Abs. 8 noch nach Abs. 9 zu einem Rückfall.

- Frankreich hat kein Besteuerungsrecht, weil es gegenüber Österreich dem Staat des Familienwohnsitzes zufällt, so dass Abs. 8 scheitert, weil die Steuer in Frankreich mit 0 Euro festgesetzt wird.
- Abs. 9 Nr. 1 setzt voraus, dass Frankreich das Abkommen (hier: das DBA Deutschland-Frankreich) so anwendet, dass die Einkünfte nicht dem französischen Besteuerungsrecht unterliegen. Die Nichtbesteuerung scheitert nicht an einer abweichenden Betrachtung, sondern an einem anderen Doppelbesteuerungsabkommen, nämlich dem mit Österreich.
- Abs. 9 Nr. 2 setzt eine nur beschränkte Steuerpflicht in Frankreich voraus. Da der Arbeitnehmer aber einen Wohnsitz in Frankreich hat, ist er dort auch unbeschränkt einkommensteuerpflichtig, Frankreich verliert nur sein Besteuerungsrecht, weil der Arbeitnehmer im Verhältnis zu Österreich dort nicht ansässig ist.

X. Fazit

„Das Thema ist zu groß!"

- Das Zusammentreffen verschiedener Steuersysteme überfordert den Arbeitnehmer in der Regel massiv.
- Die Regeln sind kompliziert, überraschend und die Einhaltung bestimmter Tatbestände oft nicht vom Arbeitnehmer kontrollierbar.
- Die Ergebnisse sind entsprechend volatil und geben dem Arbeitnehmer, der den Lohn besteuern muss, das Gefühl „Pech gehabt" zu haben.

Unter diesen Voraussetzungen sollten oberste Priorität die Rechtssicherheit und eine „Voraussehbarkeit" der Besteuerung für den Arbeitnehmer

---

65 Entwurf eines Gesetzes zur Umsetzung der Änderungen der EU-Amtshilferichtlinie und von weiteren Maßnahmen gegen Gewinnkürzungen und -verlagerungen, BR-Drucks. 18/9536.

haben. Ein erster Schritt könnte sein, dass Konsultationsvereinbarungen auch von Seiten der Rechtsprechung mehr Beachtung finden. Dass eine in der Regel sehr verhandlungsintensiv gefundene Einigung zwischen den Staaten dem Wortlaut des Abkommens widerspricht, entspricht nicht der allgemeinen Lebenserfahrung. Die gern zitierte „Wortlautgrenze", die einer der dem Abkommen zugrunde liegenden Einigung kompatiblen Auslegung entgegenstehen soll, scheint zumindest aus Sicht eines Finanzbeamten, dessen Sicht als Arbeitnehmer vom Thema zumindest sprachlich umfasst ist, auch nicht weniger unüberwindbar zu sein, als die in allen betroffenen Fällen überschrittenen Landesgrenzen.

Diskussion

zu den Referaten von Prof. Dr. *Christian Dorenkamp*, LL.M. und Dr. *Thomas Eisgruber*

Prof. Dr. *Klaus-Dieter Drüen*, München

Vielen Dank an beide Referenten für die lebhafte Beschreibung der Komplexität der internationalen Arbeitnehmerbesteuerung. Wenn wir nach Perspektiven zur Bewältigung dieser Komplexität suchen, sind als Instrument Konsultationsverfahren genannt worden. Dabei ist die Rechtsprechung nach der Verfassung die Gewalt, um das Gesetz richtig und letztverbindlich auszulegen. Die Auslegung hat natürlich nicht freischwebend, quasi „aus dem Orbit", sondern aus dem Vertrag heraus durch die Rechtsprechung zu erfolgen und nicht letztverbindlich durch die Verwaltung. Die kritisierte fehlende Bindungswirkung der Rechtsprechung an Konsultationsvereinbarungen liegt im gewaltengegliederten System, das man nicht punktuell für den Sonderbereich grenzüberschreitender Arbeitnehmerfälle außer Kraft setzen sollte. Stattdessen frage ich nach Alternativen. Mich würde interessieren, ob die Referenten materiell bessere, einsichtigere, für die Arbeitnehmer vorhersehbare Maßstäbe vor Augen haben und ob sie neue verfahrensrechtliche Lösungen vorschlagen. Ich teile die Ansicht von *Thomas Eisgruber*, dass gerade bei der Lohnsteuer in grenzüberschreitenden Fällen die Zeitnähe im Vollzug essentiell ist. Es ist sehr deutlich geworden auch in dem Referat von Herrn *Dorenkamp*, dass solche Fälle monatlich administriert werden müssen. Die Lohnsteuer soll die aktuelle Leistungsfähigkeit belasten, deswegen muss der Steuerabzug zeitnah geregelt werden. Welche Perspektiven gibt es zur Gewähr eines zeitnahen grenzüberschreitenden Lohnsteuervollzugs? Sind Koordinierungsstellen zwischen den Staaten denkbar? Das wäre doch vielleicht für die normalen bipolaren Fälle zwischen zwei Staaten eine Verbesserung. Schwieriger ist es freilich bei den geschilderten Fällen mit Beteiligung weiterer Staaten. Aber es müssen nicht immer Dreiecksfälle sein, die sind natürlich akademisch die Spannendsten, aber praktisch nicht die Verbreitetsten. Lässt sich für bipolare Fälle zwischen zwei Staaten keine Lösung finden, z.B. mit Hilfe des internationalen Steuerzentrums in Bayern? Kann nicht ein jedenfalls zu entrichtender Steuerbetrag auf eine Art Treuhandkonto entrichtet werden und dann regeln die Staaten, im Beispielsfall Deutschland und Italien, die Steuerberechtigung untereinander? Der Arbeitnehmer könnte hinterher nur eine Mitteilung für seine Einkommensteuer erhalten. Das sind nur spontane Ideen. Mich würden allgemein die Konsequenzen aus dem zutreffend beschriebenen Befund der Komplexität internationaler Arbeitnehmerbesteuerung interessieren.

Dr. *Jörg-Dietrich Kramer*, Siegburg

In beiden Referaten ist das Problem des Lohnsteuerabzugs unter den Tisch gefallen. Wir haben durch das Referat von Prof. *Meyer* gestern gelernt, dass lohnsteuerabzugsverpflichtet immer nur der juristische, der rechtliche Arbeitgeber ist, also der wirtschaftliche offenbar nicht, wenn ich das richtig sehe. Das führt dazu, dass durch bestimmte Gestaltungen der Lohnsteuerabzug in Deutschland vermieden werden kann. Also stellen wir uns vor, eine Kapitalgesellschaft, die im Ausland ansässig ist, gründet in Deutschland eine Tochtergesellschaft und entsendet einen Angestellten, der also einen Anstellungsvertrag mit der Muttergesellschaft hat, zu der Tochtergesellschaft. Der Entsandte wird Geschäftsführer oder hat sonst eine Funktion in der Tochtergesellschaft. Die Tochtergesellschaft wird wirtschaftlicher Arbeitgeber, aber zum Lohnsteuerabzug wäre nur der juristische Arbeitgeber verpflichtet. Ist das so richtig? Sodass also – jedenfalls in Deutschland – kein Lohnsteuerabzug stattfände, weil der Arbeitnehmer keinen Anstellungsvertrag mit der Tochtergesellschaft hat. Wenn jetzt die Tochtergesellschaft der Muttergesellschaft das Gehalt erstattet, was nahelege, auch nach Verrechnungspreisgrundsätzen, dann führt das aber ebenfalls nicht dazu, dass der wirtschaftliche Arbeitgeber zum Lohnsteuerabzug verpflichtet wird. Wenn das nicht so ist, dann bitte ich um Korrektur.

Dr. *Susanne Tiedchen*, Cottbus

Ich habe eine Frage, die sich mehr an Herrn *Eisgruber* richtet, und zwar würde ich dieses Stichwort Zusammenprallen von Steuersystemen noch einmal um eine weitere Variante erweitern. Es gibt auch den Fall, dass ein Steuerpflichtiger nach einem Steuersystem als Arbeitnehmer, nach einem anderen als Gewerbetreibender angesehen wird, und da versagen die Doppelbesteuerungsabkommen. Ein praktischer Fall, den es auch mehr als einmal gibt, ein international tätiges deutsches Model. Das Model hat in Deutschland eine Agentur, aber gilt für uns als Gewerbetreibender und ist dann mit dem gesamten Einkommen hier steuerpflichtig. Frankreich zieht den Arbeitnehmerbegriff sehr viel weiter. Das Model hat auch in Frankreich eine Agentur und in Italien und in

New York und überall, aber jedenfalls auch in Frankreich und in Frankreich gilt das Model als Arbeitnehmerin, ganz egal, ob sie dort genauso tätig ist, jedenfalls für die Laufstegtätigkeit, für das Fotoshooting wohl nicht, aber die Laufstegtätigkeit ist Arbeitnehmertätigkeit. Mir ist dazu nur eingefallen, so ein Model in das Verständigungsverfahren zu schicken. Sie haben uns jetzt gesagt, Verständigungsverfahren sind nichts für Kindergärtnerinnen. Meine Frage: Sind Verständigungsverfahren etwas für Models oder gibt es da eine bessere Lösung?

Prof. Dr. *Christian Dorenkamp*, Bonn

Vielleicht beginne ich, Herr *Kramer*, mit Ihrer Frage. Aus meiner Sicht ist – leider – nicht nur der juristische Arbeitgeber zum Lohnsteuerabzug verpflichtet. Das ergibt sich aus § 38 Abs. 1 Satz 2 EStG, wo drinsteht, dass inländischer Arbeitgeber im Sinne des Satzes 1 in den Fällen der Arbeitnehmerentsendung auch das in Deutschland ansässige aufnehmende Unternehmen ist, das den Arbeitslohn für die von ihm geleistete Arbeit wirtschaftlich trägt. Dann geht es im Satz 3 weiter mit Lohnzahlungen von dritter Seite, die bei verbundenen Unternehmen auch als bekannt gelten. Sonst gibt es natürlich auch noch die Veranlagungspflicht des Arbeitnehmers.

Herr Prof. *Drüen*, Sie hatten nach materiell besseren Maßstäben gefragt. Ich finde, hier muss man berücksichtigen, dass wir uns nicht auf der grünen Wiese befinden, weil wir im internationalen Lohnsteuerrecht auch die OECD-Entwicklungen in den DBA mitberücksichtigen müssen. Wir können ja nicht ganz von vorne anfangen. Wir sind in einem Korsett mit anderen Mitgliedstaaten, wo es ein gewisses Übereinkommen gibt über die sachgerechte Aufteilung von Besteuerungssubstrat. Deswegen denke ich, dass die materiellen und auch die verfahrensrechtlichen Verbesserungen sich im Rahmen der 183-Tage-Regelung bewegen müssen und wenn wir die 183-Tage-Regelung mit weniger Ausnahmen versehen, sondern wirklich allein auf das Zeitliche abstellen, dann wäre aus meiner Sicht sowohl dem Arbeitgeber wie dem Arbeitnehmer schon viel geholfen. So etwas Ähnliches haben wir auch im Ertragsteuerrecht mit den Betriebsstätten, wo wir auch teilweise erst nach sechs Monaten anfangen. Das wäre also mein Petitum, die 183-Tage-Regelung weiter auszubauen durch eine Einschränkung des wirtschaftlichen Arbeitgebers, durch eine entsprechende Berücksichtigung von Betriebsstätten und – das ist mir ganz wichtig – durch eine Vereinfachungsregelung im BMF-Schreiben. Ich bin auch ein großer Anhänger von Konsultationsvereinbarungen und Vorabstimmungen mit der Finanzverwaltung, aber bei der Vielzahl von Arbeitnehmerentsendungen, die wir im Konzern haben, kann man sich nicht wegen jedes Einzelfalls, wegen jedes Abschlusses eines Entsendungsvertrags mit beiden Fisken abstimmen. Wir müssen auch als Steuerpflichtiger, als Lohnsteuerabzugsverpflichtete einen klaren Maßstab haben, der die vorherige Abstimmung mit dem Finanzamt verzichtbar macht.

Dr. *Thomas Eisgruber*, München
Ich fange mit der Frage von Frau *Tiedchen* an. Generell ist es natürlich immer ein Problem, wenn Steuersysteme denselben Sachverhalt unterschiedlich werten. Ich denke aber auch, dass ein wesentlicher Unterschied zwischen einer Kindergärtnerin und einem Model besteht, welches eine eigene Agentur hat und in mehreren Staaten tätig ist. Aus deutscher Sicht ist das Model wohl gewerblich tätig, so dass bei einer abweichenden Beurteilung durch den anderen Staat hier das Verständigungsverfahren der richtige Weg ist. Es ist auch irgendwie schwer vorstellbar, wie wir die Probleme der Doppelbesteuerung anders hinbekommen können. Wir könnten sonst nur einseitig verzichten, aber das machen wir ungern. Deswegen glaube ich, dass man an dieser Stelle dem Model leider keine bessere Auskunft geben kann und sagen muss, dass wer sich in verschiedenen Steuersystemen bewegt, damit rechnen muss, dass eine Doppelbesteuerungsproblematik auftreten kann. Die kann man nur durch ein gemeinsames Reden der Staaten lösen. Das ist sozusagen auch gleich der Anknüpfungspunkt an *Dieter Drüen* für die Frage, wie können wir denn verfahrensrechtlich weitermachen? Materiell teile ich die Auffassung von Herrn *Dorenkamp* uneingeschränkt. Das Problem ist, dass wir es nicht nur mit einem Staat zu tun haben, mit dem wir uns koordinieren müssen, sondern mit einer großen Palette von Staaten mit höchst unterschiedlichen Entwicklungsstadien und Interessen. Selbst innerhalb der OECD gibt es unterschiedliche Strömungen. Wir sind jetzt bei einer BEPS-Debatte in einem Bereich, wo die OECD um Drittstaaten wirbt und offen sich in ihrer inhaltlichen Ausrichtung zu verändern versucht. Deutschland ist hier tendenziell konservativ. Beim Betriebsstättenbegriff sind wir bisher am rigidesten. Hier werden wir uns anpassen müssen, aber auch dann wird es nicht einfach von heute auf morgen weltweit materiell gleiche oder zumindest „gleichere" Maßstäbe geben. Letztlich kann eine weltweit harmonisierte Besteuerung nur funktionieren, wenn die Staaten mehr miteinander sprechen. Diese Auffassung, dass wir dafür vor Ort Zentren bilden müssen, teile ich uneinge-

schränkt. Das ist aber eine ganz langfristige Lösung. Wir bekommen es derzeit schon kaum innerhalb von Europa zustande, dass man in Gespräche kommt. Da gibt es Staaten, mit denen klappt es besser und Staaten, mit denen klappt es fast gar nicht. Wir arbeiten mit Italien und Österreich derzeit sehr gut zusammen. Der Versuch, etwas Vergleichbares mit Ungarn aufzubauen, gestaltet sich schwierig. Die Kollegen aus Baden-Württemberg versuchen gerade mit Frankreich etwas aufzubauen. Das wird nicht von heute auf morgen funktionieren, aber es ist tatsächlich so, dass für Arbeitnehmer eine Koordinierung – so dass man sich vorher einig ist, wer was besteuert – noch viel wichtiger wäre als in anderen Bereichen, weil die Arbeitnehmer eben nicht flexibel reagieren können. Der Arbeitgeber schickt ihn dort hin und sagt, du arbeitest jetzt in Frankreich und dann arbeitet er in Frankreich. Er kann sich nicht aussuchen, ob er in dieses Besteuerungsumfeld hinein will oder nicht, und er ist ihm viel stärker ausgeliefert. Deswegen wäre es viel wichtiger, dass man staatlicherseits die Besteuerung koordiniert. Für die Lohnsteuer könnte als generelle Regel gelten, dass sie immer nur einmal einbehalten werden muss. Und dann streiten sich die Staaten ausschließlich untereinander, wer jetzt welchen Teil bekommt. Aber man muss auch klar sagen, ein solch starkes Vertrauen der Staaten zueinander ist noch nicht stark entwickelt. Ich gebe zu, dass ich mit Frankreich, Italien, Holland oder auch mit dem UK kein Problem hätte, so eine Regelung zu vereinbaren. Die Frage ist, ob so eine Regelung auch mit der Ukraine vereinbart werden sollte. Mit der Ukraine gibt es relativ viel Wirtschaftsverkehr und es wurde sogar schon angefragt, ob Bayern nicht einen joint audit mit der Ukraine machen möchte. Da haben wir erst einmal geprüft, ob überhaupt und wenn ja, welche Rechtsgrundlagen dafür bestehen. Und dann kann es passieren, dass plötzlich der betroffene Landesteil gar nicht mehr zur Ukraine, sondern zu Russland gehört. Die Stabilität der Welt ist nicht überall so, wie wir es hier in Deutschland gewohnt sind. Und im internationalen Steuerrecht gehen wir immer wieder an Grenzen und müssen schauen, ob ein Steuervollzug überhaupt möglich ist. Aber das klappt nicht immer.

Abschließend noch zu den Konsultationsvereinbarungen. Alle DBA verhandelt die Verwaltung. Die Verwaltung schließt diese DBA ab und die DBA werden auch von der Verwaltung gekündigt. Das ist der Status. Aus ganz anderen rechtsstaatlichen Gründen ist es richtig, dass dieses dann umgesetzt wird durch ein parlamentarisches Verfahren, damit der Vertrag eine Rechtsgrundlage werden kann. Nur – glaube ich – es ist ein Vertrag und es bleibt ein Vertrag und die Meinung der Vertragschließenden als völlig unbeachtlich zu erklären, halte ich für einen Fehler, der dazu führt, dass wir immer mehr Sondergesetze brauchen, um das hinzubekommen. Ich habe es interessant gefunden, dass im Vortrag von Herrn *Dorenkamp* der § 42 AO an gleich an sieben, acht Stellen vorgekommen ist. Das zeigt, je flexibler § 42 AO gehandhabt wird, umso weniger bedarf es Spezialgesetze. Wenn der Gesetzgeber eine 42-AO-Regelung für einen Detailbereich macht, ist das immer „ein großer Hammer". Es wird nicht nur das Problem bereinigt, sondern auch an sich unbedenkliche Sachverhalte unterfallen einer Missbrauchsabwehr. Deshalb plädiere ich für eine vernünftigen Auslegung des § 42 AO, aber ich habe manchmal das Gefühl, die Rechtsprechung behandelt § 42 AO, als ob er willkürlich wäre. Das ist er aber nicht, sondern es handelt sich um eine Regelung, die wir schon in der Reichsabgabenordnung gehabt haben. Schon *Enno Becker* hat erkannt, dass der Gesetzgeber nicht alles gesetzlich regeln kann, sondern es immer wieder gesetzliche Lücken gibt. Diese auszufüllen, darum geht es. Aber das Problem ist, dass die Rechtsprechung lange Jahre sich komplett aus der Anwendung des § 42 AO zurückgezogen hat. Die Rechtsprechung hat nahezu stets konstatiert, dass es sich nicht um Fälle des § 42 AO handelt, so lange bis schließlich nichts mehr übrig blieb. Die Reaktion des Gesetzgebers war, die „gesetzlichen Maschen" enger und enger zu machen. Im Ergebnis haben wir nun eine große Menge an Kollateralschäden aufgrund Missbrauchsabwehrgesetzgebung. Ich habe z.B. in meinem Vortrag über § 50d Abs. 8 und den Nachweis der Steuerzahlung gesprochen. Das ist hier in so einem Hörsaal locker gesagt, „das weist du eben nach", aber es gibt Staaten, da ist das nicht so einfach nachzuweisen, was man an Steuern bezahlt hat. Wir lassen als Nachweis ja nahezu alles zu. Aber es gibt Staaten, die kassieren Steuern bar ein. Der Punkt ist, dass diese Staaten komplett unterschiedlich aufgebaut sind. Wir agieren gedanklich immer so, als ob außerhalb Deutschlands auch deutsches Steuerrecht gälte, als wäre es nur in einer anderen Sprache geschrieben. Das ist falsch. Deswegen, wie gesagt, manches wäre leichter, wenn man den Einzelfall, der komisch läuft, über eine allgemeine Regel erledigt und dafür die Masse von solchen Fallgestaltungen gar nicht betroffen ist.

Prof. Dr. *Heribert M. Anzinger*, Ulm

Die Überlegungen meines Vorredners zu § 42 AO führen direkt zu meiner Frage. Gestern haben wir von Herrn *Drüen* einen ersten Hinweis auf Gestaltungen im Lohnsteuerrecht bekommen. Er hat von der Praxis berichtet, Barlohn in Tankgutscheine umzuwandeln. Daran anknüpfend habe ich mich gerade bei den anschaulichen Ausführungen von Herrn *Eisgruber* gefragt, ob es, um in seinem Bild zu bleiben, die Kindergärtnerin ist, die potentiell missbräuchliche Gestaltungen konstruiert oder doch eher ihr Arbeitgeber? Wir haben zwei Referate gehört, eins aus Arbeitgeber- und eins aus Arbeitnehmersicht, aber im Mittelpunkt stand doch immer die Steuerbelastung des Arbeitnehmers. Wird die Lohnsteuer nicht, gerade in grenzüberschreitenden Sachverhalten, doch oft auf den Arbeitgeber überwälzt und ist sie damit stärker sogar ein Teil der Unternehmenssteuerbelastung? Wer sich Vergütungsverhandlungen vorstellt, z.B. bei der Deutschen Gesellschaft für internationale Zusammenarbeit (GIZ), wo Steuervorteile aus einer umstrittenen Steuerfreiheit des Arbeitslohns im Inland Teil des vom Arbeitgeber konstruierten Gehaltspakets waren, kann diesen Eindruck gewinnen. Bei Nettolohnvereinbarungen liegt dies auf der Hand. Wo der Arbeitgeber steuerfreien Arbeitslohn anbieten kann, wird er beim Bruttogehalt sparen. Die Frage ist, in welchem Umfang die Lohnsteuer überwälzt wird und wie dies zu berücksichtigen ist, wenn wir uns überlegen, wie wir das materielle Lohnsteuerrecht umgestalten.

Reinhard Golenia, Wolfsburg

Gute Vorlage, Herr *Anzinger*, natürlich ist die Lohnsteuer bei Auslandsentsendungen überwiegend eine Belastung des Arbeitgebers. Zumindest die meisten großen Arbeitgeber, die ich kenne, bei Ihnen, Herr *Dorenkamp*, wird das ähnlich sein, treffen Nettolohnvereinbarungen mit ihren Arbeitnehmern und sind dann im Zweifel auch von den Doppelbesteuerungen betroffen. Herr *Eisgruber* hat es ja gesagt, der Arbeitnehmer kann nicht doppelt Steuern zahlen, dann bleibt ihm nicht genug übrig. Der Arbeitgeber muss hin und wieder schon einmal doppelt Steuern zahlen. Wir sind einmal mehrere Jahre mit Polen in einem Verständigungsverfahren gewesen – oder eher gesagt Deutschland – und haben dann erfolgreich anerkannt bekommen, dass der Arbeitnehmer auch ein paar Tage in Deutschland gearbeitet hat, haben da die Doppelbesteuerung nach einigen Jahren beseitigen können, unser Arbeitnehmer hat tapfer durchgehalten und wir haben uns ein bisschen auf die Schulter geklopft und haben gesagt, es geht also doch, Verständigungsverfahren funktionieren. Herr *Dorenkamp* hatte vorgeschlagen bei der Kostentragung nur noch darauf zu schauen, wer sie wirklich getragen hat, und hat uns aber eben gleichzeitig diesen wirtschaftlichen Arbeitgeber aus dem § 38 EStG zitiert. In der Praxis wäre ich damit nicht so richtig glücklich, weil ich mich jetzt schon manchmal frage, was passiert denn, wenn die Kosten nicht nach Interessenlage den Konzerngesellschaften, die meistens relativ leicht nachvollziehbar ist, getragen werden, weil es z.b. einer Gesellschaft gerade nicht so gut geht und sie sagt, also uns wäre es lieber, wir müssen das jetzt nicht bezahlen. Bin ich dann nicht schon sowieso wirtschaftlicher Arbeitgeber gewesen die ganze Zeit über und greift da nicht ein neueres BFH-Urteil, die Fundstelle habe ich jetzt leider nicht parat, nach der ich die Lohnsteuer schon Monat für Monat hochrechnen hätte müssen im Rahmen einer payroll, die ich gar nicht geführt habe. Da sehe ich – aus Arbeitgebersicht – große Risiken auf uns zukommen, dass wir auf einmal wirtschaftlicher Arbeitgeber werden ohne es zu wollen, weil das mit der Kostentragung nicht so funktioniert hat.

Zwei Dinge zu Herrn *Eisgruber*, Sie haben gerade von dem BMF-Schreiben gesprochen zur Besteuerung von Arbeitslohn bei Auslandsentsendungen und haben auch gerade gesagt, dass das für den Arbeitnehmer wirklich nicht zu überblicken ist. Dennoch findet sich in diesem BMF-Schreiben ja das BFH-Urteil zur Tragung von Steuerberatungskosten durch den Arbeitgeber, denn gute Arbeitgeber tragen natürlich die Steuerberatungskosten für ihre Arbeitnehmer bei einer Auslandsentsendung, und zwar in beiden Staaten und da kommen schnell einmal zwei-, dreitausend Euro zusammen, kein Vergleich zum Lohnsteuerhilfeverein, vielleicht Grünwald Nord, mit 100 Euro. Da steht tatsächlich in diesem BMF-Schreiben, fußend auf einem BFH-Urteil, was ich – ehrlich gesagt – nie so richtig nachvollziehen konnte, dass das Arbeitslohn sei. Wenn ich das mit gestern und dem überwiegend eigenbetrieblichen Interesse des Arbeitgebers vergleiche, der den Arbeitnehmer entsendet und der möchte, dass der da in Ruhe arbeiten kann und dass der da nicht Steuerformulare in der Mongolei ausfüllt. Über das Thema sollte man noch einmal nachdenken, weil ich nicht glaube, dass da ernsthafte Vorteile beim Arbeitnehmer entstehen, wenn wir die Steuerberatungskosten in zwei Staaten übernehmen.

Ein letztes Thema, das vielleicht nicht ganz so viel mit der internationalen Besteuerung zu tun hat, aber vielleicht auch, ist das Thema Wohnsitz. Das habe Sie ja gerade gezeigt. Man kann zwei Wohnsitze haben, aus Sicht der Finanzämter schon, aus Sicht der Familienkassen – glaube ich – inzwischen nicht mehr, denn die greifen häufiger die Urteile des III. BFH-Senates auf, der für einen Wohnsitz inzwischen Aufenthalte mit Wohncharakter fordert, sodass die Familienkassen für die Fortzahlung des Kindergeldes bei einer Auslandsentsendung immer mehr dazu übergehen, von den Arbeitnehmern Nachweise zu verlangen, wie oft sie vorhaben, im Inland zu sein und das mit Flugtickets usw. nachzuweisen, ansonsten wird – das habe ich gerade gehört von den Audi-Kollegen in Bayern – schon einmal vorab das Kindergeld versagt. Ich überlege mir gerade, was das bedeuten würde, weil dann könnte ich meine unbeschränkte Steuerpflicht auch relativ gut gestalten, indem ich mal drei, vier Wochen in Deutschland bin, vielleicht sind das mal Aufenthalte mit Wohncharakter, mal nicht. Hier der dringende Wunsch – und das brennt uns unter den Nägeln, wir haben hunderte von Fällen, wo Kindergeld versagt wird mit dieser Begründung –, diesen Wohnsitzbegriff zu vereinheitlichen in dem Rechtsgebiet, denn der § 8 AO gilt für beide, für die Finanzämter und die Familienkassen.

Prof. Dr. *Alexander Rust*, Wien

Ich würde gerne noch etwas zur Bedeutung von Konsultationsvereinbarungen sagen. Wir sollten unserer Finanzverwaltung sehr dankbar dafür sein, dass sie mit den Finanzverwaltungen anderer Staaten Konsultationsvereinbarungen abschließt. Konsultationsvereinbarungen tragen wesentlich dazu bei, Doppelbesteuerungsprobleme zu lösen. Die Finanzverwaltungen beider Vertragsstaaten sind an die Konsultationsvereinbarung gebunden; durch die identische Auslegung des Abkommens in beiden Vertragsstaaten wird eine Doppelbesteuerung zumeist vermieden. Für den Steuerpflichtigen kann die Steuerlast aber unterschiedlich hoch ausfallen, je nachdem, ob er in dem einen oder dem anderen Vertragsstaat zur Steuerzahlung herangezogen wird. Ist der Steuerpflichtige der Ansicht, dass die Konsultationsvereinbarung dem Doppelbesteuerungsabkommen zuwider läuft, so kann er seinen Steuerbescheid vor Gericht anfechten. Die Rechtsprechung ist an eine Konsultationsvereinbarung nicht gebunden, die Gerichte haben die Vereinbarung lediglich bei der Auslegung des Abkommens zu berücksichtigen. Dies ergibt sich aus der Wiener Vertragsrechtskonvention. Nach Art. 31 Abs. 1 WVRK ist bei der Auslegung völkerrechtlicher Verträge vorrangig der Wortlaut, die Systematik und der Sinn und Zweck zur berücksichtigen. Konsultationsvereinbarungen sind nach Art. 31 Abs. 3 lit. a WVRK „außer dem Zusammenhang in gleicher Weise zu berücksichtigen." Widerspricht der Inhalt einer Konsultationsvereinbarung dem Wortlaut des Abkommens, so können die Gerichte die Konsultationsvereinbarung außer Acht lassen.

Noch eine kurze Bemerkung zu der Fragestellung von Frau *Tiedchen*: Ich denke, dass die Doppelbesteuerung bei dem Model auch ohne ein Verständigungsverfahren gelöst werden kann. Die Doppelbesteuerungsabkommen definieren die Begriffe „unselbständige Arbeit" und „Geschäftstätigkeit" nicht. Auch aus dem Abkommenszusammenhang ergibt sich nicht abschließend, welche Kriterien die „Abhängigkeit" bzw. „Unabhängigkeit" ausmachen. Daher ist nach Art. 3 Abs. 2 OECD MA ein Rückgriff auf das nationale Steuerrecht zulässig. Ist die Tätigkeit des Models nach deutschem Steuerrecht als gewerblich, nach französischem Steuerrecht dagegen als nichtselbständige Tätigkeit einzustufen, so wird Deutschland die dem Art. 7 OECD MA und Frankreich die dem Art. 15 OECD MA entsprechende Vorschrift anwenden. Auf den ersten Blick könnte es dann zu einer Doppelbesteuerung kommen, wenn Frankreich sich nach Art. 15 Abs. 1 Satz 2 OECD MA zur Besteuerung befugt hält und Deutschland mangels Betriebstätte in Frankreich die Einkünfte nicht freistellen möchte. Seit der Änderung des OECD Musterkommentars im Jahre 2000 wird ein solcher Qualifikationskonflikt allerdings durch den sogenannten „new approach" gelöst. Deutschland hat nach diesem Ansatz die durch die Tätigkeit in Frankreich erzielten Einkünfte nach Art. 23A Abs. 1 OECD MA freizustellen, da diese Einkünfte ja nach Art. 15 i.V.m. Art. 3 Abs. 2 in Frankreich besteuert werden dürfen. Bislang hat sich zwar die Finanzverwaltung dieser neuen Auslegung des Art. 23A Abs. 1 OECD MA angeschlossen, der Bundesfinanzhof hat den „new approach" allerdings noch nicht übernommen. (Die vom BFH erörterten Fälle betrafen allerdings Abkommen, die vor dem Jahre 2000 abgeschlossen wurden.)

Prof. Dr. *Christian Dorenkamp*, Bonn

Ich darf beginnen, damit das letzte Wort die Verwaltung hat. Zu den Fragen von Herrn Prof. *Anzinger*, ich bin dankbar, dass Sie die Fragen gestellt haben, denn das gibt mir die Gelegenheit, noch einmal darzulegen, worum es beim Art. 15 Abs. 2 eigentlich geht. Dort geht es nicht um eine sachgerechte Besteuerung nach der individuellen wirtschaftlichen Leistungsfähigkeit. Dort geht es um eine Aufteilung von Besteuerungssubstrat auf zwei Länder. D.h. an sich wird die Leistungsfähigkeit besteuert. Sie hatten gesagt, das wäre doch super, wenn wir dann überhaupt keine Steuern darauf zahlen. Das ist nicht der Fall. Die Frage ist nur, welches Land erhebt da Steuern darauf. Wir haben bei uns im Konzern viele Konstellationen, häufig auch die Nettolohnvereinbarung. Für Gestaltungen sind die Beträge viel zu klein. Wir wollen das nur compliant machen. Wir möchten nicht nachher von der deutschen Finanzverwaltung den Vorwurf hören, da wäre aber der wirtschaftliche Arbeitgeber hier oder dort gewesen, anhand dieses umfangreichen Kriterienkatalogs. Wenn es wirklich diese Gestaltungsfälle geben sollte, dann fällt mir eigentlich nur Saudi Arabien ein. Vielleicht gehen sie nach Saudi Arabien, weil da null Einkommensteuer anfällt, dann kann man ja immer noch den § 42 AO bemühen, aber das ist nicht die Masse der Fälle. Das Business braucht den internationalen Austausch zwischen den Ländern und das müssen wir compliancemäßig abwickeln und die Besteuerung nach der Leistungsfähigkeit wird gewahrt, weil das ist ja in einem der beiden Staaten der Fall. Das ist ja der § 50d Abs. 8: Wenn es da nicht besteuert wird, wird es hier besteuert. Von daher hätte ich da wenig Sorge, dass wir das ausnutzen. Das Gleiche gilt für den Kollegen aus Siegburg mit dem wirtschaftlichen Tragen, da bin ich mir nicht ganz sicher, ob ich das richtig verstanden habe. Ich glaube, dass das wirtschaftliche Tragen gerade zu einer höheren Transparenz führt im Gegensatz dazu, was die Finanzverwaltung will, das hätte wirtschaftlich getragen werden müssen. Dann bin ich ja wieder im § 1 AStG, deshalb meine ich, dass das wirtschaftliche Tragen gerade die Compliance erleichtert.

Zum Kindergeld kann ich nicht wirklich etwas sagen. Zu den Konsultationsvereinbarungen noch einmal mein großes Lob an die Finanzverwaltung. Wir sind froh über jede, die geschlossen ist und uns mehr Rechtssicherheit gibt. Das ist mein Schlusswort. Bei der Lohnsteuer, beim Lohnsteuerabzug geht es um Planungssicherheit. Wir müssen klare Maßstäbe haben, was wir als Arbeitgeber zu tun haben. Ich glaube, das haben wir auch gestern gehört. Wir werden in den Dienst genommen und da darf man es uns, auch im internationalen Bereich, nicht zu schwer machen.

Dr. *Thomas Eisgruber*, München

Vorab ganz kurz zur Frage von Prof. *Anzinger*, ob die Lohnsteuer nicht auf den Arbeitgeber überwälzt wird. Ob in den einzelnen Fällen letztlich der Arbeitgeber „Lohnsteuer spart", ob er Nettolohn zahlt oder nicht, das kann man einfach nicht so sagen. Das macht jedes Unternehmen anders. Wir kennen sogenannte „hypo tax"-Gestaltungen, bei denen der Arbeitgeber immer die nach deutschen Recht anfallende Lohnsteuer einbehält und dann von sich aus die real zu leistende Lohnsteuer trägt. Es gibt alle möglichen Gestaltungen in diesem Bereich. Grundsätzlich ist und bleibt die Lohnsteuer aber die Steuer des Arbeitnehmers. Der Arbeitgeber zahlt den Lohn brutto, die Lohnsteuer aber zahlt der Arbeitnehmer. Das ist eine Steuer, die er zu zahlen hat und der Staat rechnet die Lohnsteuer auch nur mit dem Arbeitnehmer ab und nicht mit dem Arbeitgeber. Natürlich gibt es auch bei der Lohnsteuer Gestaltungen.

Selbst die Gewerkschaften verhandeln immer wieder lohnsteuerliche Details in den Tarifgesprächen. Wenn die Verwaltung dann Details anders beurteilt, gibt es immer einen politischen Diskurs, ob diese Auffassung richtig ist. Und natürlich gibt es auch im Lohnsteuerbereich Lücken und Spielräume und wenn ein Betrag festgesetzt wird, der begünstigt zugewendet werden kann, wird das natürlich ausgenutzt. Steuerrecht prägt das tatsächliche Verhalten. Wer nach Amsterdam fährt und fragt, warum haben die Häuser so schmale Fenster, ist die Antwort, dass die Breite der Fenster in Holland lange Zeit ein Besteuerungsmaßstab war und das sieht man heute noch. Wer etwas gestalten will, kann über die Steuer verändern. Wenn jemand schmalere Fenster hat, dann muss man eben die Fensterbreite besteuern. Die Leute sind alle irgendwie steuerallergisch.

Ansatz Familienkasse: Die Familienkassen sind jetzt Teil des Steuerrechts, weil das Verfassungsgericht das Verhältnis von Kindergeld und Kinderfreibeträgen über fiktive Steuerwirkungen des Kindergelds verglichen hat. Dieses Zusammenrechnen hat der Gesetzgeber nachvollzogen, so dass das Steuerrecht jetzt diese Familienkassen „am Bein hat". Am meisten ärgern sich die Finanzgerichte. Kindergeldentscheidungen sind „total begehrt" in jedem Finanzgericht. Diese Entscheidungen zum Kindergeld, das ist einfach eine total andere Welt.

Und in der bedarf es für den Wohnsitz eines „Wohncharakters". Wo steht das im § 8 AO? Den Wohnsitzbegriff haben wir jetzt im Prinzip seit 1919. Der wird jetzt nicht besser, weil die Familienkassen 2016 sagen, aus diesem Begriff können wir irgendetwas machen. Es gibt genug Betätigungsfelder in der Auslegung von irgendwelchen Halbsätzen, da muss man nicht an die Eingeweide des Steuerrechts herangehen.

Herr *Rust*, ich unterstreiche grundsätzlich alles von dem, was Sie gesagt haben. Das ist natürlich so, dass wir international gültige Auslegungskriterien haben und die Verwaltung will das Wiener Vertragsabkommen eher stärker anwenden als die Rechtsprechung. Natürlich ist der Steuerpflichtige an die Konsultationsvereinbarung nicht gebunden und es geht mir jetzt auch nicht darum zu sagen, die Konsultationsvereinbarung schwebt oberhalb des Gesetzes. Aber wenn die Beteiligten, die diesen Vertrag verhandelt und gleich hinzugefügt haben, damit sei etwas Bestimmtes gemeint, dann ist das ein starkes Indiz, dass das, was gemeint ist, im Wortlaut auch niedergelegt wurde und der Wortlaut dann auch so ausgelegt werden kann. Natürlich entwickeln sich auch im Bereich von Doppelbesteuerungsabkommen die Dinge weiter, aber bei der Auslegung die Konsultationsvereinbarungen einfach unbeachtet zu lassen, das halte ich für schwierig. Und es verändert vor allem das „Spiel", weil sich dann keiner an die Konsultationsvereinbarung halten kann. Denn das Problem sind doch die unterschiedlichen Interessenlagen. Der Arbeitgeber will, dass die Lohnbesteuerung unproblematisch ist, der Arbeitnehmer will, dass er durch die Auslandstätigkeit erst gar keine Veränderung seiner steuerlichen Verhältnisse erfährt. Will man dem gerecht werden, muss man möglichst viele Detailprobleme von vornherein glatt ziehen. Natürlich kann es in Grenzbereichen sein, dass eine Konsultationsvereinbarung nicht funktioniert. Und ich nehme da auch die Verwaltung nicht aus. Auch wir überinterpretieren manchmal Regeln oder legen Richtlinien aus, wo nichts zum Auslegen ist und schaffen damit Rechtsunsicherheit. Dass die Lohnbesteuerung international tätiger Arbeitnehmer gelingt, können wir nur miteinander schaffen. Miteinander heißt mit Arbeitgeber, mit Arbeitnehmer und mit anderen Staaten.

Werbungskosten des Arbeitnehmers

Prof. Dr. *Henning Tappe*
Universität Trier

I. Der Arbeitnehmer als Normfall des Einkommensteuerrechts
II. Nettoeinkünfte als Maßstab der Einkommensbesteuerung
 1. Das objektive Nettoprinzip als Grundlage der Ertragsbesteuerung
 2. Die Trennung von Einkommenserzielung und Einkommensverwendung
 3. Der Dualismus von Werbungskosten und Betriebsausgaben
III. Entgrenzung der Arbeit als Herausforderung für das Einkommensteuerrecht
 1. Die Abgrenzung der Erwerbs- von der Privatsphäre
  a) Kausalität und Finalität: Reale und ideale Ursachen
  b) Behandlung gemischter Aufwendungen
 2. Typische Konstellationen und Lösungsansätze
  a) Aus- und Weiterbildungskosten
  b) Fahrt- und Reisekosten
  c) Aufwendungen für Arbeitszimmer und Arbeitsmittel
  d) Aufwendungen für Einladungen und Feiern
  e) Kinderbetreuungskosten
  f) Ansätze einer Systematisierung
 3. Berufliche oder betriebliche Veranlassung? – Die Rolle des Arbeitgebers
 4. Konkurrierende Veranlassung bei mehreren Einkunftsarten
IV. Arbeitnehmereinkünfte als Überschusseinkünfte
 1. Zeitlich gestreckte Veranlassungszusammenhänge
 2. Aufwendungen auf das Vermögen
  a) Anschaffungskosten und Absetzung für Abnutzung
  b) Substanzverluste und Abwehraufwendungen
V. Arbeitnehmerbesteuerung als Massenverfahren
 1. Der Arbeitnehmer-Pauschbetrag als steuerliches Jedermannsrecht
 2. Die Berücksichtigung von Werbungskosten im Lohnsteuerverfahren
VI. Ausblick und Reformüberlegungen

I. Der Arbeitnehmer als Normfall des Einkommensteuerrechts

Im Steuerrecht beschäftigen wir uns gerne und häufig mit Unternehmen, mit Gewerbetreibenden, möglicherweise noch mit Selbständigen – dies vorzugsweise im internationalen Kontext. Die Besteuerung der Arbeitnehmer scheint demgegenüber eher langweilig zu sein und wird eher stiefmütterlich behandelt. Als spannend werden vielleicht noch die Pflichten der Arbeitgeber im Lohnsteuerverfahren empfunden. Die vom Arbeitnehmer selbst zu subsumierenden Werbungskosten gelten hingegen verbreitet als Kleinkram. *Heinrich Wilhelm Kruse* hat auf der Jahrestagung 1985 – ohne sich dies zu eigen zu machen – von vermeintlicher „Inspektorenmaterie" gesprochen[1].

Diese Wahrnehmung steht in einem deutlichen Gegensatz zur persönlichen Betroffenheit der Bürger, zur finanzwirtschaftlichen Bedeutung und zum Teil wohl auch zur rechtlichen Komplexität. Blickt man auf die Zahlen, so stehen den rund 22 Mio. Steuerpflichtigen[2] mit Einkünften aus nichtselbständiger Arbeit nur rund 5 Mio. steuerpflichtige Gewerbetreibende und rund 2 Mio. Selbständige gegenüber. Dazu kommen noch etwa 600 000 Land- und Forstwirte[3].

Die Arbeitnehmer sind also deutlich in der Mehrheit. Sie erwirtschaften im Vergleich der Einkunftsarten aber auch das größte Steueraufkommen. Die Einkommensteuerstatistik für 2012 (sie stammt aus dem Sommer 2016) weist für die Einkünfte aus nichtselbständiger Arbeit einen Anteil von etwas mehr als 75 % aus, das sind rd. 905 Mrd. Euro Einkünfte aus nichtselbständiger Arbeit im Vergleich zu insgesamt 1,2 Bio. Euro Einkünften i.S.d. § 2 Abs. 2 EStG[4]. Bei den Einkünften aus nichtselbständiger Arbeit (§ 19 EStG) stehen wiederum Einnahmen i.H.v. rd. 960 Mrd. Euro Werbungskosten i.H.v. 48 Mrd. Euro gegenüber, dies entspricht 5 %[5].

Ungefähr die Hälfte dieses Betrags für Werbungskosten ließe sich rechnerisch durch den Arbeitnehmer-Pauschbetrag erklären. Mindestens[6]

---

1 *Kruse* in DStJG 9 (1986), S. 1 (2).
2 Statistisches Bundesamt, Finanzen und Steuern, Lohn- und Einkommensteuer 2012 (Fachserie 14 Reihe 7.1), Wiesbaden 2016, Tabelle A 6 (S. 14). Zusammenveranlagte Ehegatten (Splitting) werden auch für die Statistik als ein Steuerpflichtiger behandelt (vgl. § 26b EStG), daraus ergeben sich Unschärfen, vgl. ebd.
3 Statistisches Bundesamt (Fn. 2), Tabelle A 5 (S. 11).
4 Statistisches Bundesamt (Fn. 2), Tabelle A 5 (S. 11).
5 Statistisches Bundesamt (Fn. 2), Tabelle A 6 (S. 14). Die Differenz zu den angegebenen 900 bzw. 905 Mrd. Euro (961 ./. 48 Mrd. Euro) ergibt sich durch den Versorgungsfreibetrag i.H.v. rd. 8 Mrd. Euro.
6 „Mindestens", weil beim Überschreiten des Arbeitnehmer-Pauschbetrags (§ 9a S. 1 Nr. 1 lit. a] EStG) auch die ersten 1000 Euro nachzuweisen sind.

die übrige Hälfte wären dann Werbungskosten, die i.S.d. § 9a S. 1 EStG „nachgewiesen" sind, die also unter den Werbungskostenbegriff des § 9 EStG subsumiert und den Einkünften aus nichtselbständiger Arbeit (§ 19 EStG) zugeordnet werden müssen. Allerdings ist diese Rechnung mit Durchschnittswerten irreführend; die im Einzelnen nachgewiesenen Werbungskosten sind in Wahrheit viel höher. Nach der Einkommensteuerstatistik gehen tatsächlich nur rd. 12,5 Mrd. Euro auf den Arbeitnehmerpauschbetrag zurück. Demgegenüber haben etwas mehr als 50 % der Arbeitnehmer höhere Werbungskosten als 1000 Euro angegeben und zwar in einer Höhe von insgesamt rd. 35,5 Mrd. Euro[7].

Es sind in erster Linie die oberen Einkunftsklassen, die höhere Werbungskosten geltend machen, während in den unteren Einkunftsklassen eher der Arbeitnehmer-Pauschbetrag in Anspruch genommen wird[8]. Arbeitnehmer mit einem Bruttolohn bis 10 000 Euro im Jahr nehmen zu 90 % den Pauschbetrag in Anspruch (bei einem Bruttolohn von 10 000–20 000 Euro immerhin noch zu 61 %). Arbeitnehmer, die Einnahmen von mehr als 1 Mio. Euro haben, in nur 27 % der Fälle – dies betrifft allerdings auch nur noch 2842 Personen (im Vergleich zu 3,3 Mio. Arbeitnehmern mit einem Bruttolohn unter 10 000 Euro im Jahr).

Einerseits plausibel, andererseits aber wohl auch nicht selbstverständlich: Die durchschnittlichen Werbungskosten steigen mit den Einkünften an (Abb. 1). Während in der Einkunftsklasse bis 10 000 Euro im Durchschnitt 1060 Euro Werbungskosten abgezogen werden (davon entfallen, was nicht verwundert, 90 % auf den Pauschbetrag), sind es bei den rund 3000 Arbeitnehmern, die mehr als 1 Mio. Euro pro Jahr verdienen, immerhin 11 390 Euro. Im Verhältnis zum Bruttolohn nehmen die Werbungskosten indes stetig ab – von logischen 10 % bis auf 0,2 % (Abb. 2).

---

[7] Statistisches Bundesamt, Finanzen und Steuern, Jährliche Einkommensteuerstatistik 2011 (Fachserie 14 Reihe 7.1.1), Wiesbaden 2015, Teil II, S. 15.
[8] Statistisches Bundesamt (Fn. 7), Teil II, S. 15.

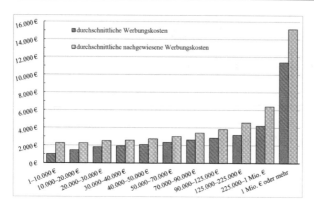

Abbildung 1: Verteilung der Werbungskosten auf die Einkommensklassen

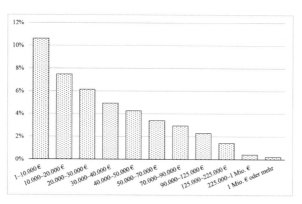

Abbildung 2: Durchschnittliche Werbungskosten im Verhältnis zum Bruttolohn

Im Durchschnitt liegen die Werbungskosten – unter Einrechnung der Pauschale – bei rd. 1863 Euro. In diesem Zusammenhang ebenfalls nicht unwichtig: In 92 % der Fälle resultieren die „höheren Werbungskosten" aus den Fahrtkosten für Wege zwischen Wohnung und Arbeitsstätte[9].

---

9 Statistisches Bundesamt (Fn. 7), Teil II, Tabelle 8 (S. 18).

II. Nettoeinkünfte als Maßstab der Einkommensbesteuerung

Der Begriff „Werbungskosten" findet sich schon im Reichseinkommensteuergesetz von 1920 (§ 13 Abs. 1 Nr. 1 REStG 1920)[10], allerdings noch nicht im preußischen Einkommensteuergesetz von 1891 (§ 9 PrEStG 1891)[11]. Die gesetzliche Umschreibung in beiden Gesetzen kommt aber unserer aktuellen Fassung recht nahe. In § 9 Abs. 1 Nr. 1 PrEStG 1891 heißt es, von dem Einkommen seien in Abzug zu bringen „die zur Erwerbung, Sicherung und Erhaltung des Einkommens verwendeten Ausgaben [...]". In § 13 Abs. 1 Nr. 1 REStG 1920 ist der Begriff dann schon legaldefiniert: In Abzug zu bringen (hier schon „[v]om Gesamtbetrage der Einkünfte") sind „die zu ihrer Erwerbung, Sicherung und Erhaltung gemachten Aufwendungen (Werbungskosten)". Wir meinen also, wenn wir von Werbungskosten sprechen, „Erwerbungskosten des Einkommens"[12] bzw. „Kosten der Einkommenserwerbung"[13]. Warum sind diese abzuziehen?

1. Das objektive Nettoprinzip als Grundlage der Ertragsbesteuerung

Die Einkommensteuer ist – anders als z.B. die Umsatzsteuer – eine Steuer auf Nettobeträge. Als Gewinn bzw. im Fall des Arbeitnehmers Überschuss sind die Einkünfte eine saldierte Rechengröße, die sich aus den Einnahmen abzgl. derjenigen Aufwendungen zusammensetzt, die bei der Erzielung der Einnahmen entstanden sind[14]. Der Steuerpflichtige kann nur aus dem Teil der Einnahmen Steuern zahlen, der ihm tatsächlich für den eigenen Verbrauch zur Verfügung steht. Für die Steuerzahlung nicht verfügbar ist der Teil, der für die Erzielung der Einnahmen ausgegeben werden muss[15]. Solche Erwerbsausgaben bezeichnet das Einkommensteuerrecht als Betriebsausgaben (§ 4 Abs. 4 EStG) bzw. bei den

---

10 Deutsches Reichseinkommensteuergesetz v. 29.3.1920, RGBl. 1920 Nr. 57, S. 353 (zit. nach FinArch 37 [1920], S. 217 [220]); vgl. auch den Entwurf, Verhandlungen der verfassungsgebenden Deutschen Nationalversammlung, Bd. 340, Nr. 1642, S. 5.
11 Preußisches Einkommensteuergesetz v. 24.6.1891, Pr.GS 1891 Nr. 19 S. 175 (zit. nach FinArch 8 [1891], S. 331 [333]).
12 *Wagner*, FinArch 8 (1891), S. 71 (219).
13 *Wagner*, FinArch 8 (1891), S. 71 (220).
14 *Birk/Desens/Tappe*, Steuerrecht, 19. Aufl. 2016, Rz. 615.
15 *Birk/Desens/Tappe* (Fn. 14), Rz. 615.

Überschusseinkünften als Werbungskosten (§ 9 Abs. 1 EStG)[16]. § 2 Abs. 2 EStG normiert für das Einkommensteuerrecht das sog. objektive Nettoprinzip. Dieses Prinzip hat als solches keinen Verfassungsrang, verwirklicht aber für den Bereich der Einkünfteermittlung den Grundsatz der Besteuerung nach der individuellen Leistungsfähigkeit, der als Fundamentalprinzip insbesondere im Ertragsteuerrecht Geltung beansprucht[17].

2. Die Trennung von Einkommenserzielung und Einkommensverwendung

Weniger für die Einnahmen, umso mehr aber für die Ausgaben muss wegen des objektiven Nettoprinzips unterschieden werden, ob die Kosten dem Erwerb von Einkommen dienen oder aber als Einkommen verwendet werden. Die Erwerbs- ist folglich von der Privatsphäre abzugrenzen. Schon das preußische Einkommensteuergesetz von 1891 verbot in § 9 Abs. 2 Nr. 2 den Abzug der „zur Bestreitung des Haushalts der Steuerpflichtigen und zum Unterhalte ihrer Angehörigen gemachten Ausgaben"[18]. Ebenso das Reichseinkommensteuergesetz von 1920 (§ 15) und natürlich auch das geltende Recht in § 12 Nr. 1 EStG. Aus dem objektiven Nettoprinzip folgt die grundsätzliche Abziehbarkeit von Aufwendungen nur im Rahmen der Erwerbssphäre. Hingegen kann der Steuerpflichtige Aufwendungen, die er im Rahmen seiner privaten Vermögensverwendung tätigt, grundsätzlich nicht von seinen Erwerbseinnahmen abziehen und dadurch auch nicht sein zu versteuerndes Einkommen mindern. Für private Aufwendungen besteht daher grundsätzlich ein Abzugsverbot (dazu sogleich sub III.).

3. Der Dualismus von Werbungskosten und Betriebsausgaben

Zudem ergeben sich für den Werbungskostenabzug noch Besonderheiten, die aus der gesetzgeberischen Grundentscheidung für einen Dualis-

---

16 Birk/Desens/Tappe (Fn. 14), Rz. 615.
17 Birk/Desens/Tappe (Fn. 14), Rz. 615 m. Hinw. auf BVerfG v. 3.11.1982 – 1 BvR 620/78 u.a., BVerfGE 61, 319 (343 f.); v. 29.5.1990 – 1 BvL 20/84 u.a., BVerfGE 82, 60 (86); v. 22.6.1995, – 2 BvL 37/91 u.a., BVerfGE 93, 121 (135); Lehner, DStR 2009, 185; Breinersdorfer, DStR 2010, 2492. Vgl. auch BVerfG v. 9.12.2008 – 2 BvL 1/07 u.a., BVerfGE 122, 210 (234, 242); v. 12.5.2009 – 2 BvL 1/00, BVerfGE 123, 111 (121); v. 6.7.2010 – 2 BvL 13/09, BVerfGE 126, 268 (279 f.); v. 12.10.2010 – 1 BvL 12/07, BVerfGE 127, 224 (248 f.).
18 Vgl. Fn. 11.

mus der Einkunftsarten herrühren (§ 2 Abs. 2 EStG)[19]. Im Unterschied zur Ermittlung des Gewinns (§ 2 Abs. 2 S. 1 Nr. 1 i.V.m. §§ 4, 5 EStG) bleiben bei der Ermittlung des Überschusses (§ 2 Abs. 2 S. 1 Nr. 2 i.V.m. §§ 8, 9 EStG) Veränderungen im Bereich des eingesetzten Vermögens grundsätzlich unberücksichtigt[20]. Besteuert werden nicht die erwirtschafteten Reinvermögenszugänge, sondern nur die Quelleneinkünfte[21].

Mit anderen Worten: Weil Arbeitnehmer – anders als Selbständige oder Gewerbetreibende – nach dem Gesetz kein Betriebsvermögen haben, wirken sich Änderungen im Bereich ihres Vermögens grundsätzlich nicht aus. Weder Wertsteigerungen noch Wertverluste im Privatvermögen werden erfasst. Dementsprechend sind auch Aufwendungen für den Vermögensstamm, aus dem Einkünfte erzielt werden, grundsätzlich keine Werbungskosten[22]. Auf die konkreten Auswirkungen dieser gesetzgeberischen Grundentscheidung (auch in zeitlicher Hinsicht, § 11 EStG) und auf die Ausnahmen wird noch zurückzukommen sein (sub IV.).

III. Entgrenzung der Arbeit als Herausforderung für das Einkommensteuerrecht

Es gibt ein Sprichwort, das das Kernproblem bei den Werbungskosten des Arbeitnehmers auf den Punkt bringt: „Dienst ist Dienst und Schnaps ist Schnaps"[23]. Der Abzug von Werbungskosten verlangt einen Zusammenhang mit der steuerbaren Erwerbstätigkeit (dem „Dienst"), nicht mit der privaten Lebensführung[24] (dem „Schnaps"). Die klassischen, zum Teil seit langem umstrittenen Beispiele sind hinlänglich bekannt. Sie betreffen die Aus- und Weiterbildung (Bereitet mich mein Erststudium auf den Beruf oder aufs Leben vor? Lerne ich italienisch für den Außendienst oder für den Urlaub?), die Entfernungspauschale (Ist der lange Weg zur Arbeit nicht vielleicht doch durch das Wohnen im Grünen veranlasst?) oder auch vermeintliche Arbeitskleidung (Wer trägt schon privat einen Anzug?).

---

19 Vgl. *Hey* in Tipke/Lang, Steuerrecht, 22. Aufl. 2015, § 8 Rz. 181 ff.
20 *Birk/Desens/Tappe* (Fn. 14), Rz. 995; *Hey* in T/L (Fn. 19), § 8 Rz. 183.
21 *Birk/Desens/Tappe* (Fn. 14), Rz. 995; *Hey* in T/L (Fn. 19), § 8 Rz. 183.
22 *Birk/Desens/Tappe* (Fn. 14), Rz. 1021; *Hey* in T/L (Fn. 19), § 8 Rz. 359.
23 Vgl. auch *Gottschall/Voß* in Gottschall/Voß (Hrsg.), Entgrenzung von Arbeit und Leben, 2003, S. 20.
24 Vgl. nur *Loschelder* in Schmidt, 35. Aufl. 2016, § 9 EStG Rz. 1.

Zwei Feststellungen scheinen mir in diesem Zusammenhang wichtig. *Erstens*: Die Unterscheidung zwischen Erwerbsaufwendungen einerseits und den Kosten privater Lebensführung andererseits ist im Einkommensteuerrecht zentral und völlig unverzichtbar. *Zweitens*: Die Trennung zwischen der einkommensteuerlich relevanten Erwerbssphäre und der steuerlich irrelevanten Privatsphäre wird zugleich im Konkreten immer schwieriger. Die Grenzen zwischen Arbeit und Privatem verschwimmen in der modernen Arbeitswelt zunehmend. Dies lässt sich mit dem Stichwort der „Entgrenzung der Arbeit"[25] bezeichnen.

1. Die Abgrenzung der Erwerbs- von der Privatsphäre

Die Wirtschaft und mit ihr die Arbeitswelt sind seit einiger Zeit im Umbruch[26]. Im Zuge der Globalisierung verschwinden nationale Grenzen. Unternehmen, aber auch Arbeitskräfte, stehen im internationalen Wettbewerb[27]. Die Industrie- wandelt sich zur Dienstleistungsgesellschaft; neue Informations- und Kommunikationstechnologien befördern diese Entwicklung und verändern das Arbeitsleben nachhaltig (hierzu gehören z.b. Phänomene wie das Arbeiten zu Hause oder auch die ständige Erreichbarkeit). Auch Erwerbsbiographien ändern sich: Die lebenslange Dauerstelle wird zur Ausnahme, atypische und prekäre Beschäftigungsverhältnisse nehmen zu. Moderne Unternehmen bauen Hierarchieebenen ab (man duzt sich und trägt keine Krawatten), gearbeitet wird an einem Projekt, feste Arbeitszeiten und -orte werden unwichtig. Kollegen sind Freunde, Arbeit soll Spaß machen, der Beruf Berufung sein ...

Von den einzelnen Mitarbeitern wird im Zuge dieser Veränderungen ein quasi-unternehmerisches Verantwortungsbewusstsein erwartet[28]: Sie sollen ihr Arbeitshandeln eigenständig am Markt und an den Unternehmenszielen ausrichten; dafür wird – im Gegenzug – vielleicht erfolgsabhängig bezahlt. Im Unternehmen, aber auch am Arbeitsmarkt, muss

---

25 *Jurczyk/Voß* in Hildebrandt (Hrsg.), Reflexive Lebensführung, 2000, S. 151 ff.; vgl. auch *Gottschall/Voß* (Fn. 23), S. 11 ff.; *Pongratz/Voß*, Arbeitskraftunternehmer, 2. Aufl. 2004, S. 9; v. *Streit*, Entgrenzter Alltag, 2011, S. 20 f.
26 Vgl. *Schraps*, Frauen und Männer im IT-Bereich, 2007 (http://www.diss.fu-berlin.de/diss/servlets/MCRFileNodeServlet/FUDISS_derivate_000000002722/), S. 6 m.w.N.
27 Vgl. nur *Hönekopp/Jungnickel* in Hönekopp/Jungnickel/Straubhaar (Hrsg.), Internationalisierung der Arbeitsmärkte, 2004, S. 1 ff.
28 *Pongratz/Voß* (Fn. 25), S. 9; *Schraps* (Fn. 26), S. 7.

man sich „verkaufen" können: der moderne Arbeitnehmer muss Künstler sein und zugleich sein eigener Agent.

a) Kausalität und Finalität: Reale und ideale Ursachen

Man mag diese Entwicklung bedauern oder begrüßen, sie bleibt nicht ohne Auswirkungen auf die Einkommensteuer. Erhöhte Mobilität führt zu höheren Fahrtkosten, ein Arbeitsplatzwechsel vielleicht zu doppelter Haushaltsführung. Das Fortkommen im Beruf verlangt nach Aus- und Weiterbildung, der fehlende Feierabend nach einer häuslichen Arbeitsecke und moderner Kommunikationstechnik.

Wenn Arbeit, die uns freut, zum Vergnügen wird[29], wie lassen sich dann Aufwendungen zuordnen: Die schicke Aktentasche, der bequeme Bürostuhl, die Tagung im sonnigen Süden? Wie unterscheide ich also Berufliches von Privatem?

Das Gesetz gibt in § 9 Abs. 1 S. 1 EStG dem Wortlaut nach eine subjektive Veranlassung, einen finalen Zusammenhang vor. Indes ist man sich weitgehend einig, dass – u.a. im Gleichlauf zu § 4 Abs. 4 EStG – ein kausaler Zusammenhang zu fordern ist[30], eine berufliche Veranlassung, die auch objektiv vorliegen muss[31]. Das Beispiel unfreiwilliger Werbungskosten zeigt, dass die subjektive Absicht, Einkünfte zu erzielen, auch fehlen kann[32].

Der Unterschied zwischen Finalität oder Kausalität ist bei menschlichem Handeln indes gering: Auf *Aristoteles* geht die „Zweckursache" zurück[33]; bei *Kant* findet sich der ähnliche Gedanke einer „Kausalverknüpfung der Endursachen", nach dem – ich zitiere das Beispiel *Kants* –

---

29 *Shakespeare*, Macbeth, 2. Akt, 3. Szene: „The labour we delight in physics pain".
30 BFH v. 19.3.1982 – VI R 25/80, BStBl. II 1982, 442; Birk/Desens/Tappe (Fn. 14), Rz. 1013; *Hey* in T/L (Fn. 19), § 8 Rz. 230. Daneben spricht auch die Systematik zu § 9 Abs. 1 S. 3 Nr. 1 EStG: „im Zusammenhang stehen" für eine veranlassungsbezogene Auslegung.
31 Vgl. statt vieler BFH v. 28.11.1977 – GrS 2-3/77, BStBl. II 1978, 105 (108); v. 27.11.1978 – GrS 8/77, BStBl. II 1979, 213 (216); v. 19.3.1982 – VI R 25/80, BStBl. II 1982, 442 (443); *v. Bornhaupt* in DStJG 3 (1980), S. 149 (179 ff.); a.A. z.B. *Kruse*, FR 1981, 473 (474 f.); *Stapperfend* in FS Kruse, 2001, S. 533 (536).
32 Birk/Desens/Tappe (Fn. 14), Rz. 1015.
33 *Aristoteles*, Physik II 3, 194b (24 ff.): Die Ursache des Spaziergehens ist die Gesundheit, denn auf die Frage: warum geht er spazieren? antworten wir: damit er gesund bleibe, und indem wir das sagen, glauben wir die Ursache angegeben zu haben; übers. nach *Prantl*, Aristoteles' Acht Bücher der Physik, Leip-

„das Haus zwar die Ursache der Gelder ist, die für Miete eingenommen werden, aber doch auch umgekehrt die Vorstellung von diesem möglichen Einkommen die Ursache der Erbauung des Hauses war"[34].

Bei den Werbungskosten ist es ganz ähnlich: Die Einnahmeerzielung ist der Grund für Aufwendungen, ebenso wie die Aufwendungen die Grundlage für zukünftige Einnahmen bilden. Man kann mit *Kant* und *v. Jhering* reale und ideale Ursachen[35] unterscheiden. Die *reale* Ursache für Werbungskosten ist die Tätigkeit als Arbeitnehmer, die *ideale* Ursache ist der damit verfolgte Zweck[36], d.h.: die Erwartung, aufgrund der Aufwendungen in Zukunft Einnahmen zu erzielen.

Die Entgrenzung der Arbeit macht Werbungskosten einerseits wahrscheinlicher: Ich investiere in meine Karriere und nehme dafür auch eigene Aufwendungen in Kauf[37]. Sie macht aber andererseits eine objektive Zuordnung schwieriger: Vieles lässt sich „von außen" nicht mehr eindeutig beurteilen – auch auf dem heimischen Sofa kann man arbeiten. Ein Abstellen auf die subjektive Vorstellung wäre also an sich richtig – allein: die Möglichkeit, beliebige Kosten in die Erwerbssphäre *hineinzuwünschen*, ist zu verlockend, als dass man die Behauptung einer subjektiven Absicht ernsthaft zum Maßstab machen kann.

Die typischen Beispiele vergeblicher, vorweggenommener oder nachträglicher Werbungskosten sind theoretisch interessant – wie Kausalitätsfragen immer –, sie lassen sich aber mit dem Maßstab der „objektiven Veranlassung" gut lösen. Auch unfreiwillige Werbungskosten sind selten problematisch.

b) Behandlung gemischter Aufwendungen

Erhebliche Schwierigkeiten ergeben sich aber regelmäßig bei gemischten Veranlassungen. Ich meine das zunächst ganz „untechnisch", denn sogar bei den klassischen Werbungskosten, z.B. bei den „Aufwendungen für Arbeitsmittel, z.B. für Werkzeuge [...]" (§ 9 Abs. 1 S. 3 Nr. 6 EStG), gibt es

---

zig 1854, S. 67; vgl. auch *v. Jhering*, Der Zweck im Recht I (1877), S. 4: psychologische Kausalität.
34 *Kant*, Kritik der Urteilskraft (1922), § 65 S. 235 (289 f.).
35 *Kant* (Fn. 34), S. 290.
36 Grundlegend *v. Jhering* (Fn. 33), S. I [Titel], der seinem Werk auch ausdrücklich das „Motto" beigibt: „Der Zweck ist der Schöpfer des ganzen Rechts"; *Bydlinski*, Methodenlehre, S. 449, spricht von „kausalen" Zwecken für ein Gesetz; vgl. auch *Schenke*, Rechtsfindung im Steuerrecht, 2007, S. 34.
37 Zum „Arbeitskraftunternehmer" vgl. bereits oben Fn. 25.

selten den einen Grund, der nur im Beruf wurzelt. Wie häufig im Leben spielen verschiedene Faktoren zusammen: Der Pinsel des angestellten Malers ist sicher ein Arbeitsmittel und damit beruflich veranlasst. Aber warum kauft der Arbeitnehmer den Pinsel selbst? Stellt der Arbeitgeber keinen zur Verfügung? Nimmt der Arbeitnehmer lieber seinen Lieblingspinsel, weil der besser in der Hand liegt, als der vom Arbeitgeber gestellte Standard? Sind solche beruflichen Vorlieben noch klar beruflich oder doch schon privat mitveranlasst?

§ 4 Abs. 5 S. 1 Nr. 7 EStG, der über § 9 Abs. 5 EStG auch für die Werbungskosten anwendbar ist, lässt notfalls die allgemeine Verkehrsauffassung darüber entscheiden, ob die „Lebensführung" übermäßig berührt und damit die Aufwendungen unangemessen sind. Zur Prüfung verdeckter Gewinnausschüttungen geht man mit dem Fremdvergleich ähnlich vor[38].

Die neuere Rechtsprechung zu den gemischten Aufwendungen[39] hat hier grundsätzlich einen richtigen (und auch modernen) Weg eingeschlagen – sie erkennt die Mehrdeutigkeit an: Aufwendungen, die sowohl beruflich als auch privat veranlasst sind, können aufgeteilt werden, wenn der berufliche bzw. private Anlass nicht von ganz untergeordneter Bedeutung ist – und deshalb eine Alles-oder-Nichts-Lösung rechtfertigt[40].

2. Typische Konstellationen und Lösungsansätze

Die klassisch streitigen Konstellationen finden sich genau in diesem Grenzbereich zwischen beruflich und privat.

Natürlich dient fast jede *Ausbildung* letztlich der Persönlichkeitsentwicklung *und* dem beruflichen Fortkommen[41]. Das Studium der Rechtswissenschaften formt den Charakter, (ver-)formt die Denkweise, ermöglicht aber auch den Brotberuf. Was folgt daraus für den Werbungskostenabzug? *Friedrich Schiller*[42] hätte 1789 den Werbungskostenabzug für ein Studium vermutlich brüsk zurückgewiesen. In seiner Jenaer Antrittsvorlesung heißt es: „Beklagenswerther Mensch, der mit dem edels-

---

38 *Birk/Desens/Tappe* (Fn. 14), Rz. 1249; *Wied* in Blümich, 133. Aufl. 2016, § 4 EStG Rz. 872.
39 BFH v. 21.9.2009 – GrS 1/06, BStBl. II 2010, 672.
40 BFH v. 21.9.2009 – GrS 1/06, BStBl. II 2010, 672; v. 8.7.2015 – VI R 46/14, BStBl. II 2015, 1013; v. 22.3.2016 – VIII R 24/12, BFHE 254, 7; v. 20.6.2016 – X B 14/16, BFH/NV 2016, 1552.
41 BFH v. 17.7.2014 – VI R 8/12, DStR 2014, 2216 (2232); vgl. auch BT-Drucks. 17/7259, 2.
42 „von" erst ab 1802.

ten aller Werkzeuge, mit Wissenschaft und Kunst, nichts höheres will und ausrichtet, als der Taglöhner mit dem schlechtesten! der im Reiche der vollkommensten Freyheit eine Sclavenseele mit sich herum trägt!"[43]. Zweifellos dient die *Fahrt zur Arbeit* dem Broterwerb, ebenso wie die Fahrt nach Hause privaten Zwecken dient. Oder ist sie vielleicht als „Umkehr einer beruflich veranlassten Ursache" ebenfalls beruflich veranlasst?[44] (Man muss ja abends nur zurück, weil man morgens hingefahren ist ...). Die für die Pauschale des § 9 Abs. 1 S. 3 Nr. 4 S. 1 EStG so wichtige Entfernung zwischen Wohnung und (erster) Tätigkeitsstätte jedenfalls bestimmt sich sowohl aus der Lage der Wohnung (privat gewählt) als auch aus dem Ort „der ortsfesten betrieblichen Einrichtung des Arbeitgebers". Was folgt daraus für die steuerrechtliche Einordnung?

Man sollte sich zunächst einmal bewusst machen, dass die Frage der Veranlassung nicht ohne Wertungen beantwortet werden kann. Wer sich an die Diskussion um die Pendlerpauschale erinnert[45], wird das Wort Wertung vielleicht auch durch „Glaubenssätze" ersetzen wollen. Wieso führen Fahrtkosten zu Werbungskosten, die höhere Miete einer günstig gelegenen Wohnung aber nicht, die Umzugskosten[46] aber wieder doch? Hat die Wahl des Wohnorts wirklich eine fundamentalere Bedeutung für die persönliche Existenz des Steuerpflichtigen als der Arbeitsplatz[47]? Rechtfertigt das eine unterschiedliche Behandlung?

Man kann all diese Fragen auch anders stellen. Man sollte sie auch anders stellen, nämlich nicht: „Was ist die richtige Wertung?", sondern: „Wer nimmt diese Wertung vor?". Die Antwort ist einfach: Der Gesetzgeber, der auch die Steuer ausgestaltet. Mal deutlich, mal durch noch

---

43 *Schiller*, Was heißt und zu welchem Ende studiert man Universalgeschichte?, Jena 1789, S. 7.
44 So *Tipke* in FS Raupach, 2006, S. 177.
45 Vgl. nur *Wernsmann*, DStR 2007, 1149; *Micker*, DStR 2007, 1145; *Lang*, StuW 2007, 3 (14 f.); *Tipke*, FR 2007, 962; *Hennrichs*, BB 2004, 584 (585 ff.); *Richter/Söhn*, StuW 2008, 117; *Birk*, DStR 2009, 877 (881); aus der Rechtsprechung (vor BVerfGE 122, 210): FG Nds. v. 27.2.2007 – 8 K 549/06, DStR 2007, 481; v. 2.3.2007 – 7 V 21/07, DStRE 2007, 547 und FG Saarl. v 22.3.2007 – 2 K 2442/06, DStRE 2007, 540 (verfassungswidrig) bzw. FG BW v. 7.3.2007 – 13 K 283/06, DStRE 2007, 538; FG Köln v. 29.3.2007 – 10 K 274/07, EFG 2007, 1090 (verfassungskonform). Weitere Nachweise finden sich auch im Vorlagebeschluss des BFH v. 10.1.2008 – VI R 17/07, BStBl. II 2008, 234 (243 f.).
46 *Krüger* in Schmidt (Fn. 24), § 19 EStG Rz. 110; *Köhler* in Bordewin/Brandt, § 9 EStG Rz. 650 („Umzugskosten").
47 Vgl. *Richter/Söhn*, StuW 2008, 117 (121).

auslegungsbedürftige Regelungen, mal durch die Systematik (manche nennen letzteres dann „Prinzip"). Jedenfalls *darf* der Gesetzgeber werten – im Allgemeinen wie im Konkreten. Natürlich gibt es hier Grenzen. Die Wertung muss sich im Rahmen des Vertretbaren halten, aber die Spielräume (für den Gesetzgeber) sind für die hier zu behandelnden Fragen hinreichend groß[48].

Die Fahrtkosten z.b. waren schon im REStG von 1920 erfasst: „Zu den Werbungskosten gehören auch: […] notwendige Ausgaben, die dem Steuerpflichtigen durch Fahrten zwischen Wohnung und Arbeitsstätte erwachsen sind"[49]. Liest man das heute – mit dem Hintergrundrauschen der Diskussion um die Pendlerpauschale noch im Ohr – ahnt man nichts Gutes: Warum die Klarstellung? Ergibt sich das nicht schon aus dem Nettoprinzip? Was sind *notwendige* Ausgaben? Großes Auto, kleines Auto, Pferdekutsche? Gibt es „Klassenunterschiede"? Mancher erhofft sich vielleicht eine neue Argumentationslinie: Ist der Abzug von Fahrtkosten nicht heute quasi gewohnheitsrechtlich garantiert?

a) Aus- und Weiterbildungskosten

Zunächst noch einmal zurück zu den Ausbildungskosten. Wir haben inzwischen eine – nach zwei gesetzlichen Klarstellungen[50] – schon übermäßig klare Regelung zur Berufsausbildung – in § 9 Abs. 6, in § 4 Abs. 9 und in § 10 Abs. 1 Nr. 7 EStG. Und – ich hoffe, Sie gestatten mir diese Bemerkung – wir hatten auch schon zuvor eine hinreichend klare Regelung in § 12 Nr. 5 EStG[51]. Die jetzt gefundene Regelung nimmt verschiedene Differenzierungen vor, die als Wertung im Graubereich zwischen beruflichen und privaten Gründen verfassungsrechtlich ohne weiteres zulässig sind[52]. Den Grad der notwendigen Veranlassung darf der Gesetzgeber festlegen. Der 20-jährige Medizinstudent, dessen Studium an einer staatlichen Universität ohnehin hoch subventioniert ist, weiß vielleicht gar

---

48 Vgl. u.a. BVerfG v. 9.12.2008 – 2 BvL 1/07 u.a., BVerfGE 122, 210; BFH v. 10.1.2008 – VI R 27/07, BFH/NV 2009, 955; v. 20.3.2014 – VI R 29/13, BStBl. II 2014, 849.
49 § 13 REStG 1920 (Fn. 10).
50 G. v. 7.12.2011, BGBl. I, 2592 (2600); G. v. 22.12.2014, BGBl. I, 2417 (2422).
51 Vgl. aber BFH v. 28.7.2011 – VI R 7/10, BStBl. II 2012, 557 sowie die Vorlagebeschlüsse BFH v. 17.7.2014 – VI R 2/12, BFHE 247, 25 (BVerfG: 2 BvL 23/14); VI R 8/12, BFHE 247, 64 (2 BvL 24/14); VI R 61/11, juris (2 BvL 22/14); VI R 38/12, juris (2 BvL 25/14); VI R 2/13, juris (2 BvL 26/14); VI R 72/13, juris (2 BvL 27/14). Krit. bereits *Birk/Desens/Tappe* (Fn. 14), Rz. 624.
52 Vgl. auch *Thiemann*, JZ 2015, 866 (867 ff.).

nicht, ob er lieber eine eigene Praxis eröffnen (dann Betriebsausgaben) oder Klinikarzt werden will (dann Werbungskosten). Und wo verläuft die Grenze? Auch das (gute) Abitur ist *conditio sine qua non* für das Medizinstudium. Ist die mit Nachhilfe erkaufte Gymnasialempfehlung in der Grundschule damit schon beruflich veranlasst? Mit Blick auf typische Erwerbsbiographien ist es auch nicht unwahrscheinlich, dass die Eltern das Studium zahlen (dann Drittaufwand). Im Fall des Zweitstudiums, nach einer ersten („geordneten", § 9 Abs. 6 EStG) Berufsausbildung, ist das häufig anders.

Will man in dieser Gemengelage ernsthaft dem Gesetzgeber aus Systemerwägungen heraus, nichts anderes ist letztlich das sog. „Folgerichtigkeitsgebot"[53], vorschreiben, die berufliche Veranlassung anzuerkennen oder aber sich einer eigenen Wertung für einen Teilbereich zu enthalten? Wieso eigentlich sollte der Gesetzgeber nur den Grundsatz regeln dürfen, wenn es doch offenbar ein Bedürfnis für Klärung im Konkreten gibt?

Es ist – wie das BVerfG zur Pendlerpauschale ausgeführt hat – zu unterscheiden „zwischen der tatbestandlichen Qualifikation von Aufwendungen nach Maßgabe der einfachgesetzlichen Grundregeln [...] einerseits und der verfassungsrechtlich zulässigen gesetzgeberischen Bewertung und Gewichtung multikausaler und multifinaler Wirkungszusammenhänge, die für die unterschiedlichen Lebenssachverhalte im Schnittbereich zwischen beruflicher und privater Sphäre kennzeichnend sind, andererseits."[54]

b) Fahrt- und Reisekosten

Für die Fahrtkosten zur Arbeit oder auch im Rahmen einer doppelten Haushaltsführung gilt nichts anderes. Das FG Münster hatte im August 2013 einen Werbungskostenabzug zugelassen für die Besuchsfahrt einer Ehefrau zum Arbeitnehmer, der auf einer ausländischen Baustelle unabkömmlich war[55]. Der BFH hat dies im Oktober 2015 anders gesehen und die berufliche Veranlassung einer Fahrt des Ehepartners verneint[56]. Im konkreten Fall lag nach Auffassung beider Gerichte keine doppelte Haushaltsführung i.S.d. § 9 Abs. 1 S. 3 Nr. 5 S. 2 EStG vor, weil mit der

---

53 Vgl. *Tappe*, JZ 2016, 27 (29).
54 BVerfG v. 9.12.2008 – 2 BvL 1/07 u.a., BVerfGE 122, 210 (238 f.).
55 FG Münster v. 28.8.2013 – 12 K 339/10 E, juris.
56 BFH v. 22.10.2015 – VI R 22/14, BStBl. II 2016, 179.

Baustelle keine „dauerhaft angelegte Arbeitsstätte" begründet war, sondern eine bloße Auswärtstätigkeit[57]. Mangels doppelter Haushaltsführung wäre unter § 9 Abs. 1 S. 1 EStG zu subsumieren: Liegt hier eine berufliche Veranlassung vor? „Ja", wenn ein objektiver Zusammenhang mit dem Beruf besteht und wenn die Aufwendungen subjektiv zur Förderung des Berufs getätigt werden[58].

Ein erster Ansatz: Wäre der Arbeitnehmer nicht auswärts beschäftigt, wären keine Fahrtkosten der Ehefrau angefallen. Damit spricht einiges für eine berufliche Veranlassung. Allerdings drängen sich Zweifel auf. Es ging um die Kosten der Ehefrau, deren Erwerbstätigkeit hier gar nicht betroffen ist. Wäre es nicht besser, es wären Reisen und damit Aufwendungen des Arbeitnehmers selbst gewesen? Ist es damit nicht klar ein privater Besuch? Wäre nicht auch die Heimfahrt privat?

Zu einem ähnlichen Fall – hier besuchte die Ehefrau mit zwei Kindern den unabkömmlichen Arbeitnehmer auf einem Fahrgastschiff in der Karibik(!) – hatte der BFH im Jahr 1983 noch entschieden dass „eine private, die Abziehbarkeit ausschließende Mitveranlassung nicht vorliege"[59]. Die Rechtsprechung sehe „[e]ine Besuchsreise, die im Rahmen einer doppelten Haushaltsführung ausgeführt [werde,] als eindeutig beruflich veranlasst an"[60].

Das FG hatte im Baustellen-Fall eine „Überlagerung privat veranlasster Aufwendungen durch berufliche Gründe" angenommen und eine Parallele zur doppelten Haushaltsführung gezogen: Dort sei die wöchentliche Familienheimfahrt (§ 9 Abs. 1 S. 3 Nr. 5 S. 5 EStG) beruflich. Wenn diese (berufliche) Fahrt aus beruflichen Gründen (Unabkömmlichkeit) nun durch einen „umgekehrten" Besuch ersetzt werde, sei auch diese Fahrt eben beruflich[61].

Der BFH wiederum sagt: „Beruflich veranlasst sind grundsätzlich nur die Mobilitätskosten des steuerpflichtigen Arbeitnehmers selbst für seine eigenen beruflichen Fahrten. Die Aufwendungen für derartige Fahr-

---

57 FG Münster v. 28.8.2013, – 12 K 339/10 E, juris; BFH v. 22.10.2015 – VI R 22/14, BStBl. II 2016, 179.
58 St. Rspr., vgl. nur BFH v. 23.3.2001 – VI R 175/99, BStBl. II 2001, 585; v. 2.2.2011 – VI R 15/10, BStBl. II 2011, 456; v. 21.9.2009 – GrS 1/06, BStBl. II 2010, 672; BFH v. 17.12.2002 – VI R 137/01, BStBl. II 2003, 407; v. 30.6.2010 – VI R 45/09, BStBl. II 2011, 45; v. 17.6.2009 – VI R 18/07, BStBl. II 2010, 672.
59 BFH v. 28.1.1983 – VI R 136/79, BStBl. II 1983, 313 (314).
60 BFH v. 28.1.1983 – VI R 136/79, BStBl. II 1983, 313 (314).
61 FG Münster v. 28.8.2013 – 12 K 339/10 E, juris (Rz. 18).

ten sind [...] beruflich veranlasst und als Werbungskosten abziehbar, weil der Steuerpflichtige sich aus beruflichem Anlass zu seiner Tätigkeitsstätte begeben hatte, um dort seine Berufstätigkeit auszuüben". „Der Weg zur Tätigkeitsstätte und zurück" sei „notwendige Voraussetzung zur Erzielung von Einkünften". Der Arbeitnehmer könne „nur tätig werden, wenn er sich zu seiner Tätigkeitsstätte begibt"[62].

Wir sind hier wieder in einem typischen Fall der, wie es das BVerfG genannt hat, „Bewertung und Gewichtung multikausaler und multifinaler Wirkungszusammenhänge [...] im Schnittbereich zwischen beruflicher und privater Sphäre"[63]. „Eindeutig", wie es der BFH 1983 (unter dem Eindruck des noch herrschenden Aufteilungs- und Abzugsverbots) formuliert hat, ist hier sicherlich gar nichts. Insoweit ist die gesetzgeberische Wertung, – im Fall der doppelten Haushaltsführung – „eine Familienheimfahrt wöchentlich" zuzulassen, geradezu salomonisch.

Ob man diesen Rechtsgedanken auch in den Bereich der „noch nicht"-doppelten Haushaltsführung überträgt, wie es das FG Münster getan hat, oder aber wie der BFH auf die allgemeinen Regeln zurückkommt, weil die Grenze zur doppelten Haushaltsführung eben noch nicht überschritten ist, gehört zu den ganz normalen Auslegungsfragen, die bei den Gerichten gut aufgehoben sind. Beides erscheint gut vertretbar. Persönlich würde ich hier zur Meinung des BFH tendieren. Die doppelte Haushaltsführung ist ein Sonderfall, in dem an sich private Dinge – wie Wohnen, Haushaltsführung, Verpflegung und Besuche – auf Grund eines klar definierten beruflichen Anlasses (Begründung eines Hausstandes am Arbeitsort) – in einem anderen Licht erscheinen, also umzuqualifizieren sind[64]. Ein – etwas aus der Zeit gefallenes, aber aus damaliger Sicht durchaus modernes – Beispiel für diesen Ansatz findet sich schon in § 13 Nr. 1 lit. e) REStG 1920: „Mehraufwendungen für den Haushalt, die durch eine Erwerbstätigkeit der Ehefrau notwendig geworden sind", waren „[v]om Gesamtbetrage der Einkünfte [...] in Abzug zu bringen".

---

62 BFH v. 10.1.2008 – VI R 17/07, BStBl. II 2008, 234 (245) m.w.N.; v. 22.10.2015 – VI R 22/14, BStBl. II 2016, 179 (180).
63 BVerfG v. 9.12.2008 – 2 BvL 1/02 u.a., BVerfGE 122, 210 (238 f.).
64 Vgl. BVerfG v. 4.12.2002 – 2 BvR 400/98 u.a., BVerfGE 107, 27.

c) Aufwendungen für Arbeitszimmer und Arbeitsmittel

Eine erstaunliche Ausdifferenzierung hat sich in der Rechtsprechung – nach einer ebenso turbulenten Vorgeschichte[65] – zuletzt zu den „Arbeitszimmern" entwickelt[66]. Die Arbeitsecke, „abgetrennt durch ein Regal", darin standen „ein Sofa, ein Couchtisch sowie ein Esstisch mit mehreren Stühlen und ein Fernseher"[67], ist nach der Rechtsprechung nicht abziehbar. Eine Aufteilung komme, anders als im Bereich der übrigen Werbungskosten[68], nicht in Betracht[69]. Küche, Flur und WC gehören, auch hier gibt es Rechtsprechung, übrigens auch nicht – auch nicht anteilig – dazu[70]. Wie fügt sich das in die Rechtsprechung zur „Mischung"?

Der gegenwärtigen Regelung in § 4 Abs. 5 S. 1 Nr. 6b EStG, der für den Arbeitnehmer über § 9 Abs. 5 EStG anwendbar ist, liegt die Wertung zugrunde, dass Aufwendungen für das häusliche Arbeitszimmer nur dann abziehbar sind, wenn dieses notwendig ist: Wenn „für die betriebliche oder berufliche Tätigkeit kein anderer Arbeitsplatz zur Verfügung steht" (dann begrenzt auf 1250 Euro)[71], oder wenn „das Arbeitszimmer den Mittelpunkt der gesamten betrieblichen und beruflichen Betätigung bildet" (dann unbegrenzt). Weil der Arbeitgeber dem Arbeitnehmer normalerweise einen Arbeitsplatz zur Verfügung stellt, gilt Heimarbeit als privat (auch im Fall alleinerziehender Telearbeiter)[72] – eine Wertung, die sicher vertretbar ist. Gibt es einen solchen Arbeitsplatz nicht (man denke z.B. an den Lehrer, der Korrekturen zu Hause macht), stellt die höhenmäßige Begrenzung wiederum einen gangbaren Kompromiss dar – einen Kompromiss zwischen der Notwendigkeit, (auch) zu Hause arbeiten zu müs-

---

65 BT-Drucks. 16/1545, 12; G. v. 19.7.2006, BGBl. I, 1652; BVerfG v. 6.7.2010 – 2 BvL 13/09, BVerfGE 126, 268.
66 Grundlegend BFH v. 27.7.2015 – GrS 1/14, BStBl. II 2016, 265. Neu auch: BFH v. 22.3.2016 – VIII R 24/12, BFHE 254, 7; v. 22.3.2016 – VIII R 10/12, BHFE 254, 1; v. 17.2.2016 – X R 32/11, BStBl. II 2016, 708; v. 17.2.2016 – X R 26/13, BStBl. II 2016, 611.
67 BFH v. 17.2.2016 – X R 32/11, BStBl. II 2016, 708 (709).
68 BFH v. 21.9.2009 – GrS 1/06, BStBl. II 2010, 672.
69 BFH v. 27.7.2015 – GrS 1/14, BStBl. II 2016, 265; v. 16.2.2016 – IX R 23/12, DStR 2016, 959; v. 16.4.2013 – IX R 20/12, BStBl. II 2013, 691; v. 9.7.2013 – IX R 21/12, BFH/NV 2013, 1778.
70 BFH v. 20.6.2016 – X B 14/16, BFH/NV 2016, 1552; v. 17.2.2016 – X R 26/13, BStBl. II 2016, 611.
71 Dieser Teil war durch das JStG 2007 gestrichen worden, dazu BVerfG v. 6.7.2010 – 2 BvL 13/09, BVerfGE 126, 268 (270 f., 280 ff.).
72 FG Rh.-Pf. v. 11.8.2015 – 3 K 1544/13, DStRE 2016, 1027.

sen, und den Schwierigkeiten, berufliche und private Nutzungsanteile vernünftig voneinander trennen zu können[73]. Die (vertretbare)[74] spezielle Wertung in § 4 Abs. 5 S. 1 Nr. 6b EStG überlagert somit die – schwierigen – Abgrenzungsfragen, würde man direkt unter § 9 Abs. 1 S. 1 EStG subsumieren wollen. Denn spätestens bei der „Arbeitsecke", einem Teil des Raums der ohnehin vorhanden ist und auch nicht extern angemietet werden könnte, ist diese Abgrenzung kaum mehr möglich.

Auch bei den Arbeitsmitteln gibt es erstaunliche Fallgestaltungen: Neben dem „klassischen" Zeitungsabo[75], dem Konversationslexikon für Lehrer[76] und dem schwarzen Anzug des Orchestermusikers[77] – der Pilotenkoffer wiederum ist beim Piloten beruflich veranlasst[78] – hat die Rechtsprechung zwischenzeitlich ein Profifußballer[79] bzw. -trainer[80] beschäftigt, der Aufwendungen für das „Fußballpaket" seines Pay-TV-Abonnements abziehen wollte. Der Bezug zur privaten Lebensführung ist hier besonders deutlich – gleichzeitig steht völlig außer Frage, dass man als Fußballer aus dem Anschauen von Spielen viel lernen kann. Quantifizieren und Abgrenzen lässt sich dies hier aber nicht.

d) Aufwendungen für Einladungen und Feiern

Der Abzug von Aufwendungen für Einladungen und Feiern hat die Rechtsprechung ebenso beschäftigt. Hier haben wir indes eine Regelung zu den Bewirtungsaufwendungen in § 4 Abs. 5 S. 1 Nr. 2 EStG (über § 9 Abs. 5 S. 1 EStG):

Angemessen müssen sie sein, einen geschäftlichen Anlass müssen sie haben und, das ergibt sich aus der 70 %-Grenze, es bleibt trotzdem bei

---

73 BVerfG v. 6.7.2010 – 2 BvL 13/09, BVerfGE 126, 268 (282): „Dem Gesetzgeber bleibt es auch unbenommen, bei der Bestimmung des Höchstbetrages die objektiv gegebene, staatlich jedoch nicht beobachtbare Möglichkeit privater Mitbenutzung des häuslichen Arbeitszimmers pauschal zu berücksichtigen".
74 BVerfG v. 6.7.2010 – 2 BvL 13/09, BVerfGE 126, 268 (282).
75 Aus jüngerer Zeit z.B. FG Münster v. 30.9.2010 – 5 K 3976/08 E, EFG 2011, 228; FG Hess. v. 19.6.2008 – 9 K 2738/05, DStRE 2009, 1099.
76 BFH v. 5.7.1957 – VI R 39/56, BStBl. III 1957, 328.
77 FG Münster v. 13.7.2016 – 8 K 3646/15 E, juris.
78 FG Hamburg v. 23.5.2011 – 6 K 77/10, EFG 2011, 2057.
79 FG Rh.-Pf. v. 18.7.2014 – 1 K 1490/12, DStRE 2015, 1100; FG Münster v. 24.3.2015 – 2 K 3027/12 E, juris.
80 FG Düsseldorf v. 14.9.2015 – 15 K 1712/15 E, EFG 2016, 1416 (Rev. BFH, VI R 24/16).

einer privaten Mitveranlassung: Denn essen muss der Mensch, nach dem Gesetz genau 30 % einer angemessenen Restaurantportion. Bei den Feiern wird nach einem beruflichen Anlass gesucht: Dienstjubiläum[81] statt Geburtstag[82], Bestellung zum Steuerberater[83] statt Hochzeit[84]. Man teilt nach Personen aus dem beruflichen und dem privaten Umfeld[85] und grenzt Wein (Bewirtung) von Kaffee (Aufmerksamkeit in geringem Umfang) ab. Die Rechtsprechung hat hier eine beachtliche Tiefe und Differenzierungskraft erreicht – genau das ist ihre Aufgabe.

e) Kinderbetreuungskosten

Die Kinderbetreuung hat mit Blick auf die Werbungskosten eine bewegte Geschichte hinter sich. Zunächst, bis 2005, waren erwerbsbedingte Kinderbetreuungskosten nicht abziehbar[86], dann nach Maßgabe des § 4f i.V.m. § 9 Abs. 5 EStG[87] doch. § 9c EStG ermöglichte ab 2009 einen begrenzten (zwei Drittel, max. 4000 Euro) Abzug „wie" Werbungskosten bzw. Betriebsausgaben. Seit 2012 gibt es stattdessen den Sonderausgabenabzug nach § 10 Abs. 1 Nr. 5 EStG – der trotz des einleitenden Satzes des § 10 Abs. 1 EStG[88] den Rückgriff auf den allgemeinen Werbungskostenbegriff als *lex specialis* sperrt.

Denn natürlich stellen sich bei der Kinderbetreuung die gleichen Fragen der Abgrenzung, würde man versuchen unter § 9 Abs. 1 S. 1 EStG (oder „das Nettoprinzip") zu subsumieren. Zur Verdeutlichung lässt sich ein gesellschaftspolitisch harmloseres Beispiel finden, für das § 10 EStG schweigt: Haustiere. Die Anschaffung eines Haustiers ist sicher privat. Wenn nun der Hund während der Arbeitszeit durch Dritte gegen Entgelt ausgeführt werden muss: Ist das beruflich veranlasst? Man wird diese Frage wohl verneinen müssen. Die private Entscheidung, einen Hund zu halten, überlagert die berufliche Veranlassung der Betreuung. Der Hund ge-

---

81 BFH v. 20.1.2016 – VI R 24/15, BStBl. II 2016, 744.
82 Zum Geburtstag auch BFH v. 8.7.2015 – VI R 46/14, BStBl. II 2015, 1013; FG BW v. 19.3.2014, EFG 2015, 370.
83 BFH v. 8.7.2015 – VI R 46/14, BStBl. II 2015, 1013; FG BW v. 19.3.2014, EFG 2015, 370.
84 FG Nürnberg v. 5.12.2014 – 7 K 1981/12, EFG 2015, 1188.
85 FG Sachs. v. 15.4.2015 – 2 K 542/11, EFG 2016, 23.
86 Vgl. *Loschelder* in Schmidt, 30. Aufl. 2011, § 9c EStG Rz. 2; *Steiner* in Lademann, § 9c EStG Rz. 2.
87 Dazu *Loschelder* in Schmidt, 28. Aufl. 2009, § 4f EStG Rz. 16.
88 Vgl. die nur schwer vertretbare Argumentation des BFH v. 17.7.2014 – VI R 8/12, DStR 2014, 2216.

hört, wie die Katze, zum „Haushalt des Steuerpflichtigen" i.S.d. § 12 Nr. 1 EStG. Was allerdings die – aus Sicht des Steuerpflichtigen wiederum positive – Nebenfolge hat, dass eine haushaltsnahe Dienstleistung nach § 35a EStG in Betracht kommt[89].

Mit Blick auf die Kinder wird diese, vielleicht etwas technokratisch herzlose, Auslegung modifiziert. Kinder gehören nach der Rechtsprechung des BVerfG *nicht* in den Anwendungsbereich des § 12 Nr. 1 EStG[90]: Die Entscheidung für Kinder kann – und das ist sicherlich richtig – nicht ohne weiteres mit anderen freien Entscheidungen der Bedürfnisbefriedigung gleichgesetzt werden[91]. Das heißt aber nicht, dass die steuerliche Berücksichtigung auch im beruflichen Bereich erfolgen muss. Betreuungsaufwendungen haben viele Gründe: Vorhandensein von Kindern, fehlende eigene Zeit (= Arbeit), fehlende Zeit des Partners (= beruflich veranlasst) und/oder der Großeltern (= Aufwendungen) usw. Was würden wir hier ohne die Wertung des Gesetzgebers in § 10 Abs. 1 Nr. 5 EStG machen? Ist es wirklich weiterführend, in dieser Gemengelage unter § 9 Abs. 1 S. 1 EStG zu subsumieren?

f) Ansätze einer Systematisierung

Auch wenn man von „objektiver Veranlassung" spricht, muss man sich klarmachen, dass es in allen geschilderten Fallkonstellationen nicht um rein logisch zu beantwortende Fragen äquivalenter oder adäquater Kausalität geht. Fast alle diese Aufwendungen haben viele und logisch gleichrangige Ursachen. In jedem Fall bedarf es also einer Wertung. Die maßgeblichen Kriterien für eine solche Wertung können möglicherweise in einer Art „Prüfschema" wie folgt formuliert werden:

Erstens: Gibt es eine gesetzgeberische Wertung, die auf den Fall passt und die – auch unter Einbeziehung möglicher Förderungs- und Lenkungsziele – eine vertretbare (d.h. nicht verfassungswidrige) Zuordnung ermöglicht? – Beispiele dafür gibt es bei den Aufwendungen für Kinderbetreuung (§ 10 Abs. 1 Nr. 5 EStG), im Fall der Ausbildungskosten (§§ 9 Abs. 6, 4 Abs. 9 und 10 Abs. 1 Nr. 7 EStG) beim Arbeitszimmer (§§ 9 Abs. 5, 4 Abs. 5 S. 1 Nr. 6b EStG), für die doppelte Haushaltsführung (§ 9 Abs. 1 S. 3 Nr. 5, § 4 Abs. 5 S. 1 Nr. 6a EStG) usw. Es gibt solche gesetzliche „Vorprägun-

---

89 *Geserich*, jurisPR-SteuerR 3/2016 Anm. 3.
90 BVerfG v. 29.5.1990 – 1 BvL 20/84 u.a., BVerfGE 82, 60 (87).
91 Vgl. BVerfG v. 10.11.1998 – 2 BvR 1057/91 u.a., BVerfGE 99, 216 (246); *Birk/Wernsmann*, JZ 2001, 218 (221).

gen" aber z.B. auch bei „Werkzeugen" und „typischer Berufskleidung" (§ 9 Abs. 1 S. 3 Nr. 6 EStG). Weil es diese gesetzlichen Wertungen recht häufig gibt – auch § 12 Nr. 1 EStG gibt hier mit der Erwähnung des „Haushalts" eine Richtung vor –, ist dieses erste Kriterium insgesamt gut geeignet, eine Vielzahl der streitigen Konstellationen einzuordnen.

Zweitens: Immer dann, wenn der Rechtsanwender für die Abgrenzung eine eigene Wertung der konkreten Einflüsse vornehmen muss, sollte die künstliche Aufspaltung einheitlicher Lebenssachverhalte vermieden werden. – Auch dieser Grundgedanke findet sich im Gesetz an einigen Stellen wieder. Das häusliche Arbeitszimmer ist enger mit der privaten Wohnung verbunden als das außerhäusliche; es ist aber abgrenzbarer als die bloße Arbeitsecke. Die Fahrten zur Arbeit haben mehr mit dem privaten Wohnort zu tun als die echte Dienstreise, sie sind aber besser zu isolieren als die Mehraufwendungen für eine günstiger gelegene Wohnung.

Drittens, als Kontrollüberlegung: Führen höhere Aufwendungen im Mischbereich zu einer Verbesserung des beruflichen oder des privaten Erfolgs? – Bessere Kinderbetreuung ist gut für die Kinder, aber nahezu ohne Auswirkungen auf die Arbeit (es käme insoweit allenfalls auf die Betreuungszeiten an).

Und schließlich gibt es die echten, teilbaren Mischfälle, bei denen z.B. nach Reisetagen oder eingeladenen Personen differenziert werden kann[92]. Wenn die Aufwendungen aufteilbar (d.h. trennbar) sind, lässt sich einerseits die untergeordnete Bedeutung beziffern – und so z.B. bei einem Anteil von unter 10 % (vgl. § 15 Abs. 1 S. 2 UStG) auch eine Ganz-oder-gar-nicht-Entscheidung treffen[93]. Andererseits lässt sich eine rechnerische Aufteilung vornehmen, wenn die „Wesentlichkeitsschwelle"[94] auf beiden Seiten überschritten ist.

Ganz grundsätzlich erscheint es angemessen, heuristisch vorzugehen, also zu fragen: Ist das einzuordnende Phänomen *typischerweise*[95] etwas Privates oder etwas Berufliches? In der angelsächsischen Rechtsprechung findet man für vergleichbare Zuordnungsentscheidungen den „Cheech-und-Chong"- oder auch „Hundehaufen"-Test: *„Does it look*

---

92 BFH v. 21.9.2009 – GrS 1/06, BStBl. II 2010, 672; v. 8.7.2015 – VI R 46/14, BStBl. II 2015, 1013.
93 Zur Frage der Vereinfachung *Hey* in T/L (Fn. 19), § 3 Rz. 18, 23, 147, § 8 Rz. 304.
94 *Söhn* in DStJG 3 (1980), S. 13 (69 f.).
95 Vgl. auch *Loschelder* in Schmidt (Fn. 24), § 9 EStG Rz. 69: typisches Feriengebiet" oder „typische Ferienzeit".

like it, smell like it, taste like it."[96]. Im Steuerrecht könnte man – mit der gängigen Dogmatik – auch vom „Typus" sprechen[97]. Indes ist letztlich jede Auslegung ein „analogischer Prozess"[98], bei dem gesetzlicher Tatbestand und zu subsumierender Sachverhalt einander wertend gegenübergestellt und abgeglichen werden müssen. Rechtsanwendung ist prinzipiell ein Verfahren wertender Zuordnung[99] – hier eben unter dem Gesichtspunkt der eher beruflichen oder eher privaten Veranlassung bestimmter Aufwendungen. Allenfalls in atypischen Fällen, die sich der heuristischen Methode entziehen, kann das so gewonnene *Prima-facie-*Ergebnis durch objektiv belegbare subjektive Vorstellungen zu widerlegen sein.

3. Berufliche oder betriebliche Veranlassung? – Die Rolle des Arbeitgebers

Nicht völlig ausblenden sollte man auch die Rolle des Arbeitgebers, die mit Blick auf die Werbungskosten durchaus zwiespältig sein kann. Grundsätzlich lässt sich die Übernahme der Kosten durch den Arbeitgeber als Indiz für eine berufliche Veranlassung ansehen. Allgemeine wirtschaftliche Überlegungen im Interessengegensatz der beiden Parteien werden den Arbeitgeber dazu bewegen, nur solche Aufwendungen zu tragen, die betriebsnotwendig sind. Es ist zwar auch denkbar, dass durch Aufwendungsersatz verdeckt Lohn gezahlt wird und geldwerte Vorteile zufließen – dies ist aber ein anderes Thema (wenngleich die Abgrenzungsfragen, wie auch bei der verdeckten Gewinnausschüttung[100], sehr ähnlich sind)[101].

Interessant ist der umgekehrte Fall. Kann man daraus, dass ein Arbeitnehmer etwas selbst zahlen muss, weil der Arbeitgeber eben keine Aufwendungen übernimmt, auf eine private Veranlassung schließen? In einer idealen Welt dürfte es eigentlich keine Werbungskosten geben, weil es – anders als beim Selbständigen oder Gewerbetreibenden – jemanden

---

[96] http://www.bloomberg.com/news/articles/2012-05-31/apple-samsung-trials-seen-solving-copycat-spat-ceos-couldn-t.
[97] Vgl. *Weber-Grellet*, StuW 1999, 311 (314); *Drüen*, StuW 1997, 261 (267).
[98] *Kaufmann*, Analogie und Natur der Sache, 1965, S. 27 f.; *Hassemer*, Tatbestand und Typus, 1968, S. 118.
[99] *Müller-Franken*, Maßvolles Verwalten, 2004, S. 450; *Drüen*, StuW 1997, 261 (265 f.); *Weber-Grellet*, StuW 1993, 97 (100).
[100] *Birk/Desens/Tappe* (Fn. 14), Rz. 1247; *Hey* in T/L (Fn. 19), § 11 Rz. 73.
[101] Vgl. auch *Krüger* in Schmidt (Fn. 24), § 19 EStG Rz. 50 f.; *Steiner* in Lademann, § 8 EStG Rz. 81.

gibt, der beruflich veranlasste Aufwendungen aus eigenem, dem „eigenbetrieblichen" Interesse[102] übernimmt. Insoweit ist der schematische Schluss sicher falsch. Soll man den Arbeitnehmer, dessen Arbeitgeber Kosten auf ihn abwälzt, doppelt, d.h. auch noch steuerlich bestrafen? Dennoch lässt sich der Gedanke für die Einordnung fruchtbar machen. Stellt man fest, dass bestimmte Aufwendungen typischerweise von Arbeitgebern getragen werden, kann dies durchaus ein Indiz für eine berufliche Veranlassung sein.

Ein Zurücknehmen des Arbeitgebers, das durch ein zusätzliches Engagement des Arbeitnehmers kompensiert wird, der sich auf eigene Kosten weiterbildet oder Arbeitsmittel beschafft, ist durchaus ein zu beobachtendes Phänomen[103]. Gleichzeitig ist die Investition in die eigene Arbeitskraft immer auch eine Investition in den eigenen Marktwert, der möglicherweise durch eine spätere Beförderung oder einen Arbeitsplatzwechsel realisiert wird. Aus sozioökonomischer Sicht nähert sich der Arbeitnehmer, nicht überall, aber doch zunehmend den Selbständigen an[104]. Das fehlende Unternehmerrisiko wird als Abgrenzungsmerkmal[105] schwächer. Bei den notwendigen Wertungen, sei es durch den Rechtsanwender, sei es durch den Gesetzgeber, kann dies durchaus zu berücksichtigen sein.

4. Konkurrierende Veranlassung bei mehreren Einkunftsarten

Ein ganz ähnliches Problem wie bei der privaten Mitveranlassung („multikausale und multifinale Wirkungszusammenhänge"[106]) stellt sich bei der Veranlassung durch mehrere Einkunftsarten. Hier ist indes der „Druck" geringer, weil – von Sondersituationen wie einkunftsartspezifischen Abzugsverboten oder Pauschalen abgesehen[107] – im Rahmen der synthetischen Einkommensteuer immer ein Abzug vom Gesamtbetrag der Einkünfte möglich ist.

Die Kriterien zur Abgrenzung sind daher nicht anders. Darlehen an einen nicht kreditwürdigen Arbeitgeber zur Arbeitsplatzsicherung sind

---

102 *Birk/Desens/Tappe* (Fn. 14), Rz. 1004.
103 Vgl. die Nachweise oben Fn. 25.
104 Zum „Arbeitskraftunternehmer" vgl. oben Fn. 25.
105 Vgl. noch *Lang* in DStJG 9 (1986), S. 15 (32 f.).
106 BVerfG v. 9.12.2008 – 2 BvL 1/07 u.a., BVerfGE 122, 210 (238 f.).
107 Z.B. §§ 15a Abs. 1 S. 1, 15 Abs. 4 S. 1, 15 Abs. 4 S. 6, 20 Abs. 6 S. 1 und 4, 20 Abs. 8 EStG.

eher durch das Arbeitsverhältnis als durch das Ziel der Rendite veranlasst[108]. Beispiele wie dieses lassen sich vielfach finden[109].

IV. Arbeitnehmereinkünfte als Überschusseinkünfte

Arbeitnehmereinkünfte sind Überschusseinkünfte, daher werden die Aufwendungen als Werbungskosten bezeichnet (s.o.). Diese systematische Einordnung hat über die Begrifflichkeit hinaus Folgen im zeitlichen Kontext (Stichwort: Zu-/Abflussprinzip) und für die Behandlung von Aufwendungen mit Bezug zum Vermögen.

1. Zeitlich gestreckte Veranlassungszusammenhänge

Werbungskosten sind, wie auch Betriebsausgaben im Rahmen der Gewinnermittlung nach § 4 Abs. 3 EStG, zum Zeitpunkt der tatsächlichen Leistung abzusetzen (Abflussprinzip, § 11 Abs. 2 EStG). Diese zeitliche Zuordnung hat aber keine Auswirkungen auf die Frage nach der Veranlassung. Ist der Grund für die Zahlung während der Arbeitszeit gelegt, bleibt es bei der Abziehbarkeit, auch wenn die Zahlung erst später erfolgt (nachträgliche Werbungskosten)[110].

Es gibt eine wichtige Ausnahme, wenn man in den Bereich des Vermögens kommt. Über den Verweis in § 9 Abs. 1 S. 3 Nr. 7 EStG auf § 6 Abs. 2 EStG kommt es bei Wirtschaftsgütern des Anlagevermögens abweichend auf den Zeitpunkt der Anschaffung an, auch wenn schon früher oder erst später gezahlt wird.

2. Aufwendungen auf das Vermögen

Damit lässt sich überleiten zu einem Punkt, über den man trefflich streiten kann. Ist, weil im Bereich der Überschusseinkünfte anzusie-

---

108 Vgl. *Krüger* in Schmidt (Fn. 24), § 19 EStG Rz. 110 (ABC); *Buge* in Herrmann/Heuer/Raupach, § 20 EStG Rz. 670; differenzierend *Jochum* in Kirchhof/Söhn/Mellinghoff, EStG, § 20 EStG Rz. J 84.
109 Vgl. nur BFH v. 7.5.1993 – VI R 38/91, BStBl. II 1993, 663; v. 7.2.2008 – VI R 75/06, BStBl. II 2010, 48; v. 25.11.2010 – VI R 34/08, BStBl. II 2012, 24; v. 10.4.2014 – VI R 57/13, BStBl. II 2014, 850; v. 7.5.2015 – VI R 55/14, BFH/NV 2015, 1556.
110 BFH v. 14.10.1960 – VI 45/60 U, BStBl. III 1961, 20; v. 21.1.2014 – IX R 37/12, BStBl. II 2015, 631; *Birk/Desens/Tappe* (Fn. 14), Rz. 1018.

deln, das Vermögen des Arbeitnehmers nur privat oder gibt es so etwas wie ein „Berufs-" oder „Einkünfteerzielungsvermögen"[111]?

a) Anschaffungskosten und Absetzung für Abnutzung

Schafft der Arbeitnehmer Arbeitsmittel an, kann er die Aufwendungen nach § 9 Abs. 1 S. 3 Nr. 6 S. 1 EStG absetzen. Geringwertige Wirtschaftsgüter im Zeitpunkt der Anschaffung (Nr. 6 bzw. Nr. 7 S. 2), hochwertigere im Wege der Abschreibung, d.h. über die Nutzungsdauer verteilt (Nr. 7 S. 1).

Seit langem gibt es Streit, was ohne diese Regelung gelten würde. Ist Nr. 7 eine rechtsbegründende Ausnahme, d.h. gäbe es ohne diese Regelung überhaupt keinen Abzug[112]? Oder ist § 9 Abs. 1 S. 3 Nr. 7 EStG nur eine Ausnahme zum Abflussprinzip, so dass ohne diese (Verteilungs-)Regelung ein Sofortabzug gem. § 9 Abs. 1 S. 1 EStG möglich wäre?[113] Theoretisch ist die Frage spannend, und sie wird auch im Folgenden behandelt werden; praktisch allerdings, das sollte man sich vergegenwärtigen, spielt der Streit keine Rolle. Das Gesetz hat entschieden.

b) Substanzverluste und Abwehraufwendungen

Diese Frage nach der Bedeutung des § 9 Abs. 1 S. 3 Nr. 7 EStG berührt aber eine andere Frage, die im Zusammenhang mit Werbungskosten des Arbeitnehmers auch praktisch relevant ist. Wie behandelt man die Beschädigung oder den Verlust von Arbeitsmitteln bzw. Vermögensschäden an einem privaten Vermögensgegenstand, die aber beruflich veranlasst sind. Das Schulbeispiel hier: Der private Pkw eines Polizisten wird aus Rache beschädigt, weil er gegen bestimmte Personen ermittelt hat[114]. Zwei Fragen stellen sich. Wann kann der Polizist Werbungskosten geltend machen? Schon im Zeitpunkt der Beschädigung oder erst wenn Reparaturaufwendungen gezahlt werden (also bei Abfluss i.S.d. § 11 Abs. 2

---

111 In diesem Sinne *Lang* in DStJG 9, S. 15 (48); *Hey* in T/L (Fn. 19), § 8 Rz. 281.
112 *v. Bornhaupt* in K/S/M (Fn. 108), § 9 EStG Rz. B 89 ff.; BFH v. 21.12.1982 – VIII R 215/78, BStBl. II 1983, 410, *Flies*, Vermögensverluste (1995), S. 49 ff.
113 *Loschelder* in Schmidt (Fn. 24), § 9 EStG Rz. 246; *Bergkemper* in Herrmann/Heuer/Raupach, § 9 EStG Rz. 522 m.w.N.; vgl. auch *Hey* in T/L (Fn. 19), § 8 Rz. 365.
114 BFH v. 19.3.1982 – VI R 25/80, BStBl. II 1982, 442; *Birk/Desens/Tappe* (Fn. 14), Rz. 1022.

EStG)? Vor allem aber, und natürlich logisch vorrangig: Handelt es sich überhaupt (dem Grunde nach) um Werbungskosten, wenn Gegenstände des Privatvermögens – wenn auch im beruflichen Zusammenhang – beschädigt werden?

Zunächst eine systematische Überlegung: Das Gesetz regelt in den Nr. 6 und 7 des § 9 Abs. 1 S. 3 EStG den Fall der Anschaffung von Wirtschaftsgütern, die zur Einkünfteerzielung eingesetzt werden. Schon dies spricht systematisch gegen einen Rückgriff auf die Grundregel in Satz 1. Die Nr. 7 lässt sich vielleicht noch als Verteilungsregel deuten; die Nr. 6 zu Arbeitsmitteln (ausdrücklich genannt werden Werkzeuge) wäre aber vollständig überflüssig, wenn bereits das Nettoprinzip oder § 9 Abs. 1 S. 1 EStG den Abzug ermöglichte. Alle anderen Nummern des Satz 3 beziehen sich auf Zweifelsfälle, in denen eine Klarstellung hilfreich ist; „Werkzeuge" indes wären hinreichend eindeutig.

Das Gesetz hat sich für einen Dualismus der Einkunftsarten entschieden[115]. Für Gewinneinkünfte ist der Reinvermögenszugang maßgeblich (betriebliche Veräußerungsgewinne werden erfasst); bei den Überschusseinkünften hingegen gilt die Grundregel, dass Veränderungen im (privaten) Vermögensstamm, bezogen auf die Quelle selbst, unbeachtlich bleiben[116]. Auch das vom Arbeitnehmer mit eigenem Geld erworbene Arbeitsmittel stellt daher Privatvermögen dar. Die Anschaffung selbst ist zunächst nur eine Umschichtung von Vermögen, keine „Aufwendung" i.S.d. § 9 Abs. 1 S. 1 EStG[117].

Eine Entnahme gibt es nicht. Wird ein Arbeitsmittel unterjährig privat „umgewidmet", so verliert es den Status als Arbeitsmittel im Sinne der Nr. 6 (also kein Abzug). Wird ein abzuschreibendes Wirtschaftsgut nach einigen Jahren privat weiterverwendet, so entfällt ab diesem Zeitpunkt die weitere Abschreibung nach Nr. 7 – beides ergibt sich ohne weiteres aus dem Gesetz. Eine Veräußerung kann nach § 23 Abs. 1 EStG steuerbar sein. Weil ein Arbeitsmittel aber – anders als im Fall der Vermietung – nicht „als Einkunftsquelle" (das ist der Arbeitsplatz), sondern nur „zur Erzielung von Einkünften" genutzt wird, und daher die kurze Frist gilt,

---

115 *Birk/Desens/Tappe* (Fn. 14), Rz. 608; *Hey* in T/L (Fn. 19), § 8 Rz. 401; *Weber-Grellet* in Schmidt (Fn. 24), § 2 EStG Rz. 1; *Kirchhof* in K/S/M (Fn. 108), § 2 EStG Rz. C 5 f.
116 *Birk/Desens/Tappe* (Fn. 14), Rz. 611.
117 *Knobbe-Keuk*, DB 1985, 144 (147): Erst der Wertverzehr lässt sich als Werbungskosten behandeln; so auch *Birk/Desens/Tappe* (Fn. 14), Rz. 1027.

kommt dies selten vor. Zudem gibt es noch die Freigrenze in § 23 Abs. 3 S. 5 EStG.

Der beruflich veranlasste Verlust eines Arbeitsmittels ist somit kein Problem. War dieses geringwertig, so ist mit dem ursprünglichen Werbungskostenabzug die Sache erledigt. War es noch nicht abgeschrieben, lässt sich über Nr. 7 eine Abschreibung für außergewöhnliche Abnutzung (§ 7 Abs. 1 S. 7 EStG) vornehmen. Muss ein Arbeitsmittel wiederbeschafft werden, sind diese Aufwendungen wieder neu berücksichtigungsfähig.

Was ändert sich, wenn ein *nur* privater Gegenstand, dieser aber anlässlich der beruflichen Betätigung beschädigt wird? Hier gab es zuvor keinen Abzug; auch die Wiederbeschaffung ist irrelevant, weil der private Vermögensgegenstand „als solcher" kein Arbeitsmittel ist. Die Beschädigung an sich kann aber als ein „geldwerter Nachteil" verstanden werden, der einen Abzug – in Ausnahmefällen, wie dem oben beschriebenen Polizistenfall – rechtfertigt.

Dreht man die Fallkonstellation um, wird es deutlicher. Stellt der Arbeitgeber dem Arbeitnehmer ein Arbeitsmittel zur Verfügung, hat dieser keinen geldwerten Vorteil zu versteuern, weil das eigenbetriebliche Interesse im Vordergrund steht[118]. Regelmäßig wird schon keine Einnahme vorliegen, weil das Arbeitsmittel im Eigentum des Arbeitgebers verbleibt und vom Arbeitnehmer nur genutzt wird. Stellt der Arbeitgeber hingegen ein Wirtschaftsgut zur Verfügung, das *nicht* Arbeitsmittel ist, fehlt das eigenbetriebliche Interesse. Man wird hier eine Einnahme in Geldeswert (§ 8 Abs. 1 EStG) annehmen können, die dem Arbeitnehmer im Rahmen einer Einkunftsart „zufließt". Erwirbt der Arbeitnehmer das wirtschaftliche Eigentum, besteht der Vorteil im Wert der Sache; darf er es nutzen, im Nutzungsvorteil – die „Dienstwagenregelung" ist ein gutes Beispiel.

Die gedankliche Hilfskonstruktion eines „Einkunftserzielungsvermögens", das dann „quellentheoretisch einzugrenzen ist"[119], ist daher zwar charmant, weil es den Sachverhalt verdeutlicht, aber entbehrlich, zumal es rechtlich nicht existiert.

Mit der Regelung in § 9 Abs. 1 S. 3 Nr. 6 und 7 EStG wird nämlich nicht der Gegenstand selbst der beruflichen Sphäre zugeordnet, es wird nur die *Nutzung* eines Wirtschaftsguts der beruflichen Sphäre zugeordnet,

---

118 Vgl. BFH v. 27.7.1988 – I R 28/87, BFHE 155, 479 (481); *Thomas*, DStR 1991, 1369 (1370).
119 *Lang* in DStJG 9 (1986), S. 15 (53); *Hey* in T/L (Fn. 19), § 8 Rz. 281.

wenn es dafür eine Veranlassung gibt[120]. Das ergibt sich aus den Regeln über die Abschreibung (GWG werden aus Vereinfachungsgründen sofort abgeschrieben); es passt aber auch zur Unterscheidung von Erhaltungsaufwand und Anschaffungs- bzw. Herstellungskosten im Rahmen der Überschusseinkunftsart Vermietung und Verpachtung (§ 9 Abs. 5 S. 2, § 6 Abs. 1 Nr. 1a EStG)[121].

Bei den Arbeitsmitteln erfolgt die Nutzung „sofort", diese dienen von Beginn an der Erzielung von Einkünften. Bei privaten Gegenständen, die unglücklich in die berufliche Sphäre hineingeraten, erfolgt die Nutzung anlässlich des schädigenden Ereignisses. Erst hieraus ergibt sich die berufliche Veranlassung, nicht schon aus der bloßen Verwendung.

Damit lässt sich auch die Frage nach dem richtigen Zeitpunkt beantworten. Beim geringwertigen Arbeitsmittel beginnt die Nutzung mit der Anschaffung; Aufwendungen zur Wiederbeschaffung sind dann wieder Werbungskosten nach Nr. 6. Beim abzuschreibenden Arbeitsmittel führt der Verlust zur außergewöhnlichen Abnutzung (AfaA, § 7 Abs. 1 S. 7 EStG). Beim Privatvermögen, andererseits, ist die Beschädigung beruflich veranlasst[122], nicht aber die Reparatur oder die Wiederbeschaffung; diese ist, weil sie sich wieder auf Privatvermögen bezieht, privat.

Abwehraufwendungen, die zukünftige Schäden am Privatvermögen durch – auch, aber eben nicht nur – berufliche Anlässe verhindern sollen[123], sind damit ebenfalls privat veranlasst. Anders ist das – auch hier finden wir einen entsprechenden Hinweis im Gesetz – nur bei Aufwendungen zum Schutz von Arbeitsmitteln, also z.B. der Versicherung von Gegenständen, die dem Steuerpflichtigen zur Einnahmeerzielung dienen (§ 9 Abs. 1 S. 3 Nr. 2 EStG)

V. Arbeitnehmerbesteuerung als Massenverfahren

Zum Schluss möchte ich noch kurz ein paar Bemerkungen zur „Arbeitnehmerbesteuerung als Massenverfahren" machen, die an die zu Beginn eröffnete Statistik anknüpfen.

---

120 Vgl. auch *Knobbe-Keuk*, DB 1985, 144 (147).
121 Vgl. *Scharfenberg*, DStR 1997, 473 (473 f.); BFH v. 4.7.1990 – GrS 1/89, BFHE 160, 466 (476); v. 16.7.1996 – IX R 34/94, BStBl. II 1996, 649.
122 *Loschelder* in Schmidt (Fn. 24), § 9 EStG Rz. 12.
123 FG Saarl. v. 30.8.2000 – 1 K 299/96, EFG 2000, 1249.

1. Der Arbeitnehmer-Pauschbetrag als steuerliches Jedermannsrecht

Der Arbeitnehmerpauschbetrag wird in knapp der Hälfte aller Fälle in Anspruch genommen, in einem ganz erheblichen Umfang von Arbeitnehmern in den unteren Einkunftsklassen. Insoweit konkurriert er, was die steuerliche Belastung angeht, mit dem Grundfreibetrag – will man die Steuerpflichtigen entlasten, kann man an beiden Stellschrauben ansetzen.

Vergegenwärtigt man sich, dass die durchschnittlichen Werbungskosten – wohlgemerkt: unter Einrechnung der Pauschale – bei rd. 1863 Euro liegen, scheint die Typisierung im Grundsatz sachgerecht zu sein. Berücksichtigt man weiter, dass in 92 % der Fälle höhere Werbungskosten allein durch die Fahrtkosten, genauer: die Entfernungspauschale, verursacht sind, lässt sich auch der Vereinfachungseffekt durch eine höhere Werbungskostenpauschale[124] vernachlässigen.

2. Die Berücksichtigung von Werbungskosten im Lohnsteuerverfahren

Fahrtkosten für Wege zwischen Wohnung und Arbeitsstätte sind zudem in besonderem Maße geeignet, schon im Lohnsteuerverfahren (als Freibetrag, soweit die 600 Euro-Grenze des § 39a Abs. 2 S. 4 EStG überschritten ist) berücksichtigt zu werden – sie sind typischerweise konstant.

Nimmt man diese beiden Elemente (Arbeitnehmerpauschbetrag und Fahrtkosten) aus dem Werbungskostenabzug heraus, so bleiben nur noch in wenigen Fällen höhere Werbungskosten übrig, die dann aber durchaus statistisch signifikant sind[125].

VI. Ausblick und Reformüberlegungen

Für diese (vergleichsweise wenigen) Fälle könnte man sich, und damit komme ich dann auch schon zum „Ausblick", durchaus vorstellen, den betroffenen Arbeitnehmern eine „Option zur Selbständigenbesteuerung" zu eröffnen – *de lege ferenda*.

---

124 http://www.handelsblatt.com/politik/deutschland/werbungskosten-kinderfreibetrag-unions-wirtschaftsfluegel-will-buerger-steuerlich-entlasten/13982322.html; s. dazu auch die Schätzung des Parlamentarischen Staatssekretärs, BT-Drucks. 18/8523, 23.
125 Vgl. oben sub I., S. 336

Nicht alle Abgrenzungsfragen lassen sich dadurch vermeiden, denn auch bei den Betriebsausgaben muss man die „Veranlassung" klären (z.B. beim häuslichen Arbeitszimmer). Wer aber tatsächlich eher seine Arbeitskraft vermarktet und in großem Umfang selbst in seine Arbeitsleistung investiert, dem könnte durch die Anerkennung von Betriebsvermögen und die Anwendung der Reinvermögenszugangstheorie geholfen sein. Ob man den entstehenden Mehraufwand, und natürlich auch die steuerliche Verstrickung des „Berufsvermögens", in Kauf nehmen will, könnte jeder Steuerpflichtige selbst entscheiden.

Immerhin, die zum scheinbaren „Einkünfteerzielungsvermögen" angesprochenen Probleme ließen sich so relativ einfach gesetzgeberisch glätten – im einzigen Bereich, der sich nicht in die Gewerblichkeit „hineingestalten" lässt. Bei entsprechender Änderung der Mehrwertsteuersystemrichtlinie (Art. 9 Abs. 1 fordert „echte" Selbständigkeit), könnte man auch den Arbeitnehmern für deren Erwerbsaufwendungen einen Vorsteuerabzug zugestehen[126] – dies auszuführen ginge aber über das Thema dieser Tagung deutlich hinaus.

---

126 In diesem Sinne etwa *Englisch* in T/L (Fn. 19), § 17 Rz. 322, 328.

Arbeitslohn und sozialversicherungsrechtliches Entgelt

Prof. Dr. *Stefan Schneider*
Vorsitzender Richter am BFH, München

I. **Einleitung, der besteuerte Arbeitslohn und das verbeitragte Entgelt**

II. **Die Funktion des sozialversicherungsrechtlichen Entgelts, Grund- und Ausgangstatbestand des Sozialversicherungsrechts**
  1. Das sozialversicherungsrechtliche Arbeitsentgelt als Zugangstatbestand und Grundvoraussetzung der Versicherung
  2. Das sozialversicherungsrechtliche Arbeitsentgelt als Bemessungsgrundlage für die Sozialversicherungsbeiträge
  3. Das sozialversicherungsrechtliche Arbeitsentgelt als Bemessungsgrundlage für die Sozialversicherungsleistungen

III. **Gegenstand des sozialversicherungsrechtlichen Arbeitsentgelts, seine Bestimmung und Bemessung**
  1. Arbeitsentgelt, Einnahmen aus einer Beschäftigung
     a) die vergleichbaren einkommensteuerrechtlichen Entgelt- und Lohntatbestände in den §§ 19, 8 EStG, §§ 1, 2 LStDV und ...
     b) ... seine typischen Fragestellungen
  2. Beschäftigung i.S.d. § 14 Abs. 1 Satz 1 SGB IV
  3. Einnahmen i.S.d. § 14 Abs. 1 Satz 1 SGB IV
  4. „Aus" einer Beschäftigung, die Verknüpfung von Einnahmen und Beschäftigung

IV. **Steuerrechtliche Beitragsbemessungen und -befreiungen kraft Rechtsverordnung**
  1. Die SvEV mit Verweis auf das Einkommensteuerrecht
     a) Die SvEV als allgemeine Vereinfachungsregelung
     b) § 1 Abs. 1 S. 1 Nr. 1 SvEV, einmalige oder laufende zusätzliche, aber steuerfreie Einnahmen
     c) Pauschal besteuerte Einnahmen
     d) Weitere Befreiungen durch die SvEV
  2. Die Tatbestandswirkung des Einkommensteuerrechts

V. **Fazit**

I. Einleitung, der besteuerte Arbeitslohn und das verbeitragte Entgelt

Arbeitslohn und sozialversicherungsrechtliches Entgelt setzen am selben Lebenssachverhalt an, nämlich an der Entlohnung des Arbeitnehmers durch den Arbeitgeber. Arbeitslohn hat seine Grundlage im einkommensteuerrechtlichen Tatbestand der Einkünfte aus nichtselbständiger Arbeit, beschrieben als Bezüge und Vorteile aus einem Beschäftigungsverhältnis i.S.d. § 19 EStG. Das sozialversicherungsrechtliche Arbeitsentgelt regelt § 14 SGB IV als die laufenden oder einmaligen Einnahmen aus einer Beschäftigung. § 7 Abs. 1 SGB IV definiert wiederum den Tatbestand der Beschäftigung als die nichtselbständige Arbeit insbesondere in einem Arbeitsverhältnis. Angesichts dieser jedenfalls nach ihrem Wortlaut sehr ähnlichen Tatbestandsmerkmale stellt sich die Frage, inwieweit Arbeitslohn und Arbeitsentgelt auch inhaltlich übereinstimmende Tatbestände sind sowie, ob und gegebenenfalls inwieweit sie sich unterscheiden oder sogar unterscheiden müssen.

Arbeitslohn und sozialversicherungsrechtliches Arbeitsentgelt sind die Grundlage des alltäglich praktizierten deutschen Steuer- und Abgabenrechts, das die sofortige Versteuerung und Verbeitragung der Arbeitnehmerentgelte an der Quelle verlangt. Dieser „Sofortvollzug" erfordert jeweils eine eindeutige Bemessungsgrundlage; das müssen der einkommensteuerrechtliche Arbeitslohn und das sozialversicherungsrechtliche Entgelt leisten.

Arbeitslohn und sozialversicherungsrechtliches Entgelt haben die gleichen Adressaten. Das ist zum einen der Arbeitnehmer; er ist als der Steuer- und Sozialversicherungspflichtige. Das ist zum anderen der Arbeitgeber, er ist Normadressat und sogar der erste Normanwender. Denn die Kürzung der arbeitnehmereigenen Entlohnung um Steuern und Abgaben ist nicht der öffentlich-rechtlichen Verwaltung sondern den Arbeitgebern überantwortet. Es liegt in deren haftungsbedrohter Verantwortung, die entsprechenden Tatbestände im Wesentlichen zeitgleich monatlich millionenfach zutreffend zu interpretieren und auch praktisch umzusetzen, nämlich die entsprechenden Abgaben an die jeweils zuständigen Kassen abzuführen. Während sich die Belastung des Arbeitnehmers im Wesentlichen auf die Kürzung seiner Entlohnung erstreckt, ist der Arbeitgeber angesichts dieser einkommensteuerrechtlichen und sozialversicherungsrechtlichen Vorgaben finanziell und organisatorisch belastet[1]. Lohnsteuer und Sozialversicherungsbeiträge wirken ähnlich, als finanzielle Belastung. Aber der einkommensteuerrechtliche Arbeitslohn fungiert als Teil der Bemessungsgrundlage für die grundsätzlich gegenleistungsfreie Steuer, die staatliche Einnahmen generiert, sich in dieser Funktion aber auch erschöpft. Das sozialversicherungsrechtliche Arbeitsentgelt ist dagegen Bemessungsgrundlage für einen Versicherungsbeitrag[2] zu eben dieser Sozialversicherung[3], die Versicherungsschutz bietet, das aber nicht allen Beschäftigten sondern nur den Versicherten, nur ihnen wird im Versicherungsfall eine Versicherungsleistung erbracht. Finanziert wird dieser sozialversicherungsrechtliche Schutz dementsprechend auch nicht allgemein; allerdings auch nicht allein vom Arbeitnehmer als Versicherungsnehmer, sondern auch vom Arbeitgeber und qua Bundeszuschuss auch aus Steuermitteln[4].

---

1 Zu den Belastungen des Arbeitgebers aus steuerrechtlicher Sicht: *K. Offerhaus* in Kube u.a., Leitgedanken des Rechts – P. Kirchhof zum 70. Geburtstag, 2013, Band II, § 182 Rz. 4, zum Arbeitgeber, unentgeltlich tätig für den Fiskus als „Inspektor des Finanzamts" oder „Beauftragter des Steuerfiskus"; *G. Kirchhof*, Die Erfüllungspflichten des Arbeitgebers im Lohnsteuerverfahren, 2005; 1134; *Drüen*, Die Indienstnahme Privater für den Vollzug von Steuergesetzen, 2012; nichts anderes gilt aber auch für das Sozialversicherungsrecht, dazu: *Schlegel*, Die Indienstnahme des Arbeitgebers in der Sozialversicherung in FS 50 Jahre Bundessozialgericht, 2004, S. 265 ff.; BSG v. 29.4.1976 – 12/3 RK 66/75, BSGE 41, 297 mit Hinweis auf Rechtsprechung des BVerfG (BVerfGE 22, 380, 383; 30, 292, 311 ff.; 33, 240, 244) und auf *Hans Peter Ipsen*, Gesetzliche Indienstnahme Privater in Festgabe für Emil Kaufmann, S. 141.
2 Zur Rechtsnatur des Sozialversicherungsbeitrags in Abgrenzung zwischen Versicherungsprämie und einer Sonderform der öffentlich-rechtlichen Abgabe sowie zur Rechtfertigung des Arbeitgeberanteils *Fuchs/Preis*, Sozialversicherungsrecht, 2. Aufl. 2009, S. 198 ff.; *F. Kirchhof*, Finanzierung der Sozialversicherung in HStR V, 3. Aufl. 2007, § 125 Rz. 28; *Rolfs*, Das Versicherungsprinzip im Sozialversicherungsrecht, S. 243 ff.
3 Vgl. zum Versicherungscharakter der Sozialversicherung *Fuchs/Preis*, Sozialversicherungsrecht, 2. Aufl. 2009, S. 31 f.; *F. Kirchhof*, Finanzierung der Sozialversicherung in HStR V, 3. Aufl. 2007, § 125 Rz. 27; zu den verfassungsrechtlichen Grundlagen des Sozialversicherungsrechts: *Rolfs*, Das Versicherungsprinzip im Sozialversicherungsrecht, S. 99 ff.; *F. Kirchhof*, Fn. 2 a.a.O., Rz. 23 ff.; BVerfG v. 18.7.2005 – 2 BvF 2/01, BVerfGE 113, 167 (Risikostrukturausgleichs in der gesetzlichen Krankenversicherung).
4 BVerfG v. 20.4.2004 – 1 BvR 905/00, 1 BvR 1748/99, BVerfGE 110, 274 Rz. 4 zur Verbindung des Bundeszuschusses mit den Einnahmen aus der Ökosteuer.

Mithin lautet der Befund, Arbeitslohn und sozialversicherungsrechtliches Arbeitsentgelt fungieren zwar gleichermaßen als Bemessungsgrundlage, aber dies einerseits für eine Steuer und andererseits für einen synallagmatischen Beitrag. Angesprochen sind damit zwei Regelungssysteme, die schon nach ihrem Grundansatz offenkundig unterschiedlichen Rechtsprinzipien folgen müssen. Demgemäß kann die Frage nur lauten, inwieweit können mit Blick auf die systematischen Grundlagen der Sozialversicherung die sich grundsätzlich unterscheidenden Tatbestände Arbeitslohn und Arbeitsentgelt ohne systematische Verwerfungen inhaltlich angeglichen werden, zumal die sozialversicherungsrechtliche wie auch die steuerrechtliche Literatur und Rechtsprechung im Grundsatz darüber einig sind, dass das sozialversicherungsrechtliche Arbeitsentgelt und der steuerrechtliche Arbeitslohn unterschiedliche Tatbestände sind[5].

II. Die Funktion des sozialversicherungsrechtlichen Entgelts, Grund- und Ausgangstatbestand des Sozialversicherungsrechts

Die Sozialversicherung ist, um *Isensee*[6] zu zitieren, entstanden aus der Idee einer Organisationshilfe des Staates zur zwangsweisen Eigenversorgung abhängig Beschäftigter. In Fortentwicklung dieser Idee steht heute das Sozialversicherungsrecht für ein ganzes Kompendium an Versicherungen und Leistungen, die insbesondere die gesetzliche Kranken-, Unfall- und Rentenversicherung, die Pflegeversicherung sowie die Arbeitsförderung bereitstellen. Die Grundidee gilt fort; abgesichert werden letztlich Arbeitnehmer, nämlich gegen Entgelt tätige abhängig Beschäftigte durch Versicherungsleistungen aus einer Kasse, finanziert durch Beiträge in diese Kasse. Dementsprechend bedarf es grundlegender Regelungen sowohl zum sozialversicherungsrechtlichen Beitragsrecht als auch zum sozialversicherungsrechtlichen Leistungsrecht.

---

5 Z.B. *Werner* in Schlegel/Voelzke, jurisPK-SGB IV, 3. Aufl. 2016, § 14 SGB IV Rz. 20; BFH v. 9.7.2012 – VI B 38/12, BFH/NV 2012, 1968; BFH v. 20.10.2010 – VIII R 34/08, BFH/NV 2011, 585; BFH v. 23.10.1992 – VI R 59/91, BStBl. II 1993, 303 mit Hinweis auf *Lang*, DStJG 9 (1986), S. 27; zum eigenständigen Arbeitnehmerbegriff z.B. BAG v. 15.2.2012 – 10 AZR 301/10, NJW 2012, 2903; BSG v. 30.10.2013 – B 12 KR 17/11 R, Die Beiträge Beilage 2014, 387.
6 *Isensee*, Finanzverfassung und Sozialrecht, SDSRV 35 (1992), 7; darauf bezugnehmend *Schlegel*, die Indienstnahme des Arbeitgebers in der Sozialversicherung in FS 50 Jahre Bundessozialgericht, S. 265 ff.

Diese Regelungen finden sich im SGB IV. Das Gesetz selbst spricht von den „gemeinsamen Vorschriften für die Sozialversicherung", § 1 Abs. 1 S. 1, 2 SGB IV erklärt die Regelungen des SGB IV für die gesetzliche Kranken –, Unfall –, Renten – und Pflegeversicherung für anwendbar. § 2 SGB IV normiert, dass die Sozialversicherung durch die Versicherungspflicht oder auf Grundlage der Versicherungsberechtigung versicherte Personen umfasst, insbesondere Personen, die gegen Arbeitsentgelt oder zu ihrer Berufsausbildung beschäftigt sind[7]. § 14 SGB IV definiert dieses Arbeitsentgelt; die Definition gilt für das gesamte Sozialversicherungsrecht.

1. Das sozialversicherungsrechtliche Arbeitsentgelt als Zugangstatbestand und Grundvoraussetzung der Versicherung

Es besteht keine einheitliche Sozialversicherungspflicht. Es ist vielmehr grundsätzlich jeweils gesondert für jeden Versicherungszweig zu prüfen, ob eine solche Versicherungspflicht besteht, ob Befreiungen von der Versicherungspflicht beantragt werden können sowie für und bis zu welchen Mindest- und Höchstbeträgen des Arbeitsentgelts die Versicherungspflicht gilt. Steht die Versicherungspflicht dem Grunde nach fest, wirkt die zentrale Funktion des sozialversicherungsrechtlichen Arbeitsentgelts fort. Denn nach dem Arbeitsentgelt ermitteln sich sodann nicht

---

7 § 2 Abs. 4 SGB IV stellt klar, dass sich die Versicherungspflicht auf weitere Personengruppen erstrecken kann, soweit für die einzelnen Versicherungszweige Sonderregelungen bestehen. So sind etwa in der gesetzlichen Rentenversicherung auch bestimmte Selbständige pflichtversichert, § 2 SGB VI regelt dazu näheres; dies betrifft insbesondere den Bereich der sog. „Scheinselbständigen", dazu z.B. *Reiserer*, DStR 2016, 1613; hier geht das Gesetz davon aus, dass der Schein trügt und tatsächlich Nichtselbständige, nämlich abhängig Beschäftigte tätig sind, jedenfalls aber die Scheinselbständigen in gleicher Weise schutzbedürftig sind wie die nichtselbständig Tätigen; *Ruppelt* in Küttner, Personalbuch 2016, Rentenversicherungspflicht, Rz. 7 ff.; versicherungspflichtig sind insbesondere selbständig tätige Lehrer, Erzieher, Pflegepersonen, Hebammen, Seelotsen, Hausgewerbetreibende oder – nach Maßgabe des Künstlersozialversicherungsgesetzes – Künstler und Publizisten; als systematisch verfehlt wird zum Teil die Auswahl der in § 2 S. 1 Nr. 1–8 SGB VI aufgezählten Berufsgruppen betrachtet, dazu *Fuchs/Preis*, Sozialversicherungsrecht, 2. Aufl. 2009, S. 754 ff.; die Krankenversicherungspflicht erstreckt sich dagegen grundsätzlich nur auf nichtselbständig Beschäftigte; Selbständige sind nicht erfasst, um einen kostengünstigen Zugang zur gesetzlichen Krankenversicherung zu verhindern, dazu *Ruppelt* in Küttner, Personalbuch 2016, Krankenversicherungspflicht, Rz. 5.

nur der Sozialversicherungsbeitrag, sondern auch diverse Leistungen der Sozialversicherung selbst.

Nicht jeder gegen Entgelt abhängig Beschäftigte unterliegt der Sozialversicherungspflicht, aber jede Sozialversicherungspflicht setzt eine abhängige Beschäftigung gegen Entgelt voraus. Die abhängige Beschäftigung gegen Entgelt ist nicht die alleinige, aber die wesentliche[8] Zugangsvoraussetzung für sämtliche Versicherungszweige der Sozialversicherung, also für die Rentenversicherung[9], Arbeitslosenversicherung[10], Krankenversicherung[11] und Pflegeversicherung[12]. Andererseits führt die abhängige Beschäftigung gegen Entgelt nicht stets zu einer Versicherungspflicht. Denn es bestehen zahlreiche Befreiungstatbestände, die kraft Gesetzes oder auf Antrag trotz abhängiger entgeltlicher Beschäftigung Ausnahmen von der Sozialversicherungspflicht schaffen. So bestehen etwa für die Rentenversicherung Ausnahmen insbesondere für die typischen öffentlich-rechtlichen Dienstverhältnisse mit Versorgungsanwartschaften; diese sind zwar sowohl im Sinne des Einkommen/Lohnsteuerrechts als auch im Sinne des Sozialversicherungsrechts nichtselbständige Beschäftigungsverhältnisse, sind aber ohne weiteren Antrag[13] von der Rentenversicherung befreit (§ 5 SGB VI); entsprechende Befreiungen gibt es für die Arbeitslosenversicherung (§ 27 Abs. 1 SGB III). Dementsprechend unterliegen die Bezüge aus solchen Dienstverhältnissen wie andere Lohnzahlungen auch grundsätzlich dem Lohnsteuerabzug, sind aber nicht zur Sozialversicherung zu verbeitragen.

In der Krankenversicherung sind Beamte und andere abhängig Beschäftigte versicherungsfrei, wenn sie nach beamtenrechtlichen Vorschriften oder Grundsätzen Beihilfeansprüche haben (§ 6 Abs. 1 Nr. 2, 4, 5, 6

---

8 Über die Sozialversicherungspflicht hinaus gibt es auch die Möglichkeit der freiwilligen Versicherung (§ 7 SGB VI) für die freiwillige Rentenversicherung.
9 § 1 Satz 1 Nr. 1 SGB VI: „Versicherungspflichtig sind 1. Personen, die gegen Arbeitsentgelt oder zu ihrer Berufsausbildung beschäftigt sind; ...".
10 § 25 Abs. 1 Satz 1 SGB III: „Versicherungspflichtig sind Personen, die gegen Arbeitsentgelt oder zu ihrer Berufsausbildung beschäftigt (versicherungspflichtige Beschäftigung) sind."
11 § 5 Abs. 1 Nr. 1 SGB V: „Arbeiter, Angestellte und zu ihrer Berufsausbildung Beschäftigte, die gegen Arbeitsentgelt beschäftigt sind".
12 § 20 Abs. 1 Satz 2 Nr. 1 SGB XI: „Arbeiter, Angestellte und zu ihrer Berufsausbildung Beschäftigte, die gegen Arbeitsentgelt beschäftigt sind; ...".
13 die Rentenversicherung und für die Arbeitslosenversicherung kennt auch Befreiungen von der Versicherungspflicht auf Antrag (§ 6 SGB VI, § 28a SGB III).

SGB V). Andere abhängig Beschäftigte sind dagegen nur versicherungsfrei (§§ 6, 7 SGB V), sofern das Arbeitsentgelt bestimmte Grenzen übersteigt, nämlich die sog. Jahresarbeitsentgeltgrenze (§ 6 Abs. 1 Nr. 1 SGB V)[14]. Unterschreitet das Arbeitsentgelt[15] bestimmte Betragsgrenzen, ist die Beschäftigung versicherungsfrei, so insbesondere im Fall der geringfügigen Beschäftigung nach §§ 8, 8a SGB IV, auf die etwa auch § 35a Abs. 1 EStG (haushaltsnahe Beschäftigungsverhältnisse) Bezug nimmt. Die Grundsätze der Krankenversicherung gelten schließlich entsprechend für die Pflegeversicherung; nach § 20 Abs. 1 Satz 1 SGB XI sind in der sozialen Pflegeversicherung versicherungspflichtig die versicherungspflichtigen Mitglieder der gesetzlichen Krankenversicherung.

2. Das sozialversicherungsrechtliche Arbeitsentgelt als Bemessungsgrundlage für die Sozialversicherungsbeiträge

Besteht eine abhängige sozialversicherungspflichtige Beschäftigung gegen Entgelt, fungiert das Arbeitsentgelt in allen Versicherungszweigen der Sozialversicherung als Bemessungsgrundlage für die Sozialversicherungsbeiträge. Die sozialversicherungsrechtliche Bemessungsgrundlage ist allerdings deutlich ausdifferenzierter als die lohnsteuerrechtliche. Denn das Sozialversicherungsrecht kennt Versicherungspflichtgrenzen und Beitragsbemessungsgrenzen. Die Versicherungspflichtgrenze besagt, bis zu welcher Entgelthöhe eine Versicherungspflicht besteht. Die Beitragsbemessungsgrenze besagt, bis zu welcher Entgelthöhe bei bestehender Versicherungspflicht der Sozialversicherungsbeitrag erhoben wird. Diese Grenzen unterscheiden sich überdies in den jeweiligen Sozialversicherungszweigen sowohl dem Grunde als auch der Höhe nach; und selbst für die allgemeine Rentenversicherung einerseits und die knappschaftliche Rentenversicherung andererseits bestehen unterschiedliche Wertgrenzen, die auch noch zwischen alten und neuen Bundesländern differenzieren[16]. Schließlich ist auch noch die Bemessungsgrundlage nach unterschiedlichen Grundsätzen zu ermitteln, nämlich in Abhängigkeit davon, ob das Arbeitsentgelt als laufendes Arbeitsentgelt oder als Einmalzahlung erbracht wird[17].

---

14 In Ausnahmefällen Befreiungen von der Versicherungspflicht insgesamt (§ 8 Abs. 1 SGB V).
15 *Schlegel* in Küttner, Personalbuch 2016, Beitragsbemessungsgrenzen, Rz. 5 ff.
16 *Schlegel* in Küttner, Personalbuch 2016, Beitragsbemessungsgrenzen, Rz. 22.
17 Dazu unter III. 3. Einnahmen.

Die Bemessung der Beiträge zu den jeweiligen Sozialversicherungszweigen lassen sich wie folgt zusammenfassen:

Rentenversicherungsbeiträge: Das Recht der Rentenversicherung ist im SGB VI geregelt. Bemessungsgrundlage für die Beiträge zur Rentenversicherung sind die beitragspflichtigen Einnahmen[18] i.S.d. § 161 Abs. 1 SGB VI. Diese beitragspflichtigen Einnahmen definiert § 162 Nr. 1 SGB VI bei Personen, die „gegen Arbeitsentgelt beschäftigt werden", als das Arbeitsentgelt aus der versicherungspflichtigen Beschäftigung[19]. Damit wird im Ergebnis auf § 14 SGB IV und die dort enthaltene Legaldefinition des Arbeitsentgelts verwiesen.

Die Rentenversicherung wie auch die Arbeitslosenversicherung kennt keine Versicherungspflichtgrenzen. Versicherungspflichtig sind also auch Arbeitnehmer, die sehr hohe Arbeitsentgelte beziehen. Aber in der gesetzlichen Rentenversicherung und in der Arbeitslosenversicherung gibt es die Beitragsbemessungsgrenze[20]. Das heißt, Renten- wie Arbeitslosenversicherungsbeiträge vom Arbeitsentgelt werden mit dem vorgeschriebenen Prozentsatz nur bis zu dieser Grenze erhoben, die darüber hinausgehenden Beträge des Arbeitsentgelts bleiben beitragsfrei.

Arbeitslosenversicherungsbeiträge: Das Recht der Arbeitslosenversicherung findet sich im SGB III. Die Beiträge zur Arbeitslosenversicherung werden nach einem Prozentsatz von der Beitragsbemessungsgrundlage erhoben, die sich ebenfalls bis zur Beitragsbemessungsgrenze der allgemeinen Rentenversicherung nach den beitragspflichtigen Einnahmen berechnen (§ 341 SGB III). Nach § 342 SGB III ist bei beschäftigten Personen die beitragspflichtige Einnahme das Arbeitsentgelt. Dieses ist wiederum in § 14 SGB IV definiert.

Krankenversicherungsbeiträge: Die gesetzliche Krankenversicherung ist im SGB V geregelt. Die Bemessungsgrundlage für die Beiträge zur Krankenversicherung bestimmt sich nach den §§ 226 ff. SGB V. § 226 Abs. 1 SGB V regelt, dass bei versicherungspflichtig Beschäftigten das Arbeits-

---

18 Die jährliche Beitragsbemessungsgrenze im Jahr 2016 74 400 Euro (knappschaftliche Rentenversicherung 91 800 Euro) in den alten Bundesländern, in den neuen Bundesländern 64 800 Euro (79 800 Euro); die jährlichen Bezugsgrößen 34 860 Euro, in den neuen Bundesländern 30 240 Euro, die Beitragssätze für alle Bundesländer einheitlich 18,7 % (24,8 % knappschaftliche Rentenversicherung).
19 Bei Personen, die zu ihrer Berufsausbildung beschäftigt werden, gilt als Bemessungsgrundlage mindestens 1 % der Bezugsgröße.
20 § 159 SGB VI; § 341 Abs. 4 SGB III.

entgelt der Beitragsbemessung zugrunde gelegt wird. Auch hier ist der Tatbestand Arbeitsentgelt i.S.d. § 226 Abs. 1 SGB V durch die Grundnorm des § 14 SGB IV definiert. Die Krankenversicherung kennt aber sowohl eine Beitragsbemessungsgrenze als auch eine Versicherungspflichtgrenze, die überdies – differenziert nach alten und neuen Bundesländern – unterschiedlich hohe Beträge ausweisen[21]. Krankenversicherungsbeiträge werden danach nur bis zu dieser Beitragsbemessungsgrenze erhoben. Überschreitet das Jahresarbeitsentgelt der abhängig Beschäftigten die Jahresarbeitsentgeltgrenze, sind sie von der gesetzlichen Krankenversicherung befreit.

Pflegeversicherungsbeiträge: Die soziale Pflegeversicherung ist im SGB XI geregelt. Die Beiträge zur Pflegeversicherung bemessen sich nach den Grundsätzen, die auch für die Krankenversicherungsbeiträge gelten. Die Beiträge ermitteln sich nach einem Prozentsatz von den beitragspflichtigen Einnahmen bis zur Beitragsbemessungsgrenze (§ 54 Abs. 2 SGB XI.). § 57 Abs. 1 SGB XI verweist für die Beitragsbemessung ausdrücklich auf die §§ 226 ff. des SGB V.

3. Das sozialversicherungsrechtliche Arbeitsentgelt als Bemessungsgrundlage für die Sozialversicherungsleistungen

Das Entgelt ist weiter aber auch Bemessungsgrundlage für die Leistungen des Sozialversicherungsrechts. Angesprochen ist damit der Versicherungscharakter der Sozialversicherung und damit der bis heute noch nicht gänzlich geklärte Meinungsstreit im sozialversicherungsrechtlichen Schrifttum, ob der Schwerpunkt der Sozialversicherung in der staatlichen Fürsorge liegt oder ob nicht doch der Versicherungscharakter mit einer Konnexität zwischen Beitrag und Leistung im Sinne eines engeren oder weiteren Äquivalenzprinzips überwiegt[22].

Ungeachtet der systematischen Einordnung der Sozialversicherung richten sich jedenfalls zahlreiche Leistungen der Sozialversicherung nach der Höhe des Arbeitsentgelts. Dies gilt in erster Linie für die **Rentenversicherung**. § 63 Abs. 1 SGB VI bestimmt dazu, dass die Höhe einer Rente

---

21 Die Beitragsbemessungsgrenze der Krankenversicherung und Pflegeversicherung betragen in den alten und neuen Bundesländern im Kalenderjahr 2016 jährlich 50 850 Euro, die Jahresarbeitsentgeltgrenze für Altfälle 50 850 Euro, ansonsten 56 250 Euro (§ 6 Abs. 6, 7 SGB V), dazu *Schlegel* in Küttner, Personalbuch 2016, Beitragsbemessungsgrenzen, Rz. 11 ff., 23.
22 Dazu m.w.N. *Fuchs/Preis*, Sozialversicherungsrecht, 2. Aufl. 2009, S. 31 f., 867 f.; *Schlegel* in Küttner, Personalbuch 2016, Arbeitsentgelt, Rz. 84.

sich „vor allem nach der Höhe der während des Versicherungslebens durch Beiträge versicherten Arbeitsentgelte und Arbeitseinkommen richtet". Das Arbeitsentgelt ist dazu die entscheidende Bemessungsgrundlage; nach § 63 Abs. 2 SGB VI wird es in Entgeltpunkte umgerechnet und geht insoweit als wesentlicher Parameter in die Bemessungsgrundlage der gesetzlichen Rente ein[23]. Diese unterliegt sodann in der Auszahlungsphase nach § 22 Nr. 1 Satz 3 lit. a) aa) EStG als „Leibrenten und andere Leistungen ... aus den gesetzlichen Rentenversicherungen" mit dem Jahresbetrag der Rente entsprechend der Kohortenzuordnung der Einkommensteuer. Der Leistungskatalog der gesetzlichen Rentenversicherung geht indessen über die allgemein bekannte eigentliche Rente hinaus. Das Recht der gesetzlichen Rentenversicherung umfasst Leistungen zur Teilhabe (§§ 9 ff. SGB VI), Leistungen zur medizinischen Rehabilitation und zur Teilhabe am Arbeitsleben (§§ 15 f. SGB VI), das Übergangsgeld[24] (§§ 20 f. SGB VI) sowie weitere ergänzende und sonstige Leistungen und Zuzahlungen (§§ 28 ff. SGB VI) und schließlich die Renten (§§ 33 ff. SGB VI), insbesondere die Renten wegen Alters (§§ 35 ff. SGB VI).

Das sozialversicherungsrechtliche Arbeitsentgelt ist auch im Recht der **Arbeitslosenversicherung** die entscheidende Größe für deren Versicherungsleistungen. Denn auch die Höhe des Arbeitslosengeldes (§ 129 SGB III) bemisst sich auf Grundlage des zuvor bezogenen Arbeitsentgelts. Das beträgt abhängig vom Familienstand entweder 60 oder 67 % des pauschalierten Nettoentgelt, das sich nach dem Arbeitsentgelt des Versicherten bemisst. Auch hier kommt die Beitragsbemessungsgrenze

---

23 *Fuchs/Preis*, Sozialversicherungsrecht, 2. Aufl. 2009, S. 866 ff. zur Berechnung der Rentenhöhe und zur Frage, inwieweit das Äquivalenzprinzip durch Aspekte des sozialen Ausgleichs etwa durch Berücksichtigung beitragsfreier Zeiten ergänzt werden; zu diesem Aspekt auch *Wenner*, Bemessungsgrundlagen im Sozialrecht, DStJG 29 (2006), 73, 75 ff.

24 *Voelzke* in Küttner, Personalbuch 2016, Übergangsgeld/Überbrückungsgeld, Rz. 14 ff. zur sozialversicherungsrechtlichen Einordnung; *Windsheimer* in Küttner, Personalbuch 2016, Übergangsgeld/Überbrückungsgeld, Rz. 8 ff. zur lohnsteuerrechtlichen Behandlung; Übergangsgeld (§ 20 SGB VI) ist eine nach § 3 Nr. 1 Buchst. c EStG steuerfreie Lohnersatzleistung das zwar beitragsrechtlich nicht zum sozialversicherungsrechtlichen Arbeitsentgelt gehört, sich im Hinblick auf das sozialversicherungsrechtliche Leistungsrecht der Höhe nach aber nach dem regelmäßigen Arbeitsentgelt bestimmt (§ 21 Abs. 1 SGB VI i.V.m. § 46 SGB IX); es beträgt 80 % davon, höchstens jedoch das entsprechende Nettoarbeitsentgelt (§ 46, 47 SGB IX).

zur Anwendung; denn die Leistungen werden nach dem Arbeitsentgelt nur bis zur Höhe der Beitragsbemessungsgrenze bemessen[25].

Die gesetzliche **Krankenversicherung**[26] und ähnlich **die soziale Pflegeversicherung**[27] erbringen gegenüber dem versicherten Personenkreis insbesondere Sach- und Dienstleistungen in Form der Krankenbehandlung. Diese Leistungen sind nach Umfang, Qualität und Intensität unabhängig von der Höhe der Krankenversicherungsbeiträge, gründen insoweit also nicht auf einem versicherungstypischen Äquivalenzcharakter. Ein weiteres Beispiel für den äquivalenzfernen Risiko- und Solidarausgleich der gesetzlichen Krankenversicherung ist schließlich das Institut der beitragsfreien Familienversicherung[28].

Allerdings kennt die Krankenversicherung auch Geldleistungen[29] wie das Krankengeld (§ 47 Abs. 1 SGB V), das Kinderpflegekrankengeld (§ 45 SGB V) und das Mutterschaftsgeld (§ 24i SGB V). Krankengeld erhalten pflichtversicherte Personen, wenn die Versicherten krankheitsbedingt ihre Beschäftigung nicht mehr ausüben können. Es dient der Sicherung der wirtschaftlichen Lebensgrundlage im Falle der Arbeitsunfähigkeit

---

25 Zur Berechnung der Höhe des Arbeitslosengeldes *Fuchs/Preis*, Sozialversicherungsrecht, 2. Aufl. 2009, S. 1015 f.; *Voelzke* in Küttner, Personalbuch 2016, Arbeitslosengeld, Rz. 42 ff.
26 Zum umfassenden Leistungskatalog der gesetzlichen Krankenversicherung: § 11 SGB V.
27 Die Leistungen der Pflegeversicherung sind aufgeführt in § 28 SGB XI, sie umfassen neben der Pflegesachleistung auch Pflegegeld oder auch die Kombination von Geldleistungen und Sachleistungen; grundsätzlich nehmen die Regelungen der Pflegeversicherung immer wieder auf die der gesetzlichen Krankenversicherung Bezug (§ 54 Abs. 3 SGB XI, §§ 309 ff. SGB V).
28 *Rolfs*, Das Versicherungsprinzip im Sozialversicherungsrecht, S. 212 ff. m.w.N. weist indessen darauf hin, dass Umverteilungsströme in der gesetzlichen Krankenversicherung interpersonaler, teilweise aber auch nur intertemporale Natur seien und nur vordergründig der höher Verdienende den minder Verdienenden subventioniere, wie sich auch Einkommen und Risiko bei ein und demselben Versicherten mit Zeitablauf veränderten und Nettozahler zu Nettoempfängern würden; der Versicherungsschutz der gesetzlichen Krankenversicherung erstreckt sich bei der Familienversicherung auf Ehegatten und Kinder des Mitglieds, § 10 SGB V, dazu *Fuchs/Preis*, Sozialversicherungsrecht, 2. Aufl. 2009, S. 258 ff.; zur gesetzlichen Krankenversicherung und zu der Möglichkeit, sich zu „extrem niedrigen Beiträgen" Versicherungsschutz für eine größere Zahl von Personen zu erkaufen schon *Wenner*, Bemessungsgrundlagen im Sozialrecht, DStJG 29 (2006), 73, 78 f.
29 *Fuchs/Preis*, Sozialversicherungsrecht, 2. Aufl. 2009, S. 334 ff.; bis zum Jahr 2003 auch das Sterbegeld.

(§ 44 Abs. 1 S. 1 SGB V), hat mittlerweile allerdings durch das Institut der Lohnfortzahlung im Krankheitsfall an Bedeutung verloren. Das Krankengeld bestimmt sich nach dem Arbeitsentgelt; es errechnet sich nach dem regelmäßigen der Beitragsberechnung unterliegenden Arbeitsentgelt, beträgt 70 % des Arbeitsentgelts und darf 90 % des Nettoarbeitsentgelts nicht übersteigen (§ 47 Abs. 1 S. 1, 2 SGB V). Diese Leistungen sind sämtlich steuerfreie Lohnersatzleistungen (§ 3 Nr. 1 Buchst. a EStG).

Das **Kinderpflegekrankengeld** versichert ein vergleichbares Einnahmeausfallrisiko, nämlich das Risiko, dass der Berufstätige wegen Erkrankung seines Kindes nicht arbeiten kann und wie im Falle seiner eigenen Arbeitsunfähigkeit dadurch einen krankheitsbedingten Einnahmeausfall erleidet. Auch das Kinderpflegekrankengeld ist eine Lohnersatzleistung, errechnet sich grundsätzlich nach dem regelmäßigen Arbeitsentgelt (§ 45 Abs. 2 SGB V) in entsprechender Anwendung des § 47 Abs. 1 SGB V und ist ebenfalls nach § 3 Nr. 1 Buchst. a EStG einkommensteuerfrei.

Das **Mutterschaftsgeld** ist eine Lohnersatzleistung, welche die gesetzliche Krankenversicherung erbringt und die als eine solche Krankenversicherungsleistung nach § 3 Nr. 1 Buchst. a EStG steuerfrei[30] ist. Auch für die Höhe des Mutterschaftsgelds ist das Arbeitsentgelt die Bemessungsgrundlage, nämlich das Arbeitsentgelt der letzten drei Kalendermonate vor Beginn der Schutzfrist (§ 24 Buchst. i Abs. 2 S. 1 SGB V).

III. Gegenstand des sozialversicherungsrechtlichen Arbeitsentgelts, seine Bestimmung und Bemessung

Der Blick auf die Funktion des sozialversicherungsrechtlichen Arbeitsentgelts zeigt, dass es sowohl für das sozialversicherungsrechtliche Beitragsrecht als auch für das Leistungsrecht der zentrale Tatbestand des Sozialversicherungsrechts ist und dementsprechend für eben diese sozialversicherungsrechtlichen Zwecke dem Grunde und der Höhe nach zu bestimmen ist.

1. Arbeitsentgelt, Einnahmen aus einer Beschäftigung

Der sozialversicherungsrechtliche Begriff des Arbeitsentgelts war vor Einführung des SGB IV zum 1.7.1977 gesetzlich nicht einheitlich ge-

---

30 Das noch bis 2012 auf Grundlage des § 200 RVO gezahlte Mutterschaftsgeld ist nach § 3 Nr. 1 Buchst. d EStG einkommensteuerfrei.

regelt. Der Gesetzgeber sah darin eine Rechtsunsicherheit[31]; er stand vor dem Befund, dass das sozialversicherungsrechtlich erhebliche Einkommen zwischen den unterschiedlichen Versicherungszweigen und teilweise auch innerhalb derselben nach unterschiedlichen Kriterien beurteilt wurde und die Grundbegriffe Entgelt, Arbeitsentgelt, Gehalt, Lohn, Arbeitsverdienst weitgehend uneinheitlich und unkoordiniert nebeneinander standen; angesichts dessen entschloss er sich zu der gesetzlichen Regelung des Begriffs Arbeitsentgelt in § 14 SGB IV. Als weiteres Motiv trat hinzu, – ähnlich wie damals auch § 2 EStG mit Blick auf eine einheitliche und automationsgerechte Besteuerung neu geregelt worden war – eine automationsgerechte Definition des Arbeitsentgelts zu schaffen und eine Übereinstimmung mit den entsprechenden Begriffen des Steuerrechts zu erreichen, um den Abzug der Lohnsteuer und Sozialversicherungsbeiträge zu erleichtern. § 14 SGB IV löste damit § 160 RVO, der das Arbeitsentgelt für Zwecke der Rentenversicherung geregelt hatte[32] sowie den „Gemeinsamen Erlass" vom 10.9.1944[33] ab. Dieser „Gemeinsame Erlass" bestimmte, dass für die Berechnung der Sozialversicherungsbeiträge die Berechnung der Lohnsteuer maßgebend sei. Die frühe Rechtsprechung des BSG[34] sah darin allerdings den „Untergang des eigenständigen Entgeltbegriffs der Sozialversicherung"; das SGB IV belebte dann allerdings wieder diesen eigenständigen Entgeltbegriff der Sozialversicherung.

§ 14 Abs. 1 Satz 1 SGB IV definiert das Arbeitsentgelt als „alle laufenden oder einmaligen Einnahmen aus einer Beschäftigung, gleichgültig, ob ein Rechtsanspruch auf die Einnahmen besteht, unter welcher Bezeichnung oder in welcher Form sie geleistet werden und ob sie unmittelbar aus der Beschäftigung oder im Zusammenhang mit ihr erzielt werden". Der Tatbestand enthält damit drei wesentliche Tatbestandsmerkmale, die Beschäftigung, die Einnahme sowie einen spezifischen Veranlassungszusammenhang zwischen Einnahme und Beschäftigung, nämlich dass diese Einnahmen aus einer Beschäftigung folgen. § 7 Abs. 1 S. 1

---

31 BT-Drucks. 7/4122 v. 7.10.1975, S. 32 zu § 14.
32 § 160 RVO: (1) Zum Entgelt im Sinne dieses Gesetzes gehören neben Gehalt oder Lohn auch Gewinnanteile, Sach- und andere Bezüge, die der Versicherte, wenn auch nur gewohnheitsmäßig, statt des Gehalts oder Lohnes oder neben ihm von dem Arbeitgeber oder einem Dritten erhält. Der Reichsarbeitsminister kann näheres bestimmen. (2) ...
33 Reichsarbeitsblatt 1944 II S. 281; dazu z.B. auch BSG v. 14.7.2004 – B 12 KR 1/04 R, BSGE 93, 119, Rz. 19.
34 BSG v. 25.11.1964 – 3 RK 32/60, BSGE 22, 106 Rz. 13.

SGB IV ergänzt diesen Tatbestand und definiert die Beschäftigung als „die nichtselbständige Arbeit, insbesondere in einem Arbeitsverhältnis" und normiert sodann in S. 2, „Anhaltspunkte für eine Beschäftigung sind eine Tätigkeit nach Weisungen und eine Eingliederung in die Arbeitsorganisation des Weisungsgebers."

a) die vergleichbaren einkommensteuerrechtlichen Entgelt- und Lohntatbestände in den §§ 19, 8 EStG, §§ 1, 2 LStDV und ...

Nicht wesentlich anders als §§ 7 Abs. 1, 14 Abs. 1 SGB IV das sozialversicherungsrechtliche Entgelt bestimmen, regeln § 19 Abs. 1 S. 1 Nr. 1 und § 8 Abs. 1 EStG für Zwecke der Einkommensteuer die Einkünfte aus nichtselbständiger Arbeit als „Gehälter Löhne ... und Vorteile für eine Beschäftigung", in die als Einnahmen aus dieser Einkunftsart alle „Güter ... in Geld oder Geldeswert" einzubeziehen sind. Auch der einkommensteuerrechtliche Tatbestand, nämlich „Vorteile für eine Beschäftigung", gründet mithin auf den drei Tatbestandsmerkmalen der Beschäftigung, des Vorteils sowie des spezifischen Veranlassungszusammenhangs zwischen Vorteil und Beschäftigung, nämlich dass dieser Vorteil für eine Beschäftigung gewährt wird. Die Lohnsteuer-Durchführungsverordnung ergänzt dies in § 1 Abs. 1 dahingehend, dass Arbeitnehmer angestellt oder beschäftigte Personen sind und aus diesem Dienstverhältnis Arbeitslohn beziehen, dass ein Dienstverhältnis vorliegt, wenn der Beschäftigte seine Arbeitskraft schuldet (§ 1 Abs. 2 LStDV) und definiert schließlich in § 2 Abs. 1 LStDV Arbeitslohn als alle in welcher Form auch immer aus dem Dienstverhältnis dem Arbeitnehmer zufließenden Einnahmen. Der BFH sieht darin eine zutreffende Umschreibung des Arbeitslohnbegriffs. Dementsprechend definiert er auf Grundlage des § 19 EStG i.V.m. § 2 LStDV in seiner ständigen Rechtsprechung[35] Einkünfte aus nichtselbständiger Arbeit als „Vorteile, die „für" eine Beschäftigung im öffentlichen oder privaten Dienst gewährt werden, unabhängig davon, ob ein Rechtsanspruch auf sie besteht und ob es sich um laufende oder um einmalige Bezüge handelt; für eine Beschäftigung sind sie gewährt, wenn sie durch das individuelle Dienstverhältnis veranlasst sind, ohne dass ihnen eine Gegenleistung für eine konkrete (einzelne) Dienstleistung des Arbeitnehmers zugrunde liegen muss; ausreichend ist, wenn die

---

[35] BFH v. 10.3.2016 – VI R 58/14, BStBl. II 2016, 621; v. 19.11.2015 – VI R 74/14, BStBl. II 2016, 303; v. 19.11.2015 – VI R 47/14, BStBl. II 2016, 301; v. 7.5.2014 – VI R 73/12, BStBl. II 2014, 904; v. 14.11.2013 – VI R 36/12, BStBl. II 2014, 278, jeweils m.w.N.

Einnahmen dem Empfänger mit Rücksicht auf das Dienstverhältnis zufließen, sie sich also im weitesten Sinne als Gegenleistung für das Zurverfügungstellen der individuellen Arbeitskraft des Arbeitnehmers erweisen. Nichts anderes gilt im Grundsatz für das Arbeitsrecht; auch dort stellt sich immer wieder die Frage, eine Tätigkeit selbständig oder nichtselbständig ausgeübt wird[36].

b) ... seine typischen Fragestellungen

Wenn der BFH[37] auf dieser tatbestandlichen Grundlage Einkünfte aus nichtselbständiger Arbeit als „Vorteile für eine Beschäftigung" umschreibt, lassen sich – wie ein Blick auf die Rechtsprechung des Lohnsteuersenats zeigt – die den Streitfällen zugrunde liegenden Rechtsfragen in diesem Bereich auf die drei Grundfragen reduzieren, nämlich:

1. liegt eine „Beschäftigung" vor?
2. liegt ein „Vorteil" vor?
3. wird der Vorteil „für" eine Beschäftigung gewährt?

Beschäftigung: So war und ist immer wieder streitig, ob eine Erwerbstätigkeit selbständig oder nicht selbständig ausgeübt und Haftungsbescheide dementsprechend zu Recht gegen den Arbeitgeber erlassen wurden, weil eben doch von einer Beschäftigung auszugehen war. Werbedamen oder Servicekräfte in einem Warenhaus, AStA-Mitglieder, Fotomodelle oder auch Telefoninterviewer[38] sind bekannte Fälle, bei denen jeweils zu entscheiden war, ob eine nicht ständige Tätigkeit vorlag. Gerade in einem der jüngsten Fälle zu der Frage, ob Telefoninterviewer selbständig oder nichtselbständig tätig sind, hatte der Lohnsteuersenat[39] auch einen Blick auf die Rechtsprechung des Bundessozialgerichts[40] mit den dort weitgehend identischen Fragestellungen geworfen.

---

36 *Hanau/Strick*, DB Beilage 1998, Nr. 14, 1.
37 BFH v. 7.5.2014 – VI R 73/12, BStBl. II 2014, 904.
38 BFH v. 18.6.2015 – VI R 77/12, BStBl. II 2015, 903; v. 29.5.2008 – VI R 11/07, BStBl. II 2008, 933, beide zu Telefoninterviewer; v. 20.11.2008 – VI R 4/06, BStBl. II 2009, 374 zu Servicekräften im Warenhaus; v. 22.7.2008 – VI R 51/05, BStBl. II 2008, 981 zu AStA Mitgliedern als Arbeitnehmer; v. 14.6.2007 – VI R 5/06, BStBl. II 2009, 931, Fotomodelle als Arbeitnehmer; v. 14.6.1985 – VI R 150-152/82, VI R 150/82, VI R 151/82, VI R 152/82, BStBl. II 1985, 661 die sog. Werbedamen-Entscheidung.
39 BFH v. 18.6.2015 – VI R 77/12, BStBl. II 2015, 903.
40 BSG v. 30.10.2013 – B 12 KR 17/11 R, juris, Die Beiträge Beilage 2014, 387.

Ein anderes Beispiel ist die Frage, wie die Tätigkeit von Vorständen und Geschäftsführern einkommensteuerrechtlich zu qualifizieren ist. Deren Tätigkeit ordnen die Rechtsprechung und die h.M. in der Kommentarliteratur der nichtselbständigen Tätigkeit zu; ungeachtet der Organstellung und der Beteiligungsverhältnisse geht sie – offenkundig mit Blick auf den Anstellungsvertrag – von einer abhängigen Beschäftigung aus. Diese Einordnung stößt auf vereinzelte, aber deutliche Kritik; die Auffassung sei „unreflektiert", führe zu einem „bunten Einkunftsarten-Graffiti"[41], der Lohnsteuersenat sollte daher diese isolierende, nämlich auf den Anstellungsvertrag begrenzte Betrachtungsweise überdenken. Veranschaulicht wird diese Kritik anhand eines Urteil des Lohnsteuersenats aus dem Jahr 2009[42], bei dem ein alleinvertretungsberechtigter GmbH-Gesellschaftergeschäftsführer angesichts seiner Organstellung und Mehrheitsbeteiligung die GmbH beherrschte, der Lohnsteuersenat aber dennoch und abweichend von der Rechtsprechung des Bundessozialgerichts zu Einkünften aus nichtselbständiger Arbeit gelangt sei. Die Kritik beruft sich weiter auf eine Entscheidung des VIII. Senats des BFH[43], die der Rechtsprechung des Lohnsteuersenats widerspreche[44].

Vorteil: In den vom BFH entschiedenen Fällen zu den Betriebsveranstaltungen[45] war ein wesentlicher Streitpunkt, ab welcher Schwelle einer Annehmlichkeit im weitesten Sinne der lohnsteuerrechtliche Vorteilsbegriff beginnt, ob etwa Raum-, Dekorations- und sonstige Gemeinkosten, die einem Arbeitgeber durch die Ausrichtung einer Betriebsveranstaltung entstehen, tatsächlich beim Arbeitnehmer zu einem lohnsteuerrechtlich erheblichen Vorteil führen. Der Gesetzgeber hat auf diese für die Arbeitnehmer tendenziell vorteilhaften Urteile mit § 19 Abs. 1 Satz 1 Nr. 1a EStG[46] reagiert. Die Regelung ist systematisch fragwürdig, wenn danach der Vorteil nicht mehr nach dem beim Arbeitnehmer zugeflossenen Wert, sondern nach den Kosten des Arbeitgebers

---

41 *Seer* in FS für Joachim Lang, S. 655, 669 f.
42 BFH v. 23.4.2009 – VI R 81/06, BStBl. II 2012, 262.
43 BFH v. 20.10.2010 – VIII R 34/08, BFH/NV 2011, 585, das allerdings unterscheidet zwischen der Organstellung und dem ihr zugrunde liegenden Anstellungsverhältnis.
44 Differenzierend allerdings schon BFH v. 2.12.2005 – VI R 16/03, BFH/NV 2006, 544.
45 BFH v. 16.5.2013 – VI R 7/11, BStBl. II 2015, 189; VI R 94/10, BStBl. II 2015, 186.
46 I.d.F. des Gesetzes zur Anpassung der Abgabenordnung an den Zollkodex der Union und zur Änderung weiterer steuerlicher Vorschriften v. 22.12.2014, BGBl. I, 2417, BStBl. I 2015, 58.

samt allgemeiner Kosten für den äußeren Rahmen zu bemessen ist, betrifft derzeit aber nur den Sonderfall der Betriebsveranstaltung. Ähnlich – nämlich nach den „Aufwendungen" – wird die Bemessungsgrundlage bei der Pauschalbesteuerung nach § 37b Abs. 1 S. 2 EStG nach den Aufwendungen des Zuwendenden ermittelt, insoweit allerdings nur, wenn der Arbeitgeber diese Besteuerungsform wählt was freilich in der Praxis im Anschluss an Lohnsteueraußenprüfungen mitunter kaum zu vermeiden ist. Das Tatbestandsmerkmal Vorteil war auch zentrales Thema bei der Neuausrichtung der Rechtsprechung des Lohnsteuersenats zur Besteuerung des Nutzungsvorteils aus der Überlassung eines Dienstwagens[47] nach § 8 Abs. 2 Satz 2 EStG. Die Frage, worin genau der Vorteil für den Arbeitnehmer besteht, beantwortete er damit, dass bereits die abstrakte Nutzungsmöglichkeit den Vorteil darstellt, es also auf den konkreten Nutzungsumfang nicht ankommt. Vorteil ist schließlich auch das zentrale Tatbestandsmerkmal in den Urteilen des Lohnsteuersenats zu der Frage, inwieweit vom Arbeitgeber abgeschlossene Berufshaftpflichtversicherungen und Betriebshaftpflichtversicherungen einen lohnsteuerpflichtigen Vorteil bei deren Arbeitnehmern begründen könnte[48].

„für": Steuerpflichtiger Arbeitslohn setzt Vorteile voraus, die dem Arbeitnehmer „für" seine Arbeitsleistung gewährt werden (§ 19 Abs. 1 Nr. 1 EStG); dem Vorteil muss bei objektiver Würdigung Entlohnungscharakter für das Zurverfügungstellen der Arbeitskraft zukommen. Dieser Entlohnungscharakter fehlt im Falle des ganz überwiegend eigenbetrieblichen Interesses. Typische vom BFH dazu entschiedene Fälle waren die Portugal-Entscheidung[49] oder jüngstens das Urteil zur Betriebshaftpflichtversicherung eines Krankenhauses[50]. Insbesondere der Fall der Betriebshaftpflichtversicherungen eines Krankenhauses illustriert anschaulich, unter welchen Voraussetzungen ein Vorteil aus ei-

---

47 BFH v. 21.3.2013 – VI R 31/10, BStBl. II 2013, 700; v. 13.12.2012 – VI R 51/11, BStBl. II 2013, 385.
48 BFH v. 10.3.2016 – VI R 58/14, BFH/NV 2016, 1099, zur Berufshaftpflichtversicherung einer Rechtsanwalts-GbR; BFH v. 19.11.2015 – VI R 74/14, BStBl. II 2016, 303 zur Berufshaftpflichtversicherung einer Rechtsanwalts-GmbH; VI R 47/14, BStBl. II 2016, 301 zur Betriebshaftpflichtversicherungen eines Krankenhauses, zu diesen Fällen insgesamt und der Differenzierung zwischen dem Tatbestandsmerkmal „Vorteil" und dem Tatbestandsmerkmal „für" *Schneider*, NWB 2016, 842; *Schneider*, HFR 2016, 319.
49 Zuwendung einer Reise als Vorteil mit dessen Aufteilung in betrieblich veranlasste Teile (betriebsfunktionale Bestandteile) und tatsächlich geldwerte Vorteile, BFH v. 18.8.2005 – VI R 32/03, BStBl. II 2006, 30.
50 BFH v. 19.11.2015 – VI R 47/14, BStBl. II 2016, 301.

nem ganz überwiegend eigenbetrieblichen Interesse resultiert, weil der verfolgte betriebliche Zweck ganz im Vordergrund steht. Insbesondere in den Fällen, in denen Vorteile nicht vom Arbeitgeber, sondern von Dritten stammen, stellt sich regelmäßig die Frage, ob der Vorteil tatsächlich ein solcher für die Beschäftigung ist. Denn in diesem Fall bestehen regelmäßig eigenständige Rechtsbeziehungen zwischen Arbeitnehmer und Dritten[51], die schon für sich betrachtet Grundlage von Zuwendungen sein können, die aber auf eben diesen Rechtsbeziehungen und nicht auf dem Arbeitsverhältnis gründen. Wenn also Dritte Vorteile einräumen, etwa ihre eigenen Sach- und Dienstleistungen zu vergünstigten Preisen abgeben, geschieht dies regelmäßig – sofern Arbeitgeber und Dritte nicht gleichsam kollusiv zusammenwirken, um über diesen Umweg den Arbeitnehmern des Arbeitgebers tatsächlich lohnsteuerrechtlich erhebliche Vorteile zuzuwenden – aus eigenwirtschaftlichen Interessen der Dritten, weil sie sich daraus einen Umsatzzuwachs versprechen. Dementsprechend können zwar selbst Zuwendungen Dritter Lohn („Drittlohn") darstellen, nämlich wenn der Vorteil tatsächlich Entgelt „für" eine Leistung des Arbeitnehmers für seinen Arbeitgeber ist. Das ist aber die Ausnahme und nicht die Regel; Arbeitgeber entlohnen ihre Arbeitnehmer, Dritte haben dazu grundsätzlich keinen Anlass. Leistungen Dritter dienen regelmäßig vielmehr deren eigenwirtschaftlicher Betätigung. Dementsprechend ist gerade in Fällen, in denen Arbeitslohn von dritter Seite streitig ist, typischerweise die entscheidende Frage, ob dieser Vorteil als „Frucht der Arbeitsleistung" für den Arbeitgeber angesehen werden kann. Die entsprechenden Entscheidungen des Lohnsteuersenats betrafen Zuwendungen Dritter in Form verbilligter Beteiligungserwerbe[52], Prämien[53] und Rabatte, die Dritte im Rahmen des Vertriebs ihrer eigenen Produkte Arbeitnehmern ihrer Geschäftspartner einräumten[54].

2. Beschäftigung i.S.d. § 14 Abs. 1 Satz 1 SGB IV

Die Legaldefinition des Arbeitsentgelts in § 14 SGB IV umfasst nicht alle laufenden oder einmaligen Einnahmen, sondern nur solche aus einer

---

51 *Schneider*, DB 2006, Beilage 6 S. 51 ff.
52 BFH v. 26.6.2014 – VI R 94/13, BStBl. II 2014, 864; v. 7.5.2014 – VI R 73/12, BStBl. II 2014, 904.
53 BFH v. 28.2.2013 – VI R 58/11, BStBl. II 2013, 642.
54 BFH v. 10.4.2014 – VI R 62/11, BStBl. II 2015, 191; v. 18.10.2012 – VI R 64/11, BStBl. II 2015, 184; v. 20.5.2010 – VI R 41/09, BStBl. II 2010, 1022.

Beschäftigung; diese Beschäftigung ist wiederum in § 7 Abs. 1 S. 1 SGB IV eigenständig definiert als die „nichtselbständige Arbeit, insbesondere in einem Arbeitsverhältnis" und dort in Satz 2 nach der Art eines Regelbeispiels dahingehend präzisiert, dass „Anhaltspunkte für eine Beschäftigung ... eine Tätigkeit nach Weisungen und eine Eingliederung in die Arbeitsorganisation des Weisungsgebers sind".

Im Hinblick auf die Regelungstechnik und insbesondere die Regelungsebenen unterscheidet sich das Sozialversicherungsrecht vom Einkommensteuerrecht. Denn § 19 Abs. 1 S. 1 Nr. 1 EStG spricht zwar von der Beschäftigung im öffentlichen oder privaten Dienst, definiert dieses Rechtsverhältnis selbst aber nicht, sondern überlässt dies dem Verordnungsgeber. § 1 Abs. 2 LStDV umschreibt bekanntermaßen das Dienstverhältnis dahingehend, dass der Beschäftigte dem Arbeitgeber seiner Arbeitskraft schuldet; die ständige Rechtsprechung des BFH, zuletzt im Fall der Telefoninterviewer[55], sieht den Arbeitnehmerbegriff als Typusbegriff und betrachtet die Umschreibung der Begriffe Arbeitnehmer, Arbeitgeber, Dienstverhältnis und Arbeitslohn als zutreffende Auslegung des § 19 Abs. 1 S. 1 Nr. 1 EStG. Eine nichtselbständige Tätigkeit liegt dementsprechend vor, wenn nach dem Gesamtbild der Verhältnisse die tätige Person in der Betätigung ihres geschäftlichen Willens unter der Leitung des Arbeitgebers steht oder im geschäftlichen Organismus des Arbeitgebers dessen Weisungen zu folgen verpflichtet ist[56].

Der sozialversicherungsrechtliche Arbeitnehmerbegriff wird – insoweit vergleichbar mit dem Lohnsteuerrecht – ebenfalls als Typusbegriff[57] verstanden, geprägt durch das Tatbestandsmerkmal der Beschäftigung und auch insoweit vergleichbar mit dem Lohnsteuerrecht darauf ausgerichtet, die abhängige Beschäftigung von der selbständigen Tätigkeit abzugrenzen. Vergleichbar mit der lohnsteuerrechtlichen Rechtsprechung nutzt auch die sozialgerichtliche Rechtsprechung die Begriffe „persönliche Abhängigkeit", „Weisungsabhängigkeit", „Direktionsrecht", „Fremdbestimmtheit" und „Eingliederung in die betriebliche Organisation", um den Begriff der nichtselbständigen Arbeit typologisch zu umschreiben.

---

55 BFH v. 18.6.2015 – VI R 77/12, BStBl. II 2015, 903.
56 Das ist die bekannte Rechtsprechung des Lohnsteuersenats, grundlegend BFH v. 14.6.1985 – VI R 150/82, VI R 151/82, VI R 152/82, BStBl. II 1985, 661; v. 20.11.2008 – VI R 4/06, BStBl. II 2009, 374; v. 18.6.2015 – VI R 77/12, BStBl. II 2015, 903, jeweils m.w.N.
57 *Segebrecht* in Schlegel/Voelzke, jurisPK-SGB IV, 3. Aufl. 2016, § 7 Abs. 1 SGB IV, Rz. 23 ff.

Und ähnlich wie im Lohnsteuerrecht sieht man auch im Sozialversicherungsrecht die Hauptabgrenzungsfragen im Bereich der freien Mitarbeiter, der Subunternehmer und Scheinselbständigen, in der Bestimmung des Status von GmbH-Geschäftsführern, in der Einordnung von Arbeitsleistungen auf Grundlage familiärer Mitarbeit und in der Abgrenzung von gesellschaftsrechtlichen und mitgliedschaftsrechtlichen Tätigkeiten[58]. Allerdings findet sich gerade auch im sozialversicherungsrechtlichen Schrifttum der kritische Blick auf das gerade auch im Lohnsteuerrecht immer wieder bemühte Merkmal des Weisungsrechts, dem angesichts der zunehmend weniger befehlsorientierten Führungs- und Arbeitsorganisationsprozessen nicht mehr die wesentliche Bedeutung zukomme und sich insoweit gar „Auflösungstendenzen" zeigten[59].

Die Frage, ob die Tätigkeiten von Organen einer Gesellschaft, etwa Vorstandsmitglieder einer Aktiengesellschaft oder Geschäftsführer einer GmbH, in sozialversicherungsrechtlicher Hinsicht als Beschäftigung zu qualifizieren sind, beantwortet sich im Vergleich zur lohnsteuerrechtlichen Behandlung deutlich differenzierter. So steht durch die eindeutige gesetzliche Regelung in § 1 Abs. 2 Satz 3 SGB VI und § 27 Abs. 1 Nr. 5 SGB III zwar fest, dass Vorstandsmitglieder einer AG nicht der Versicherungspflicht in der gesetzlichen Rentenversicherung und Arbeitslosenversicherung unterliegen; aber schon für Aktiengesellschaften, die nicht dem deutschen Recht unterliegen oder auch für die europäische Aktiengesellschaft (SE) ist die sozialversicherungsrechtliche Einordnung der Tätigkeit ihrer Vorstände unklar[60]. Die sozialversicherungsrechtliche Behandlung der Tätigkeit der Geschäftsführer einer GmbH ist noch weniger eindeutig. Die Frage, ob eine Sozialversicherungspflicht besteht, ist hier letztlich von Wertungen abhängig. Denn die Versicherungs-

---

58 *Segebrecht* in Schlegel/Voelzke, jurisPK-SGB IV, 3. Aufl. 2016, § 7 Abs. 1 SGB IV, Rz. 32 m.w.N.
59 *Segebrecht* in Schlegel/Voelzke, jurisPK-SGB IV, 3. Aufl. 2016, § 7 Abs. 1 SGB IV, Rz. 80 ff.
60 *Vor* in Schlegel/Voelzke, jurisPK-SGB VI, 2. Aufl. 2013, § 1 SGB VI, Rz. 95 ff., insbesondere damit erklärt, dass diese aufgrund ihrer herausragenden und wirtschaftlich starken Stellung keinen Schutz durch die Solidargemeinschaft benötigten; zur Befreiung von der Rentenversicherungspflicht auch *Ruppelt* in Küttner, Personalbuch 2016, Rentenversicherungspflicht, Rz. 6; *Voelzke* in Küttner, Personalbuch 2016, Arbeitslosenversicherungspflicht, Rz. 22; *Voelzke* in Küttner, Personalbuch 2016, Arbeitnehmer (Begriff), Rz. 70 f.; *Fuchs/Preis*, Sozialversicherungsrecht, 2. Aufl. 2009, S. 970 ff. zum versicherten Personenkreis; kritisch aus steuerrechtlicher Sicht *Seer* in FS für Joachim Lang, S. 655, 669 f.

pflicht eines Gesellschafter-Geschäftsführers entscheidet sich danach, ob mit Blick auf seine Kapitalbeteiligung von seiner persönlichen Abhängigkeit auszugehen ist[61]. Dementsprechend geht die sozialrechtliche Rechtsprechung bei Mehrheitsgesellschaftern einer GmbH und erst recht bei Alleingesellschaftern einer GmbH nicht von einer abhängigen Beschäftigung aus. Anderes gilt dagegen bei Fremdgeschäftsführern einer GmbH, sie gelten regelmäßig als abhängig Beschäftigte, sofern nicht Sonderfälle etwa bei Familienunternehmen gegeben sind[62].

Die Frage der Einordnung der Tätigkeit von Vorstandsmitglieder einer Aktiengesellschaft und von Geschäftsführern einer GmbH für Zwecke der Krankenversicherungspflicht entscheidet sich trotz Eigenständigkeit der jeweiligen Sozialversicherungszweige nach den vorstehenden Grundsätze, es kommt also auch hier auf die persönliche Abhängigkeit an. Für Zwecke der Krankenversicherung, die im Gegensatz zu § 1 Abs. 2 Satz 3 SGB VI und § 27 Abs. 1 Nr. 5 SGB III in § 6 SGB V keine ausdrückliche Befreiung von der Krankenversicherungspflicht vorsieht, ist also nach Beteiligungsquoten und qualifizierten Mehrheiten zu prüfen[63]. Daher gelten Vorstände einer Aktiengesellschaft ohne qualifizierte Anteilsmehrheit an der Aktiengesellschaft regelmäßig als abhängig beschäftigt[64]. Im Bereich der Krankenversicherung bleibt dies allerdings für Vorstandsmitglieder und Geschäftsführer ein mehr theoretisches Problem, denn die Versicherungspflicht in der Krankenversicherung endet mit Überschreiten der Jahresarbeitsentgeltgrenze[65] (§ 6 Abs. 4 i.V.m. Abs. 6 SGB V).

Das Sozialversicherungsrecht weist im Vergleich zum Lohnsteuerrecht eine weitere Besonderheit im Hinblick auf das Tatbestandsmerkmal Beschäftigung auf. Denn für sozialversicherungsrechtliche Zwecke ist von einer Beschäftigung im Sinne des Tatbestandes nur dann auszugehen ist, wenn auch tatsächlich eine Arbeitsleistung erbracht wird. Ohne tatsächliche Arbeitsaufnahme besteht jedenfalls grundsätzlich keine Versicherungspflicht. Dementsprechend hatte der Gesetzgeber eigens dafür

---

61 BSG v. 14.12.1999 – B 2 U 48/98 R, GmbHR 2000, 618, HFR 2001, 287.
62 BSG v. 25.1.2006 – B 12 KR 30/04 R, GmbHR 2006, 645; LSG Berlin-Brandenburg v. 17.1.2012 – L 1 KR 180/10, juris; zur sozialversicherungsrechtlichen Seite *Seer* in FS für Joachim Lang, S. 655, 673.
63 Im Fall des BFH (Urt. v. 6.5.2010 – VI R 25/09, BStBl. II 2010, 851) ging die Krankenkasse bei einer 24 %igen Beteiligung eines Gesellschafter-Geschäftsführers von einer selbständigen Tätigkeit aus.
64 *Ruppelt* in Küttner, Personalbuch 2016, Krankenversicherungspflicht, Rz. 7; LSG Berlin-Brandenburg v. 7.8.2013 – L 9 KR 269/11, DStR 2013, 2779.
65 *Schlegel* in Küttner, Personalbuch 2016, Jahresarbeitsentgelt, Rz. 11.

in § 7 Abs. 1a SGB IV eine Sonderregelung getroffen, nämlich die Beschäftigung fingiert, auch wenn keine Arbeitsleistung erbracht wird[66]. § 7 Abs. 1a SGB IV schafft eine Beschäftigungsfiktion für die Zeit der Freistellung von der Arbeitsleistung und bestimmt so, dass eine Beschäftigung auch ohne tatsächliche Erbringung einer Arbeitsleistung vorliegt, wenn im Falle der Freistellung insbesondere Arbeitsentgelt aus einem Wertguthaben gezahlt wird. Allgemein wird die Regelung dahingehend verstanden, dass dadurch Unterbrechungen des Arbeitslebens zugelassen werden sollen, ohne dass der sozialversicherungsrechtliche Schutz des betreffenden Arbeitnehmers entfällt. Über die in § 7 Abs. 1 Buchst. a SGB IV geregelten Fälle hinaus gilt entsprechendes auch für das Arbeitszeitmodell der Altersteilzeit. Dazu regelt § 2 Abs. 2 AltTZG, dass sich die Beschäftigung i.S.d. § 7 Abs. 1 SGB IV auf den gesamten Zeitraum erstreckt, für den die Altersteilzeit vereinbart worden ist[67].

Wie einfach im Vergleich dazu die lohnsteuerrechtliche Betrachtungsweise in Fällen der teilweise Freistellung ist, zeigen zwei vom Lohnsteuersenat entschiedene Fälle. In einem Fall waren Ausgleichszahlungen, die ein Arbeitnehmer für seine in der Arbeitsphase erbrachten Vorleistungen erhält, auch dann Arbeitslohn, wenn ein im Blockmodell geführtes Altersteilzeitarbeitsverhältnis vor Ablauf der vertraglich vereinbarten Zeit beendet wird[68]. In einem weiteren Fall hatte der BFH Einkünfte, die ein Arbeitnehmer in der Freistellungsphase im Rahmen der Altersteilzeit nach dem sog. Blockmodell erzielte, lediglich von Versorgungsbezügen abzugrenzen. Für die lohnsteuerrechtliche Behandlung als Lohn kam es indessen nicht darauf an, ob der Arbeitnehmer im Zeitpunkt der Zahlung tatsächlich tätig gewesen war[69].

Sowohl im Steuer – wie im Sozialversicherungsrecht besteht angesichts in der jedenfalls in den Randbereichen gegebenen Unwägbarkeiten hinsichtlich der Qualifikation der Tätigkeit sowie möglicher Haftungen ein offenkundiges Bedürfnis, das Vorliegen einer Beschäftigung im jeweiligen Sinne im Vorhinein rechtssicher festzustellen. Denn in lohnsteuerrechtlicher Hinsicht schuldet der Arbeitnehmer die Lohnsteuer, der

---

66 *Segebrecht* in Schlegel/Voelzke, jurisPK-SGB IV, 3. Aufl. 2016, § 7 Abs. 1 SGB IV Rz. 59 ff.; *Wißing* in Schlegel/Voelzke, jurisPK-SGB IV, 3. Aufl. 2016, § 7 Abs. 1ab SGB IV Rz. 10 ff., 24 ff.
67 *Wißing* in Schlegel/Voelzke, jurisPK-SGB IV, 3. Aufl. 2016, § 7 Abs. 1ab SGB IV Rz. 3 m.w.N.
68 BFH v. 15.12.2011 – VI R 26/11, BStBl. II 2012, 415.
69 BFH v. 21.3.2013 – VI R 5/12, BStBl. II 2013, 611.

Arbeitgeber haftet dafür. Sozialversicherungsrechtlich steht der Arbeitgeber sogar allein in der Pflicht. Denn hier schuldet grundsätzlich allein der Arbeitgeber nach § 28e Abs. 1 SGB IV die Sozialversicherungsbeiträge; nur soweit Auslandssachverhalte vorliegen, kann anderes gelten (§ 28m SGB IV)[70]. Im Einkommensteuerrecht ist für die rechtssichere Feststellung die Lohnsteueranrufungsauskunft das probate Mittel (§ 42e EStG), in dem der Arbeitgeber nicht mehr in Haftung genommen werden kann, sofern er sich entsprechend der Lohnsteueranrufungsauskunft verhält. Das Sozialversicherungsrecht kennt – insoweit vergleichbar mit der Lohnsteueranrufungsauskunft – das Anfrageverfahren[71] nach § 7a SGB IV. Danach können die Beteiligten schriftlich eine Entscheidung beantragen, ob eine Beschäftigung vorliegt. Zur Entscheidung berufen ist die Deutsche Rentenversicherung Bund, die nach § 7a Abs. 2 SGB IV aufgrund einer Gesamtwürdigung aller Umstände des Einzelfalles entscheidet, ob eine Beschäftigung vorliegt[72]. Die Wechselwirkungen zwischen sozialversicherungsrechtlicher Auskunft und deren Bindungswirkung für steuerliche Zwecke veranschaulicht ein Urteil des Lohnsteuersenats[73]. Danach sind Entscheidungen des zuständigen Sozialversicherungsträgers über die Sozialversicherungspflicht eines Arbeitnehmers im Besteuerungsverfahren zu beachten, soweit sie nicht offensichtlich rechtswidrig sind. Im entschiedenen Streitfall hatte ein mit 24 % beteiligter Gesellschafter-Geschäftsführer Kranken – und Pflegeversicherungsbeiträge bezahlt. Dessen Krankenkasse hatte seine Geschäftsführertätigkeit als selbständige nicht sozialversicherungspflichtige Tätigkeit beurteilt. Trotzdem hatte der Geschäftsführer diese Beiträge für steuerliche Zwecke nach § 3 Nr. 62 EStG als steuerfrei behandelt. Zu Unrecht, so der BFH, denn Feststellungen der Sozialversicherungsträger entfalten für die Frage, ob eine sozialversicherungsrechtliche Verpflichtung i.S.d. § 3 Nr. 62 EStG vorliegt, Tatbestandswirkung. Inzwischen hat die Einzugsstelle sogar ein Anfrageverfahren einzuleiten, wenn die Arbeitgebermel-

---

70 *Seer* (DStZ 2016, 605, 611) verweist im Zusammenhang mit der geplanten Modernisierung des Besteuerungsverfahrens zu Recht auf den Umstand, dass angesichts der zunehmenden Verlagerung des Steuervollzugs auf die Steuerpflichtigen selbst die verbindliche Auskunft conditio sine qua non und notwendige Serviceleistung sein müsse.
71 Dazu BSG v. 11.3.2009 – B 12 R 11/07 R, BSGE 103, 17; v. 4.6.2009 – B 12 R 6/08 R, USK 2009, 72.
72 BFH v. 6.5.2010 – VI R 25/09, BStBl. II 2010, 851: Aufwendungen im Zusammenhang mit dem Anfrageverfahren nach § 7a SGB IV zählen regelmäßig zu den Werbungskosten bei den Einkünften aus nichtselbständiger Arbeit.
73 BFH v. 21.1.2010 – VI R 52/08, BStBl. II 2010, 703.

dung ergibt, dass der beschäftigte Ehegatte oder Abkömmling des Arbeitgebers oder geschäftsführender Gesellschafter einer Gesellschaft mit beschränkter Haftung ist (§ 7a Abs. 1 S. 2 SGB IV). Im Ergebnis ist damit das Anfrageverfahren nach § 7a SGB IV (Statusfeststellungsverfahren) letztlich unentbehrlich, um rechtsverbindlich eine Entscheidung darüber zu erhalten, ob eine Beschäftigung im Sinne des Sozialversicherungsrechts vorliegt. Die durch eine solche Anfrage entstandenen Aufwendungen eines Arbeitnehmers sind dann auch – so der BFH – als Werbungskosten bei den Einkünften aus nichtselbständiger Arbeit zu qualifizieren[74].

3. Einnahmen i.S.d. § 14 Abs. 1 Satz 1 SGB IV

Der sozialversicherungsrechtliche Einnahmenbegriff des § 14 SGB IV ist umfassend, beinhaltet insbesondere alles, was aus dem Arbeitsverhältnis an Vorteil zufließt, unabhängig von der Form; Geldleistungen sind ebenso erfasst wie Sach- und Dienstleistungen[75]. Es kommt auch nicht darauf an, ob diese Vorteile unmittelbar zugewendet werden oder nur indirekt etwa durch die verbilligte Abgabe von Waren oder Dienstleistungen in Form von Belegschaftsrabatten oder Gutscheinen[76]. Das folgt letztlich aus § 3 Abs. 2 SvEV, wonach als Wert für verbilligt zur Verfügung gestellte Sachbezüge der Unterschiedsbetrag zwischen dem vereinbarten Preis und dem marktüblichen Preis anzusetzen ist. Auch der Umstand, dass solche Leistungen teilweise steuerfrei sind, hat auf die Qualifikation der Leistungen als sozialversicherungsrechtliches Arbeitsentgelt keine Auswirkung. Allerdings kann die Steuerfreiheit in Verbindung mit der SvEV dazu führen, dass diese Leistungen nicht dem Arbeitsentgelt

---

74 BFH v. 6.5.2010 – VI R 25/09, BStBl. II 2010, 851 zu einer Anfrage eines GmbH-Geschäftsführers.
75 BSG v. 26.5.2004 – B 12 KR 2/03 R, SozR 4-2400 § 14 Nr. 2, BFH/NV 2004, Beilage 4, 411, zu Instrumentengeld für Orchestermusiker mit dem Hinweis auf weitere Entscheidungen, etwa zu verlosten Reisen, Auflassungsgebühren von Notariatsangestellten, Prämien für Verbesserungsvorschläge, verbilligte Flüge, BSG v. 7.2.2002 – B 12 KR 6/01 R, SozR 3-2400 § 14 Nr. 23; auch kostenlose Kontoführung, BSG v. 7.2.2002 – B 12 KR 12/01 R, BSGE 89, 158.
76 *Werner* in Schlegel/Voelzke, jurisPK-SGB IV, 3. Aufl. 2016, § 14 SGB IV Rz. 110 f.; zum Vorteil aus steuerrechtlicher Sicht am Beispiel von Belegschaftsrabatten (z.B. Jahreswagen): BFH v. 26.7.2012 – VI R 30/09, BStBl. II 2013, 400; VI R 27/11, BStBl. II 2013, 402; v. 17.6.2009 – VI R 18/07, BStBl. II 2010, 67; v. 5.9.2006 – VI R 41/02, BStBl. II 2007, 309; zu Gutscheinen: BFH v. 11.11.2010 – VI R 21/09, BStBl. II 2011, 383 (Sachbezug durch Geschenkgutscheine); VI R 27/09, BStBl. II 2011, 386 (Sachbezug bei Benzingutscheinen); VI R 41/10, BStBl. II 2011, 389 (Sachbezug auch bei Kostenerstattung).

"zugerechnet" werden. Die Frage, ob der Arbeitgeberanteil zur Sozialversicherung als Arbeitsentgelt zu qualifizieren ist, beantwortet das Sozialversicherungsrecht ähnlich uneinheitlich wie das Steuerrecht. Die herrschende Auffassung geht allerdings dahin, dass auch der Arbeitgeberanteil als Gegenleistung für die Arbeit des Beschäftigten anzusehen ist; sie stützt sich insoweit auf die Rechtsprechung des BVerfG, nach der auch die auf dem Arbeitgeberanteil beruhenden Anwartschaften der Eigentumsgarantie unterliegen[77].

Es gibt, vergleichbar mit dem Einkommensteuerrecht, auch keine Bagatellgrenze. Anzusetzen ist jeder einem Arbeitnehmer zufließende Vorteil. Das in der Rechtsprechung des Lohnsteuersenats kreierte Institut des ganz überwiegend eigenbetrieblichen Interesses[78] findet allerdings auch im Sozialversicherungsrecht Anwendung[79]. Die sozialgerichtliche Rechtsprechung entscheidet mit den im Grundsatz gleichen Maßstäbe, ob eine Zuwendung schon als sozialversicherungsrechtlich erhebliches Entgelt anzusehen ist oder ob ein ganz überwiegend eigenbetriebliches Interesse an dieser Zuwendung besteht, die betriebsfunktionaler Zielsetzung überwiegt und damit kein Entgelt vorliegt. Auf dieser Grundlage verneinte das BSG etwa die Frage, ob die vom Arbeitgeber dem Arbeitnehmer erstatteten Kosten für den Erwerb eines Lkw-Führerscheins als beitragspflichtiges Arbeitsentgelt zu betrachten ist. Die aus dem Lohnsteuerrecht bekannte Frage, ob vom Arbeitgeber übernommene Verwarnungsgelder lohnsteuerrechtliche Vorteile begründen, war ebenfalls für sozialversicherungsrechtliche Zwecke zu beurteilen; das Landessozialgericht Nordrhein-Westfalen[80] folgte derzeit allerdings nicht der inzwischen wieder aufgegebenen Rechtsprechung des BFH[81], dass solche Verwarnungsgelder aus ganz überwiegend eigenbetrieblichen Interesse geleistet würden. Schließlich scheidet die sozialgerichtliche Rechtsprechung auch Zuwendungen im Rahmen von Betriebsveranstaltungen mit dem Institut des ganz überwiegend eigenbetrieblichen Interesses aus dem beitragspflichtigen Arbeitsentgelt aus und wendet auch die (bisheri-

---

77 *Werner* in Schlegel/Voelzke, jurisPK-SGB IV, 3. Aufl. 2016, § 14 SGB IV Rz. 57 m.w.N.; BSG v. 29.6.2000 – B 4 RA 57/98 R, BSGE 86, 262; BFH v. 6.6.2002 – VI R 178/97, BStBl. II 2003, 34.
78 *Krüger*, DStR 2013, 2029.
79 BSG v. 26.5.2004 – B 12 KR 5/04 R, HFR 2005, 176; *Werner* in Schlegel/Voelzke, jurisPK-SGB IV, 3. Aufl. 2016, § 14 SGB IV Rz. 61.
80 LSG Nordrhein-Westfalen v. 20.6.2007 – L 11 (8) R 75/06, juris.
81 BFH v. 7.7.2004 – VI R 29/00, BStBl. II 2005, 367, aufgegeben mit Urt. v. 14.11.2013 – VI R 36/12, BStBl. II 2014, 278.

ge) Freigrenzenregelung der BFH-Rechtsprechung an[82]. Fraglich bleibt, ob die einkommensteuerrechtliche Neuregelung der Betriebsveranstaltungen in § 19 Abs. 1 S. 1 Nr. 1a EStG mit der nun enthaltenen Freibetragsregelung dann auch für sozialversicherungsrechtliche Zwecke gilt. Es bleibt aber jedenfalls die Möglichkeit, Zuwendungen im Rahmen von Betriebsveranstaltungen, soweit der neue Freibetrag i.H.v. 110 Euro nicht überschritten ist, nach § 1 Abs. 1 S. 1 Nr. 1 SvEV als einmalige lohnsteuerfreie Leistung dem Arbeitsentgelt nicht zuzurechnen. Über diesen Freibetrag liegende Zuwendungen aus Anlass von Betriebsveranstaltungen bleiben ebenfalls letztlich sozialversicherungsfrei, soweit für sie – was in der Praxis regelmäßig der Fall sein dürfte – die Lohnsteuerpauschalierung nach § 40 Abs. 2 S. 1 Nr. 2 EStG gewählt wird und die Zuwendung damit nach § 1 Abs. 1 S. 1 Nr. 3 SvEV dem Arbeitsentgelt nicht zuzurechnen ist.

Aber ungeachtet einzelner Bewertungsunterschiede decken sich insoweit die von der Rechtsprechung des BFH einerseits und des BSG andererseits herangezogenen Grundprinzipien. Denn in beiden Rechtsbereichen ist von einem solchen, ein Arbeitsentgelt ausschließenden spezifischen eigenen Interesse des Arbeitgebers auszugehen, wenn andere Motive als der Entlohnungszweck (ganz überwiegend) im Vordergrund stehen. Die aufgezeigten Gemeinsamkeiten des sozialversicherungsrechtlichen und des steuerrechtlichen Einnahmenbegriffs betreffen allerdings nur einen engen Kernbereich. Ein grundlegender Unterschied ist etwa, dass das für die Überschusseinkünfte allgemein anwendbare und insbesondere für die Lohneinkünfte so wesentliche **Zuflussprinzip** für das sozialversicherungsrechtliche Arbeitsentgelt grundsätzlich nicht gilt. Denn sozialversicherungsrechtliche Einnahmen liegen schon dann vor, wenn sie der Arbeitgeber schuldet, auch wenn sie dem Arbeitnehmer noch nicht zugeflossen sind. § 22 Abs. 1 S. 1 SGB IV sagt dazu, dass die Beitragsansprüche der Versicherungsträger entstehen, sobald ihre im Gesetz oder aufgrund eines Gesetzes bestimmten Voraussetzungen vorliegen. Das Sozialversicherungsrecht spricht insoweit vom **Entstehungs- oder Anspruchsprinzip**[83]; verbunden ist damit der für den Arbeitnehmer posi-

---

82 *Werner* in Schlegel/Voelzke, jurisPK-SGB IV, 3. Aufl. 2016, § 14 SGB IV Rz. 68; *Ruppelt* in Küttner, Personalbuch 2016, Betriebsveranstaltung, Rz. 25.
83 BSG v. 14.7.2004 – B 12 KR 1/04 R, BSGE 93, 119, Rz. 17: „Für die Feststellung der Versicherungspflicht, der Beitragspflicht und der Beitragshöhe gilt das Entstehungsprinzip und nicht das Zuflussprinzip."; *Hase*, Beiträge auf nicht gezahltes Arbeitsentgelt. Das Entstehungsprinzip in der neueren Rechtspre-

tive Aspekt, dass in Verwirklichung des sozialversicherungsrechtlichen Schutzzwecks auch ohne Zahlung eines Arbeitsentgelts das Beschäftigungsverhältnis und insbesondere auch schon eine Versicherung begründet ist. Entsprechende Schutzwirkungen entfalten sich im bestehenden versicherungspflichtigen Beschäftigungsverhältnis, wenn es fortbesteht, auch wenn tatsächlich kein Entgelt mehr gezahlt wird, weil etwa der Arbeitgeber zahlungsunfähig wurde[84]. Das hat ganz praktische Auswirkungen etwa in Fällen der Entgeltnachzahlung. Denn abweichend vom Lohnsteuerrecht sind diese Nachzahlungen nicht im Zeitraum des Zuflusses zu erfassen sondern nachträglich den jeweiligen Zeiträumen, auf die sich die Nachzahlungen erstrecken, zuzurechnen[85].

Das **Zuflussprinzip** gilt nur ausnahmsweise, nämlich für einmalig gezahlte Arbeitsentgelte. Denn nur bei einmalig gezahltem Arbeitsentgelt entstehen – so § 22 Abs. 1 S. 2 SGB IV – die Beitragsansprüche erst, wenn es ausgezahlt worden ist. Zu diesen einmaligen Arbeitsentgelten gehören typischerweise das Weihnachtsgeld, das Urlaubsgeld, Tantiemen, sowie das 13. oder 14. Monatsgehalt[86]

Sowohl im sozialversicherungsrechtlichen Beitragsrecht als auch im sozialversicherungsrechtlichen Leistungsrecht ist dementsprechend stets zu entscheiden, ob und in welcher Höhe einmalige Arbeitsentgelte in die jeweiligen Bemessungsgrundlagen eingehen. Denn durch Beitragsbemessungsgrenzen und Pflichtversicherungsgrenzen in Verbindung mit dem bei diesen Zahlungen ausnahmsweise geltenden Zuflussprinzip können solche Teile des Arbeitsentgelts beitragsfrei bleiben[87]. Beitragsrecht und Leistungsrecht sind durch diese Tatbestände darüber hinaus in besonderer Weise verbunden; dementsprechend entschied das BVerfG schon 1995 und nochmals im Jahr 2000, dass es mit Art. 3 Abs. 1 GG unvereinbar ist, wenn einmalig gezahltes Arbeitsentgelt zu den Sozial-

---

chung zum Sozialversicherungsbeitrag in FS 50 Jahre Bundessozialgericht, 2004, S. 167 ff.
84 BSG v. 14.7.2004 – B 12 KR 1/04 R, BSGE 93, 119, Rz. 18 ff. zum zunächst noch angewandten steuerrechtlichen Zuflussprinzip, zur Entwicklung des Fälligkeitsprinzips hin zum sozialversicherungsrechtlichen Entstehung oder Anspruchsprinzips.
85 *Schlegel* in Küttner, Personalbuch 2016, Entgeltnachzahlung, Rz. 10 ff.
86 *Schlegel* in Küttner, Personalbuch 2016, Einmalzahlungen, Rz. 36.
87 Zur Übersicht *Schlegel* in Küttner, Personalbuch 2016, Arbeitsentgelt, Rz. 96 ff.; detailliert *Schlegel* in Küttner, Personalbuch 2016, Einmalzahlungen, Rz. 36 ff.; *Pietrek* in Schlegel/Voelzke, jurisPK-SGB IV, 3. Aufl. 2016, § 23a SGB IV Rz. 24 ff.

versicherungsbeiträgen herangezogen wird, ohne dass es bei der Berechnung von kurzfristigen Lohnersatzleistungen (etwa Arbeitslosengeld, Krankengeld oder Übergangsgeld) berücksichtigt wird[88]. Der Gesetzgeber hat darauf nach einem ersten vergeblichen Reparaturversuch[89] schließlich mit dem Einmalzahlungs-Neuregelungsgesetz[90] reagiert. Definiert sind die Einmalzahlungen in § 23a Abs. 1 S. 1 SGB IV als Zuwendungen, die dem Arbeitsentgelt zuzurechnen sind und nicht für die Arbeit in einem einzelnen Entgeltabrechnungszeitraum gezahlt werden. Die sozialversicherungsrechtliche Differenzierung danach, ob ein Arbeitsentgelt als laufendes Arbeitsentgelt oder als einmalig gezahltes Arbeitsentgelt zu qualifizieren ist, ist für den Zeitpunkt der Verbeitragung entscheidend. Denn laufendes Entgelt ist dem Lohnzahlungszeitraum zuzuordnen, in dem das Entgelt erdient wurde. Erreicht in diesem konkreten Abrechnungszeitraum das laufende Arbeitsentgelt die monatliche Beitragsbemessungsgrenze, sind darüber hinaus gezahlte Entgelte beitragsfrei. Dies gilt allerdings nicht uneingeschränkt für einmalig gezahlte Entgelte. Denn hier ist zwar grundsätzlich die Einmalzahlung dem Kalendermonat zuzuordnen, in dem sie geleistet wurde. Wird aber bei Einmalzahlungen die Beitragsbemessungsgrenze im Auszahlungszeitraum überschritten, ist die Beitragspflicht nach § 23a Abs. 3 SGB IV zu ermitteln; danach ist grundsätzlich die Einmalzahlung bis zur Höhe der Beitragsbemessungsgrenze zu berücksichtigen, darüber hinaus ist sie grundsätzlich beitragsfrei. Allerdings gilt insoweit für einmalig gezahlte Arbeitsentgelte § 23a Abs. 4 SGB IV; danach ist das Arbeitsentgelt, soweit es bis zum 31. März zufließt, dem letzten Entgeltabrechnungszeitraum des vorangegangenen Kalenderjahres zuzuordnen (Märzklausel[91]). Diese Berechnungen differenzieren sodann auch für die jeweiligen Sozialversicherungszweige jeweils nach Maßgabe der dafür individuell geltenden Beitragsbemessungsgrenzen.

---

88 BVerfG v. 11.1.1995 – 1 BvR 892/88, BVerfGE 92, 53; BVerfG v. 24.5.2000 – 1 BvL 1/98, 1 BvL 4/98, 1 BvL 15/99, BVerfGE 102, 127; *Fuchs/Preis*, Sozialversicherungsrecht, 2. Aufl. 2009, S. 961 f.
89 Gesetz zur sozialrechtlichen Behandlung von einmalig gezahltem Arbeitsentgelt v. 12.12.1996, BGBl. I, 1859, (EinmalzahlungsG).
90 Gesetz zur Neuregelung der sozialversicherungsrechtlichen Behandlung von einmalig gezahltem Arbeitsentgelt v. 21.12.2000, BGBl. I 2000, 1971.
91 *Segebrecht* in Schlegel/Voelzke, jurisPK-SGB IV, 3. Aufl. 2016, § 22 SGB IV Rz. 36 ff., 45 ff., 65 ff.; *Pietrek* in Schlegel/Voelzke, jurisPK-SGB IV, 3. Aufl. 2016, § 23a SGB IV Rz. 21 ff.; 50 ff.; 66 ff.

Die sozialversicherungsrechtliche Verbeitragung kennt im Gegensatz zur einkommensteuerrechtlichen Erhebung von Lohnsteuer auch weder ein objektives noch subjektives Nettoprinzip. Sowohl der einkommensteuerrechtliche Lohn als auch das sozialversicherungsrechtliche Arbeitsentgelt sind zwar grundsätzlich Bruttogrößen. Während aber der einkommensteuerrechtliche Lohn nur gleichsam vorläufig als Bruttogröße Wirkung entfaltet, indem er unter dem Vorbehalt steht, entweder schon im Lohnsteuerabzug oder aber spätestens bei der endgültigen Besteuerung auf eine Nettogröße reduziert zu werden, weil spätestens dann die damit in Zusammenhang stehenden Erwerbsaufwendungen zum Abzug kommen, bleibt das sozialversicherungsrechtliche Arbeitsentgelt eine Bruttogröße. Es wird als Bruttogröße verbeitragt; dies gilt unabhängig davon, welche Aufwendungen mit diesem Brutto-Arbeitsentgelt in unmittelbarem Zusammenhang stehen. Weder Erwerbsaufwendungen im Sinne des objektiven Nettoprinzips noch weitere persönliche Aufwendungen im Sinne des subjektiven Nettoprinzips werden berücksichtigt[92]. Dementsprechend kann der Arbeitgeber etwa steueraber auch sozialversicherungsfrei die Reisekosten seiner Arbeitnehmer als Werbungskostenersatz erstatten. Leistet der Arbeitgeber stattdessen aber eine pauschale Zahlung zum allgemeinen Ausgleich solcher dem Arbeitnehmer entstandenen Aufwendungen, sind diese Zahlungen als sozialversicherungsrechtliches Arbeitsentgelt zu erfassen, auch wenn solche Zahlungen sich einkommensteuerrechtlich nicht auswirken, weil der Arbeitnehmer diese pauschalen Arbeitgeber Zahlungen mit seinen ihm selbst entstandenen Reisekosten als Werbungskosten saldieren kann.

4. „Aus" einer Beschäftigung, die Verknüpfung von Einnahmen und Beschäftigung

Das Sozialversicherungsrecht verlangt wie auch das Steuerrecht einen ursächlichen Zusammenhang zwischen Einnahmen und Beschäftigung. Rechtsgrund für die Zuwendung des Vorteils an den Arbeitnehmer muss das Beschäftigungsverhältnis sein. Einnahmen „aus" einer Beschäftigung liegen vor, wenn sie im Zusammenhang mit ihr erzielt wurden. Dementsprechend gehören – insoweit vergleichbar mit dem Steuerrecht – im Sozialversicherungsrecht neben dem eigentlichen Gehalt auch die

---

92 BSG v. 30.9.2015 – B 12 KR 15/12 R, FamRZ 2016, 816 sieht auch von Verfassung wegen keinen Rechtsgrund für eine Minderung der Beitragsbelastung aufgrund des Aufwands der Eltern für Betreuung und Erziehung von Kindern.

Gratifikationen, Tantiemen und Gewinnbeteiligungen zum Arbeitsentgelt. Die Vergleichbarkeit mit dem steuerrechtlichen Veranlassungszusammenhang endet allerdings, soweit es den Gegenleistungscharakter der Entlohnung betrifft; so formuliert bekanntermaßen der Lohnsteuersenat, dass einkommensteuerrechtlicher Lohn u.a. schon dann vorliege, wenn die fragliche Leistung im weitesten Sinne als Gegenleistung betrachtet werden könne. Dies führt im Ergebnis dazu, dass etwa Entschädigungen und Abfindungen für aufgelöste Arbeitsverhältnisse dem Lohn zuzurechnen sind. Dagegen gelten im Sozialversicherungsrecht echte Abfindungen – das sind Abfindungen für den Ersatz des verlorenen Arbeitsplatzes – nicht als Gegenleistung für geleistete Arbeit. Die sozialversicherungsrechtliche Betrachtungsweise ist die: die Abfindung ist nicht durch die versicherungspflichtige Beschäftigung sondern durch den Wegfall künftiger Verdienstmöglichkeiten veranlasst; solche Zahlungen sind keine Leistungen, die zur Abgeltung einer Arbeitstätigkeit gegenwärtig und in unmittelbarem Austausch bewirkt werden[93]. Insoweit ist also der sozialversicherungsrechtliche Veranlassungszusammenhang enger.

Die Frage, ob ein Vorteil aus einer Beschäftigung vorliegt, stellt sich insbesondere dann, wenn dieser Vorteil nicht vom Arbeitgeber sondern von einem Dritten stammt. Denn grundsätzlich hat ein Dritter keine Veranlassung, fremde Arbeitnehmer zu entlohnen. Aber ebenso wenig wie § 19 EStG den Lohnbegriff auf Zahlungen des Arbeitgebers beschränkt, beschränkt § 14 Abs. 1 SGB IV den Tatbestand des Arbeitsentgelts auf Arbeitgeberzahlungen. Wie der BFH geht auch das BSG davon aus, dass Arbeitsentgelt auch ein Dritter leisten kann. Das BSG berief sich dazu u.a. auf § 160 Abs. 1 RVO[94], danach rechneten auch Drittleistungen zum sozialversicherungsrechtlichen Arbeitsentgelt.

Sowohl sozialversicherungsrechtlich als auch steuerrechtlich ist das Trinkgeld ein typischer Fall des als Arbeitsentgelt zu qualifizierenden Drittlohns; es ist ein Entgelt „aus" der Beschäftigung. Das entsprach der

---

93 *Voelzke* in Küttner, Personalbuch 2016, Abfindung, Rz. 52 ff.; *Fuchs/Preis*, Sozialversicherungsrecht, 2. Aufl. 2009, S. 1023 f.; z.B. BSG v. 13.6.2007 – B 12 KR 14/06 R, SozR 4-2500 § 6 Nr. 7, Die Beiträge Beilage 2008, 44; v. 20.9.1988, 5/4a RJ 9/87, BSGE 64, 71 zu Übergangsgebührnissen, die aus Sicht des BSG erst mit der Beendigung des Dienstverhältnisses entstehen, also gerade nicht unmittelbar aus einer Beschäftigung oder im Zusammenhang mit ihr erzielt werden.

94 BSG v. 31.3.2015 – B 12 R 1/13 R, SozR 4-2400 § 14 Nr. 19; v. 26.3.1998 – B 12 KR 17/97 R, SozR 3-2400 § 14 Nr. 15 jeweils m.w.N.

ständigen Rechtsprechung der Sozialgerichtsbarkeit[95]. Seit 2002 gilt § 3 Nr. 51 EStG. Seitdem ist Trinkgeld in unbegrenzter Höhe steuerfrei und dementsprechend auf Grundlage der SvEV im Ergebnis nicht dem Arbeitsentgelt zuzurechnen, auch wenn es grundsätzlich unverändert unter den Begriff des Arbeitsentgelts fällt.

Zu solchen Drittleistungen können auch (Belegschafts-)rabatte gehören. Das ist dann der Fall, wenn die Arbeitnehmer Rabatte nicht von ihrem Arbeitgeber sondern von Dritten erhalten, die mit dem Arbeitgeber in Geschäftsbeziehungen stehen. Die dazu vom BFH entschiedenen Fallkonstellationen waren etwa die, dass eine Krankenhausapotheke das Krankenhaus beliefert und zugleich den Arbeitnehmern des Krankenhauses Rabatte beim Medikamentenkauf einräumt[96]. Eine vergleichbare Konstellation lag in dem Fall vor, dass Versicherer Arbeitnehmern anderer Versicherer Rabatte beim Abschluss von Versicherungen einräumten[97]. Die lohnsteuerrechtliche Frage war jeweils, ob diese Rabatte aus dem Arbeitsverhältnis sich ergebende und daher lohnsteuerrechtlich erhebliche Vorteile waren. Der BFH hatte solche Vorteile in beiden Fällen verneint. Diese Grundsätze gelten auch im Sozialversicherungsrecht. Auch hier sind Vorteile, die nicht vom Arbeitgeber sondern von Dritten stammen als Arbeitsentgelt zu qualifizieren. Dies gilt unabhängig davon, in welcher Form diese Vorteile zufließen, Verlosungsgewinne, Prämien und auch Konzernrabatte zählen dazu; sozialversicherungsrechtlich soll der bloße Zusammenhang mit der Beschäftigung genügen[98].

In Abgrenzung dazu liegen keine Einnahmen aus einer Beschäftigung vor, wenn Dritte an Arbeitnehmer Schmier- oder Bestechungsgelder zahlen. Solche Leistungen gelten nicht als Gegenleistung für die Beschäftigung, sie gründen ersichtlich nicht auf der Rechtsbeziehung Arbeitsverhältnis, auch wenn die Einnahmen gelegentlich dieses Arbeitsverhältnisses erwirtschaftet werden. Dies gilt gleichermaßen für Zwecke des Sozialversicherungsrechts[99] wie des Steuerrechts; einkommensteuerrechtlich[100] sind dies sonstige Einkünfte i.S.d. § 22 Nr. 3 EStG.

---

95 BSG v. 26.10.1988 – 12 RK 18/87, SozR 2100 § 14 Nr. 19.
96 BFH v. 18.10.2012 – VI R 64/11, BStBl. II 2015, 184.
97 BFH v. 10.4.2014 – VI R 62/11, BStBl. II 2015, 191.
98 *Werner* in Schlegel/Voelzke, jurisPK-SGB IV, 3. Aufl. 2016, § 14 SGB IV Rz. 80 m.w.N.
99 *Schlegel* in Küttner, Personalbuch 2016, Schmiergeld, Rz. 11.
100 BFH v. 16.6.2015 – IX R 26/14, BStBl. II 2015, 1019.

IV. Steuerrechtliche Beitragsbemessungen und -befreiungen kraft Rechtsverordnung

Das sozialversicherungsrechtliche Arbeitsentgelt ist durch die beiden Grundnormen (§§ 14, 7 SGB IV) tatbestandlich abschließend bestimmt. Sind solche Einnahmen aus einer Beschäftigung als Arbeitsentgelt i.S.d. §§ 7, 14 SGB IV zu qualifizieren, steht damit indessen noch nicht fest, dass dieses Arbeitsentgelt tatsächlich zu verbeitragen ist und in die Bemessungsgrundlage einer sozialversicherungsrechtlichen Leistung eingeht. Denn die SvEV kennt eine Reihe von Ausnahmetatbeständen, nach denen solche Einnahmen gleichwohl nicht als Arbeitsentgelt gelten. Diese Ausnahmetatbestände weisen zwei Besonderheiten auf. Zum einen werden die Ausnahmetatbestände ausschließlich durch den Verordnungsgeber normiert[101], zum anderen knüpfen die Ausnahmetatbestände inhaltlich praktisch ausnahmslos wiederum an einkommensteuerrechtliche Tatbestände.

§ 17 SGB IV enthält die Ermächtigungsgrundlage für die vom Verordnungsgeber zu erlassende SvEV. § 17 Abs. 1 S. 1 Halbs. 1 regelt den Zweck der Ermächtigung, nämlich die Wahrung der Belange der Sozialversicherung und der Arbeitsförderung, die Förderung der betrieblichen Altersversorgung oder die Vereinfachung des Beitragseinzugs. Die Verbindung zum Steuerrecht schafft aber erst § 17 Abs. 1 S. 2 SGB IV. Denn dort ist dem Verordnungsgeber weiter vorgegeben, durch die Rechtsverordnung „eine möglichst weitgehende Übereinstimmung mit den Regelungen des Steuerrechts sicherzustellen"[102]. Diese Gleichstellung reicht allerdings nicht allzu weit. Denn der Gesetzgeber begrenzt diese Übereinstimmung auf letztlich auf Sondertatbestände, nämlich auf steuerfreie einmalige Einnahmen oder laufende Zulagen, Zuschläge, Zuschüsse oder ähnliche Einnahmen, die zusätzlich zu Löhnen oder Gehältern gewährt werden

---

101 Teilweise noch anders in der bis 21.4.2015 geltenden Fassung des § 14 Abs. 1 S. 3 SGB IV; danach waren steuerfreie Aufwandsentschädigungen und die in § 3 Nr. 26, 26 Buchst. a EStG genannten steuerfreien Einnahmen kein Arbeitsentgelt. Mit Wirkung ab 22.4.2015 wurde S. 3 gestrichen, inhaltlich aber in der SvEV aufgenommen, SGB IV-ÄndG, BGBl. I 2015, 583, 1008, der Gesetzgeber sah dadurch keine inhaltliche Änderung, BT-Drucks. 18/3699, 31.

102 Der „gemeinsame Erlass" von 1944 (s.o.) regelte die weitgehende Übereinstimmung zwischen Steuerrecht und Beitragsrecht.

(§ 17 Abs. 1 S. 1 Nr. 1 SGB IV), sowie auf Beiträge an Direktversicherungen und Zuwendungen an Pensionskassen oder Pensionsfonds (§ 17 Abs. 1 S. 1 Nr. 2 SGB IV).

Diese Verordnungsermächtigung hat der Verordnungsgeber, das Bundesministerium für Arbeit und Soziales mit Zustimmung des Bundesrats, mit der SvEV umgesetzt. § 1 Abs. 1 S. 1 Nr. 1–16 SvEV führt detailliert katalogartig auf, welche grundsätzlich als Arbeitsentgelt i.s.d. § 14 Abs. 1 SGB IV zu qualifizierenden Einnahmen nicht als Arbeitsentgelt gelten, nämlich nicht dem Arbeitsentgelt „zuzurechnen" sind.

1. Die SvEV mit Verweis auf das Einkommensteuerrecht

Der in § 1 Abs. 1 S. 1 Nr. 1–16 SvEV aufgeführte Katalog nimmt im wesentlichen Bezug auf besondere Tatbestände des Einkommensteuerrechts, um damit einmalige lohnsteuerfreie Einnahmen, Zulagen, Zuschläge Bezüge und ähnliches dem Arbeitsentgelt nicht zuzurechnen. Ebenso nimmt die SvEV Bezug auf das Einkommensteuerrecht, wenn § 3 SvEV einkommensteuerrechtliche Bewertungsmaßstäbe für die sonstigen Sachbezüge heranzieht. Dazu gehören insbesondere nach § 3 Abs. 1 S. 3 SvEV die Bewertungen des Vorteils aus einer Kraftfahrzeugüberlassung (§ 8 Abs. 2 Sätze 2 bis 5 EStG, „Dienstwagen") sowie für Personalrabatte (§ 8 Abs. 3 EStG) und für die 44 Euro Monats-Freigrenze des § 8 Abs. 2 S. 11 EStG. Insoweit gilt also, das Steuerrecht gibt vor, das Sozialversicherungsrecht folgt. Nur für eine Konstellation sind umgekehrt für Zwecke des Steuerrechts die sozialversicherungsrechtlichen Werte – unabhängig von einer Sozialversicherungspflicht der Arbeitnehmer – anzusetzen, nämlich bei Arbeitnehmern zugewandten Sachbezügen, die auf Grundlage des § 17 Abs. 1 S. 1 Nr. 4 SGB IV zu bewerten sind (§ 8 Abs. 2 S. 6, 7 EStG i.V.m. § 2 SvEV).

a) Die SvEV als allgemeine Vereinfachungsregelung

Der umfangreiche Katalog des § 1 Abs. 1 S. 1 Nrn. 1 bis 16 SvEV, der jeweils unter Bezugnahme auf einkommensteuerrechtliche Tatbestände regelt, welche Einnahmen dem Arbeitsentgelt nicht zuzurechnen sind, will offenkundig vereinfachen, lässt aber kaum einen einheitlichen Beitragsentlastungsgrund erkennen; es findet sich insbesondere kein allgemeiner Grundsatz, dass lohnsteuerfreie Leistungen per se nicht dem Arbeitsentgelt zuzurechnen sind. Denn § 1 Abs. 1 S. 1 Nr. 1 SvEV stellt nicht allein auf die Lohnsteuerfreiheit ab, sondern beschränkt weiter auf einmalige und laufende Einnahmen/Zulagen/Zuschläge, die zusätzlich zu Löhnen und Gehältern geleistet werden. Die weiteren in § 1 Abs. 1 S. 1 Nr. 2–16 detailliert und katalogartig aufgeführten und dem Arbeitsentgelt nicht zuzurechnenden Einnahmen verweisen jeweils ausgesucht entweder auf besondere Besteuerungsformen – insbesondere die Pauschalbesteuerung nach § 40 EStG – oder auf einzelne konkrete Steuerbefreiungen i.S.d. § 3 EStG; befreit sind dabei insbesondere Arbeitgeberleistungen für den Aufbau oder die Absicherung einer Altersversorgung (§ 1 Abs. 1 S. 1 Nr. 4, 4a, 9, 10, 12 SvEV i.V.m. § 3 Nr. 56, 63, 66, § 19 Abs. 1 S. 1 Nr. 3 S. 2–4, § 40b EStG), daneben aber auch – offensichtlich aus sozialen Erwägungen – die nach § 10 Entgeltfortzahlungsgesetz oder nach § 14 MuSchG geleisteten Beträge und Zuschüsse sowie Aufzahlungen zum Kurzarbeitergeld.

b) § 1 Abs. 1 S. 1 Nr. 1 SvEV, einmalige oder laufende zusätzliche, aber steuerfreie Einnahmen

Die Verordnungsermächtigung in § 17 Abs. 1 S. 1 Nr. 1 SGB IV setzt der Verordnungsgeber mit § 1 Abs. 1 S. 1 Nr. 1 SvEV annähernd wortgleich um. Danach gelten steuerfreie einmalige Einnahmen oder laufende Zulagen, Zuschläge, Zuschüsse oder ähnliche Einnahmen, die zusätzlich zu Löhnen oder Gehältern gewährt werden, nicht als Arbeitsentgelt. Für die grundsätzlich lohnsteuerfreien Sonntags-, Feiertags- und Nachtarbeitszuschläge gilt dies wiederum nur, soweit sie den Betrag von 25 Euro je Stunde nicht übersteigen. Die sozialversicherungsrechtliche Behandlung dieser Zuschläge ist insoweit also nach Inhalt und Zweck vergleichbar mit der in § 3b Abs. 2 S. 1 EStG, der die Bemessungsgrundlage der steuerfreien Zuschläge, nämlich den Grundlohn, ebenfalls begrenzt, allerdings auf 50 Euro je Stunde. Ein Beitrag zur Vereinfachung wäre, die Grenzbeträge einander anzupassen.

Weitere Tatbestandsvoraussetzung in § 1 Abs. 1 S. 1 Nr. 1 SvEV ist das Merkmal der Zusätzlichkeit („die zusätzlich zu Löhnen oder Gehältern gewährt werden"). Die Rechtsprechung des BSG muss dementsprechend differenzieren zwischen dem laufenden und dem zusätzlichen Lohn. Dazu stellt das BSG auf den geschuldeten Stundenlohn oder das vereinbarte monatliche Grundgehalt ab, berücksichtigt dabei insbesondere auch

Vereinbarungen über Entgeltumwandlungen[103] und verweist insoweit ausdrücklich auf die Rechtsprechung des BFH[104].

c) Pauschal besteuerte Einnahmen

§ 1 Abs. 1 S. 1 Nr. 2, 3, 4, 13, 14 SvEV rechnet weitere Einnahmen nicht dem Arbeitsentgelt zu. Das sind insbesondere die dort detailliert aufgeführten pauschalbesteuerten Bezüge nach § 40 Abs. 1 S. 1 Nr. 1 EStG[105] und die pauschalversteuerten Einnahmen nach § 40 Abs. 2, § 40b EStG. In den Katalog aufgenommen wurden auch die Pauschalversteuerungen nach § 37a und § 37b Abs. 1 EStG – insoweit also nur Leistungen an Arbeitnehmer eines Dritten, nicht Leistungen an eigene Arbeitnehmer –, nachdem dies zunächst schon ohne ausdrückliche Aufnahme im Katalog von der Praxis so gehandhabt worden war[106]. Schließlich gehören auch die Sonderzahlungen nach § 19 Abs. 1 S. 1 Nr. 3 S. 2–4 EStG, die nach § 40b Abs. 4 EStG zwingend mit einer vom Arbeitgeber zu tragenden Pauschalsteuer i.H.v. 15 % zu versteuern sind, zu den nicht zum Arbeitsentgelt zählenden Einnahmen. Die Verfassungsmäßigkeit dieser vom Arbeitgeber zu tragende Pauschalsteuer wird derzeit allerdings auf Grundlage einer Vorlage des Lohnsteuersenats des BFH[107] vom BVerfG geprüft.

d) Weitere Befreiungen durch die SvEV

Die weiteren Befreiungen, die sonstige Einnahmen nicht dem Arbeitsentgelt zurechnen, gründen ebenfalls nicht auf einer Generalklausel, sondern nehmen konkret auf diverse gesetzliche Einzeltatbestände – offenkundig aus sozialen Erwägungen – Bezug. § 1 Abs. 1 S. 1 Nr. 5 SvEV verweist auf § 10 des Entgeltfortzahlungsgesetzes, § 1 Abs. 1 S. 1 Nr. 6 SvEV auf § 14 MuSchG, § 1 Abs. 1 S. 1 Nr. 7 SvEV auf § 3 Abs. 3 SvEV, der vom Arbeitgeber rabattierte Waren und Dienstleistungen i.S.d. § 8 Abs. 3 EStG erfasst, die nach § 40 Abs. 1 S. 1 Nr. 1 pauschal besteuert

---

103 BSG v. 2.3.2010 – B 12 R 5/09 R, SozR 4-2400 § 14 Nr. 12, NZS 2011, 267.
104 BFH v. 20.8.1997 – VI B 83/97, BStBl. II 1997, 667; v. 10.6.2008 – VI B 113/07, BFH/NV 2008, 1482; v. 6.3.2008 – VI R 6/05, BStBl. II 2008, 530.
105 Soweit sie nicht einmalig gezahltes Arbeitsentgelt i.S.d. § 23 Buchst. a SGB IV sind.
106 BR-Drucks. 652/08, 3.
107 BFH, Vorlagebeschlüsse v. 14.11.2013 – VI R 49/12 – BFH/NV 2014, 418 = HFR 2014, 230; VI R 50/12, BFH/NV 2014, 426, AktZ.: BVerfG 2 BvL 7/17; 2 BvL 8/14, mit Anm. *Bergkemper*, FR 2014, 384; *Hick*, FR 2014, 385.

wurden sowie § 1 Abs. 1 S. 1 Nr. 8 SvEV auf Zuschüsse des Arbeitgebers zum Kurzarbeitergeld in den Grenzen des § 106 SGB III.

2. Die Tatbestandswirkung des Einkommensteuerrechts

Die sozialversicherungsrechtliche Behandlung der Einnahmen, die trotz grundsätzlich gegebener Qualifikation als Arbeitsentgelt diesem letztlich nicht zuzurechnen sind, knüpft zweifach an deren einkommensteuerrechtliche Behandlung. Denn zum einen kommen sämtliche sozialversicherungsrechtlichen Befreiungen, die auf die einkommensteuerrechtlichen Tatbestände der Steuerbefreiungen und Steuerpauschalierungen verweisen, nur zur Anwendung, soweit diese Einnahmen vom Arbeitgeber tatsächlich in dieser Art und Weise einkommensteuerrechtlich erfasst wurden, also entweder lohnsteuerfrei behandelt oder pauschal besteuert wurden (§ 1 Abs. 1 S. 2 SvEV). Zum anderen entfaltet in materiellrechtlicher Hinsicht das Einkommensteuerrecht Tatbestandswirkung, indem jeweils die einkommensteuerrechtliche Qualifikation der fraglichen Einnahmen, auf die § 1 Abs. 1 S. 1 Nr. 1–16 SvEV verweist, darüber entscheidet, ob tatsächlich die fraglichen Einnahmen dem Arbeitsentgelt nicht zuzurechnen sind.

So verweist § 1 Abs. 1 S. 1 Nr. 1 SvEV mit seiner Tatbestandsvoraussetzung, dass die zusätzlich gewährten Einnahmen „lohnsteuerfrei sind", auf den gesamten Katalog der einkommensteuerrechtlichen Befreiungen, soweit er für Lohnzahlungen einschlägig ist. Dazu zählen neben den §§ 3, 3b insbesondere auch § 8 Abs. 3, § 8 Abs. 2 S. 9 und die Freigrenze für Sachbezüge in § 8 Abs. 2 S. 11 EStG. Das bedeutet, dass das gesamte Lohnsteuerrecht einschließlich der dazu ergangenen Rechtsprechung insoweit in die sozialversicherungsrechtliche Qualifikation einfließt. Ein Beispiel für diese Art einer einkommensteuerlichen Tatbestandswirkung bietet das Urteil des BSG[108] zum Instrumentengeld. Danach ist das Instrumentengeld, das ein Arbeitgeber auf Grund eines Tarifvertrags an einen beschäftigten Musiker zahlt, der im Orchester ein eigenes Instrument verwendet, beitragspflichtiges Arbeitsentgelt. Das BSG hat sich im Wesentlichen darauf gestützt, dass diese Einnahme steuerbarer und auch nicht lohnsteuerfreier Arbeitslohn sei, weil das Instrumentengeld

---

108 BSG v. 26.5.2004 – B 12 KR 2/03 R, SozR 4-2400 § 14 Nr. 2, BFH/NV 2004, Beilage 4, 411.

laut einem Urteil des BFH[109] weder Auslagenersatz nach § 3 Nr. 50 EStG, noch Werkzeuggeld nach § 3 Nr. 30 EStG sei.

Diese Tatbestandswirkung ist umfassend. Zu berücksichtigen ist dementsprechend etwa auch die Rechtsprechung des BFH zur Differenzierung zwischen Geld- und Sachlohn anlässlich von Benzin- und Geschenkgutscheinen[110] oder die zum Ansatz und zur Bewertung von Personal- und Belegschaftsrabatten allgemein und insbesondere in der Automobilindustrie[111]. Fragen stellen sich insbesondere dann, wenn die Finanzverwaltung die Rechtsprechung des BFH nur teilweise umsetzt. Ein Beispiel dafür bietet die Rechtsprechung des BFH zu § 3 EStG, soweit die dort normierten Steuerbefreiungen voraussetzen, dass die Leistung „zusätzlich zum ohnehin geschuldeten Arbeitslohn" erbracht wird. Insoweit stellt sich die Frage, ob die gegenüber der Verwaltungsauffassung[112] strengere Rechtsprechung des BFH[113] Grundlage für die sozialversicherungsrechtliche Beurteilung ist oder ob hier die Praxis ohne weiteres auf die Beurteilung entsprechend der Lohnsteuer-Richtlinien stützen kann. Entsprechendes gilt für die Frage, inwieweit pauschale Zuschläge für Nacht-, Sonntags- oder Feiertagsarbeit aus sozialversicherungsrechtlicher Perspektive ohne Verbeitragung ausbezahlt werden dürfen oder ob es entsprechend der auch insoweit strengeren Rechtsprechung des BFH[114] einer konkreten Zuordnung der Sonderzahlungen bedarf. Dazu findet sich in der sozialversicherungsrechtlichen Kommentarliteratur der Hinweis,

---

109 BFH v. 21.8.1995 – VI R 30/95, BStBl. II 1995, 906.
110 BFH v. 11.11.2010 – VI R 21/09, BStBl. II 2011, 383 (Sachbezug durch Geschenkgutscheine); VI R 27/09, BStBl. II 2011, 386 (Sachbezug bei Benzingutscheinen); VI R 41/10, BStBl. II 2011, 389 (Sachbezug auch bei Kostenerstattung).
111 BFH v. 26.7.2012 – VI R 30/09, BStBl. II 2013, 400; VI R 27/11, BStBl. II 2013, 402; v. 17.6.2009 – VI R 18/07, BStBl. II 2010, 67; v. 5.9.2006 – VI R 41/02, BStBl. II 2007, 309.
112 H 3.33 LStH 2015 mit BMF, Schr. v. 22.5.2013 (IV C 5-S 2388/11/10001-02, BStBl. I 2013, 728).
113 BFH v. 19.9.2012 – VI R 54/11, BStBl. II 2013, 395; VI R 55/11, BStBl. II 2013, 398; danach ist der „ohnehin geschuldete Arbeitslohn" der arbeitsrechtlich geschuldete. „Zusätzlich" zum ohnehin geschuldeten Arbeitslohn i.S.d. §§ 3 Nr. 33, 40 Abs. 2 Satz 1 Nr. 5 EStG werden nur freiwillige Arbeitgeberleistungen erbracht. Nur solche schuldet der Arbeitgeber nicht „ohnehin"; für eine Präzisierung des gesetzlichen Tatbestands: *Schneider*, HFR 2013, 6.
114 BFH v. 17.6.2010 – VI R 50/09, BStBl. II 2011, 43, dazu *Schneider*, BFH/PR 2010, 416; BFH v. 16.12.2010 – VI R 27/10, BStBl. II 2012, 288, dazu *Schneider*, BFH/PR 2011, 166.

dass angesichts der jeweils eigenständigen Begriffe von Arbeitsentgelt und Lohn Beurteilungen der Finanzbehörden für die Sozialversicherung nicht bindend sind[115].

V. Fazit

Wenn die Besteuerung am objektiven Nettoprinzip ausgerichtet ist, weil nur das der Besteuerung zuzuführen ist, was nach Berücksichtigung existenz- und erwerbssichernder Aufwendungen der Besteuerung überhaupt zur Verfügung steht, bleibt als Besteuerungssubstrat der Nettolohn. Wenn sich dagegen die (Sozial-)Versicherung im weitesten Sinne nach dem durch das Arbeitsentgelt selbst umschriebenen Versicherungsrisiko richtet und sich danach die Rentenansprüche, die Ansprüche im Falle einer Arbeitslosigkeit und weitere Versicherungsleistungen bemessen, ist dafür das unabhängig von den beim Arbeitnehmer gegebenen individuellen Besonderheiten vorgefundene Bruttoarbeitsentgelt die zutreffende Bemessungsgrundlage. Somit begrenzen die unterschiedlichen Zwecke und Funktionen des auf die Erzielung freier ungebundener Staatseinnahmen reduzierten Steuerrechts einerseits und des auf Versicherungsbeiträge zur Finanzierung von Versicherungsleistungen ausgerichteten Sozialversicherungsrechts andererseits die Möglichkeiten der Angleichung der Tatbestände Lohn und sozialversicherungsrechtliches Arbeitsentgelt systembedingt. Vereinfachungen sollten dementsprechend nicht durch eine Angleichung der Tatbestände sondern jeweils nur in ihren eigenen Binnensystemen, nämlich im Lohnsteuerrecht einerseits und den Sozialversicherungsrechts andererseits erfolgen. Vereinfachungen durch gegenseitige Bezugnahmen werden auf Sondertatbestände begrenzt bleiben müssen.

---

115 *Werner* in Schlegel/Voelzke, jurisPK-SGB IV, 3. Aufl. 2016, § 14 SGB IV, Rz. 125.

Mitarbeiterbeteiligung

Dr. *Peter Möllmann*
Rechtsanwalt, Steuerberater, Fachanwalt für Steuerrecht, Berlin

I. Einleitender Überblick
II. Wirtschaftliche Zielsetzung von Mitarbeiterbeteiligung
III. Formen der Mitarbeiterbeteiligung
  1. Erfolgsabhängige Gehaltskomponenten
  2. „Virtuelle" Unternehmensbeteiligungen
  3. Beteiligungen am Eigenkapital
  4. Fremdkapitalbeteiligungen
  5. Mischformen von Eigen- und Fremdkapitalbeteiligung
IV. **Überblick über die steuerlichen Rahmenbedingungen**
V. **Steuerliche Behandlung erfolgsabhängiger Gehaltskomponenten**
VI. **Steuerliche Behandlung „virtueller" Unternehmensbeteiligungen**
VII. **Steuerliche Behandlung von Eigenkapitalbeteiligungen aus Sicht des Mitarbeiters**
  1. Besteuerung im Erwerbszeitpunkt („Anfangsbesteuerung")
    a) Maßgeblicher Bezugsgegenstand der „Anfangsbesteuerung"
    b) Abgrenzung der maßgeblichen Einkunftsarten
      aa) Begrenzung des Kreises der Begünstigten
      bb) Erwerb zu fremdüblichen Konditionen
      cc) Einfluss auf die Geschäftsentwicklung
      dd) Eigenbetriebliche Interessen des Arbeitgebers
      ee) Einschaltung einer „Zwischenholding"
    c) Relevanter Zuflusszeitpunkt (§§ 11 Abs. 1 Satz 1, 38 Abs. 1 Satz 3 EStG)
    d) Höhe der Einnahmen (§ 8 Abs. 2 EStG)
  2. Laufende Einnahmen (Besteuerung in der „Haltephase")
  3. Besteuerung im Realisationszeitpunkt („Endbesteuerung")
  4. Verluste aus einer Mitarbeiterbeteiligung
    a) Wertverluste nach „Anfangsbesteuerung"
    b) Verluste aus einer fehlgeschlagenen Mitarbeiterbeteiligung
VIII. **Steuerliche Behandlung von Eigenkapitalbeteiligungen aus Sicht des Arbeitgebers**
IX. **Steuerliche Behandlung von Fremdkapital- und Mezzanine-Beteiligungen**
X. **Steuerliche Förderung von Mitarbeiterbeteiligung**
XI. **Zusammenfassung**

I. Einleitender Überblick

Die Beteiligung von Mitarbeitern am Erfolg ihres Arbeitgeberunternehmens hat in den vergangenen Jahren spürbar an Bedeutung gewonnen. Im Bereich schnell wachsender, Venture Capital-finanzierter Startup-Unternehmen ist Mitarbeiterbeteiligung weit verbreitet. Aber auch bei vielen etablierten Unternehmen ist Mitarbeiterbeteiligung mittlerweile ein fester Bestandteil der Unternehmensstrategie.

Die wirtschaftlichen Zielsetzungen, die mit dem Einsatz von Mitarbeiterbeteiligungsprogrammen verfolgt werden, sind ebenso vielfältig wie die Erscheinungsformen und Gestaltungsvarianten von Mitarbeiterbeteiligung. Das Spektrum reicht hierbei von schuldrechtlichen Bonus- bzw. Tantiemezusagen bis hin zu komplexen, mezzaninen Finanzierungsinstrumenten (zur wirtschaftlichen Zielsetzung sowie zur Ausgestaltung von Mitarbeiterbeteiligung nachfolgend Abschn. II. und III.).

In steuerlicher Hinsicht stellt sich im Zusammenhang mit einer Mitarbeiterbeteiligung auf Seiten des Arbeitnehmers regelmäßig die Frage der zutreffenden Einkünftequalifikation, namentlich der Abgrenzung der Einkünfte aus nichtselbständiger Arbeit (§§ 2 Abs. 1 Satz 1 Nr. 4, 19 EStG) von den Einkünften aus Kapitalvermögen (§§ 2 Abs. 1 Satz 1 Nr. 5, 20 EStG). Ferner ergeben sich Abgrenzungsfragen z.B. bei der Bestimmung des maßgeblichen Besteuerungszeitpunkts und hinsichtlich der Höhe eines etwaigen Einnahmenzuflusses beim Mitarbeiter. Darüber hinaus haben sich durch die jüngere Rechtsprechung des BFH und einiger FG eine Reihe komplexer Zweifelsfragen im Zusammenhang mit der Besteuerung von Mitarbeiterbeteiligung auf Arbeitnehmerseite ergeben (zur steuerlichen Behandlung von Mitarbeiterbeteiligung beim Arbeitnehmer nachfolgend Abschn. IV. bis VII.).

Aus Sicht des Arbeitgeberunternehmens stellt sich die Frage, inwieweit sich aus der Beteiligung von Mitarbeitern am Unternehmenserfolg Aufwand ergibt, der zum Betriebsausgabenabzug berechtigt (zur steuerlichen Behandlung von Mitarbeiterbeteiligung aus der Sicht des Arbeitgeberunternehmens nachfolgend Abschn. VIII.).

Schließlich wird Mitarbeiterbeteiligung in gewissem Umfang steuerlich gefördert. Hierauf wird nachfolgend in Abschn. X eingegangen.

II. Wirtschaftliche Zielsetzung von Mitarbeiterbeteiligung

Die Motive, Mitarbeiter an „ihrem" Unternehmen zu beteiligen, sind vielfältig.[1] Aus der **Sicht des Arbeitgebers** wird überwiegend der Wunsch im Vordergrund stehen, besonders fähige Mitarbeiter für das Unternehmen zu gewinnen, sie langfristig an das Unternehmen zu binden und allgemein ihre Identifikation mit dem Arbeitgeberunternehmen zu stärken. Eine weitere Zielsetzung aus Arbeitgebersicht mag es sein, durch die unmittelbare Teilhabe am unternehmerischen Erfolg bei ausgewählten Mitarbeitern gezielte Motivations- bzw. Leistungsanreize zu setzen. Auch die Förderung unternehmerischen Denkens und Handelns kann aus Arbeitgebersicht ein mögliches Motiv für eine Mitarbeiterbeteiligung sein.

Eine Mitverantwortung für den Gesamterfolg des Unternehmens – und damit auch ein Anreiz, den Wert des Unternehmens aus Gesellschaftersicht zu steigern (also „Shareholder Value" zu schaffen) – ist jedenfalls dann eine weitere, naheliegende Zielsetzung, wenn die Beteiligung eines Mitarbeiters einen substantiellen Umfang erreicht. Dies ist bei sog. „Management Buy-Outs" bzw. allgemein im Zusammenhang mit sog. Private Equity-Investments ein zentraler Aspekt von Mitarbeiterbeteiligung.[2]

Schließlich kann die Beteiligung von Mitarbeitern auch ein Bestandteil der Unternehmensfinanzierung sein, wobei dies in der Praxis aber eher selten bzw. lediglich mittelbar eine Rolle spielt. Am ehesten ist die Beteiligung von Mitarbeitern am Unternehmen für Finanzierungszwecke noch im Venture Capital-Bereich (also im Zusammenhang mit schnell wachsenden Startup-Unternehmen) von Bedeutung, da die Teilnahme an Mitarbeiterbeteiligungsprogrammen hier üblicherweise (jedenfalls teilweise) als Barlohnersatz angesehen wird, was wiederum die Möglichkeit

---

[1] Einen ausführlichen Überblick hierzu liefert bspw. das vom Deutschen Aktieninstitut im November 2013 veröffentlichte Ergebnis einer Umfrage zum Thema Mitarbeiterbeteiligung unter börsennotierten Unternehmen (abrufbar auf der Website des Deutschen Aktieninstituts www.dai.de); ausführlich z.B. auch *Leuner* in Leuner (Hrsg.), Mitarbeiterbeteiligung (2009), S. 16 ff.; *von Rosen/Leven* in Harrer (Hrsg.), Mitarbeiterbeteiligungen und Stock-Option-Pläne (2. Aufl. 2004), S. 1 ff.

[2] Im Private Equity-Bereich wird wegen des Kreises der Begünstigten (üblicherweise nur die oberen Managementebenen des Unternehmens) überwiegend von „Managementbeteiligung" bzw. „Managementbeteiligungsprogrammen" gesprochen.

eröffnet, besonders fähige Mitarbeiter auf „liquiditätsschonende" Weise für das Unternehmen zu gewinnen.

Aus der **Sicht des Arbeitnehmers** kann die Beteiligung am „eigenen" Unternehmen der allgemeinen Vermögensbildung dienen bzw. Bestandteil der individuellen Altersvorsorge sein. Aus der Sicht des „unternehmerischen" Arbeitnehmers ist mit einer Unternehmensbeteiligung zudem die Chance verbunden, in einer Weise, die über den sonst üblichen Vergütungsrahmen möglicherweise hinausgeht, am selbst mit gestalteten Unternehmenserfolg zu partizipieren.

III. Formen der Mitarbeiterbeteiligung

In der Praxis existieren unterschiedlichste Formen der Mitarbeiterbeteiligung.[3] In Abhängigkeit von den jeweiligen Zielsetzungen, die mit der Beteiligung von Mitarbeitern am Unternehmen verfolgt werden, und unter Berücksichtigung des jeweils unterschiedlichen rechtlichen Komplexität bei der Umsetzung, reicht das Spektrum von erfolgsabhängigen Gehaltsstrukturen (z.B. in Form von Tantieme- oder Bonusvereinbarungen) über sog. „virtuelle" Unternehmensbeteiligungen (z.B. in Form von sog. „virtuellen Anteilen" oder „Phantom Stocks") bis hin zu Eigen- und Fremdkapitalbeteiligungen am Unternehmen (oder Mischformen hiervon, z.B. sog. „Mezzanine-Beteiligungen"). Die steuerliche Behandlung der unterschiedlichen Mitarbeiterbeteiligungsmodelle hängt wesentlich von der jeweiligen rechtlichen Ausgestaltung im Einzelfall ab. Die fünf „Grundformen" von Mitarbeiterbeteiligung werden daher nachfolgend kurz dargestellt.

1. Erfolgsabhängige Gehaltskomponenten

Die Vereinbarung einer erfolgsabhängigen Gehaltskomponente, z.B. in Form einer **Tantieme- oder Bonuszahlung**, die dem Grunde und/oder der Höhe nach von der Erreichung bestimmter unternehmerischer Ziele abhängig ist oder an die Entwicklung bestimmter Unternehmens- bzw. Finanzkennzahlen anknüpft, ist die (im Hinblick auf die rechtliche Umset-

---

3 Überblick z.B. bei *Nawrot/zu Knyphausen-Aufseß/Didion/Wenig* in Leuner (Hrsg.), Mitarbeiterbeteiligung (2009), S. 80 ff.; *von Rosen/Leven* in Harrer (Hrsg.), Mitarbeiterbeteiligungen und Stock-Option-Pläne (2. Aufl. 2004), S. 3 ff. (m.w.N.).

zungskomplexität) einfachste – und vermutlich am weitesten verbreitete – Form der Mitarbeiterbeteiligung. Die Beteiligung am Unternehmenserfolg erfolgt hierbei auf rein schuldrechtlicher (arbeitsvertraglicher) Basis. Eine darüber hinausgehende, langfristige Beteiligung am Unternehmen, insbesondere als Gesellschafter, ist mit dieser Form der Mitarbeiterbeteiligung nicht verbunden.

2. „Virtuelle" Unternehmensbeteiligungen

Eine besondere Form der erfolgsabhängigen Gehaltskomponente bilden die (vor allem im Venture Capital-Bereich weit verbreiteten) sog. „virtuellen" Unternehmensbeteiligungen, insbesondere in der Gestalt von sog. **„virtuellen Gesellschaftsanteilen"** („Virtual Shares") oder von auf den Erwerb von „virtuellen Gesellschaftsanteilen" gerichteten Optionsrechten.[4] Eine weitere Spielart der „virtuellen" Unternehmensbeteiligung sind die sog. **„Phantom Stocks"**. Virtuelle Unternehmensbeteiligungen erfolgen auf rein schuldrechtlicher Basis und vermitteln, ebenso wie „einfache" Tantieme- oder Bonusvereinbarungen bzw. -zusagen, keinerlei Gesellschaftsrechte.

Durch die Zuteilung eines „virtuellen Gesellschaftsanteils" (d.h. eines „virtuellen Geschäftsanteils" oder, bei der Aktiengesellschaft, einer „virtuellen Aktie") wird der begünstigte Mitarbeiter durch entsprechende einzelvertragliche Abrede *wirtschaftlich* so gestellt, als wäre er Inhaber eines echten Geschäftsanteils (bzw. einer echten Aktie) – allerdings meist nur für den Fall, dass die Mehrheit der Geschäftsanteile (bzw. Aktien) am Unternehmen veräußert wird (sog. „Exit") oder eine Börsennotierung von Unternehmensanteilen (sog. „IPO") stattfindet.

Demgegenüber wird ein Mitarbeiter durch Zuteilung eines „Phantom Stock" in jeder Hinsicht (und unabhängig von einer Unternehmensanteilsveräußerung oder Börsennotierung, also z.B. auch in Bezug auf laufende Gewinnausschüttungen) *wirtschaftlich* so gestellt, als wäre er tatsächlich gesellschaftsrechtlich am Unternehmen beteiligt. Auch die wirtschaftliche Gleichstellung mit einem Unternehmensanteilsinhaber

---

4 Teilweise werden die auf den Erwerb einer „virtuellen Unternehmensbeteiligung" gerichteten Optionsrechte auch als „Stock Appreciation Rights" bezeichnet. Zur genauen Begriffsdefinition der „Stock Appreciation Rights" vgl. etwa *Suchan/Baumunk* in Kessler/Sauter (Hrsg.), Handbuch Stock Options (2003), S. 210 ff. („Abgeltung der Unternehmenswertsteigerung in bar").

durch Zuteilung eines „Phantom Stock" erfolgt auf der Basis einer entsprechenden einzelvertraglichen Abrede.

Allen „virtuellen" Unternehmensbeteiligungen ist gemeinsam, dass sich der Anspruch des jeweils begünstigten Mitarbeiters gegen das Unternehmen selbst richtet. De facto handelt es hierbei also um eine besondere, von der wirtschaftlichen Entwicklung des Unternehmens abhängige Gehaltskomponente. Allein zum Zwecke der Ermittlung ihrer Höhe wird, im Rahmen einer hypothetischen Betrachtung, unterstellt, dass der jeweils begünstigte Mitarbeiter Inhaber eines echten Geschäftsanteils (bzw. einer echten Aktie) ist.

3. Beteiligungen am Eigenkapital

Die Beteiligung von Mitarbeitern am Eigenkapital des Unternehmens ist bei Personengesellschaften in der Praxis selten. Weit verbreitet ist eine Eigenkapitalbeteiligung von Mitarbeitern hingegen bei Aktiengesellschaften (insbesondere bei börsennotierten Aktiengesellschaften), zunehmend aber auch bei Gesellschaften mit beschränkter Haftung (letzteres vor allem im Private Equity- und Venture Capital-Bereich).

Die Eigenkapitalbeteiligung von Mitarbeitern kann unterschiedliche Ausprägungen haben. Mitarbeiterbeteiligungsprogramme börsennotierter Unternehmen sehen häufig die Ausgabe von sog. **Belegschaftsaktien** vor.[5] Zwecks Ausgabe von Belegschaftsaktien kann bei der Aktiengesellschaft bedingtes Kapital gem. § 192 Abs. 2 Nr. 3 AktG geschaffen werden.[6] Belegschaftsaktien werden entweder zu bevorzugten Konditionen oder sogar unentgeltlich überlassen (sog. „Share Discount Plans").[7]

Häufig gewähren Unternehmen ihren Mitarbeitern sog. **„Matching-Aktien"** (im Rahmen sog. „Share Matching Plans").[8] „Matching-Aktien"

---

5 Studie des Deutschen Aktieninstituts, 2013 (Fn. 1); hiernach stellt die Belegschaftsaktie das am weitesten verbreitete Mitarbeiterbeteiligungsinstrument bei den befragten, börsennotierten Aktiengesellschaften dar.
6 Anders bei der Gesellschaft mit beschränkter Haftung, bei der ein dem bedingten Kapital der Aktiengesellschaft gleichwertiges Gestaltungsinstrument *de lege lata* nicht existiert. Bei der Gesellschaft mit beschränkter Haftung kann für Zwecke der Umsetzung eines Mitarbeiterbeteiligungsprogramms (in Form einer echten Eigenkapitalbeteiligung der begünstigten Mitarbeiter) lediglich auf das genehmigte Kapital gem. § 55a GmbHG zurückgegriffen werden.
7 Studie des Deutschen Aktieninstituts, 2013 (Fn. 1).
8 Hierzu FG Nürnberg, Urt. v. 4.12.2014 – 6 K 1173/14, EFG 2015, 917.

werden den begünstigten Mitarbeitern zu Vorzugsbedingungen (meist unentgeltlich) überlassen, wenn die begünstigten Mitarbeiter zuvor eine bestimmte Anzahl von Unternehmensaktien zum Marktpreis (oder mit einem Preisnachlass) erworben und über einen bestimmten Zeitraum (Haltefrist) gehalten haben.[9]

Eine besondere Form von eigenkapitalbasierter Mitarbeiterbeteiligung bilden die vor allem in den USA üblichen sog. „**Performance Shares**" und „**Restricted Stock**".[10] Hier wird den begünstigten Mitarbeitern zunächst eine bestimmte Anzahl von Unternehmensanteilen überlassen. Die dem jeweiligen Mitarbeiter endgültig verbleibende Anzahl an Unternehmensanteilen wird sodann aber von der Erreichung bestimmter Leistungsziele („Performance Shares") oder dem Verbleib des begünstigten Mitarbeiters im Unternehmen über einen gewissen Zeitraum („Restricted Stock") abhängig gemacht. Beiden Vergütungsformen ist also gemeinsam, dass dem begünstigten Mitarbeiter die ihm zunächst zugeteilten Anteile nur im Falle des nachgelagerten Eintritts bestimmter Bedingungen endgültig verbleiben und dass die zunächst zugeteilten Unternehmensanteile bis zum Bedingungseintritt für den begünstigten Mitarbeiter nicht „verwertbar" (z.B. durch Verkauf) sind.

Ebenfalls praktisch relevant ist die Gewährung von **Aktien- bzw. Anteilsoptionen** für Unternehmensmitarbeiter.[11] Aktien- bzw. Anteilsoptionen werden üblicherweise im Rahmen von Aktienoptionsprogrammen (sog. „Employee Stock Option Programs" bzw. „Employee Stock Ownership Plans" oder kurz „ESOP") ausgegeben. Den begünstigten Mitarbeitern werden hierbei Optionen auf den Erwerb von Geschäftsanteilen bzw. Unternehmensaktien gewährt. Meist können die Anteilsoptionen erst nach Ablauf einer festgelegten Stillhaltefrist und unter der Voraussetzung ausgeübt werden, dass der begünstigte Mitarbeiter zum Zeitpunkt der Optionsrechtsausübung noch für das Arbeitgeberunternehmen tätig ist.

4. Fremdkapitalbeteiligungen

Die Beteiligung von Mitarbeitern am Unternehmenserfolg mittels klassischer Fremdkapitalinstrumente, insbesondere also über **Darlehen**, ist zwar denkbar, in der Praxis jedoch nur äußerst selten anzutreffen. Dies liegt vermutlich daran, dass sich mittels einer klassischen Fremdfinan-

---

9 Studie des Deutschen Aktieninstituts, 2013 (Fn. 1).
10 Teilweise auch „Restricted Stock Units" („RSU") genannt.
11 Studie des Deutschen Aktieninstituts, 2013 (Fn. 1).

zierung eine Beteiligung am Unternehmenserfolg (in Form von Unternehmensgewinnen oder in Bezug auf die Wertentwicklung des Unternehmens) jedenfalls nicht über die – im Gegenzug für die Kapitalüberlassung gewährte – Verzinsung hinaus einstellt.

Klassische Fremdkapitalinstrumente führen demnach in den meisten Fällen nicht zu der mit einer Mitarbeiterbeteiligung angestrebten Anreizwirkung (Teilhabe an der Wertsteigerung des Unternehmens). Häufiger anzutreffen sind deshalb Mischformen von Eigen- und Fremdkapital, über welche die im Rahmen der Mitarbeiterbeteiligung angestrebten wirtschaftlichen Zielsetzungen besser abgebildet werden können.

5. Mischformen von Eigen- und Fremdkapitalbeteiligung

Während reine Fremdkapitalbeteiligungen im Bereich der Mitarbeiterbeteiligung selten anzutreffen sind, werden sog. „mezzanine" Finanzinstrumente in der Praxis häufiger eingesetzt. Zu nennen sind hier insbesondere **Genussrechte** bzw. (soweit verbrieft) Genussscheine, **stille Beteiligungen** und (seltener) **partiarische Darlehen**. Zivilrechtlich erfolgt die Beteiligung der begünstigten Mitarbeiter am Unternehmenserfolg dabei jeweils auf rein schuldrechtlicher Basis, was u.a. dazu führt, dass hinsichtlich der Ausgestaltung des Beteiligungsinstruments ein denkbar weiter Gestaltungsspielraum besteht.[12]

IV. Überblick über die steuerlichen Rahmenbedingungen

Die Besteuerung von Mitarbeiterbeteiligung ist vielschichtig und wirft, vor allem im Hinblick auf die Besteuerung des begünstigten Mitarbeiters, eine Reihe schwieriger Abgrenzungs- bzw. Einordnungsfragen auf.[13]

Aus der **Sicht des Mitarbeiters** ist zunächst zu klären, was der genaue **Bezugsgegenstand der Besteuerung** ist und unter welche **Einkunftsart** diejenigen Vermögensvorteile zu fassen sind, die aus der Beteiligung am Erfolg des Unternehmens resultieren. Einnahmen aus einer Mitarbeiter-

---

12 Zu beachten ist, dass es sich bei einem Genussrecht trotz der rein schuldrechtlichen Ausgestaltung steuerlich durchaus um ein Eigenkapitalinstrument handeln kann. Für Genussrechte mit Eigenkapitalcharakter (d.h. Genussrechte, mit denen das Recht am Gewinn und Liquidationserlös einer Kapitalgesellschaft verbunden ist) enthalten §§ 20 Abs. 1 Nr. 1, Abs. 2 Nr. 1 EStG, 8 Abs. 3 Satz 2 KStG besondere Regelungen.
13 Zur Besteuerung von Mitarbeiterbeteiligung ausführlich zuletzt z.B. *Geserich*, DStR-Beihefter 23/2014, 53.

beteiligung können den Einkünften aus nichtselbständiger Arbeit (§§ 2 Abs. 1 Satz 1 Nr. 4, 19 EStG) zuzurechnen sein. Es kann sich hingegen auch um Einkünfte aus Kapitalvermögen i.S.v. §§ 2 Abs. 1 Satz 1 Nr. 5, 20 EStG handeln. Auswirkungen hat die Zuordnung der aus einer Mitarbeiterbeteiligung resultierenden Einnahmen u.a. im Hinblick auf den jeweils anwendbaren Steuersatz. Einkünfte aus nichtselbständiger Arbeit unterliegen in der Regel (vorbehaltlich z.B. der sog. „Fünftel-Regelung" gem. § 34 Abs. 2 Nr. 4, Abs. 1 EStG)[14] dem persönlichen Steuersatz gem. § 32a EStG. Auf Einkünfte aus Kapitalvermögen findet demgegenüber der besondere Steuersatz gem. § 32d EStG („Abgeltungssteuer") oder das sog. Teileinkünfteverfahren gem. §§ 3 Nr. 40, 3c Abs. 2 EStG (i.V.m. § 32a EStG) Anwendung. Bei einer vor dem 1.1.2009 angeschafften Mitarbeiterbeteiligung können in Bezug auf Veräußerungsgewinne nach altem Recht (§§ 2 Abs. 1 Satz 1 Nr. 7, 22 Nr. 2, 23 Abs. 1 Satz 1 Nr. 2 EStG a.F.[15]) u.U. sogar noch steuerfreie Einkünfte gegeben sein.

Ist der Bezugsgegenstand für die Besteuerung geklärt und die Zuordnung zu einer Einkunftsart erfolgt, ist der relevante **Besteuerungszeitpunkt** zu bestimmen. Hierbei kommt es in der Regel (sowohl bei den Einkünften aus nichtselbständiger Arbeit als auch im Rahmen der Einkünfte aus Kapitalvermögen) auf den Zufluss der aus der Mitarbeiterbeteiligung stammenden Vermögensvorteile (Einnahmen) gem. § 11 Abs. 1 EStG an. Im Hinblick auf Veräußerungsgewinne, die aus einer wesentlichen Beteiligung i.S.v. § 17 Abs. 1 EStG resultieren, gilt hingegen nicht das Zufluss-, sondern das Realisationsprinzip.

Je nach Ausgestaltung der Mitarbeiterbeteiligung im Einzelfall kann es zu einer „Anfangsbesteuerung" kommen. In diesem Fall führt bereits der Erwerb der Mitarbeiterbeteiligung zu entsprechenden Einkünften auf Seiten des Mitarbeiters. Darüber hinaus können aus einer Mitarbeiterbeteiligung laufende Einkünfte entstehen, und schließlich ist auch eine „Endbesteuerung"[16] möglich, bei der Einkünfte des Mitarbeiters erst im Zeitpunkt der Beendigung der Mitarbeiterbeteiligung zufließen.

---

14 Zur Abgrenzung außerordentlicher Einkünfte im Zusammenhang mit Mitarbeiterbeteiligung z.B. BFH, Urt. v. 24.1.2001 – I R 100/98, BStBl. II 2001, 509; BFH, Urt. v. 18.12.2007 – VI R 62/05, BStBl. II 2008, 294; FG Köln, Urt. v. 2.10.2014 – 15 K 2686/11 (juris).
15 Zum zeitlichen Anwendungsbereich: § 52 Abs. 31 Satz 1 EStG.
16 Üblicherweise bezieht sich die Bezeichnung „Endbesteuerung" auf das Phänomen, dass es in Bezug auf Anteilsoptionen, die einem Mitarbeiter gewährt

Sind die Zuordnung zu einer Einkunftsart und der maßgebende Besteuerungszeitpunkt geklärt, ist schließlich der **Besteuerungsumfang**, d.h. die Höhe des zu versteuernden Vermögensvorteils, zu bestimmen. Dies richtet sich nach § 8 EStG. Auch in diesem Zusammenhang ergibt sich eine Reihe schwieriger Fragestellungen.

Weniger komplex ist die Besteuerung von Mitarbeiterbeteiligungsprogrammen aus der Sicht des Unternehmens. Hier stellt sich im Wesentlichen nur die Frage, unter welchen Voraussetzungen die Beteiligung von Mitarbeitern am Unternehmenserfolg zu einem **Betriebsausgabenabzug** führt. Darüber hinaus ergeben sich aus Unternehmenssicht verfahrensrechtliche Fragestellungen im Zusammenhang mit dem Lohnsteuerabzug gem. §§ 38 ff. EStG.

V. Steuerliche Behandlung erfolgsabhängiger Gehaltskomponenten

Zu den Einkünften aus nichtselbständiger Arbeit gehören ausweislich § 19 Abs. 1 Satz 1 Nr. 1 EStG u.a. „Gratifikationen, Tantiemen und andere Bezüge und Vorteile", die „für eine Beschäftigung" gewährt werden. Erfolgsabhängige Gehaltskomponenten, namentlich in Form von Boni und Tantiemen, stellen daher beim begünstigten Mitarbeiter in aller Regel laufenden Arbeitslohn dar, der im Zuflusszeitpunkt (§ 11 Abs. 1 EStG) zu versteuern ist und auf den seitens des Arbeitgebers gem. §§ 38 ff. EStG Lohnsteuer einzubehalten und abzuführen ist.[17] Auf Unternehmensseite ergibt sich ein entsprechender (korrespondierender) Betriebsausgabenabzug.

Erfolgsabhängige Gehaltskomponenten können ausnahmsweise in Einkünfte aus Kapitalvermögen umzuqualifizieren sein, wenn bei einem auch kapitalmäßig beteiligten Mitarbeiter von einer verdeckten Gewinnausschüttung gem. § 20 Abs. 1 Nr. 1 Satz 2 EStG auszugehen ist. Ein Betriebsausgabenabzug auf Unternehmensebene ist in diesem Fall außerbilanziell nach § 8 Abs. 3 Satz 2 KStG zu korrigieren. Die Zahlung

---

werden, nicht bereits mit der *Einräumung* der Anteilsoption, sondern erst mit deren *Ausübung* und der nachfolgenden Anteilsüberlassung zu einem Lohnzufluss kommt. Im Rahmen dieses Beitrags wird der Begriff aber bewusst weiter verstanden und bezieht sich auf die Besteuerung der *Realisation* einer Mitarbeiterbeteiligung (insbesondere durch Veräußerung).

17 Allg. Ansicht, z.B. *Pflüger* in Herrmann/Heuer/Raupach, EStG/KStG, 21. Aufl. 2006 (261. Lfg.), § 19 EStG Rz. 207 m.w.N.

einer Gewinntantieme kann nach der Rechtsprechung[18] selbst bei einem nicht beherrschenden Gesellschafter als verdeckte Gewinnausschüttung zu qualifizieren sein, wenn sich diese auf mehr als 50 % des Jahresüberschusses der Gesellschaft beläuft.

VI. Steuerliche Behandlung „virtueller" Unternehmensbeteiligungen

Da es sich bei rein „virtuellen" Unternehmensbeteiligungen, wie eingangs dargestellt, letztlich um eine besondere, von der wirtschaftlichen Entwicklung des Unternehmens abhängige Gehaltskomponente auf rein schuldrechtlicher Basis handelt, ergeben sich für den Mitarbeiter hieraus regelmäßig Einkünfte aus nichtselbständiger Arbeit (§§ 2 Abs. 1 Satz 1 Nr. 4, 19 EStG).[19] Einkünfte aus Kapitalvermögen gem. §§ 2 Abs. 1 Satz 1 Nr. 5, 20 EStG scheiden aus, weil es an der entsprechenden Erwerbsgrundlage, z.B. in Form einer echten Unternehmensbeteiligung, mangelt.[20]

VII. Steuerliche Behandlung von Eigenkapitalbeteiligungen aus Sicht des Mitarbeiters

Wird einem Mitarbeiter eine Unternehmensbeteiligung in Form einer Eigenkapitalbeteiligung eingeräumt, kann dies einen Zufluss von Einnahmen gem. § 11 Abs. 1 EStG auf Seiten des Mitarbeiters bewirken, wenn die Unternehmensbeteiligung zu vergünstigten Konditionen überlassen wird und die verbilligte Anteilsüberlassung durch das Arbeitsverhältnis veranlasst ist (sog. „Anfangsbesteuerung"). Sodann stellt sich die Frage, wie laufende Einkünfte (z.B. Gewinnausschüttungen) und schließlich etwaige Erlöse bei Aufgabe bzw. Veräußerung der Eigenkapitalbeteiligung

---

18 BFH, Urt. v. 15.3.2000 – I R 74/99, BStBl. II 2000, 547.
19 Vgl. auch *Schiemzik*, NWB 2011, 798, 802 (anders ggf. bei Kapitalüberlassung durch den Arbeitnehmer); dahingehend auch *Geserich*, DStR-Beihefter 23/2014, 53, 58. M.E. ist bei einer Kapitalüberlassung durch den Arbeitnehmer, verbunden mit entsprechendem Verlustrisiko, indes eher von einem mezzaninen Finanzierungsinstrument, etwa nach § 20 Abs. 1 Nr. 4 oder 7 EStG auszugehen, das eine eigenständige Erwerbsgrundlage für entsprechende Einkünfte aus Kapitalvermögen darstellt.
20 Ähnlich FG Hamburg, Urteil vom 8.12.2014 – 1 K 232/11 (juris) (n.rkr.; Revision beim BFH anhängig unter dem Az. VI R 12/16).

auf Seiten des Mitarbeiters steuerlich zu behandeln sind (hier[21] sog. „Endbesteuerung").

1. Besteuerung im Erwerbszeitpunkt („Anfangsbesteuerung")

Die Einräumung einer Eigenkapitalbeteiligung am Arbeitgeberunternehmen kann auf Seiten des begünstigten Mitarbeiters einen Zufluss von Einnahmen (in Form eines Sachbezugs) gem. § 11 Abs. 1 EStG bewirken, wenn die Unternehmensbeteiligung zu vergünstigten Konditionen überlassen wird und die verbilligte Anteilsüberlassung durch das Arbeitsverhältnis veranlasst ist.[22] Auch die vergünstigte Anteilsüberlassung durch oder an einen Dritten kann zu einem Lohnzufluss führen, ebenso wie die Einräumung einer Unternehmensbeteiligung im Hinblick auf ein künftiges Arbeitsverhältnis.[23]

a) Maßgeblicher Bezugsgegenstand der „Anfangsbesteuerung"

aa) Allgemeine Abgrenzung des Besteuerungsgegenstands

Nach ständiger Rechtsprechung des BFH[24] kann eine zu vergünstigten Konditionen überlassene Unternehmensbeteiligung einen geldwerten Vorteil i.S.v. § 8 Abs. 1 EStG darstellen. Kein geldwerter Vorteil ergibt sich hingegen nach ebenfalls gefestigter BFH-Rechtsprechung[25] aus der Einräumung eines auf den Erwerb einer Unternehmensbeteiligung gerichteten Optionsrechts, und zwar selbst dann, wenn im Rahmen der Anteilsoption ein Ausübungspreis vereinbart wird, der unterhalb des Verkehrswerts der Unternehmensanteile liegt, auf die sich das Optionsrecht bezieht. Entsprechendes gilt nach der Rechtsprechung des BFH[26] in Bezug auf Wandelschuldverschreibungen, die zum Erwerb von Unternehmensanteilen (anstelle der Darlehensrückzahlung) berechtigen.

---

21 S. hierzu Fn. 15.
22 Vgl. etwa *Pflüger* in Herrmann/Heuer/Raupach, EStG/KStG, 21. Aufl. 2006 (261. Lfg.), § 19 EStG Rz. 210 ff.; *Geserich* in Blümich, EStG/KStG/GewStG (Stand: Juli 2016), § 19 EStG Rz. 280 („Aktien").
23 Vgl. etwa BFH, Urt. v. 26.6.2014 – VI R 94/13, FR 2014, 990.
24 Z.B. BFH, Urt. v. 4.4.2001 – VI R 96/00, BStBl. II 2001, 813 (zu § 19a EStG a.F.).
25 Grundlegend hierzu schon BFH, Urt. v. 10.3.1972 – VI R 278/68, BStBl. II 1972, 596; nachfolgend z.B. BFH, Urt. v. 24.1.2001 – I R 119/98, BStBl. II 2001, 512; BFH, Urt. v. 20.6.2001 – VI R 105/99, BStBl. II 2001, 689.
26 BFH, Urt. v. 23.6.2005 – VI R 124/99, BStBl. II 2005, 766.

Diese Rechtsprechung hat der BFH[27] auch auf handelbare (also jederzeit „verwertbare") Optionsrechte ausgeweitet. Auch sie verkörpern nach Ansicht des BFH lediglich das in die Zukunft gerichtete Versprechen gegenüber dem Mitarbeiter, zu einem späteren Zeitpunkt einen geldwerten Vorteil (in Form einer zu Vorzugskonditionen überlassenen Unternehmensbeteiligung) zu gewähren.[28]

Die in einer Anteilsoptionen bzw. Wandelschuldverschreibung verkörperte Erwerbsanwartschaft selbst ist demnach nach Ansicht des BFH im Grundsatz – auch bei handelbaren Optionsrechten – nicht Gegenstand der Lohnbesteuerung.

Die Rechtsprechung des BFH, wonach die Einräumung einer Anteilsoption selbst (noch) kein Sachbezug ist, führt in vielen Fällen zu Ergebnissen, die als sachgerecht empfunden werden. Sie wird deshalb allgemein befürwortet.[29] Dennoch ist die Sichtweise des BFH bemerkenswert.

Eine Anteilsoption kann zweifellos schon im Zeitpunkt der Optionsrechtseinräumung ein werthaltiges Wirtschaftsgut darstellen (insbesondere wenn der Optionsausübungspreis bereits im Zeitpunkt der Optionsrechtsgewährung unterhalb des Verkehrswerts der Unternehmensanteile liegt, auf die sich das Optionsrecht bezieht). Dieses Wirtschaftsgut kann dem Arbeitnehmer auch nach allgemeinen Grundsätzen (§ 11 Abs. 1 EStG) zufließen, indem es in die Verfügungsmacht des Arbeitnehmers übergeht. Gerade in Bezug auf ein handelbares Optionsrecht ist es unmittelbar einsichtig, dass sich das Wirtschaftsgut „Anteilsoption" bereits mit Einräumung des Anteilsoptionsrechts in der Verfügungsmacht des Arbeitnehmers befindet. Nichts Anderes kann im Hinblick auf nicht handelbare Optionsrechte bzw. Wandelschuldverschreibungen gelten, die ebenfalls bereits im Zeitpunkt ihrer Einräumung einen Vermögensvorteil verkörpern können, der auch in die Verfügungsmacht des Arbeitnehmers übergehen – also i.S.v. § 11 Abs. 1 EStG zufließen – kann.

Dass nach Ansicht des BFH allein die Überlassung der Unternehmensbeteiligung, die infolge einer Optionsrechtsausübung auf den Mitarbeiter ausgegeben oder übertragen wird, einen lohnsteuerpflichtigen Sachbezug auf Seiten des Mitarbeiters darstellen kann, ist demnach weniger

---

27 BFH, Urt. v. 20.11.2008 – VI R 25/05, BStBl. II 2009, 382.
28 Grundlegend schon BFH, Urt. v. 10.3.1972 – VI R 278/68, BStBl. II 1972, 596; BFH, Beschl. v. 23.7.1999 – VI B 116/99, BStBl. II 1999, 684.
29 Stellvertretend *Geserich* in Blümich, EStG/KStG/GewStG (Stand: Juli 2016), § 19 EStG Rz. 280 („Ankaufsrecht (Option)").

eine Frage des Lohnzuflusses. Entscheidend ist vielmehr die Frage nach dem maßgeblichen **Bezugsgegenstand** für die Lohnbesteuerung. Die einem Arbeitnehmer gewährten Anteilsoptionen selbst sind, auch wenn sie einen Wert verkörpern, der in die Verfügungsmacht des Arbeitnehmers übergeht, nach Ansicht des BFH im Grundsatz nicht Gegenstand der Lohnbesteuerung. Werden Anteilsoptionen hingegen ausgeübt und erhält der Mitarbeiter daraufhin Unternehmensanteile zu vergünstigten Konditionen (d.h. zu einem Anteilspreis, der unterhalb des Verkehrswerts der eingeräumten Unternehmensanteile liegt), ist allein dies – die vergünstigte Anteilsüberlassung – nach der vorstehend beschriebenen BFH-Rechtsprechung der maßgebliche Bezugsgegenstand für die Besteuerung.[30]

Soweit ersichtlich hat der BFH bislang nicht über die Frage zu entscheiden gehabt, wie die Einräumung einer Anteilsoption zu fremdüblichen Bedingungen lohnsteuerlich zu bewerten ist. Erwirbt ein Arbeitnehmer das Wirtschaftsgut „Anteilsoption" zu fremdüblichen Bedingungen, indem er dem Stillhalter eine marktgerechte Prämie zahlt und den im Optionsrecht verkörperten Vermögensvorteil somit zum Verkehrswert anschafft, kann es m.E. nicht zu einer nachgelagerten Lohnbesteuerung im Zeitpunkt der Optionsrechtsausübung kommen, und zwar selbst dann nicht, wenn der Optionsausübungspreis dann unterhalb des Verkehrswerts der Unternehmensanteile liegt, auf die sich das Optionsrecht bezieht. Durch den Erwerb des Optionsrechts zu fremdüblichen Bedingungen wird m.E. ein Sonderrechtsverhältnis geschaffen und der Veranlassungszusammenhang zum Arbeitsverhältnis dauerhaft „durchtrennt". Im Zeitpunkt der Optionsrechtsausübung kann es demnach nicht (mehr) zu einem Lohnzufluss kommen.[31] Die Frage des Bezugsgegenstands der Lohnbesteuerung spielt in diesem Zusammenhang somit keine Rolle mehr.

bb) Anfangsbesteuerung auch bei Anteilsoptionen („Verwertungsfälle")

Aus einer Anteilsoption können sich ausnahmsweise auch schon vor Ausübung des Optionsrechts und anschließender Anteilsüberlassung steuerpflichtige Einnahmen für den begünstigten Mitarbeiter ergeben

---

30 BFH, Urt. v. 24.1.2001 – I R 100/98, BStBl. II 2001, 509.
31 Ähnlich in Bezug auf den Erwerb von Unternehmensanteilen zu fremdüblichen Konditionen FG Köln, Urt. v. 20.5.2015 – 3 K 3253/11, DStRE 2016, 209.

(und es kann zu einem entsprechenden Lohnzufluss auf Seiten des Mitarbeiters kommen). Dies ist nach gefestigter BFH-Rechtsprechung dann der Fall, wenn die Anteilsoptionen vor ihrer Ausübung durch den Mitarbeiter anderweitig verwertet werden, insbesondere indem sie durch den Mitarbeiter veräußert werden oder indem der Mitarbeiter gegen Entgelt auf ihre Ausübung verzichtet.[32]

Der BFH wertet derartige „Verwertungsfälle" allein unter Zuflussgesichtspunkten. M.E. ist diese Sichtweise, wie zuvor bereits angedeutet, nicht hinreichend trennscharf. Wird eine Anteilsoption durch den begünstigten Mitarbeiter im vorstehend beschriebenen Sinne verwertet, kommt es nach m.e. zutreffender Betrachtungsweise zu einem **Austausch des Besteuerungsobjekts**. Besteuert wird im „Verwertungsfall" nicht mehr der Sachbezug in Form einer verbilligten Anteilsüberlassung, sondern die dem Mitarbeiter überlassene und „zu Geld gemachte" (wertrealisierte) Anteilsoption selbst.

Davon zu trennen ist die Frage des Zuflusses, die sich nach § 11 Abs. 1 EStG richtet. Der Zufluss tritt im Verwertungsfall nach allgemeinen Zuflussgrundsätzen dann ein, wenn der Mitarbeiter die Verfügungsmacht über das Entgelt aus der Verwertung erhält. Vorgelagert führt die Realisierung des der Anteilsoption innewohnenden Werts jedoch dazu, dass nicht mehr die (aus der Optionsausübung resultierenden) Unternehmensanteile, sondern die Anteilsoption selbst zum Besteuerungsobjekt wird.

cc) Verdeckte Einlage als „Verwertungsfall"

Mit Urteil vom 18.9.2012 hat der VI. Senat des BFH[33] seine bisherige Rechtsprechung zur Verwertung von Anteilsoptionen um eine weitere Fallgruppe ergänzt, die einerseits (vor allem im Venture Capital- und Private Equity-Bereich) Gestaltungsspielräume für die Beratungspraxis eröffnet, andererseits aber auch bisher noch nicht eindeutig zu beantwortende Fragen aufwirft.

In dem der Entscheidung zugrunde liegenden Fall war dem Kläger, der als Geschäftsführer einer GmbH bestellt war und aus seiner Geschäfts-

---

32 Z.B. BFH, Urt. v. 20.5.2010 – VI R 12/08, BStBl. II 2010, 1069 (in Bezug auf ein Aktienoptionsrecht im Zusammenhang mit einem Wandeldarlehen); BFH, Urt. v. 19.6.2008 – VI R 4/05, BStBl. II 2008, 826; BFH, Urt. v. 18.9.2012 – VI R 90/10, BStBl. II 2013, 289 m.w.N.
33 BFH, Urt. v. 18.9.2012 – VI R 90/10, BStBl. II 2013, 289; kritisch hierzu *Thomas*, DStR 2015, 263.

führungstätigkeit Einkünfte aus nichtselbständiger Arbeit gem. §§ 2 Abs. 1 Satz 1 Nr. 4, 19 Abs. 1 EStG bezog, das Recht eingeräumt worden, eine bestimmte Anzahl von Anteilen an einer Aktiengesellschaft (mutmaßlich die Konzernmuttergesellschaft) zu einem vertraglich festgelegten Optionsausübungspreis zu erwerben. Der Kläger veräußerte die ihm eingeräumten Aktienoptionen im Streitjahr 2002 an eine weitere GmbH, deren alleiniger Gesellschafter er war. Die Veräußerung erfolgte zu einem Preis, der unterhalb des Verkehrswerts der Aktienoptionsrechte im Zeitpunkt der Veräußerung lag. Die Veräußerung der Optionsrechte durch den Kläger an die zu 100 % von ihm gehaltene GmbH stellte demnach, zumindest teilweise, eine verdeckte Einlage dar (teilentgeltliche Übertragung).

Der VI. Senat entschied, dass auch eine verdeckte Einlage eine wertrealisierende Verfügung in Bezug auf eine einem Mitarbeiter gewährte Anteilsoption darstelle. Der Kläger habe daher über seine Aktienoptionen im Streitjahr 2002 vollumfänglich (nicht nur in Bezug auf den entgeltlichen Veräußerungsanteil) verfügt. Im maßgeblichen Realisationszeitpunkt, d.h. im Zeitpunkt der (zumindest teilweise) verdeckten Einlage der Aktienoptionen durch den Kläger in „seine" GmbH, seien dem Kläger somit Einkünfte aus nichtselbständiger Arbeit in Höhe des Verkehrswerts der Aktienoptionen gem. § 11 Abs. 1 EStG zugeflossen.

Die Entscheidung des BFH ist in vielerlei Hinsicht bemerkenswert. Der BFH fügt seiner „Verwertungsrechtsprechung" eine Fallgruppe hinzu, bei der es zu einem Lohnzufluss kommt, ohne dass der Mitarbeiter die ihm zugesprochenen Optionsrechte vollständig „in Geld" realisiert hätte. Eine Steigerung der Leistungsfähigkeit, die Anlass für einen Austausch des Besteuerungsobjekts und, im gleichen Zusammenhang, für die Annahme eines Lohnzuflusses geben sollte, ist mit der verdeckten Einlage der Anteilsoptionen jedenfalls nicht verbunden. Eine Vermögensmehrung auf Empfängerseite ist nach m.E. richtiger Sichtweise indes eine notwendige Voraussetzung für die Annahme eines Zuflusses i.S.v. § 11 Abs. 1 EStG.[34]

Die Entscheidung basiert im Übrigen möglicherweise auf der Überlegung, dass die verdeckte Einlage eines Wirtschaftsguts einem Veräußerungs- bzw. Realisationsvorgang gleichgestellt werden kann (so z.B. in §§ 17 Abs. 1 Satz 2, 20 Abs. 2 Satz 2, 23 Abs. 1 Satz 5 Nr. 2 EStG). Wie die vorgenannten Gesetzesvorschriften aber zeigen, ist die verdeckte

---

34 So z.B. auch *Kister* in Herrmann/Heuer/Raupach, EStG/KStG, 21. Aufl. 2006 (277. Lfg.), § 11 EStG Anm. 27 m.w.N.

Einlage aber – per se – eben gerade kein Veräußerungs- bzw. Realisationsvorgang (insbesondere kein Tauschvorgang), weil es andernfalls der ausdrücklichen Gleichsetzung der Einlagefälle durch den Gesetzgeber nicht bedurft hätte.[35] Vor diesem Hintergrund hätte der BFH hier durchaus auch zu einer anderen Sichtweise gelangen können.

Dass sich aus der Entscheidung des VI. Senats Gestaltungsspielräume für die Beratungspraxis ergeben, ist unmittelbar einsichtig. Insbesondere wenn zu erwarten ist, dass sich der Wert der Anteile, auf die sich ein Optionsrecht bezieht, positiv entwickelt, kann die verdeckte Einlage der Anteilsoption in eine Kapitalgesellschaft z.b. die Möglichkeit eröffnen, hinsichtlich weiterer Wertsteigerungen von der Steuerfreistellung gem. § 8b Abs. 2 KStG zu profitieren und dadurch (mittels Thesaurierung von Veräußerungsgewinnen) einen ggf. signifikanten Steuerstundungseffekt zu erreichen.

Das verdeckt eingelegte Optionsrecht ist bei der übernehmenden Kapitalgesellschaft gem. § 6 Abs. 1 Nr. 5 EStG mit dem Teilwert anzusetzen. Wird es zu einem späteren Zeitpunkt ausgeübt, treten die infolge der Optionsausübung erhaltenen Anteile an die Stelle des Optionsrechts, wobei die steuerlichen Buchwerte (ggf. zzgl. weiterer Anschaffungskosten, z.B. aus der Zahlung eines Ausübungspreises) fortgeführt werden. Werden die erhaltenen Anteile sodann veräußert, unterliegen sämtliche Wertsteigerungen, die seit dem Zeitpunkt der verdeckten Einlage entstanden sind, der Steuerfreistellung gem. § 8b Abs. 2 KStG. Umgekehrt sind von der Steuerfreistellung freilich auch zwischenzeitliche Wertminderungen erfasst (was aber, mit anderen Worten, lediglich bedeutet, dass die Gestaltungsspielräume, die sich durch die Entscheidung des BFH vom 18.9.2012 ergeben haben, mit einem gewissen Gestaltungsrisiko einhergehen).

dd) Besteuerungsobjekt bei „Optionstausch"

Ein anderer für die Beratungspraxis relevanter Folgeaspekt der BFH-Entscheidung vom 18.9.2012 ist die Frage, wie es um die Besteuerung von Anteilsoptionen in den Fällen steht, in denen diese „eingetauscht" werden. Relevant wird dies z.B. im Zusammenhang mit der Ersetzung von (nach Kursverfall) „wertlosen Optionsrechten" durch neue Options-

---

35 Allg. Ansicht; vgl. nur *Buge* in Herrmann/Heuer/Raupach, EStG/KStG, 21. Aufl. 2006 (262. Lfg.), § 20 EStG Rz. 531 sowie *Musil* in Herrmann/Heuer/Raupach, EStG/KStG, 21. Aufl. 2006 (276. Lfg.), § 23 EStG Rz. 248.

rechte zu günstigeren Bedingungen und bei Unternehmenszusammenschlüssen.

Unternehmenszusammenschlüsse werden in der Praxis häufig so strukturiert, dass die Gesellschafter der (übernommenen) Ziel-Kapitalgesellschaft ihre Gesellschaftsanteile mehrheitlich gegen Gewährung neuer Anteile in die (übernehmende) Erwerber-Kapitalgesellschaft einbringen (sog. „Share-for-Share-Transaktion"). Unter den Voraussetzungen des § 21 UmwStG (bzw. nach dem im Bereich der Mitarbeiterbeteiligung aufgrund der Beteiligungsverhältnisse praktisch häufiger einschlägigen § 20 Abs. 4a EStG) kann ein solcher (qualifizierter) Anteilstausch steuerneutral vollzogen werden. Es kommt zu einem Besteuerungsaufschub hinsichtlich der stillen Reserven in den hergegebenen (eingetauschten) Anteilen an der Ziel-Kapitalgesellschaft. Wurden in Bezug auf die Ziel-Kapitalgesellschaft Anteilsoptionen ausgegeben (z.b. im Rahmen eines entsprechenden Aktienoptionsprogramms), werden diese im Zuge des Unternehmenszusammenschlusses in der Praxis ebenfalls „umgetauscht", indem sie z.b. durch Anteilsoptionen in Bezug auf die Erwerber-Kapitalgesellschaft ersetzt werden.

Hier stellt sich die Frage, ob es zu einem Austausch des Besteuerungsobjekts und folglich einem Lohnzufluss bei den durch die Aktienoptionen begünstigten Mitarbeitern kommen kann. M.E. ist dies nicht der Fall, da die vor dem Zusammenschluss ausgegebenen Anteilsoptionen an der Ziel-Kapitalgesellschaft weder wertrealisierend verwertet noch – wie in dem der Entscheidung des VI. BFH-Senats vom 18.9.2012 zugrunde liegenden Sachverhalt – durch ein qualitativ anderes Wirtschaftsgut ersetzt werden.[36]

Das Versprechen, zu bestimmten (vergünstigten) Konditionen Anteile an der Ziel-Kapitalgesellschaft zu verschaffen, verkörpert durch die vor dem Zusammenschluss ausgegebenen Anteilsoptionen in Bezug auf die Ziel-Kapitalgesellschaft, wird schlicht durch ein neues Versprechen, nämlich zu bestimmten (vergünstigten) Konditionen Anteile an der Erwerbs-Kapitalgesellschaft zu verschaffen, ersetzt. Oder anders gewendet: Die wirtschaftliche Stellung der durch das Aktienoptionsprogramm be-

---

36 Gl. Ansicht *Lochmann*, Besteuerung aktienkursorientierter Vergütungsinstrumente (2003), S. 212 sowie *Herzig/Lochmann*, DB 2001, 1436, 1440, jeweils in Bezug auf nicht handelbare Optionsrechte. Die von *Lochmann* bzw. *Herzig/Lochmann* vorgenommene Differenzierung in Bezug auf handelbare Optionsrechte dürfte durch BFH, Urt. v. 20.11.2008 – VI R 25/05, BStBl. II 2009, 382 überholt sein.

günstigten Mitarbeiter ist vor und nach dem Zusammenschluss identisch und beschränkt sich auf eine (nicht realisierte) Erwerbsanwartschaft. Für einen Austausch des Besteuerungsobjekts und, damit einhergehend, die Annahme eines Lohnzuflusses gem. § 11 Abs. 1 EStG besteht keine Veranlassung.

b) Abgrenzung der maßgeblichen Einkunftsarten

Einnahmen, die einem Mitarbeiter aus einer Unternehmensbeteiligung zufließen, können unterschiedlichen Einkunftsarten zuzuordnen sein. Zum einen können sie den Einkünfte aus nichtselbständiger Arbeit (§§ 2 Abs. 1 Satz 1 Nr. 4, 19 EStG) zuzuordnen sein. Zum anderen können auch Einkünfte aus Kapitalvermögen i.S.v. §§ 2 Abs. 1 Satz 1 Nr. 5, 20 EStG bzw. – soweit der begünstigte Mitarbeiter einen Veräußerungsgewinn erzielt – aus Gewerbebetrieb gem. §§ 2 Abs. 1 Satz 1 Nr. 2, 17 EStG oder (bei einer vor dem 1.1.2009 angeschafften Beteiligung) ggf. steuerfreie sonstige Einkünfte nach §§ 2 Abs. 1 Satz 1 Nr. 7, 22 Nr. 2, 23 Abs. 1 Satz 1 Nr. 2 EStG a.F.[37] gegeben sein.

Die Abgrenzung zwischen Kapitaleinkünften und Arbeitslohn ist mitunter schwierig. Das Gesetz sieht keine zwingende „Rangfolge" zwischen den Einkünften aus nichtselbständiger Arbeit einerseits und Kapitaleinkünften andererseits vor. Die in § 20 Abs. 8 EStG vorgesehene Subsidiarität der Einkünfte aus Kapitalvermögen bezieht sich nicht auf Lohneinkünfte nach § 19 EStG. Dennoch schließen sich beide Einkunftsarten nach allgemeiner Meinung gegenseitig aus.

Nach § 19 Abs. 1 Nr. 1 EStG gehören zu den Einnahmen aus nichtselbständiger Arbeit diejenigen Bezüge und Vorteile, die „für eine Beschäftigung" gewährt werden. Zu den Einkünften aus Kapitalvermögen gehören hingegen die Gewinnanteile und sonstigen Bezüge, die „aus Aktien" bzw. „aus Anteilen an Gesellschaften mit beschränkter Haftung" (§ 20 Abs. 1 Nr. 1 EStG) bzw. „aus der Veräußerung" von Kapitalgesellschaftsanteilen (§ 20 Abs. 2 Nr. 1 EStG) erzielt werden. Nach dem Gesetzeswortlaut hat die Abgrenzung der Einkünfte aus §§ 19, 20 EStG somit nach dem Veranlassungszusammenhang („für") bzw. im Hinblick auf die relevante Einkunftsquelle („aus") zu erfolgen.

Dies entspricht der ständigen Rechtsprechung des BFH[38], wonach im Zusammenhang mit einer Mitarbeiterbeteiligung im Rahmen einer Ge-

---
37 Zum zeitlichen Anwendungsbereich: § 52 Abs. 31 Satz 1 EStG.
38 Zuletzt BFH, Urt. v. 1.9.2016 – VI R 67/14, DStR 2016, 2638.

samtbetrachtung aller Umstände des Einzelfalls danach zu fragen ist, ob Zuflüsse auf Seiten des Mitarbeiters durch das Arbeitsverhältnis veranlasst und als Gegenleistung für erbrachte Arbeitsleistung anzusehen sind, oder ob neben dem Arbeitsverhältnis ein Sonderrechtsverhältnis zwischen Mitarbeiter und Unternehmen besteht, aus dem sich Kapitaleinkünfte des Mitarbeiters ergeben (vom Arbeitsverhältnis unabhängige Erwerbsgrundlage).

Den Ausgangspunkt der jeweiligen Einzelfallprüfung bildet dabei nach gefestigter Rechtsprechung des BFH[39] ein – denkbar weit gefasster – Arbeitslohnbegriff:

Vorteile werden „für" eine Beschäftigung gewährt, wenn sie durch das individuelle Dienstverhältnis des Arbeitnehmers veranlasst sind. Das ist der Fall, wenn der Vorteil mit Rücksicht auf das Dienstverhältnis eingeräumt wird und sich die Leistung im weitesten Sinne als Gegenleistung für das Zurverfügungstellen der individuellen Arbeitskraft des Arbeitnehmers erweist. Kein Arbeitslohn liegt allerdings u.a. vor, wenn die Zuwendung wegen anderer Rechtsbeziehungen oder wegen sonstiger, nicht auf dem Dienstverhältnis beruhender Beziehungen zwischen Arbeitnehmer und Arbeitgeber gewährt wird.

Ein eindeutiges Rangverhältnis zwischen Arbeitslohn und Kapitaleinkünften lässt sich aus diesem Obersatz nicht herleiten. Dennoch wird die vom BFH gewählte Formulierung in der Praxis (insbesondere seitens der Finanzverwaltung) üblicherweise im Sinne eines Regel-Ausnahme-Verhältnisses verstanden – und zwar dahingehend, dass in der Regel von Arbeitslohn auszugehen ist.[40] Für diese Sichtweise gibt es m.E. im Gesetz keine Grundlage. Sie wird aber dadurch genährt, dass der BFH das Vorliegen von Kapitaleinkünften im Zusammenhang mit Mitarbeiterbeteiligung in ständiger Rechtsprechung von dem Bestehen eines „Sonderrechtsverhältnisses" abhängig macht, welches neben das Arbeitsverhältnis treten muss.

Die Kriterien, die von der Rechtsprechung, insbesondere durch den BFH, zur Beantwortung der Frage herausgearbeitet wurden, ob von einer neben das Arbeitsverhältnis tretenden Sonderrechtsbeziehung auszugehen ist, aus der sich Kapitaleinkünfte ergeben können, sind jeweils Gegenstand tatrichterlicher Würdigung im Einzelfall und unterliegen nur einge-

---

39 Exemplarisch BFH, Urt. v. 17.6.2009 – VI R 69/06, BStBl. II 2010, 69.
40 Beispielhaft *Geserich*, DStR-Beihefter 23/2014, 53: „*Davon [Anm. d. Verf.: Vorliegen von Arbeitslohn] ist bei beteiligungsorientierten Vergütungsmodellen, da sie der Entlohnung dienen, im Grundsatz stets auszugehen*".

schränkter revisionsrechtlicher Überprüfung.[41] Die wichtigsten Abgrenzungskriterien werden nachfolgend dargestellt und kritisch beleuchtet.

aa) Begrenzung des Kreises der Begünstigten

Ein neben das Arbeitsverhältnis tretendes Sonderrechtsverhältnis soll, so der BFH[42] in mittlerweile[43] ständiger Rechtsprechung, nicht schon deshalb ausgeschlossen sein, weil im Rahmen eines Mitarbeiterbeteiligungsprogramms nur Mitarbeitern oder einer ausgewählten Gruppe von Mitarbeitern (z.B. Führungskräften) eine Unternehmensbeteiligung angeboten bzw. einräumt wird. Dies liege, so der BFH, in der Natur der Sache. Selbst wenn nur ein Teil der Unternehmensmitarbeiter in das Mitarbeiterbeteiligungsprogramm einbezogen und demgemäß berechtigt sei, eine Beteiligung am Arbeitgeberunternehmen zu erwerben, lasse dieser Umstand allein nicht zwingend den Schluss zu, dass notwendigerweise von Arbeitslohn auszugehen sei.

Die Feststellung, dass aus einer Eingrenzung des Erwerberkreises nicht abgeleitet werden kann, dass Kapitaleinkünfte auszuschließen sind, ist an sich weder überraschend noch sonderlich aussagekräftig. Viel interessanter ist der daraus ableitbare und – m.E. zutreffende – Umkehrschluss, dass stets von einem neben das Arbeitsverhältnis tretenden Sonderrechtsverhältnis auszugehen ist, wenn der Kreis der Erwerbsberechtigten *nicht* auf die Mitarbeiter des Unternehmens beschränkt ist, wenn also fremden Dritten, die nicht in einem Beschäftigungsverhältnis zum Unternehmen stehen, der Erwerb einer Unternehmensbeteiligung zu gleichen Bedingungen wie Mitarbeitern gestattet ist.[44] Bei betriebsfremden Dritten ist nämlich nicht denkbar, dass ein Vorteil in Bezug auf eine Unternehmensbeteiligung „für das Zurverfügungstellen der individuellen Arbeitskraft" gewährt wird. Dann kann für Mitarbeiter des Unternehmens nichts Anderes gelten, da für eine über die reine Kapitalüberlassung hinausgehende Leistung, die im Arbeitsverhältnis begründet sein

---

41 Z.B. BFH, Urt. v. 21.10.2014 – VIII R 44/11, BStBl. II 2015, 593.
42 Z.B. BFH, Urt. v. 17.6.2009 – VI R 69/06, BStBl. II 2010, 69 (zu sog. „EVA-Zertifikaten").
43 Enger z.B. noch BFH v. 23.6.2005 – VI R 124/99, BStBl. II 2005, 766 (zu Wandelschuldverschreibungen).
44 In diese Richtung geht auch FG Köln, Urt. v. 20.5.2015 – 3 K 3253/11, DStRE 2016, 209, wonach der Erwerb einer Beteiligung zu fremdüblichen Konditionen den Veranlassungszusammenhang zum Arbeitsverhältnis in der Regel durchbricht, so dass von einem „Sonderrechtsverhältnis" auszugehen sein soll (s. hierzu ausführlich nachfolgend Abschn. VII.1.b)bb)).

könnte, ebenso wie bei einem nicht im Erwerbsverhältnis stehenden Dritten, kein Raum ist.

bb) Erwerb zu fremdüblichen Konditionen

Die vorstehend entwickelte Argumentation lässt sich m.E. noch weiterführen: Erwirbt ein Mitarbeiter eine kapitalmäßige Beteiligung am Arbeitgeberunternehmen zu fremdüblichen Bedingungen, ergibt sich daraus *zwingend* und ohne dass es einer weitergehenden Prüfung der sonstigen Einzelfallumstände bedürfte ein neben das Arbeitsverhältnis tretendes Sonderrechtsverhältnis, aus dem der jeweilige Mitarbeiter Kapitaleinkünfte erzielt.

Oder anders gewendet: Der Erwerb einer Unternehmensbeteiligung zu fremdüblichen Konditionen durchbricht den Veranlassungszusammenhang zum Arbeitsverhältnis, und das im Grundsatz[45] auch dauerhaft. Es ist nämlich nicht denkbar, dass die Kapitalüberlassung selbst oder eine spätere Fruchtziehung aus der einmal zu fremdüblichen Bedingungen eingegangen Kapitalbeteiligung „für das Zurverfügungstellen der individuellen Arbeitskraft" erfolgt, wenn auch einem betriebsfremden Dritten die nämliche Unternehmensbeteiligung zu den gleichen Bedingungen eingeräumt worden wäre. Ein betriebsfremder Dritter erbringt naturgemäß keine Arbeitsleistung. Auch bei einem Mitarbeiter besteht daher, wenn er sich zu drittüblichen Konditionen beteiligt, kein Raum für die Annahme eines Veranlassungszusammenhangs zwischen Arbeitsverhältnis einerseits und kapitalmäßiger Beteiligung andererseits. So wie bei einem fremden Dritten die Abgeltung von Arbeitsleistung ausgeschlossen ist, ist dies auch beim Mitarbeiter der Fall, wenn letzterer sich zu gleichen Bedingungen am Arbeitgeberunternehmen beteiligt.

In diesem Sinne hat das FG Köln[46] mit Urteil vom 20.5.2015 entschieden. In dem der Entscheidung zugrunde liegenden Fall wurde dem Unterneh-

---

45 Anders nur in Ausnahmefällen, in denen nachgelagerte laufende Einkünfte bzw. Einkünfte im Zusammenhang mit der Realisierung einer Mitarbeiterbeteiligung doch wieder in einem Veranlassungszusammenhang zum Dienstverhältnis zu sehen sind; vgl. etwa FG Köln, Urt. v. 21.9.2011 – 12 K 2152/09, DStRE 2912, 788 (nicht fremdüblich verzinstes Genussrecht) und FG Münster, Urt. v. 12.12.2014 – 4 K 1918/13 E, EFG 2015, 385 („Exitbonus" anlässlich einer Veräußerung der Mitarbeiterbeteiligung); hierzu jeweils ausführlich in Abschn. VII.2 und VII.3.
46 FG Köln, Urt. v. 20.5.2015 – 3 K 3253/11, DStRE 2016, 209; andeutungsweise auch schon BFH, Urt. v. 23.6.2005 – VI R 10/03, BStBl. II 2005, 770, 773 (Abschn. 2.b) der Entscheidungsgründe).

mensmanagement die Möglichkeit eingeräumt, über eine Gesellschaft bürgerlichen Rechts eine (mittelbare) Eigenkapitalbeteiligung an der Unternehmensholding (einer Gesellschaft mit beschränkter Haftung) zu erwerben. Der Erwerb erfolgte zu einem marktüblichen Kaufpreis. Nach dem Gesellschaftsvertrag der Gesellschaft bürgerlichen Rechts (GbR), an der sich der Kläger beteiligte und die die Beteiligung am Unternehmen erwarb, konnte jeder Gesellschafter aus wichtigem Grund aus der Gesellschaft ausgeschlossen werden, wenn sein Anstellungsverhältnis beim Unternehmen endete. Die Höhe der dem ausscheidenden GbR-Gesellschafter zu zahlenden Abfindung richtete sich nach den Umständen des Ausscheidens (Kündigung durch den Arbeitgeber aus wichtigem Grund, Beendigung des Anstellungsverhältnisses auf eigenen Wunsch des Mitarbeiters oder sonstige Beendigung des Anstellungsverhältnisses) sowie nach der Dauer der Zugehörigkeit des GbR-Gesellschafters zum Unternehmensmanagement (im Private Equity-Bereich weit verbreitete, sog. „Verfallklausel"[47]). Der Beteiligungsvertrag, durch den die GbR die Unternehmensbeteiligung erwarb, sah darüber hinaus vor, dass eine Führungskraft mit Beendigung des Anstellungsverhältnisses aus der GbR auszuschließen ist, d.h. es bestand eine schulrechtliche Verpflichtung (wohl nur der GbR), dafür Sorge zu tragen, dass ein aus dem Unternehmen ausscheidender GbR-Gesellschafter auch seine (mittelbare) Gesellschafterstellung verliert. Im Streitjahr 2004 veräußerte die GbR die von ihr gehaltene Unternehmensbeteiligung knapp zwei Jahre nach dem Erwerb zu einem Vielfachen des „Einstiegspreises".[48]

Das FG Köln[49] stellt in den Entscheidungsgründen zunächst heraus, dass weder die Tatsache, dass die (mittelbare) Unternehmensbeteiligung im entschiedenen Fall nur ausgewählten Mitgliedern der Unternehmensleitung offenstand, noch die Vereinbarung einer „Verfallklausel" die Annahme eines zu Kapitaleinkünften führenden Sonderrechtsverhältnisses ausschließe. Hierbei handele es sich lediglich um Indizien, die im Rahmen der für die Ermittlung des Veranlassungszusammenhangs vorzunehmenden Gesamtschau aller Umstände des Einzelfalls einzubeziehen seien.

---

47 Hierzu im Einzelnen nachfolgend Abschn. VII.1.b)cc).
48 Der Wert der von der GbR gehaltenen Unternehmensbeteiligung hatte sich im Zeitraum zwischen Anschaffung und Veräußerung mehr als verfünffacht.
49 FG Köln, Urt. v. 20.5.2015 – 3 K 3253/11, DStRE 2016, 209 (Rz. 100 ff. der Entscheidungsgründe).

„Ganz erhebliche indizielle Bedeutung" habe hingegen der „Umstand, dass der Kläger seine Kapitalbeteiligung zu einem marktgerechten Preis erworben" habe und somit „wie ein fremder Dritter" am Arbeitgeberunternehmen beteiligt gewesen sei.[50] Ein Vorteil für den Kläger, so das FG Köln weiter, könne allenfalls darin zu sehen sein, dass ihm überhaupt die Möglichkeit eingeräumt wurde, sich am Arbeitgeberunternehmen zu beteiligen. Die Tatsache, dass die Beteiligung dem Kläger zum Marktpreis angeboten worden sei, schließe einen diesbezüglichen geldwerten Vorteil indes aus.

Die gegen die Entscheidung des FG Köln gerichtete Revision hatte keinen Erfolg. Der XI. Senat des BFH[51] entschied mit Urteil vom 4.10.2016, dass die vom FG durchgeführte Abwägung der Einzelfallumstände revisionsrechtlich nicht zu beanstanden sei. Auf die Tatsache, dass der Kläger seine Kapitalbeteiligung am Arbeitgeberunternehmen zu fremdüblichen Konditionen erworben hatte, ging der BFH im Rahmen seiner (eingeschränkten) Überprüfung der erstinstanzlichen Entscheidung nicht gesondert ein. Sowohl die Entscheidung des FG Köln als auch das Revisionsurteil des IX. Senats sind m.E. im Ergebnis richtig. Hinsichtlich der Begründung ist anzumerken, dass nach Ansicht des FG (und offenbar auch des BFH, der diesen Aspekt indes in seiner Revisionsentscheidung nicht weiter vertieft) der Erwerb einer Mitarbeiterbeteiligung zu Konditionen, die einem Fremdvergleich standhalten, die Annahme eines vom Arbeitsverhältnis losgelösten Sonderrechtsverhältnisses lediglich *indiziert*. Aus den eingangs genannten Erwägungen schließt ein Erwerb zu fremdüblichen Konditionen m.E. die Annahme eines im Arbeitsverhältnis begründeten bzw. hierdurch veranlassten Vorteilszuflusses aus, ohne dass es einer weiteren Abwägung der Einzelfallumstände bedarf – ein Veranlassungszusammenhang mit dem Arbeitsverhältnis ist m.E. in einem solchen Fall von vornherein ausgeschlossen.[52] Vereinbarung sog. „Verfallklauseln"

„Verfallklauseln" (in der Praxis, insbesondere im Private Equity- und Venture Capital-Bereich, auch „Leaver-Klauseln" genannt) werden häufig und in unterschiedlichen Ausprägungen im Zusammenhang mit Mitarbeiterbeteiligungsprogrammen vorgesehen bzw. vereinbart. So kann et-

---

50 FG Köln, Urt. v. 20.5.2015 – 3 K 3253/11, DStRE 2016, 209 (Rz. 117 der Entscheidungsgründe).
51 BFH, Urt. v. 4.10.2016 – IX R 43/15, DStR 2017, 247.
52 M.E. gilt dies auch, wenn nicht eine Direktbeteiligung, sondern ein auf den Erwerb einer Direktbeteiligung gerichtetes Optionsrecht zu fremdüblichen Bedingungen erworben wird, vgl. hierzu schon Abschn. VII.1.a)aa) (a.E.).

wa der vergünstigte Erwerb einer „Bonus-Aktie" oder die Ausübung eines Anteilsoptionsrechts vom Fortbestand des Dienstverhältnisses bis zum Erwerbs- bzw. Optionsausübungszeitpunkt abhängig gemacht werden.[53] Im Private Equity- und Venture Capital-Bereich sind zudem Gestaltungen üblich, bei denen das Behaltendürfen einer einmal eingeräumten Kapitalbeteiligung vom Verbleib des Mitarbeiters im Unternehmen abhängig gemacht wird und die Konditionen eines etwaigen Rückkaufs der Unternehmensbeteiligung von den Umständen des Ausscheidens abhängig gemacht werden.[54]

Derartige „Verfallklauseln" indizieren nach der Rechtsprechung des BFH einen Veranlassungszusammenhang zum Arbeitsverhältnis. Eine Sonderrechtsbeziehung, so der BFH, zeichne sich gerade dadurch aus, dass sie „unabhängig vom Arbeitsverhältnis"[55] Bestand habe.

Allein der Umstand, dass der Fortbestand einer Unternehmensbeteiligung von der fortwährenden Tätigkeit des Mitarbeiters im Unternehmen abhängig gemacht wird, bedeutet indes – entgegen der seitens der Finanzverwaltung teilweise vertretenen Auffassung – nach mittlerweile gefestigter BFH-Rechtsprechung[56] nicht, dass der Veranlassungszusammenhang zum Arbeitsverhältnis damit feststünde. Aus dem BFH-Urteil[57] vom 5.11.2013, auf das seitens der Finanzverwaltung in diesem Zusammenhang des Öfteren verwiesen wird, ergibt sich m.E. nichts Anderes.

---

53 Zum Fall der verbilligten Zuwendung einer Bonus-Aktie nach ununterbrochener und fortbestehender Beschäftigung im Unternehmen während bzw. zum Ende einer mehrjährigen Wartefrist kürzlich FG Nürnberg, Urt. v. 4.12.2014 – 6 K 1173/14, EFG 2015, 917 (Arbeitslohn); s. auch BFH, Urt. v. 23.6.2005 – VI R 10/03, BStBl. II 2004, 770 (in Bezug auf ein Wandeldarlehen, bei dem das Recht auf Wandelung des Darlehens in Unternehmensanteile mit Beendigung des Arbeitsverhältnisses entfiel); ähnlich zuvor schon BFH, Beschl. v. 30.12.2004 – VI B 67/03, BFH/NV 2005, 702 sowie BFH, Beschl. v. 6.7.2011 – VI R 35/10, BFH/NV 2011, 1683.
54 Zu einer im Private Equity-Bereich typischen Fallgestaltung etwa FG Köln, Urt. v. 20.5.2015 – 3 K 3253/11, DStRE 2016, 209, bestätigt durch BFH, Urt. v. 4.10.2016 – IX R 43/15, DStR 2017, 247.
55 Z.B. BFH, Urt. v. 21.10.2014 – VIII R 44/11, BStBl. II 2015, 593.
56 So z.B. schon BFH, Urt. v. 17.6.2009 – VI R 69/06, BStBl. II 2010, 69 (Abschn. 2.bb)(2) der Entscheidungsgründe); zuletzt BFH, Urt. v. 4.10.2016 – IX R 43/15, DStR 2017, 247.
57 BFH, Urt. v. 5.11.2013 – VIII R 20/11, BStBl. II 2014, 275 (Abschn. 2.a) der Entscheidungsgründe).

Zutreffend hat das FG Köln[58] in seiner Entscheidung vom 20.5.2015 somit herausgearbeitet, dass der Vereinbarung einer „Verfallklausel" keine stärkere Indizwirkung beizumessen sei als der Tatsache, dass Unternehmensbeteiligungen lediglich den Mitarbeitern des Unternehmens oder sogar nur einem ausgewählten Mitarbeiterkreis überlassen werden. Der IX. Senat des BFH[59] hat diese Sichtweise in seiner Revisionsentscheidung vom 4.10.2016 bestätigt.

Diese Sichtweise ist m.E. zutreffend. Wenn die wirtschaftliche Zielsetzung eines Mitarbeiterbeteiligungsprogramms darin liegt, die Unternehmensmitarbeiter am Erfolg des „eigenen" Unternehmens partizipieren zu lassen, ist die Vereinbarung einer „Verfallklausel" die konsequente Umsetzung dieses Bestrebens und schließt das Vorliegen eines Sonderrechtsverhältnisses mithin keineswegs aus.[60] Das Sonderrechtsverhältnis ist mittels der „Verfallklausel" lediglich so ausgestaltet, dass es parallel zum Arbeitsverhältnis verläuft.

cc) Einfluss auf die Geschäftsentwicklung

Vereinzelt findet sich in Entscheidungen der Finanzgerichte[61] das (auch seitens der Finanzverwaltung häufig vorgebrachte) Argument, für das Vorliegen von Arbeitslohn (und somit gegen die Annahme eines neben das Arbeitsverhältnis tretenden Sonderrechtsverhältnisses) spreche, dass für den Mitarbeiter aufgrund seiner Beteiligung am Arbeitgeberunternehmen ein Anreiz gesetzt werde, an der positiven Entwicklung des Unternehmens mitzuwirken. Der Mitarbeiter könne mittelbar, aufgrund seines persönlichen Arbeitseinsatzes und durch die ihm eingeräumte Beteiligung, „seinen Arbeitslohn aktiv gestalten"[62].

Der BFH hat diese Argumentationslinie in seinen Revisionsentscheidungen jeweils nicht weiter aufgegriffen.[63] M.E. geht das Argument, der Mitarbeiter könne über die von ihm erworbene Unternehmensbeteiligung Einfluss auf seinen Arbeitslohn nehmen, fehl. Zum einen wird hierdurch

---

58 FG Köln, Urt. v. 20.5.2015 – 3 K 3253/11, DStRE 2016, 209 (Abschn. II.b) der Entscheidungsgründe).
59 BFH, Urt. v. 4.10.2016 – IX R 43/15, DStR 2017, 247; hierzu *Rödding*, DStR 2017, 437.
60 Ebenso *Geserich* in Blümich, EStG/KStG/GewStG (Stand: Juli 2016), § 19 EStG Rz. 280 („Aktien").
61 Z.B. FG Köln, Urt. v. 21.9.2011 – 12 K 2152/09, DStRE 2012, 788.
62 FG Köln, Urt. v. 21.9.2011 – 12 K 2152/09, DStRE 2012, 788.
63 Z.B. BFH, Urt. v. 21.10.2014 – VIII R 44/11, BStBl. II 2015, 593.

ein unmittelbarer Zusammenhang zwischen individueller Arbeitsleistung einerseits und einer Steigerung des Unternehmenswerts andererseits suggeriert, der mit zunehmender Unternehmensgröße kaum noch nachvollziehbar sein dürfte. Zum anderen würde sich auch ein nicht beim Unternehmen beschäftigter Anteilsinhaber dafür einsetzen, den Erfolg des Unternehmens zu fördern, soweit ihm an der Steigerung des Werts seiner Unternehmensbeteiligung gelegen ist.

dd) Eigenbetriebliche Interessen des Arbeitgebers

Durch eigenbetriebliche Interessen des Arbeitgebers, z.B. die Finanzierung des Unternehmens (etwa durch die Ausgabe neuer, per Kapitalerhöhung geschaffener Unternehmensanteile) oder die engere Bindung von Mitarbeitern mittels Einräumung einer Unternehmensbeteiligung, entfällt der Veranlassungszusammenhang zu Einkünften aus nichtselbständiger Arbeit nach der Rechtsprechung des BFH regelmäßig nicht.[64]

Diese Wertung ist auf den ersten Blick eingängig, da der Arbeitgeber letztlich mit jeder Vorteilsgewährung (einschließlich der Zahlung des laufenden Arbeitslohns) ein eigenbetriebliches Interesse verfolgt, nämlich dass der Mitarbeiter seine Arbeitsleistung für das Unternehmen erbringt. Mit anderen Worten: Ein betriebliches Eigeninteresse ist dem Austauschverhältnis zwischen Arbeitgeberunternehmen und Mitarbeiter immanent. Es kann demnach für sich gesehen nicht dazu führen, dass von einem *neben* das Arbeitsverhältnis tretenden Sonderrechtsverhältnis auszugehen wäre, und ist demnach kein taugliches Abgrenzungskriterium.

ee) Einschaltung einer „Zwischenholding"

Wegen der weitgehenden Freistellung von Veräußerungsgewinnen nach § 8b KStG erwerben Mitarbeiter, insbesondere im Private Equity- und Venture Capital-Bereich, Anteile an „ihrem" Unternehmen häufig nicht unmittelbar selbst, sondern über zwischengeschaltete Beteiligungsgesellschaften (in Form einer Beteiligungs-GmbH). In diesem Zusammenhang hat das FG Münster[65] entschieden, dass bei einer verbilligten Anteilsüberlassung der Veranlassungszusammenhang zum Arbeitsverhältnis allein aufgrund der zwischengeschalteten Beteiligungsgesellschaft durchbrochen werden könne. Jedenfalls wenn die Beteiligungsgesellschaft –

---

64 Z.B. BFH, Urt. v. 23.6.2005 – VI R 10/03, BStBl. II 2005, 770 (Abschn. 2.b) der Entscheidungsgründe).
65 FG Münster, Urt. v. 2.10.2014 – 14 K 3691/11 E, EFG 2015, 25.

wie in dem vom FG Münster entschiedenen Fall – bereits Inhaberin einer Beteiligung am Arbeitgeberunternehmen sei, könne der Veranlassungszusammenhang zum Arbeitsverhältnis entfallen, zumal etwaige Wertsteigerungen bei der Beteiligungsgesellschaft „steuerverhaftet" seien.

Die Entscheidung des FG Münster, auch wenn sie aus Sicht des Steuerpflichtigen begrüßenswert erscheinen und Gestaltungsspielräume eröffnen mag, ist m.e. nicht verallgemeinerungsfähig. M.E. können sich aus der vergünstigten Einräumung einer Unternehmensbeteiligung an eine Beteiligungsgesellschaft des Mitarbeiters, selbst wenn diese bereits eine Beteiligung am Arbeitgeberunternehmen hält, keine anderen Steuerfolgen ergeben als bei der Überlassung eines verbilligten Anteils an den Mitarbeiter selbst. Wenn es für die verbilligte Anteilsüberlassung keine andere Veranlassung gibt als das Arbeitsverhältnis, kann die Zwischenschaltung einer Beteiligungsgesellschaft allein nicht dazu führen, dass die Annahme eines Sachbezugs außer Frage steht. Vielmehr wird man bei einer verbilligten Anteilsüberlassung an eine zwischengeschaltete Beteiligungsgesellschaft von einem Sachbezug sowie zugleich von einer verdeckten Einlage in die Beteiligungsgesellschaft, die aber ohne Steuerfolgen bleibt, auszugehen haben.

Diese Ansicht hat auch der BFH[66] in seiner am 1.9.2016 ergangenen Revisionsentscheidung vertreten und den Fall u.a. zwecks weiterer Sachaufklärung an das FG zurückverwiesen. Auch der BFH geht wohl davon aus, dass im Falle eines Veranlassungszusammenhangs mit dem Dienstverhältnis von einem unmittelbaren Lohnzufluss beim Mitarbeiter (und damit denklogisch zugleich von einer steuerneutralen verdeckten Einlage bei der zwischengeschalteten Beteiligungsgesellschaft) auszugehen sei.[67]

c) **Relevanter Zuflusszeitpunkt (§§ 11 Abs. 1 Satz 1, 38 Abs. 1 Satz 3 EStG)**

aa) **Allgemeine Zuflussgrundsätze**

Da es bei den Vorteilen aus der Überlassung einer Mitarbeiterbeteiligung – soweit sie den Einkünften aus nichtselbständiger Arbeit zuzurechnen sind – regelmäßig nicht um laufenden Arbeitslohn handelt, ergibt sich der für die Ermittlung des Besteuerungszeitpunkts maßgebliche Zufluss nach §§ 11 Abs. 1 Satz 1, 38 Abs. 1 Satz 3 EStG. Sonstige Bezüge werden

---

66 BFH, Urt. v. 1.9.2016 – VI R 67/14, DStR 2016, 2638.
67 Vgl. Rz. 42 der Entscheidungsgründe.

danach in dem Kalenderjahr bezogen, in dem sie dem Arbeitnehmer zufließen.

Von einem Zufluss i.S.v. § 11 Abs. 1 EStG ist allgemein dann auszugehen, wenn der Empfänger die wirtschaftliche Verfügungsmacht über den relevanten Zuflussgegenstand erlangt hat.[68]

Ist der Zuflussgegenstand eine Unternehmensbeteiligung (in Form von Geschäftsanteilen oder Aktien), ist von einem Übergang der wirtschaftlichen Verfügungsmacht auf den Mitarbeiter regelmäßig in dem Zeitpunkt auszugehen, in dem das wirtschaftliche Eigentum (§ 39 AO) an der Unternehmensbeteiligung auf den Mitarbeiter übergeht. Bei Aktien soll es nach der Rechtsprechung des BFH[69] auf deren Einbuchung in das Depot des Mitarbeiters ankommen. Erhält der Mitarbeiter GmbH-Geschäftsanteile oder Aktien, die durch Kapitalerhöhung geschaffen werden, erfolgt der Zufluss mit Eintragung der Kapitalerhöhung im Handelsregister, da der Mitarbeiter in diesem Zeitpunkt rechtlicher und wirtschaftlicher Eigentümer der neu geschaffenen GmbH-Geschäftsanteile bzw. Aktien wird.[70]

bb) Auswirkung von Verfügungsbeschränkungen

Unterliegt der Mitarbeiter mit den auf ihn übertragenen Unternehmensanteilen schuldrechtlichen Verfügungsbeschränkungen (z.B. einer Halte- oder Sperrfrist), hindert dies den Zufluss eines geldwerten Vorteils (in Form der vergünstigten Anteilsüberlassung) grundsätzlich nicht.[71] Auch dingliche Verfügungsbeschränkungen, also z.B. die im GmbH-Recht bei personalistisch geprägten Gesellschaften weit verbreitete und auch im Aktienrecht bei Ausgabe von Namensaktien zulässige (§ 68 AktG) Anteilsvinkulierung, führen nicht dazu, dass der Zuflusszeitpunkt hinausgeschoben würde.[72] Dem liegt die Erwägung zugrunde, dass sich die für den Zufluss maßgebliche wirtschaftliche Verfügungsmacht des Mitarbeiters nicht darin erschöpft, über den Zuflussgegenstand zu verfügen.

---

68 *Kister* in Herrmann/Heuer/Raupach, EStG/KStG, 21. Aufl. 2006 (277. Lfg.), § 11 EStG Rz. 18, 33.
69 Z.B. BFH, Urt. v. 30.9.2008 – VI R 67/05, BStBl. II 2009, 282.
70 BFH, Urt. v. 30.9.2008 – VI R 67/05, BStBl. II 2009, 282; BFH, Urt. v. 29.7.2010 – VI R 30/07, BStBl. II 2011, 68.
71 Grundlegend schon BFH, Urt. v. 16.11.1984 – VI R 39/80, BStBl. II 1985, 136 (zu Belegschaftsaktien in Form von vinkulierten Namensaktien); BFH, Urt. v. 30.9.2008 – VI R 67/05, BStBl. II 2009, 282.
72 *Geserich*, DStR-Beihefter 23/2014, 53, 55.

Auch bei „verfügungsgesperrten" Anteilen steht dem Anteilsinhaber das Recht zu, Gewinnausschüttungen bzw. Dividenden zu beziehen und alle weiteren, mit den Anteilen verbundenen Mitgliedschaftsrechte (z.b. das Stimmrecht) auszuüben.[73]

Hieran hatten sich zwischenzeitlich Zweifel ergeben, weil der BFH[74] in einer Entscheidung vom 30.6.2011 zu sog. „restricted shares" nach dem Recht eines (in den Entscheidungsgründen nicht näher benannten) US-Bundesstaates geurteilt hatte, dass die Einräumung solcher „restricted shares" möglicherweise noch keinen Lohnzufluss bewirke. Die Entscheidung ist m.E. aber so zu verstehen, dass der BFH dem FG, an das es die Rechtssache zurückverwies, die Prüfung der Frage aufgeben wollte, ob bei „restricted shares" überhaupt von einem Übergang von Anteilen auszugehen ist oder ob „restricted shares" lediglich eine Anteilsanwartschaft darstellen (ohne dass wirtschaftliches Eigentum an Unternehmensanteilen überginge). Nach Ansicht des VI. Senats des BFH hatte das FG also wohl noch nicht mit hinreichender Klarheit herausgearbeitet, ob der Kläger überhaupt Unternehmensanteile erhalten hatte. Davon ist bei „restricted shares" jedoch auszugehen, was das FG im zweiten Rechtszug dann so auch (rechtskräftig) feststellte und – folgerichtig – einen Lohnzufluss bejahte.[75]

cc) Auswirkung von „Verfallklauseln"

Auch die Vereinbarung einer „Verfallklausel", wonach der Mitarbeiter die von ihm erworbene Unternehmensbeteiligung zurückübertragen muss, wenn das Arbeitsverhältnis innerhalb eines bestimmten Zeitraums beendet wird, führt nicht dazu, dass der Zuflusszeitpunkt hinausgezögert würde.

Mit Erhalt der (verfallbaren) Unternehmensanteile geht die wirtschaftliche Verfügungsmacht auf den Mitarbeiter über.[76] Kommt die „Verfallklausel" nachgelagert zur Anwendung und überträgt der Mitarbeiter die ihm übertragenen Unternehmensanteile zurück, stellt dies nach der

---

73 BFH, Urt. v. 30.9.2008 – VI R 67/05, BStBl. II 2009, 282.
74 BFH, Urt. v. 30.6.2011 – VI R 37/09, BStBl. II 2011, 923.
75 Im Ergebnis gl. Ansicht (Anteilsvinkulierung verhindert Lohnzufluss nur solange, wie Zustimmung zum Erwerb *durch den Mitarbeiter* noch nicht vorliegt): *Heuerung/Hilbert/Engel*, DStR 2011, 2436, 2438; zu weitgehend daher das – insoweit nicht mehr aktuelle – BMF, Schr. v. 12.11.2014 – IV B 2-S 1300/08/10027, FMNR53b000014, BStBl. I 2014, 1467 (Rz. 214).
76 BFH, Urt. v. 30.9.2008 – VI R 67/07, BStBl. II 2009, 282.

Rechtsprechung des BFH[77] kein rückwirkendes Ereignis i.S.v. § 175 Abs. 1 Satz 1 Nr. 2 AO dar. Vielmehr ist im Kalenderjahr der Rückübertragung von negativen Einnahmen des Mitarbeiters auszugehen, und zwar in Höhe des Werts der rückübertragenen Anteile, wie er der ursprünglichen Zuflussbesteuerung zugrunde gelegt worden war.[78]

dd) Kein Zufluss bei Anteiloptionsgewährung

Die Einräumung einer Anteilsoption führt, wie eingangs ausgeführt, regelmäßig nicht zu einem Zufluss von Arbeitslohn. Allerdings ergibt sich dies bereits aus der – vorgelagert zu beantwortenden – Frage nach dem Anknüpfungspunkt für die Lohnbesteuerung.

Eine Anteilsoption kann durchaus einen Wert haben (z.B. wenn der Optionsausübungspreis unterhalb des Verkehrswerts der Anteile liegt, auf die sich das Optionsrecht bezieht). Dieser Wert geht bereits mit Einräumung des Optionsrechts, also mit Abschluss des schuldrechtlichen Optionsvertrags, auf den Arbeitnehmer über und eine Verfügung hierüber kann ebenfalls möglich sein.

Dass es dennoch, selbst bei einer handelbaren Anteilsoption, nach mittlerweile gefestigter Rechtsprechung des BFH bei Einräumung der Option noch nicht zur Besteuerung kommt, liegt m.E. daran, dass das maßgebliche Bezugsobjekt für die Besteuerung nicht die Option selbst ist, sondern die durch das Optionsrecht in Aussicht gestellte, vergünstigte Anteilsverschaffung.[79]

d) Höhe der Einnahmen (§ 8 Abs. 2 EStG)

Die Höhe der Einnahmen bemisst sich im Rahmen der Einkünfte aus nichtselbständiger Arbeit grundsätzlich nach § 8 EStG. Nicht in Geld bestehende Sachbezüge (also an sich auch eine zu vergünstigten Konditionen eingeräumte Unternehmensbeteiligung) sind nach § 8 Abs. 2 Satz 1 EStG mit den um die üblichen Preisnachlässe geminderten Endpreisen am Abgabeort anzusetzen.

Die Tatbestandsmerkmale des § 8 Abs. 2 Satz 1 EStG sind in Bezug auf Unternehmensbeteiligungen, die einem Mitarbeiter eingeräumt werden, augenscheinlich unpassend, denn weder werden in diesem Zusammen-

---

[77] BFH, Urt. v. 30.9.2008 – VI R 67/07, BStBl. II 2009, 282.
[78] Hierzu nachfolgend in Abschn. VII.4.
[79] Hier bereits ausführlich in Abschn. VII.1.a)aa).

hang üblicherweise Preisnachlässe (am Markt) gewährt, noch existieren für Unternehmensanteile Endpreise, deren Höhe von einem bestimmten Abgabeort abhängig wären. Richtigerweise ist daher, losgelöst vom Wortlaut des § 8 Abs. 2 Satz 1 EStG, auf den Verkehrswert der Beteiligung abzustellen, der nach allgemeinen Grundsätzen gem. § 11 BewG zu ermitteln ist.[80] Aus der Differenz zwischen dem so abgeleiteten Verkehrswert der Unternehmensbeteiligung und dem vom Arbeitnehmer gezahlten Kauf- oder Optionsausübungspreis ergibt sich die Höhe der dem Mitarbeiter zufließenden Einnahmen.

Dabei ist im Grundsatz davon auszugehen, dass der Zeitpunkt des Zuflusses eines geldwerten Vorteils gem. § 11 Abs. 1 EStG auch der für die Ermittlung der Einnahmenhöhe maßgebende Stichtag ist. Dies gilt jedoch, wie der VI. Senat des BFH[81] mit Urteil vom 7.5.2014 entschied, im Zusammenhang mit der Einräumung einer Unternehmensbeteiligung nicht uneingeschränkt.

Der BFH hatte über den Fall zu entscheiden, dass der Ehefrau des Klägers, der als Vorstand einer Aktiengesellschaft tätig war, im August 1997 Unternehmensaktien zu einem Preis versprochen wurden, der in diesem Zeitpunkt (so der Vortrag des Klägers) dem Verkehrswert der Aktien entsprach.[82] Übertragen wurden die Aktien wenige Wochen später, im September 1997. Der Tag des Zuflusses (im September 1997) war dem schulrechtlichen Verpflichtungsgeschäft, das dem Aktienerwerb zugrunde lag und das nach dem Klägervortrag im August 1997 abgeschlossen wurde, also um einige Wochen nachgelagert. Zu dem Zeitpunkt, in dem die Ehefrau des Klägers die Aktien übernahm und die wirtschaftliche Verfügungsmacht hierüber erlangte, war das Unternehmen börsennotiert, und der nach § 11 Abs. 1 BewG für Bewertungszwecke heranzuziehende Börsenkurs lag über dem zuvor vereinbarten Erwerbspreis.

Der BFH entschied, dass die Höhe des Sachbezugs in Form einer Unternehmensbeteiligung „anhand der Wertverhältnisse bei Abschluss des für

---

80 *Geserich*, DStR-Beihefter 23/2014, 53, 56.
81 BFH, Urt. v. 7.5.2014 – VI R 73/12, BStBl. II 2014, 904.
82 Streitentscheidend war mithin auch die Frage, ob die vergünstigte Übertragung von Unternehmensanteilen *an einen Dritten*, hier die Ehefrau des Klägers, zu einem Sachbezug führen kann. Der BFH bejahte dies in seiner Entscheidung grundsätzlich für den Fall, dass ein entsprechender Veranlassungszusammenhang nachgewiesen werden kann (s. insb. Abschn. 1.b) und 1.c) der Entscheidungsgründe).

beide Seiten verbindlichen Veräußerungsgeschäfts" zu bestimmen sei.[83] Unmaßgeblich sei in diesem Zusammenhang der (spätere) Zuflusszeitpunkt. Soweit es zwischen dem schuldrechtlichen Verpflichtungs- und dem dinglichen Verfügungsgeschäft zu Veränderungen des Anteilswerts komme, sei dies „nicht mehr durch den Arbeitgeber vermittelt" (gemeint ist wohl: nicht mehr durch das Arbeitsverhältnis veranlasst).[84]

Die Entscheidung des VI. Senats des BFH vom 7.5.2014 ist auf den ersten Blick eingängig, insbesondere weil sie im entschiedenen Einzelfall zu einem Ergebnis führt, das sachgerecht erscheint.[85] Weshalb sollte der Kläger einen steuerlichen Nachteil (Lohnversteuerung eines höheren Sachbezugs) daraus erleiden, dass die dingliche Übertragung der seiner Ehefrau versprochenen Unternehmensaktien einige Zeit in Anspruch nahm, in der sich der Unternehmenswert positiv entwickelte?

Andererseits stellt sich die Frage, wie sich die Überlegungen des VI. Senats mit der gefestigten Rechtsprechung des BFH zur Besteuerung von Anteilsoptionen vereinbaren lassen. Denn hier wird – bisher – davon ausgegangen, dass sich die Höhe des Lohnzuflusses nach dem Differenzbetrag aus dem Verkehrswert der Anteile bei Verschaffung der Verfügungsmacht an den optionsgegenständlichen Unternehmensanteilen (Zuflusszeitpunkt) und dem Optionsausübungspreis ergibt.

Das scheint hingegen nicht recht mit der Entscheidung der BFH vom 7.5.2014 zusammenzugehen, denn das schuldrechtliche Verpflichtungsgeschäft, also das verbindliche Versprechen, dem Optionsberechtigten Unternehmensanteile zu einem bestimmten Erwerbspreis zu verschaffen, kommt bereits im Zeitpunkt der *Einräumung* des Optionsrechts (Abschluss des Optionsvertrags) zustande. Folgerichtig müsste es also auf die Wertverhältnisse in *diesem* Zeitpunkt, nicht auf den Zeitpunkt des dinglichen Erfüllungsgeschäfts (Verschaffung der wirtschaftlichen Verfügungsmacht über die optionsgegenständlichen Unternehmensanteile) ankommen.

---

83 BFH, Urt. v. 7.5.2014 – VI R 73/12, BStBl. II 2014, 904 (Abschn. 2.c) der Entscheidungsgründe).
84 BFH, Urt. v. 7.5.2014 – VI R 73/12, BStBl. II 2014, 904 (Abschn. 2.a) der Entscheidungsgründe).
85 Ähnlich im Hinblick auf Veräußerungsgewinne nach § 17 EStG nun auch BFH, Urt. v. 13.10.2015 – IX R 43/14, DB 2016, 88.

Beispiel:

In Jahr 1 wird dem Mitarbeiter eine Option auf den Erwerb einer Unternehmensaktie zu einem Erwerbspreis (Optionsausübungspreis) von 100 Euro eingeräumt. Im Zeitpunkt des Abschlusses des Optionsvertrags beträgt der Verkehrswert der Aktie 200 Euro. Im Jahr 2 übt der Mitarbeiter die Option aus. Am Tag der Optionsausübung beträgt der Verkehrswert der Aktie 400 Euro. An dem Tag, an dem die Aktie schließlich in das Depot des Mitarbeiters eingebucht wird (Übergang des wirtschaftlichen Eigentums), beträgt der Verkehrswert der Aktie 600 Euro.

Überträgt man die Grundsätze des BFH-Urteils vom 7.5.2014 auf diesen Beispielsfall, müsste der Mitarbeiter in Jahr 2 (Jahr des Zuflusses infolge des Erwerbs der wirtschaftlichen Verfügungsmacht über die Unternehmensaktie) einen geldwerten Vorteil i.H.v. 100 Euro (Differenz zwischen Verkehrswert der optionsgegenständlichen Aktie im Zeitpunkt des schuldrechtlichen Verpflichtungsgeschäfts und dem Optionsausübungspreis) versteuern. Die weitere Wertentwicklung (400 Euro) wäre hingegen nicht mehr als durch das Arbeitsverhältnis veranlasst anzusehen und folglich dem Bereich der Kapitaleinkünfte zuzuordnen.

In jedem Fall aber dürfte die Besteuerung der Einkünfte aus nichtselbständiger Arbeit nicht über den Verkehrswert am Tag der Optionsrechtsausübung hinausgehen, denn die danach stattfindende Wertentwicklung (im Beispielsfall weitere 200 Euro) findet in jedem Fall, im Sinne der BFH-Entscheidung vom 7.5.2014, außerhalb des Veranlassungszusammenhangs zum Arbeitsverhältnis des Mitarbeiters statt.

Eine vollständige Abkehr von der bisherigen Rechtsprechung zur Besteuerung von Aktienoptionen wollte der VI. Senat vermutlich nicht vollziehen.[86] M.E. ist eine Differenzierung zwischen dem vom VI. Senat entschiedenen Einzelfall und den bisherigen Rechtsprechungsgrundsätzen zur Anteilsoptionsbesteuerung indes äußerst diffizil, denn dass allein der Abschluss des Optionsvertrags das dem späteren Aktienerwerb (d.h. der dinglichen Erfüllungshandlung) zugrunde liegende Verpflichtungsgeschäft ist, lässt sich kaum bezweifeln. Insofern kann es auf die *Ausübung* des Optionsrechts für Bewertungszwecke m.E. nicht mehr ankommen.[87] Die Ausübung des Optionsrechts ist lediglich eine das dingliche Erfüllungsgeschäft auslösende Rechtshandlung, die aber ähnlich wie die Erfüllung einer aufschiebenden Bedingung wirkt und nichts an der Tatsache ändert, dass der Verpflichtungsgrund für die nachfolgende Verschaffung der Unternehmensanteile bereits mit *Abschluss des Optionsvertrags* geschaffen wurde.

---

86 *Geserich*, HFR 2014, 692.
87 So *Geserich*, HFR 2014, 692.

Jedenfalls wird man aber im Hinblick auf die lohnsteuerliche Behandlung von Anteilsoptionen festhalten können, dass für die Ermittlung der Höhe des jeweiligen Lohnzuflusses – in Abkehr von der bisherigen Rechtsprechung des BFH und der FG und auch entgegen der derzeitigen Auffassung der Finanzverwaltung – künftig in jedem Fall auf den (früheren) Zeitpunkt der Options*ausübung* abzustellen sein wird.[88]

Daraus ergeben sich für die Beratungspraxis Gestaltungsspielräume. Für einen Arbeitnehmer kann es z.b. ratsam sein, Anteilsoptionen bei erwarteter Wertsteigerung unmittelbar nach Abschluss des Optionsvertrags auszuüben (kein Zufluss), das dingliche Erfüllungsgeschäft dann aber möglichst lange hinauszuzögern, um die optionsgegenständlichen Unternehmensanteile dann zu einem möglichst „hohen Kurs" (und damit ohne das wirtschaftliche Risiko, den Optionsausübungspreis sowie etwaige Lohnsteuer aufbringen zu müssen, ohne über entsprechende Liquidität zu verfügen) zu erwerben. Freilich ist auch zu sehen, dass etwaige Wertverluste, die nach einem früher ansetzenden Wertermittlungszeitpunkt eintreten, dann ebenfalls außerhalb des steuerlich relevanten Bereichs zu verorten sind bzw. nach Maßgabe von §§ 3c Abs. 2, 20 Abs. 6 EStG nur eingeschränkt steuerlich nutzbar gemacht werden können.

2. Laufende Einnahmen (Besteuerung in der „Haltephase")

Soweit es im Rahmen der zuvor beschriebenen „Anfangsbesteuerung" zu einem Zufluss von Arbeitslohn bei Einräumung der Unternehmensbeteiligung gekommen ist, ist der Mitarbeiter aufgrund der zuvor dargestellten Zuflusskriterien regelmäßig als wirtschaftlich Verfügungsberechtigter und damit regelmäßig auch als wirtschaftlicher Eigentümer der ihm überlassenen Unternehmensanteile gem. § 39 AO anzusehen. Ergeben sich aus der Mitarbeiterbeteiligung sodann laufende Einkünfte (z.B. laufende Gewinnausschüttungen auf Unternehmensanteile), erzielt der Mitarbeiter damit Einkünfte aus Kapitalvermögen.

Für laufende Einnahmen, die aus Unternehmensanteilen i.S.v. § 20 Abs. 1 Nr. 1 EStG (insbesondere Aktien und Geschäftsanteile an Gesellschaften mit beschränkter Haftung) resultieren, folgt dies zwingend aus § 20 Abs. 5 Satz 1 und 2 EStG, wonach Kapitalerträge vom wirtschaftlichen Eigentümer erzielt werden. Für andere Formen der Mitarbeiterbeteiligung und daraus resultierende laufende Einnahmen (z.B. Ausschüt-

---

[88] Ähnlich wohl *Portner*, BB 2014, 2523, 2526; *Geserich* in Blümich, EStG/KStG/GewStG (Stand: Juli 2016), § 19 EStG Rz. 280 („Ankaufsrecht (Option)").

tungen auf Genussrechte oder stille Beteiligungen gem. § 20 Abs. 1 Nr. 4 oder (je nach zivilrechtlicher Ausgestaltung) Nr. 7 EStG, Zinsen aus Darlehen gem. § 20 Abs. 1 Nr. 7 EStG) kann m.E. nichts Anderes gelten. Auch wenn sich § 20 Abs. 5 Satz 2 EStG dem Gesetzeswortlaut nach ausschließlich auf Ausschüttungen und Bezüge gem. § 20 Abs. 1 Nr. 1 und 2 EStG bezieht, entspricht es doch einhelliger Auffassung, dass der Rechtsgedanke des § 20 Abs. 5 Satz 2 EStG auch auf die dort nicht ausdrücklich aufgeführten Einkünfte gem. § 20 Abs. 1 Nr. 4 ff. EStG anzuwenden ist.[89] Laufende Einnahmen sind somit auch bei schuldrechtlichen Beteiligungsformen (z.B. stillen Beteiligungen, Genussrechten und Darlehen) in entsprechender Anwendung des § 20 Abs. 5 Satz 2 EStG dem Mitarbeiter als dem wirtschaftlich Berechtigten zuzurechnen.

Hieraus ließe sich an sich die Schlussfolgerung ziehen, dass, sobald es zu einem Übergang des wirtschaftlichen Eigentums bzw. der Einräumung der wirtschaftlichen Berechtigung zugunsten des Mitarbeiters gekommen ist (ggf. einhergehend mit einer „Anfangsbesteuerung"), der Veranlassungszusammenhang zum Arbeitsverhältnis dauerhaft durchbrochen ist und der Mitarbeiter sodann ausschließlich Einnahmen aus Kapitalvermögen erzielt. Hierfür spricht, dass mit der einmal eingeräumten Mitarbeiterbeteiligung ein „Stammrecht" (z.B. in Form eines gesellschaftsrechtlichen Mitgliedschaftsrechts, das durch eine Aktie oder einen Geschäftsanteil an einer Gesellschaft mit beschränkter Haftung vermittelt wird) vorhanden ist, aus dem die laufenden Einkünfte resultieren bzw. durch das sie veranlasst sind.

Auch wenn diese Sichtweise dogmatisch zutreffend sein mag, gilt sie nach der Rechtsprechung des BFH und der FG nicht uneingeschränkt. Laufende Einnahmen aus einer Mitarbeiterbeteiligung können danach auch unabhängig davon, dass sie aus einem „Stammrecht" gem. § 20 Abs. 1 EStG resultieren, den Einkünften aus nichtselbständiger Arbeit gem. §§ 2 Abs. 1 Satz 1 Nr. 4, 19 EStG zuzurechnen sein.

In einem vom FG Köln[90] entschiedenen Fall etwa hatte der Kläger ein nicht verbrieftes Genussrecht gezeichnet, das von seinem Arbeitgeber ausgegeben worden war. Die Genussrechtsbedingungen sahen eine Beteiligung des Genussrechtsinhabers an etwaigen Verlusten des Arbeitgeberunternehmens vor. Die Genussrechte sollten im Gegenzug „an-

---

[89] So etwa *Buge* in Herrmann/Heuer/Raupach, EStG/KStG, 21. Aufl. 2006 (262. Lfg.), § 20 EStG Rz. 603.
[90] FG Köln, Urt. v. 21.9.2011 – 12 K 2152/09, DStRE 2912, 788.

gemessen" verzinst werden. Die Entscheidung über die konkrete Verzinsung war einem „Partnerausschuss" vorbehalten, der sich aus einem Vertreter der Genussrechtsinhaber (Arbeitnehmer), einem Gesellschafter des Unternehmens und einem Vertreter der Unternehmensleitung zusammensetzte.

Die im Streitjahr 2003 durch den Kläger erzielte Kapitalrendite betrug 13 % und steigerte sich nach den Feststellungen des Finanzamts bis auf 21 % im Jahr 2005. Das FG entschied, dass die dem Kläger zugeflossenen Zinseinnahmen dessen Einkünften aus nichtselbständiger Arbeit zuzurechnen und mithin als Lohn zu qualifizieren seien. Auf eine „angemessene" – d.h. im Vorhinein nicht bestimmte – Verzinsung hätte sich, so das FG Köln, ein fremder Dritter nicht eingelassen. Dass sich hieraus tatsächlich eine „weit über den Renditemöglichkeiten am Kapitalmarkt" liegende Verzinsung zugunsten Klägers ergeben habe, spreche zusätzlich für die Annahme von Arbeitslohn. Der BFH[91] hat die Sichtweise des FG in seiner Revisionsentscheidung vom 21.10.2014 bestätigt.

Diese zu einem Mitarbeitergenussrecht ergangene Entscheidung lässt sich m.E. auch auf andere Formen der Mitarbeiterbeteiligung, insbesondere auch auf Eigenkapitalbeteiligungen, übertragen. Auch die hieraus resultierenden, laufenden Einnahmen können somit – auch wenn sie ihren Ursprung in einem in § 20 Abs. 1 EStG genannten „Stammrecht" haben – zu Arbeitslohn umzuqualifizieren sein, wenn sie zu einer insgesamt unangemessenen Verzinsung führen. Zweifelhaft ist es m.E. aber, in diesem Zusammenhang allein auf einen Fremdvergleich hinsichtlich der finanziellen Rahmenbedingungen abzustellen und auf diese Weise eine – vermeintlich – angemessene Verzinsung zu ermitteln. Gerade der durch das FG Köln entschiedene Fall zeigt, dass dies zu durchaus diskutablen Ergebnissen führen kann, denn die Verzinsung eines Genussrechts mit voller Verlustteilnahme i.H.v. 13 % (so im Streitjahr der Entscheidung) kann erfahrungsgemäß durchaus marktgerecht sein.

Insofern ist es m.E. richtig, dass sowohl das FG als auch, im Rahmen der Revisionsentscheidung, der BFH die Tatsache in den Vordergrund gestellt haben, dass die vertraglich vereinbarte Verzinsung der Genussrechte vollkommen unbestimmt und letztlich der Ermessensentscheidung eines für die Festlegung der Verzinsungshöhe vorgesehenen Gremiums unterworfen war. Es müssen demnach derlei Umstände hinzutreten, damit die aus einem „Stammrecht" gem. § 20 Abs. 1 EStG resultierenden, laufenden

---
91 BFH, Urt. v. 21.10.2014 – VIII R 44/11, BStBl. II 2015, 593.

Einnahmen in solche aus nichtselbständiger Arbeit umqualifiziert werden. Die (vermeintlich) unangemessene Verzinsungshöhe allein kann hingegen (abgesehen vielleicht von Evidenzfällen) nicht ausschlaggebend sein.[92]

3. Besteuerung im Realisationszeitpunkt („Endbesteuerung")

Realisiert der Mitarbeiter seine Beteiligung, indem er sie veräußert, erzielt er hierdurch im Grundsatz Einkünfte aus Kapitalvermögen gem. §§ 2 Abs. 1 Satz 1 Nr. 5, 20 Abs. 2 EStG bzw. – soweit der begünstigte Mitarbeiter i.S.v. § 17 Abs. 1 EStG am Arbeitgeberunternehmen wesentlich beteiligt ist oder innerhalb des maßgeblichen Fünfjahreszeitraums wesentlich beteiligt war – aus Gewerbebetrieb gem. §§ 2 Abs. 1 Satz 1 Nr. 2, 17 EStG. Bei einer vor dem 1.1.2009 angeschafften Beteiligung können sonstige, nach Ablauf der ehemals geltenden, einjährigen Spekulationsfrist sogar steuerfreie Einkünfte gem. §§ 2 Abs. 1 Satz 1 Nr. 7, 22 Nr. 2, 23 Abs. 1 Satz 1 Nr. 2 EStG a.F. gegeben sein.

Von Kapitaleinkünften (im weitesten Sinne) ist im Grundsatz deshalb auszugehen, weil der Mitarbeiter, wie zuvor dargestellt, mit dem Erwerb des wirtschaftlichen Eigentums an der Beteiligung (und damit, bei vergünstigter Anteilsüberlassung, mit dem Zufluss eines geldwerten Vorteils und damit einhergehender „Anfangsbesteuerung") ein „Stammrecht" erlangt, das den Veranlassungszusammenhang zwischen weiteren, aus der Kapitalbeteiligung resultierenden Zuflüssen einerseits und dem Arbeitsverhältnis des Mitarbeiters andererseits „durchtrennt". Es besteht nun, in der Diktion des BFH, ein Sonderrechtsverhältnis, das neben das Arbeitsverhältnis des Mitarbeiters tritt und auf das alle aus der Kapitalbeteiligung (d.h. aus dem dem Mitarbeiter zustehenden „Stammrecht") resultierenden Einnahmenzuflüsse zurückzuführen sind.

Das bedeutet hingegen nicht, dass sämtliche Einnahmen, die dem Mitarbeiter im „weiteren Kontext" der Kapitalbeteiligung zufließen, ohne

---

[92] A.A. nun aber offenbar FG Köln, Urt. v. 20.5.2015 – 3 K 3253/11, DStRE 2016, 209 (Abschn. II.1.d) der Entscheidungsgründe): *„Für den Senat ergibt sich insoweit vielmehr der Rechtsgrundsatz, dass ein ausschlaggebender Veranlassungszusammenhang mit dem Arbeitsverhältnis nur dann bestehen kann, wenn der Arbeitnehmer, dem eine Kapitalbeteiligung [...] eingeräumt worden ist, einen Vorteil erhält, den ein fremder Dritter [...] nicht erhalten hätte. Ein solcher Vorteil kann entweder bei einem verbilligten Bezug der Kapitalbeteiligung entstehen oder bei einer nicht marktüblichen, erhöhten Verzinsung oder Rendite aus dieser Kapitalbeteiligung [...]."*

jegliche Einschränkung stets auch den Einkünften aus Kapitalvermögen zuzurechnen wären. Nach der Rechtsprechung des BFH und der FG können Veräußerungserlöse, die zwar im Zusammenhang mit der Veräußerung einer Kapitalbeteiligung, nicht aber „für" die Kapitalbeteiligung erzielt werden, durchaus den Einkünften aus nichtselbständiger Arbeit zuzurechnen sein, wenn es einen entsprechenden Veranlassungszusammenhang mit dem Arbeitsverhältnis des begünstigten Mitarbeiters gibt.

So hat der BFH[93] die auf ein Mitarbeitergenussrecht geleistete „Schlusszahlung" (zur Ablösung des Genussrechts) als Einkünfte aus nichtselbständiger Arbeit qualifiziert, da sie – so der BFH – nicht durch das „Stammrecht" (Genussrecht), sondern durch das Arbeitsverhältnis veranlasst waren.

In dem entschiedenen Fall hatte der als Geschäftsführer einer GmbH tätige Kläger im Dezember 2000 ein von der Gesellschaft begebenes Genussrecht im Nennbetrag von 20 000 DM erworben, und zwar zu (im Erwerbszeitpunkt) fremdüblichen Bedingungen. Neben einer laufenden Verzinsung (i.H.v. 10 % p.a.) stand dem Kläger bei Beendigung des Genussrechtsvertrags ein Rückzahlungsguthaben zu, das die zwischenzeitliche Wertsteigerung des Unternehmens abbilden sollte. Im Dezember 2002 vereinbarten der Kläger und die Gesellschaft eine Änderung des Genussrechtsvertrags. Dem Kläger sollte nunmehr ein festes Abfindungsguthaben (i.H.v. 1,6 Mio. Euro) zustehen, das bei Beendigung des Arbeitsverhältnisses des Klägers (die für Januar 2014 avisiert war) fällig werden sollte. Für den Fall, dass das Arbeitsverhältnis vor diesem Zeitpunkt aus einem vom Kläger verschuldeten Grund gekündigt würde, vereinbarten die Parteien, dass der Kläger auf den Nennbetrag der Genussrechte „zurückfallen" sollte. Dem Kläger floss der vereinbarte Höchstbetrag (1,6 Mio. Euro) im Streitjahr 2004 zu. Nach der ursprünglichen Vereinbarung (Abfindungsguthaben in Abhängigkeit von der Entwicklung des Unternehmenswerts) hätte dem Kläger ein Schlussguthaben i.H.v. rd. 1,1 Mio. Euro zugestanden.

Das für die Besteuerung des Klägers zuständige Finanzamt qualifizierte den über das ursprünglich vereinbarte Abfindungsguthaben hinausgehenden Betrag (also einen Betrag i.H.v. rd. 0,5 Mio. Euro) als Einkünfte aus nichtselbständiger Arbeit. Dem schloss sich das FG München[94] an, ließ die Frage der Zuordnung der Einkünfte zu einer oder mehreren Ein-

---
93 BFH, Urt. v. 5.11.2013 – VIII R 20/11, BStBl. II 2014, 275.
94 FG München, Urt. v. 29.3.2011 – 12 K 3991/09, DStRE 2011, 1522.

kunftsarten aber letztlich, da es insoweit aus Sicht des FG an der Entscheidungserheblichkeit mangelte, offen.

Auch der BFH entschied, dass die an den Kläger geleistete Abfindungszahlung, obwohl sie auf das vom Kläger gezeichnete Genussrecht (als „Stammrecht") zurückzuführen war, den Einkünften aus nichtselbständiger Tätigkeit zuzurechnen sei. Aufgrund der Eigenarten des Sachverhalts,[95] insbesondere aufgrund der Tatsache, dass der Kläger den vereinbarten Rückkaufswert nur durch Veräußerung an den Arbeitgeber realisieren konnte und die Höhe des Abfindungsguthabens von dem Bestand des Arbeitsverhältnisses und den einer etwaigen Beendigung zugrunde liegenden Umständen abhängig gemacht wurde, sah der BFH die an den Kläger geleistete Abschlusszahlung als überwiegend durch das Arbeitsverhältnis des Klägers veranlasst an.[96]

Ähnlich entschied das FG Münster[97] mit Urteil vom 12.12.2014 in Bezug auf einen „Exit-Bonus", der leitenden Angestellten, die am Unternehmen beteiligt waren, im Rahmen eines Unternehmensverkaufs anlässlich der Veräußerung sämtlicher Unternehmensanteile gezahlt wurden.

In einer weiteren, vor allem für den Private Equity-Bereich praxisrelevanten (inzwischen wohl rechtskräftigen[98]) Entscheidung vom 15.7.2015 hat sich das FG Münster[99] zu sog. „Alphabet-Shares" geäußert, die in der Praxis häufig als Gestaltungsinstrument eingesetzt werden, um einzelnen Gesellschaftern oder Gesellschaftergruppen, z.B. dem kapitalmäßig beteiligten Unternehmensmanagement, eine erhöhte *Eigenkapital*rendite[100]

---

95 In einem ähnlich gelagerten Fall, in dem es um sog. „EVA-Zertifikate" ging, in dem aber kein von der tatsächlichen Unternehmenswertentwicklung losgelöstes Abfindungsguthaben vereinbart wurde, entschied der BFH, dass keine Einkünfte aus nichtselbständiger Arbeit vorgelegen hätten – vgl. BFH, Urt. v. 17.6.2009 – VI R 69/06, BStBl. II 2010, 69.
96 Vgl. auch *Geserich*, DStR-Beihefter 23/2014, 53, 54.
97 FG Münster, Urt. v. 12.12.2014 – 4 K 1918/13 E, EFG 2015, 385; vgl. zum etwas anders gelagerten Fall eines an einen Manager gezahlten „Übererlöses" zwecks weiterer Bindung an das Unternehmen BFH, Beschl. v. 16.2.2007 – VIII B 26/06, BFH/NV 2007, 1113.
98 Nach den in der juris-Datenbank zur Verfügung stehenden Informationen wurde die gegen das Urteil gerichtete Nichtzulassungsbeschwerde unter dem Az. VI B 97/15 als unzulässig verworfen.
99 FG Münster, Urt. v. 15.7.2015 – 11 K 4149/12 E, EFG 2015, 2065.
100 Also keine „übermäßige" Rendite, sondern lediglich eine erhöhte Rendite auf das eingesetzte Eigenkapital mittels Einsatzes unterschiedlicher Anteilsklassen, die z.T. – wirtschaftlich gesehen – darlehensähnlich ausgestaltet sind, indem sie z.B. mit einer vorrangigen Erlös- und Liquidationspräferenz

zu ermöglichen. In dem vom FG Münster entschiedenen Fall hatte das Unternehmensmanagement einen Veräußerungserlös erzielt, der (unter Berücksichtigung von Währungsschwankungen) nach nur rund zweijähriger Haltedauer fast dem 30-fachen des Einstiegswerts entsprach (ohne Währungsschwankungen sogar dem 35-fachen). Der ebenfalls am Unternehmen beteiligte Hauptgesellschafter (Private Equity-Investor) hatte sein Investment, für das er eine andere Anteilsklasse erwarb als das Unternehmensmanagement, hingegen „lediglich" verdoppelt.[101]

Bisher nicht abschließend geklärt ist die Frage, ob in den Fällen, in denen Einnahmen sowohl auf das vom Mitarbeiter erworbene „Stammrecht" als auch auf das Arbeitsverhältnis zurückzuführen sind, sämtliche Einnahmen einheitlich den Einkünften aus Kapitalvermögen oder nichtselbständiger Arbeit zuzurechnen sind.

Eine allgemeingültige Aussage wird man hierzu nicht treffen können. Der BFH[102] scheint in seiner Entscheidung vom 5.11.2013 der Auffassung zuzuneigen, Einnahmen einheitlich den Einkünften aus Kapitalvermögen oder nichtselbständiger Arbeit zuzurechnen. Eine eindeutige Aussage hierzu enthält das Urteil indes nicht. Sowohl der Beklagte als auch das FG München[103], das in erster Instanz entschieden hatte, hatten eine Aufteilung der zugeflossenen Einnahmen vorgenommen. Sollte der BFH hierzu eine andere Sichtweise eingenommen haben, ist dies m.E. vor allem auf die Umstände des Einzelfalls zurückzuführen und darüber hinaus nicht verallgemeinerungsfähig.

Vielmehr sollten die zu § 2 Abs. 1 EStG entwickelten Grundsätze zur Abgrenzung sog. „gemischter Tätigkeiten" in diesem Zusammenhang entsprechend herangezogen werden. Danach ist ein einheitlicher Erwerbsvorgang vorrangig aufzuteilen, und die einzelnen Teilelemente sind den jeweils einschlägigen Einkunftsarten gem. § 2 Abs. 1 EStG zu-

---

ausgestaltet sind, aber eine feste Verzinsung vorsehen (sog. „Leverage-Effekt").
101 Streitentscheidend war indes wohl weniger Umstand der „Überrendite" des Managements. Nach Ansicht des FG Münster hatten die Mitglieder des Managements kein wirtschaftliches Eigentum an den Unternehmensanteilen erlangt, so dass es bereits an einer entsprechenden Erwerbsgrundlage i.R.v. § 20 EStG mangelte. Als Abgrenzungskriterium ist die – vermeintliche – Überrendite m.E. vor dem in Fn. 100 beschriebenen, wirtschaftlichen Hintergrund auch nicht tauglich (ebenso *Binnewies/Finke*, AG 2016, 748).
102 BFH, Urt. v. 5.11.2014 – VIII R 20/11, BStBl. II 2014, 275.
103 FG München, Urt. v. 29.3.2011 – 12 K 3991/09, DStRE 2011, 1522.

zuordnen.[104] Nur wenn eine solche Aufteilung schlechterdings unmöglich ist, weil sich die Teileelemente jeweils gegenseitig bedingen und in einer Weise wirtschaftlich miteinander verflochten sind, dass sie in einer nicht mehr unterscheidbaren Gesamttätigkeit aufgehen, ist darauf abzustellen, welches Teilelement der Gesamttätigkeit insgesamt das Gepräge gibt.[105] Eine Aufteilung wird in den hier beschriebenen Konstellationen (auch in dem durch BFH, Urt. v. 5.11.2013 entschiedenen Fall) m.E. in aller Regel möglich sein.

4. Verluste aus einer Mitarbeiterbeteiligung

a) Wertverluste nach „Anfangsbesteuerung"

Wenn es infolge der Überlassung von Unternehmensanteilen zu einer „Anfangsbesteuerung" gekommen ist oder, im Falle von Anteilsoptionen, ein Lohnzufluss aufgrund eines „Verwertungsfalls" in Form einer verdeckten Einlage[106] eingetreten ist, wird der Veranlassungszusammenhang zum Arbeitsverhältnis dauerhaft durchbrochen. Aufgrund des Erwerbs eines mitgliedschaftlichen „Stammrechts" im Zuflusszeitpunkt entsteht ein Sonderrechtsverhältnis, das neben das Arbeitsverhältnis tritt und das sich, soweit es nicht zu einer Rückabwicklung z.B. aufgrund einer „Verfallklausel" kommt[107], als vom Arbeitsverhältnis grundsätzlich unabhängige Erwerbsgrundlage darstellt. Laufende Einnahmen und Erlöse aus einer nachgelagerten Realisation des „Stammrechts" sind, abgesehen von den zuvor beschriebenen[108] Sonderfällen, als Kapitaleinkünfte zu qualifizieren.

Das hat zur Folge, dass jedwede nachfolgenden Wertverluste und Erwerbsaufwendungen steuerlich nur nach näherer Maßgabe der §§ 17 Abs. 1, 3 Nr. 40 Buchst. c), 3c Abs. 2 EStG bzw. § 20 Abs. 6 und Abs. 9 EStG (hinsichtlich laufender Erträge ggf. mit der Möglichkeit, nach § 32d Abs. 2 Nr. 3 EStG für das Teileinkünfteverfahren zu optieren) zu berücksichtigen sind. Ein nach erfolgtem Lohnzufluss („Anfangsbesteuerung")

---

104 Vgl. etwa *Musil* in Herrmann/Heuer/Raupach, EStG/KStG, 21. Aufl. 2006 (270. Lfg.), § 2 EStG Rz. 92.
105 *Musil* in Herrmann/Heuer/Raupach, EStG/KStG, 21. Aufl. 2006 (270. Lfg.), § 2 EStG Rz. 92 mit Nachweisen aus der BFH-Rechtsprechung.
106 Vgl. hierzu Abschn. VII.1.a)cc).
107 Dazu nachfolgend Abschn. VII.4.b).
108 Vgl. hierzu Abschn. VII.2.

eintretender Wertverlust führt also nicht zu negativen Einnahmen aus nichtselbständiger Arbeit oder Werbungskosten.[109]

b) Verluste aus einer fehlgeschlagenen Mitarbeiterbeteiligung

Über den Sonderfall eines „fehlgeschlagenen" Mitarbeiterbeteiligungsprogramms hat der BFH[110] mit Urteil vom 17.9.2009 entschieden. Unternehmensmitarbeitern waren in dem der Entscheidung zugrunde liegenden Fall Aktien am Arbeitgeberunternehmen zu einem Erwerbspreis überlassen worden, der unterhalb des maßgeblichen Verkehrswerts lag. Im Sinne einer „Anfangsbesteuerung" ergab sich daher bei den Mitarbeitern ein entsprechender Lohnzufluss. Da das Betriebsfinanzamt, das um Auskunft gem. § 42e EStG angerufen worden war, den Vorstellungen des Unternehmens über die Höhe der Sachbezüge nicht folgte, wurde das Mitarbeiterbeteiligungsprogramm, wie von Beginn an vorgesehen, rückabgewickelt. Nach den Optionsbedingungen waren die Mitarbeiter verpflichtet, die ihnen überlassenen Unternehmensanteile zurückzuübertragen. Zu dem Zeitpunkt, in dem die Mitarbeiter dieser Verpflichtung nachkamen, hatten die rückübertragenen Aktien einen Verkehrswert, der über dem Verkehrswert im Zeitpunkt der „Anfangsbesteuerung" lag. Die entsprechende Differenz wollte das klagende Arbeitgeberunternehmen im Rahmen des Lohnsteuerabzugs als Werbungskosten der Mitarbeiter berücksichtigen.

Der BFH entschied, dass sich aus der „fehlgeschlagenen" Mitarbeiterbeteiligung keine (zusätzlichen) Werbungskosten in Höhe des Differenzbetrags zwischen dem Verkehrswert der Unternehmensanteile im Zeitpunkt der Rückgewähr und dem der „Anfangsbesteuerung" zugrunde zu legenden Verkehrswert ergeben hätten. Die Rückgängigmachung des Mitarbeiterbeteiligungsprogramms führe lediglich zu einer „Neutralisierung" der Steuerfolgen, die sich aus der „Anfangsbesteuerung" der Mit-

---

109 BFH, Beschl. v. 27.7.2011 – VI B 160/10, BFH/NV 2011, 1869; BFH, Urt. v. 17.9.2009 – VI R 24/08, BStBl. II 2010, 198; so auch schon der (mittlerweile in anderer Hinsicht überholte und daher gem. LSt Fach-Info 06-2009 Rz. 1 aufgehobene) gleichlautende Ländererlass v. 10.4.2003 – 34-S 2347-008-16034/03, FMNR132100003, DStR 2003, 689 (Abschn. II.6.) sowie OFD Frankfurt/M., Rundverfügung v. 23.3.2010 – S 2332 A-9-St 211, FMNR25f310010; s. auch BFH, Beschl. v. 29.4.2009 – VI B 126/08, BFH/NV 2009, 1267; s. nun auch BFH, Beschl. v. 10.3.2016 – VI B 132/15 (juris).
110 BFH, Urt. v. 17.9.2009 – VI R 17/08, BStBl. II 2010, 299; kritisch hierzu *Thomas*, DStR 2015, 263, 266 f.

arbeiter ergeben hätten. Insoweit sei von negativen Einnahmen bzw. Werbungskosten auszugehen. Die Rückabwicklung sei letztlich nur als „actus contrarius" zur ursprünglichen Anteilsüberlassung anzusehen, was sich insbesondere daraus ergebe, dass die Mitarbeiter die „nämlichen" Anteile (d.h. die ursprünglich erworbenen Anteile) zurückzugewähren hatten. Zusätzlicher, die persönliche Leistungsfähigkeit mindernder Erwerbsaufwand sei den Mitarbeitern nicht entstanden.

Der Entscheidung des BFH ist m.E. beizupflichten.[111] Die durch den BFH entwickelten Grundsätze gelten richtigerweise auch dann, wenn nicht die „nämlichen" Unternehmensanteile zurückzugewähren sind (z.b. im Zusammenhang mit einer sog. „Verfallklausel"). Auch in einem solchen Fall wird die Vorteilsgewährung, die sich aus der verbilligten Anteilsüberlassung ergibt, im Sinne einer auflösenden Bedingung (§ 158 Abs. 2 BGB), jedoch mit wirtschaftlicher Wirkung „ex tunc", rückgängig gemacht. Hieraus ergeben sich für den Mitarbeiter bei wirtschaftlicher Betrachtungsweise weder Vor- noch Nachteile. Steuerlich fließen dem Mitarbeiter daher weder zusätzliche Einnahmen zu (wenn es zwischenzeitlich zu einem Wertverfall der Unternehmensanteile unter den Wert der „Anfangsbesteuerung" gekommen ist), noch kann der Mitarbeiter negative Einnahmen oder Werbungskosten geltend machen (wenn die zurückzugewährenden Unternehmensanteile im Wert gestiegen sind).

VIII. Steuerliche Behandlung von Eigenkapitalbeteiligungen aus Sicht des Arbeitgebers

Die Einräumung einer Eigenkapitalbeteiligung (oder eines auf den Erwerb einer solchen Beteiligung gerichteten Optionsrechts) kann, wie dargestellt, zu einem vom Mitarbeiter zu versteuernden Sachbezug führen. Man würde meinen, dass auf Ebene des Arbeitgeberunternehmens, quasi spiegelbildlich, von einem entsprechenden Personalaufwand auszugehen sein müsste. Nach Maßgabe der internationalen Reportingstandards kann dies durchaus auch der Fall sein (vgl. z.B. unter IFRS 2 – „Anteilsbasierte Vergütung"). Unter den für deutsche Besteuerungszwecke allein maßgeblichen Grundsätzen ordnungsgemäßer Buchführung gem. den Vorschriften des HGB war lange Zeit umstritten, ob und in welcher Form eigenkapitalbasierte Mitarbeiterbeteiligungsprogramme aufwands-

---

111 A.A. *Thomas*, DStR 2015, 263, 266 f.; *Kreft* in Herrmann/Heuer/Raupach, EStG/KStG, 21. Aufl. 2006 (276. Lieferung), § 9 EStG Rz. 81.

wirksam (und damit die steuerliche Bemessungsgrundlage des Arbeitgeberunternehmens mindernd) abgebildet werden können bzw. dürfen.
Der I. Senat des BFH[112] hat diese Streitfrage durch Urteil vom 25.8.2010 geklärt. Er entschied, dass die Bildung einer aufwandswirksamen Rückstellung für Personalaufwand bzw. einer ratierlich gegen den Personalaufwand zu buchenden Verbindlichkeitsrückstellung bei der Ausgabe von Bezugsrechten im Rahmen eines Aktienoptionsprogramms nicht in Betracht komme. Es fehle, so der BFH, an einer für die Bildung einer (Verbindlichkeits-)Rückstellung notwendigen Belastungswirkung beim Unternehmen. Durch die Ausgabe von Unternehmensanteile würden lediglich die Bestandsgesellschafter im Wert ihrer Anteile „verwässert". Auf das Betriebsvermögen des Arbeitgeberunternehmens wirke sich dies aber nicht aus.[113]

Dem ist m.E. nicht nur zuzustimmen. Das Urteil des BFH ist auch über den Leitsatz, der sich allein auf die Einräumung von Bezugsrechten im Rahmen eines Aktienoptionsprogramms bezieht, hinaus verallgemeinerungsfähig: Auch die Ausgabe von Unternehmensanteilen infolge der Ausübung der Bezugsrechte führt nicht zu steuerlich abzugsfähigem Personalaufwand auf Unternehmensebene. Denn auch durch die Anteilsausgabe selbst wird das Betriebsvermögen des Arbeitgeberunternehmens nicht belastet, und es vollzieht sich lediglich eine kapitalmäßige Anteilsverwässerung auf Gesellschafterebene.[114]

IX. Steuerliche Behandlung von Fremdkapital- und Mezzanine-Beteiligungen

Die Besteuerung von Arbeitnehmer-Fremdkapitalbeteiligungen sowie von Mitarbeitern erworbenen bzw. diesen überlassenen Mezzanine-Beteiligungen wurde in den vorstehenden Abschnitten dieses Beitrags z.T. schon mit erläutert. Darüber hinaus ergeben sich diesbezüglich keine Besonderheiten gegenüber der Besteuerung von Eigenkapitalbeteiligungen auf Arbeitnehmerseite.

Stellt ein Arbeitnehmer seinem Arbeitgeber Fremdkapital zur Verfügung oder erwirbt er eine mezzanine Beteiligung (indem er sich z.B. als stiller Gesellschafter am Handelsgewerbe des Arbeitgeberunternehmens betei-

---
112 BFH, Urt. v. 25.8.2010 – I R 103/09, BStBl. II 2010, 215.
113 BFH, Urt. v. 25.8.2010 – I R 103/09, BStBl. II 2010, 215 (Abschn. 3.c)bb) der Entscheidungsgründe).
114 Ebenso *Prinz*, FR 2011, 234, 235 (Urteilsanmerkung).

ligt, Genussrechte zeichnet oder ein partiarisches Darlehen eingeht), so kann es auch hier – wie bei der Einräumung einer Eigenkapitalbeteiligung – zu einer „Anfangsbesteuerung" kommen.[115] Stellt der Mitarbeiter dem Unternehmen hingegen Kapital zu fremdüblichen Bedingungen zur Verfügung, das einem entsprechenden Verlustrisiko ausgesetzt ist, so wird regelmäßig von einem Sonderrechtsverhältnis auszugehen sein, woraus sich auf Seiten des kapitalüberlassenden Arbeitnehmers Einkünfte aus Kapitalvermögen ergeben.[116]

Bei den laufenden Erträgen aus einer Fremdkapital- bzw. Mezzanine-Beteiligung am Arbeitgeberunternehmen stellt sich regelmäßig die Frage der Angemessenheit der Verzinsung. Soweit eine „Überverzinsung" gezahlt wird, dürften die entsprechenden Einnahmen ganz oder teilweise den Einkünften aus nichtselbständiger Arbeit zuzuordnen sein.[117]

X. Steuerliche Förderung von Mitarbeiterbeteiligung

Seit dem 1.1.2009 enthält der durch das sog. Mitarbeiterkapitalbeteiligungsgesetz[118] eingeführte § 3 Nr. 39 EStG die einkommensteuerliche Förderung von Mitarbeiterbeteiligung. Die Vorschrift löste den bis einschließlich Veranlagungszeitraum 2008 geltenden § 19a EStG ab.[119]

Nach § 3 Nr. 39 EStG sind Sachbezüge aus der unentgeltlichen oder verbilligten Überlassung von Vermögensbeteiligungen i.S.d. § 2 Abs. 1 Nr. 1 Buchst. a), b) und f) bis l) sowie Abs. 2 bis 5 des Fünften Vermögensbil-

---

115 Z.B. FG Hessen, Urt. v. 24.2.1988 – 11 K 294/86, EFG 1989, 482 (Sachbezug aus unentgeltlicher Einräumung einer stillen Beteiligung); BFH, Urt. v. 7.4.1989 – VI R 73/86, BStBl. II 1989, 927 (verbilligte Einräumung eines Genussrechts).
116 Zum Problem einer etwaigen Überverzinsung und daraus resultierender „Endbesteuerung" im Rahmen eines Genussrechtsverhältnisses ausführlich schon vorstehenden Abschn. VII.3 (zu BFH, Urt. v. 5.11.2013 – VIII R 20/11, BStBl. II 2014, 275).
117 Zum Fall des nicht marktgerecht verzinsten Genussrechts ausführlich schon Abschn. VII.2 (zu BFH, Urt. v. 21.10.2014 – VIII R 44/11, BStBl. II 2015, 593). Hier stellt sich sodann die Folgefrage der Aufteilung der Einkünfte in einen marktüblichen und einen darüber hinausgehenden, nicht marktgerechten Verzinsungsanteil (hierzu Abschn. VII.3 a.E.); vgl. auch BFH, Beschl. v. 28.6.2007 – VI B 23/07, BFH/NV 2007, 1870 (Überverzinsung eines partiarischen Darlehens).
118 BGBl. I 2009, 436.
119 Zur Übergangsregelung und möglichen Weiteranwendung des § 19a EStG s. § 52 Abs. 27 Nr. 2 EStG.

dungsgesetzes am Arbeitgeberunternehmen bis zu einem Betrag von 360 Euro pro Kalenderjahr steuerfrei. Die in § 2 Abs. 1 Nr. 1 Buchst. a), b) und f) bis l) des Fünften Vermögensbildungsgesetzes genannten und somit steuerlich begünstigungsfähigen Beteiligungsformen umfassen u.a. Aktien, GmbH-Geschäftsanteile, Wandelschuldverschreibungen, Genussscheine und -rechte, stille Beteiligungen und Darlehen. Es muss sich jeweils um eine Beteiligung „am Unternehmen" handeln, was nach § 3 Nr. 39 Satz 3 EStG auch verbundene Konzernunternehmen i.S.v. § 18 AktG mit einschließt.

Der persönliche Anwendungsbereich des § 3 Nr. 39 EStG umfasst nur Personen, die in einem „gegenwärtigen Dienstverhältnis" zum Arbeitgeberunternehmen stehen; d.h. die vergünstigte Überlassung der vorgenannten Vermögensbeteiligungen an ehemalige Unternehmensmitarbeiter ist grundsätzlich nicht steuerbegünstigt. Voraussetzung für den Erhalt der steuerlichen Begünstigung nach § 3 Nr. 39 EStG ist zudem, dass allen Arbeitnehmern offensteht, die mindestens ein Jahr in einem ununterbrochenen Beschäftigungsverhältnis gestanden haben.

XI. Zusammenfassung

Die Besteuerung von Mitarbeiterbeteiligung ist vor allem auf Seiten des Arbeitnehmers vielschichtig. Auch wenn die Grundstrukturen der Besteuerung von Mitarbeiterbeteiligung mittlerweile durch den BFH herausgearbeitet worden sind und sich in jahrelanger Rechtsprechungspraxis verstetigt haben, ergeben sich aus der Vielzahl der Erscheinungsformen von Mitarbeiterbeteiligung doch immer wieder neue Abgrenzungs- und Zweifelsfragen. Zudem hat die „Aufgriffswahrscheinlichkeit" von Mitarbeiterbeteiligungsprogrammen durch die Finanzverwaltung in den letzten Jahren in der Praxis spürbar zugenommen. Insofern ist davon auszugehen, dass die FG und der BFH künftig noch häufiger Gelegenheit dazu haben werden, einzelne Aspekte der Besteuerung von Mitarbeiterbeteiligung auf Arbeitnehmerseite näher auszuleuchten.

Sollte es dem Gesetzgeber ein Anliegen sein, die kapitalmäßige Beteiligung von Arbeitnehmern an „ihrem" Unternehmen zu fördern, ist zu konstatieren, dass sowohl die durch den BFH herausgearbeiteten Leitlinien der Besteuerung von Mitarbeiterbeteiligung als auch die bestehenden steuerlichen Fördermaßnahmen (namentlich § 3 Nr. 39 EStG) als äußerst hinderlich bzw. unzureichend anzusehen sind. Als wesentliches Hemmnis erweist sich in diesem Zusammenhang die durch die Finanzrechtsprechung herausgearbeitete, sog. „Anfangsbesteuerung" bei der (vergünstigten) Einräumung einer kapitalmäßigen Unternehmensbeteiligung, weil sich hieraus eine unmittelbare Steuerbelastung ergibt, ohne dass (im Regelfall) auf Seiten des Arbeitsnehmers entsprechende Geldmittel zur Begleichung der Steuerschuld vorhanden wären.

Würde der Gesetzgeber hier einen Besteuerungsaufschub bis zu dem Zeitpunkt gewähren, in dem die erworbene Unternehmensbeteiligung durch den begünstigten Mitarbeiter tatsächlich veräußert (oder anderweitig „zu Geld gemacht") wird, und würde gleichzeitig – zumindest in gewissem Umfang – das Risiko eines Wertverlusts steuerlich „aufgefangen" (indem beispielsweise Mitarbeiterbeteiligung aus den Verlustverrechnungsbeschränkungen gem. § 20 Abs. 6 EStG ausgenommen würde), würde das Thema Mitarbeiterbeteiligung in der Praxis signifikant, insbesondere auch bei einem deutlich breiteren „Adressatenkreis", an Bedeutung gewinnen können.

Diskussion

zu den Referaten von Prof. Dr. *Henning Tappe*, Prof. Dr. *Stefan Schneider* und Dr. *Peter Möllmann*

Prof. Dr. *Gregor Kirchhof*, LL.M., Augsburg

Ich richte eine Bemerkung und eine Frage an *Henning Tappe*. Mich hat der Schlussakkord etwas erstaunt. Ich will nicht sagen, dass er schief war, aber ich hätte ihn nicht gespielt, vor allem nicht in der Abfolge. Im vorletzten Abschnitt des Vortrags hast Du das Massenverfahren betont und im letzten Teil über Gesetzesnovellen nachgedacht. Mit Blick auf die Gesetzesanwendung im Massenverfahren dachte ich – vielleicht zu stark geprägt von meinen eigenen Erwägungen –, dass Du jetzt die Pauschalierung für alle forderst. Deine Übersichten zu den Regelfällen stützen diese Vereinfachung. Dein Vortrag mündete in dem Appell, über den Arbeitnehmerbegriff und das Betriebsvermögen nachzudenken. Ich frage mich aber, ob Deine Reformüberlegungen nicht zu kompliziert sind für das Massenverfahren. Ich stimme Dir zu – und das wäre meine Anmerkung –, dass das Veranlassungsprinzip weit ist und dem Gesetzgeber einen erheblichen Gestaltungsraum eröffnet. Wir konzentrieren uns gegenwärtig auf die Erwerbssphäre und definieren den privaten Aufwand negativ als die Ausgaben, die nicht im erwerblichen Bereich liegen. Der Gestaltungsraum des Gesetzgebers ist aber auch von der Privatsphäre her zu beschränken. Der private Aufwand lässt sich positiv über das Existenzminimum definieren. Wie in zahlreichen Tatbeständen des Ertragsteuerrechts hat auch hier der Gesetzgeber die Definition unterschlagen und die Rechtsprechung die Lücke gefüllt. Das Existenzminimum erfasst nach der Rechtsprechung des Bundesverfassungsgerichts die Aufwendungen für Nahrung, Kleidung, Hausrat, Unterkunft, Heizung, Hygiene und Gesundheit, für eine grundlegende Ausbildung und eine Teilhabe am gesellschaftlichen Leben. Diese Definition fasst die Bereiche, in denen Ausgaben privater Aufwand sind. Dann hätten wir den in der Tat weiten Gestaltungsraum des Gesetzgebers von beiden Seiten eingegrenzt.

Prof. Dr. *Christian Dorenkamp*, Bonn

Ich hätte drei Fragen. Für jeden Referenten eine. Die erste schließt sich – glaube ich – sehr gut an das an, was Herr Prof. *Kirchhof* gerade ausgeführt hat, nämlich den Appell bei Arbeitnehmern womöglich die reine Vermögenszugangstheorie zur Anwendung gelangen zu lassen. Ich würde noch nicht einmal unbedingt einen Widerspruch zum Massenfallrecht sehen. Ich hatte Sie so verstanden, dass man das ja im Rahmen der Veranlagung machen könnte. Dass das also nicht der Arbeitgeber erledigen muss, sondern in denjenigen Fällen dann der Arbeitnehmer, aber das ist ja die andere Frage. Was mich da mehr bewegt ist, dass wenn wir in der reinen Vermögenszugangstheorie sind, wir bei der Einkünftegewinnermittlung in dem § 2 Abs. 2 Nr. 1 EStG bei den Gewinneinkünften wären und nicht mehr bei den Überschusseinkünften, wo das Zuflussprinzip gelten würde. Da glaube ich, dass wir weniger ein Problem haben mit den paar Arbeitsmitteln, also quasi dem Vermögen, das man da im Arbeitszimmer hat, sondern mit der Altersvorsorge. Sie hätten die Pensionsanwartschaften, die Sie als Hochschullehrer – ich sage mal – im Rahmen Ihres Berufslebens erwirken oder sich erarbeiten, das Gleiche gilt für mich als Arbeitnehmer, der in den Genuss einer betrieblichen Altersversorgung durch die Direktzusage, also Pensionsrückstellung kommt, § 6a EStG. Wir müssten dann aus meiner Sicht in Zukunft, genauso wie alle anderen, aus versteuertem Einkommen sparen, weil das müsste uns zugerechnet werden, und hätten nur noch die 20 000 Euro für Vorsorgeaufwendungen usw. Da würde ich einen sehr viel größeren Bruch sehen als mit den Arbeitsmitteln. Ob das nun gut oder schlecht ist, das kann man vielleicht unterschiedlich sehen, aber da würde mich Ihre Sichtweise interessieren, ob Sie auch den Aufbau der Pensionsanwartschaft mit in dieses fiktive Reinvermögen nehmen würden, weil eben nicht mehr das Zuflussprinzip Anwendung findet.

Zu Herrn Prof. *Schneider* hätte ich meine zweite Frage, und zwar geht es, Sie hatten das angedeutet, um die, aus Sicht der Wirtschaft natürlich, möglichst einheitliche Anwendung des zu verbeitragenden Sozialversicherungsentgelts und der lohnsteuerlichen Bemessungsgrundlage. Da hatten Sie selbst das Beispiel des § 37b EStG gebracht, wo wir gerade diese Vereinheitlichung nicht haben. Was die Vereinfachungseffekte, die durch § 37b Abs. 2 EStG für die Steuer gedacht waren, komplett konterkariert, weil wir für die einzelnen Verbeitragungen doch wieder alles erfassen müssen. Da ist nur meine Frage, was könnten denn sachgerechte Kriterien für die Gleichheit sein? Ich bin ganz ehrlich, ich hätte gedacht, bei der Sozialversicherung, da geht es ja um das Äquivalenzprinzip, d.h., wenn ich weniger einzahle, dann bekomme ich später auch weniger heraus. Das hatten Sie sogar für die Krankenversicherung dargelegt. Das war mir noch gar nicht so ganz klar, dass das auch da gilt. Da müsste doch eigentlich der Erlass- oder Gesetzgeber – ich weiß nicht, wer das da macht im SGB IV –, aber der müsste doch eigentlich, wenn die Steuer schon pauschaler gemacht wird, lockerer dabei sein, dem zu folgen, weil letztlich dann auch weniger Leistungsverpflichtungen in der Zukunft daraus folgen. Deswegen hätte ich gedacht, möglichst der steuerlichen Pauschalierung oder auch Befreiung zu folgen.

Meine dritte Frage ist für Herrn *Möllmann*. Ich fand es – ehrlich gesagt – sehr schade, dass Sie zu früh aufgehört haben. Das war sehr spannend, was Sie uns dargelegt haben. Ich habe eine Frage, die sich auf das Zusammenspiel von Arbeitgeberseite, Betriebsausgabenabzug und Lohnsteuerpflicht beim Arbeitnehmer bezieht. Mein Verständnis war bislang immer, dass wir meistens einen Gleichlauf haben, bei phantom stocks, bei matching shares haben wir immer einen Betriebsausgabenabzug beim Arbeitgeber und gleichzeitig eine Lohnversteuerung beim Arbeitnehmer, während ich das bei den wirklichen Unternehmensbeteiligungen gerade nicht habe, weil, wenn ich jetzt eine Unternehmensbeteiligung kaufen kann, dann ist es kein Lohnzufluss, aber dann habe ich natürlich nachher die Wertsteigerung im Rahmen der Abgeltungssteuer und deswegen haben wir da ein bisschen Widerstreit. Sie sagten, bei dem einen Fall war es nicht so. Das habe ich – ehrlich gesagt – nicht ganz verstanden und selbst wenn es so ist, würde mich Ihre Einschätzung interessieren, ob Sie das systematisch nicht auch für einen guten Wegweiser halten würden, das zusammenzubringen. Entweder Betriebsausgabenabzug beim Arbeitgeber, dann auch Lohnsteuer beim Arbeitnehmer, oder kein Betriebsausgabenabzug beim Arbeitgeber und dann aber auch Besteuerung als Einkünfte aus Kapitalvermögen beim Arbeitnehmer.

Prof. *Rüdiger von Groll*, München

Ich habe zu dem Referat von Herrn *Möllmann* eine Verständnisfrage, die mir auch eben nicht beantwortet wurde. Und zwar ist es doch grundsätzlich so: Wenn ich Wertpapiere anschaffe, egal von wem und auf welche Weise, ist das zunächst ertragsteuerlich irrelevant. Das ist einfach eine Vermögensumschichtung. Zu einem Zufluss oder zu einer ertragsteuerlich relevanten Einkünfteerzielung kommt es doch nur, wenn aus diesem Wertpapier Werte fließen. Und dann wären es für mich Einkünfte aus Kapitalvermögen.

Prof. Dr. *Henning Tappe,* Trier

Ich habe in meinem Vortrag versucht, zwei recht unterschiedliche Aspekte miteinander zu verbinden, die Veranlassung und die Aufwendungen mit Bezug zum Vermögen. Darauf bezogen sich auch die beiden Fragen – herzlichen Dank. Ich fange einmal mit der Frage nach der Veranlassung an. Ich meine, dass wir bei der Unterscheidung zwischen privaten und beruflichen Ausgaben weniger ein Problem mit dem Recht haben; das Gesetz ist eigentlich klar. Wir haben eher ein Problem mit der Subsumtion, weil die Realität bunt und schnelllebig ist. Ich finde es grundsätzlich überzeugend, wenn man dem Gesetzgeber die Möglichkeit gibt, auf einer sehr allgemeinen Ebene zu reagieren und zu sagen: „Wir belassen es bei dem Tatbestandsmerkmal ‚beruflich'. Dann subsumiert mal". Der Gesetzgeber darf aber auch versuchen, die Antwort für streitige Detailfragen selbst zu geben. Zur konkreten Frage: Soll man das Problem von beiden Seiten angehen – also nicht nur die berufliche Seite bestimmen, sondern auch das Private positiv definieren? Ich bin mir da nicht sicher. Einerseits bringt es vermutlich wenig, weil die Grundsatzfrage im Ergebnis eine Schwarz-Weiß-Entscheidung verlangt: Entweder ist eine Aufwendung beruflich oder sie ist privat. Es gibt natürlich Mischformen, dann kann man das Grau zuordnen oder vielleicht auch aufteilen, aber es gibt nichts Drittes. Wenn es das Eine nicht ist, ist es das Andere. Insoweit kann man, wenn man „Weiß" definiert hat, allein dadurch, dass man am anderen Ende der Skala „Schwarz" definiert, wohl nicht viel verbessern. Andererseits kann man aber mit einer Bestimmung typisch privater Aufwendungen schon die Subsumtion erleichtern. Und das tut der Gesetzgeber ja auch bei gewissen privaten Aufwendungen. Man kann aus einem schwierigen Abgrenzungsproblem gewissermaßen die Luft ablassen, indem man etwa – Beispiel „Kinder" – zu einer Art Abkürzung greift: Für Kinderbetreuungskosten muss man sich nicht entscheiden, ob diese beruflich oder privat sind, weil der Gesetzgeber den Abzug unabhängig von der Veranlassung zulässt – ob in § 10 EStG als Sonderausgaben oder in § 9c EStG als (oder „wie") Werbungskosten. Die systematische Einordnung ist dann schlicht egal; das mag für den systematisch denkenden Rechtswissenschaftler unbefriedigend sein, ist aber im Ergebnis durchaus hilfreich. Man löst das Problem dadurch, dass man den Aufwand einfach irgendwo abzieht und damit ist die Sache erledigt. Es ergeben sich natürlich Folgefragen. So kann sich eine Zuordnung auf die jeweiligen Pauschbeträge auswirken. Aber man kann das praktische Problem dadurch verkleinern. Es gibt Fälle – man denke an die Streitfälle bei der Mitarbeiterbeteiligung wegen der unterschiedlichen Steuersätze in Folge der Abgeltungsteuer – bei denen die systematische Zuordnung ganz reale Konsequenzen hat. Häufig, vor allem im Arbeitnehmerbereich, ist das Problem aber eher akademisch, weil wir eine synthetische Einkommensteuer haben und es letztlich egal ist, wo im Einkommensermittlungsschema ich etwas abziehe – Hauptsache ich ziehe es ab. Die Annäherung an das Problem von der anderen, von der privaten Seite bringt also einerseits etwas, weil ich so als Gesetzgeber den Problemdruck herausnehmen kann. Andererseits bringt es wenig, wenn die konkrete Abgrenzung weiter nötig bleibt, weil es letztlich wohl gleichgültig ist, von welcher Seite ich ausgehe. Auf der jeweils „anderen" Seite ist immer das, was übrig bleibt. Vielleicht ist es fast noch schwieriger, am Privaten anzusetzen und zu definieren, was privat ist.

Im zweiten Teil bezogen sich die Fragen auf das „Einkunftserzielungsvermögen" und das Massenverfahren. Meine Ausführungen sind hier, auch weil ich versucht habe, die Zeit aufzuholen, vielleicht etwas knapp gewesen. Mein Vorschlag, dem „Arbeitskraftunternehmer" durch eine Anwendung der Regeln über die Gewinneinkünfte entgegenzukommen, bezog sich nicht auf das Massenverfahren. Ich wollte mit den Zahlen zu Beginn deutlich machen, dass über 90 % der Arbeitnehmer, die „ersten 90 %", mit dem Pauschbetrag glücklich sind, weil ihre tatsächlichen Werbungskosten niedriger sind. Die „zweiten 90 %", die 90 % von den 10 %, die dann noch übrig bleiben, sind zufrieden, wenn ihre Fahrtkosten berücksichtigt werden – und dann bleibt nicht mehr viel. Es gibt also sehr viele Fälle, die man mit der Arbeitnehmer- und der Entfernungspauschale in den Griff bekommen kann. Dann gibt es noch einige wenige Fälle, die übrig bleiben. In diesen Fällen, für Personen, bei denen man jetzt z.B. ein „Einkünfteerzielungsvermögen" konstruiert, könnte man überlegen, ob man – gesetzlich geregelt, nicht einfach durch Auslegung – eine Optionsmöglichkeit vorsieht, um den Arbeitnehmer im Rahmen der Veranlagung so zu behandeln, als *wäre* er selbständig. Dies deshalb, weil solche Arbeitnehmer – z.B. in den oberen Einkunftsklassen, aber nicht auf diese begrenzt – möglicherweise tatsächlich eher so agieren wie Selbständige, also etwa erfolgsabhängig vergütet werden usw., d.h. näher am Markt sind als der normale Arbeitnehmer. Für diese Personengruppe könnte ich mir ein Optionsmodell durchaus vorstellen. Häufig haben diese Personen ohnehin schon einen hohen steuerlichen Beratungsbedarf und sind dann vielleicht mit dieser Variante, komplett in das steuerliche Regime der Gewinneinkünfte hinüber zu wechseln, besser bedient. Bei anderen Tätigkeiten würde man vermutlich einfach gewerblich prägen, das ist auch eine Art Option für die Gewinnermittlung. Der Arbeitnehmer kann das nicht. Darum eben die Idee, dass man – ich weiß nicht, ob sich das in der Praxis lohnt und wie viele davon tatsächlich Gebrauch machen – als Gesetzgeber die Option anbietet: Wenn du willst, kannst du das Regime wechseln und dich wie ein Selbständiger behandeln lassen, dann aber mit allen Konsequenzen. Dadurch spart man sich Erfindungen wie „Berufsvermögen" oder „Einkünfteerzielungsvermögen". Wenn man so etwas begründen will, dann richtig: mit klarer gesetzlicher Regelung. Und in diesem Rahmen kann man dann auch spezielle Themen, etwa die Altersvorsorge, sachgerecht behandeln. Das Verfahren wird komplizierter und das ist daher auch nichts für den „Massenmarkt". Aber die Vielzahl der Fälle ist mit den Pauschalen ohnehin abgedeckt. Für die Wenigen, die übrig bleiben, könnte es eine Option sein – auf freiwilliger Basis.

Prof. Dr. *Stefan Schneider*, München

Sie haben, Herr *Dorenkamp*, dieses Äquivalenzprinzip angesprochen. Es ist richtig, bei der Betrachtung dieses Sozialversicherungsrechts kam mir eben auch der Gedanke. Einerseits haben wir da zwar diese zwangsweise Eigenversorgung, also vom Staat auferlegt. Andererseits könnte man aber vielleicht seitens des Gesetzgebers – das wäre dessen Aufgabe – noch mehr das Versicherungsprinzip einfließen lassen. Man sagt ja, wir verbeitragen einen Kern an Lohn, der mehr oder minder ganz einfach zu fassen ist. Und wenn der Arbeitnehmer sich dann höher versichern möchte oder noch diese oder jene Leistung versichert haben möchte, dann kann er das wählen und sagen, das möchte ich auch noch verbeitragt haben. Das kennt man ja bei diesen Minijobs etwa. Wenn Sie jetzt sagen Äquivalenzprinzip, da sind wir natürlich streng beim Versicherungsprinzip, aber wenn Sie sich die Politik anschauen, dann ist das – nach meiner Einschätzung – eher unerwünscht, weil wir die Sozialversicherungskassen füllen und da nicht Rosinenpickerei betreiben lassen. Das scheint mir also zwar rechtlich interessant, wird aber politisch nicht durchsetzbar sein.

Die andere Variante, die Sie auch noch angesprochen hatten: Sollte man das nicht möglichst einheitlich machen? Ich meine in der Tat, das, was an Sondertatbeständen in der Sozialversicherungsentgeltverordnung enthalten ist, sollte man unbedingt einheitlich machen. Wenn das auseinander läuft, bei § 37b Abs. 2 EStG oder auch bei den Feiertagszuschlägen, kann das eigentlich nicht vernünftig sein, zumal ja die Ermächtigungsverordnung, also die Vorgabe, sagt, möglichste Anpassung an das Steuerrecht. Aber ich würde das – diese möglichst einheitliche Behandlung – nicht so verstehen wollen, dass das insgesamt ein Prinzip sei für das Lohnsteuerrecht einerseits und das Sozialversicherungsrecht andererseits, weil da eben doch ganz unterschiedliche Prinzipien gelten, so dass man also diese möglichst einheitliche Behandlung nur bei Sonderfällen begrenzt, bei denen ohnehin klar ist, die werden auch lohnsteuerrechtlich schon ganz besonders behandelt, etwa Pauschalbesteuerung nach §§ 40, 40b EStG usw.

Dr. *Peter Möllmann*, Berlin

Eingangs vielleicht erst einmal zu Ihrer Frage, Herr Prof. *von Groll*. Natürlich ist es so, dass die Anschaffung eines Wirtschaftsguts aus Mitteln des Privatvermögens, also auch die Anschaffung einer Unternehmensbeteiligung durch einen Mitarbeiter mit Mitteln aus versteuertem Einkommen, zunächst einmal eine steuerlich irrelevante Vermögensumschichtung ist. So ist es auch vom FG Köln mit Urteil vom 20.5.2016 im Grundsatz entschieden worden. Das FG Köln hat in seiner Entscheidung darauf abgestellt, dass es durch den Erwerb einer Mitarbeiterbeteiligung zu fremdüblichen Konditionen im Grundsatz zu einer dauerhaften Durchbrechung des Veranlassungszusammenhangs zum Arbeitsverhältnis kommt. Mit anderen Worten: Beim Erwerb einer Mitarbeiterbeteiligung zu fremdüblichen Konditionen aus Mitteln des Privatvermögens gibt es keinen Veranlassungszusammenhang zum Arbeitsverhältnis, sodass auch keine Einnahmen aus nichtselbständiger Arbeit, Arbeitslohn, gegeben sind. Für diesen Fall stimme ich Ihnen uneingeschränkt zu. Anders ist es jedoch nach ständiger Rechtsprechung in dem Fall, in dem eine Unternehmensbeteiligung zu vergünstigten Konditionen eingeräumt wird. Wenn es hier einen Veranlassungszusammenhang zum Arbeitsverhältnis gibt, was anhand der von der Rechtsprechung in den letzten Jahren herausgearbeiteten Kriterien im Rahmen einer Gesamtschau zu prüfen ist, kann die Überlassung der Unternehmensbeteiligung zu einem steuerpflichtigen Sachbezug auf Seiten des Arbeitnehmers führen.

Man kann also sagen: Ein Anschaffungsvorgang in Bezug auf eine Unternehmensbeteiligung durch einen Arbeitnehmer hat keine Steuerfolgen, es sei denn, es mangelt an der Fremdüblichkeit. Wenn dann ein Veranlassungszusammenhang zum Arbeitsverhältnis besteht und ein Vorteil in die private Vermögenssphäre fließt, folgt daraus die entsprechende Lohnbesteuerung.

Zu der Frage, ob es nach einem Erwerb einer Unternehmensbeteiligung zu fremdüblichen Konditionen (oder auch, nachdem es zu einer sog. „Anfangsbesteuerung" beim Arbeitnehmer gekommen ist) zu einer *dauerhaften* Durchbrechung des Veranlassungszusammenhangs kommt mit der Folge, dass sodann nur noch Einkünfte aus Kapitalvermögen zufließen, würde ich an dieser Stelle gerne noch etwas sagen, weil Sie, Herr Prof. *Drüen*, das gestern auch schon einmal ganz kurz erwähnt hatten. Man kann m.E. trefflich darüber streiten, ob es in einem solchen Fall nicht doch wieder zu einer „Umqualifikation" zu Einkünften aus nichtselbständiger Arbeit kommen kann. Ich meine: Nein, aber nur, solange keine besonderen Umstände hinzutreten, die doch wieder einen Veranlassungszusammenhang zum Arbeitsverhältnis begründen. Das nämlich kann nach der – m.E. zutreffenden – Rechtsprechung des Bundesfinanzhofs und der Finanzgerichte durchaus der Fall sein. Denken Sie z.B. an die unangemessene Verzinsung z.B. eines Genussrechts; in diesem Zusammenhang hat es zunächst das FG Köln (Urteil vom 21.9.2011) und in der Revision auch der Bundesfinanzhof (Urteil vom 21.10.2014) konkret so entschieden. Ein anderes Beispiel ist der Exit-Bonus – hierzu das erwähnte Urteil des FG Münster vom 12.12.2014.

Wenn wir, um auf die Frage von Herr *Dorenkamp* einzugehen, den Fall einer verbilligten Anteilsüberlassung an einen Arbeitnehmer haben (nehmen wir, als einfaches Beispiel, eine zu vergünstigten Konditionen überlassene Belegschaftsaktie), dann kommt es tatsächlich, genau wie Sie gesagt haben, anders als in allen anderen Fällen – Tantieme, Bonus, virtuelles Optionsprogramm bzw. „Phantom Stock" – nicht zum Betriebsausgabenabzug auf Arbeitgeberseite, während der entsprechende Sachbezug beim Arbeitnehmer lohnsteuerpflichtig ist. Warum ist das so? Der I. Senat Bundesfinanzhof hat das bereits im Jahr 2010 entschieden. Letztlich hängt das Ergebnis mit dem Maßgeblichkeitsgrundsatz zusammen. Unter IFRS – genauer IFRS 2 „Aktienbasierte Vergütung" – müssen Aktienoptionen und andere aktienbasierte Vergütungskomponenten im Rahmen des betrieblichen (Personal-)Aufwands ausgewiesen werden. Unter den Grundsätzen ordnungsgemäßer Buchführung gem. HGB war der Ausweis aktienbasierter Vergütungskomponenten, insbesondere von Aktienoptionsprogrammen bzw. direkten Unternehmensbeteiligungen (z.B. Belegschaftsaktien), lange Zeit umstritten. Es gab letztlich drei Meinungen zu der Frage, wie hiermit bilanziell umzugehen ist. Die m.E. am ehesten nachvollziehbare Auffassung, der der Bundesfinanzhof jedoch ausdrücklich nicht gefolgt ist, ging davon aus, dass in dem Zeitpunkt, in dem die Aktienoption ausgeübt wird oder verbilligte Anteile überlassen werden, eine Rückstellung gebildet werden müsse. Nun existiert im HGB keine Vorschrift, die die Bildung einer solchen Rückstellung gestattet, denn eine Rückstellung erfordert immer zwingend eine Belastung des Betriebsvermögens. Eine Betriebsvermögensbelastung stellt sich in den hier betrachteten Fällen jedoch nicht ein, wenn auf *Anteilseignerebene* durch Anteilsausgabe lediglich eine wirtschaftliche bzw. anteilsmäßige Verwässerung stattfindet. Ich halte die Entscheidung des Bundesfinanzhofs insofern für richtig: kein betrieblicher Aufwand.

Es gibt aber in der Praxis folgende, häufig genutzte Gestaltungsmöglichkeit, die auch von der Finanzverwaltung durchgehend akzeptiert wird: In Konzernsachverhalten wird das Aktienoptionsprogramm häufig bei der obersten Konzernmuttergesellschaft, meist die börsengelistete Muttergesellschaft, eingerichtet. Die Anstellungsverhältnisse der am Aktienoptionsprogramm teilnehmenden Mitarbeiter bestehen aber sehr häufig mit unmittelbaren oder mittelbaren Tochtergesellschaften. Es kann nun eine Ausgleichsverpflichtung im Sinne eines Kompensationsmechanismus vereinbart werden, insbesondere wenn es sich bei der Arbeitgebergesellschaft um eine ausländische Konzerntochtergesellschaft handelt, wonach die Arbeitgeber-Tochtergesellschaft eine Kompensationszahlung an die ultimative Konzernmuttergesellschaft dafür leistet, dass an dieser Gesellschaft Anteile ausgegeben werden, die – als Barlohnersatz – bei der Arbeitgeber-Tochtergesellschaft eingesetzt werden. Das führt zu Betriebsausgaben bei der Arbeitgeber-Tochtergesellschaft und das wird auch seitens der Finanzverwaltung anerkannt. Der einzige Schwachpunkt, den ich an dieser Gestaltung sehe und den ich auch schon ab und zu mit Vertretern der Finanzverwaltung diskutiert habe, ist, dass hier die Annahme einer verdeckten Einlage (bei der Arbeitgeber-Tochtergesellschaft) naheliegen könnte – denn letztlich „zahlt" die Konzern-Muttergesellschaft hier für etwas, was sie gar nichts angeht, denn die wirtschaftliche bzw. anteilsmäßige Verwässerung tritt nicht bei ihr selbst, sondern auf *Anteilseignerebene* ein. Mit dieser Gestaltung kommt es dann also zu dem von Ihnen angesprochenen Gleichlauf von Betriebsausgabenabzug auf Arbeitgeberseite und Lohnbesteuerung auf Seiten des Arbeitnehmers.

Prof. Dr. *Marc Desens*, Leipzig

Wenn wir das Thema Werbungskosten haben und über das objektive Nettoprinzip reden, vielleicht kann ich doch noch einmal das „Fass" Verfassungsrecht aufmachen. Der Ausgangspunkt ist, dass das Bundesverfassungsgericht in ständiger Rechtsprechung sagt, es könne dahingestellt bleiben, ob das objektive Nettoprinzip einen Verfassungsrang habe, und das Bundesverfassungsgericht habe diese Frage bisher noch nicht entschieden. Wenn man jedoch in die älteren Entscheidungen schaut, hat es dort genau das Gegenteil entschieden, also dem objektiven Nettoprinzip gerade keinen Verfassungsrang eingeräumt. Analysiert man dagegen die jüngeren Entscheidungen, sieht das aber anders aus. Ich nehme einmal die wichtigsten Spezialfälle heraus: doppelte Haushaltsführung, Pendlerpauschale und häusliches Arbeitszimmer. Die Materien sind alle in Spezialregelungen geregelt und als solche Resultate von Entscheidungen des Bundesverfassungsgerichts. Wenn man die zugrunde liegenden Entscheidungen genau analysiert, lässt sich erkennen, dass es doch einen Kernbereich des objektiven Nettoprinzips gibt, der Verfassungsrang hat, nämlich die Aussage, dass zumindest notwendige Werbungskosten abziehbar sein müssen. Das stellt uns vor ein Folgeproblem: Wie grenzen wir das eigentlich ab? Wann sind Werbungskosten notwendig und wann nicht notwendig, also einfach „nur" veranlasst? Ich glaube, eine solche Abgrenzung ist stets nur typisierend möglich, wie die drei Beispielsfälle zeigen: Erinnern wir uns an die doppelte Haushaltsführung. Da lag der Typisierungsgedanke zugrunde, dass eine solche immer mehr privat veranlasst ist desto, länger jemand von zu Hause weg ist. Das war dann aber eine verfassungswidrige Typisierung bei sog. „Kettenabordnungen". Da konnte die doppelte Haushaltsführung auch auf Dauer nicht privat werden. Nehmen wir das häusliche Arbeitszimmer. Da war es nicht in Ordnung, wenn der Aufwand für das wirklich notwendige und damit dem Grunde nach zwingende Arbeitszimmer nicht abziehbar war. Aber der Höhe nach darf die Abziehbarkeit typisierend eingeschränkt werden. Dabei handelt es sich auch um eine Typisierung, die in gewisser Weise die Notwendigkeit von der Nicht-Notwendigkeit abgrenzt. Der letzte Fall – so lese ich die Pendlerpauschalen-Entscheidung – basiert auf dem gleichen Konzept. Da ging es zunächst um die Frage, ob die Fahrkosten zur Arbeit privat oder dienstlich sind. Wenn sich der Gesetzgeber aber dafür entscheidet, die Fahrkosten dem Grunde nach als dienstlich veranlasst anzusehen, dann kann man eben nicht typisierend sagen, dass die ersten 20 Kilometer nicht notwendig sind. Alternativ wäre der Gesetzgeber sogar frei gewesen, die Pauschale ganz abzuschaffen und damit die Fahrkosten insgesamt als nicht notwendig anzusehen. Meine Frage, vielleicht auch an Herrn *Schneider*, weil er fachlich auch damit beschäftigt ist, und natürlich dann auch an Herrn *Tappe*, wie sehen Sie das?

Prof. Dr. *Stefan Schneider*, München

Objektives Nettoprinzip würde ich genauso eingrenzen, dass es tatsächlich an Entscheidungen festgemacht worden ist, die in diesen Übergängen subjektives/objektives Nettoprinzip spielen, und auf die Notwendigkeit abstellt. Vorhin wurde die Entscheidung des Bundesverfassungsgerichts zur Pendlerpauschale zitiert. Da gab es auch noch einen Zusatz, dass nämlich das Verfassungsgericht gesagt hat, wir lassen dahinstehen, ob das jetzt Werbungskosten sind, also dem objektiven Nettoprinzip zuzuordnen ist oder dem subjektiven. Jedenfalls soweit Aufwendungen pflichtbestimmt notwendig sind, ziehen wir sie ab. Das ist auch eine Linie in der Rechtsprechung des Bundesverfassungsgerichts, wie ich es sehe, seit den 90er Jahren jedenfalls, dass es sich aus der einfach-rechtlichen Struktur heraushält und sagt, ob dieser Aufwand jetzt bei den Sonderausgaben, Werbungskosten, außergewöhnliche Belastungen, was auch immer, berücksichtigt wird, ist egal, das ist reines Systemrecht des Einkommensteuerrechts, also des einfachen Rechts. Aber was notwendig ist, muss von Verfassungs wegen abgezogen werden. Bei der Frage Pendlerpauschale kann man es so sehen, dass der Gesetzgeber sich so entscheidet – anders als es tatsächlich geschehen war –, das gehört nicht zu den Werbungskosten. Allerdings meine ich, dass aus der Entscheidung des Bundesverfassungsgerichts auch herauszulesen wäre, dass der Aufwand dann in typisierter Weise in das steuerliche Existenzminimum hineingerechnet und das steuerliche Existenzminimum dann aufgestockt werden müsste, um den durchschnittlichen Aufwand, den ein Arbeitnehmer typischerweise hat, um seine Arbeitsstelle letztlich zu erreichen, zu berücksichtigen, weil das dann mit zu dem pflichtbestimmten Lebensführungsaufwand im weitesten Sinne gehören würde. Angesichts dessen wäre sicher keinem damit geholfen gewesen, wenn dann der Gesetzgeber sagt, also gut, ich entscheide mich praktisch für die harte Lösung, die außerdem natürlich bei den Arbeitnehmern auch alles andere als gut angekommen wäre, es gibt keine Pendler-, Entfernungs- oder wie auch immer Pauschale. Bei den übrigen Werbungskosten – soweit sie eben diese Bereiche anbelangen, 1999 hat das Verfassungsgericht das erste Mal zum Arbeitszimmer entschieden – da meine ich, hat es zutreffend schon auf den Kern abgehoben und gesagt, wir haben hier notwendigen Aufwand, aber der berührt eben auch die Privatsphäre und die Deckelung – damals waren das noch 200 DM pro Monat, also 2400 DM pro Jahr – ist dann ungefähr angemessen für ein Zimmer anteilig und damit ist gut.

Prof. Dr. *Henning Tappe*, Trier

Wenn ich jetzt mit dem Verfassungsrecht anfange, bin ich gedanklich bei Herrn *Eisgruber*: „Das Thema ist zu groß". Ich will versuchen, die Frage in drei kleinen Schritten abzuarbeiten. Erstens: Im steuerlichen Verfahrensrecht, denken Sie an das „strukturelle Vollzugsdefizit", heißt es immer, es gehe um die Gleichheit im Belastungserfolg. Und letztlich ist es auch hier im materiellen Recht wichtig, dass man über die Gleichheit im Erfolg nachdenkt. Der Grundrechtseingriff ist die Geldzahlung am Schluss. Wie diese sich systematisch herleitet, das hilft uns dabei zu verstehen, ob das Ergebnis richtig ist. Aber verfassungsrechtlich kommt es doch nur auf das Ergebnis an: die richtige Belastung im Vergleich mit anderen – auch wenn dieser Vergleich natürlich schwieriger wird, wenn man den Weg dahin, die Gründe dafür nicht mehr nachvollziehen kann. Zweitens, zum objektiven Nettoprinzip: Ein bisschen provokant könnte man sagen, das objektive Nettoprinzip ist schon deswegen kein Verfassungsprinzip, weil das Einkommensteuerrecht kein Verfassungsprinzip ist. Denn das objektive Nettoprinzip leitet sich nur aus dem System des Einkommensteuerrechts ab. Das ist auch der Grund, warum alles, was mit dem objektivem Nettoprinzip begründet werden soll, immer eine relative Entscheidung bleibt, die am Maßstab des allgemeinen Gleichheitssatzes zu treffen ist. Wir sollten also nicht vom objektiven Nettoprinzip reden, sondern wir müssen über die Vergleichbarkeit von Sachverhalten reden. Und damit bin ich bei meinem dritten Punkt: Vergleichbarkeit von Sachverhalten. Der Gesetzgeber regelt einige Spezialfälle. Manches ist vom Bundesverfassungsgericht getrieben, manche dieser Spezialfälle sind aber auch schon uralt. Ich habe versucht, mit den Beispielen aus dem Reichseinkommensteuergesetz 1920 – auch im preußischen EStG 1891 gab es vergleichbare Spezialregelungen – deutlich zu machen, dass eine Sonderstellung der Fahrtkosten oder der doppelten Haushaltsführung schon aus dieser Zeit stammt. Man kann also nicht sagen, dass das durch unser Grundgesetz vorgegeben ist. Auf der anderen Seite ist es aber schon so, dass das Grundgesetz eine Gleichbehandlung auch durch den Gesetzgeber verlangt, und damit kommen wir zu dem Problem dieser Spezialregelungen – damit sind wir auch wieder bei der „Allgemeinheit des Gesetzes", dem Vortrag von *Gregor Kirchhof*. Es wäre wunderbar, wenn man auf Einzelfallregelungen verzichten und sich zurückziehen könnte auf „das ist privat"/„das ist beruflich" – dann subsumieren wir mal. Wir stellen aber fest, dass diese Subsumtion und die Abgrenzung zwischen beruflicher und privater Veranlassung eben sehr schwierig ist bei den Fahrtkosten, bei der Ausbildung, beim Arbeitszimmer usw. Deswegen hat sich der Gesetzgeber in den praktisch wichtigsten Fällen dafür entschieden, selbst zu bestimmen, in dem Fall ist es beruflich veranlasst, in dem Fall ist es nicht beruflich veranlasst. Hier steht der Rechtsanwender dann vor dem Problem der Auslegung: Passt der Fall noch darunter? Kommt eine Analogie in Betracht? Das war mein Beispiel mit der doppelten Haushaltsführung, besser: der „noch nicht doppelten Haushaltsführung", der bloßen Auswärtstätigkeit: Analogie oder Umkehrschluss? Beides ist denkbar. Das sind klassische Auslegungsfragen. Wenn wir aber diese methodischen Fragen verwechseln mit einer Gleichbehandlungsfrage, wenn wir die Methodik, die Auslegung des Gesetzes verwechseln mit der verfassungsrechtlichen Frage „Muss das so sein?", dann steckt da aus meiner Sicht ein Denkfehler. Deshalb habe ich meine Schwierigkeiten mit dem Verfassungsrang des objektiven Nettoprinzips.

Prof. Dr. *Klaus-Dieter Drüen*, München

Ich erlaube mir noch eine Anmerkung und eine Nachfrage an Herrn *Möllmann*, weil Sie ihre Darstellung aus Zeitgründen abgekürzt haben. Ich sehe zwischen uns keinen Widerspruch. Ich hatte gestern nur die verschiedenen Möglichkeiten angesprochen, um die Einkunftsartenabgrenzung vorzunehmen: Stellt man bei der Beurteilung einheitlich auf alle, von Ihnen noch einmal dargestellten Phasen ab, dass die Mitarbeiterbeteiligung eingeräumt wird, sie gehalten wird und sie später aufgelöst wird? Ist das überperiodisch ein einheitlicher Vorgang und kann dieser nur einheitlich einer Einkunftsart zugeordnet werden, was einen zwischenzeitlichen Wechsel der Einkunftsarten ausschließen würde? Das wird vertreten, ist aber nicht meine Position. Ich bevorzuge die Analyse der einzelnen Phasen, ob insoweit Sonderkonditionen vorliegen, die nur aus dem Dienstverhältnis zu erklären sind. So hatten Sie auch die Entscheidung des FG Köln verstanden. Zu fragen ist danach, ob die Beteiligung zu allgemeinüblichen Konditionen erfolgt oder aber mit Rücksicht auf das Dienstverhältnis nur dem Arbeitnehmer besondere Möglichkeiten eingeräumt werden. Insoweit besteht überhaupt gar kein Dissens, weil ich nur die verschiedenen Möglichkeiten aufzeigen wollte. Allgemein hat Herr *Tappe* auch noch einmal verdeutlicht, Veranlassungsfragen sind Wertungsfragen. Diese kann man nicht aus dem Bauch lösen, sondern in Rückkoppelung mit dem Gesetz. Darum ist die entscheidende Frage: Woran knüpfe ich bei mehrphasigen Beteiligungsprogrammen steuerrechtlich an?

Dr. Peter Möllmann, Berlin

Vielen Dank, Herr Prof. Drüen, für diese Anmerkung. Das führt mich zu einem weiteren Punkt, den ich eben, im Rahmen meines Vortrags, ausgelassen hatte, nämlich die Frage, ob, wenn es einmal einen Lohnzufluss, z.b. im Rahmen einer sog. „Anfangsbesteuerung" gab, es dann nicht ein „Stammrecht" gibt, beispielsweise ein Genussrecht, eine Aktie oder – allgemeiner gesprochen – ein gesellschaftsrechtliches Mitgliedschaftsrecht, aus der im Prinzip nur noch Kapitaleinkünfte zufließen können? Wir sind ja beide der Ansicht, dass man diese Frage nicht pauschal mit ja oder nein beantworten kann, sondern dass das schon ein bisschen differenzierter zu sehen ist. Es kann Konstellationen geben, in denen es im Realisationszeitpunkt zu Zuflüssen kommt, die doch wieder vom „Stammrecht" losgelöst und durch das Arbeitsverhältnis veranlasst sind, z.B. im Falle des zuvor erwähnten „Exit-Bonus", der Gegenstand des Urteils des FG Münster vom 12.12.2014 war, oder im Falle des Genussrechtsurteils des BFH vom 5.11.2013.

Da gibt es dann eine ganz spannende Folgefrage, die m.E. noch nicht abschließend geklärt ist. Nämlich die Frage, ob in solchen Fällen je nach Veranlassungszusammenhang eine Aufteilung der Einkünfte erfolgen kann bzw. sogar muss? Als Beispiel hierzu möchte ich Ihnen das Genussrechtsurteil des BFH vom 5.11.2013 vor Augen führen. In dem der Entscheidung zugrunde liegenden Fall ging es um ein Genussrecht, das marktüblich verzinst war und im Übrigen vorsah, dass der Mitarbeiter am Ende der Laufzeit des Genussrechts eine Schlusszahlung bekommen sollte, deren Höhe sich nach dem Verkehrswert des Unternehmens zum Zeitpunkt der Schlusszahlung richtete.

Nun lag der Fall so, dass der Unternehmenswert um ein Vielfaches anstieg, und die vertragliche Schlusszahlung wäre tatsächlich recht hoch ausgefallen. Aus irgendwelchen Gründen, die Schilderung der Sachverhaltsumstände ist diesbezüglich wenig aussagekräftig, haben die Parteien die Bedingungen des Genussrechts dann ca. ein Jahr vor Ende der Laufzeit abgeändert und vereinbart, dass nicht der anhand eines bestimmten Verfahrens zu berechnende und aus dem Wertverhältnis abzuleitende Schlusszahlungsbetrag, sondern eine fixe Summe (rd. 1,6 Mio. Euro) an den Arbeitnehmer zu zahlen sind. Der rechnerische Wert, der sich ergeben hätte, wenn man die ursprünglich vereinbarte Bewertungsformel zugrunde gelegt hätte, hätte rd. 1,1 Mio. Euro betragen.

Das Finanzamt stellt sich nun auf den Standpunkt, dass in Höhe des Differenzbetrags von 500 000 Euro lohnsteuerpflichtige Einkünfte vorgelegen hätten. In Höhe von 1,1 Mio. Euro, also in Höhe des Sockelbetrags gem. ursprünglich vereinbarter Bewertungsformel, ging das Finanzamt wohl davon aus, dass Einkünfte aus Kapitalvermögen vorgelegen hätten. Die Aufteilung der Einkünfte wurde demnach im finanzgerichtlichen Verfahren nicht weiter thematisiert. In der Revisionsentscheidung des BFH gibt es aber einige „Randbemerkungen", aus denen man ableiten könnte, dass die seitens des Finanzamts erfolgte Einkünfteaufteilung nicht hätte vorgenommen werden dürfen. Ich meine, das ist falsch, und die BFH-Entscheidung kann auch nicht dahingehend verstanden werden. Wenn es, was ja durchaus möglich ist, zwei Veranlassungszusammenhänge gibt (hier: Kapitaleinkünfte einerseits und Lohn andererseits) gilt als allgemeines Prinzip, auch im Rahmen von § 2 EStG, dass die Gesamttätigkeit eines Steuerpflichtigen entsprechend aufzuteilen ist, es sei denn, dass diese so eng miteinander verwoben sind, dass eine Aufteilung unmöglich ist.

In dem hier beschriebenen Fall gab es ein Stammrecht, das Genussrecht, aus dem sich zum einen Kapitaleinkünfte und zum anderen – aufgrund der nachträglichen Vertragsänderung – Einkünfte aus nichtselbständiger Arbeit ergaben. Diese sind auch recht einfach aufzuteilen. Wäre der Genussrechtsvertrag „regulär" (d.h. ohne Vertragsänderung) durchgeführt worden, hätten sich 1,1 Mio. Euro Kapitaleinkünfte ergeben. Der darüber hinaus gehende Betrag (0,5 Mio. Euro) ist hingegen nicht mehr durch das Genussrecht („Stammrecht") erklärbar, sondern kann eigentlich nur noch durch das Arbeitsverhältnis veranlasst sein. Ich bin der Meinung, dass man in solchen Fällen eine Aufteilung der Einkünfte vornehmen muss. Dass der BFH diesbezüglich keine ganz eindeutige Aussage getroffen hat, ist für die Praxis misslich.

Lohnsteuerrechtliche Fragen der betrieblichen Altersvorsorge

Dr. *Heinz-Gerd Horlemann*
Herzogenaurach*

I. Rückblick

II. Änderungen: Vollzogen, nicht vollzogen, geplant?

III. Altersvorsorge
1. Begrifflichkeiten
   a) Nachgelagerte Besteuerung
   b) Altersvorsorge vs. Altersversorgung
2. Rechtsentwicklung
   a) Historie einer umfassenden Reform der Besteuerung von Altersbezügen
      aa) Entscheidung des BVerfG aus dem Jahr 1980
      bb) Entscheidung des BVerfG aus dem Jahr 1992
      cc) Verschärfung durch Erhöhungen des Grundfreibetrags
   b) Zusammenhang zwischen Anspar- und Auszahlungsphase erkannt
   c) Die maßgebliche Entscheidung des BVerfG aus dem Jahr 2002
   d) Das Alterseinkünftegesetz
      aa) Strukturelle Ansätze der Regelungen
      bb) (Keine) Vorgaben des BVerfG
      cc) Entscheidung für ein System der nachgelagerten Besteuerung
   e) Vermeidung der Zweifachbesteuerung

IV. Arbeitslohn
1. Begriff
2. Versorgungsleistungen/Versorgungsbezüge
   a) Versorgungsleistungen
   b) Versorgungsbezüge
3. Zukunftssicherung
4. Insbesondere: Pensionsfonds, Pensionskasse, Direktversicherung

V. Betriebliche Altersversorgung
1. Schnittstellen zum Arbeits- und Betriebsrentenrecht
2. Schnittstellen zum Sozialversicherungsrecht
3. Besteuerungssystematik

VI. Fragen?
1. Übergangsregelungen Alt-/Neuzusage

---

* Der Autor ist Regierungsdirektor a.D., u.a. Mitverfasser beim „Kölner Entwurf eines Einkommensteuergesetzes" (2005) und war ad personam in die Allparteienkommission „Steuergesetzbuch" der Stiftung Marktwirtschaft berufen (*J. Lang/M. Eilfort*, Strukturreform der deutschen Ertragsteuern, 2013). Er ist Herausgeber des Kommentars „Staatliche Förderung der Altersvorsorge und Vermögensbildung (AuV)", Erich Schmidt Verlag, Berlin. – Das Manuskript ist der aktuellen Entwicklung gefolgt und gegenüber der Vortragsfassung nach dem Stand von Anfang April 2017 erweitert worden.

2. Aufzeichnungspflichten
3. Arbeitszeit- oder Zeitwertkonto
4. Internationales

VII. Antworten?

1. Gutachten im Auftrag des Bundesministeriums für Arbeit und Soziales

2. Gutachten im Auftrag des Bundesministeriums der Finanzen
3. Zielrentensystem
4. Vereinfachung?

VIII. Nachtrag

I. Rückblick

Vor dreißig Jahren erschien Band 9 der Veröffentlichungen der Deutschen Steuerjuristischen Gesellschaft e.V. anlässlich ihrer Jahrestagung 1985 in Bad Ems mit dem Titel „Grundfragen des Lohnsteuerrechts". *Heinrich Wilhelm Kruse*[1] nannte die Lohnsteuer seinerzeit „Inspektorenmaterie". Dass diese Bezeichnung heute nicht mehr angemessen ist, haben die bisherigen grundlegenden Vorträge und Diskussionen hinreichend belegt, meine ich.

Im Gegensatz zu 1985 spielt heute auch das Thema „betriebliche Altersvorsorge" eine Rolle, zu dem ich nun vortragen darf.

II. Änderungen: Vollzogen, nicht vollzogen, geplant?

Seit 1985 ist Einiges passiert, Einiges nicht, Einiges in Aussicht gestellt:

1. Die heutige Definition des Arbeitslohns ist nach wie vor nicht im Gesetz, sondern in der Lohnsteuer-Durchführungsverordnung[2] enthalten und beruht – immer noch – auf Entscheidungen des BFH aus den Anfängen der 1980er Jahre[3].

2. Die gleichheitswidrige Besteuerung von Renten und Pensionen ist mit dem AltEinkG[4] beseitigt worden und einer nachgelagerten Be-

---

1 In *Stolterfoht* (Hrsg.), Grundfragen des Lohnsteuerrechts, DStJG 9 (1986), S. 1 f.
2 § 2 Abs. 1 Lohnsteuer-Durchführungsverordnung (LStDV) i.d.F. der Bek. vom 10.10.1989, BGBl. I 1989, 1848, BStBl. I 1989, 405, zuletzt geä. durch Art. 6 des G. vom 18.7.2016, BGBl. I 2016, 1679, BStBl. I 2016, 694.
3 BFH v. 17.7.1981 – VI R 205/78, BStBl. II 1981, 733, und der Grundsatzentscheidung BFH v. 17.9.1982 – VI R 75/79, BStBl. II 1983, 39.
4 Alterseinkünftegesetz (AltEinkG) vom 5.7.2004, BGBl. I 2004, 1427, BStBl. I 2004, 554, 740.

steuerung gewichen. Diese wurde auch auf die betriebliche Altersversorgung ausgedehnt.
3. Die aktuelle politische Diskussion beschäftigt sich angesichts des Bundestagswahljahrs 2017 verstärkt mit dem Thema „Altersversorgung"[5]. Hierzu liegen verschiedene Gutachten vor, die die Bundesregierung in Auftrag gegeben hatte.

Die darin dargestellten empirischen Untersuchungen zeigen: Lohnsteuerrechtliche Fragen stellen keinen Hinderungsgrund zur Einrichtung einer betrieblichen Altersversorgung dar. Das ist aber durchaus verständlich, denn die gleichen Befragten gaben auch zu, die steuerlichen Rahmenbedingungen überhaupt nicht zu kennen. Außerdem werden sie wohl durch sozialversicherungsrechtliche Fragestellungen (Stichwort „Doppelverbeitragung") und die Behandlung bei Bezug von Sozialleistungen (Stichwort „Anrechnung auf die Grundsicherung") überlagert[6].

Wohl deshalb konzentriert sich die Diskussion nicht auf das Lohnsteuer(abzugs)verfahren.

– Hier ist allerdings gerade eine Änderung durch das Gesetz zur Modernisierung des Besteuerungsverfahrens mit § 39e Abs. 5a EStG für den Lohnsteuerabzug bei verschiedenartigen Bezügen, z.B. bei „Betriebsrentenzahlungen und Arbeitslohn für ein aktiv ausgeübtes Dienstverhältnis des Arbeitnehmers, Zahlungen von Hinterbliebenenbezügen und von eigenen Versorgungsbezügen des Arbeitnehmers und Arbeitslohn für ein aktiv ausgeübtes Dienstverhältnis sowie Arbeitslohn für eine Teilzeitbeschäftigung während einer Elternzeit", erfolgt[7].

---

[5] Z.B. auch bei der gesetzlichen Rentenversicherung, dort mit dem Flexirentengesetz v. 8.12.2016, BGBl. I 2016, 2838; s. auch *BMAS* (Hrsg.), Das Gesamtkonzept zur Alterssicherung, März 2017, s. http://www.bmas.de/DE/Service/Medien/Publikationen/a884-gesamtkonzept-zur-alterssicherung.html (6.4.2017).
[6] Vgl. Gutachten im Auftrag des BMF: *Kiesewetter/Grom/Menzel/Tschinkl*, Optimierungsmöglichkeiten bei den bestehenden steuer- und sozialversicherungsrechtlichen Förderregelungen der betrieblichen Altersversorgung, April 2016, s. http://www.bundesfinanzministerium.de/Content/DE/Standardartikel/Themen/Steuern/Weitere_Steuerthemen/Altersvorsorge/2016-04-15-Optimierungsmoeglichkeiten-Foerderregelungen-betriebliche-Altersversorgung.html (15.8.2016), Zusammenfassung S. 137 f.; im Folgenden zitiert als Gutachten I.
[7] Gesetz zur Modernisierung des Besteuerungsverfahrens v. 18.7.2016, BGBl. I 2016, 1679; BT-Drucks. 18/7457, 100 f.

- Auch eine jüngst veröffentlichte Entscheidung des BFH ist für unseren Kontext nicht wirklich aktuell, da sie auslaufendes Recht betrifft, nämlich § 40b EStG a.F.: Dabei ging es um die Frage, ob der Verlust von Ansprüchen des Arbeitnehmers auf eine betriebliche Altersversorgung (hier: Direktversicherung) zu einer Arbeitslohnrückzahlung führe und deshalb die seinerzeit pauschal entrichtete Lohnsteuer zu erstatten sei. Zumindest die letzte Teilfrage hat der BFH verneint, weil der Arbeitgeber seinerzeit ein Wahlrecht zugunsten der Pauschalbesteuerung ausgeübt und diese deshalb auch endgültig zu tragen habe[8].

Der Befund, den *Gregor Kirchhof* im Sommer 2015 in Berlin artikuliert hat, nämlich „Die Überforderung der Arbeitgeber durch den Lohnsteuerabzug"[9], bleibt allerdings angesichts der komplexen Fragestellungen des Lohnsteuerrechts weiterhin gültig. Als Beispiele seien nur genannt

- die Beurteilung von „Betriebsveranstaltungen"[10],
- der Kirchensteuerabzug bei Pauschalierung der Lohn- und Einkommensteuer, also auch im Zusammenhang mit § 40b EStG[11].

Wegen der Schnittstellenproblematik zum Arbeits- und Betriebsrenten- sowie Sozialversicherungsrecht, konzentrieren sich die aktuellen Überlegungen aber darauf und beziehen sich vor allem auf evtl. Systemumstellungen oder -ergänzungen zur Sicherstellung der Altersvorsorge, insbesondere für kleine und mittlere Unternehmen (KMU) und Geringverdiener.

Bis auf wenige Ausnahmen beruhen die lohnsteuerrechtlichen Fragestellungen ohnehin auf der Komplexität der Regelungen zur steuerrechtlichen Behandlung der Altersvorsorge, insbesondere auf dem gesonderten System der nachgelagerten Besteuerung, aber v.a. auch auf dem Übergang vom alten auf das neue System. Somit konzentriere ich mich in meinem Vortrag auf die Untersuchung (steuer)systematischer Grundfragen.

---

8 BFH v. 28.4.2016 – VI R 18/15, BStBl. II 2016, 898.
9 *G. Kirchhof*, FR 2015, 773, auf der Basis seines Vortrags bei den 55. Berliner Steuergesprächen am 15.6.2015, vor dem Hintergrund der Arbeitslohndefinition bei Leistungen im „ganz überwiegenden eigenbetrieblichen Interesse" und den Vorschlägen zu einer „Modernisierung des Besteuerungsverfahrens".
10 § 19 Abs. 1 Satz 1 Nr. 1a EStG, eingefügt durch G. vom 22.12.2014, BGBl. I 2014, 2417, BStBl. I 2015, 58, und dazu das BMF, Schr. v. 14.10.2015 – IV C 5 - S 2332/15/10001; 2015/0581477, BStBl. I 2015, 832; *Albert*, FR 2017, 329.
11 Gleichlautende Ländererlasse vom 8.8.2016, BStBl. I 2016, 773.

Die Problematik bei beherrschenden Gesellschafter-Geschäftsführern habe ich ausgeklammert, da sie sich auf die Schnittstelle zwischen Arbeitnehmer- und Gesellschaftereigenschaft bezieht und insoweit einen nicht durch die Thematik der betrieblichen Altersversorgung allein intendierten Spezialbereich betrifft.

III. Altersvorsorge

1. Begrifflichkeiten

a) Nachgelagerte Besteuerung

Die nachgelagerte Besteuerung unterscheidet sich von der traditionellen Einkommensbesteuerung[12] lediglich durch den Zeitpunkt der steuerlichen Erfassung, indem zunächst Aufwendungen für die Altersversorgung von der steuerlichen Bemessungsgrundlage abgezogen (und damit aus unversteuertem Einkommen erbracht) werden, während die daraus resultierenden späteren Versorgungsleistungen – dann in voller Höhe – in die steuerliche Bemessungsgrundlage einbezogen werden[13].

Die nachgelagerte Besteuerung folgt dem Prinzip der Besteuerung nach der Leistungsfähigkeit (mit den beiden Komponenten objektives und subjektives[14] Nettoprinzip). Andererseits betrachtet sie die lebenszeitlich

---

12 Geprägt durch die von *J. Lang* entwickelte (erweiterte) Markteinkommenstheorie, vgl. zusammenfassend *Dorenkamp*, Nachgelagerte Besteuerung von Einkommen, 2004, S. 35 (38 f. m.w.N.).
13 „... investierte Reinvermögensmehrungen [werden] zum Abzug von der Bemessungsgrundlage zugelassen. Dafür wird die Auflösung der Ersparnisse belastet, die aus unversteuertem Einkommen gebildet wurden. Die Ausgrenzung der Ersparnisbildung [aus der Bemessungsgrundlage] korrespondiert mit der Erfassung der Ersparnisauflösung [in der Bemessungsgrundlage] (nachgelagertes Korrespondenzprinzip)." Der wesentliche Unterschied liegt allerdings „in der impliziten Steuerbefreiung von Kapitaleinkommen", zusammenfassend *Dorenkamp*, Nachgelagerte Besteuerung von Einkommen, 2004, S. 45 ff., 64 ff. m.w.N. Langfristig soll dies allerdings auf Grund des demografischen Wandels zu einem fiskalisch negativen Saldo führen, vgl. Monatsbericht des BMF v. 27.1.2017, http://www.bundesfinanzministerium.de/Monatsberichte/2017/01/Inhalte/Kapitel-3-Analysen/3-4-Herausforderungen-Steuerrecht-demografische-Entwicklung.html (6.4.2017); Abschn. 3.2.16 der Studie im Auftrag des BMF v. 26.8.2016, http://publica.fraunhofer.de/eprints/urn_nbn_de_0011-n-4176903.pdf (6.4.2017).
14 Unstreitig dürfte wohl nach der Entscheidung des BVerfG v. 13.2.2008 – 2 BvL 1/06, DStR 2008, 604 (Az. des EGMR: 2795/10, unzulässig) zum Abzug von Krankenversicherungsbeiträgen sein, dass die steuerliche Leistungsfähig-

einmalige Erfassung des Markteinkommens (Lebenseinkommensprinzip) als den richtigen Indikator steuerlicher Leistungsfähigkeit und bewertet demzufolge das Periodizitätsprinzip als lediglich technisches Prinzip, das den Leistungsfähigkeitsindikator des Lebenseinkommens willkürlich zerschneidet[15].

Die nachgelagerte Besteuerung vermeidet auch eine Zweifachbesteuerung[16] bzw. stellt eine Einmalbesteuerung des Markteinkommens sicher, eine Fragestellung, über die letztlich auch das BVerfG nur entschieden hat[17]. Beides ist nur sichergestellt, wenn eine periodenübergreifende Berücksichtigung der jeweiligen Besteuerungstatbestände erfolgt; diese bestehen aus der Nichterfassung von Einkommensteilen, die der Zukunftssicherung dienen, bzw. deren Abzug von der Bemessungsgrundlage einerseits und der spiegelbildlichen Erfassung[18] daraus resultierender späterer Auszahlungen für Konsumzwecke andererseits[19].

---

keit auch in dieser bisherigen Interpretation zumindest dann eingeschränkt ist, wenn der Steuerpflichtige sich – wie bei der gesetzlichen Rentenversicherung – der Beitragszahlung nicht entziehen kann, bzw. wenn ihm die Geldmittel aktuell nicht für Konsumzwecke zur Verfügung stehen, weil er sie zur existenziellen Mindestvorsorge für die Zukunft benötigt – ausdrücklich entschieden ist diese Frage allerdings noch nicht.

15 *Lang/Herzig/Hey/Horlemann/Pelka/Pezzer/Seer/Tipke*, Kölner Entwurf eines Einkommensteuergesetzes, 2005, Rz. 129; zur Herstellung einer praktischen Konkordanz zwischen objektivem Nettoprinzip und (s)einer zeitlichen Dimension (Abschnittsbesteuerung vs. Totalperiode) vgl. *Heuermann*, System- und Prinzipienfragen beim Verlustabzug, FR 2012, 435.

16 Gemeint ist damit die „Versteuerung von Altersbezügen auch insoweit, als die entsprechenden Beiträge aus bereits versteuertem Einkommen geleistet wurden", BFH v. 21.6.2016 – X R 44/14, DStR 2016, 2575, Rz. 19. Der Begriff „Doppelbesteuerung" sollte an dieser Stelle vermieden und für das internationale Steuerrecht im Zusammenhang mit den Doppelbesteuerungsabkommen reserviert werden.

17 BVerfG v. 6.3.2002 – 2 BvL 17/99, BStBl. II 2002, 618.

18 Diesen Zusammenhang macht auch BFH v. 21.6.2016 – X R 44/14, DStR 2016, 2575, Rz. 35, bei der Prüfung einer zweifachen Besteuerung deutlich: „„... sowohl die Altersvorsorgebeiträge als auch die späteren Altersbezüge [sind] ... als einheitliches Ganzes zu sehen. Ebenso wie in der Beitragsphase in jedem Jahr steuerbelastete und steuerentlastete Beiträge zusammentreffen, so treffen auch in jedem Jahr des Rentenbezugs steuerpflichtige und steuerfreie Bezüge zusammen."

19 Vgl. dazu etwa *Horlemann*, Gedanken zur dogmatischen Einordnung nachgelagerter Besteuerung, FR 2006, 1075; *P. Fischer*, Die Rechtsnatur von Aufwendungen zur Altersvorsorge, FR 2007, 76.

b) Altersvorsorge vs. Altersversorgung

Unter dem Begriff der „Altersvorsorge" werden i. a. alle „Aktivitäten, die allein auf den Ansparprozess von Vermögen im Hinblick auf die Sicherung des Lebensstandards im Alter abzielen," verstanden, während der Begriff „Altersversorgung" neben der Ansammlung von Kapital auch die Absicherung biometrischer Risiken wie Langlebigkeit, Invalidität oder Hinterbliebenenversorgung umfasst[20].

Diese Unterscheidung wird allerdings weder im Einkommensteuergesetz eindeutig vorgenommen, noch werden die Begriffe einheitlich verwandt[21]: Die Vorstellungen hierüber haben sich aber auch inhaltlich laufend je nach politischer Konstellation verändert. Bei der Verabschiedung des Alterseinkünftegesetzes[22] dürfte jedoch hinreichend klar geworden sein, dass der Gesetzgeber nur auf Regelungen zur steuerlichen Behandlung der „Altersversorgung" im obigen Sinne und dies dazu noch in einem dem Grunde und der Höhe nach sehr eingeschränkten Umfang (nämlich im Kern nur für laufende Altersbezüge) abzielte.

Da er auch das historisch ältere Gesetz zur betrieblichen Altersversorgung in Übereinstimmung mit dessen § 1 mit diesem Begriff versehen hat[23], bevorzuge ich allgemein diesen, auch wenn ich steuerpolitisch viel Sympathie für eine Ausdehnung der nachgelagerten Besteuerung hege.

2. Rechtsentwicklung

Das BVerfG hat kürzlich mehrere Verfassungsbeschwerden gegen das AltEinkG[24] nicht zur Entscheidung angenommen: Die unterschiedslose (nachgelagerte) Besteuerung der Alterseinkünfte von vormaligen Arbeitnehmern und vormals selbständig Tätigen sowie Beamten führe nicht zu einer Ungleichbehandlung dieser beiden Personengruppen. Gleiches gelte auch für die Übergangsregelung. Es liege auch keine verfassungswidri-

---

20 Vgl. dazu den Bericht des Arbeitskreises „Betriebliche Pensionsfonds" – sog. *Gerke*-Kommission – im Auftrag des „Forums Finanzplatz beim Bundesministerium der Finanzen", *BMF*-Schriftenreihe Heft 64, 1998.
21 Vgl. auch Gutachten I (Fn. 6) S. 1 Fn. 2 ebenda.
22 Vgl. dazu statt vieler *Horlemann*, Überblick über das Alterseinkünftegesetz, FR 2004, 1049.
23 Gesetz zur Verbesserung der betrieblichen Altersversorgung (Betriebsrentengesetz – BetrAVG) v. 19.12.1974, BGBl. I 1974, 3610, zuletzt geä. durch Art. 3 Nr. 2 des G. v. 21.12.2015, BGBl. I 2015, 2553.
24 Alterseinkünftegesetz (AltEinkG) v. 5.7.2004, BGBl. I 2004, 1427, BStBl. I 2004, 554, 740.

ge Zweifachbesteuerung vor, da die (bereits) steuerfrei bezogenen Renteneinkünfte die Summe der von den Steuerpflichtigen geleisteten Beiträge überstiegen. Offen bleiben konnte, ob die Begrenzung des Abzugs der Vorsorgeaufwendungen den verfassungsrechtlichen Anforderungen gerecht wird[25].

Damit hat das BVerfG das AltEinkG und die Systemumstellung auf die nachgelagerte Besteuerung nahezu komplett gebilligt und sich in vollem Umfang der Rechtsprechung des BFH angeschlossen[26]. Lediglich die Frage einer möglichen Zweifachbesteuerung ist offen geblieben, da eine solche im Streitfall ausgeschlossen war, nachdem die Summe der steuerfrei bezogenen Renteneinkünfte höher war als die Summe der geleisteten Beiträge. Zutreffend wird m.E. aber die Auffassung vertreten, dass in Fällen, in denen die nicht entlasteten Beiträge die steuerfreien Rentenzuflüsse übersteigen, die steuerbare Rente in Höhe des Differenzbetrags nur mit dem Ertragsanteil zu erfassen sei[27].

a) Historie einer umfassenden Reform der Besteuerung von Altersbezügen

Die Besteuerung von Altersbezügen war schon seit vielen Jahren auf Grund mehrerer Entscheidungen des BVerfG als reformbedürftig erkannt gewesen[28].

---

25 BVerfG v. 29.9.2015 – 2 BvR 2683/11, DStR 2015, 2757, BStBl. II 2016, 310; BVerfG v. 30.9.2015 – 2 BvR 1066/10, FR 2016, 78 m. Anm. *Weber-Grellet* (Vorinstanz: BFH v. 4.2.2010 – X R 52/08, BFH/NV 2010, 1523); BVerfG v. 30.9.2015 – 2 BvR 1961/10, HFR 2016, 77 (Vorinstanz: BFH v. 18.5.2010 – X R 29/09, BStBl. II 2011, 591).
26 *Weber-Grellet*, FR 2016, 85 (87).
27 *Weber-Grellet*, FR 2016, 85 (88).
28 BVerfG v. 26.3.1980 – 1 BvR 121/76, 1 BvR 122/76, BStBl. II 1980, 545; BVerfG v. 24.6.1992 – 1 BvR 459/87, 1 BvR 467/87, BStBl. II 1992, 774; *Ahrend*, Die Vorschläge der Kommission Alterssicherungssysteme zur Neuregelung der Besteuerung der Alterseinkünfte, BB 1984, 1565; *Zitzelsberger*, Reformüberlegungen zur Besteuerung der Alterseinkommen, DStZ 1984, 467; *BMF* (Hrsg.), Gutachten des Wissenschaftlichen Beirats beim BMF zur einkommensteuerlichen Behandlung von Alterseinkünften, Schriftenreihe des BMF, Heft 38, 1986; *Erhard*, In memoriam? Neuordnung der Einkommensbesteuerung von Alterseinkünften, DB 1987, 1215; BT-Drucks. 11/2910; *Knospe*, Ökonomische Probleme der Besteuerung von Alterseinkünften, IFSt-Schrift Nr. 340, 1995.

aa) Entscheidung des BVerfG aus dem Jahr 1980

Zwar hatte das BVerfG im Jahr 1980 die unterschiedliche Besteuerung der Beamtenpensionen und der Renten aus der gesetzlichen Rentenversicherung sowie der Zusatzversorgung – jedenfalls für die Jahre 1969 und 1970 – noch als mit dem Gleichheitssatz in Art. 3 Abs. 1 GG vereinbar angesehen. Es hatte jedoch zugleich festgestellt, dass der Umfang der steuerlichen Begünstigungen für Rentner gegenüber pensionierten Beamten inzwischen ein Ausmaß erreicht hatte, das eine Korrektur notwendig machte[29]. Da die Gesamtregelung in den Jahren 1969/1970 und in der Folgezeit aber noch den verfassungsrechtlichen Anforderungen genügte, nötigte sie damals nicht dazu, die unterschiedliche Besteuerung für verfassungswidrig zu erklären. Vorhandene Ungleichheiten führten nämlich nicht in jedem Falle zur sofortigen Verfassungswidrigkeit der vorgefundenen Regelung, da der Gesetzgeber zur Beseitigung solcher Ungleichheiten in bestimmten Fällen Fristen in Anspruch nehmen könne, insbesondere wenn die tatsächlichen Verhältnisse sich im Rahmen einer langfristigen Entwicklung in einer Weise verändert hätten, dass die Beseitigung der Unstimmigkeiten durch eine einfache und daher schnell zu verwirklichende Anpassung nicht möglich wäre. Dieser Gesichtspunkt treffe bei der Besteuerung von Alterseinkünften zu, zumal der Gesetzgeber auch vermeiden müsse, eine Benachteiligung anderer Bezieher von Alterseinkünften oder der noch aktiv Erwerbstätigen zu bewirken. Der Gesetzgeber wurde aber verpflichtet, eine Neuregelung in Angriff zu nehmen, wobei das BVerfG hierfür keine konkrete Frist setzte.

bb) Entscheidung des BVerfG aus dem Jahr 1992

Der dem Gesetzgeber für eine Neuregelung einzuräumende Zeitrahmen war angeblich auch im Jahr 1989 noch nicht überschritten. In seiner diesbezüglichen Entscheidung aus dem Jahr 1992[30] hatte das BVerfG einerseits festgestellt, die Bundesregierung und die sie tragenden Parteien hätten durch die Einsetzung der Sachverständigenkommission „Alterssicherungssysteme" eine Neuregelung unverzüglich in Angriff genommen. Andererseits habe aber auch das spätere Zögern des Gesetzgebers angesichts der ablaufenden Legislaturperiode noch keine Verletzung von Verfassungsrecht dargestellt, da die Lösung so komplizierter Fragestel-

---

29 BVerfG v. 26.3.1980 – 1 BvR 121/76, 1 BvR 122/76, BStBl. II 1980, 545 (552 ff.).
30 BVerfG v. 24.6.1992 – 1 BvR 459/87, 1 BvR 467/87, BStBl. II 1992, 774.

lungen im allgemeinen eine mehrjährige parlamentarische Arbeit beanspruche und in Rechnung zu stellen sei, dass in der Folgezeit die mit der deutschen Wiedervereinigung zusammenhängenden Probleme zu lösen waren. Dadurch seien die Fragen einer Neuregelung der Besteuerung von Alterseinkünften noch komplizierter geworden.

cc) Verschärfung durch Erhöhungen des Grundfreibetrags

Wenngleich danach der dem Gesetzgeber eingeräumte Zeitrahmen für eine Neuregelung der Besteuerung von Alterseinkünften noch nicht abgelaufen und zwischenzeitlich eine Verbesserung der Regelungen aufgrund kleinerer Korrekturen durch den Gesetzgeber zu verzeichnen war[31], hatte sich die Situation mit der Verdoppelung des Grundfreibetrags im Zuge der Berücksichtigung eines realitätsgerechten Existenzminimums seit dem Jahressteuergesetz 1996[32] dramatisch verschärft[33]: Jede Erhöhung des Grundfreibetrags führte bei einer Erfassung von Renten mit einem Ertragsanteil von z.B. 25 % zu einer Steuerfreistellung des vierfachen Rentenzahlbetrags, während andere Einkünfte hiervon nur mit dem einfachen Zahlbetrag profitierten.

b) Zusammenhang zwischen Anspar- und Auszahlungsphase erkannt

Schließlich hatte das BVerfG in zwei Kammerschlüssen aus dem Jahr 1997[34] Verfassungsbeschwerden, mit denen die Verfassungswidrigkeit der Begrenzung des Sonderausgabenabzugs für Vorsorgeaufwendungen geltend gemacht wurde, nicht zur Entscheidung angenommen, da auch die Neuregelung der steuerlichen Behandlung des Abzugs von Vorsorgeaufwendungen – soweit sie der Alterssicherung dienten – wesentlicher

---

31 BT-Drucks. 12/8214, 11 Nr. 19; BT-Drucks. 13/2140, 17 f. Nr. 33; *E. Schmidt*, Das Dilemma der Besteuerung der Altersbezüge, BB 1996, 1969; BT-Drucks. 13/5685, 7 ff.
32 JStG 1996 v. 11.10.1995, BGBl. I 1995, 1250, BStBl. I 1995, 438.
33 BT-Drucks. 13/2140, 17 f. Nr. 33; BT-Drucks. 13/2645, 16 f. Nr. 38; *Bertuleit/ Binne*, Zunehmende Diskrepanz zwischen Renten- und Pensionsbesteuerung? DStZ 1996, 537; FG Rh.-Pf. v. 24.7.1995 – 5 K 1047/95, EFG 1995, 918; vgl. Hbl v. 9.5.1996 S. 6; zur Höhe der dort angegebenen steuerfreien Rentenbezüge vgl. allerdings *E. Schmidt*, Das Dilemma der Besteuerung der Altersbezüge, BB 1996, 1969; BT-Drucks. 13/5685, 7 ff.; Hbl v. 27./28.9.1996 S. 5; BT-Drucks. 13/5685, 2 ff.
34 BVerfG v. 20.8.1997 – 1 BvR 1300/89; 1 BvR 1523/88, StED 1997, 606 = INF 1997, 735, 736.

Bestandteil der vom BVerfG für notwendig erkannten Neuordnung der Besteuerung von Alterseinkünften sei[35].

Die spätere Diskussion um die zutreffende Behandlung von Beiträgen für die Zukunftssicherung[36] konzentrierte sich folgerichtig darauf, ob Aufwendungen für die Altersversorgung verfassungsrechtlich und steuersystematisch als vorweggenommene Aufwendungen im Zusammenhang mit der Erzielung der späteren Alterseinkünfte zu behandeln und deshalb auf der Ebene des objektiven Nettoprinzips oder als Aufwendungen der privaten Lebensführung grundsätzlich nicht abziehbar, aber auf der Basis des subjektiven Nettoprinzips (im Bereich der Sonderausgaben) zu berücksichtigen seien, wenn (der Gesetzgeber dies so anordnet und) die späteren Rentenleistungen im Rahmen der nachgelagerten Besteuerung[37] in voller Höhe erfasst werden[38].

c) Die maßgebliche Entscheidung des BVerfG aus dem Jahr 2002

Das BVerfG hatte dann mit seiner nunmehr maßgeblichen Entscheidung aus dem Jahr 2002[39] die Besteuerungsregeln für Beamtenpensionen (§ 19 EStG in den seit dem VZ 1996 geltenden Fassungen) mit Art. 3 Abs. 1 GG für unvereinbar erklärt. Nach seiner Auffassung stellte die unterschiedliche Besteuerung von Renten und Pensionen eine sachlich nicht gerechtfertigte steuerliche Besserstellung der Rentenbezieher dar, weil wegen der Steuerfreiheit des Arbeitgeberanteils zur Sozialversicherung die Rentenbeiträge nur zum Teil aus versteuertem Einkommen geleistet wurden. Beamte würden im Vergleich zu Rentnern mit gesetzlichen oder diesen vergleichbaren Renten ungleich behandelt, weil die Pensionen voll der Besteuerung, die Renten aber nur mit dem sog. Ertragsanteil der Besteuerung unterworfen wurden. Das BVerfG hatte den Gesetzgeber verpflichtet, spätestens mit Wirkung zum 1.1.2005 eine

---

35 Diesen Zusammenhang bestätigt auch BFH v. 21.6.2016 – X R 44/14, DStR 2016, 2575, Rz. 35.
36 Vgl. dazu etwa *Horlemann*, Gedanken zur dogmatischen Einordnung nachgelagerter Besteuerung, FR 2006, 1075; *P. Fischer*, Die Rechtsnatur von Aufwendungen zur Altersvorsorge, FR 2007, 76.
37 Zu diesem System vgl. *Dorenkamp*, Nachgelagerte Besteuerung von Einkommen, 2004, sowie die Vorschläge von *Horlemann*, Die Besteuerung von Alterseinkünften in Deutschland – ein Modell für Europa? Reihe Rechtswissenschaften Bd. 53, 2007.
38 Bezeichnend – und unzutreffend – ist, dass dabei meist von „Altersvorsorge" und nicht von „Altersversorgung" gesprochen wird; s. dazu oben.
39 BVerfG v. 6.3.2002 – 2 BvL 17/99, BStBl. II 2002, 618.

Neuregelung zu treffen. Der Bundesfinanzminister hatte daraufhin eine Sachverständigenkommission zur Neuordnung der einkommensteuerlichen Behandlung von Altersvorsorgeaufwendungen und Altersbezügen einberufen, die ihren Abschlussbericht am 11.3.2003 vorlegte[40].

Daraufhin hat der Gesetzgeber das Alterseinkünftegesetz verabschiedet. Mit ihm wollte er erreichen, dass Renten, genauso wie die Pensionen, als nachträgliche Einkünfte besteuert werden.

d) Das Alterseinkünftegesetz

Mit dem AltEinkG[41] ist die Besteuerung von Rentenbezügen ab dem 1.1.2005 neu geregelt und dem tradierten Drei-Säulen-Modell aus gesetzlicher, betrieblicher und privater Altersvorsorge ein Drei-Schichten-Modell hinzugefügt worden. Ziel der Regelung war die Gleichbehandlung von Renten und Pensionen durch ein einheitliches System der nachgelagerten Besteuerung, auch für die betriebliche Altersversorgung, obwohl das BVerfG hierzu keine Aussage getroffen hatte.

Die Umsetzung erfolgt allerdings schrittweise nach dem Kohortenprinzip, die Übergangsphase der vollen steuerlichen Erfassung der Renten dauert bis 2040. Renten wurden 2005 erstmals mit 50 % der Jahresbruttorente als sonstige Einkünfte steuerlich erfasst. Erst ab 2040 werden Renten und staatliche Pensionen steuerlich gleich behandelt.

Altersvorsorgeaufwendungen, wie z.B. Beiträge zu den gesetzlichen Rentenversicherungen und Prämien für private kapitalgedeckte Leibrentenversicherungen, können als Sonderausgaben abgezogen werden. Wie bei der steuerlichen Erfassung der Auszahlungen wird der Sonderausgabenabzug schrittweise (bis zum Jahr 2025) auf 100 %[42] erweitert. Weitere Aufwendungen (z.B. für Kranken-, Arbeitslosen-, Pflege-, Unfall- und

---

40 *BMF* (Hrsg.), Gutachten der Sachverständigenkommission zur Neuordnung der einkommensteuerlichen Behandlung von Altersvorsorgeaufwendungen und Altersbezügen v. 11.3.2003, Schriftenreihe des BMF, Heft 73, 2003.
41 Alterseinkünftegesetz (AltEinkG) v. 5.7.2004, BGBl. I 2004, 1427, BStBl. I 2004, 554, 740.
42 Bei einem Höchstbetrag von 20 000 Euro, bei zusammen veranlagten Ehegatten/Lebenspartnern 40 000 Euro; ab 2015 Höchstbetrag zur knappschaftlichen Rentenversicherung: 2015 = 22 172 Euro; 2016 = 22 767 Euro; 2017 = 23 362 Euro, bei Zusammenveranlagung sind die Beträge zu verdoppeln.

Haftpflichtversicherung) bleiben als sonstige Vorsorgeaufwendungen (bis zu einer Obergrenze[43]) abziehbar.

Unter den klassischen Altersbezügen finden sich neben den schon bislang nachgelagert besteuerten Beamten- und Werkspensionen (§ 19 Abs. 1 Satz 1 Nr. 2 EStG)[44] nun auch nachgelagert besteuerte Renten (aus der sog. Basisversorgung, § 22 Nr. 1 Satz 3 Buchst. a Doppelbuchst. aa EStG). Die sonstigen Renten werden – abgesehen von Renten aus der betrieblichen Altersversorgung und der „Riester"-Rente, die grundsätzlich auch nachgelagert besteuert werden (§ 22 Nr. 5 Satz 1 EStG) – weiterhin mit dem Ertragsanteil (§ 22 Nr. 1 Satz 3 Buchst. a Doppelbuchst. bb EStG) besteuert.

aa) Strukturelle Ansätze der Regelungen

Die verfassungswidrige steuerliche Besserstellung der Renten ließ sich nach Auffassung der Bundesregierung nur durch eine Erhöhung des Besteuerungsanteils gegenüber der bisherigen Ertragsanteilsbesteuerung auch für Bestandsrenten beseitigen. Im AltEinkG wird der Besteuerungsanteil für Personen, die bis Ende 2005 in Rente gingen, einheitlich und dauerhaft auf 50 % festgesetzt. Dieser Besteuerungsanteil erhöht sich für jeden späteren Rentnerjahrgang schrittweise bis auf 100 % im Jahr 2040.

Diese Festlegung erfolgte in Anlehnung an den Arbeitgeberanteil zur Rentenversicherung, der nach § 3 Nr. 62 EStG[45] (wie bisher) steuerfrei ist. Bei Renten aus der gesetzlichen Rentenversicherung ist bei einem Besteuerungsanteil von 50 % eine verfassungswidrige Zweifachbesteuerung im Hinblick auf die Steuerfreiheit des Arbeitgeberanteils zur Sozialversicherung somit ausgeschlossen.

Dieser Besteuerungsanteil gilt auch bei Selbständigen, die Leistungen aus einer berufsständischen Versorgungseinrichtung beziehen, und bei Nichtpflichtversicherten, soweit ihnen in der Beitragsphase kein steuerfreier Arbeitgeberanteil zustand. Dieser Personenkreis erhielt seit 1961 – anders als Arbeitnehmer – beim Sonderausgabenabzug einen ungekürzten Vorwegabzug, der einen Ausgleich dafür schaffen sollte, dass

---

43 Dass diese faktisch ohne Auswirkung bleiben, ist verfassungsrechtlich unerheblich; BFH v. 9.9.2015 – X R 5/13, BStBl. II 2015, 1043.
44 BFH v. 7.2.2013 – VI R 83/10, BStBl. II 2013, 573, Rz. 13.
45 Einkommensteuergesetz (EStG) i.d.F. der Bek. v. 8.10.2009, BGBl. I 2009, 3366, 3862, BStBl. I 2009, 1346, zuletzt geä. durch Art. 9 des G. v. 23.12.2016, BGBl. I 2016, 3191.

die Altersvorsorgebeiträge in voller Höhe aus eigenen Mitteln aufgebracht werden mussten. Die Leibrenten beruhen deshalb auch bei Selbständigen zu einem bestimmten Anteil auf Beiträgen, die aus unversteuertem Einkommen geleistet wurden[46].

Um Zweifachbesteuerungen auch in außergewöhnlichen Fällen auszuschließen, erhalten Rentnerinnen und Rentner, die für mindestens zehn Jahre Rentenbeiträge in Höhe eines Betrags oberhalb des Höchstbetrages zur gesetzlichen Rentenversicherung geleistet haben, zusätzlich noch ein Wahlrecht (sog. Escape- oder Öffnungsklausel). Sie können, soweit die Renten auf diesen Beiträgen beruhen, die günstigere Besteuerung mit dem Ertragsanteil wählen.

bb) (Keine) Vorgaben des BVerfG

Konzeptionelle Vorgaben im Sinne einer Empfehlung für ein bestimmtes System der Besteuerung von Alterseinkünften hatte das BVerfG allerdings nicht gemacht. Es hatte lediglich den gesetzgeberischen Spielraum dadurch begrenzt, dass in jedem Fall „die Besteuerung von Vorsorgeaufwendungen für die Alterssicherung und die Besteuerung von Bezügen aus dem Ergebnis der Vorsorgeaufwendungen so aufeinander abzustimmen (sind), dass eine doppelte Besteuerung vermieden wird"[47]. Aufgabe des Gesetzgebers werde es sein, sich vor dem Hintergrund des breiten Spektrums der seit langem aufbereiteten Reformalternativen für ein Lösungsmodell zu entscheiden und dieses folgerichtig auszugestalten.

Der Gesetzgeber hatte daher grundsätzlich zwei Handlungsoptionen: Er konnte sich für eine konsequente vorgelagerte Besteuerung entscheiden, da das BVerfG die Ertragsanteilsbesteuerung als solche, als Element einer vorgelagerten Besteuerung, nicht in Frage gestellt hatte. Oder er konnte sich für eine nachgelagerte Besteuerung entscheiden. Letzteres geschah – wenn auch unvollkommen – mit dem AltEinkG.

---

46 Die Frage der Zuordnung des Vorwegabzugs in Fällen der Zusammenveranlagung von Ehegatten hat allerdings BFH v. 21.6.2016 – X R 44/14, DStR 2016, 2575, Rz. 45, offen gelassen und dem FG entsprechende Erwägungen „nahegelegt".
47 BVerfG v. 6.3.2002 – 2 BvL 17/99, BStBl. II 2002, 618, Abs. 241, D. II.

cc) Entscheidung für ein System der nachgelagerten Besteuerung

Schon früher war im politischen Raum zur Änderung des derzeitigen Besteuerungssystems ein „Gesamtkonzept zur steuerlichen Behandlung aller Formen der Altersvorsorge" gefordert worden, „das Aktien-, Fondssparen und Lebensversicherung auf der einen Seite und gesetzliche Rentenversicherung, Pensionen auf der anderen Seite in systematisch sauberer und vergleichbarer Weise regelt"[48]. Dieses Konzept wurde für Bezüge aus der Alterssicherung in der nachgelagerten Besteuerung gesehen.

Allerdings erfolgt der Abzug der Aufwendungen für die Altersversorgung nach den von der Wissenschaft entwickelten Modellen (wie auch von der *Rürup*-Kommission vorgeschlagen[49]) als vorweggenommene Erwerbsaufwendungen (= Werbungskosten), nicht wie im AltEinkG als Sonderausgaben[50]. Zwar hat der BFH die Zuordnung der Beiträge systematisch zu-

---

48 Pressemitteilung des bayerischen Staatsministeriums der Finanzen Nr. 307/99 v. 26.11.1999; s. auch BT-Drucks. 14/2328; Vorschläge für eine Einbeziehung z.B. auch des (Investment-)Fondssparens finden sich z.B. bei *Horlemann*, Die Besteuerung von Alterseinkünften in Deutschland – ein Modell für Europa? Reihe Rechtswissenschaften Bd. 53, 2007, Abschn. 9.
49 BMF (Hrsg.), Gutachten der Sachverständigenkommission zur Neuordnung der einkommensteuerlichen Behandlung von Altersvorsorgeaufwendungen und Altersbezügen vom 11.3.2003, Schriftenreihe des BMF, Heft 73, 2003.
50 Zur unklaren Systematik vgl. auch die Stellungnahme von *Hey* anlässlich der öffentlichen Anhörung im Finanzausschuss des Deutschen Bundestages zum Gesetzentwurf in BT-Drucks. 15/2150 am 28.1.2004. – Wegen dieser ausdrücklichen Zuordnung zu den Sonderausgaben hat der BFH v. 1.2.2006 – X B 166/05, BStBl. II 2006, 420, de lege lata keine ernsthaften Zweifel an der Zuordnung von Rentenversicherungsbeiträgen ab 2005 zu den Sonderausgaben gesehen; ebenso in BFH v. 26.11.2008 – X R 15/07 – (rkr., vgl. BVerfG v. 9.7.2009 – 2 BvR 201/09 –, formale Gründe), BStBl. II 2009, 710; BFH v. 18.11.2009 – X R 9/07 – (rkr., vgl. BVerfG v. 14.6.2016 – 2 BvR 290/10, BStBl. II 2016, 801, nicht angenommen), BFH/NV 2010, 412; BFH v. 18.11.2009 – X R 45/07, BFH/NV 2010, 421; BFH v. 9.12.2009 – X R 28/07 – (rkr., vgl. BVerfG v. 14.6.2016 – 2 BvR 323/10, DStR 2016, 1731, nicht angenommen), BStBl. II 2010, 348; BFH v. 18.11.2009 – X R 34/07 (rkr., vgl. BVerfG v. 13.7.2016 – 2 BvR 288/10, nicht angenommen), BStBl. II 2010, 414; BFH v. 18.11.2009 – X R 6/08 (rkr., vgl. BVerfG v. 13.7.2016 – 2 BvR 289/10, nicht angenommen), BStBl. II 2010, 282; BFH v. 19.1.2010 – X R 53/08 (rkr., vgl. BVerfG v. 8.4.2011 – 2 BvR 844/10, nicht angenommen; zum zweiten Rechtszug vgl. BVerfG v. 29.9.2015 – 2 BvR 2683/11, DStR 2015, 2757, BStBl. II 2016, 310, nicht angenommen), BStBl. II 2011, 567; BFH v. 4.2.2010 – X R 52/08 (rkr., vgl. BVerfG v. 30.9.2015 – 2 BvR 1066/10, FR 2016, 78 m. Anm. *Weber-Grellet*, nicht angenommen) – BFH/NV 2010, 1253; eine systematische Zusammenfassung (auch in Bezug auf Auslandsrenten

treffend zu den vorweggenommenen Werbungskosten bejaht, im Ergebnis aber die gesetzgeberische Entscheidung einer Zuordnung zu den Sonderausgaben akzeptiert.

e) Vermeidung der Zweifachbesteuerung

Letztendlich ist der BFH in verschiedenen Entscheidungen zu dem Ergebnis gelangt, dass es auf die strikte Vermeidung einer Zweifachbesteuerung[51] entscheidend ankomme und über diese Frage (erst) im Zeitpunkt der steuerlichen Erfassung des Rentenbezugs[52] zu entscheiden sei[53].

---

und DBA) findet sich in BFH v. 14.7.2010 – X R 37/08, BStBl. II 2011, 628; *Risthaus*, Beschränkte Abziehbarkeit von Altersvorsorgeaufwendungen und übrigen Vorsorgeaufwendungen verfassungsgemäß, DB 2010, 137; *Förster*, Begrenzte Abziehbarkeit der Altersvorsorgeaufwendungen: verfassungsgemäß trotz aller Bedenken, DStR 2010, 137. Vgl. auch *Söhn*, Abzugsfähigkeit von Altersvorsorgeaufwendungen als Werbungskosten oder Sonderausgaben? FR 2006, 905 (insb. 912 f.).

51 Wenn der jeweilige Stpfl. eine Zweifachbesteuerung hinreichend substantiiert darlegt (Feststellungslast, BFH v. 21.6.2016 – X R 44/14, DStR 2016, 2575, Rz. 52 ff., auch mit Hinweisen, wie eine solche substantiierte Darstellung erfolgen kann), ist eine „einzelfallbezogene Betrachtung anzustellen", ausführlich BFH v. 21.6.2016 – X R 44/14, DStR 2016, 2575, Rz. 19 ff. (insb. Rz. 24).

52 Die „gerichtliche Überprüfung des Verbots der doppelten Besteuerung [ist] ‚auf den Beginn des Rentenbezugs' vorzunehmen", BFH v. 21.6.2016 – X R 44/14, DStR 2016, 2575, Rz. 34.

53 BFH v. 9.12.2009 – X R 28/07 – (rkr., vgl. BVerfG v. 14.6.2016 – 2 BvR 323/10, DStR 2016, 1731, nicht angenommen), BStBl. II 2010, 348, zu Einzahlungen in berufsständische Versorgungswerke sowie zur unterschiedlichen Berücksichtigung von Vorsorgeaufwendungen im LSt-Abzugs- und im ESt-Vorauszahlungsverfahren unter B. III. der Gründe; BFH v. 18.11.2009 – X R 34/07 (rkr., vgl. BVerfG v. 13.7.2016 – 2 BvR 288/10, nicht angenommen), BStBl. II 2010, 414, zu Einzahlungen Verheirateter in die gesetzliche Rentenversicherung sowie intensiver Auseinandersetzung zur Angemessenheit des Grundfreibetrags unter B. III. der Gründe; BFH v. 18.11.2009 – X R 6/08 (rkr., vgl. BVerfG v. 13.7.2016 – 2 BvR 289/10, nicht angenommen), BStBl. II 2010, 282, zu Einzahlungen Unverheirateter in die gesetzliche Rentenversicherung sowie zum Verhältnis der nur beschränkten Berücksichtigung sonstiger Vorsorgeaufwendungen zum Gebot der Steuerfreiheit des Existenzminimums unter B. II. der Gründe; dazu *Risthaus*, Beschränkte Abziehbarkeit von Altersvorsorgeaufwendungen und übrigen Vorsorgeaufwendungen verfassungsgemäß, DB 2010, 137; BFH v. 18.11.2009 – X R 45/07, BFH/NV 2010, 421; BFH v. 18.11.2009 – X R 9/07 – (rkr., vgl. BVerfG v. 14.6.2016 – 2 BvR 290/10, BStBl. II 2016, 801, nicht angenommen), BFH/NV 2010, 412; dazu *Förster*, Begrenzte Abziehbarkeit der Altersvorsorgeaufwendungen: verfassungsgemäß trotz aller Bedenken, DStR 2010, 137;

Weder die endgültige Regelung im AltEinkG[54] über die Abziehbarkeit der Vorsorgeaufwendungen (nur) als Sonderausgaben, einschließlich deren Begrenzung und der Berechnungsmodalitäten[55], noch die Übergangsregelung verstießen danach gegen den Gleichbehandlungsgrundsatz des Art. 3 GG sowie gegen das objektive und subjektive Nettoprinzip.

Die gesetzliche Zuweisung der Altersvorsorgeaufwendungen zu den Sonderausgaben sei verfassungsrechtlich nicht zu beanstanden, obwohl die Altersvorsorgeaufwendungen ihrer Rechtsnatur nach in erster Linie vorweggenommene Werbungskosten bei den sonstigen Einkünften sind. Die Übergangsregelung entspreche noch den verfassungsrechtlichen Anforderungen: Sie verstoße nicht gegen das objektive Nettoprinzip, solange das strikt zu beachtende Verbot der Zweifachbesteuerung eingehalten werde; sie verstoße auch nicht gegen das subjektive Nettoprinzip und der Mechanismus der Einbeziehung der Arbeitgeberbeiträge in die Höchstbetragsberechnung könne im Hinblick auf Art. 3 Abs. 1 GG noch gerechtfertigt werden.

Damit schließt sich der Kreis zu den eingangs vorgestellten Entscheidungen des BVerfG, einschließlich der noch offen Problematik hinsichtlich der Zweifachbesteuerung bzw. ihrer Vermeidung[56].

BFH v. 4.2.2010 – X R 52/08, (rkr., vgl. BVerfG v. 30.9.2015 – 2 BvR 1066/10, FR 2016, 78 m. Anm. *Weber-Grellet*, nicht angenommen) – BFH/NV 2010, 1253. Ebenso schon im summarischen Verfahren zur Aussetzung der Vollziehung mit BFH v. 1.2.2006 – X B 166/05, BStBl. II 2006, 420; zur zutreffenden Ausgestaltung der Systemumstellung auf die nachgelagerte Besteuerung vgl. BFH v. 26.11.2008 – X R 15/07, (rkr., vgl. BVerfG v. 9.7.2009 – 2 BvR 201/09, formale Gründe), BStBl. II 2009, 710; dazu: *Förster*, Das Alterseinkünftegesetz auf dem Prüfstand des BFH, DStR 2009, 141; *Levedag*, Das Alterseinkünftegesetz vor dem BFH, NWB 2009, 1330.

54 Alterseinkünftegesetz (AltEinkG) v. 5.7.2004, BGBl. I 2004, 1427, BStBl. I 2004, 554, 740.
55 BFH v. 6.4.2016 – X R 2/15, BStBl. II 2016, 733, Rz. 35 ff.
56 Zur Prüfung und Berechnung einer möglichen doppelten Besteuerung haben BFH v. 6.4.2016 – X R 2/15, BStBl. II 2016, 733, Rz. 53 ff., und BFH v. 21.6.2016 – X R 44/14, DStR 2016, 2575, Rz. 37 ff., den FG rigorose Vorgaben gemacht (z.B. Anwendung des Nominalwertprinzips, Berücksichtigung der Steuerbefreiung der Arbeitgeberbeiträge gem. § 3 Nr. 62 EStG und der berücksichtigungsfähigen Beträge beim Sonderausgabenabzug nach § 10 Abs. 3 EStG a.F./ n.F.).

IV. Arbeitslohn

1. Begriff

Wie bereits eingangs erwähnt ist die heutige Definition des Arbeitslohns nach wie vor nicht im Gesetz, sondern in der Lohnsteuer-Durchführungsverordnung[57] enthalten und gründet auf Entscheidungen des BFH aus den Anfängen der 1980er Jahre[58].

Kern dieser weiten und umfassenden Auslegung des Begriffs „ist jeder gewährte Vorteil, der im weitesten Sinne durch das individuelle (gegenwärtige, frühere oder künftige) Dienstverhältnis veranlasst" ist[59]: Die Einordnung als Einnahme aus nichtselbständiger Arbeit ergibt sich aus der Veranlassung durch das individuelle Dienstverhältnis und die Gewährung für eine Beschäftigung im Sinne einer Gegenleistung für die Zurverfügungstellung der individuellen Arbeitskraft[60].

2. Versorgungsleistungen/Versorgungsbezüge

a) Versorgungsleistungen

Im Sinne dieses weiten Arbeitslohnbegriffs sind – als „Ausprägung der in § 24 Nr. 2 EStG verankerten Steuerpflicht ‚nachträglicher Einkünfte'"[61] – auch Versorgungsleistungen, also u.a. Bezüge aus früheren Dienstleistungen, als (Teilmenge der) Einkünfte aus nichtselbständiger Arbeit zu qualifizieren[62], es sei denn sie beruhen – wie z.B. Renten aus der gesetzlichen Rentenversicherung, die dann z.B. nach § 22 Nr. 1 EStG zu versteuern sind – ganz oder teilweise auf eigenen Beiträgen. Gleiches gilt für Ausgaben des Arbeitgebers zur Zukunftssicherung, die Arbeitslohn darstel-

---

57 § 19 Abs. 1 Satz 1 Nr. 1, Satz 2 EStG i.d.F. der Bek. v. 8.10.2009, BGBl. I 2009, 3366, 3862, BStBl. I 2009, 1346, zuletzt geä. durch Art. 9 des G. v. 23.12.2016, BGBl. I 2016, 3191; § 2 Abs. 1 Lohnsteuer-Durchführungsverordnung (LStDV) i.d.F. der Bek. v. 10.10.1989, BGBl. I 1989, 1848, BStBl. I 1989, 405, zuletzt geä. durch Art. 6 des G. vom 18.7.2016, BGBl. I 2016, 1679, BStBl. I 2016, 694; Kritik an der angeblich nicht ausreichenden Ermächtigungsgrundlage übt *Pflüger* in Herrmann/Heuer/Raupach, EStG, § 19 Rz. 100 (Stand 1/2014); s. aber BFH v. 14.6.1985 – VI R 150-152/82, BStBl. II 1985, 661.
58 BFH v. 17.7.1981 – VI R 205/78, BStBl. II 1981, 733, und der Grundsatzentscheidung BFH v. 17.9.1982 – VI R 75/79, BStBl. II 1983, 39.
59 *Pflüger* in Herrmann/Heuer/Raupach, EStG, § 19 Rz. 100, 150 (Stand 1/2014).
60 BFH v. 17.9.1982 – VI R 75/79, BStBl. II 1983, 39.
61 *Pflüger* in Herrmann/Heuer/Raupach, EStG, § 19 Rz. 303 (Stand 1/2014).
62 § 19 Abs. 1 Satz 1 Nr. 2, Satz 2 EStG; § 2 Abs. 2 Nr. 2 LStDV.

len, da sie wirtschaftlich einer Beitragszahlung des Arbeitnehmers gleichzustellen sind; Versorgungsleistungen aus Direktversicherungen, Pensionskassen und Pensionsfonds bilden somit keinen Arbeitslohn[63].

Von der Ausnahmeregelung in § 2 Abs. 2 Nr. 2 Satz 2 LStDV nicht betroffen sind, weil kein Lohnzufluss während des Ansparzeitraums und somit keine eigenen Beiträge des Bezugsberechtigten vorliegen, Ansprüche aus Pensionszusagen (oder die Ansammlung von Arbeitszeit auf sog. Arbeitszeit- oder Zeitwertkonten)[64]. Hier erfolgt also eine steuerliche Erfassung regelmäßig erst bei Zufluss der Versorgungsleistungen.

Gleiches gilt im Übrigen auch bei Zahlungen des Arbeitgebers an Dritte, ohne dass die Zahlung einer Schuldbefreiung des Arbeitnehmers aus einem konkreten Schuldverhältnis dient, also z.B. bei Zahlungen an Rückdeckungsversicherungen, mit denen die Verpflichtungen aus einer Pensionszusage gesichert werden sollen[65], oder bei Zahlungen des Arbeitgebers an Unterstützungskassen, da der Arbeitnehmer durch sie keinen Rechtsanspruch erwirbt[66].

b) Versorgungsbezüge

Die in § 19 Abs. 2 Satz 2 EStG enthaltene Definition der Versorgungsbezüge betrifft nur die Teilmenge der Versorgungsleistungen, die – als nachträgliche Einkünfte aus früheren Dienstleistungen – eine besondere Qualifikation z.B. als Versorgungsleistungen im öffentlichen Dienst oder wegen der Erfüllung bestimmter Altersgrenzen besitzen. Sie sollten ursprünglich mit dem Versorgungsfreibetrag eine Annäherung an die Fälle erfahren, in denen eine Altersversorgung aus der staatlichen Rentenversicherung erfolgte, die lediglich mit dem Ertragsanteil zu erfassen war[67]. Die Regelung gilt daher nur noch übergangsweise als auslaufendes Recht

---

63 *Pflüger* in Herrmann/Heuer/Raupach, EStG, § 19 Rz. 328 (Stand 1/2014).
64 *Pflüger* in Herrmann/Heuer/Raupach, EStG, § 19 Rz. 328 (Stand 1/2014). Zu den Arbeitszeit- oder Zeitwertkonten s. Abschn. VI.3.
65 § 2 Abs. 2 Nr. 3 Satz 4 LStDV; *Pflüger* in Herrmann/Heuer/Raupach, EStG, § 19 Rz. 406 (Stand 1/2014).
66 Sonderfall durch Auslegung der traditionellen Unterscheidung in § 1b Betriebsrentengesetz (BetrAVG) v. 19.12.1974, BGBl. I 1974, 3610, zuletzt geä. durch Art. 3 Nr. 2 des G. v. 21.12.2015, BGBl. I 2015, 2553, im Gegensatz zu § 19 Abs. 1 Satz 2 EStG; vgl. *Pflüger* in Herrmann/Heuer/Raupach, EStG, § 19 Rz. 340, 470 f. (Stand 1/2014).
67 *Pflüger* in Herrmann/Heuer/Raupach, EStG, § 19 Rz. 500 (Stand 1/2014).

bis zur vollständigen Angleichung der Besteuerung[68] der verschiedenen Altersversorgungssysteme ab 2040.

3. Zukunftssicherung

Im Sinne der genannten weiten Definition[69] gehören auch die in § 2 Abs. 2 Nr. 3 LStDV legal definierten Zukunftssicherungsleistungen zum Arbeitslohn. Im Unterschied zu den Versorgungsleistungen werden Zukunftssicherungsleistungen während des aktiven Beschäftigungsverhältnisses zum Aufbau z.B. einer (späteren Alters-)Versorgung aufgewendet.

Arbeitslohn aufgrund von Ausgaben des Arbeitgebers zur Zukunftssicherung im Sinne dieser Regelung liegt vor, wenn diese dem Arbeitnehmer zugeflossen sind; das ist jedenfalls der Fall, wenn dem Arbeitnehmer auf die künftigen Leistungen ein eigenständiger unmittelbarer Rechtsanspruch erwächst[70]. Zuwendungen an Direktversicherungen, Pensionskassen und Pensionsfonds bilden somit grundsätzlich Arbeitslohn, nicht dagegen Zuwendungen an Unterstützungskassen oder (an Rückdeckungsversicherungen) für Pensionszusagen[71].

4. Insbesondere: Pensionsfonds, Pensionskasse, Direktversicherung

Der Arbeitslohnbegriff hat mit dem JStG 2007[72] in § 19 Abs. 1 Satz 1 Nr. 3 Satz 1 EStG eine lediglich klarstellende Erweiterung bezüglich Aufwendungen für Maßnahmen der betrieblichen Altersversorgung (für Pensionsfonds, Pensionskassen und Direktversicherungen) erfahren: Bis dahin hatte man derartige Aufwendungen nämlich über § 19 Abs. 1 EStG i.V.m. § 2 Abs. 2 Nr. 3 LStDV (Zukunftssicherungsleistungen) erfasst[73].

---

68 BVerfG v. 6.3.2002 – 2 BvL 17/99, BStBl. II 2002, 618; Alterseinkünftegesetz (AltEinkG) v. 5.7.2004, BGBl. I 2004, 1427, BStBl. I 2004, 554, 740.
69 § 19 Abs. 1 Satz 1 Nr. 1, Satz 2 EStG; § 2 Abs. 1 LStDV.
70 St. Rspr., vgl. BFH v. 11.12.2008 – VI R 9/05, BStBl. II 2009, 385, unter II. 1. b) m.w.N.
71 *Pflüger* in Herrmann/Heuer/Raupach, EStG, § 19 Rz. 340, 350, 361 ff., 470 f. (Stand 1/2014). Zu Unterstützungskassen s. ausdrücklich § 1b Abs. 4 BetrAVG.
72 Jahressteuergesetz 2007 (JStG 2007) v. 13.12.2006, BGBl. I 2006, 2878, BStBl. I 2007, 28.
73 *Pflüger* in Herrmann/Heuer/Raupach, EStG, § 19 Rz. 331 (Stand 1/2014).

Anders ist es dagegen bei § 19 Abs. 1 Satz 1 Nr. 3 Satz 2–4 EStG: Bei den dort genannten Sonderzahlungen des Arbeitgebers an bestimmte Vorsorgeeinrichtungen, z.b. beim Wechsel vom Umlage- zum Kapitaldeckungsverfahren, handelt es sich (auch m.E.) um eine gesetzliche Arbeitslohnfiktion[74], mit der der Gesetzgeber anderslautender Rechtsprechung des BFH entgegenwirken wollte[75].

V. Betriebliche Altersversorgung

1. Schnittstellen zum Arbeits- und Betriebsrentenrecht

Die Schnittstellen zum Arbeits- und Betriebsrentenrecht sind im BMF, Schr. v. 24.7.2013[76] im Sinne des Betriebsrentenrechts[77] – jedenfalls nicht einschränkend, wie die Aussage zur Entgeltumwandlung beweist[78] – definiert, zeigen insofern also kein besonderes Konfliktpotential.

2. Schnittstellen zum Sozialversicherungsrecht

Schnittstellen zum Sozialversicherungsrecht ergeben sich u.a.[79] aus der Sozialversicherungsentgeltverordnung[80] und § 229 SGB V[81]. Dort be-

---

74 *L. Schmidt/Krüger*, EStG, 36. Aufl. 2017, § 19 Rz. 91, der diese Regelung im Übrigen für verfassungswidrig hält, Rz. 94, mit Hinweis auf den Vorlagebeschluss des BFH v. 14.11.2013 – VI R 49/12, BFH/NV 2014, 418 (Az. des BVerfG: 2 BvL 7/14); a.A. *Pflüger* in Herrmann/Heuer/Raupach, EStG, § 19 Rz. 331 (Stand 1/2014).
75 *L. Schmidt/Krüger*, EStG, 36. Aufl. 2017, § 19 Rz. 91, 61.
76 BMF-Schreiben v. 24.7.2013 – IV C 3-S 2015/11/10002; IV C 5 - S 2333/09/ 10005; 2013/0699161, BStBl. I 2013, 1022, zuletzt geä. durch BMF-Schreiben v. 13.3.2014 – IV C 3 - S 2257-b/13/10009, BStBl. I 2014, 554, Rz. 284 ff.
77 Betriebsrentengesetz (BetrAVG) vom 19.12.1974, BGBl. I 1974, 3610, zuletzt geä. durch Art. 3 Nr. 2 des G. v. 21.12.2015, BGBl. I 2015, 2553.
78 BMF-Schreiben v. 24.7.2013, BStBl. I 2014, 554, Rz. 292 ff.
79 Zu weiteren Einzelheiten (z.B. §§ 7, 14, 17 Viertes Buch Sozialgesetzbuch – SGB IV – Gemeinsame Vorschriften für die Sozialversicherung – i.d.F. der Bek. v. 12.11.2009, BGBl. I 2009, 3710, 3973, BGBl. I 2011, 363, zuletzt geä. durch Art. 160 des G. v. 29.3.2017, BGBl. I 2017, 626) hat *St. Schneider* vorhin vorgetragen.
80 Sozialversicherungsentgeltverordnung (SvEV) v. 21.12.2006, BGBl. I 2006, 3385, zuletzt geä. durch Art. 1 der V. v. 21.11.2016, BGBl. I 2016, 2637, BStBl. I 2016, 1436.
81 § 229 Fünftes Buch Sozialgesetzbuch (SGB V) – Gesetzliche Krankenversicherung – Art. 1 des Gesetzes v. 20.12.1988, BGBl. I 1988, 2477, 2482 zuletzt geä. durch Art. 161 des G. v. 29.3.2017, BGBl. I 2017, 626.

steht (nahezu) Parallelität mit der lohnsteuerrechtlichen Behandlung, als Beiträge und Zuwendungen in Einrichtungen der betrieblichen Altersversorgung sozialversicherungsfrei sind, soweit sie lohnsteuerfrei sind oder pauschal besteuert werden (§ 1 Abs. 1 Satz 2 SvEV). Andererseits sind Versorgungsbezüge, insbesondere Renten der betrieblichen Altersversorgung, beitragspflichtig zur gesetzlichen Kranken- und Pflegeversicherung (§ 229 Abs. 1 Nr. 5 SGB V).

Daraus ergibt sich im Einzelnen: „Riester-geförderte Entgeltbestandteile gelten sozialversicherungsrechtlich als Arbeitsentgelt, da keine Ausnahmeregelung des § 1 Abs. 1 SvEV greift. Das Gleiche gilt für Eigenbeiträge des Arbeitnehmers i.S.d. § 1 Abs. 2 Nr. 4 BetrAVG. In beiden Fällen handelt es sich um Beiträge aus bereits in der Anwartschaftsphase versteuertem Nettolohn. Insofern stimmt die sozialversicherungsrechtliche Handhabung mit der steuerrechtlichen überein." – In der Rentenbezugsphase muss auf die Bemessungsgrundlage des jeweiligen Sozialversicherungszweigs abgestellt werden: Renten sind kein Arbeitsentgelt, aber kranken- und pflegeversicherungspflichtig, ebenso Versorgungsbezüge aus einer betrieblichen Altersversorgung. Gleiches gilt für Versorgungsbezüge aus der betrieblichen „Riester"-Rente, die somit „erneut und damit doppelt verbeitragt werden[82]."

3. Besteuerungssystematik

Breinersdorfer hat gestern die Grundregel, die sich bei der Altersversorgung „für die Abgrenzung des Arbeitslohns von den sonstigen Einkünften" herausgebildet hat, wie folgt dargestellt: „Maßgebend ist, gegen wen sich der Versorgungsanspruch richtet. Muss der Arbeitgeber die Versorgungsleistungen selbst erbringen, dann ist die Versorgungsanwartschaft eine Erscheinungsform des Lohnanspruchs, so dass erst mit der Erfüllung, also wenn Versorgungsleistungen erbracht werden, Arbeitslohn zufließt. Erhält der Arbeitnehmer dagegen einen unentziehbaren Anspruch auf Versorgung gegen einen Dritten, dann erfüllt der Arbeitgeber bereits mit

---

82 Gutachten im Auftrag des BMF: *Kiesewetter/Grom/Menzel/Tschinkl*, Optimierungsmöglichkeiten bei den bestehenden steuer- und sozialversicherungsrechtlichen Förderregelungen der betrieblichen Altersversorgung, April 2016, s. http://www.bundesfinanzministerium.de/Content/DE/Standardartikel/Themen/Steuern/Weitere_Steuerthemen/Altersvorsorge/2016-04-15-Optimierungsmoeglichkeiten-Foerderregelungen-betriebliche-Altersversorgung.html (15.8.2016), S. 27; im Folgenden zitiert als Gutachten I. Zur Diskussion um eine Doppelverbeitragung vgl. auch BT-Drucks. 18/8222.

der Zahlung an den Versorgungsträger den Lohnanspruch. Hier ist die Dotierung Arbeitslohn, mit dem der Arbeitnehmer eine andere Erwerbsquelle, aus der er sonstige Einkünfte erwirtschaftet, finanziert."

Die Besteuerungssystematik für die betriebliche Altersversorgung lässt sich danach – und nach den Ausführungen in Abschn. IV. zum Arbeitslohn – wie folgt zusammenfassen:

Die wichtigsten Regelungen für die betriebliche Altersversorgung[83]

	Direktzusage	Unterstützungskasse	Direktversicherung	Pensionskasse	Pensionsfonds
Bestehende Zusagen und solche, die bis Ende 2004 zustande gekommen sind					
Vorgelagerte Besteuerung	nein	ja (ggf. mit Pauschalversteuerung bis 1752 Euro, max. 2148 Euro)	nur Beiträge über 4 % der BBG; ggf. mit Pauschalversteuerung bis 1752 Euro (max. 2148 Euro)	nur Beiträge über 4 % der BBG	
Nachgelagerte Besteuerung	ja (ohne Obergrenze)		nur bei Riester-Förderung	nur Beiträge bis 4 % der BBG und bei Riester-Förderung	
Zusagen ab 2005					
Vorgelagerte Besteuerung	nein		nur für Beiträge, die den Förder-Rahmen überschreiten (4 % der BBG zzgl. 1800 Euro)		
Nachgelagerte Besteuerung	ja (ohne Obergrenze)		ja (aber für Leistungen aus Beiträgen, die wegen Überschreitung der Höchstbeträge bereits vorgelagert versteuert wurden, ist nur der Ertragsanteil zu versteuern)		

Problematisch im Vergleich zum eingangs beschriebenen theoretischen Prinzip der nachgelagerten Besteuerung (Abschn. III.1.a) ist jede Art von Begrenzung, insbesondere die Begrenzung der Steuerbefreiung aus § 3 Nr. 63 EStG. Wird diese nämlich überschritten, erfolgt die Einzahlung insoweit aus versteuertem Einkommen. Das bedeutet, die Rentenzah-

---

83 Nach www.bav-plattform.de (17.9.2016). Vgl. auch den Überblick in Gutachten I S. 15 ff.

lungen müssen in einen voll nachgelagert zu besteuernden und in einen Teil aufspalten werden, der lediglich mit dem Ertragsanteil besteuert werden darf[84].

VI. Fragen?

1. Übergangsregelungen Alt-/Neuzusage

Komplex ist m.E. vor allem das Übergangsrecht zwischen vor- und nachgelagertem Besteuerungssystem, weil es an die Erteilung der Zusage (Alt- oder Neuzusage, vor 2005 oder ab 2005) anknüpft. Das BMF, Schr. v. 24.7.2013[85] benötigt zwanzig Randziffern (= etwa sechs Seiten), um zu beschreiben,

- wann eine Altzusage oder eine Neuzusage vorliegt oder bestehen bleibt,
- was geschieht, wenn einzelne oder mehrere Komponenten der Zusage verändert werden,
- wie sich das Verhältnis der Pauschalbesteuerung nach § 40b EStG a.F. zur Steuerbefreiung nach § 3 Nr. 63 EStG n.F. in der Ansparphase – mit den entsprechenden Konsequenzen für die Rentenbezugsphase – darstellt bzw. Konflikte zwischen beiden zu lösen sind.

Aus dem sich danach ergebenden Bild wird zu Recht z.B. auf folgende Notwendigkeiten geschlossen:

- „Handlungsbedarf bestehe ... auf der Ebene der nachgelagerten Besteuerung. Hier gebe es für ein und dieselbe Rente die Ertragsanteilsbesteuerung, die nachgelagerte Besteuerung, die Kohortenbesteuerung und gemischte Systeme, weil in der Einzahlungsphase unterschiedlich besteuert worden" sei[86].

---

[84] BMF v. 11.11.2004 – IV C 3 - S 2257b-47/04, BStBl. I 2004, 1061, geä. durch BMF v. 14.3.2012 – IV C 3 - S 2257-b/11/10003; 2012/0232233, BStBl. I 2012, 311.

[85] BMF-Schreiben v. 24.7.2013 – IV C 3 - S 2015/11/10002; IV C 5 - S 2333/09/10005; 2013/0699161, BStBl. I 2013, 1022, zuletzt geä. durch BMF v. 13.3.2014 – IV C 3 - S 2257-b/13/10009, BStBl. I 2014, 554, Rz. 349 ff.

[86] Diskussionsbeitrag von *Rauhöff* nach *Richter/Welling*, Diskussionsbericht zum 55. Berliner Steuergespräch „Arbeitnehmerbesteuerung", FR 2015, 794 (797).

– Dabei dürfe man nicht „... einzelne[...] Baustellen isoliert [...] betrachten. Der betrieblichen Altersvorsorge müsste man sich in einem Projekt annehmen und die Regelungen zusammenfassend und geschlossen kodifizieren[87]."

2. Aufzeichnungspflichten

Die Aufzeichnungspflichten nach § 5 LStDV[88] spiegeln natürlich die Komplexität dieser Feststellungen wieder, erschöpfen sich aber nicht in der bloßen Aufzeichnung der Tatbestände einer betrieblichen Versorgungsordnung, sondern fordern vom Arbeitgeber auch eine detaillierte rechtliche Einordnung der einzelnen Vorgänge. Sodann muss er diese der jeweiligen Versorgungseinrichtung mitteilen, die daraufhin die richtige lohnsteuerliche Behandlung in der Auszahlungsphase vornehmen und dies wiederum im Rentenbezugsmitteilungsverfahren der Finanzverwaltung übermitteln muss.

Die zu unterscheidenden Fallgruppen waren früher einem Vordruck zu entnehmen[89], heutzutage verstecken sie sich hinter entsprechenden digitalen Datensätzen[90]. Betrachtet man die Vielzahl und Differenziertheit der anzuwendenden Besteuerungsnormen, bedarf es auf Seiten der Steuerpflichtigen und der Finanzverwaltung großen Vertrauens in die zutreffende rechtliche Subsumtion durch die Arbeitgeber. Werden diese Daten unkontrolliert in das System der vorausgefüllten Steuererklärung übernommen[91] – und dafür spricht angesichts der Personalsituation in

---

87 Diskussionsbeitrag von *Breinersdorfer* nach *Richter/Welling*, Diskussionsbericht zum 55. Berliner Steuergespräch „Arbeitnehmerbesteuerung", FR 2015, 794 (799).
88 Lohnsteuer-Durchführungsverordnung (LStDV) i.d.F. der Bek. v. 10.10.1989, BGBl. I 1989, 1848, BStBl. I 1989, 405, zuletzt geä. durch Art. 6 des G. v. 18.7.2016, BGBl. I 2016, 1679, BStBl. I 2016, 694.
89 Vgl. den seinerzeitigen amtlichen Vordruck nach § 22a Abs. 1 Satz 4 EStG a.F. im BMF, Schr. v. 9.5.2005 – IV C 3 - S 2000 - 92/05, BStBl. I 2005, 670.
90 Vgl. § 22a Abs. 1 Satz 2 EStG n.F.; BMF, Schr. v. 7.11.2011 – IV C 3 - S 2257-c/10/10005 :003; 2011/0693211, BStBl. I 2011, 1223, Anlage 1.
91 Zu diesem Begriff vgl. Monatsbericht des BMF v. 22.4.2014, http://www.bundesfinanzministerium.de/Content/DE/Monatsberichte/2014/04/Inhalte/Kapitel-3-Analysen/3-3-elster-vorausgefuellte-steuererklaerung.html (26.10.2016); https://www.elster.de/belegabruf/(26.10.2016); BMF, Schr. v. 10.10.2013 – IV A 3 - S 0202/11/10001; 2013/0841868, BStBl. I 2013, 1258; vgl. auch Gesetz zur Modernisierung des Besteuerungsverfahrens v. 18.7.2016, BGBl. I 2016, 1679; BT-Drucks. 18/7457, 51.

der Finanzverwaltung[92] Einiges –, wird deren Akzeptanz beim Steuerpflichtigen nicht gestärkt, v.a. wenn er sich eine Aufklärung nicht bei seinem Finanzamt, sondern erst bei seinem (früheren) Arbeitgeber und/oder seiner Versorgungseinrichtung erhoffen darf.

3. Arbeitszeit- oder Zeitwertkonto

„Bei Zeitwertkonten vereinbaren Arbeitgeber und Arbeitnehmer, dass der Arbeitnehmer künftig fällig werdenden Arbeitslohn nicht sofort ausbezahlt erhält, sondern dieser Arbeitslohn beim Arbeitgeber nur betragsmäßig erfasst wird, um ihn im Zusammenhang mit einer vollen oder teilweisen Freistellung von der Arbeitsleistung während des noch fortbestehenden Dienstverhältnisses auszuzahlen. In der Zeit der Arbeitsfreistellung ist dabei das angesammelte Guthaben um den Vergütungsanspruch zu vermindern, der dem Arbeitnehmer in der Freistellungsphase gewährt wird. Der steuerliche Begriff des Zeitwertkontos entspricht insoweit dem Begriff der Wertguthabenvereinbarungen i.S.v. § 7b SGB IV[93] (sog. Lebensarbeitszeit- bzw. Arbeitszeitkonto). ... Erst die Auszahlung des Guthabens während der Freistellung löst Zufluss von Arbeitslohn und damit eine Besteuerung aus[94]."

Wird dagegen dieses Guthaben vor seiner Fälligkeit, also vor der planmäßigen Auszahlung während der Freistellungsphase, zugunsten einer betrieblichen Altersversorgung herabgesetzt, wird steuerlich eine Entgeltumwandlung anerkannt. Der Zufluss richtet sich dann nach dem Durchführungsweg der zugesagten betrieblichen Altersversorgung.

Im Zusammenhang mit Zeitwertkonten aufgetretene Zweifelsfragen hat der BFH kürzlich beantwortet:

---

92 Vgl. dazu den kontroversen Diskurs zweier Sachgebietsleiter der Finanzverwaltung: *Breuer*, Aussichtsloser Alltag eines Finanzbeamten, FR 2016, 89; *Günther*, Wirklich aussichtsloser Alltag eines Finanzbeamten? FR 2017, 333; *Breuer*, Untauglicher Versuch: Das Risikomangement in der Finanzverwaltung, FR 2017, 335.

93 Viertes Buch Sozialgesetzbuch (SGB IV) – Gemeinsame Vorschriften für die Sozialversicherung – i.d.F. der Bek. v. 12.11.2009, BGBl. I 2009, 3710, 3973, BGBl. I 2011, 363, zuletzt geä. durch Art. 160 des G. v. 29.3.2017, BGBl. I 2017, 626.

94 BMF-Schreiben v. 17.6.2009 – IV C 5-S 2332/07/0004; 2009/0406609, BStBl. I 2009, 1286. Vgl. dazu auch Abschn. IV.2.a). Zu Auslandsfällen vgl. BMF, Schr. v. 12.11.2014 – IV B 2 - S 1300/08/10027; 2014/0971694, BStBl. I 2014, 1467, Rz. 223 ff.

– Die Frage, ob Vorstandsmitglieder einer AG oder Geschäftsführer einer GmbH diese Regelung in Anspruch nehmen können, hat der BFH jüngst – in Übereinstimmung mit der Verwaltungsmeinung – verneint[95].
– Zinsen auf das Guthaben des Zeitwertkontos sind erst bei tatsächlicher Auszahlung an den Arbeitnehmer als Arbeitslohn zu erfassen[96].

Auch die Behandlung von Zeitwertkonten in Entsendungsfällen ist durch das BMF, Schr. v. 12.11.2014[97] zufriedenstellend geklärt.

4. Internationales

In der Praxis machen allerdings vor allem Entsendungsfälle von Arbeitnehmern ins Ausland große Probleme, weil einerseits die Versorgungssysteme der beteiligten Staaten ganz unterschiedlich sind, andererseits die Bestimmung des (wirtschaftlichen) Arbeitgebers oftmals schwierig ist[98]. Dies soll angeblich dazu führen, dass häufig im Zeitraum der Entsendung Maßnahmen der betrieblichen Altersversorgung unterbrochen werden. Eine Regelung zur Auffüllung der dadurch entstehenden Versorgungslücken fehlt aber.

VII. Antworten?

Wie eingangs erwähnt, beschäftigt sich die aktuelle politische Diskussion zwar mit dem Thema „Altersversorgung" und den dazu vorliegenden Gutachten und Empfehlungen[99], es sieht aber nur wenig nach Vereinfachungen aus.

---

95 Vgl. dazu BFH v. 11.11.2015 – I R 26/15, BStBl. II 2016, 489.
96 Vgl. dazu BFH v. 20.4.2016 – II R 50/14, BStBl. II 2016, 691, sowie die Fn. 1 ebenda (beigefügt durch das BMF).
97 BMF, Schr. v. 12.11.2014 – IV B 2 - S 1300/08/10027; 2014/0971694, BStBl. I 2014, 1467, Rz. 223 ff.
98 BMF, Schr. v. 12.11.2014 – IV B 2 - S 1300/08/10027; 2014/0971694, BStBl. I 2014, 1467, Rz. 98 ff. Vgl. die Beispiele bei *Prinz*, Gedanken zur „Arbeitnehmerbesteuerung", Statement anlässlich des 55. Berliner Steuergesprächs am 15.6.2015, FR 2015, 785 (787), im Zusammenhang mit der Anrufungsauskunft nach § 42e EStG. Vgl. auch *Pflüger* in Herrmann/Heuer/Raupach, EStG, § 38 Rz. 28, 37, 51 (Stand 10/2008). Zur innereuropäischen Situation vgl. *C. Richter*, Die Besteuerung grenzüberschreitender Altersversorgung in der EU, 2010.
99 Inzwischen liegen auch Empfehlungen des Wissenschaftlichen Beirats beim BMWi zur „Nachhaltigkeit in der sozialen Sicherung über 2030 hinaus" v.

1. Gutachten im Auftrag des Bundesministeriums für Arbeit und Soziales

Das Gutachten im Auftrag des Bundesministeriums für Arbeit und Soziales[100] beschäftigt sich mit der sog. „Nahles"-Rente[101], einem sog. „Neuen Sozialpartnermodell[102] Betriebsrente", das aufgrund eines neuen § 17b BetrAVG vier Komponenten miteinander verbinden soll: einen Tarifvertrag[103], eine reine Beitragszusage[104] des Arbeitgebers[105], eine Mindestleistungszusage eines sozialpartnerschaftlich gesteuerten allein-

---

16.9.2016 vor, http://www.bmwi.de/DE/Mediathek/publikationen,did=781420.html (26.10.2016).

100 Gutachten im Auftrag des BMAS: *Hanau/Arteaga*, Rechtsgutachten zu dem „Sozialpartnermodell Betriebsrente" des Bundesministeriums für Arbeit und Soziales, März 2016 http://www.bmas.de/SharedDocs/Downloads/DE/PDF-Pressemitteilungen/2016/rechtsgutachten-sozialpartnermodell-betriebsrente.pdf?__blob=publicationFile&v= 1 (15.8.2016); im Folgenden zitiert als Gutachten II.

101 Vgl. z.B. BT-Drucks. 18/6456.

102 Neben „Sozialpartnermodell" werden auch die Begriffe „Tarifpartnermodell" und „bAV II" verwendet.

103 Zu bestehenden großen Lücken in der Tarifbindung vgl. VersicherungsJournal vom 26.10.2016, http://www.versicherungsjournal.de/markt-und-politik/staerkung-der-bav-grosse-luecken-in-der-tarifbindung-127179.php http://www.versicherungsjournal.de/markt-und-politik/staerkung-der-bav-grosse-luecken-in-der-tarifbindung-127179.php (6.11.2016). Zweifelnd zu Lösungsmöglichkeiten dieses Dilemmas (z.B. durch Allgemeinverbindlichkeitserklärung) *Ulbrich*, Das Sozialpartnermodell auf der Zielgeraden: Kommt die bAV II? BB 2016, 2364, unter II. S. dazu auch BT-Drucks. 18/10453, 2 Nr. 3 f.

104 Zu den Zusagearten vgl. Gutachten im Auftrag des BMF: *Kiesewetter/Grom/Menzel/Tschinkl*, Optimierungsmöglichkeiten bei den bestehenden steuer- und sozialversicherungsrechtlichen Förderregelungen der betrieblichen Altersversorgung, April 2016, s. http://www.bundesfinanzministerium.de/Content/DE/Standardartikel/Themen/Steuern/Weitere_Steuerthemen/Altersvorsorge/2016-04-15-Optimierungsmoeglichkeiten-Foerderregelungen-betriebliche-Altersversorgung.html (15.8.2016), S. 9 ff.; im Folgenden zitiert als Gutachten I.

105 Kritisch zur Motivation dieser Regelung, die Einstandspflicht des Arbeitgebers zu verringern, *Ulbrich*, Das Sozialpartnermodell auf der Zielgeraden: Kommt die bAV II? BB 2016, 2364, bereits unter I. sowie unter III.

haftenden[106] Versorgungsträgers und eine kollektive Sicherung bei Ausfall des Versorgungsträgers[107]. Hintergrund sind die Regelungen des Altersvermögensgesetzes[108], die aus einer kontinuierlichen Absenkung der Leistungen aus der gesetzlichen Rentenversicherung resultierende Versorgungslücken[109] durch den Aufbau einer (privaten und/oder) betrieblichen kapitalgedeckten Altersversorgung – also der sog. „Riester"-Rente nicht nur zur privaten, sondern auch als Bestandteil der betrieblichen Altersversorgung[110] – schließen[111]

---

106 Zur Sicherung gegen Zahlungsausfall des alleinhaftenden Versorgungsträgers vgl. *Ulbrich*, Das Sozialpartnermodell auf der Zielgeraden: Kommt die bAV II? BB 2016, 2364, unter VI.
107 Gutachten II (Fn. 100) S. 2 f. Zur Kritik an einem solchen – von ihm als „Paralleluniversum" bezeichneten – Vorhaben s. *von Löbbecke*, AssCompact Sept. 2016, 36; den gleichen Begriff verwendet übrigens *Karch* (aba) mit Blick auf die bestehenden Durchführungswege in der bAV nach VersicherungsJournal v. 7.10.2016, http://www.versicherungsjournal.de/markt-und-politik/beim-tarifpartnermodell-zeichnen-sich-konturen-ab-126991.php?link=1 (26.10.2016).
108 Altersvermögensgesetz (AVmG) v. 26.6.2001, BGBl. I 2001, 1310, BStBl. I 2001, 420.
109 Auch das Versorgungsniveau im öffentlichen Dienst ist um rund 7,5 % gesunken, Sechster Versorgungsbericht der Bundesregierung (2017), BT-Drucks. 18/11040, 34 f.; vgl. dazu Versorgungsänderungsgesetz 2001 v. 20.12.2001, BGBl. I 2001, 3926, BStBl. I 2002, 56.
110 Vgl. z.B. *Horlemann*, Die betriebliche und private Altersversorgung nach der Rentenreform 2001/2002, 2002, Abschn. 3.4. Die „Riester"-Rente als Bestandteil der betrieblichen Altersversorgung wird allerdings kaum genutzt, Alterssicherungsbericht 2016 der Bundesregierung, BT-Drucks. 18/10571, 100.
111 Ein Problem dabei ist allerdings, dass die Steuerersparnis aus der Steuerfreistellung bzw. dem Sonderausgabenabzug von Rentenversicherungs- und Altersvorsorgebeiträgen nicht tatsächlich das Gesamtversorgungsniveau beeinflusst, da sie sofort zu Konsumzwecken zur Verfügung steht, also entgegen den Intentionen eines Systems der nachgelagerten Besteuerung, vgl. grundlegend *Dorenkamp*, Nachgelagerte Besteuerung von Einkommen, 2004, S. 60 ff., sowie die konzeptionelle Darstellung von *Horlemann*, Die betriebliche und private Altersversorgung nach der Rentenreform 2001/2002, 2002, Abschn. 1.1, 1.2, 1.4.3–1.5, jeweils m.w.N.; gleichwohl werden diese Rentenerträge in die offizielle Kalkulation mit eingerechnet, vgl. Alterssicherungsbericht 2016 der Bundesregierung, BT-Drucks. 18/10571, 17. Sachgerecht wäre dies m.E. aber nur, wenn die Steuerersparnis auch zwingend zur Alterssicherung Verwendung fände.

sollten, die betriebliche Altersversorgung also zu einem integralen Bestandteil der Grundversorgung machen wollten[112].

Trotzdem: In Betrieben mit weniger als zehn Beschäftigten haben nur 30 % eine betriebliche Altersversorgung; 42 % der Geringverdiener (Bruttolohn unter 1500 Euro) haben keine Anwartschaft auf eine betriebliche Altersversorgung und auch keinen „Riester"-Vertrag[113]. Dies soll das neue Modell ändern, indem Beitragszusage (Arbeitgeber) und Mindestleistungszusage (Versorgungsträger) getrennt, außerdem nach dem Vorschlag des Gutachtens[114] um ein „Optionssystem"[115] zur Entgeltumwandlung[116] ergänzt und auch vorhandene Versorgungsträger einbezogen werden.

Dieses Gutachten[117] entwickelt also die „Nahles"-Rente partiell weiter und greift die Empfehlung des Gutachtens, das im Auftrag des Bundesministeriums der Finanzen erstellt wurde (s. Abschn. VII.2.), auf, nämlich die Förderung des Sozialpartnermodells durch eine geringere steuer- und sozialversicherungsrechtliche Belastung der betrieblichen Altersversorgung: Der Arbeitgeber solle verpflichtet werden, bei Entgeltumwandlung einen Zuschuss zu zahlen, und so seine geringere Abgabenbelastung an die Arbeitnehmer weitergeben[118]. Die Geringverdienerproblematik kön-

---

112 Gutachten II (Fn. 100) S. 3. Vgl. auch BT-Drucks. 18/4542 und den Rentenversicherungsbericht 2016, BT-Drucks. 18/10570, 10, mit Gutachten des Sozialbeirats dazu, BT-Drucks. 18/10570, 87. *Ulbrich*, Das Sozialpartnermodell auf der Zielgeraden: Kommt die bAV II? BB 2016, 2364, unter IV. (z.T. Ersatzfunktion der bAV gegenüber der gesetzlichen Rentenversicherung).
113 Gutachten II (Fn. 100) S. 4; vgl. auch den Alterssicherungsbericht 2012 der Bundesregierung, BT-Drucks. 17/11741, 9; nach dem Alterssicherungsbericht 2016 der Bundesregierung, BT-Drucks. 18/10571, 9, sind es inzwischen sogar 47 %.
114 Gutachten II (Fn. 100) S. 12: „auto-enrolment & opting-out".
115 Positiv dazu: *Ulbrich*, Das Sozialpartnermodell auf der Zielgeraden: Kommt die bAV II? BB 2016, 2364, unter V.
116 Zum Anspruch des Arbeitnehmers auf Entgeltumwandlung vgl. *Wübbelsmann*, DStR 2016, 1420; § 1a Betriebsrentengesetz (BetrAVG) v. 19.12.1974, BGBl. I 1974, 3610, zuletzt geä. durch Art. 3 Nr. 2 des G. v. 21.12.2015, BGBl. I 2015, 2553. Zur Beitragsfreiheit vgl. § 1 Abs. 1 Nr. 4, 9 Sozialversicherungsentgeltverordnung (SvEV) v. 21.12.2006, BGBl. I 2006, 3385, zuletzt geä. durch Art. 1 der V. vom 21.11.2016, BGBl. I 2016, 2632, BStBl. I 2016, 1436, sowie BT-Drucks. 18/4542, 10 Nr. 17 ff. und SG Berlin v. 23.12.2015 – S 112 KR 764/14, DStR 2016, 1621, nrkr. (Az. BSG: B 12 KR 6/16 R).
117 Gutachten II (Fn. 100) S. 17 ff.
118 Gutachten I (Fn. 104) S. 149 ff. Zur grundlegenden Kritik an diesen Modellen vgl. *Rürup*, http://www.asscompact.de/nachrichten/nahles-fonds-sch%C3%

ne mit dieser Empfehlung allerdings nicht gelöst werden, hier wird ein dauerhaftes staatliches Zulagenmodell, wie es das Gutachten im Auftrag des Bundesministeriums der Finanzen vorsieht, empfohlen[119].

Wesentliches Element des Gutachtens im Auftrag des Bundesministeriums für Arbeit und Soziales[120] ist die Möglichkeit der Konvertierung bestehender betrieblicher Altersversorgungssysteme in die Neuregelung; es könnte m.E. somit die Komplexität bisheriger Übergangsregelungen vermeiden, die alte und neue Systeme an einer beliebigen Schnittstelle trennen und nebeneinander gelten lassen.

2. Gutachten im Auftrag des Bundesministeriums der Finanzen

Das Gutachten im Auftrag des Bundesministeriums der Finanzen[121] zu „Optimierungsmöglichkeiten bei den bestehenden steuer- und sozialversicherungsrechtlichen Förderregelungen der betrieblichen Altersversorgung" wertet bestehende Untersuchungen und Literatur aus, führt aber auch eigene empirische Ermittlungen – insbesondere bei kleinen und mittelständischen Unternehmen (KMU) sowie Arbeitnehmern im unteren Einkommenssegment – speziell zu steuer- und sozialversicherungsrechtlichen Hemmnissen durch[122]. Diese kommen u.a. zu dem Ergebnis, „dass die Einführung einer bAV in KMU bereits am allgemeinen Kenntnisstand des Unternehmers scheitert[123]." Auf Seiten der Arbeitnehmer wird primär ein zu geringer finanzieller Spielraum für eine Beteiligung an einer Maßnahme der betrieblichen Altersversorgung, aber auch die als ungerecht empfundene Belastung der Leistungen in der Rentenphase mit Beiträgen zur Kranken- und Pflegeversicherung gesehen[124].

A4uble-zuschuss-und-deutschland-rente-r%C3%BCrup-zu-den-reformideen (27.10.2016).
119 Gutachten II (Fn. 100) S. 92.
120 Gutachten II (Fn. 100) S. 55 ff.
121 Gutachten I (Fn. 104).
122 Gutachten I (Fn. 104) Kap. 3.
123 Vgl. auch *Wallau/Gädckens/Werner*, Machbarkeitsstudie [im Auftrag des Bundesministeriums für Arbeit und Soziales] für eine empirische Analyse von Hemmnissen der betrieblichen Altersversorgung in kleinen und mittleren Unternehmen, 2014, http://www.bmas.de/DE/Service/Medien/Publikationen/Forschungsberichte/Forschungsberichte-Rente/fb444-machbarkeitsstudie-bav-in-kmu.html (6.11.2016).
124 Gutachten I (Fn. 104) S. 69 ff., 75 ff.; Zusammenfassung S. 137 f.

Im Ergebnis dieser Untersuchungen werden zwei Reformempfehlungen[125] gegeben, die u.a. einen Ausgleich der erhöhten sozialversicherungsrechtlichen Abgabenlast in der Leistungsphase zum Ziel haben, nämlich entweder durch einen Arbeitgeberzuschuss bei Entgeltumwandlung, der aus seiner Ersparnis wegen der Sozialversicherungsfreiheit finanziert werden könnte, oder durch eine verbesserte „Riester"-Förderung in der betrieblichen Altersversorgung durch das bestehende Zulagensystem in Verbindung mit einer Beseitigung der Doppelverbeitragung. Für Unternehmen mit weniger als zwanzig Mitarbeitern soll ein steuerstundender Abzugsbetrag für die betriebliche Altersversorgung geschaffen werden[126].

3. Zielrentensystem

Meldungen aus gut unterrichteten Kreisen berichten Mitte September 2016 über eine politische Grundsatzentscheidung für ein aus der sog. „Nahles"-Rente abgeleitetes sog. „Zielrentensystem" („defined ambition" oder „collective defined contribution") als einem Mittelweg zwischen nur schwer kalkulierbaren Leistungszusagen und risikoreichen Kapitalsparplänen; Zielrentensysteme ermöglichten den Verzicht auf eine verbindlich festgelegte Garantieleistung, die sowohl bei der gesetzlichen Rentenversicherung als auch beim reinen Versicherungsmodell ohnehin fehlt oder im Niedrigzinsumfeld in Frage steht, stattdessen würde die spätere Leistung lediglich „gewissenhaft geschätzt"[127].

4. Vereinfachung?

(Steuer-)Vereinfachungsdiskussionen[128] sind dagegen deutlich abgeflacht, obwohl bereits tragfähige Vorschläge einer einfacheren gesetzli-

---

125 Gutachten I (Fn. 104) S. 219 ff.
126 Gutachten I (Fn. 104) S. 149 ff., 153 ff., 170 ff.
127 Gutachten II (Fn. 9100 S. 40 ff. Zustimmend: *von Löbbecke*, AssCompact Sept. 2016, 36/37. Zweifelnd, u.a. weil vieles im Zielrentenkonzept noch unklar sei, *Ulbrich*, Das Sozialpartnermodell auf der Zielgeraden: Kommt die bAV II? BB 2016, 2364, unter IV.
128 Die Koalitionsvereinbarung der die Bundesregierung in der 18. Legislaturperiode tragenden Parteien vom 16.12.2013 signalisiert unter den Überschriften „Verlässliche Steuerpolitik" und „Steuervereinfachung und Steuervollzug" wohl eher steuervereinfachungspolitischen Stillstand (*Wagschal/Simon*, IFSt-Schrift Nr. 496 – 2014 –, S. 19) und gipfelt in der Behauptung, Deutschland habe „derzeit insgesamt ein zeitgemäßes und wettbewerbsfähiges Steuerrecht" (vgl. auch den 150. Monatsbericht des BMF v. 31.1.2014, http://

chen Regelung für Zukunftssicherungsleistungen gemacht worden sind[129]. Gestern haben wir dagegen Einigkeit darüber erzielt, dass ohne Vereinfachung auch des materiellen Rechts eine Vereinfachung des Besteuerungsverfahrens (durch verstärkte Automation) nicht wirklich gelingen wird. Solange diese Erkenntnis den politischen Raum nicht erreicht, bleibt es aber dabei: Die Komplexität der bisherigen und geplanten neuen Regelungen in den verschiedenen Rechtsgebieten, die für die betriebliche Altersversorgung anzuwenden sind, wird ihre Verbreitung zumindest nicht fördern.

VIII. Nachtrag

Unter dem 4.11.2016 ist ein gemeinsamer Referentenentwurf des Bundesministeriums für Arbeit und Soziales und des Bundesministeriums der Finanzen für ein sog. „Betriebsrentenstärkungsgesetz" veröffentlicht worden[130], der in einen entsprechenden Regierungsentwurf gemündet ist[131], zu dem inzwischen der Bundesrat Stellung genommen und die Bundesregierung zu der Stellungnahme erwidert hat[132]. Zur Problemstellung und Zielsetzung wird dort ausgeführt: „Betriebsrenten sind noch nicht ausreichend verbreitet. Besonders in kleinen Unternehmen und bei Beschäftigten mit niedrigem Einkommen bestehen Lücken. Deshalb sind weitere Anstrengungen ... notwendig, um ... ein höheres

---

www.bundesfinanzministerium.de/Content/DE/Monatsberichte/2014/01/In halte/Kapitel-3-Analysen/3-3-perspektive-zur-steuervereinfachung-im-wan del.html (15.8.2016): Danach könne „das Steuerrecht nicht einfacher sein ... als die der Besteuerung zugrunde liegenden Lebenssachverhalte selbst". Als Königsweg zur Steuervereinfachung wird daher wohl vorrangig die technische Ausgestaltung des Besteuerungsverfahrens und seine digitale Aufbereitung gesehen.).

129 Vgl. statt vieler *Lang/Herzig/Hey/Horlemann/Pelka/Pezzer/Seer/Tipke*, Kölner Entwurf eines Einkommensteuergesetzes, 2005, Rz. 252 ff., 428 ff.; *J. Lang/M. Eilfort* (Hrsg.), Strukturreform der deutschen Ertragsteuern, 2013, S. 162 f. Vorschläge für eine Einbeziehung z.B. auch des (Investment-)Fondssparens finden sich z.B. bei *Horlemann*, Die Besteuerung von Alterseinkünften in Deutschland – ein Modell für Europa? Reihe Rechtswissenschaften Bd. 53, 2007, Abschn. 9.

130 Entwurf eines Gesetzes zur Stärkung der betrieblichen Altersversorgung und zur Änderung anderer Gesetze, http://www.bundesfinanzministerium .de/Content/DE/Downloads/Gesetze/2016-11-04-Betriebsrentenstaerkungs gesetz.pdf?__blob=publicationFile&v= 2 (5.11.2016).

131 BR-Drucks. 780/16 v. 30.12.2016.

132 BT-Drucks. 18/11286 (Vorabfassung) v. 22.2.2017, Anlagen 3 und 4.

Versorgungsniveau der Beschäftigten durch kapitalgedeckte Zusatzrenten zu erreichen." Diese sehen im Wesentlichen – ab 2018 – vor[133]:

1. „... den Sozialpartnern [wird] die Möglichkeit eröffnet, auf tariflicher Grundlage reine Beitragszusagen einzuführen[134]. In diesem Fall werden keine Mindest- bzw. Garantieleistungen der durchführenden Einrichtungen mehr vorgesehen. ..." Verbreitungshemmnissen der betrieblichen Altersversorgung, wie ihrer hohen Komplexität und wirtschaftlichen und rechtlichen Unwägbarkeiten, könne so begegnet werden. Dies komme besonders kleinen Unternehmen entgegen, in denen regelmäßig keine spezifischen Betriebsrentenkenntnisse vorhanden seien. Dazu werden „weitere zentrale Vorschriften des Betriebsrentengesetzes künftig tarifoffen gestaltet ...". „Die Einführung der reinen Beitragszusage stärkt nachhaltig die Rolle der Sozialpartner in der betrieblichen Altersversorgung. Wenn die Sozialpartner künftig vereinbaren, dass Betriebsrentenzusagen in der Form reiner Beitragszusagen erfolgen, müssen sie sich an der Durchführung und Steuerung dieser Betriebsrenten beteiligen. Das kann im Rahmen gemeinsamer Einrichtungen nach dem Tarifvertragsgesetz erfolgen. Es reicht aber auch aus, wenn die Sozialpartner in bestehenden Einrichtungen der betrieblichen Altersversorgung (Pensionskassen, Pensionsfonds, Direktversicherungen) Möglichkeiten erhalten, auf die Durchführung der neuen betrieblichen Altersversorgung einzuwirken"[135].

2. „... die Arbeitgeber [sind] verpflichtet, im Falle einer Entgeltumwandlung die ersparten Sozialversicherungsbeiträge an die Beschäftigten weiterzugeben."

3. „... die Sozialpartner [können] künftig rechtssicher Modelle der automatischen Entgeltumwandlung regeln ... (‚Opting-Out'- bzw. ‚Optionsmodelle')."

Anm. zu Nr. 1–3: Ob die angesprochenen Vereinfachungsziele erreicht werden und die Komplexität verringert wird, wenn neben die bisherigen Regelungen zur betrieblichen Altersversorgung ein neues System[136] ge-

---

133 Allgemeiner Teil der Begründung des Regierungsentwurfs (Fn. 132), S. 29 ff.
134 Zu den Einflussmöglichkeiten der Sozialpartner durch ihre „kollektive Nachfragemacht" s. BT-Drucks. 18/11076, 10 Nr. 24 ff.
135 Krit. zur Einflussnahme der Sozialpartner auf die Versorgungsträger über den Aufsichtsrat (§ 21 Abs. 1 E-BetrAVG): *Bürkle*, Governance in bAV-Versorgungseinrichtungen und Einflussnahme der Sozialpartner – Eingriff in das interen Kompetenzgefüge der Organe, BB 2017, 712.
136 „Paralleluniversum", vgl. Fn. 107.

setzt wird, kann aus der Sicht der Arbeitgeber sicher bezweifelt werden. Vereinfachungswirkungen durch Einbeziehung bereits bestehender Versorgungsregelungen in das Sozialpartnermodell liegen aber nunmehr in den Händen der Tarifvertragsparteien.

4. „Im Einkommensteuergesetz wird ein neues steuerliches Fördermodell spezifisch für Geringverdiener [mit einem laufenden monatlichen Arbeitslohn von nicht mehr als 2000 Euro!] (‚BAV-Förderbetrag') eingeführt[§ 100 E-EStG]." „Außerdem wird ... die ... Grundzulage bei der Riester-Rente [auf 165 Euro, § 84 Satz 1 E-EStG] angehoben und das Verfahren zur Riester-Förderung optimiert."

5. „ ... die Höchstbeträge für steuerfreie Zahlungen an Pensionskassen, Pensionsfonds und Direktversicherungen [werden] zu einer einheitlichen prozentualen Grenze [von (nach dem Regierungsentwurf[137] nunmehr) 8 statt 4 Prozent] zusammengefasst und angehoben und verschiedene Flexibilisierungen sowie Vereinfachungen des steuerlichen Verwaltungsverfahrens umgesetzt." Dabei wird der zusätzliche fixe Höchstbetrag von 1800 Euro aufgehoben. Zugleich werden die Abgrenzungen zwischen Alt- und Neuzusage (Abschn. VI.1.) durch eine Anrechnung der nach § 40b a.F. EStG pauschal versteuerten Beiträge ersetzt (§ 52 Abs. 4 Satz 11 ff., Abs. 40 Satz 1 E-EStG). Lücken in der bAV, die in Entsendungsfällen entstehen können (vgl. Abschn. VI.4.), können nach dem neuen Satz 4 in § 3 Nr. 63 E-EStG durch Nachzahlung geschlossen werden.

Anm. zu Nr. 4, 5: Steuerrechtlich tritt zu der – eindeutig zu begrüßenden – Vereinfachung – auch beim Lohnsteuerabzug – aus den Änderungen des § 3 Nr. 63 E-EStG (Nr. 5) und der für Geringverdiener wichtigen Erhöhung der Grundzulage (Nr. 4) ein gegenläufiges Element durch den über die Lohnsteuer-Anmeldung abzuwickelnden neuen Förderbetrag (§ 100 E-EStG) hinzu (Nr. 4).

6. „ ... in der Grundsicherung im Alter und bei Erwerbsminderung [wird] die Nichtanrechnung von Zusatzrenten neu geregelt. Im Bereich der gesetzlichen Kranken- und Pflegeversicherung wird die insbesondere auf Geringverdiener zugeschnittene Möglichkeit der betrieblichen Riester-Förderung verbessert."

---

137 BT-Drucks. 18/11286 (Vorabfassung) v. 22.2.2017. Die Grenze in § 1 Abs. 1 Satz 1 Nr. 9 Sozialversicherungsentgeltverordnung (SvEV) v. 21.12.2006, BGBl. I 2006, 3385, zuletzt geä. durch Art. 1 der V. v. 21.11.2016, BGBl. I 2016, 2637, BStBl. I 2016, 1436, wird allerdings nach dem bisherigen Entwurf nicht von 4 auf 8 % erhöht.

Anm. zu Nr. 6: Die Regelungen zur Grundsicherung (§ 82 Abs. 4, 5, § 90 Abs. 2 Nr. 2 E-SGB XII) und zur gesetzlichen Kranken- und Pflegeversicherung (§ 229 E-SGB V) beseitigen bisher deutlich monierte Ärgernisse für die Betroffenen.

7. „Die Rolle der Deutschen Rentenversicherung Bund als objektive Informationsquelle auch für die betriebliche Altersversorgung wird ausgebaut."

Anm. zu Nr. 7: Ob die Träger der gesetzlichen Rentenversicherung in der Lage sein werden, „über das gesamte Spektrum der staatlich geförderten zusätzlichen Altersvorsorgeangebote neutral und anbieterunabhängig Auskünfte [zu] erteilen" (§ 15 Abs. 4 E-SGB I), bleibt abzuwarten[138].

---

138 Insoweit erinnert dieses Vorhaben allerdings an eine bereits 2009 von *Oehler/Kohlert* in einem Gutachten im Auftrag des Verbraucherzentrale Bundesverbandes e.V. erhobene Forderung, http://www.vzbv.de/sites/default/files/mediapics/altersvorsorge_gutachen_oehler_12_2009.pdf (6.11.2016), S. 251 ff.: „Essentiell ist es ebenso, Transparenz zu schaffen." „Es fehlt ... eine unmittelbare informationsbezogene Verknüpfung zwischen gesetzlicher, privater und gegebenenfalls auch betrieblicher Altersvorsorge, ..." „Es würde einen wesentlichen Schritt in Richtung Transparenz bedeuten, würde der Versicherte ... unmittelbar und regelmäßig von einer zentralen Institution ... darüber in Kenntnis gesetzt werden, welche „Anwartschaften" er in allen Sozialversicherungssystemen zusammen bereits erworben hat, welche Leistungen er aus diesem „Vorsorge-Komplex" erwarten kann, welche Risiken sich im Gesamtkontext darstellen und eventuell sogar, welche Schritte er unternehmen könnte, um eventuell noch nicht genutzte Chancen zu ergreifen."

Impulse und Grenzen der steuerlichen Gestaltung im Arbeitsverhältnis

Rechtsanwalt *Klaus Strohner*
Köln*

I. Vorbemerkung
II. Bedeutung der Lohnsteuer
III. Inanspruchnahme der Unternehmen für Fiskalzwecke der Finanzverwaltung
1. Verpflichtung des Arbeitgebers zum richtigen Lohnsteuerabzug
2. Fürsorgepflicht des Arbeitgebers zum richtigen Lohnsteuereinbehalt
3. Rechtsschutz des Arbeitgebers durch Anrufungsauskunft?
IV. Gestaltungsinteresse des Unternehmens bei der Lohnsteuer
1. Gestaltungsinteresse des Unternehmens im Arbeitsverhältnis am Beispiel des steuerlichen Reisekostenrechts
2. Gestaltungsinteresse des Unternehmens im Arbeitsverhältnis bei Arbeitslohn von dritter Seite
3. Gestaltungsinteresse des Unternehmens im Arbeitsverhältnis in Fällen von Leistungen im ganz überwiegenden unternehmerischen Interesse
4. Gestaltungsinteresse des Unternehmens im Arbeitsverhältnis bei § 37b EStG
V. Haftung als Grenze der steuerlichen Gestaltung im Arbeitsverhältnis
VI. Fazit

I. Vorbemerkung

Die in Deutschland tätigen Unternehmen beschäftigen derzeit mehr als 30 Millionen lohnsteuerpflichtige Arbeitnehmer. Jede Veränderung im Lohnsteuerrecht hat deshalb große finanzielle und administrative Auswirkungen für alle Arbeitgeber. Dies hängt auch damit zusammen, dass die steuerlichen Aspekte rund um die Personalwirtschaft immer komplexer werden. Längst gibt es kaum mehr ein Unternehmen, das seine

---

* *Klaus Strohner* ist Rechtsanwalt und Partner bei optegra GmbH & Co. KG, Steuerberatungsgesellschaft, Köln, und verantwortet dort das Geschäftsfeld Lohnsteuer im Unternehmen mit allen steuerlichen Aspekten rund um die Personalwirtschaft.

Mitarbeiterinnen und Mitarbeiter ausschließlich mit Barlohn vergütet. Stattdessen gibt es eine immer größer werdende Zahl von Sachzuwendungen, die bei weitem nicht nur in der klassischen Entgeltabrechnung eine Rolle spielen, sondern auch in der arbeitsrechtlichen Vertragsgestaltung, beim Fuhrparkmanagement, in der Reisekostenabrechnung, der betrieblichen Altersversorgung etc.

Dem Eindruck entgegenzuwirken, dass mit der Lohnsteuer besonders viel „Schmuh" betrieben wird, gilt mein Hinweis darauf, dass nach meiner Erfahrung die Intention der Unternehmen bei der Lohnsteuer eindeutig auf Haftungsvermeidung gerichtet ist und dass die „Flucht in den Sachlohn" keine der Steueroptimierung geschuldete Triebfeder der Unternehmen zugunsten ihrer Mitarbeiterinnen und Mitarbeiter ist. Mag eine Lohnsteueroptimierung möglicherweise dem Geschäftsmodell einzelner Unternehmen entstammen, so kann dies meines Erachtens nicht auf die große Mehrheit der Unternehmen übertragen werden.

II. Bedeutung der Lohnsteuer

Der Fiskus kassiert jährlich weit mehr als 100 Milliarden Euro an Lohnsteuer. Nach Erhebungen des BMF waren es im Jahr 2015 knapp 179 Milliarden Euro. Damit ist die Lohnsteuer zusammen mit der Umsatzsteuer seit Jahren mit Abstand eine der beiden ergiebigsten Steuerquellen überhaupt; weit vor der Einkommensteuer, Körperschaftsteuer, Gewerbesteuer u.a. Vordergründig erscheint die Lohnsteuer vielfach als reine Steuer des Arbeitnehmers, die das Unternehmen lediglich an das Finanzamt abführt. Bei genauerer Sicht trifft dies aber nicht zu. Das Aufdecken von Fehlern bei Lohnsteuer-Außenprüfungen und der zunehmende Trend zu Lohnsteuerpauschalierungen führen dazu, dass immer mehr Lohnsteuer beim Unternehmen „hängen bleibt". Hinzu kommt bei Arbeitslohn in Form von Sachzuwendungen häufig auch noch eine zusätzliche Belastung mit Umsatzsteuer und bei Zuwendungen an Arbeitnehmerinnen oder Arbeitnehmer unterhalb der Beitragsbemessungsgrenze auch noch mit Sozialversicherung. Mit all diesen Effekten wird die Lohnsteuer im Ergebnis zu einer echten aufwandswirksamen Unternehmenssteuer. § 37b EStG hat dazu seit seiner Einführung im Jahr 2007 zusätzlich einen besonders großen Beitrag geleistet.

Die Unternehmenspraxis zeigt, dass in vielen Fällen Lohnsteuerprüfer mit Unternehmen über Haftungsfragen diskutieren, ohne dass zunächst einmal hinterfragt werden würde, ob denn überhaupt steuerpflichtiger

Arbeitslohn gegeben ist. Im Gegenteil: Aus Sicht von Lohnsteuerprüfern wird vielfach das Vorliegen von Arbeitslohn unterstellt, die Interessen des Unternehmens beim Tätigen von Aufwendungen werden oft schlichtweg ignoriert.

Ein gutes Beispiel hierfür ist § 38 Abs. 1 Satz 3 EStG, der die Lohnsteuereinbehaltungspflicht eines Arbeitgebers bei Arbeitslohn von dritter Seite gesetzlich normiert. In der Unternehmenspraxis wurde mit dieser Norm die Inanspruchnahme des Arbeitgebers faktisch erheblich ausgeweitet. Doch kann auch hier nur gelten: Keine Haftung ohne Arbeitslohn. Hierzu später mehr. An dieser Stelle nur so viel: § 38 Abs. 1 Satz 3 EStG macht die Notwendigkeit offenkundig, die systematische Reihenfolge bei der Lohnversteuerung in den Blickpunkt zu rücken.

III. Inanspruchnahme der Unternehmen für Fiskalzwecke der Finanzverwaltung

Gleichmäßigkeit und Zeitnähe des steuerlichen Belastungserfolgs, frühzeitige und kontinuierliche Finanzausstattung des Staates sowie Staatsentlastung durch Schonung von Verwaltungsressourcen sind anerkannte staatliche Verfassungsgüter beim Lohnsteuerverfahren. Zur Umsetzung dieser Verfassungsgüter nimmt der Fiskus die Unternehmen für fiskalische Zwecke in Anspruch, was in Zukunft sicher noch stärker auch in elektronischer Form der Fall sein wird. In diesem Zusammenhang steht zu befürchten, dass der Gesetzgeber durch das Gesetz zur Modernisierung des Besteuerungsverfahrens noch mehr Arbeit (Dokumentation, technisches Zurverfügungstellen von Daten etc.) auf die Unternehmen verlagert. Die Lohnsteuer darf dabei aber nicht zum Gegenstand von Reformüberlegungen zu Lasten der Unternehmen werden.

1. Verpflichtung des Arbeitgebers zum richtigen Lohnsteuerabzug

Gemäß § 38 Abs. 3 Satz 1 EStG hat der Arbeitgeber die Lohnsteuer bei jeder Lohnzahlung für Rechnung des Arbeitnehmers vom Arbeitslohn einzubehalten und an das Finanzamt abzuführen. Insoweit fungiert der Arbeitgeber als Hilfsorgan der Finanzverwaltung. Beim Einbehalten der Lohnsteuer und Abführen derselben an das Finanzamt tritt der Arbeitgeber als Beauftragter des Steuerfiskus und somit als Steuererheber gegenüber seinen Arbeitnehmern auf.

Mit Einführung von § 38 Abs. 1 Satz 2 EStG wurde die Lohnsteuer erstmals international, verpflichtet das Gesetz doch damit bei Arbeitnehmerentsendungen ein in Deutschland ansässiges aufnehmendes Unternehmen zum Lohnsteuereinbehalt, auch wenn das Unternehmen arbeitsrechtlich sonst mit dem Arbeitnehmer nichts zu tun hat. In diesen Fällen ist lediglich erforderlich, dass ein Unternehmen den Arbeitslohn für die ihm geleistete Arbeit wirtschaftlich trägt. Hiermit und mit der bereits erwähnten Lohnsteuereinbehaltsungsverpflichtung des Arbeitgebers in Fällen des Arbeitslohns von dritter Seite hat der Gesetzgeber das aus Arbeitgeber, Arbeitnehmer und Finanzamt bestehende Lohnsteuerdreieck einseitig zu Lasten der Arbeitgeber ausgeweitet. Um die Unternehmen mit dieser Verpflichtung nicht über Gebühr zu belasten, hat die Gesetzmäßigkeit der Verwaltung hier ganz besonders strengen Anforderungen zu genügen.

2. Fürsorgepflicht des Arbeitgebers zum richtigen Lohnsteuereinbehalt

Grenzen der Gesetzmäßigkeit der Finanzverwaltung werden durch die Fürsorgepflicht des Arbeitgebers zum richtigen Lohnsteuereinbehalt gezogen. Die Fürsorgepflicht des Arbeitgebers ist eine Grundverpflichtung aus dem Arbeitsverhältnis und korrespondiert mit der Treuepflicht des Arbeitnehmers. Die Fürsorgepflicht verpflichtet den Arbeitgeber, sich für den Arbeitnehmer einzusetzen, ihm Schutz und Fürsorge zukommen zu lassen und nicht seinen Interessen entgegenzuhandeln. Allerdings bedeutet die Fürsorgepflicht keine umfassende Lebensfürsorge für den Arbeitnehmer oder eine Zurückstellung wirtschaftlich notwendiger Belange des Unternehmens. Vielmehr ist die Fürsorgepflicht Rechtsgrundlage für Ansprüche des Arbeitnehmers, Auslegungsmaßstab für Gesetze, einzel- und kollektivvertragliche Abmachungen und Schranke bei der Ausübung der dem Arbeitgeber an sich zustehenden Rechte.

Aufgrund seiner Fürsorgepflicht ist der Arbeitgeber gegenüber dem Arbeitnehmer verpflichtet, Lohn, Steuern und Sozialversicherungsbeiträge richtig zu berechnen. Dabei ist der Arbeitgeber im Rahmen des Üblichen und Zumutbaren außer der sachgerechten Bearbeitung und Behandlung der Lohnsteuer auch verpflichtet, ungerechtfertigte Nachversteuerungsansinnen der Finanzverwaltung abzulehnen. Meines Erachtens ist der Arbeitgeber allerdings nicht dazu verpflichtet, die Lohnsteuerinteressen seiner Arbeitnehmer zu optimieren. Hier sind die Grenzen der Mitwirkung des Arbeitgebers als Steuerentrichtungspflichtiger erreicht, denn Steuerschuldner und damit auch Steuerberechtigter ist und bleibt der Arbeitnehmer.

3. Rechtsschutz des Arbeitgebers durch Anrufungsauskunft?

Um die Verpflichtung zum richtigen Abzug einer fremden Steuer, nämlich der Lohnsteuer des Arbeitnehmers, rechtlich abzusichern, steht dem Arbeitgeber das Rechtsinstitut der sog. Anrufungsauskunft nach § 42e EStG zur Verfügung. Im Rahmen einer Anrufungsauskunft nach § 42e EStG hat ein Arbeitgeber die Möglichkeit, zur Klärung von lohnsteuerlichen Zweifelsfragen beim Finanzamt eine Auskunft einzuholen. Die Anrufungsauskunft ist in allen lohnsteuerlichen Fragen statthaft, die die Anwendung der Lohnsteuer betreffen.

In der Praxis ist die Anrufungsauskunft ein der Arbeitgeberseite zur Verfügung stehendes Rechtsinstitut, um Zweifelsfragen im Zusammenhang mit der Lohnabrechnung und Lohnbuchhaltung zu klären. Die vom Finanzamt auf Anfrage zu erteilende Anrufungsauskunft hat die Wirkung, dass sie den Arbeitgeber, wenn er sich an sie hält, von seiner Haftung befreit. Nach Ansicht des BFH zielt die Anrufungsauskunft als feststellender Verwaltungsakt darauf ab, präventiv Konflikte zwischen dem Arbeitgeber und dem Finanzamt zu vermeiden und auftretende lohnsteuerliche Fragen, die häufig auch die wirtschaftliche Dispositionen des Arbeitgebers berühren, in einem besonderen Verfahren zeitnah einer Klärung zuzuführen. Nach der Rechtsprechung des BFH ist es mit den Grundsätzen eines fairen Verfahrens nicht vereinbar, dem vom Fiskus in die Pflicht genommenen Arbeitgeber, der mit einer Anrufungsauskunft nicht einverstanden ist, anheim zu stellen, die Lohnsteuer zunächst (ggf. rechtswidrig) einzuhalten und abzuführen, Rechtsschutz jedoch erst durch Anfechtung von Lohnsteueranmeldungen bzw. Haftungsbescheiden zu gewähren.[1]

Die Anrufungsauskunft erschöpft sich nicht in einer bloßen Wissenserklärung, sondern geht als mit einem Bindungswillen versehene Erklärung des Finanzamts darüber hinaus und ist auf die Selbstbindung des zukünftigen Handelns des Finanzamts gerichtet ist.[2] Das Finanzamt bindet sich dadurch gegenüber dem Arbeitgeber in der Weise, Lohnsteuer weder im Wege eines Nachforderungs- noch eines Haftungsbeschei-

---
1 BFH, Urt. v. 16.11.2005 – VI R 28/02, BStBl. II 2006, 210 m.w.N.
2 BFH, Urt. v. 30.4.2009 – VI R 54/07, BStBl. II 2010, 996.

des nachzuerheben, wenn sich dieser entsprechend der Anrufungsauskunft verhält.

Zu beachten ist jedoch, dass die Lohnsteueranrufungsauskunft nach § 42e EStG lediglich eine Regelung dahin trifft, wie die Finanzbehörde den vom Antragsteller dargestellten Sachverhalt gegenwärtig beurteilt. Entsprechend diesem Regelungsgehalt ist eine Anrufungsauskunft lediglich darauf gerichtet,

– ob der vorgetragene Sachverhalt zutreffend erfasst
– und die rechtliche Beurteilung nicht evident fehlerhaft ist.[3]

Die inhaltliche Überprüfung einer Lohnsteueranrufungsauskunft beschränkt sich mithin lediglich darauf, ob die gegenwärtige rechtliche Einordnung des – zutreffend erfassten – zur Prüfung gestellten Sachverhalts in sich schlüssig und nicht evident rechtsfehlerhaft ist. Meines Erachtens stellt die Anrufungsauskunft in ihrer derzeitigen Ausprägung für die betriebliche Praxis ein stumpfes Schwert dar, da Unternehmen mit ihr – insbesondere bei Dauersachverhalten – keine hinreichende Rechtssicherheit für sich und die betroffenen Arbeitnehmer erhalten können.

IV. Gestaltungsinteresse des Unternehmens bei der Lohnsteuer

Während das formelle Einkommensteuerrecht Impulse und Grenzen der steuerlichen Gestaltung im Arbeitsverhältnis zwischen Unternehmen und Fiskus setzt, bestimmt das materielle Einkommensteuerrecht Maßstab und Impulse im Verhältnis zwischen Unternehmen und Arbeitnehmern. Daraus leitet sich auch ein Gestaltungsinteresse des Unternehmens bei der Lohnsteuer ab, dessen Grenze aber stets durch dessen Haftung gezogen wird. Aus der jüngeren Gesetzgebung und Rechtsprechung lassen sich hierfür einige prägnante Beispiele zeigen, bei denen entweder der Gesetzgeber oder die Rechtsprechung des BFH die Unternehmen in die Pflicht nahmen, aber auch deren Verantwortungsbereich anerkannt haben.

---

[3] BFH, Urt. v. 27.2.2014 – VI R 23/13, BStBl. II 2014, 894.

1. Gestaltungsinteresse des Unternehmens im Arbeitsverhältnis am Beispiel des steuerlichen Reisekostenrechts

Erstes Beispiel für ein solches in die Pflicht nehmen ist das seit 1.1.2014 neu gestaltete steuerliche Reisekostenrecht[4], bei dem der Gesetzgeber betrieblichen Notwendigkeiten hinreichend Rechnung getragen hat. Denn Außendienstmitarbeiter mit Firmenwagen, Arbeitnehmer mit Tätigkeit an verschiedenen Betriebsstätten ihres Unternehmens, Mitarbeiter bei nationalen und internationalen Arbeitnehmerentsendungen, Spezialisten mit Querschnittsfunktionen in Unternehmensgruppen und viele andere mehr haben allesamt eines gemeinsam: Sie erbringen ihre Arbeit an den unterschiedlichsten Tätigkeitsstätten des sie beschäftigenden Unternehmens. Bei all diesen Fällen hat die Frage nach dem Vorliegen einer ersten Tätigkeitsstätte (früher: regelmäßige Arbeitsstätte) weitreichende Bedeutung für den Umfang steuerfreien Reisekostenersatzes auf der Unternehmensebene und zugleich für die Besteuerung von Arbeitslohneinkünften auf der Ebene der Arbeitnehmer sowie nicht zuletzt für deren Werbungskostenabzug. Denn vom Vorliegen einer ersten Tätigkeitsstätte hängt es z.B. ab, ob ein Zuschlag bei der Firmenwagenversteuerung zu erfassen ist, ob die Entfernungspauschale Anwendung findet und ob das steuerliche Reisekostenrecht greift.

Nach der früheren Rechtsprechung des BFH konnte ein Arbeitnehmer, der in mehreren betrieblichen Einrichtungen seines Arbeitgebers tätig war, durchaus mehrere regelmäßige Arbeitsstätten nebeneinander innehaben. Hieran hatte der Lohnsteuersenat des BFH jedoch nicht länger festgehalten und dies damit begründet, dass der ortsgebundene Mittelpunkt der beruflichen Tätigkeit eines Arbeitnehmers nur an einem Ort liegen könne.

Mit dem zum 1.1.2014 in Kraft getretenen Gesetz zur Änderung und Vereinfachung der Unternehmensbesteuerung und des steuerlichen Reisekostenrechts wurde nun das Reisekostenrecht in vielen Teilen gesetzlich neu geregelt. Erklärtes Ziel des Gesetzgebers war es dabei, das steuerliche Reisekostenrecht für die Zukunft einfacher handhabbar zu machen. Die in der Vergangenheit vielen Änderungen im steuerlichen Reisekostenrecht sollen damit abgestellt und klare Regelungen dauer-

---

4 Gesetz zur Änderung und Vereinfachung des Unternehmensbesteuerung und des steuerlichen Reisekostenrechts vom 20.2.2013, BGBl. I 2013, 285, BStBl. I 2013, 188.

haft und rechtssicher gesetzlich normiert werden[5]. Ob dieses Ziel in der Praxis tatsächlich erreicht wird, muss sich erst noch zeigen.

Die Frage, ob Deutschland im internationalen Vergleich mit der Neuregelung des Reisekostenrechts eine steuerliche „Revolution" gestartet hat (wie es die Gesetzesbegründung vermuten lassen könnte), ist nicht ganz einfach zu beantworten. Die Regelungen zum Reisekostenrecht unterliegen nach meinem Dafürhalten in verschiedenen Ländern am Ende durchaus auch kulturellen Gegebenheiten. So ist beispielsweise in Ländern, deren Bevölkerung sehr mobil ist, die Frage nach einem beruflich bedingten Umzug steuerlich anders zu beantworten als anderswo. Gleichwohl sind in jedem Land mit einem grenzüberschreitenden beruflichen Einsatz reisebedingte Aufwendungen wie Fahrtkosten/Flugkosten, Übernachtungskosten, Verpflegungskosten und sog. Reisenebenkosten verbunden. Steuerlich behandelt werden diese Kosten fast überall anders, belastete ist aber immer das die Kosten tragende Unternehmen.

Auf den ersten Blick könnte man meinen, dass trotz aller Unterschiede die steuerliche Behandlung des Themas „Reisekostenersatz" international betrachtet dem Grunde nach wenig Probleme macht. Bei genauerem Hinsehen stellt man dann aber fest, dass schon die Frage nach dem Ausgangspunkt, dem „regular/principle workplace" (erste Tätigkeitsstätte), eine schwierige Frage zu sein scheint. Dabei steht regelmäßig die Vorstellung im Vordergrund dass sich ein Arbeitnehmer, der vorübergehend aus beruflichen Gründen außerhalb seiner Wohnung und seinem „regular/principle workplace" tätig wird, auf einer Dienstreise befindet. Daran knüpfen sich dann regelmäßig Kosten an, verbunden mit der Frage nach deren steuerlichen Behandlung. Und hier gehen die Probleme los. Im Detail wird es dann nämlich recht schnell schwierig. Das beginnt schon bei der Dauer einer vorübergehenden auswärtigen Tätigkeit und setzt sich bei den vertraglichen Verhältnissen zwischen Arbeitgeber und Arbeitnehmer (alter oder lokaler neuer Arbeitsvertrag, Entsendevereinbarung als sideletter zum bisherigen Arbeitsvertrag, Gehaltskostenbelastung etc.) fort. Deutschland hat hier nun mit der „ersten Tätigkeitsstätte" eine gesetzliche Regelung geschaffen, die den Anspruch von Rechtsicherheit erhebt. Mit ihr will der Gesetzgeber den Arbeitsvertragsparteien möglichst viel Spielraum geben, um den betrieblichen Notwendigkeiten Rechnung zu tragen (hier gilt jetzt das Primat des Arbeitsrechts vor dem Steuerrecht). Das Steuerrecht will es nunmehr weitgehend den Unternehmen

---

5 Siehe *Strohner/Gödtel*, Reisekosten, Herne, 2. Aufl. 2015.

überlassen, die Parameter für das Entstehen oder Vermeiden einer ersten Tätigkeitsstätte festzulegen. Wenn man die dafür notwendigen vielfältigen einschlägigen „Stellschrauben" kennt, mag das unter Umständen am Ende tatsächlich auch funktionieren können. Umständlich und damit auch steuerriskant ist die Behandlung der Verpflegungskosten bei vorübergehenden Auswärtstätigkeiten. Während es in vielen Ländern möglich ist, Verpflegungskosten, die anlässlich einer Dienstreise entstanden sind, in tatsächlicher Höhe nach Beleg abzurechnen, lässt Deutschland hier nur einen pauschalen Ansatz zu. Völlig kompliziert wird es, wenn ein Arbeitgeber einem Arbeitnehmer anlässlich oder während einer Dienstreise eine Mahlzeit zur Verfügung stellt. Hier schlägt der Hang des deutschen Steuerrechts zur Gerechtigkeit richtige Purzelbäume, die mit Praktikabilität und Einfachheit nichts mehr zu tun haben. Ein vom Gesetzgeber in diesem Zusammenhang neu geschaffenes umständliches Bescheinigungswesen (Großbuchstabe „M") macht es den Betroffenen ganz besonders schwer, die Regelungen verstehen und nachvollziehen zu können. Der Bürokratieaufwand könnte hier einen neuen Höchststand erreichen.

Ob durch die Änderungen im steuerlichen Reisekostenrecht die vom Gesetzgeber gewünschte dauerhafte Senkung von Administrations- und IT-Aufwand bei den Unternehmen und der Finanzverwaltung tatsächlich eintritt, darf nach ersten Erfahrungen mit dem neuen steuerlichen Reisekostenrecht durchaus in Zweifel gezogen werden. Vielmehr scheint es so zu sein, dass an vielen Stellen des steuerlichen Reisekostenrechts bereits vorhanden gewesene Regelungen bzw. Begriffe lediglich durch andere ersetzt wurden. Bildlich ausgedrückt könnte man vermuten, dass an vielen Stellen lediglich die Farbe gewechselt wurde. Ob es sich dabei um „Steine statt Brot" handelt, ist noch offen.

Auch wenn mit der Verabschiedung des neuen Reisekostenrechts kein grundlegender „Systemwechsel" verbunden war, wurden in den Unternehmen wegen der zahlreichen Detailänderungen unterschiedliche Anpassungen vorgenommen. Denn jedes Unternehmen, das Mitarbeiter mit Auswärtstätigkeiten beschäftigt, ist ebenso wie die auswärts tätigen Arbeitnehmer selbst von diesen Änderungen betroffen. Der Gedanke des Gesetzgebers, dass derjenige, der die Musik bestellt, sie auch bezahlt, ist im neuen steuerlichen Reisekostenrecht durch das Primat des Arbeitsrechts für das Steuerrecht erstmals eindeutig zum Ausdruck gebracht worden. Bleibt zu hoffen, dass sich die Finanzverwaltung dieser Sichtweise anschließt und den Unternehmen bei der Umsetzung im Massenverfahren notwendige Hilfestellungen gewährt.

2. Gestaltungsinteresse des Unternehmens im Arbeitsverhältnis bei Arbeitslohn von dritter Seite

Ein weiterer Aspekt, der Unternehmen in zunehmenden Maße in Haftungssituationen gebracht hatte, wurde durch den BFH aufgegriffen und durch klare, rechtlich eindeutige Urteile neu justiert: Die Lohnsteuereinbehaltungspflicht des Arbeitgebers bei Arbeitslohn von dritter Seite[6]. Dabei steht im Mittelpunkt der Entscheidungen, dass Arbeitslohn grundsätzlich zur Rolle der Arbeitsvertragsparteien gehört und Gegenleistung für das Erbringen von Arbeitsleistung ist. Da Arbeitgeber und Arbeitnehmer die Parteien des Arbeitsverhältnisses sind, schuldet grundsätzlich der Arbeitgeber den Arbeitslohn, der Arbeitnehmer die Arbeitsleistung. Dass ein Dritter jemandem dafür Lohn zahlt, dass er für seinen Arbeitgeber Arbeit leistet, gibt es, ist aber die Ausnahme. Diese betriebswirtschaftliche Binsenweisheit musste der BFH seiner Rechtsprechung erst einmal vorwegstellen; ein Umstand, mit dem sich die Finanzverwaltung bis heute immer noch schwer tut.

Ausgehend für die hier einschlägige Rechtsprechung des BFH sind die jüngeren BFH-Urteile zu sog. Drittrabatten[7], die m.E. aber durchaus für alle Formen von Drittlohn gleich verstanden werden können.

Rabatte – jedenfalls von dritter Seite – führen nach Auffassung sowohl des BFH als auch der Finanzverwaltung nur (noch) in Ausnahmefällen zu Arbeitslohn. Voraussetzung ist, dass keine eigenwirtschaftlichen Gründe des Zuwendenden vorliegen, die Vorteile nicht fremdüblich sind, sie also keinen „Jedermann-Rabatt" darstellen, und sie sich stattdessen für den Arbeitnehmer als Frucht seiner Arbeit erweisen, die ein Arbeitnehmer seinem eigenen Arbeitgeber gegenüber erbringt und die Vorteilsgewährungen in einem finalen Veranlassungszusammenhang mit dem konkreten Arbeitsverhältnis stehen. Einen solchen Veranlassungszusammenhang sieht die Finanzverwaltung in einem aktiven Mitwirken des Arbeitgebers an einer Vorteilsverschaffung als gegeben an. Davon kann ausgegangen werden, wenn derjenige, der einem Arbeitnehmer einen Preisvorteil einräumt, mit einer solchen Zuwendung die Arbeitsleistung des Arbeitnehmers entgilt.

---

[6] BFH, Urt. v. 18.10.2012 – VI R 64/11, BStBl. II 2015, 184; v. 10.4.2014 – VI R 62/11, BStBl. II 2015, 191 und v. 17.7.2014 – VI R 69/13, BStBl. II 2015, 41.
[7] BFH, Urt. v. 18.10.2012 – VI R 64/11, BStBl. II 2015, 184; v. 10.4.2014 – VI R 62/11, BStBl. II 2015, 191 und v. 17.7.2014 – VI R 69/13, BStBl. II 2015, 41.

In Abkehr von seiner früheren Rechtsprechung zur steuerlichen Behandlung von Rabatten, die Arbeitnehmern von dritter Seite eingeräumt werden, hat der BFH in den drei genannten jüngeren Urteilen[8] entschieden, dass Arbeitslohn bei Vorteilsgewährung durch einen Dritten nicht allein deshalb vorliegt, weil Vorteile nur Mitarbeitern eines bestimmten Unternehmens gewährt werden oder der Arbeitgeber an einer Vorteilsverschaffung mitgewirkt hat. Ein solcher Umstand kann bei einer Arbeitslohnqualifizierung allenfalls als Indiz Berücksichtigung finden[9]. Beruht hingegen eine Vorteilsgewährung auf eigenwirtschaftlichen Gründen desjenigen, der durch seine Preisbildung einem anderen etwas zuwendet, mag beim Empfänger ein solcherart vergünstigter Preis unter Umständen zwar einen Vorteil darstellen; er beruht dann aber laut BFH nicht auf dem Arbeitsverhältnis und führt mithin beim Empfänger nicht zu Arbeitslohn. Eigenwirtschaftliche Gründe eines Dritten an einer Vorteilszuwendung schließen die Annahme von Arbeitslohn regelmäßig aus[10]. Außerdem liegt kein Arbeitslohn vor, wenn ein Preisvorteil vom eigenen Arbeitgeber oder von einem Dritten auch fremden Dritten üblicherweise im normalen Geschäftsverkehr eingeräumt wird[11].

Preisvorteile, die Arbeitnehmern eingeräumt werden, sind deshalb nur noch (ausnahmsweise) als Arbeitslohn anzusehen. Voraussetzung ist, dass keine hinreichenden eigenwirtschaftlichen Gründe des Zuwendenden vorliegen, die Vorteile nicht fremdüblich sind, also keinen „Jedermann-Rabatt" darstellen, und es Grund zu der Annahme gibt, dass ein zuwendender Dritter einen Preisvorteil im Interesse des Arbeitgebers gewährt und damit anstelle des Arbeitgebers die Arbeitsleistung des Arbeitnehmers entgolten hat, die Vorteilsgewährung also in einem finalen Veranlassungszusammenhang mit dem Arbeitsverhältnis steht.[12]

Der BFH hat damit noch einmal deutlich zum Ausdruck gebracht, dass bei Arbeitslohn von dritter Seite ein einfacher Kausalzusammenhang zwischen Gewährung und Annahme eines Vorteils für die Qualifizierung als Arbeitslohn nicht ausreicht. Auf einen bloß ursächlichen, also kausalen Zusammenhang zwischen Vorteilszuwendung und Arbeitsverhältnis allein darf somit nicht abgestellt werden. Vielmehr ist bei Zu-

---

8 BFH, Urt. v. 18.10.2012 – VI R 64/11, BStBl. II 2015, 184; v. 10.4.2014 – VI R 62/11, BStBl. II 2015, 191 und v. 17.7.2014 – VI R 69/13, BStBl. II 2015, 41.
9 BFH, Urt. v. 1.9.2016 – VI R 67/14.
10 BFH, Urt. v. 26.7.2012 – VI R 27/11, BStBl. II 2013, 402.
11 So auch die Finanzverwaltung, BMF, Schr. v. 20.1.2015, BStBl. I 2015, 218.
12 Vgl. BFH, Urt. v. 1.9.2016 – VI R 67/14.

wendungen Dritter im Sinne eines finalen Veranlassungszusammenhangs erforderlich, dass ein Vorteil zugewendet wird, um eine Arbeitsleistung eines Arbeitnehmers zu entlohnen.[13]

Die meisten Rabatte, die im Spannungsverhältnis zwischen Drittem, Arbeitgeber und Arbeitnehmer letzterem gewährt werden, der fiskalisch gesehen zufällig auch Arbeitnehmer ist, stellen damit keinen Lohn (mehr) dar. Oder anders ausgedrückt: Arbeitslohn – jedenfalls von dritter Seite – führt nur (noch) in Ausnahmefällen zu Arbeitslohn.

Grundsätzlich können Zuwendungen eines Dritten (immer noch) zu Arbeitslohn führen. Zu den Einkünften aus nichtselbständiger Arbeit gehören gem. § 19 Abs. 1 Satz 1 Nr. 1 EStG – neben Gehältern und Löhnen – auch andere Bezüge und Vorteile, die „für" eine Beschäftigung im öffentlichen und privaten Dienst gewährt werden, unabhängig davon, ob ein Rechtsanspruch auf sie besteht und ob es sich um laufende oder um einmalige Bezüge handelt (§ 19 Abs. 1 Satz 2 EStG). Nach ständiger Rechtsprechung gelten solche Bezüge dann als für eine Beschäftigung gewährt, wenn sie durch das individuelle Dienstverhältnis veranlasst sind, ohne dass ihnen eine Gegenleistung für eine konkrete (einzelne) Dienstleistung des Arbeitnehmers zugrunde liegen muss.[14] Eine Veranlassung durch das individuelle Dienstverhältnis ist vielmehr zu bejahen, wenn die Einnahmen dem Empfänger mit Rücksicht auf das Dienstverhältnis zufließen und sich als Ertrag der nichtselbständigen Arbeit darstellen, sich die Leistung des Arbeitgebers also im weitesten Sinn als Gegenleistung für das Zurverfügungstellen der individuellen Arbeitskraft des Arbeitnehmers erweist.[15] Allerdings kann nicht allein darauf abgestellt werden, dass zwischen Leistung und einem Arbeitsverhältnis ein ursächlicher Zusammenhang i.S. einer „conditio sine qua non" (kausaler Zusammenhang) besteht. Vielmehr ist erforderlich, dass ein Vorteil zugewendet wird, um die Arbeit eines Arbeitnehmers zu entlohnen (finaler Zusammenhang).[16]

Daraus folgt, dass Arbeitslohn ausnahmsweise auch bei der Zuwendung eines Dritten anzunehmen sein kann, wenn die Zuwendung ein Entgelt „für" eine Leistung darstellt, die der Arbeitnehmer im Rahmen des

---

13 Vgl. *Geserich*, NWB 2015, 1610 (1611).
14 BFH, Urt. v. 28.2.2013 – VI R 58/11, BStBl. II 2013, 642; v. 18.10.2012 – VI R VI R 64/11, BStBl. II 2015, 184.
15 BFH, Urt. v. 28.2.2013 – VI R 58/11, BStBl. II 2013, 642; v. 7.5.2014 – VI R 73/12, BStBl. II 2014, 1328.
16 BFH, Urt. v. 17.7.2014 – VI R 69/13, BStBl. II 2015, 41.

Dienstverhältnisses für seinen Arbeitgeber erbringt, erbracht hat oder erbringen soll. Voraussetzung ist aber, dass sich die Leistung des Dritten für den Arbeitnehmer als Frucht seiner Arbeit für seinen Arbeitgeber darstellt und im Zusammenhang mit diesem Dienstverhältnis steht.[17]
Dagegen liegt kein Arbeitslohn vor, wenn eine Zuwendung wegen anderer Rechtsbeziehungen oder wegen sonstiger, nicht auf dem Dienstverhältnis beruhender Beziehungen zwischen Arbeitnehmer und Arbeitgeber gewährt wird. Entsprechendes gilt, wenn die Zuwendung auf anderen Rechtsbeziehungen zwischen Arbeitnehmer und Drittem gründet.

Beispiele:

– Eine Apotheke, die ein Krankenhaus beliefert, verkauft ihre Apothekenartikel mit dem Ziel der Umsatzsteigerung, Kundengewinnung, Ausbau der Marktpräsenz, Optimierung von Distributionskosten zu einem rabattierten Preis auch an Mitarbeiter des Krankenhauses.
– Ein Versicherungsunternehmen verkauft mit dem Ziel der Umsatzsteigerung und der Ausfallsicherung von Prämienzahlungen Versicherungsverträge zu günstigeren Konditionen an Versicherungsmitarbeiter anderer Versicherungsunternehmen.
– Ein Reiseveranstalter verkauft zur Absatzförderung, zur Kapazitätsauslastung und zur Kostenreduzierung vergünstigte Reisen auf einem Hochseekreuzfahrtschiff an Inhaber sowie Mitarbeiterinnen und Mitarbeiter von Reisebüros.

Rabatte auf Waren und Dienstleistungen aus der eigenen Angebotspalette, die ein Arbeitgeber nicht nur seinen Arbeitnehmern, sondern auch fremden Dritten üblicherweise einräumt, begründen bei den Arbeitnehmern keinen Arbeitslohn. Soweit Preisnachlässe auch im normalen Geschäftsverkehr unter fremden Dritten erzielt werden können, spricht nichts dafür, dass diese Rabatte, wenn sie auch Arbeitnehmern eingeräumt werden, als Vorteil für deren Beschäftigung gewährt werden.[18] Denn es fehlt dann an einem aus dem Arbeitsverhältnis stammenden Vorteil als Grundvoraussetzung für das Vorliegen von Arbeitslohn.[19] Werden also Preisvorteile nicht nur eigenen Arbeitnehmern, sondern auch einem weiteren Personenkreis gewährt, ohne dass dies an das Er-

---

17 BFH, Urt. v. 1.9.2016 – VI R 67/14.
18 BFH, Urt. v. 26.7.2012 – VI R 30/09, BStBl. II 2013, 400; v. 26.7.2012 – VI R 27/11, BStBl. II 2013, 402.
19 BFH, Urt. 4.5.2006 – VI R 28/05, BStBl. II 2006, 781; v. 26.7.2012 – VI R 27/11, BStBl. II 2013, 402.

bringen von Arbeitsleistungen geknüpft ist (sog. „Jedermann-Rabatt"), liegt kein Arbeitslohn vor.

Beispiele:

- Ein Autohersteller verkauft Jahreswagen mit einem entsprechenden Rabatt, den auch jeder andere Käufer erzielen könnte, an seine eigenen Mitarbeiter.
- Eine Reiseveranstalter bietet Mitarbeitern aus der Tourismuswirtschaft und anderen interessierten Reisenden ab jeweils vier Wochen vor Reisebeginn einen vergünstigten Aufenthalt in einer Ferienanlage zu einem Last-Minute-Preis an.

Fremdübliche Rabatte stellen somit nie Arbeitslohn dar, und zwar egal, ob sie von einem Arbeitgeber an die eigenen Arbeitnehmer oder von einem Dritten gewährt werden.

Dass beim Fehlen eines entsprechenden Veranlassungszusammenhangs zwischen Vorteilsgewährung und Arbeitsleistung kein Arbeitslohn vorliegt, gilt erst recht, wenn es um Preisvorteile geht, die auf einer eigenwirtschaftlichen Beziehung zwischen Vorteilsgewährendem und Vorteilsempfänger beruhen.[20] Denn nach ständiger Rechtsprechung des BFH liegt etwa bei Leistungen Dritter Arbeitslohn nur dann vor, wenn sich aus den Umständen ergibt, dass die von Dritten eingeräumten Vorteile nicht auf deren eigenwirtschaftlichen Gründen basieren, sondern die für den Arbeitgeber erbrachte Arbeitsleistung entgelten sollen. Allein aus dem Hinweis darauf, dass Dritte möglicherweise auf ihre Leistungen Rabatte einräumen, kann nicht auf eine durch Dritte gewährte zusätzliche Gegenleistung für das Zurverfügungstellen der individuellen Arbeitskraft geschlossen werden.[21]

Gewährt ein Unternehmen Rabatte aus eigenwirtschaftlichen Gründen, um sich etwa einen leicht zugänglichen und aufgrund niedriger Marketing- und Vertriebskosten sowie eines geringen Betreuungsbedarfs attraktiven Kundenkreis zu sichern, wie dies z.B. bei rabattierten Beamtentarifen auf Versicherungen und Ähnliches der Fall ist, liegen darin maßgebliche eigenwirtschaftliche Gründe, die das Arbeitsverhältnis der die Rabatte erhaltenden Arbeitnehmer zu deren Arbeitgeber nicht berühren. Verstärkt wird dies noch dann, wenn Rabatte auch Arbeitnehmern nicht verbundener Unternehmen gewährt werden;[22] bestehen keine Vereinbarungen zwischen den jeweiligen Unternehmen, aus denen

---

20 BFH, Urt. v. 20.5.2010 – VI R 41/09, BStBl. II 2010, 1022.
21 BFH, Urt. v. 10.4.2014 – VI R 62/11, BStBl. II 2015, 191.
22 BFH, Urt. v. 10.4.2014 – VI R 62/11, BStBl. II 2015, 191.

ein Zusammenhang der Rabatte mit den individuellen Beschäftigungsverhältnissen abgeleitet werden könnte, spricht auch dies für die Eigenwirtschaftlichkeit und damit gegen Arbeitslohn.

Darüber hinaus gehören Rabatte, die ein Dritter einräumt, nicht allein deshalb zum Arbeitslohn, weil ein Arbeitgeber an deren Verschaffung mitgewirkt hat.[23] Zwar kann eine Mitwirkung des Arbeitgebers an Preisvorteilen, die Arbeitnehmern von dritter Seite eingeräumt werden, dafür sprechen, dass die Drittzuwendung wirtschaftlich betrachtet Arbeitslohn ist. Einen entsprechenden Automatismus gibt es aber nicht.[24] Entscheidend ist vielmehr, ob die Zuwendung des Dritten Prämie oder Belohnung für eine Leistung ist, die der Arbeitnehmer im Rahmen seines Arbeitsverhältnisses für seinen Arbeitgeber erbringt. Nur wenn dies der Fall, liegt Arbeitslohn vor.

Allein der Umstand, dass ein Unternehmen einen Preisnachlass lediglich Mitarbeitern bestimmter Unternehmen und nicht auch Arbeitnehmern anderer, nicht von ihm belieferter Unternehmen gewährt, vermag den erforderlichen Veranlassungszusammenhang zwischen Vorteilsgewährung und Arbeitsleistung nicht zu begründen.[25]

Bei vergünstigten Angeboten von Waren und Dienstleistungen an Mitarbeiter von Unternehmen nahm die Finanzverwaltung bisher häufig dann einen steuerbegründenden Zusammenhang mit dem Beschäftigungsverhältnis an, wenn ein Preisvorteil aufgrund der Zugehörigkeit zu einer Branche gewährt wurde. Dies kann meines Erachtens inzwischen als überholt angesehen werden. Denn mit dem neuen Rabatterlass[26] übernimmt die Finanzverwaltung die (neue) ständige Rechtsprechung des BFH zu Arbeitslohn von dritter Seite und wendet die Urteile in allen noch offenen Fällen allgemein an.

Wie der BFH geht die Finanzverwaltung nunmehr davon aus, dass Preisvorteile, die Arbeitnehmern von dritter Seite eingeräumt werden, dann keinen Arbeitslohn darstellen, wenn sie auf einem überwiegend eigenwirtschaftlichen Interesse[27] des den Vorteil gewährenden Dritten beruhen. Außerdem führt die Finanzverwaltung in dem neuen Rabatterlass

---

23 BFH, Urt. v. 18.10.2012 – VI R 64/11, BStBl. II 2015, 184.
24 Siehe *Schneider*, NWB 2012, 4051.
25 BFH, Urt. v. 10.4.2014 – VI R 62/11, BStBl. II 2015, 191. Siehe auch *Geserich*, NWB 2012, 4140.
26 BMF v. 20.1.2015, BStBl. I 2015, 218.
27 Nicht zu verwechseln mit dem „ganz überwiegenden eigenbetrieblichen Interesse".

aus, dass Arbeitslohn nicht vorliegt, wenn und soweit ein Preisvorteil auch fremden Dritten üblicherweise im normalen Geschäftsverkehr eingeräumt wird. Arbeitslohn liegt demnach auch nach Ansicht der Finanzverwaltung nur dann vor, wenn sich Preisvorteile für den Arbeitnehmer als Frucht seiner Arbeit für den Arbeitgeber darstellen und wenn sie im Zusammenhang mit dem Arbeitsverhältnis stehen. Ein Zusammenhang mit dem Arbeitsverhältnis ist demnach nur dann zu bejahen, wenn die Einnahmen dem Empfänger mit Rücksicht auf das Arbeitsverhältnis zufließen und sich als Ertrag der nichtselbständigen Arbeit darstellen, sich die Leistung des Arbeitgebers also im weitesten Sinne als Gegenleistung für das Zurverfügungstellen der individuellen Arbeitskraft des Arbeitnehmers erweist.[28]

Allerdings führt die Finanzverwaltung, anders als der BFH dies getan hat, bei der Beurteilung eigenwirtschaftlicher Interessen eines Dritten das Merkmal des „Überwiegens" ein[29] und kommt so zu einer Interessensabwägung zwischen Vorteilsgewährung und Vorteilsannahme. Dabei verkennt die Finanzverwaltung jedoch, dass der BFH in seiner ständigen Rabattrechtsprechung zur steuerlichen Einordnung einer in bestimmter Weise vergünstigten Preisbildung nicht von „ganz überwiegend eigenwirtschaftlichem Interesse", sondern von „eigenwirtschaftlichen Gründen" spricht. Diese beiden Instrumente betreffen aber zwei unterschiedliche Tatbestandsebenen. Denn während ein auf „ganz überwiegend eigenwirtschaftliches Interesse" gerichtetes Tun rein subjektiv das Handeln eines Zuwendenden bestimmt, geht es bei „eigenwirtschaftlichen Gründen" um objektivierbare Tatbestandselemente. Im Sinne einer auf mehr Rechtssicherheit gerichteten Fortentwicklung des „ganz überwiegend eigenbetrieblichen Interesses"[30] kann es hier nur objektiv um eigenwirtschaftliche Gründe des Zuwendenden gehen, zumal sich solche Gründe (wie z.B. Umsatzsteigerung, Auslastungsoptimierung, Kundengewinnung, Ausbau der Marktpräsenz etc.) viel eindeutiger nachweisen und belegen lassen, als dies bei einer zu überprüfenden Interessenlage der Fall ist.

Beim Abstellen auf ein „ganz überwiegendes eigenwirtschaftliches Interesse eines Dritten verkennt die Verwaltung außerdem, dass ein Dritter im Lohnsteuerschuldverhältnis grundsätzlich keine Rolle spielt, das

---

28 BFH, Urt. v. 28.2.2013 – VI R 58/11, BStBl. II 2013, 642; v. 7.5.2014 – VI R 73/12, BFH/NV 2014, 1734.
29 BMF v. 20.1.2015, BStBl. I 2015, 218.
30 Siehe nachfolgend Punkt IV. 3.

Lohnsteuerdreieck vielmehr aus Arbeitgeber, Arbeitnehmer und Finanzverwaltung gebildet wird. Sollte eine vierte Partei steuerschuldrechtlich eine Rolle spielen, müssen dafür eindeutige Kriterien gefunden werden. Der BFH hat dies mit dem finalen Veranlassungszusammenhang zielführend herausgearbeitet. Ein Überwiegen eigenwirtschaftlicher Interessen ist hier weder nötig und geboten.

Die jüngere ständige Rechtsprechung. des BFH zum (Nicht-)Vorliegen von Arbeitslohn bei Drittrabatten kann mittlerweile als gefestigt angesehen werden. In den drei Urteilen vom 20.5.2010[31], vom 18.10.2012[32], und vom 10.4.2014[33] war es um die Frage nach dem Vorliegen von Arbeitslohn bei Arbeitnehmern gegangen, die von einem Dritten verbilligt Waren oder Dienstleistungen bezogen hatten. In allen drei Urteilen verneinte der BFH das Vorliegen von Arbeitslohn, und zwar stets mit den gleichen rechtlichen Argumenten. Damit hat der BFH die in seiner jüngeren Rechtsprechung zum finalen Arbeitslohnbegriff entwickelten Grundsätze nicht nur beibehalten, sondern weiter verfestigt, seine frühere engere Sichtweise hat der BFH hingegen aufgegeben.

Daraus folgt, dass Vorteile, die ein Unternehmen selbst bzw. ein Kunde oder Geschäftspartner eines Unternehmens Arbeitnehmern eines mit ihm in Geschäftsbeziehungen stehenden anderen Unternehmens gewährt, nur ausnahmsweise, als Arbeitslohn anzusehen sind.

Aufgrund der allgemeinen Beweislastregeln, wonach die Finanzverwaltung für steuerbegründende Tatsachen die Beweislast trägt, hat der Fiskus zu ermitteln, ob es sich bei einer Vorteilsgewährung durch einen Dritten um einen sog. „Jedermann-Rabatt" handelt, oder ob bei dem vorteilsgewährenden Unternehmen eigenwirtschaftliche Gründe ausschlaggebend waren. Ähnlich wie beim Anscheinsbeweis und der privaten Firmenwagennutzung wird man auch hier nicht von einem ersten dahingehenden Anschein sprechen können, dass einem Arbeitnehmer von einem Dritten gewährte Vorteile allein deshalb Lohn sind, weil ein Arbeitsverhältnis zwischen dem einen Vorteil erhaltenden Arbeitnehmer und seinem Arbeitgeber existiert. Einen solchen Anschein gibt es nicht, ebenso wenig einen solchen Anscheinsbeweis.

---

31 BFH v. 20.5.2010 – VI R 41/09, BStBl. II 2010, 1022.
32 BFH v. 18.10.2012 – VI R 64/11, BStBl. II 2015, 184.
33 BFH v. 10.4.2014 – VI R 62/11, BStBl. II 2015, 191.

Mit den Entscheidungen in den Sachen VI R 41/09[34], VI R 64/11[35] und VI R 62/11[36] hat der BFH nachhaltig klargestellt, dass die Vorschrift für die Versteuerung von Einkünften als Arbeitslohn einen vollendeten Tatbestand voraussetzt; dass sich eine Vorteilszuwendung durch einen Dritten für den Empfänger als Frucht seiner von ihm seinem Arbeitgeber gegenüber geschuldeten Arbeitsleistung darstellt, muss stets dargelegt und bewiesen werden. Vermutungen etwa, dass für einen solchen Veranlassungszusammenhang bereits die Zugehörigkeit zu einer Berufsgruppe ausreichen könnte, genügen für die Annahme von Arbeitslohn nicht.

Da die Finanzverwaltung für steuerbegründende Tatsachen beweispflichtig ist, wird sie stets zu beachten haben, dass Arbeitslohn bei Preisvorteilen nicht allein deshalb vorliegt, weil der Arbeitgeber an der Verschaffung von Rabatten mitgewirkt hat;[37] dies gilt erst recht, wenn er von der Rabattgewährung nur Kenntnis hatte oder hätte haben müssen.[38] Die in solchen Fällen von der Finanzverwaltung bisher für das Vorliegen von Arbeitslohn häufig als ausreichend unterstellte Mitwirkung des Arbeitgebers ist hierfür ungeeignet, da sich daraus allenfalls erste Indizien für einen Veranlassungszusammenhang entnehmen lassen, nicht aber für dessen Vorliegen an sich.

Erst, wenn tatsächlich feststeht, dass ein Arbeitgeber einen Dritten in die Ent- oder Belohnung seiner Arbeitnehmer eingebunden hat, kommt der Beweis zum Tragen, wonach ein Arbeitnehmer einen Vorteil, der ihm von einem Dritten eingeräumt wurde, als Gegenleistung für eine Arbeitsleistung erhalten hat.

Damit dürften viele Preisvorteile nach der jüngeren und mittlerweile gefestigten Rechtsprechung des BFH zu Rabatten nicht mehr im Steuerrisiko sein. Betrachtet man die tragenden Gründe der BFH, Urteil vom 20.5.2010, 18.10.2012 und 10.4.2014 sowie der Jahreswagenrabatturteile des BFH vom 26.7.2012[39], muss m.E. der klare Schluss gezogen werden, dass Rabatte und andere Preisvorteile, die ein Unternehmen selbst bzw.

---

34 BFH v. 20.5.2010 – VI R 41/09, BStBl. II 2010, 1022.
35 BFH v. 18.10.2012 – VI R 64/11, BStBl. II 2015, 184.
36 BFH v. 10.4.2014 – VI R 62/11, BStBl. II 2015, 191.
37 Vgl. *Geserich*, NWB 2015, 1610 (1615).
38 Abkehr des BFH gegenüber der Sichtweise des BMF im alten Rabatterlass vom 27.9.1993.
39 BFH v. 26.7.2012 – VI R 30/09, BStBl. II 2013, 400; v. 26.7.2012 – VI R 27/11, BStBl. II 2013, 402.

ein Kunde oder Geschäftspartner eines Unternehmens Arbeitnehmern eines mit ihm in Geschäftsbeziehungen stehenden anderen Unternehmens gewährt, nur ausnahmsweise, als Arbeitslohn anzusehen sind. Die Intention des Zuwendenden, also das finale Element ist danach verstärkt in den Blickpunkt zu nehmen, nicht eine nur kausale Bereicherung aufseiten des Empfängers (Arbeitnehmers).[40]

Arbeitslohn liegt demnach immer dann nicht vor, wenn und soweit ein Unternehmer oder ein Unternehmen Arbeitnehmern anderer Unternehmen unter kaufmännischen Gesichtspunkten Preisvorteile einräumt, selbst wenn der Arbeitgeber dieser Arbeitnehmer in die Vorteilsgewährung eingeschaltet ist. Geht es nämlich bei einer bestimmten Preisbildung darum, den eigenen Umsatz zu steigern, weitere Kundenbeziehungen herzustellen, Kapazitätsauslastungen zu optimieren o.Ä., mag dies aufseiten des Empfängers zu einem Vorteil führen, ein aus dem Arbeitsverhältnis resultierender Vorteil ist dann aber mangels Veranlassungszusammenhangs nicht gegeben.

Sobald die Finanzverwaltung an dieser Stelle ihren nach wie vor vorhandenen Widerstand gegen die klare und eindeutige BFH-Rechtsprechung aufgibt, wird es Raum für weitere wichtige Beiträge zu Steuervereinfachung und Steuergerechtigkeit geben.

3. Gestaltungsinteresse des Unternehmens im Arbeitsverhältnis in Fällen von Leistungen im ganz überwiegenden unternehmerischen Interesse

Weiterer Raum für mehr Steuervereinfachung und Steuergerechtigkeit kann entstehen, wenn eine klare und eindeutige Abgrenzung von Aufwendungen eines Unternehmens aus eigenbetrieblichen Gründen und Zuwendungen an seine Arbeitnehmer als Gegenleistung für das Erbringen der Arbeitsleistung gelingt.

Die bisherige lohnsteuerrechtliche Qualifikation von Leistungen als im ganz überwiegenden eigenbetrieblichen Interesse liegend vermittelt dem Rechtsanwender keine verlässlichen Leitlinien. Hatte die Rechtsprechung das Instrument als Filter entwickelt, um die Weite des Arbeitslohnbegriffs einzugrenzen, zeigt sich immer wieder, dass dieser Filter angesichts der unternehmerischen Ausgestaltungsvorgaben für das

---

40 *Strohner*, DB 2015, 580 (586).

Arbeitsverhältnis und deren Bindungswirkung für den einzelnen Arbeitnehmer einer Fortentwicklung bedarf.

Der BFH und die Finanzgerichte haben sich in der Vergangenheit in einer Vielzahl von Entscheidungen immer wieder mit der Frage auseinandersetzen müssen, wann im konkreten Einzelfall eine Zuwendung an einen Arbeitnehmer für eine Beschäftigung gewährt worden ist und es sich somit um steuerpflichtigen Arbeitslohn handelt bzw. wann Zahlungen eines Arbeitgebers an seine Mitarbeiter als Zahlungen im ganz überwiegenden eigenbetrieblichen Interesse liegend zu beurteilen sind, die nicht steuerbar und nicht steuerpflichtig sind.[41]

Im Urteil vom 14.11.2013 – VI R 36/12[42], musste sich der BFH erneut mit dieser Frage beschäftigen und entscheiden, ob von einem Arbeitgeber übernommene Buß- und Verwarnungsgelder Lohn sind. In dem konkreten Fall hat der BFH dem Arbeitslohn Vorrang vor einem ganz überwiegenden eigenbetrieblichen Interesse eingeräumt, in diesem Zusammenhang zugleich aber seine Rechtsprechung zum ganz überwiegenden eigenbetrieblichen Interesse geändert. Nur: in welche Richtung?

Hierbei ist zunächst festzustellen, dass Vorteile weiterhin keinen Arbeitslohncharakter haben, wenn sie sich bei objektiver Würdigung aller Umstände nicht als Entlohnung, sondern lediglich als notwendige Begleitumstände betriebsfunktionaler Zielsetzung erweisen. Davon kann regelmäßig ausgegangen werden, wenn ein Arbeitgeber eine solche Zuwendung in ganz überwiegendem eigenbetrieblichem Interesse tätigt. Nur scheint sich der BFH offenbar zunehmend von einer in diesem Zusammenhang bisher stets vorgenommenen Abwägung der Interessen von Arbeitgeber und Arbeitnehmer lösen zu wollen, zumal sich eine solche Interessenabwägung inzwischen auch immer mehr von ihrer ursprünglichen Funktion entfernt hat[43].

Wie sich an dem Instrument des ganz überwiegenden eigenbetrieblichen Interesses in seiner bisherigen Ausgestaltung zeigt, kann das Interesse allein kaum ein greifbares Kriterium für die Einordnung einer Zuwendung als Lohn sein. Denn die Interessenabwägung hat den Tatbestand zunehmend von seiner ursprünglichen (Ausnahme-)Funktion entfernt. Vielmehr bedarf der Tatbestand des ganz überwiegenden eigenbetriebli-

---

[41] Siehe ausführlich zur Entwicklung der Rechtsprechung *Schneider*, NWB 2014, 441 ff.
[42] BFH v. 14.11.2013 – VI R 36/12, BStBl. II 2014, 278.
[43] *Schneider*, NWB 2014, 441 (443).

chen Interesses der Fortentwicklung[44], will er seiner systematischen Funktion hinreichend Rechnung tragen. Eine solche Fortentwicklung hat der BFH offenbar im Urteil vom 14.11.2013[45] begonnen, indem er dort in einem rechtswidrigen Tun keine beachtliche Grundlage für das Erkennen auf eine notwenige Begleiterscheinung betriebsfunktionaler Zielsetzung gesehen hat. Darüber hinaus scheint die Betriebsfunktionalität (im vorliegenden Fall war das die unternehmerische Ausrichtung an einem bestimmten Tun) als weiteres – objektives Merkmal – zur Abgrenzung steuerbarer von nichtsteuerbaren Vorteilen herangezogen werden zu können.[46]

Nachdem erkennbar die bisherige Entwicklung des ganz überwiegenden eigenbetrieblichen Interesses systemwidrig zu einem quasi „negativen Tatbestandsmerkmal geführt hatte", befürwortet der BFH offenbar nunmehr eine weitergehende Objektivierung dieses Instruments.[47]

Eine solche Fortentwicklung des ganz überwiegenden eigenbetrieblichen Interesses erscheint m.E. unerlässlich. Denn wie der BFH wiederholt entschieden hat, führt nicht jede Leistung, die ein Arbeitnehmer von seinem Arbeitgeber erhält, automatisch zu Arbeitslohn. Eine solche Automatik gibt es nicht. Entscheidend sind vielmehr die zwischen Arbeitgeber und Arbeitnehmer bestehenden Rechtsbeziehungen und der drauf beruhende Veranlassungszusammenhang einer Zuwendung.

Dabei lässt die Rechtsprechung erkennen, dass mit Blick und Rückgriff auf betriebsfunktionale Gründe objektive Anhaltspunkte dafür gewonnen werden können, ob ein Entlohnungscharakter oder tatsächlich betriebliche Belange das Motiv für eine Aufwendung bilden. Ein solcher Rückgriff kann unter Umständen dann erreicht werden, wenn die mit einer Aufwendung einhergehende betriebliche Funktion in den Blick genommen wird.[48]

Bei der Suche nach einem weiteren objektiven Merkmal zur Abgrenzung von steuerbaren zu nichtsteuerbaren Leistungen erscheint es zielführend anzunehmen, dass neben der Rolle des Arbeitgebers die allgemeine Unternehmerrolle das Motiv sowohl für Leistungen an den Arbeitnehmer als auch für seine Weisungen sein kann.[49] Für die Suche nach einer

---

44 *Schneider*, NWB 2014, 441 ff.
45 BFH v. 14.11.2013 – VI R 36/12, BStBl. II 2014, 278.
46 *Schneider*, NWB 2014, 441 (443).
47 *Schneider*, NWB 2014, 441 (445).
48 *Schneider*, NWB 2014, 441 (445).
49 *Drüen*, Jahrbuch des Bundesverbands der Steuerberater 2013, 71, 107 f.

Betriebsfunktionalität liegt es m.E. deshalb nahe, das Unternehmensinteresses in den Blick zu nehmen.[50]

Hierfür könnte die hinter jeder Lohnzahlung liegende, strukturelle Verbindungslinie zwischen Arbeitsverhältnis und Arbeitslohn als Eingrenzungskriterium fruchtbar gemacht werden, weil einem Arbeitnehmer typischerweise innerhalb der Einkunftsart „Nichtselbständige Arbeit" Umfang und Modalität der Ausübung fremdbestimmt vorgegeben sind[51]. Der Arbeitnehmer hat darauf im Grunde keinen Einfluss. Vielmehr definiert das einen Arbeitnehmer beschäftigende Unternehmen den nichtselbständigen Erwerbsrahmen und gibt diesen dem Arbeitnehmer aufgrund seines Weisungsrechts vor. Die dem Arbeitnehmer aufgrund des „übergeordneten Unternehmensinteresses" vorgegebene Ausgestaltung seines Erwerbsrahmens könnte deshalb eine geeignetere Basis sein, die Uferlosigkeit des Arbeitslohnbegriffs einzugrenzen.[52]

Die jüngere Rechtsprechung des BFH zum ganz überwiegenden eigenbetrieblichen Interesse bei arbeitgeberseitig übernommenen Buß- und Verwarnungsgeldern zeigt deutlich, dass der BFH seine bisherige restriktive Auffassung in Richtung einer objektiven Gesamtbeurteilung fortentwickelt hat. Damit räumt der BFH dem ganz überwiegend eigenbetrieblichen Interesse einen völlig neuen Stellenwert ein.

Für die betriebliche Praxis hat dies weitgehende Folgen. Denn wie der BFH in ständiger Rechtsprechung entschieden hat, ist für Arbeitslohn ebenso wie für Werbungskosten das Veranlassungsprinzip maßgeblich. Nach wie vor kann sich eine „Zuwendung" des Arbeitgebers als notwendige Begleiterscheinung betriebsfunktionaler Zielsetzung erweisen und zu steuerpflichtigem Arbeitslohn führen. Ob eine solche Zielsetzung gegeben ist, hängt aber von den gesamten Umständen des Einzelfalls ab. Bisher hat der BFH diese Frage überwiegend aus Sicht des Arbeitnehmers beantwortet und sofern sich aus dieser Sichtweise beim Arbeitnehmer ein wie auch immer gelagerter Vorteil ergab, Arbeitslohn angenommen. Nunmehr könnte man die Entwicklung der BFH-Rechtsprechung dahingehend verstehen, dass er die „Schaukelwirkung" zwischen den Interessen des Arbeitgebers und des Arbeitnehmers („je größer der Bereicherungseffekt beim Arbeitnehmer, desto geringer das eigenbetriebliche Interesse des Arbeitgebers") aufgegeben zu haben scheint. Nach den

---

50 *Strohner*, DStR 2014, 731.
51 *Drüen*, a.a.O.
52 *Drüen*, a.a.O.

neueren Entscheidungen des BFH dürfte sich die Sichtweise nun mit stärkerer Betonung der Betriebsfunktionalität als weiteres objektives Merkmal zugunsten einer unternehmensbezogenen Betrachtung verschoben haben.

Dies ist uneingeschränkt zu begrüßen, denn das „ganz überwiegende eigenbetriebliche Interesse" setzt ein objektives Element auf Seiten des die Zuwendung tätigenden Unternehmens voraus. Dies ist deshalb geboten, weil sich eine Wechselwirkung zwischen Intensität des arbeitgeberseitigen eigenbetrieblichen Interesses und dem Ausmaß der Bereicherung des Arbeitnehmers – in der Regel – schwer oder nicht nachprüfbar feststellen lässt. Dafür müsste man dieses Verhältnis nämlich in exakte Quoten aufteilen können, was in der Praxis kaum darstellbar ist.

Deshalb ist ein ganz überwiegendes eigenbetriebliches Interesse stets dann anzunehmen, wenn der Beweggrund eines Unternehmen für die Leistungserbringung im konkreten, darlegbaren Bezug zum Betrieb bzw. zur Aufrechterhaltung seines Unternehmens steht. Ist dies der Fall, kommt es nach meinem Dafürhalten auf Betrachtungen seitens des Arbeitnehmers nicht mehr an. Als Beispiele für Leistungen eines Unternehmens in einem übergeordneten unternehmerischen Interesse mögen gelten: Maßnahmen der betrieblichen Gesundheitsförderung, Steuerberatungskosten in Fällen von internationaler Arbeitnehmerentsendung, Rechtsverteidigungskosten bei gefahrgeneigter Arbeit, Fahrzeuggestellung bei Rufbereitschaft, Outplacementberatung, Betreuung von Geschäftspartnern des Arbeitgebers bei Incentive-Veranstaltungen, Tagungen etc.

4. Gestaltungsinteresse des Unternehmens im Arbeitsverhältnis bei § 37b EStG

Nachdem der Gesetzgeber mit Wirkung zum 1.1.2007 durch § 37b EStG erstmals die gesetzliche Möglichkeit geschaffen hatte, dass ein Zuwendender zugunsten eines Zuwendungsempfängers mit Abgeltungswirkung dessen Einkommensteuer übernehmen kann, hat die Finanzverwaltung diese Vorschrift zum Anlass genommen, bei Unternehmen „Kasse zu machen", und zwar auch im Zusammenhang mit Sachzuwendungen an eigene Mitarbeiter. Auch hier brauchte es die Rechtsprechung des BFH, um Systematik in die Anwendung dieser Vorschrift zu bringen.[53] Mit gleich drei Urteilen vom 16.10.2013[54] hat der BFH entschieden, dass unter die Pauschalierungsvorschrift in § 37b EStG nur Zuwendungen fallen, die (beim Empfänger) einkommensteuerbar und auch dem Grunde nach einkommensteuerpflichtig sind.

Die bis dahin ungeklärte und von den FG auch unterschiedlich beurteilte Frage, ob § 37b EStG voraussetzt, dass die Zuwendungen oder Geschenke dem Empfänger im Rahmen einer der Einkommensteuer unterliegenden Einkunftsart zufließen, hat der BFH nun in grundsätzlicher Weise bejaht. Er widersprach damit zugleich der gegenteiligen Auffassung der Finanzverwaltung im Wesentlichen mit der Begründung, dass § 37b EStG keine eigenständige Einkunftsart begründe, sondern lediglich eine besondere pauschalierende Erhebung der Einkommensteuer zur Wahl stelle.

Geschenke aus betrieblichem Anlass, die ein Unternehmen seinen Geschäftsfreunden gewährt, können bei diesen zu einkommensteuerpflichtigen Einnahmen führen. Gleiches gilt für andere Leistungen, die ein Unternehmen seinen Geschäftspartnern oder seinen Arbeitnehmern zusätzlich zum vertraglich Vereinbarten gewährt. Lädt daher ein Unternehmen Geschäftsfreunde oder Arbeitnehmer z.B. auf eine Reise ein, ist grundsätzlich der Wert dieser Reise sowohl von den Geschäftsfreunden als auch von den Arbeitnehmern als Betriebseinnahme oder zusätzlicher Lohn zu versteuern. Nach § 37b EStG kann der Zuwendende die Einkommensteuer für die Geschäftsfreunde oder die Arbeitnehmer mit einem Pauschsteuersatz von 30 % abgeltend erheben.

Im einem der drei genannten Streitfälle[55], in dem Arbeitnehmer auf Geheiß ihres Arbeitgebers Geschäftsfreunde des Arbeitgebers auf einem Regattabegleitschiff zu betreuen hatten, stellte der BFH klar, dass § 37b EStG nicht den steuerrechtlichen Lohnbegriff erweitere. Fraglich war, ob das eigenbetriebliche Interesse eines Unternehmens auch im Rahmen der Anwendung des § 37b Abs. 2 EStG die Qualifizierung von Arbeitnehmern gewährten Vorteilen als Arbeitslohn ausschließt. Der BFH bejahte dies.

Ausgangspunkt des Verfahrens VI R 78/12 war, dass ein im Bereich der Herstellung, Montage, Wartung und Modernisierung von Aufzügen täti-

---

53 *Strohner*, DB 2014, 387.
54 BFH v. 16.10.2013 – VI R 57/11, BStBl. II 2015, 457; VI R 52/11, BStBl. II 2015, 455; VI R 78/12, BStBl. II 2015, 495.
55 BFH v. 16.10.2013 – VI R 78/12, BStBl. II 2015, 495.

ges Unternehmen Kundenveranstaltungen durchführte, die im Rahmen eines bekannten Segelsportereignisses stattfanden. Bei den Veranstaltungen handelte es sich um sog. Regattabegleitfahrten, zu denen das Unternehmen zahlreiche Kunden und Geschäftsfreunde geladen hatte. Zur Durchführung der Regattabegleitfahrten charterte das Unternehmen ein Segelschiff (Dreimaster). Die Teilnehmer konnten bei Bedarf auf dem Schiff übernachten und an Bord ein Catering in Anspruch nehmen, wobei das für das Catering erforderliche Servicepersonal von der Agentur gestellt wurde, von der das Unternehmen das Schiff gechartert hatte. An einer Veranstaltung nahmen 44 Personen teil, davon waren 25 Personen Kunden bzw. Geschäftsfreunde – im Wesentlichen Architekten und Hausverwalter – und 19 Personen Mitarbeiter des Unternehmens. An einer anderen Veranstaltung nahmen 51 Kunden bzw. Geschäftsfreunde sowie 18 Mitarbeiter des Unternehmens teil, also insgesamt 69 Personen. Da einige der eingeladenen Kunden ihre Teilnahme absagten, durften auch die diesen Kunden zugeordneten Arbeitnehmer des Unternehmens nicht an den Regattabegleitfahrten teilnehmen.

Die Mitarbeiter waren dienstlich zu der Teilnahme an den Veranstaltungen verpflichtet; sie waren die zuständigen Kundenbetreuer der eingeladenen Gäste und sollten während der Fahrt fachliche Gespräche mit den Kunden bzw. Geschäftsfreunden führen. Allen Teilnehmern wurden Jacken mit dem Logo der Klägerin zur Verfügung gestellt, wobei die Mitarbeiter der Klägerin angehalten waren, diese Jacken während der Veranstaltung zu tragen.

Das Finanzamt war zu dem Ergebnis gekommen, dass sämtliche Aufwendungen für die beiden Regattabegleitfahrten als Zuwendungen bzw. Geschenke an eigene Arbeitnehmer anzusehen und – unabhängig davon, ob sie auf der Teilnahme der Arbeitnehmer oder der Kunden bzw. Geschäftsfreunde der Klägerin beruhten – nachzuversteuern seien. Gegen den daraufhin vom Finanzamt erlassenen Lohnsteuer-Nachforderungs- und Haftungsbescheid führte das Unternehmen ein erfolgloses Einspruchsverfahren und erhob gegen die negative Einspruchsentscheidung Klage. Zur Begründung führte das klagende Unternehmen an, dass die Regattabegleitfahrten der Kundenbindung, Werbung und Repräsentation des Unternehmens gedient hätten. Daher habe das Unternehmen die entstandenen Aufwendungen zu Recht als unangemessenen Repräsentationsaufwand und somit als nicht abziehbare Betriebsausgabe nach § 4 Abs. 5 Satz 1 EStG behandelt. Der Anwendungsbereich des § 37b Abs. 2 EStG sei hingegen nicht eröffnet, da die Aufwendungen weder als Arbeitslohn noch als Geschenke an die eigenen Arbeitnehmer anzusehen seien; sie, die Klägerin, habe mit der Durchführung der Regattabegleitfahrten nicht eine Begünstigung der eigenen Arbeitnehmer angestrebt. Die Teilnahme an den Regattabegleitfahrten habe für die Mitarbeiter weder einen privaten Charakter gehabt noch als Belohnung oder Ansporn (Incentive) gedient. Die Mitarbeiter hätten ausschließlich dienstliche Aufgaben erfüllt; sie, die Klägerin, habe ihnen nicht erlaubt, Angehörige zu der Kundenveranstaltung mitzunehmen. Die Zuwendungen an die Arbeitnehmer seien mithin im ganz überwiegenden betrieblichen Interesse erbracht worden. Wenn es sich bei den Aufwendungen für die eigenen Arbeitnehmer um Lohn oder Geschenke gehandelt hätte, müssten sie in voller Höhe als Betriebsausgaben abziehbar sein. Denn steuerpflichtige Zuwendungen an eigene Arbeitnehmer und ein Betriebsausgabenabzugsverbot aufgrund eines unangemessenen Repräsentationsaufwandes schlössen sich gegenseitig aus. Aufwendungen, die zu steuerpflichtigem Arbeitslohn führten, müssten daher ihren Charakter als nichtabziehbare Repräsentationskosten verlieren, da es anderenfalls zu einer nicht gerechtfertigten übermäßigen Steuerbelastung käme.[56]

Das Finanzamt, das die Klage abzuweisen beantragt hatte, begründete seinen Klageabweisungsantrag damit, dass ein Betriebsausgabenabzugsverbot kein Ausschlusskriterium für die Lohnsteuerpflicht von Zuwendungen an Arbeitnehmer sei. Es gebe keinen Umkehrschluss, vielmehr sei stets zu prüfen, ob die Zuwendung für den Arbeitnehmer als auf dem Arbeitsverhältnis beruhende Entlohnung angesehen werden könne. Dies sei hier der Fall gewesen, da es sich bei der Teilnahme an den Regattabegleitfahrten um einen geldwerten Vorteil gehandelt habe, der durch das individuelle Arbeitsverhältnis veranlasst worden sei. Etwas anderes könnte nur gelten, wenn die Zuwendungen an die Arbeitnehmer im ganz überwiegenden eigenbetrieblichen Interesse des Arbeitgebers erbracht worden seien. Dies habe das Unternehmen jedoch nicht hinreichend erläutert bzw. nachgewiesen. Das Tragen von Jacken mit dem Unternehmenslogo bzw. der Ausschluss der Familienangehörigen der Mitarbeiter von den Veranstaltungen seien keine ausreichenden Indizien für ein überwiegendes betriebliches Interesse. Auch der Umstand, dass die Mitarbeiter verpflichtet gewesen sein, die Geschäftskunden zu betreuen, führe zu keinem anderen Ergebnis, da die Regattabegleitfahrten in nicht unerheblichem Maße touristische Aspekte enthalten hät-

---

56 Siehe zum Sachverhalt des Verfahrens VI R 78/12 Vorentscheidung FG Berlin-Brandenburg, Urt. v. 21.11.2012 – 12 K 12013/11, DStRE 2013, 1434.

ten, als „Event" anzusehen seien und das Verhältnis der Anzahl der teilnehmenden Kunden bzw. Geschäftsfreunden und der Mitarbeiter verdeutliche, dass die Arbeitnehmer in nicht allzu großem Maße beansprucht worden seien.[57]

Mit Urteil vom 16.10.2013[58] hat der BFH jedoch entschieden, dass § 37b Abs. 2 EStG die betrieblich veranlassten, nicht in Geld bestehenden Zuwendungen an Arbeitnehmer erfasst, soweit die Zuwendungen grundsätzlich einkommensteuerbar und einkommensteuerpflichtig sind und zum ohnehin geschuldeten Arbeitslohn erbracht werden. Des Weiteren hat der BFH festgestellt, dass § 37b Abs. 1 i.V.m. § 37b Abs. 2 EStG nicht den einkommensteuerrechtlichen Lohnbegriff erweitert, sondern lediglich eine besondere pauschalierende Erhebungsform der Einkommensteuer zur Wahl stellt. Betreut ein Außendienstmitarbeiter auf Geheiß seines Arbeitgebers Kunden im Rahmen einer Kundenveranstaltung, kann dies im ganz überwiegend eigenbetrieblichen Interesse des Arbeitgebers liegen und daher die Zuwendung eines lohnsteuerrechtlichen Vorteils ausschließen.

Auch in diesem Urteil hat der BFH also darauf erkannt, dass der Pauschalierung nach § 37b EStG (hier: nach § 37b Abs. 2 EStG) nur solche betrieblich veranlassten Sachzuwendungen an Arbeitnehmer des Steuerpflichtigen unterliegen, die bei den Arbeitnehmern auch zu einkommensteuerbaren Lohneinkünften führen. Der erkennende Lohnsteuersenat des BFH verwies dabei auf sein Urteil vom 16.10.2013 in der Sache VI R 57/11[59] zu § 37b Abs. 1 und Abs. 2 EStG, in der er entschieden hat, dass die Pauschalierung der Einkommensteuer nach § 37b EStG nur solche betrieblich veranlassten Zuwendungen erfasst, die beim Empfänger dem Grunde nach zu einkommensteuerbaren und einkommensteuerpflichtigen Einkünften führen. Denn § 37b EStG begründet keine weitere eigenständige Einkunftsart und keinen sonstigen originären (Einkommen-)Steuertatbestand, sondern stellt lediglich eine besondere pauschalierende Erhebungsform der Einkommensteuer zur Wahl. Das folgt aus dem Wortlaut und der rechtssystematischen Stellung des § 37b EStG sowie aus seiner Einordnung in das Gesamtgefüge des Einkommensteuergesetzes.

---

57 FG Berlin-Brandenburg v. 21.11.2012 – 12 K 12013/11, DStRE 2013, 1434.
58 BFH v. 16.10.2013 – VI R 78/12, BStBl. II 2015, 495.
59 BFH v. 16.10.2013 – VI R 57/11, BStBl. II 2015, 457.

Dies gilt nach Auffassung des BFH auch für die in § 37b Abs. 2 Satz 1 EStG normierte Pauschalierungsmöglichkeit für betrieblich veranlasste Zuwendungen an eigene Arbeitnehmer des Steuerpflichtigen; für diese Zuwendungen kommt eine Pauschalierung der Einkommensteuer ebenfalls nur in Betracht, wenn die Zuwendungen beim Arbeitnehmer dem Grunde nach zu einkommensteuerbaren und einkommensteuerpflichtigen Einkünften führen. Denn auch der Wortlaut des § 37b Abs. 2 EStG ist insoweit eindeutig, als für diesen Tatbestand durch den Verweis auf § 37b Abs. 1 EStG die Einkommensteuer mit einem Pauschsteuersatz zu erheben ist, § 37b Abs. 2 EStG keinen anderweitigen Rechtsgrund für das Entstehen der Einkommensteuer vorgibt und dieser Tatbestand unter „VI. Steuererhebung" normiert ist. Nichts anderes folgt aus den Gesetzesmaterialien; auch daraus ergeben sich keine Anhaltspunkte dafür, dass insoweit der Grundtatbestand der einkommensteuerbaren Einkünfte ausgeweitet werden sollte.

Im Ergebnis erfasst § 37b Abs. 2 EStG folglich nur die betrieblich veranlassten, nicht in Geld bestehenden Zuwendungen an Arbeitnehmer, soweit sie grundsätzlich einkommensteuerbar und einkommensteuerpflichtig sind und zum ohnehin geschuldeten Arbeitslohn erbracht werden.

Im Fall der Regattabegleitfahrt war es für die Frage nach dem Vorliegen von Arbeitslohn entscheidend also darauf angekommen, dass die Arbeitnehmer für ihren Arbeitgeber auf dessen Geheiß hin tätig werden mussten und die Tätigkeiten der Arbeitnehmer den Belangen ihres Arbeitgebers entsprachen. Deshalb hätten – so der BFH – schon ganz besondere Umstände hinzutreten müssen, damit diese vom Arbeitnehmer für den Arbeitgeber ausgeführte Tätigkeit allein aufgrund eines aus dem Üblichen fallenden Rahmens und der besonderen Örtlichkeit einen lohnsteuerrechtlich erheblichen Vorteil begründet hätte. Allein eine touristische oder aus anderen Gründen attraktive Umgebung, in der ein Arbeitnehmer für den Arbeitgeber tätig wird, führt nach Meinung des BFH nicht dazu, dass der Arbeitgeber dem Arbeitnehmer damit zugleich einen lohnsteuerrechtlich erheblichen Vorteil zuwendet. Arbeitslohn lag also nicht vor.

Mit den drei Urteilen vom 16.10.2013[60] hat der BFH eine lange Zeit der Unsicherheit im Umgang mit § 37b EStG beendet. Denn sowohl Teile der Finanzverwaltung als auch viele Unternehmen hatten seit Inkraft-

---

60 VI R 57/11, BStBl. II 2015, 457; VI R 52/11, BStBl. II 2015, 455; VI R 78/12, BStBl. II 2015, 495.

treten der Vorschrift vor nunmehr knapp 10 Jahren eine Reihe von Zweifelsfragen, ohne hinreichende rechtlich belastbare Antworten darauf zu bekommen. Einzig einzelne Oberfinanzdirektionen hatten in der Vergangenheit regelmäßig mit OFD-Verfügungen Anhaltspunkte dafür geliefert, wie mit der Pauschalierung der Einkommensteuer bei Sachzuwendungen an Arbeitnehmer umgegangen werden könne. Teils heftige Diskussionen im Rahmen von Lohnsteuer-Außenprüfungen haben aber immer wieder belegt, dass rechtliche Klärung Not tut. Zu einer der Grundsatzfragen hat der BFH diese Klärung nunmehr geliefert, und zwar erfreulicherweise wieder mit größter Deutlichkeit. So hat der BFH entschieden dass § 37b EStG nur solche betrieblich veranlassten Zuwendungen erfasst, die beim Empfänger dem Grunde nach zu einkommensteuerbaren und einkommensteuerpflichtigen Einkünften führen. Verglichen mit der bisher gegenteiligen Auffassung der Finanzverwaltung und Teilen der Finanzgerichte hat der BFH mit seiner Rechtsprechung die Regelung des § 37b EStG „gerade gerückt", in die Systematik des EStG als Steuererhebungsvorschrift eingebunden und den Unternehmen für ihre betriebliche Praxis große Rechtssicherheit gebracht.

Der Pauschalierung nach § 37b Abs. 2 EStG unterliegen mithin nur betrieblich veranlasste Sachzuwendungen, die beim Empfänger zu einkommensteuerbaren Einkünften führen. Mit einem Federstrich hat der BFH für Klarheit, Sicherheit und Einheitlichkeit in der Rechtsanwendung gesorgt. Und da die Finanzverwaltung dem BFH an dieser Stelle folgt[61], können Unternehmen ihre Mitarbeiter im Betrieb einsetzen, ohne dabei über Gebühr mit Steuern und – nicht zu vergessen – erheblichem Verwaltungsaufwand überzogen zu werden. Außerdem hat der BFH zu erkennen gegeben, dass Arbeit auch Spaß machen darf, ohne dass daraus immer gleich Arbeitslohn wird.

V. Haftung als Grenze der steuerlichen Gestaltung im Arbeitsverhältnis

Wie sich an den vorstehenden Ausführungen gezeigt hat, setzt die Haftung eines Unternehmens für Lohnsteuer seiner Mitarbeiter stets das Entstehen einer Lohnsteuerschuld und damit das Vorliegen von Arbeitslohn voraus. Aus der Verpflichtung des Arbeitgebers, die Lohnsteuer einzubehalten und an das Finanzamt abzuführen (§ 38 Abs. 3, 41a Abs. 1 Nr. 2 EStG) ergibt sich seine Haftung, wenn er dieser Pflicht nicht oder

---

61 BMF, Schr. v. 20.1.2015 – IV C 5 - S 2360/12/1002, BStBl. I 2015, 143.

nicht vollständig nachkommt. Diese öffentlich-rechtliche Pflicht kann nicht durch privatrechtliche (arbeitsrechtliche) Vereinbarung ausgeschlossen werden, z.b. dadurch, dass der Arbeitgeber und Arbeitnehmer vereinbaren, der Arbeitnehmer solle selbst die Lohnsteuer berechnen und abführen.[62] Der Haftungstatbestand entsteht vielmehr unabhängig vom Erlass des Haftungsbescheids mit der Verwirklichung des Haftungstatbestands.[63]

Durch die Regelungen in § 38 Abs. 1 Satz 1 und Satz 2 EStG hat der Gesetzgeber den Kreis der für Lohnsteuer Haftenden gleich zweifach erweitert, nämlich um einen Dritten und um einen wirtschaftlichen Arbeitgeber. In entgegengesetzter Richtung hat der Lohnsteuersenat des BFH in seiner jüngeren Judikatur dazu beigetragen, dass sich die Zahl der Lohnsteuerhaftungsfälle verkleinert, indem er den Begriff des Arbeitslohns auf seine Kernfunktion als steuerlichen Reflex arbeitsrechtlicher Obliegenheiten konzentriert hat. Dabei hat er zunehmend eine arbeitsrechtliche Binsenweisheit bemüht, nämlich die, dass grundsätzlich ein Arbeitgeber seinem Arbeitnehmer Arbeitslohn schuldet, und dass dies ein Dritter nur ausnahmsweise tut. Hier geht es rechtssystematisch stets um § 19 EStG, d.h. um die Frage, ob Arbeitslohn vorliegt, ein Arbeitgeber Aufwendungen im ganz überwiegenden eigenbetrieblichen Interesse tätigt, oder ein Dritter Zuwendungen aus eigenwirtschaftlichen Interessen gewährt.

Da die Haftung des Arbeitgebers akzessorisch ist zur Lohnsteuerschuld des Arbeitnehmers, muss zunächst einmal ein Arbeitnehmer im Rahmen seines Beschäftigungsverhältnisses Lohnsteuer schulden. Dies tut er immer – aber auch nur – dann, wenn er von seinem Arbeitgeber, oder ausnahmsweise von einem Dritten für in seinem Beschäftigungsverhältnis erbrachte Dienste Arbeitslohn bezieht.

VI. Fazit

Alles fließt. Deshalb müssen auch die Bestimmungen des materiellen Einkommensteuerrechts, die die Haftungsverpflichtung des Unternehmens im Bereich der Arbeitnehmerbesteuerung prägen, den jeweiligen Lebensverhältnissen angepasst werden. Veränderungen zu erkennen und ihnen im Auslegungswege zu folgen, ist in erster Linie Aufgabe der Rechtsprechung und Verwaltung. Insbesondere der BFH hat in jüngerer

---

62 *Hartz/Meeßen/Wolf,* „Haftung für Lohnsteuer", Tz. 12/1.
63 BFH, Urt. v. 15.10.1996 – VII R 46/96, BStBl. II 1997, 171.

Vergangenheit durchaus Veränderungsbereitschaft zu erkennen gegeben. Die vorstehend aufgezeigte Entwicklung der Rechtsprechung zum steuerlichen Reisekostenrecht, zu (Rabatten und anderen Formen von) Arbeitslohn von dritter Seite, zum ganz überwiegenden eigenbetrieblichen Interesse und zu § 37b EStG sind ein beredtes Beispiel dafür. Außer dem BFH ist es meines Erachtens aber auch an der Finanzverwaltung, aus ihrer Sicht bewährte Kriterien auf den Prüfstand zu stellen und bei Bedarf zu verändern. Dass die Finanzverwaltung aber stattdessen bisweilen das Gegenteil tut und den Gesetzgeber um Erlass sog. Nichtanwendungsgesetze bemüht, ist ein bedauernswerter Umstand, der sich möglichst bald ins Gegenteil verkehren möge.

Wie sich gezeigt hat, spielen sich Impulse und Grenzen der steuerlichen Gestaltung im Arbeitsverhältnis auf zwei Ebenen ab: dem formellen und materiellen Einkommensteuerrecht. Während die erste Ebene, die im Wesentlichen das Verhältnis zwischen Unternehmen und Fiskus prägende Ebene des formellen Einkommensteuerrechts, stabil und hinlänglich bewährt ist, ist die das Verhältnis zwischen Unternehmen und Arbeitnehmern prägende Ebene des materiellen Einkommensteuerrechts ständig in Bewegung, fraglich und „pflegebedürftig". Wenn alle Parteien des Lohnsteuerdreiecks – Unternehmen, Arbeitnehmer und Finanzverwaltung – ihrer Verantwortung gerecht werden, kann es gelingen, die Lebenswirklichkeit im Interesse aller realitätsgerecht abzubilden.

Diskussion

zu den Referaten von Dr. *Heinz-Gerd Horlemann* **und** *Klaus Strohner*

Prof. Dr. *Stefan Schneider*, München

Ich wollte nur noch einmal kurz klarstellen, was die Rechtsprechung zur Lohnsteueranrufungsauskunft eigentlich bewegt hat, was die Hintergründe sind. Zum einen – was das objektive Recht anbelangt – haben wir bei der Lohnsteueranrufungsauskunft – das war der erste Schritt – einen Verwaltungsakt. Das war der erste Schritt der Rechtsprechungsänderung. In einem zweiten Schritt ging es dann darum, was passiert, wenn die Auskunft eben nicht wunschgemäß, wunschgemäß im Sinne des Anfragenden, ausfällt. Da war dann die Auffassung, es gibt keinen Anspruch auf die „richtige" Auskunft, sondern überhaupt auf eine Auskunft, die die Verwaltung erteilen muss, entsprechend der ihr vorliegenden Richtlinien und dergleichen. Was ist Hintergrund oder überhaupt Regelungszweck der Anrufungsauskunft? Es ist die Absicherung des Arbeitgebers, nicht mit Lohnsteuerhaftung überzogen zu werden. Wenn das die Zielrichtung ist, dann ist es völlig ausreichend, wenn die Finanzverwaltung ihrerseits einfach nur angehalten wird, qua Verwaltungsakt die Auskunft zu erteilen. Der Arbeitgeber hat es jetzt in der Hand, sich nach dieser Auskunft zu richten. Er kann natürlich auch anders agieren und dann sagen, ich gehe später ins Rechtsmittel. Das ist ihm freigestellt, aber vom Regelungszweck her ist es völlig ausreichend, wenn die Anrufungsauskunft erteilt ist und der Arbeitgeber eine Richtschnur hat, wie er sich zu verhalten hat, um der Lohnsteuerhaftung zu entgehen. Ein Zweites ist zu bedenken: Die Lohnsteueranrufungsauskunft wäre, wenn es denn einen Anspruch gäbe auf die „richtige" Auskunft, letztlich ein vorgeschaltetes abstraktes Gutachterverfahren, wie es der BFH vielleicht in den 50er Jahren einmal hatte, würde aber eigentlich Ergebnisse produzieren, die mehr oder minder im luftleeren Raum schweben, weil noch überhaupt nicht bekannt ist, ob schließlich dieser Sachverhalt auch verwirklicht ist. Zugleich der Unterschied zum Anfrageverfahren: beim Anfrageverfahren wird ein konkreter Status beurteilt und die Sozialversicherung sagt, das wird von uns so eingeschätzt. Weiteres wäre zu bedenken gewesen – und auch das hat wohl den Lohnsteuersenat umgetrieben: nehmen Sie einmal an, wir kommen zu einer bestimmten Auskunft, die angeblich richtig wäre, dann entscheidet der BFH meinetwegen im Jahr 2016, so soll es sein. Jetzt agiert der Arbeitgeber entsprechend und im Jahre 2024 kommt dann aber das Finanzamt und sagt ja, aber der Sachverhalt war ein ganz kleinwenig anders. Dann sehen Sie, dass dieses Schwert, das die Beraterschaft sich natürlich da erhofft hatte, an sich – um in dem Bild zu bleiben – noch nie scharf war. Das war schon immer nur dieses Instrument, nicht mehr und nicht weniger. Deswegen, meine ich, wir – ich meine jetzt den Lohnsteuersenat – sind eigentlich den richtigen Weg gegangen, parallel wohl auch zur Rechtsprechung anderer Senate, was die verbindliche Auskunft anbelangt, die ja auch getragen ist von der Überlegung, die Auskunft soll nicht nur im luftleeren, gedachten Sachverhalt spielen.

Prof. Dr. *Klaus-Dieter Drüen*, München

Zunächst einmal mein Dank an Herrn *Horlemann*, dass Sie die lohnsteuerrechtliche Komplexität auch im Bereich der betrieblichen Altersvorsorge unter Beweis gestellt haben. Meine Frage ist nun, nachdem ich gestern von Vollzugszufriedenheit gesprochen habe, könnte diese vielleicht auch damit zusammenhängen, dass trotz dieser Komplexität die Finanzverwaltung gar nicht so viele Ressourcen investiert, um zu kontrollieren, ob die betriebliche Altersvorsorge steuerrechtlich richtig behandelt wird?

Zum zweiten Referat von Herrn *Strohner*. Auch Ihnen danke ich dafür, dass Sie dieses Thema noch einmal beleuchtet und aus Ihrer Beratersicht vertieft haben. Wir stehen insoweit im Widerspruch, weil Sie sagen, die von mir dargestellten unterschiedlichen Triebfedern sehen Sie eigentlich primär in der Haftungsabwehr und nicht in der Lohnsteueroptimierung. Ich denke, dass die Zielpriorisierung in einzelnen Unternehmen ganz unterschiedlich gehandhabt wird. Es gibt unterschiedliche Risikokulturen und unterschiedliche Personalressourcen, die sich mit Lohnsteuerfragen beschäftigen. Es gibt sicherlich die Unternehmen, die Sie auch vor Augen haben, wo das operative Geschäft ganz im Vordergrund steht und die Lohnsteuerpraxis nicht von der Steuerminimierung getrieben wird. Aber die Beispiele diverser Barlohnumwandlungen zeigen, welches Potential gesamtwirtschaftlich in Lohnsteuergestaltungen steckt und zum Teil auch genutzt wird. Es ging mir nur darum, diese beiden unterschiedlichen Triebfedern darzustellen. Noch eine konkrete Frage, weil Sie Reisekosten angesprochen haben. Sie haben auch dargelegt, dass es dem Arbeitgeber obliegt, diese erste Tätigkeitsstätte für den einzelnen Arbeitnehmer zu bestimmen. Würden Sie sagen, dass arbeitsrechtlich der Arbeitnehmer gegen seinen Arbeitgeber einen Anspruch auf lohnsteueroptimierte Bestimmung der Tätigkeitsstätte hat? Das wäre meine Frage. Daran kann man nämlich auch schön sehen, dass das Steuerrechtsverhältnis zwar öffentlich-rechtlicher Natur ist, aber das Arbeitsverhältnis auflädt und durchaus Spannungen in das zivilrechtliche Grundverhältnis bringen kann. Abschließend noch ein letzter Aspekt: Sie haben die Brücke noch einmal zum Vormittag zum internationalen Steuerrecht grenzüberschreitend tätiger Arbeitnehmer geschlagen. Bei der Frage der Beurteilung der vom Arbeitgeber übernommenen Steuerberatungskosten in dem fremden Entsendestaat folge ich Ihnen vollkommen. Diese Übernahme muss vom Arbeitslohn ausgenommen werden. Hier schließt sich aus meiner Sicht auch der Kreis: Wenn für die Einkunftsart die Eingebundenheit und die Weisungsgebundenheit des Arbeitnehmers ganz zentral ist, eben das Verhältnis zwischen Arbeitgeber und Arbeitnehmer, so muss das zurückwirken auf den Umfang der Einkünfte. Ich möchte zu den Argumenten, die Sie schon angeführt haben, noch ergänzend darauf hinweisen, dass es eigentlich nicht um Vorteile geht, die der Arbeitnehmer bekommt, sondern es vielmehr um einen Nachteilsausgleich für die unternehmerische Entscheidung geht, die der Arbeitgeber trifft und die für den Arbeitnehmer vorgegeben und verbindlich ist.

Dr. *Heinz-Gerd Horlemann*, Herzogenaurach

Herr Prof. *Drüen* hat die Frage nach der Kontrolle der Richtigkeit der Arbeitgebermeldungen zur betrieblichen Altersversorgung oder überhaupt zur Altersversorgung gestellt. Die Frage ist natürlich durchaus berechtigt. Ich bin sicher, dass die Praktiker in den Finanzämtern nicht dazu in der Lage sind, und zwar nicht nur personell, sondern auch von Ihrer Aus- und Weiterbildung her, diese Fragen wirklich zu prüfen. Das heißt, alles was über den § 22 EStG irgendwo drinsteht, § 22 Nr. 1 Satz „27" und was weiß ich, das sind so viele fein ziselierte Dinge, die im Massengeschäft gar nicht gemacht werden können. Die Hoffnung, die die Verwaltung hat, ist, dass sie jetzt durch die Vereinfachung des Besteuerungsverfahrens da Ressourcen gewinnt, ist glaube ich eine trügerische, weil die Politik sehr schnell erkennt, da sind Ressourcen einzusparen, also werden wir auch das Personal wieder reduzieren. Das ist ja der Weg der letzten 40 Jahre gewesen, immer Personal einzusparen. Ich sehe da also keine Kontrollmöglichkeit durch die Finanzverwaltung, weil einfach die Ressourcen so oder so nicht da sind. Das Problem, das ich sehe, ist ein rechtsstaatliches. Das Problem liegt darin, dass die Ungewissheit des Steuerpflichtigen, ob die Behandlung nun wirklich richtig war, nicht aufgelöst wird. Er selber kann dann auch nicht genau entscheiden, ob er sich jetzt da nun an die Finanzverwaltung wenden muss, mit welchem Mittel (Einspruch natürlich gegen den Steuerbescheid wäre sicher das richtige Mittel), oder ob er dann auch auf den Arbeitgeber oder gar die Versorgungseinrichtung verwiesen werden kann, denn einer von beiden hat es ja vielleicht falsch gemacht oder auch nicht. Diese Ungewissheit, denke ich, die führt aus meiner Sicht zu rechtsstaatlichen Bedenken in dieses Mitteilungsverfahren. Das muss sehr viel transparenter werden, wenn es denn ein Erfolgsmodell werden soll.

Klaus Strohner, Köln

Herr Prof. *Schneider*, zu Ihren Ausführungen, was die Anrufungsauskunft angeht, ging in der Tat möglicherweise mein Appell in die falsche Richtung, wenn ich an den Bundesfinanzhof appelliert habe, aber ich hatte die eine Aussage von Herrn Dr. *Krüger* vielleicht zu euphorisch aufgenommen, der ja durchaus daran appelliert hatte, dass man möglicherweise auch durch andere BFH-Rechtsprechung dieses Instrument wieder etwas schärfer machen könnte, wenn ich vorhin von einem stumpfen Schwert sprach. Möglicherweise ist dieser Appell auch eher an den Gesetzgeber zu richten, wenn es darum geht, ein Bedürfnis nach Rechtssicherheit in dem Dreiecksverhältnis von Arbeitgeber, Arbeitnehmer und Fiskus zu bekommen, denn, wir haben über die Managementbeteiligungsmodelle heute früh gesprochen, die sind an sich schon sehr kompliziert und die haben in der Wirkung längere Zeiträume im Blick, wenn ich dann heute als Unternehmen etwas tun möchte, von dem ich keine Möglichkeit bekomme, mir vom Finanzamt ein Plazet über die Richtigkeit meines Tuns einzuholen, ich setze etwas um und Jahre später realisiert sich ein solcher Vorgang, ich gebe Stock-Options aus und habe Zeitfenster von drei, vier, fünf Jahren, bis sich überhaupt ein steuerlich relevanter Vorgang realisiert. Dann laufe ich in der ganzen Zeit mit einem Damoklesschwert durch die Gegend, ob das hält oder nicht, ergänzt noch um die Problematik, dass ich nicht weiß, was ein Veranlagungsfinanzamt macht, wenn ein Mitarbeiter seinerseits bei seiner persönlichen Steuererklärung solche Vorteile erklärt und das Veranlagungsfinanzamt noch eine andere Auffassung vertritt als das Wohnsitzfinanzamt. Diese Problematik hätte ich selbst dann, wenn ich von meinem Betriebstättenfinanzamt eine Anrufungsauskunft hätte, von der ich glauben würde, sie wäre brauchbar. Ich bin mir selbst auch nicht im Klaren darüber, wie die ganzen Facetten sind, aber ich sehe hier dringenden Handlungsbedarf. Vielleicht ist in der Tat eher der Gesetzgeber gefordert, hier zu handeln.

Zu Ihnen, Herr Prof. *Drüen*, die Barlohnumwandlung, wo ich der festen
Überzeugung bin, dass sie in den allermeisten Fällen der Unternehmen
nicht steueroptimierungsgetrieben ist zugunsten der Arbeitnehmer, resultiert meines Erachtens einmal aus einer Fehlinterpretation der BFH-
Rechtsprechung, denn die Rechtsprechung des Bundesfinanzhofs zur
Frage des Vorliegens von Barlohn oder Sachlohn, etwa am Beispiel von
Gutscheinen festgemacht, halte ich für systematisch absolut stringent.
Die Frage, wie die Finanzverwaltung in der Vergangenheit damit umging
und zu sagen, wenn ich einen Gutschein habe auf dem ein Betrag draufsteht, habe ich Geld und wenn ich eine Sache habe, habe ich eine Sache
und was die allermeisten Fälle in der Praxis waren, nämlich Gutscheine
mit der Kombination von der Beschreibung einer Sache und eines Geld-
betrages, da hat die Finanzverwaltung viele Jahre einfach gesagt, das ist
auch Geld und da hat der Bundesfinanzhof gesagt, Moment mal, das ist
so per se nicht richtig, es kommt nicht darauf an, was draufsteht, sondern was drin ist. Wenn die Arbeitsvertragsparteien hier vereinbart haben, dass ein Arbeitnehmer eine Sache bekommen kann, dann darf da
ruhig auch ein Geldbetrag mit draufstehen, solange der Arbeitnehmer
kein Wahlrecht hat, aus diesem Gutschein Geld oder Sache zu machen,
reden wir über Sachen. Ich halte das – wie gesagt – für extrem logisch
und konsequent und die Reaktion, insbesondere auch der Finanzverwaltung, ist aus meiner Sicht einer Fehlinterpretation dieser Rechtsprechung geschuldet. Die Unternehmen in der Praxis, Herr Prof. *Drüen*, an
der Stelle noch einmal kurz erwähnt, haben nach meiner Erfahrung
auch nur ganz ausnahmsweise hier ein Gestaltungsinstrument exorbi-
tant nutzen wollen. Wer damit umgegangen ist (und das mag man möglicherweise tatsächlich kritisch betrachten), waren Unternehmen, deren
Geschäftsmodell darin besteht, solche Gehaltsumwandlungsmodelle,
solche Gutscheinmodelle dann auch mit Blick auf die 44 Euro Sachbe-
zugsfreigrenze betrieblich praktisch umsetzen zu wollen. Ich glaube,
dass man hier nicht das Kind mit dem Bade ausschütten sollte. Ich meine, für die meisten Unternehmen steht dieses Missbrauchsgestaltungs-
instrument nicht im Vordergrund.

Prof. Dr. h.c. *Rudolf Mellinghoff*, München

Bevor ich die abschließenden Worte spreche, möchte ich doch noch einmal an Herrn *Strohner* eine Frage stellen. Sie wollen letztendlich für alle
Gestaltungen, wie z.B. Stock-Options oder ähnliche Gestaltungen gegenüber der Anrufungsauskunft ein Rechtsmittel haben, mit dem Sie
die verbindliche Prüfung dieser Gestaltung erreichen. Warum soll es das

nur für die Anrufungsauskunft geben? Warum nicht für jedwede Gestaltung, wie z.B. bei Immobilienfonds? Viele Steuerpflichtige gestalten ihre Rechtsverhältnisse und wollen eine verbindliche Auskunft, für die sie Geld zahlen. Der Arbeitgeber bekommt die Anrufungsauskunft und bekommt dann einen Bescheid darüber, dass er nicht haftet. Wenn es bei anderen Gestaltungen – wie z.b. bei Stock Options – keine verbindliche Auskunft gibt, erscheint dies zunächst nicht unbillig. Wenn Sie bereits im Rahmen der Auskunft eine vollständige rechtliche Überprüfung durch die Gerichte verlangen, würden Sie im Grunde genommen den Rechtsschutz im Steuerrecht vollständig verändern. Bei schwirigen Gestaltungsfragen würden Sie den Rechtsschutz in ein Gutachtenverfahren überführen. Die Rechtsprechung müsste dann letztendlich im voraus einen Sachverhalt beurteilen, der noch nicht feststeht. Das ist nicht Sinn und Zweck des gerichtlichen Rechtsschutzes. Der Steuerpflichtige kann Rechtsschutz zu bestimmten Fragen im Nachhinein erlangen; es ist nicht Aufgabe der Gerichte im Vorhinein Rechtsgutachten zu erstellen. Es genügt, wenn dem Arbeitgeber die Haftung abgenommen wird. Es bedarf keines vorherigen Rechtsschutzes, denn inhaltlich können die Fälle im Gerichtsverfahren nachträglich geprüft werden.

Klaus Strohner, Köln

Zwei Sätze würde ich gerne kurz noch darauf antworten wollen. Zum einen geht mein Interesse daran, hier einen solchen Rechtsschutz erreichen zu wollen, zurück auf das Dreiecksverhältnis, von dem wir hier mehrfach schon gesprochen haben, wobei ein Arbeitgeber nicht in erster Linie sein eigenes Interesse im Blick hat, sondern wir haben die Haftung für eine Steuerschuld des Arbeitnehmers, für die das Unternehmen aber als Entrichtungspflichtiger ja in Haftung genommen wird. Aus diesem Dreiecksverhältnis heraus entnehme ich ein Bedürfnis des Unternehmens nach verbindlicher Information. Ansonsten würde ich einfach auch eine Parallele sehen zum Statusfeststellungsverfahren bei der Sozialversicherung, wo es ja durchaus ähnliche Interessenlagen geben kann und wo ein Unternehmen sagt, ich möchte gerne wissen, ob die Person, die ich beschäftige, bei mir als Arbeitnehmer beschäftige oder ob der selbständiger Unternehmer ist mit allen steuerlichen Konsequenzen bis hin auch zur Umsatzsteuer, Vorsteuerabzug usw. Wenn es in der Sozialversicherung möglich ist, solche Entscheidungen zu treffen, da stellen sich ja die gleichen Fragen, frage ich mich, warum es nicht auch im Steuerrecht möglich sein sollte.

Reinhard Golenia, Wolfsburg

Es ist mutig, dem Präsidenten des Bundesfinanzhofs hier noch einmal zu widersprechen, aber als Unternehmensvertreter, der ein starkes Interesse auch an solchen Anrufungsauskünften hat, kann ich Ihnen nur sagen, die Praxis sieht mal wieder anders aus. Wenn ich mich einige Jahre auf eine Anrufungsauskunft verlasse, den Lohnsteuerabzug entsprechend durchführe und dann kommt der Lohnsteuerprüfer, dem die sowieso nicht so gut gefallen hat, und der sagt, ich sehe das ganz anders, dann bin ich zwar aus der Haftung heraus, aber welche Verantwortung habe ich denn gegenüber Arbeitnehmern, wo der Lohnsteuerprüfer jetzt sagt, ich schreibe jetzt an tausende von Arbeitnehmern Kontrollmitteilungen, Massenverfahren. Willst du das oder möchtest du gerne irgendwie doch so eine Lösung, über die Herr *Strohner* gesprochen hat? Vielleicht sind es nicht 10 Prozent, vielleicht sind es dann doch im Rahmen solcher Prüfungen einige Prozent. Das ist die Praxis. Wir holen uns eine Anrufungsauskunft zu einem Thema, Massenverfahren, machen das im Glauben darauf, dass die stimmt. Der Prüfer sagt, ich sehe das doch anders, aber du willst doch bestimmt nicht, dass ich jetzt so viele Kontrollmitteilungen schreibe, dann hast du nämlich die ganzen Leute an der Backe, die bezahlen nicht brav die Steuern, die klopfen bei dir an und sagen, wir haben uns doch darauf verlassen, du hast doch immer gesagt, das ist ein tolles Modell, da habe ich doch noch das Schreiben, die Information. Nur einmal zum Deutlichmachen unseres Wunsches von Herrn *Strohner*, den ich nur ganz klar unterstützen kann, wir brauchen da irgendetwas, weil es ansonsten an uns Unternehmen doch wieder hängenbleibt.

Prof. Dr. h.c. *Rudolf Mellinghoff*, München

Im Übrigen ist es gar nicht mutig, mir zu widersprechen. Ich entscheide das sowieso nicht, sondern das sind Fragen, die im VI. Senat des Bundesfinanzhofs entschieden werden, dem ich nicht angehöre.

Ich möchte aber jetzt nicht über steuerrechtliche Fragen diskutieren, sondern ich möchte diese Jahrestagung schließen, die aus meiner Sicht außerordentlich erfolgreich war. Sie begann gestern mit Vorträgen zu den Grundlagen des Lohnsteuerrechts und wandte sich dann Einzelfragen zu. Heute Morgen gab es ein emotionales Feuerwerk mit zwei Referaten zur internationalen Arbeitnehmerbesteuerung; zuletzt haben wir uns mit sehr wichtigen und vor allen Dingen praxisrelevanten Fragen beschäftigt.

In erster Linie darf ich den Referenten danken, die sich die Mühe gemacht haben, weiterführende Überlegungen zu präsentieren und so die Tagung überhaupt erst ermöglicht haben. Außerdem gilt es, den beiden Tagungsleitern, Herrn *Hüdepohl* und Herrn *Kanzler*, zu danken, die an beiden Tagen perfekt durch das Programm geführt haben. Schließlich geht mein Dank an Herrn *Keß*, der im Hintergrund gewirkt hat und der sich hier in Hannover ganz besonders dafür einsetzt, dass das Steuerrecht auch an der Universität eine Heimat bekommt.

Resümee

Prof. Dr. *Klaus-Dieter Drüen*
Ludwigs-Maximilians-Universität München

I. Zum Thema und zur Konzeption der Jahrestagung

II. Erträge der Tagung zur Arbeitnehmerbesteuerung

III. Perspektiven für Folgetagungen

I. Zum Thema und zur Konzeption der Jahrestagung

Die Deutsche Steuerjuristische Gesellschaft (DStJG), deren primärer Vereinszweck es ist, die steuerrechtliche Forschung und Lehre und die Umsetzung steuerwissenschaftlicher Erkenntnisse in der Praxis zu fördern[1], beschäftigte sich nach der Jahrestagung in Bad Ems zu „Grundfragen des Lohnsteuerrechts"[2] im Jahre 1985 erst zum zweiten Male mit der „Besteuerung von Arbeitnehmern". Das ist angesichts der Breitenwirkung des Themas, der Vielzahl der aktiv und passiv Betroffenen und der Höhe des Steueraufkommens bemerkenswert. Die Aufkommensrelevanz der Lohnsteuer hat *R. Mellinghoff* bereits in der „Eröffnung der Jahrestagung und Rechtfertigung des Themas" herausgestellt. Die Erhebungsform für Einkünfte aus nichtselbständiger Arbeit stellt die veranlagte Einkommensteuer und erst recht die Körperschaftsteuer in den Schatten. Die Relevanz der Lohnsteuer in der Breite und nach dem Aufkommen verbürgt freilich allein noch keine wissenschaftlich fundierte Tiefe. *H.W. Kruse* hatte vor über 30 Jahren die unzureichende rechtswissenschaftliche Durchdringung des Lohnsteuerrechts beklagt und gehofft, die erste Tagung werde an der früheren Selbst- und Fremdeinschätzung des Lohnsteuerrechts als „Inspektorenmaterie" etwas ändern.[3] Seither hat das Lohnsteuerrecht durchaus akademisches Interesse gefunden, was eine gestiegene Zahl rechtswissenschaftlicher Dissertationen zu diesem Themenfeld belegt. Insoweit ist das Lohnsteuerecht durchaus im *Kruse*'schen Sinne „salonfähig" geworden. Gleichwohl dominieren bei der Besteue-

---
1 § 2 Buchst. a der Satzung der DStJG e.V. i.d.F. v. 9.9.2013.
2 *Stolterfoht* (Hrsg.), Grundfragen des Lohnsteuerrechts, DStJG 9 (1986).
3 *Kruse*, Rechtshistorische und rechtsvergleichende Prolegomena zum Lohnsteuerrecht, DStJG 9 (1986), 1 (2).

rung von Arbeitnehmern im praktischen Tagesgeschäft weiterhin in der Lohnbuchhaltung beherrschbare Regeln, um das Haftungsrisiko des Arbeitgebers zu minimieren. Das spiegelt auch das überwiegende Veranstaltungsangebot, das vielfach zum Ziel hat, der Lohnsteuerpraxis tagesaktuell Entwicklungen in Gesetzgebung, Verwaltung und Rechtsprechung aufzuzeigen. Das hat zweifellos seine Berechtigung. Der Anspruch der DStJG liegt demgegenüber in anwendungsbezogener Grundlagenarbeit. Unsere Tagungen sollen die Praxis auf die steuerrechtlichen Grundlagen zurückbinden und Entwicklungen wissenschaftlich reflektieren. Wegen insoweit bestehender Lücken war es für die DStJG wieder an der Zeit, erneut und mit den gewonnenen Erkenntnissen aus 30 Jahren eine Jahrestagung zum Lohnsteuerrecht auszurichten. Diese Idee fand im Wissenschaftlichen Beirat der DStJG Zustimmung, allerdings bestand nach der Diskussion über die Konzeption der Tagung Konsens, dass Verhandlungsgegenstand neuerlich nicht allein die Lohnsteuer und ihre Spezifika, sondern die gesamte Breite der Arbeitnehmerbesteuerung sein sollte. Um den Fokus auf die Lohnsteuer zu überwinden, sollte bereits der Tagungstitel „Besteuerung von Arbeitnehmern" zum Ausdruck bringen, dass neben dem Lohnsteuerabzugsverfahren auch die Einkommensbesteuerung von Arbeitnehmern mit Einzelfragen der Abgrenzung der Einkünfte aus nichtselbständiger Arbeit (§ 19 EStG) zu anderen Einkünften und Nichteinkünften auf der Agenda der DStJG stehen. Mit dieser Weichenstellung hat überdies im üblichen Verfahren eine fachnahe Arbeitsgruppe die einzelnen Themen festgelegt und abgegrenzt, auf deren Grundlage das Tagungsprogramm im Wissenschaftlichen Beirat der Gesellschaft abschließend beraten und beschlossen worden ist.

Das Tagungsprogramm war weit gespannt und begann mit den systematischen Grundlagen der „Arbeitnehmerbesteuerung im System der Einkommensteuer" (K.-D. Drüen). Dabei sollten die Grundlinien des Themas der Arbeitnehmerbesteuerung aufgezeigt und in das System der Einkommensteuer eingebettet werden. Die Lohnsteuer diente als Beispiel zur Illustration der besonderen Bedingungen der Rechtsetzung und Rechtsanwendung im Massenfallrecht (G. Kirchhof). Ein erster inhaltlicher Schwerpunkt lag beim „Arbeitslohn und seinen Grenzen" (St. Breinersdorfer). Das Dreiecksverhältnis zwischen Arbeitnehmer, Arbeitgeber und Fiskus beim Lohnsteuerabzug wirft eine Reihe konstruktiver Rechtsfragen auf, wobei die „Rolle des Arbeitgebers im Lohnsteuerverfahren" (A. Meyer) bereits bei der ersten Tagung zwischen der Zuordnung zum öffentlichen und privaten Recht umstritten war und seither mehrfach monographisch untersucht wurde. Die auf der Tagung vorgestellte rechtliche Rekonstruktion differenziert beim Arbeitgeberhandeln zwischen der Innen- und Außenwirkung steuerlicher Pflichten und ihrer Regelungszusammenhänge und misst dem Haftungsrückgriff des Arbeitgebers auf den Arbeitnehmer eine zentrale Bedeutung zu. Mit der Stellung von Arbeitgeber und Arbeitnehmer im Lohnsteuerabzugsverfahren eng zusammen hängen „Verfahren und Rechtsschutz im Lohnsteuerrecht" (R. *Krüger*) mit der Abschichtung der verschiedenen Verfahren einschließlich ihrer verschiedenen (modernisierten) Handlungsinstrumente sowie den statthaften Formen des Rechtsschutzes bei Lohnsteuereinbehalt, -abführung und -ermäßigung. Der rechtsvergleichende Blick befreit von eingefahrenen Denkmustern und zeigt verschiedene Modelle des „Lohnsteuervollzugs im europäischen Rechtsvergleich" mit den Referenzstaaten Großbritannien und Irland, den Beneluxstaaten und (de lege ferenda) Frankreich auf (W. *Haslehner*). Wegen globaler Mobilität von Unternehmen mit dem Einsatz von Mitarbeitern auf Dauer oder auf Zeit im Ausland hat die internationale Arbeitnehmerbesteuerung gegenüber den 1980er erheblich an Bedeutung gewonnen. Den mit dem im Inland tätigen ausländischen Arbeitnehmern und den im Ausland tätigen inländischen Arbeitnehmern (sog. Expatriates) verbundenen Fragen internationaler Arbeitnehmerbesteuerung widmen sich Referate aus Arbeitnehmersicht (Th. *Eisgruber*) sowie aus Arbeitgebersicht (Chr. *Dorenkamp*). Diese beleuchten mit dem Wohnsitzprinzip, dem Arbeitsortprinzip und der 183-Tage Regelung die im Konsens der OECD-Staaten etablierten Anknüpfungskriterien der internationalen Arbeitnehmerbesteuerung und vertiefen praxisrelevante Streitfragen wie den abkommensrechtlichen und wirtschaftlichen Arbeitgeberbegriff. Dabei geht es abkommensrechtlich nicht mehr allein um die Vermeidung der Doppelbesteuerung, sondern wie die jüngere Diskussion über die sog. Pilotenfälle zeigt, auch um die Methoden zur Vermeidung doppelter Nichtbesteuerung grenzüberschreitend tätiger Arbeitnehmer.

Ein praxisdominierendes Thema sind die „Werbungskosten des Arbeitnehmers" (H. *Tappe*) mit der Grenzlinie von Einkommenserzielung und Einkommensverwendung und der Dauerproblematik der Behandlung gemischter Aufwendungen und der gesetzlichen Neuregelung der Reisekosten. Die Praxis agiert bei der einkommensteuerrechtlichen Würdigung der Ausgabenseite der Überschusseinkünfte der Arbeitnehmer häufig ergebnisgetragen, kasuistisch und pragmatisch, was eine grundlegende dogmatische Analyse nahe gelegt hat. Auf der Einnahmenseite stellt sich die Frage des Verhältnisses von „Arbeitslohn und sozialversicherungsrechtlichem Entgelt" (St. *Schneider*) und der teleologischen wie normativen

Abgrenzung der Grundbegriffe beider Rechtsgebiete, an die die Steuer- bzw. Beitragspflicht anknüpfen. Die Notwendigkeit einkommensteuerrechtlicher Binnenabgrenzung und der fallbezogenen Auflösung der abstrakten Konkurrenz der Einkunftsarten illustrieren „Mitarbeiterbeteiligungen" (*P. Möllmann*), bei denen die Beteiligung des Mitarbeiters an einem Unternehmen im Erwerbszeitpunkt, in der Haltephase und im Realisationszeitpunkt steuerrechtlich zu beurteilen ist und die Abgrenzung aufgrund der Rechtsfolgenunterschiede und des Steuersatzgefälles nach Einführung der Abgeltungssteuer erhebliche Bedeutung gewonnen hat. Altersvorsorge und Alterseinkünfte von Arbeitnehmern sind ein Massenphänomen auf der Grundlage verschiedener Vorsorge-„Subsysteme", wobei der Vortrag von *H.-G. Horlemann* die „Lohnsteuerrechtlichen Fragen der betrieblichen Altersvorsorge" beleuchtet und deren Komplexität aufzeigt. Abschließend sollte am Ende der Tagung der Blick auf die Gestaltungswirkungen der Arbeitnehmerbesteuerung „durch" den Arbeitgeber geworfen werden. Da der Lohnsteuereinbehalt durch den Arbeitgeber nicht nur als Hilfsarbeit für die staatliche Steuerverwaltung, sondern auch als Hilfestellung für den Arbeitnehmer bei seiner Einkünftedeklaration angesehen wird, war es reizvoll, aus der lohnsteuerrechtlichen Praxis „Impulse und Grenzen der steuerlichen Gestaltung im Arbeitsverhältnis" (*K. Strohner*) zu beleuchten. Dabei lässt sich dem Phänomen einer „Lohnsteueroptimierung" durch den Arbeitgeber dessen Ziel eines normgerechten Verhaltens zur Vermeidung von Haftungsrisiken gegenüberstellen. Bei dieser Sicht erscheint der Lohnsteuerabzug nicht als Gestaltungsaufgabe, sondern als Vorsorge gegenüber einer ausufernden Lohnqualifikation durch die Finanzverwaltung.

Die Referenten für diese Themen waren schnell gewonnen. Die Referate kamen – dem guten Brauch folgend – aus der Steuerrechtswissenschaft und der wissenschaftlich orientierten Praxis. Dabei konnten Vertreter der Wissenschaft, der Finanzverwaltung, der Rechtsprechung und der Beratungs- wie Unternehmenspraxis zu Wort kommen und ihre Sicht der Besteuerung von Arbeitnehmern in Referaten und Diskussionsbeiträgen einbringen. Das Tagungsprogramm hat – vergleichbar der Bremer Tagung zum „Steuerrecht an der Schnittstelle zum Steuerstrafrecht" im Jahre 2014 – nicht allein DStJG-Mitglieder angesprochen, sondern auch zahlreiche Lohnsteuerpraktiker zählten zum Kreis der Tagungsteilnehmer in Hannover im September 2016. Insoweit ist das Tagungskonzept aufgegangen.

II. Erträge der Tagung zur Arbeitnehmerbesteuerung

Im ersten Tagungsband der DStJG zum Lohnsteuerrecht wurde auf den Abdruck der Diskussionen nach den Vorträgen verzichtet, so dass es seinerzeit zur Aufgabe des Herausgebers des Tagungsbandes zählte, im Resümee über den Verlauf der Diskussionen zu informieren[4]. Dessen bedarf es bei diesem Tagungsband nicht, weil die Diskussionen auf der Jahrestagung seit einigen Jahren mitgeschnitten und – sprachlich aufbereitet und von den Diskutanten durchgesehen – veröffentlicht werden. Als unmittelbare Tagungserträge sind sie – wie auch die zugrunde liegenden Vorträge, die zudem ihre wesentlichen Ergebnisse und Thesen abschließend jeweils zusammenfassen – im „roten Tagungsband" authentisch nachlesbar. Dabei ist es inzwischen gute Übung der Gesellschaft, dass der Tagungsband mit Referaten und Diskussion auf der Internetseite der Gesellschaft nach Ablauf weniger Jahre frei verfügbar zum Herunterladen bereitsteht. Bedarf es einer Wiedergabe der Referate und der Diskussionen an dieser Stelle nicht mehr und ist der Versuch eines Gesamtfazits der Tagung angesichts der Vielzahl der Argumente und Ansichten zum Scheitern verurteilt[5], so sollen im Folgenden aus dem Verlauf der Tagung – freilich aus persönlicher Sicht – Erkenntnisgewinne, Verbindungslinien und zu vertiefende Fragen zur Besteuerung von Arbeitnehmern resümiert werden.

Die Tagung hat mit verschiedenen Referaten eindrucksvoll bestätigt, dass die Besteuerung von Arbeitnehmern entgegen mancher Erwartung keineswegs einfach ist. Das belegte bereits die grundlegende Abgrenzung des Arbeitslohns auf der Einnahmenseite (*St. Breinersdorfer*) als durch das Dienstverhältnis veranlasste steuerbare Zuwendung mit der Konkurrenz zu andern einschlägigen Einkunftsarten (dazu speziell *P. Möllmann*) und der gebotenen veranlassungsbezogenen Abgrenzung von Privatsphäre des Arbeitnehmers und dem betrieblichen Bereich des Arbeitgebers. Das wertungsoffene und -bedürftige Veranlassungsprinzip findet gleichermaßer auf der Ausgabenseite bei den Werbungskosten Anwendung (*H. Tappe*) und erfordert über die eingeführten und durch den Gesetzgeber oder die Finanzverwaltung reglementierten Fallgruppen (Weiterbildungs-, Fahrt- und Reisekosten, doppelte Haushaltsführung sowie Aufwendungen für Arbeitsmittel) hinaus (z.B. Feiern von Geburts-

---

4 *Stolterfoht* (Hrsg.), DStJG 9 (1986), S. 463.
5 Ähnlich auch *Widmann*, Resümee zum Steuervollzug im Rechtsstaat, DStJG 31 (2008), S. 295 (309).

tagen und Jubiläen, Kinderbetreuungskosten pp.) nicht triviale Entscheidungen über Veranlassungszusammenhänge. Komplexitätstreiber ist auch hier das Streben nach Einzelfallgerechtigkeit und Gleichbehandlung der Einkunftsarten und der Erwerbsaufwendungen. Auch die Alterssicherung von Arbeitnehmern (*H.-G. Horlemann*) im System nachgelagerter Besteuerung zeichnet sich theoretisch durch das klare Prinzip der Freistellung in der Einzahlungsphase und der vollen Besteuerung in der Auszahlungsphase aus, erweist sich aber im Detail aufgrund der Zerklüftung in nebeneinanderstehende Sub„systeme" der Altersvorsorge als hochkomplex, so dass Vollzugsrichtigkeit nicht durchgängig gesichert erscheint. Der europäische Rechtsvergleich zur Typologie des Lohnsteuervollzugs zeigt, dass verschiedene Systeme beim Lohnsteuervollzug mit einer unterschiedlichen Ausgestaltung der Komplexität und der Lastenverteilung verbunden sind (*W. Haslehner*). Erwartungsgemäß ein Höchstmaß an Komplexität weist die internationale Arbeitnehmerbesteuerung auf, wobei die Grundsätze der Aufteilung des Besteuerungsrechts mit der Bestimmung des Ansässigkeitsstaats im Regelfall mit nur scheinbar einfachen Ausnahmen und Rückausnahmen (Frage des Aufenthalts und Ausübungstage und des maßgeblichen Zeitraums) ergänzt um Grenzgängerklauseln und Auslandstätigkeitserlass sowie bi- und unilaterale Rückfallklauseln den betroffenen grenzüberschreitenden Arbeitnehmer leicht überfordern können (*Th. Eisgruber*). Komplexitätsverstärkend ist dabei das Auseinanderdriften von Arbeitnehmerbesteuerung und Ertragsbesteuerung der Unternehmen, was *Chr. Dorenkamp* zu der Forderung veranlasste, die Selbständigkeitsfiktion der Betriebstätte nach dem sog. AOA auch auf die Lohnbesteuerung auszudehnen.

Die Antworten der Tagung auf diese Komplexitätsherausforderungen bei der Besteuerung von Arbeitnehmern und andere damit verbundene Grund- und Folgefragen waren kontrovers. Ein allgemeiner und zugleich grundlegender Ansatz liegt – trotz des systematischen Stufenverhältnisses von § 19 und § 38 EStG – darin, die die Einkunftsart der nichtselbständigen Arbeit prägenden Vollzugsbedingungen bei den erforderlichen Wertungsfragen über die relevante Veranlassung durch das Dienstverhältnis auf der Einnahme- und Ausgabeseite zu berücksichtigen. Dadurch ließen sich nicht nur faktisch die Eigenarten der Einkunftsart mit dem haftungsbewehrten Lohnsteuerabzug durch den Arbeitgeber erklären, sondern es ließe sich normativ auch einem Ausufern der Einkunftsart in der Breite und der Tiefe entgegenwirken (*K.-D. Drüen*). Für *G. Kirchhof* ist der Ausgangspunkt seine tiefgründige Reflexion über die Steuerung der Rechtspraxis durch das allgemeine Gesetz, das typisiert, dessen Funktion und Stellenwert aufgrund der national, supranational und international sich ausdifferenzierenden Rechtsquellenvielfalt aber neu zu bestimmen ist. Er sieht auch in der Überforderung des Arbeitgebers durch die Anforderungen beim Lohnsteuerabzug einen Impuls zur Vereinfachung des Rechts und plädiert für eine (dosierte) Stärkung der „Soll-Elemente" der Arbeitnehmerbesteuerung im Sinne einer rationalisierten Mischung als Systementscheidung bei der Ertragsbesteuerung. Neben gesetzlichen Typisierungen kennzeichnen daneben gerade die Lohnsteuer als Massenfallrecht Typisierungen durch Verwaltung und Rechtsprechung. Häufig fordert die Lohnsteuerpraxis als „Komplexitätsschranke" von der Finanzverwaltung massenkompatible Typisierungen, wofür die Reform des Reisekostenrechts ein jüngeres Beispiel ist. Im Gegensatz zu Typisierungen steht die Pflege und Ausweitung von Typusbegriffen im Lohnsteuerrecht, was in der Diskussion über das Verständnis des Veranlassungsprinzips als Typusbegriff (vgl. *St. Breinersdorfer*) gipfelte. Die gesetzliche, administrative oder judizielle Typisierung vergröbert, während der Typusbegriff verfeinert und die Rechtsanwendung gerade für die Gesamtwürdigung der Umstände des Einzelfalls öffnet. Das deutet zugleich auf Spannungslagen zwischen dem nach Typisierung strebenden Lohnsteuerabzug als Massenverfahren und dem verfahrensrechtlich getrennten Veranlagungsverfahren des einzelnen Arbeitnehmers. Grundlegend ist zudem beim Einsatz des für den Rechtsanwender anspruchsvollen methodischen Instruments des Typusbegriffs die Frage, worauf sich das verbreitete Vertrauen auf die Vollzugssicherheit und die „Vollzugszufriedenheit" (*K.-D. Drüen*) bei der Quellensteuer als Rechtsdurchsetzung durch Private gründet. Allein die Höhe des Steueraufkommens und der signifikante Anteil der Einkommensteuer auf Einkünfte aus nichtselbständiger Arbeit (*H. Tappe*) sollte diese Frage nicht verdecken. Das gilt insbesondere als das Instrument der verbindlichen Auskunft im Lohnsteuerrecht zumindest in seiner Deutung durch die Rechtsprechung (dazu *R. Krüger*) die Erwartungen an die Vorhersehbarkeit des materiellen Rechts und frühzeitige Rechtssicherheit für Arbeitgeber und Arbeitnehmer nur eingeschränkt erfüllt (vgl. *K. Strohner*). Auch die bereits von *Chr. Trzaskalik* vor Jahren eingeforderten „Mindestarbeitsbedingungen" zur Bewältigung der Rollenkonflikte im Lohnsteuerverfahren[6] sind weiterhin zu vermissen. Die aus Sicht des Arbeitgebers zur Reduktion der Komplexität immer wieder geforder-

---

6 *Trzaskalik*, Die Steuererhebungspflichten Privater, DStJG 12 (1989), S. 157 (172).

te Vereinheitlichung der Abzugspflichten vom Arbeitslohn stößt an die Grenzen der jeweiligen rechtsgebietsspezifischen Teleologie der Abgaben. *St. Schneider* hat die' Gründe und Grenzen für das Schnittfeld des Lohnsteuerrechts zum sozialversicherungsrechtlichen Leistungsrecht ernüchternd aufgezeigt. Solange es keinen Kostenersatz für die Arbeitgeberdienste gibt (vgl. *A. Meyer*), stellt sich die Frage nach übereinstimmenden Beurteilungskriterien auch im Binnenbereich des Steuerrechts. Wirtschaftsverbände fordern immer wieder kongruente Lösungen für Arbeitnehmersachverhalte bei der Lohn- und Umsatzsteuer. Aus der Perspektive des Arbeitgebers sind divergierende Anforderungen und Maßstäbe lastenintensivierend und trotz aller Eigenrationalität der jeweiligen Teilrechtsordnung besteht zur Milderung der Lasten des vollzugstragenden Unternehmens ein zumindest rechtspolitischer Impuls, für Alltagsphänomene der Arbeitnehmerbesteuerung eine parallel administrierbare Lösung bei der Lohn- und Umsatzbesteuerung zu eröffnen.

Damit sind – über die dokumentierten Diskussionen hinaus – einige Einsichten und Denkanstöße der diesjährigen Tagung umrissen, die zugleich weitere Fortschritte bei der steuerjuristischen Durchdringung der Besteuerung von Arbeitnehmern belegen. Die Tagung konnte aus Sicht des Herausgebers bestehende Einsichten zur Arbeitnehmerbesteuerung vertiefen und neue Perspektiven aufzeigen. Eine erschöpfende Behandlung aller Einzelfragen der Thematik konnte auch eine zweitägige Jahrestagung trotz umfassender Vorbereitung und vorbildlichem Einsatz der Referenten nicht leisten. Konsens in allen Punkten war nicht zu erwarten. Trotz mancher Klärungen bleiben – naturgemäß – noch einige Fragen zur Besteuerung von Arbeitnehmern offen oder umstritten. Das ist auch gut so und eröffnet Perspektiven.

III. Perspektiven für Folgetagungen

Das Tagungsprogramm ist bewältigt und der Tagungsband mit den Referaten und den dokumentierten Diskussionen steht der Fachöffentlichkeit offen. Damit ist das Primärziel der 41. Jahrestagung der DStJG erreicht. Die Hoffnung des Herausgebers ist, dass auch dieser Tagungsband wie der erste zum Lohnsteuerrecht die Praxis und vor allem die Rechtsprechung erreicht und mit zur weiteren wissenschaftlich-systematischen Durchdringung der Materie beitragen wird. Denn auch die Besteuerung von Arbeitnehmern braucht ein systematisch tragfähiges Fundament, dessen Fehlen gerade im Massenfallrecht im Aufkeimen einer Vielzahl von Rechtsstreitigkeiten sichtbar wird.

Folgetagungen der DStJG werden sich wegen der vielfältigen grundlegenden Steuerrechtsfragen zu den einzelnen Steuergebieten und den besonderen Herausforderungen von Steuergesetzgebung und Steuervollzug im europäischen und internationalen Multiebenensystem auf absehbare Zeit nicht mehr isoliert mit der Lohnsteuer und der Besteuerung von Arbeitnehmern beschäftigen. Gleichwohl sollte das Themenfeld zumindest als Referenzmaterie für künftige Tagungen im Blick behalten werden. Das gilt namentlich für das Thema der „Rechtssetzung durch die Steuerrechtsprechung", das einer (erneuten) Analyse wert wäre und zu dem die Besteuerung der Arbeitnehmer nach Umfang und Reichweite reichhaltiges Anschauungsmaterial beisteuern kann. Dasselbe gilt für das große Zukunftsthema der Digitalisierung des Steuerrechts und des Steuervollzuges. Der Einsatz digitaler Techniken erlaubt es, den bisherigen umfassenden öffentlich-rechtlichen Pflichtenkreis des Arbeitgebers (*A. Meyer*) zu hinterfragen und ihn rechtspolitisch in rein informatorische Teilpflichten aufzuspalten. Der europäische Rechtsvergleich zum Lohnsteuervollzug lädt ein, im digitalen Zeitalter die Erfahrungen anderer Länder bei der „Synchronisierung des Lohnsteuervollzuges" (*W. Haslehner*) mit Hilfe der Informationstechnik zu perfektionieren, um eine noch größere zeitliche Nähe der Einkommenserzielung zur Steuererhebung zu gewährleisten. Grundlegend hat *G. Kirchhof* bereits in Hannover die Lohnsteuer zum Testfall für das modernisierte Besteuerungsverfahren erhoben und anhand dieses typischen Massenfallrechts Anforderungen an die proklamierte „Zeitenwende zur geleiteten Selbstverwaltung" des Steuerpflichtigen formuliert. Gerade im lohnsteuerrechtlichen Dreiecksverhältnis lassen sich Vorbedingungen und Grenzen eines digitalen Steuervollzuges exemplifizieren, der trotz Einsatzes moderner Datentechnik kein automatischer Vollzug sein wird und weiterhin Wertungen über das Recht und den verwirklichten Sachverhalt bedarf. Die Sicherung der Herrschaft des Rechts trotz aller Digitalisierung bleibt beim Massenfallrecht gerade im Mehrpersonenverhältnis eine Herausforderung, der sich auch die DStJG stellen sollte. Damit ist der Bogen der Arbeitnehmerbesteuerung zu künftigen Jahrestagungen gespannt.

Laudatio

aus Anlass der Verleihung des Albert-Hensel-Preises 2016
an Herrn Dr. Thomas Wiesch

Prof. Dr. *Hanno Kube*
Ruprecht-Karls-Universität Heidelberg

Der Jury für den Albert-Hensel-Preis lagen in diesem Jahr insgesamt elf Arbeiten vor, eine Habilitationsschrift und zehn Dissertationen. Inhaltlich und auch im methodischen Zugang sind die eingereichten Arbeiten weit gefächert. Behandelt werden Themen aus den Bereichen der einfachrechtlichen Steuerrechtssystematik, des Steuerverfassungsrechts, des internationalen und des europäischen Steuerrechts und auch des Finanzverfassungsrechts. Neben der klassisch rechtsdogmatischen Herangehensweise kommen die Rechtsvergleichung, ökonomische Analysen und auch empirische Erhebungen zum Einsatz. Die Aufgabe der Jury war deshalb ebenso interessant wie herausfordernd. Sie besteht – wie im Vorjahr – aus Frau Kollegin *Ehrke-Rabel*, Herrn Kollegen *Hüttemann* und mir.

So bereichernd die Lektüre aller vorgelegten Arbeiten war, ist die Jury gleichwohl zu einem eindeutigen Ergebnis gekommen. Ausgezeichnet wird Herr Dr. *Thomas Wiesch* für seine Dissertation mit dem Titel „Die umsatzsteuerliche Behandlung der öffentlichen Hand". Herr Dr. *Wiesch* ist mit dieser Arbeit im Wintersemester 2015/2016 von der Rechtswissenschaftlichen Fakultät der Westfälischen Wilhelms-Universität Münster promoviert worden. Betreut wurde die Arbeit von Herrn Kollegen *Englisch*, an dessen Institut Herr *Wiesch* zugleich als Mitarbeiter tätig war; dies im Anschluss an ein duales Studium in der Steuerverwaltung des Landes Nordrhein-Westfalen und an das Studium der Rechtswissenschaft an der Universität Münster.

Mit dem Albert Hensel-Preis soll, wie es im Ausschreibungstext heißt, „die hervorragende Arbeit eines jüngeren Verfassers ausgezeichnet werden, die einen weiterführenden Beitrag zur rechtswissenschaftlichen Erforschung des Steuerrechts leistet". Diese Leistung erbringt die Arbeit von *Thomas Wiesch* nach Ansicht der Jury in ganz besonderer Weise. *Wiesch* wagt sich an ein bedeutsames und schwieriges Grundsatzthema, das die Beratungs-, Verwaltungs- und Rechtsprechungspraxis ebenso wie die Rechtspolitik und die Steuerrechtswissenschaft seit Jahren intensiv beschäftigt.

In der Praxis wirft die Frage, ob und in welchem Umfang Tätigkeiten der öffentlichen Hand umsatzsteuerpflichtig sind, ganz erhebliche, in jüngerer Vergangenheit immer stärker drängende Rechtsanwendungsprobleme auf. Die bislang einschlägige Norm des § 2 Abs. 3 UStG a.F. war in den Abgrenzungen vielfach unklar und erschien nach Maßgabe von Art. 13 der Mehrwertsteuersystemrichtlinie auch europarechtlich höchst problematisch. Mit Wirkung zum 1.7.2016 wurde zwar die Neuregelung des § 2b UStG eingeführt, um mehr Klarheit zu schaffen, die Steuerpflicht der öffentlichen Hand dabei tendenziell einzuhegen und die Europarechtskonformität des deutschen Rechts zu sichern. Doch stellt sich diese Neuregelung im Ganzen eher als reaktiv denn als konzeptionell neugestaltend angelegt dar.

So bleibt auch nach Einführung von § 2b UStG eine weitergreifende, grundsätzliche Reform der Umsatzbesteuerung der öffentlichen Hand in Deutschland zu erwägen, ebenso wie auf europäischer Ebene über eine Fortentwicklung des entsprechenden Richtlinienrechts nachgedacht wird.

Dabei ist zu berücksichtigen, dass die Thematik der Umsatzsteuerbarkeit von Leistungen der öffentlichen Hand auf fundamentale, gerade auch die Steuerrechtswissenschaft ansprechende Fragen nach der Umsatzsteuersystematik und nach dem Belastungsgrund der Umsatzsteuer verweist. Die Deutsche Steuerjuristische Gesellschaft hatte diese Fragen zuletzt ausführlich auf ihrer Bochumer Tagung 2008 behandelt.

Die Arbeit von *Wiesch* trägt all diesen Dimensionen der Themenstellung umfassend Rechnung. *Wiesch* stellt das einschlägige Recht und seine Anwendung detailliert dar, konfrontiert es mit übergeordneten rechtlichen und auch ökonomischen Grundsätzen und leitet daraus Reformforderungen ab. Das Werk gliedert sich dementsprechend in vier große Teile. Den Ausgangspunkt bildet, erstens, die fundierte Nachzeichnung der europarechtlichen Vorgaben zur Umsatzbesteuerung der öffentlichen Hand. Es folgt, zweitens, die Ausleuchtung und kritische Analyse des hierdurch determinierten deutschen Gesetzesrechts. Drittens bleibt *Wiesch* aber nicht bei der rechtsdogmatischen Auseinandersetzung mit seinem Gegenstand stehen, sondern befragt das geltende Recht auf die hinter ihm stehenden Grundgedanken und auf seine Effizienz. Vor diesem Hintergrund stellt er in Teil Vier seiner Untersuchung schließlich die im Raum stehenden Modelle zur grundsätzlichen Neugestaltung der Umsatzbesteuerung der öffentlichen Hand vor und beurteilt sie anhand der zuvor entwickelten Maßstäbe, um zu einem eigenen Reformvorschlag zu gelangen.

Lassen Sie mich in der gebotenen Kürze einige der wesentlichen Ergebnisse der umfangreichen, dabei aber immer dichten und reichhaltigen Arbeit von *Wiesch* hervorheben. In seiner Analyse der unionsrechtlichen Grundlagen verdeutlicht der Autor, dass die Umsatzsteuerbarkeit der öffentlichen Hand vielfach schon daran scheitert, dass es an einer wirtschaftlichen Tätigkeit im Sinne von Art. 9 der Mehrwertsteuersystemrichtlinie, einer Leistungserbringung gegen Entgelt, mangelt. Dies gelte namentlich für die steuerfinanzierten, mithin unentgeltlichen, allgemeinen Staatsleistungen. Auf die Möglichkeit, Überschüsse zu erzielen, oder auch auf einen Wettbewerb zu privaten Anbietern soll es dagegen für die Umsatzsteuerbarkeit staatlicher Leistungen nicht ankommen. Im Folgenden geht *Wiesch* dann ausführlich auf Art. 13 der Mehrwertsteuersystemrichtlinie ein, die Befreiungsvorschrift zugunsten der öffentlichen Hand. Die Entstehungsgeschichte der Norm wird detailliert nachgezeichnet. Dabei wird deutlich, dass die Vagheit zahlreicher Einzelelemente der Vorschrift auf politische Kompromisse zurückgeht – ein Lehrstück in Sachen europäischer Gesetzgebungspraxis. *Wiesch* wendet sich engagiert dagegen, das in der Befreiungsvorschrift im Mittelpunkt stehende Tatbestandsmerkmal der Tätigkeit „im Rahmen der öffentlichen Gewalt" handlungsformbezogen zu interpretieren, wie es der EuGH tut; denn ein handlungsformzentriertes Verständnis der öffentlichen Gewalt werfe in den Mitgliedstaaten mit common law-Tradition erhebliche Probleme auf. Sorgfältig leuchtet *Wiesch* schließlich aus, wie der Begriff der „größeren Wettbewerbsverzerrungen" zu konkretisieren ist, deren Drohen die Steuerbefreiung der öffentlichen Hand wiederum ausschließt. Der Abschnitt endet mit Erwägungen zum unionsrechtlich eröffneten Vorsteuerabzug zugunsten der öffentlichen Hand, hier insbesondere zu dem Problem, ob und inwieweit juristische Personen des öffentlichen Rechts über ein Zuordnungswahlrecht bei gemischt genutzten Wirtschaftsgütern verfügen.

Kenntnisreich und akribisch erörtert *Wiesch* sodann, im zweiten Abschnitt seiner Arbeit, das deutsche Gesetzesrecht. Dabei verhält er sich zunächst, auf Ebene des Unternehmerbegriffs, ausführlich zu den Möglichkeiten einer umsatzsteuerlichen Organschaft unter Beteiligung juristischer Personen des öffentlichen Rechts. Sodann konzentriert er sich, dies in geschickter Gegenüberstellung zu § 2 Abs. 3 UStG a.F., auf die Auslegung des neuen § 2b UStG. Hier leistet *Wiesch* höchst wertvolle

Pionierarbeit. So stellt er fest, dass die neue Befreiungsregelung, die insofern etwas unklar bleibt, dem handlungsformbezogenen Ansatz des EuGH folge, was darauf für verschiedene Formen des Verwaltungshandelns auf öffentlichrechtlicher Basis veranschaulicht wird. Dass die „größeren Wettbewerbsverzerrungen", die die Steuerbefreiung ausschließen, im deutschen Recht durch Bagatellumsatzschwellen konkretisiert werden, hält er für angemessen und unionsrechtlich zulässig. Breiten Raum nimmt danach die Analyse der neuen, durch BFH-Rechtsprechung veranlassten Detailregelungen zu Leistungsbeziehungen zwischen juristischen Personen des öffentlichen Rechts ein. *Wiesch* äußert sich in diesem Zusammenhang kritisch dazu, dass der deutsche Umsatzsteuergesetzgeber teilweise vergaberechtlich angeknüpft hat, um die Wettbewerbs- und damit Umsatzsteuerrelevanz einer Leistungsbeziehung im staatlichen Binnenbereich festzustellen. Die entsprechenden Regelbeispiele, die § 2b Abs. 3 Nr. 2 UStG aufführt, ließen sich gleichwohl unionsrechtskonform auslegen. Der Vorsteuerabzug zugunsten der öffentlichen Hand wird wiederum am Ende des Abschnitts behandelt; die Frage des vollen Zuordnungswahlrechts bei gemischten Verwendungen wird dabei vertieft und – im Gegensatz zur BFH-Rechtsprechung – im Ergebnis bejaht. Weil *Wiesch* die Abschnitte zum EU-Recht und zum deutschen Recht im Wesentlichen identisch strukturiert, ist es dem Leser ein Leichtes, die Normebenen in ihrer Beziehung zu sehen. Nach Lektüre der ersten beiden Untersuchungsabschnitte ergibt sich ein vollständiges, hochaktuelles und auch kritisch reflektiertes Bild der einfachrechtlichen Rechtsdogmatik zur Umsatzbesteuerung der öffentlichen Hand.

Im dritten Abschnitt tritt *Wiesch* dann einen Schritt zurück und legt übergeordnete Maßstäbe an den vorgefundenen Rechtsbestand an. Diese Maßstäbe entnimmt er zum einen dem EU-Primärrecht. So kommt er zu dem Schluss, dass die Umsatzsteuerbefreiung von Ausgangsleistungen der öffentlichen Hand in vielen Fällen mit dem unionsrechtlichen Gleichheitssatz nicht vereinbar sei. Die endgültige Belastung der öffentlichen Hand mit nicht abzugsfähiger Vorsteuer stehe zudem in grundsätzlichem Widerspruch zu den Grundprinzipien der harmonisierten Mehrwertsteuer. Ebendiese Wirkungen von Art. 13 der Mehrwertsteuersystemrichtlinie seien darüber hinaus, zum anderen, auch unter ökonomischen Gesichtspunkten zu kritisieren. Denn sie führten zu Marktverzerrungen und begründeten erheblichen Verwaltungsaufwand. Mit dieser Einschätzung steht *Wiesch* im Übrigen in einer Linie mit dem Denken *Albert Hensels*, der in seinem Lehrbuch zum Steuerrecht ausführt, dass „eine allgemeine Steuerfreiheit für die Leistungen öffentlicher Rechtssubjekte nicht ausgesprochen werden" könne, „weil ihnen dadurch gegenüber dem Privatunternehmertum eine Monopolstellung" zufiele, „die volkswirtschaftlich nicht unbedingt erwünscht" sei; „die öffentlichen Korporationen" seien „daher nur für ihre im allgemeinen Interesse betriebenen wirtschaftlichen Unternehmungen befreit". Er verweist auf den „Post-, Telegraphen-" und „Fernsprechverkehr", auf „Schlachthöfe, Gas-, Elektrizitäts-" und „Wasserwerke" (*Albert Hensel*, Steuerrecht, 3. Aufl. 1933, S. 222).

Seine Grundsatzkritik an Art. 13 der Mehrwertsteuersystemrichtlinie und damit zugleich an § 2b UStG veranlasst *Wiesch*, in seinem letzten großen Untersuchungsabschnitt auf die schon seit längerem im Raum stehenden weitergreifenden Reformmodelle zur Neugestaltung der Umsatzbesteuerung der öffentlichen Hand einzugehen. Methodologisch vorbildlich definiert er zunächst die maßgeblichen unionsrechtlichen, verfassungsrechtlichen, ökonomischen und rechtspraktischen Beurteilungskriterien, um die Reformmodelle sodann im Einzelnen vorzustellen und an den Kriterien zu messen. Im Entwurf des Umsatzsteuergesetzbuchs von *Paul Kirchhof*, den *Wiesch* als erstes ins Licht rückt, wird die öffentliche Hand grundsätzlich ausnahmslos in die Umsatzbesteuerung eingebunden, soweit sie wirtschaftlich wie eine Privatperson am Markt auftritt. Auf der Eingangsseite sollen allerdings neben den unternehmerischen Bereichen auch Verwaltungseinheiten von der Vorsteuer entlastet werden. Diesen Ansatz beurteilt *Wiesch* nach Maßgabe seiner Kriterien im Ganzen sehr positiv, kritisiert allein ein nach seiner Ansicht zu enges Verständnis der unternehmerischen Tätigkeit der öffentlichen Hand. Zweitens geht *Wiesch* auf das Modell des Refundsystems ein, demzufolge die Belastung der öffentlichen Hand durch nicht abziehbare Vorsteuern außerhalb des Rahmens des harmonisierten Mehrwertsteuersystems ausgeglichen werden soll. *Wiesch* behandelt detailgenau die aktuell bestehenden Ausgestaltungsvarianten dieses inzwischen in acht EU-Mitgliedstaaten verwirklichten Modells und prüft es ausführlich anhand des Beihilfenverbots und der Grundfreiheiten wie auch anhand des Finanzverfassungsrechts. Das Refundsystem sei nach allem nur bedingt geeignet, die Umsatzbesteuerung der öffentlichen Hand in sinnvoller Weise weiterzuentwickeln. Das Instrument sei zwar wirksam und flexibel, unterliege jedoch engen, insbesondere beihilfenrechtlichen Begrenzungen und kuriere allein Symptome, ohne Abhilfe für die tieferliegenden Probleme zu schaffen. Drittens wird schließlich das Modell einer Vollbesteuerung der öffentlichen Hand vorgestellt, das von der Europäischen Kommission vorgeschlagen wurde und unter anderem in Australien und Neuseeland geltendes Recht ist. Der Autor kann sich hier auf intensive rechtsvergleichende Recherchen stützen, die er vor Ort durchgeführt hat. Im Ergebnis und auch im Vergleich der verschiedenen Reformmodelle spricht er sich letztlich für eine Orientierung am australischen System aus, also für die Vollbesteuerung der entgeltlichen Tätigkeiten der öffentlichen Hand, die mit einem von der Erbringung steuerbarer Umsätze entkoppelten Vorsteuerabzug einhergeht.

Im Ganzen hat *Wiesch* eine eindrucksvolle, umfassende Studie zu Stand und Perspektiven der Umsatzbesteuerung der öffentlichen Hand vorgelegt, einem ebenso aktuellen wie rechtspraktisch und wissenschaftlich relevanten, zugleich anspruchsvollen Thema. Seine Arbeit zeichnet sich durch einen schlüssigen Aufbau und durch rechtsdogmatische Klarheit und Präzision im Grundsätzlichen wie im Detail aus. Sie ist konsequent an den übergeordneten unions- und verfassungsrechtlichen Maßstäben ausgerichtet. Sie wird durch ökonomische Erwägungen ergänzt, durch einen wohldosierten Rechtsvergleich bereichert und sie ist auf festem Fundament zukunftsorientiert.

Das Werk ist durchgängig gut zu lesen. Die Sprache ist zugänglich und nur so komplex wie jeweils nötig. Die in- und auch ausländische, gerade englischsprachige Literatur wird sehr weitgehend erschlossen. Ein Stichwortverzeichnis rundet das auch formal höchst erfreuliche Gesamtbild ab.

Die hier vorliegende Dissertation fördert die Steuerrechtswissenschaft auf substantielle, vorbildliche Art und Weise. Eine breite Rezeption ist ihr mit Nachdruck zu wünschen.

Herr Dr. *Wiesch*, im Namen der Jury und der Deutschen Steuerjuristischen Gesellschaft gratuliere ich Ihnen ganz herzlich zum Albert-Hensel-Preis 2016.

Deutsche Steuerjuristische Gesellschaft e.V.[1]

Satzung i.d.F. v. 9.9.2013 (Auszug)

§ 2 Vereinszweck

Der Verein verfolgt ausschließlich und unmittelbar gemeinnützige Zwecke im Sinne des Abschnitts „Steuerbegünstigte Zwecke" der Abgabenordnung. Der Verein hat den Zweck,

a) die steuerrechtliche Forschung und Lehre und die Umsetzung steuerwissenschaftlicher Erkenntnisse in der Praxis zu fördern;

b) auf eine angemessene Berücksichtigung des Steuerrechts im Hochschulunterricht und in staatlichen und akademischen Prüfungen hinzuwirken;

c) Ausbildungsrichtlinien und Berufsbilder für die juristischen Tätigkeiten im Bereich des Steuerwesens zu entwickeln;

d) in wichtigen Fällen zu Fragen des Steuerrechts, insbesondere zu Gesetzgebungsvorhaben, öffentlich oder durch Eingaben Stellung zu nehmen;

e) das Gespräch zwischen den in der Gesetzgebung, in der Verwaltung, in der Gerichtsbarkeit, im freien Beruf und in der Forschung und Lehre tätigen Steuerjuristen zu fördern;

f) die Zusammenarbeit mit allen im Steuerwesen tätigen Personen und Institutionen zu pflegen.

Der Verein ist selbstlos tätig; er verfolgt nicht in erster Linie eigenwirtschaftliche Zwecke.

Mittel des Vereins dürfen nur für die satzungsmäßigen Zwecke verwendet werden. Die Mitglieder erhalten keine Zuwendungen aus Vereinsmitteln. Es dürfen keine Personen durch zweckfremde Ausgaben oder durch unverhältnismäßig hohe Vergütungen begünstigt werden.

§ 3 Mitgliedschaft

(1) Mitglied kann jeder Jurist werden, der sich in Forschung, Lehre oder Praxis mit dem Steuerrecht befasst.

(2) Andere Personen, Vereinigungen und Körperschaften können fördernde Mitglieder werden. Sie haben kein Stimm- und Wahlrecht.

(3) Die Mitgliedschaft wird dadurch erworben, dass der Beitritt zur Gesellschaft schriftlich erklärt wird und der Vorstand die Aufnahme als Mitglied bestätigt.

(4) Die Mitgliedschaft endet durch

---

[1] Sitz der Gesellschaft ist Köln (§ 1 Abs. 2 der Satzung). Geschäftsstelle: Gustav-Heinemann-Ufer 58, 50968 Köln.

a) Austrittserklärung zum Schluss des Geschäftsjahres unter Einhaltung einer Frist von drei Monaten;
b) Wegfall der in Abs. 1 für die Aufnahme als Mitglied genannten Voraussetzungen;
c) Ausschluss durch die Mitgliederversammlung;
d) Ausschluss durch Beschluss des Vorstands, wenn ein Mitglied seinen Beitrag für drei aufeinanderfolgende Jahre nicht gezahlt hat; der Beschluss bedarf keiner Ankündigung und keiner Mitteilung, wenn das Mitglied der Gesellschaft eine Adressänderung nicht angezeigt hat und seine Anschrift der Gesellschaft nicht bekannt ist.

(5) Der Mitgliedsbeitrag ist am 1. April des jeweiligen Jahres fällig. Tritt ein Mitglied während eines Jahres der Gesellschaft bei, ist der volle Beitrag nach Ablauf eines Monats nach Erwerb der Mitgliedschaft gemäß Absatz 3 fällig.

(6) Der Vorstand kann rückständige Mitgliedsbeiträge erlassen, wenn deren Einziehung unbillig oder der für die Einziehung erforderliche Aufwand unverhältnismäßig hoch wäre.

Vorstand und Wissenschaftlicher Beirat der Deutschen Steuerjuristischen Gesellschaft e.V.

Vorstand

Präsident des Bundesfinanzhofs Prof. Dr. h.c. *Rudolf Mellinghoff* (Vorsitzender); Prof. Dr. *Klaus-Dieter Drüen* (Stellv. Vorsitzender); Prof. Dr. Dr. h.c. *Michael Lang*; Ministerialdirektor *Michael Sell*; Verlagsleiter Prof. Dr. *Felix C. Hey* (Schatzmeister und Leiter der Geschäftsstelle); Rechtsanwalt Dr. *Jens Schönfeld* (Schriftführer).

Wissenschaftlicher Beirat

Prof. Dr. *Rainer Hüttemann* (Vorsitzender); Prof. Dr. *Markus Achatz*; Prof. Dr. *Heribert M. Anzinger*; Rechtsanwältin Dr. *Stefanie Beinert*; Richter am Bundesfinanzhof Dr. *Peter Brandis*; Ltd. Ministerialrat Dr. *Stefan Breinersdorfer*; Rechtsanwalt Prof. Dr. *Axel Cordewener*, LL.M.; Rechtsanwalt Dr. *Christian Dorenkamp*, LL.M.; Prof. Dr. *Klaus-Dieter Drüen*; Prof. Dr. *Tina Ehrke-Rabel*; Prof. Dr. *Joachim Englisch*; Dr. *Wolfgang Haas*; Präsident der Bundesfinanzakademie Dr. *Robert Heller*; Prof. Dr. *Joachim Hennrichs*; Richter am Bundesfinanzhof Dr. *Bernd Heuermann*; Verlagsleiter Prof. Dr. *Felix C. Hey*; Prof. Dr. *Johanna Hey*; Prof. Dr. *Rainer Hüttemann*; Richterin am Bundesfinanzhof Prof. Dr. *Monika Jachmann*; Richter des Bundesverfassungsgerichts a.D. Prof. Dr. Dr. h.c. *Paul Kirchhof*; Rechtsanwalt Dr. *Martin Klein*; Ministerialdirigent *Martin Kreienbaum*; Prof. Dr. *Marcel Krumm*; Prof. Dr. *Hanno Kube*, LL.M.; Prof. Dr. *Joachim Lang*; Prof. Dr. Dr. h.c. *Michael Lang*; Prof. Dr. *Moris Lehner*; Richter am Bundesfinanzhof Prof. Dr. *Matthias Loose*; Prof. Dr. *René Matteotti*; Präsident des Bundesfinanzhofs Prof. Dr. h.c. *Rudolf Mellinghoff*; Ministerialdirigent Dr. *Hans-Ulrich Misera*; Ministerialdirigent Dr. *Rolf Möhlenbrock*; Ministerialdirigent a.D. *Gert Müller-Gatermann*; Rechtsanwalt und Steuerberater Dr. *Jürgen Pelka*; Ministerialdirektor a.D. Dr. *Albert Peters*; Rechtsanwalt und Steuerberater Dr. *Dirk Pohl*; Prof. Dr. *Ekkehart Reimer*; Ministerialdirigent *Eckehard Schmidt*; Prof. Dr. Dr. h.c. *Wolfgang Schön*; Rechtsanwalt Dr. *Jens Schönfeld*; Prof. Dr. *Roman Seer*; Prof. Dr. *Madeleine Simonek*; Präsident des Finanzgerichts Berlin-Brandenburg Prof. Dr. *Thomas Stapperfend*; Prof. Dr. *Christian Waldhoff*; Rechtsanwalt, Wirtschaftsprüfer und Steuerberater Dr. *Thomas Weckerle*, LL.M.; Vorsitzender Richter am Bundesfinanzhof *Michael Wendt*; Hofrat Prof. Dr. *Nikolaus Zorn*.

Ehrenmitglieder
Universitätsprofessor (em.) Dr. *Heinrich Wilhelm Kruse*, Bochum
Universitätsprofessor (em.) Dr. *Klaus Tipke*, Köln

Teilnehmerverzeichnis

Aichberger, Thomas, Dr., München
Albracht, Wolfgang, Dr., Niestetal
Andresen, Michael, Leipzig
Anzinger, Heribert M., Prof. Dr., Ulm
Aweh, Lothar, Kassel

Bächle, Cornelia, Heidelberg
Bahlau, Petra, Dr., Münster
Balke, Michael, Dr., Dortmund
Bartone, Roberto, Prof. Dr., Neunkirchen
Becker, Reina, Westerstede
Beckmann, Thomas, Dr., Cottbus
Behrendt, Svenja, Düsseldorf
Bergmann, LL.M., Malte, Dr., Bonn
Biesgen, Rainer, Düsseldorf
Birk, Dieter, Prof. Dr., Berlin
Birkhan, Hermann Josef, Königswinter
Bister, Ottfried, Bremen
Bleschick, Sascha, Dr., Münster
Böhmer, Otfrid, München
Breinersdorfer, Stefan, Dr., Mainz
Brosig, Klaus, Varel
Brosig, Oliver, Varel
Burwitz, Gero, München
Butte, Jennifer, Hannover

Campen, Karin, Düsseldorf
Christochowitz, Axel, Burgwedel
Claussen, Jochen, Osnabrück
Claußen, Ramona, Kiel
Cordewener, Axel, Prof. Dr., Saint-Gilles (Brüssel)

Damerow, Max-Dieter, Hannover
Demiray, Devran, Hannover
Desens, Marc, Prof. Dr., Leipzig
Dietz, Hans-Ullrich, Frankfurt am Main
Dimitrijevic, Sasa, Hannover
Dobratz, Lars, Dr., Luxemburg
Dommnick, Ralf, Düren

Dorenkamp LL.M., Christian, Dr., Bonn
Droege, Michael, Prof. Dr., Tübingen
Drüen, Klaus-Dieter, Prof. Dr., München

Echarri, Lorena Joana, München
Echterfeld, LL.M., Kristina, Düsseldorf
Ecke, Karsten, Mansfeld
Eckhoff, Rolf, Prof. Dr., Schlangenbad-Georgenborn
Eisgruber, Thomas, Dr., München
El-Tounsy, Usama, Berlin
Englisch, Joachim, Prof. Dr., Münster

Feld, Stefan, Rahden
Fischer, Thomas, Köln
Fladerer, Joachim, Chemnitz

Geisenberger, Ute, Dr., Freiburg
Gerstmann, Anne, Dessau
Ghebrewebet, Yokab, Berlin
Gierl, Johann, Dresden
Gill, LL.M., Juliette, Düsseldorf
Gödden, Hermann, Essen
Golenia, Reinhard, Wolfsburg
Golte, Dorothea, Gelsenkirchen
Graw, Christian, Dr., Düsseldorf
von Groll, Rüdiger, Prof., München
Grüttner, Andreas, Rostock

Haferkamp, Johannes, Münster
Hagel, Gerd, München
Halwas, Olga, Bonn
Hanack, Angela, Berlin
Harenberg, Friedrich, Dr., Barsinghausen
Härtwig, Sven, Köln
Haslehner, Werner, Prof. Dr., Luxemburg
Haversath, Peter, Dr., Münster
Hecht, Bettina, Berlin
Heidelbach, Volker, Essen
Heilmeier, Ruth, Köln
Heinrich, Johannes, Prof. Dr., Graz
Heiß, Madeleine, Nürnberg
Heller, Robert, Dr., Brühl

Henkel, Matthias, Norderstedt
Hey, Felix C., Prof. Dr., Köln
Hey, Johanna, Prof. Dr., Köln
Hildebrand, Jan, Hannover
Hinrichsmeyer, André, Hasbergen
Hintze, Hans-Rüdiger, Dr., Bremen
Hintze, Robert, Dr., Bremen
Hoffmann, Lutz, Bremen
Hofstede, Manfred, Köln
Hohaus, Benedikt, Dr., München
Hoppe, Jürgen F., Dr., Hannover
Hör, Christian, Stuttgart
Horlemann, Heinz-Gerd, Dr., Herzogenaurach
Horn, Regina, Wolfsburg
Horvat, Christian, Dr., Nürnberg
Hüdepohl, Ernst, Hannover
Hummel, Lars, Prof. Dr., Hamburg
Hüttemann, Rainer, Prof. Dr., Bonn
Hüttner, Normann, Dr., Nürnberg

Isler, Marion, Stuttgart

Jacobs, LL.M., Thomas, Dr., Bonn

Kalina-Kerschbaum, Claudia, Berlin
Kanzler, Hans-Joachim, Prof. Dr., Garbsen
Karbe-Geßler, Daniela, Berlin
Kempny, LL.M., Simon, Dr., Köln
Keß, Thomas, Dr., Hannover
Khuvis, Viktoriya, Hannover
Kirchhof, Paul, Prof. Dr. Dr. h.c., Heidelberg
Kirchhof, LL.M., Gregor, Prof. Dr., Augsburg
Kirchmayr-Schliesselberger, Sabine, Prof. Dr., Wien
Kleemann, Björn, Drei Gleichen OT Wandersleben
Klein, Dennis, Prof. Dr., Hannover
Koblenzer, Thomas, Prof. Dr., Düsseldorf
Koch-Schulte, Barbara, Dr., München
Köstler, Heinz, Dipl.-Bw., Abensberg
Köstler, Julius, Bayreuth
Kramer, LL.M., Jörg-Dietrich, Dr., Siegburg
Krüger, Roland, Dr., München

Krumm, Marcel, Prof. Dr., Uedem
Kube, LL.M., Hanno, Prof. Dr., Heidelberg

Lammers, Lutz, Prof. Dr., Berlin
Lampert, Steffen, Prof. Dr., Osnabrück
Lamprecht, Philipp, Prof. Dr., Frankfurt am Main
Latt, Jan Birger, Bad Laasphe
Laudenbach, Philipp, Hamburg
Lebrecht, Christian, Berlin
Leiber, Kurt, Dr., Krefeld
Leis, Andreas, Stuttgart
Libuda, Michael, Neustadt an der Weinstraße
Lingemann, Wolfgang, Dr. jur., Köln
Loges, Julian, Hannover
Loose, Matthias, Prof. Dr., Bochum
Lucas, Michael, Nievern
Lüdicke, Jochen, Prof. Dr., Düsseldorf
Lüngen, Larsen, Krefeld
Lutter, Ingo, Münster

Matsubara, Yuri, Prof. Dr., Tokio
Mellinghoff, Rudolf, Prof. Dr. h.c., München
Merkel, Charlotte, Hannover
Meyer, André, Prof. Dr., Bayreuth
Möhlenbrock, Rolf, Dr., Bergfelde
Molkenthin, Joachim, Niederdorfelden
Möllmann, Peter, Dr., Berlin
Mönius, Thomas, Forchheim
Mönnich, Christoph, Dr., Berlin
Müller-Machens, Gerhard, Berlin
Müller-Stüler, Felix, Potsdam
Musil, Andreas, Prof. Dr., Potsdam

Nayin, Timur, Köln
Neumann-Tomm, LL.B., Axel, München
Nölle, Claudia, Berlin

Obenhaus, Nils, Hamburg
Orlowski, Bastian, Hannover
Otte, Ines, Berlin
Otto, Patrick, Hannover

Peetz, Carsten, Berlin
Pelka, Jürgen, Dr., Köln
Preißer, Michael, Prof. Dr. Dr. h.c., Hamburg

Reddig, Jens, Dr., Münster
Reimer, Ekkehart, Prof. Dr., Heidelberg
Reinert, Sascha, München
Rindelaub, Sven, Hamburg
Röder, Erik, Dr., München
Rolfs, Christoph, Schwerin
Roser, Frank, Dr., Hamburg
Rüsch, Gary, Köln
Rust, Alexander, Prof. Dr., Wien

Sauer, Christian-Helmut, Dr., Künzell
Sauer, Gisbert, Berlin
Schätzlein, Adolf, Neuss
Scheeler, Sarina, München
Schlotmann, Christian, Dortmund
Schmidt, Christoph, Kaiserslautern
Schneider, Stefan, Prof. Dr., Mannheim
Schneider, Zacharias-Alexis, Dr., Hannover
Schomäcker, Iris, Heidelberg
Schöppner, Tobias, Münster
Schulze-Osterloh, Joachim, Prof. Dr., Cottbus
Schurowski, Sophie, Frankfurt am Main
Seel, Philip, Dr., Hamm
Seer, Roman, Prof. Dr., Wuppertal
Seiler, Christian, Prof. Dr., Tübingen
Sieker, Susanne, Prof. Dr., Rinteln
Siesenop, Sebastian, Hannover
Sobanski, Sven, Köln
Speckamp, Peter, Dr., Essen
Specker, Gerhard, Prof. Dr., Hamburg
Spilker, Bettina, Dr., Arzbach/Wackersberg
Stahl, Christian, Dr., Stuttgart
Stapperfend, Thomas, Prof. Dr., Cottbus
Staud, Mona-Larissa, Frankfurt am Main
Sternberg, Christian, München
Stöber, Michael, Prof. Dr., Köln
Stollenwerk, Ralf, Dr., Simmerath

Stolterfoht, Joachim, Prof. Dr., Umkirch
Straßburger, Benjamin, Dr., Heidelberg
Strohner, Klaus, Köln

Tanaka, Hiroyuki, Prof., Hokkaido
Tappe, Henning, Prof. Dr., Trier
Thesling, Hans-Josef, Dr., Düsseldorf
Tiedchen, Susanne, Dr., Cottbus
Trömer, Manfred, Hannover

Valta, Matthias, Dr., Frankfurt
Vandersmissen, Christian, Berlin
Varro, Daniel, MMag. Dr., Wien
Voldrich, Raika, Kiel

Wagner, Thorsten, Dr., Ilvesheim
Waterkamp, Afra, Dr., Dessau-Roßlau
Weber, Susanne, München
Weckerle, LL.M., Thomas, Dr., Hagen
von Wedelstädt, Alexander, Mülheim a.d. Ruhr
Wegertseder, Martin, Oberstenfeld
Wehner, Birgit, Hannover
Weißig, Kersten, München
Wendt, Michael, München
Wick, Simone, Dr., Hamburg
Wiesch, Thomas, Dr., Münster
Winter, Stefan, Dresden
Wittmann, Rudolf, Dr., Augsburg
Wölke, Jens, Osnabrück

Zorn, Nikolaus, Prof. Dr., Wien

Stichwortverzeichnis

Bearbeiterin: Dipl.-Kffr. Dr. Ursula Roth

Abfindung 392
Abflussprinzip (§ 11 EStG) 29, 356
Abführung der Lohnsteuer 179, 217
Abgeltungsteuer 409
Abgrenzung Erwerbs- von der Privatsphäre 338
Abkommensrechtlicher Arbeitgeber 543
Abwehraufwendung 357 ff., 360
Aktienoption 407
Aktienoptionsprogramm 407
Aktienvergütungsmodell 5
Akzessorietät der Haftung des Arbeitgebers für Lohnsteuer 530
Albert-Hensel-Preis 2016
– Verleihung an Dr. Thomas Wiesch 551 ff.
Alphabet-Shares 440
Altersbezug 477
Alterseinkunft 544
Alterseinkünftegesetz 466, 471
– Ziel 476
Altersvermögensgesetz 493
Altersversorgung 118 f., 471
Altersvorsorge 471, 544
Amtshaftung 206
Amtshaftungsanspruch (Art. 34 S. 1 GG, § 839 Abs. 1 S. 1 BGB) 205
Anfangsbesteuerung 409, 411 ff., 436, 448
Anfechtungsklage 155, 162
Anfechtungsrecht des Arbeitnehmers 217
Anfrageverfahren im Sozialversicherungsrecht (§ 7a SGB IV) 385
– Statusfeststellungsverfahren 386
Anmeldung der Lohnsteuer 179, 214 ff.
Anrechnung auf die Grundsicherung 467

Anrechnungsmethode 266
Anrufungsauskunft nach § 42e EStG 148 f., 220, 505
– Beurteilung 506
– als feststellender Verwaltungsakt 505
Ansässigkeit 303 f.
– Prüfungsreihenfolge 303 f.
Ansässigkeitsprinzip (Art. 15 Abs. 1 Satz 1 Halbs. 1 OECD-MA) 84, 268
Ansässigkeitsstaat 265, 268, 302
– Besteuerungsrecht 304
Anscheinsbeweis 517
Anscheinsvermutung 308
Anspruchsprinzip 388
Anteilsoption 407, 412, 431
Anteilsverwässerung 445
AOA-Grundsatz (Authorized OECD Approach-Grundsatz) 279, 289
Arbeitgeber
– abkommensrechtlicher 271
– als Beauftragter des Steuerfiskus 183
– finanziell und organisatorisch belastet 364 f.
– Fürsorgepflicht 32
– Fürsorgepflicht zum richtigen Lohnsteuereinbehalt 504
– Haftung 179
– Haftungsrisiko 32, 542
– als Haftungsschuldner der Lohnsteuer 169
– als Hilfsorgan der (staatlichen) Finanzverwaltung 183 f., 503
– Indienstnahme für die Lohnbesteuerung 238
– als Komplementär-Figur 19, 24
– als Lohnsteuerentrichtungspflichtiger 21, 504
– als Normadressat und Normanwender 364

567

- Pflichten des Arbeitgebers im Lohnsteuerverfahren 146
- als Primäradressat im Lohnsteuerrecht 178 f.
- Rolle im Lohnsteuerverfahren 177 ff.
- als Steuerpflichtiger der Lohnsteuer 165
- Verpflichtung zum (richtigen) Lohnsteuerabzug 503 f.
- wirtschaftlicher 275, 307
- als Zentralfigur der Lohnsteuererhebung 180

Arbeitgeberaufwand
- bei der Lohnbesteuerung, verfassungsrechtliche Rechtfertigung 238

Arbeitgeberbegriff
- abkommensrechtlicher 271, 543
- Aktualisierung bei grenzüberschreitender Arbeitnehmerentsendung 5
- wirtschaftlicher 271, 275, 543

Arbeitnehmer
- Anzeigepflicht 153
- Begriff 146 f.
- Begriff, vgl. § 1 LStDV 179
- Mitteilungspflicht 153
- Schadenersatzanspruch 37
- als Schuldner der Lohnsteuer 146 f., 169
- als Sozialversicherungspflichtiger 364
- Stellung im Lohnsteuerabzugsverfahren 146 ff.
- als Steuerpflichtiger 364
- Typusbegriff 147

Arbeitnehmer-Pauschbetrag (§ 9a Nr. 1 EStG) 14, 107, 111, 125, 334, 361

Arbeitnehmerbegriff
- als (offener) Typusbegriff 17
- sozialversicherungsrechtlicher 381

Arbeitnehmerbesteuerung 1, 542
- Bedeutung 1
- Geschichte 3
- Herausforderungen in der Zukunft 4

- internationale, aus Arbeitgebersicht 263 ff.
- internationale, aus Arbeitnehmersicht 297 ff.
- als Massenfallrecht 6
- als Massenverfahren 360 f.
- Reform 219 f.
- Veränderungen durch die Mobilität von Unternehmen und Arbeitskräften 4

Arbeitnehmerbezogene Geld- und Sachleistungen
- gesetzliche Steuerbefreiungen 14

Arbeitnehmerdarlehen 114 f.

Arbeitnehmereigenschaft
- Merkmale 16

Arbeitnehmerentsendung 308

Arbeitnehmerveranlagung 234

Arbeitsentgelt
- einmaliges 389
- sozialversicherungsrechtliches 374 f.
- sozialversicherungsrechtliches, Definition gemäß § 14 Abs. 1 Satz 1 SGB IV 375

Arbeitslohn 543
- Begriff 53, 106, 482
- Begriff, vgl. § 2 LStDV 179
- Nichtvorliegen 519
- als steuerbare Zuwendung 106
- Tatbestand Einnahme der Arbeitnehmers 121
- Veranlassung durch das Dienstverhältnis 121
- Voraussetzung 36
- zweigliedriger Erfolgstatbestand 121; s.a. *Begriff des Arbeitslohns*

Arbeitslohn in Form von Sachzuwendung 502

Arbeitslohn und sozialversicherungsrechtliches Arbeitsentgelt 363 ff.

Arbeitslohn von dritter Stelle 510 ff., 531

Arbeitslosenversicherung 368

Arbeitslosenversicherungsbeitrag 370

Arbeitsmittel 350

Stichwortverzeichnis

Arbeitsortprinzip 4, 269, 543
Arbeitsrecht 485
Arbeitsverhältnis bei § 37b EStG 523 ff.
Arbeitsvertrag zwischen Ehegatten 107
– steuerliche Anerkennung 108
Arbeitswelt 4.0 264, 274
Arbeitswelt „bring your own device" 275
Arbeitszeitkonto 483, 490 f.
Arbeitszeitmodell der Altersteilzeit 384
Arbeitszimmer 349 f.
Arbitrage-Differenz 300
Arten des Lohnsteuervollzugs 225 f.
Aufenthaltstag 305
Aufgaben des Arbeitgebers im Lohnsteuerrecht 179 f.
Aufkommen Einkommensteuer 1
Aufkommen Körperschaftsteuer 1
Aufkommen Lohnsteuer 1
Aufkommen Umsatzsteuer 1
Aufmerksamkeit 22
– Begriff 125 f.
Aufteilung des Arbeitslohns
– Einhundertdreiundachtzig-Tage-Regelung 309 f.
Aufwendung für Einladungen 350 f.
Aufwendungen für Feiern 350 f.
Aufzeichnungspflicht des Arbeitgebers (§ 41b EStG) 179
Aufzeichnungspflichten nach § 5 LStDV 489 f.
Ausbildungskosten 345 f.
Auslagenersatz 123
Auslandsreise 22
Auslandstätigkeitserlass 298, 313 f.
Außenwirkung
– zwischen Arbeitnehmer und Arbeitgeber 190
– lohnsteuerrechtliche Pflichten 218
Aussetzung der Vollziehung nach § 69 FGO 157 f.
Ausübungstag 305

Bagatell-Grenze 290, 295, 317; s.a. de minimis-Bagatellgrenze
Base Erosion and Profit shifting 84
Basisversorgung 477
Bedeutung der Lohnsteuer 502 f.
Bedeutung der Lohnsteuer in Europa 224 f.
Begriff des Arbeitslohns 106, 420
– Abgrenzungsebenen 106
– Reichweite 22
Begriff des Dienstverhältnisses 107
Beitrag für Mitgliedschaft in Freizeitverein 133
Beitrag zur Berufskammer 132 f.
Beitragsbemessungsgrenze 369
Beitragserstattung 132 f.
Beitragsfreie Familienversicherung 373
Belegschaftsaktie 406
Belohnung 22
Bemessungsgrundlage
– sozialversicherungsrechtliche 369
Benzingutschein 40
Bereicherung 121
Bereicherungsrechnung
– objektive 121
Berufliche Weiterbildung des Arbeitnehmers 131 f.
Berufshaftpflichtbeitrag 132
Berufskleidung 22
Berufsvermögen 357
Beschäftigung 377, 381
Beschäftigung, geringfügige 369
Beschäftigungsfiktion 384
Beschränkte Steuerpflicht 266, 299; s.a. unbeschränkte Steuerpflicht
Besteuerung
– nachgelagerte 240, 469, 478
– vorgelagerte 478
– zeitgleiche 240
Besteuerung von Arbeitnehmern 1 ff.; s.a. Arbeitnehmerbesteuerung
Besteuerung von hochqualifizierten Arbeitnehmern 4
Besteuerungsaufschub 418, 448
Besteuerungsrecht 301

569

Stichwortverzeichnis

Besteuerungsumfang 410
Besteuerungsverfahren
– Modernisierung 2
Besteuerungsvorbehalt 315
Besteuerungszeitpunkt 409
Bestimmtheitsgrundsatz des Art. 103 Abs. 2 GG 81 f.
Beteiligung am allgemeinen wirtschaftlichen Verkehr 107
Beteiligungsgesellschaft
– zwischengeschaltete 427
Betrieblich veranlasste Sachzuwendung 529
Betriebliche Altersvorsorge 465 ff.
– Schnittstelle zum Arbeitsrecht 485
– Schnittstelle zum Betriebsrentenrecht 485
– Schnittstelle zum Sozialversicherungsrecht 485 f.
Betriebliche Weiterbildung 22
Betriebsausgabe 337
Betriebsausgabenabzug 410
Betriebsrentenrecht 485, 497
Betriebsrentenstärkungsgesetz 497
Betriebssphäre 58
Betriebssport 22
Betriebsstätte 273
Betriebsstättenstaat 280
Betriebsstätten-Verwaltungsgrundsätze 309
Betriebsveranstaltung 22; s.a. Zollkodex-Anpassungsgesetz
– gesetzliche Änderungen zum 1.1.2015 2
– übliche 130 f.
Bewirtung 22
Bezüge von Organen juristischer Personen 112
BFH-Urteil
– Betriebshaftpflicht eines Krankenhauses 379
– Portugal-Entscheidung 379
– Übernahme von Verwarnungs- und Bußgeldern 33
Bilaterale Rückfallklausel 314 ff.

Bilaterales Steuerrecht 284
Biometrisches Risiko 471
Bonus(zahlung) 404
Bring your own device-Arbeitswelt 275
Bundessozialgericht (BSG)
– Urteil zum Instrumentengeld 398
Bundeszentralamt für Steuern (BZSt) 150
Bußgeld 33

Collective defined contribution 496
Compliance, lohnsteuerliche 287 f., 295

De minimis-Bagatellgrenze von 20 Arbeitstagen 295
Defined ambition 496
Deputat 22
Dienstverhältnis 121
Digitale Lohnsteueraußenprüfung 22
Digitalisierung 6
– im Besteuerungsverfahren 7
– des Steuerrechts 549
– des Steuervollzugs 549
Dingliches Verfügungsgeschäft 433
Direktversicherung 484, 487
Direktzusage 487
Doppelbesteuerung international tätiger Arbeitnehmer
– Vermeidung 264
Doppelbesteuerungsabkommen (DBA) 4, 268, 298, 301
– Frankreich 303, 311 f.
– Österreich 303
– Schweiz 303, 312 f.
Doppelte Haushaltsführung 352
Doppelte Nichtbesteuerung international tätiger Arbeitnehmer
– Methoden zur Vermeidung 543
– Vermeidung 264
Doppelverbeitragung 467
Dotierung über Unterstützungskasse 120
Dotted line, Dotted-Line-Prinzip 276

Stichwortverzeichnis

Dreiecksverhältnis Arbeitnehmer, Arbeitgeber, Finanzamt/Staat 185
- beim Lohnsteuerabzug 542

Drittlohn 380
Drittrabatt
- BFH-Urteile 510

Dualismus der Einkunftsarten 358
Durchschnittliche Werbungskosten 336

Ehegatten
- als Erwerbsgemeinschaft 107 f.

Ehegattensplitting 107
Eigenbetriebliches Interesse 55, 427
Eigenkapitalbasiertes Mitarbeiterprogramm 444
Eigenwirtschaftlicher Grund 516
Eigenwirtschaftliches (eigenbetriebliches) Interesse 516, 531
Einbehalt der Lohnsteuer 179
Einführung der Lohnsteuer durch das Einkommensteuergesetz 1920 178
Einhundertdreiundachtzig-Tage-Regelung (183-Tage-Regelung) 4, 298, 302, 304 ff., 543
- Art. 15 Abs. 2 OECD-MA 269
- Aufteilung des Arbeitslohns 309 f.
- maßgeblicher Zeitraum 306 f.

Einkommensteuer
- als Steuer auf Nettobeträge 337
- synthetische 74

Einkommensteuergesetz 1920 178
Einkommensteuerrecht
- formelles 531
- materielles 531

Einkünfte aus Kapitalvermögen (§ 20 EStG) 114
Einkünfte aus nichtselbständiger Arbeit (§ 19 EStG) 60, 512
- finanzwirtschaftliche Bedeutung 334

Einkünfte aus Vermietung und Verpachtung 116
Einkünfteerzielungsvermögen 357
Einkunftsart nichtselbständige Arbeit 106

Einkunftsartenkonkurrenz 25
Einlage
- verdeckte 416

Einmaliges Arbeitsentgelt 389
Einmalzahlungs-Neuregelungsgesetz 390
Einnahme aus nichtselbständiger Arbeit 28 f.
Einnahme des Arbeitnehmers 121
Einnahmebegriff
- sozialversicherungsrechtlicher 386 ff.

Einstweilige Anordnung 157
Ein-Tages-Lohnbesteuerung 268, 281
Einvernehmliche Schwarzarbeit 173
Einzelunternehmer 113
Elektronische Lohnsteuerabzugsmerkmale (ELStAM) 149
- Bindungswirkung 152
- gesonderte Feststellung von Besteuerungsgrundlagen 151
- als Grundlagenbescheide für die Lohnsteueranmeldung 152
- Lohnsteuerjahresausgleich durch den Arbeitgeber 152
- Steuerverwaltungsakt 151
- Vorbehalt der Nachprüfung 152

Elektronische Lohnsteuerbescheinigung 155
Elektronisches Lohnsteuerabzugsverfahren 46
ELStAM-Verfahren 150
Employee Stock Option Program (ESOP) 407
Employee Stock Ownership Plan (ESOP) 407
Endbesteuerung 409, 412, 438 ff.
Entfernungspauschale 344, 361
Entgeltliche Stundung 114
Entgeltumwandlung 490, 494
Entgrenzung der Arbeit 340
Entlokalisierung der Arbeit 282
Entrichtungssteuerschuld 165
Entsendung von Arbeitnehmern 4
Entsendungsproblematik 268
Entstehungsprinzip 388

571

Stichwortverzeichnis

Entwicklungshelferklausel 299
Entwicklungshilfe 299
Erhebungssicherheit bei der Lohnsteuer 231 f.
Erhebungssteuerschuld 165
Erhebungsverfahren zur Lohnsteuer 3
– Vorteile für Finanzverwaltung und Staat 3
Erstattung Beitrag 132 f.
Erstattungsbescheid
– lohnsteuerrechtlicher 174 ff.
Erste Tätigkeitsstätte 507 f.
Ertragsanteil der Rente 475
Ertragsanteilsbesteuerung 478
Ertragsteuersenat des Bundesfinanzhofs (BFH) 2
Erwerbsanwartschaft 413
Erwerbsbiografie 346
Erwerbssphäre 338 f.
– in Abgrenzung zur Privatsphäre 340 f.
Escape-Klausel 478
Europäische Aktiengesellschaft (SE) 382
Europäisches Grundrecht 223
Exit 405
Expat 294
Expatriates 543

Fahrtkosten 346 f.
Familienhilfe 108 f.
Finanzwirtschaftliche Bedeutung
– Einkünfte aus Gewerbebetrieb 334
– Einkünfte aus Land- und Forstwirtschaft 334
– Einkünfte aus nichtselbständiger Arbeit 334
– Einkünfte aus selbständiger Arbeit 334
Fiskalische Bedeutung der Lohnsteuer 225
Folgepflicht 112
Folgerichtigkeitsgebot 346
Forderungsverzicht durch den Arbeitgeber 123 f.

Formelles Einkommensteuerrecht 531
Fortsetzungsfeststellungsklage 156
Freibetrag
– als Lohnsteuerabzugsmerkmal 159
– zeitliche Wirksamkeit 161
Fremdüblicher Rabatt 514
Fremdvergleichsgrundsatz 272, 277
Fünftel-Regelung (§ 34 Abs. 2 Nr. 4, Abs. 1 EStG) 409
Funktionale Rechtsvergleichung 223, 242
Fürsorgepflicht des Arbeitgebers
– zum richtigen Lohnsteuereinbehalt 504

Gebot der Mäßigung bei der Haftungsdurchsetzung 213
Gebot der Verfahrensfürsorge 213
Gebot der Verwaltungspraktikabilität der Arbeitnehmerbesteuerung 267
Geburtsland der Einkommensteuer 233
Geburtsland des Lohnsteuerabzugs 233
Geburtstag 22
Geldbuße/-strafe/-auflage 22
Geldwerter Vorteil (§ 8 Abs. 1 EStG) 412
Geldzuwendung 6
Gelegenheitsgeschenk 22
Gemischte Aufwendung 342 f.
Gemischte Reise 134
Gemischte Veranlassung 342
Gemischtes Lohnsteuervollzugssystem 234
Generalklausel 127
Genussrecht, Genussschein 408, 436
Geringfügige Beschäftigung 369
Gesetz zur Modernisierung des Besteuerungsverfahrens 626, 467, 503
Gesetzmäßigkeit der Besteuerung 81
Gesetzmäßigkeit der Finanzverwaltung 504
– Grenzen 504
Gestaffelte Steuererhebung 237 f.

Stichwortverzeichnis

Gesundheitsfürsorge 22
Gewerblicher Vorabgewinn 113
Gewinnabgrenzung Stammhaus-Betriebsstätte 274
Gewinnausschüttung
– verdeckte 410
Gewinneinkunft 111
Gewinneinkunftsart nach § 2 EStG 111
Gewinnerzielungsabsicht 107, 110
Gleichheits(grund)satz 81
Gleichlauf zwischen Ertragsteuer und Lohnsteuer 285
Governance 282
Grenzgänger 303, 311
Grenzgänger-Klausel, Grenzgänger-Regelung 303, 310 ff.
Grenzsteuersatz 107
Grundfreibetrag 361
Grundsatz der Besteuerung nach der wirtschaftlichen Leistungsfähigkeit 176, 265
Gruppenunfallversicherung 119
Gutschein 40

Haftung
– als Grenze der steuerlichen Gestaltung im Arbeitsverhältnis 531
Haftung des Arbeitgebers 207 ff.
– verschuldungsunabhängig 179
Haftung des Unternehmens für Lohnsteuer 529
Haftungsbescheid 208, 377
Haftungsdurchsetzung
– Gebot der Mäßigung 213
Haftungsrisiko des Arbeitgebers 542
Haftungsrückgriff des Arbeitgebers
– auf den Arbeitnehmer 543
Haftungsschuld des Arbeitgebers 216
Haftungstatbestand 530
Haltefrist 429
Haushaltsführung
– doppelte 352
Haushaltsnahes Beschäftigungsverhältnis 369

Hinterbliebenenversorgung 471
Historie der Lohnsteuer 12

Ideeller Vorteil eines Arbeitnehmers 122
Inbound-Fall 288; s.a. *Outbound-Fall*
Incentive-Reise 22, 133
Indirekte Besteuerung 86
Indirekte Steuer 49
Individuelle Besteuerung
– bei geringfügiger Beschäftigung 200
Innenwirkung
– lohnsteuerrechtliche Pflichten 218
– zwischen Staat und Arbeitgeber 190
Inspektorenmaterie 334
Internationale Arbeitnehmerbesteuerung 543
– aus Arbeitgebersicht 263 ff.
– aus Arbeitnehmersicht 297 ff.
Internationale Lohnsteuer 504
Internetnutzung 22
Invalidität 471
IPO 405
Ist-Ertragsbesteuerung 53, 70

Jahresarbeitsentgeltgrenze 369
Jahresprinzip beim Lohnsteuerabzug 149
Jahressteuerberechnung 176
Jahressteuerschuld 176
Jahreswagenrabatt
– Rechtsprechung des BFH 518
Jedermann-Rabatt 514, 517
Joint Management-Geschäftsführungsorgan 292
Joint Management-Struktur 282 f., 295

Kassenstaatsklausel 299
Kinderbetreuungskosten 351 f.
Kinderpflegekrankengeld 374
Kohortenprinzip 476
Komplexität der Lohnbesteuerung 229 ff.
Konditionensteuer 3

573

Stichwortverzeichnis

Konkurrenz von Arbeitslohn und Kapitaleinkünften 114
Konkurrenz von Arbeitslohn und Mieteinkünften 116
Konsultationsvereinbarung 298, 319
Kontinentaleuropa
– Lohnsteuersystem 234 ff.
Kontogebühr (kostenfreie Kontoführung) 22
Kostenersatz 110
Krankengeld 373
Krankenversicherungsbeitrag 370 f.
Kurzfristige Lohnersatzleistung 390

Leaver-Klausel 424
Lebensarbeitszeitkonto 490
Lebenseinkommensprinzip 470
Legalitätsprinzip 81
Leibrente 118
Leistungen im ganz überwiegenden unternehmerischen Interesse 519 ff., 531
Leistungsfähigkeitsprinzip 11, 70, 81, 227, 243, 265, 338, 469
Liebhaberei 109 f.
Lohnabzugssteuer ohne anschließende Veranlagung 233
Lohnanspruch 118
Lohnbestandteile
– Besonderheiten 5
Lohnbesteuerung
– Belgien 235
– Benelux-Staaten 245
– Erhebungssicherheit 231 f.
– Frankreich 236 f., 245
– Komplexität 229 ff.
– Lastenverteilung 229 ff.
– Luxemburg 235 f.
– Niederlande 234
– Schutz der Privatsphäre 231 f.
– Schweiz 236 f., 245
– unmittelbare Vergütung des Arbeitgeberaufwands 230 f.
Lohnersatzleitung
– kurzfristige 390
– steuerfreie 374

Lohnfortzahlung im Krankheitsfall 374
Lohnsteuer
– Anteil am Gesamtsteueraufkommen 243
– Bedeutung 502 f., 541
– Charakter 12
– Definition 145
– fiskalische Bedeutung 243
– Historie 12
– international 504
– pauschale 23
– als Preis der Zivilisation 243
– Quellensteuer als besondere Erhebungsform der Einkommensteuer 13
– Steueraufkommen 541
– als Stützpfeiler unseres Staatshaushalts 4
– Vorauszahlung auf die Jahreseinkommensteuer des Arbeitnehmers 13
– Vorauszahlungssteuer des Arbeitnehmers 13
Lohnsteuer-Durchführungsverordnung (LStDV) 466, 482
Lohnsteuer-Haftungsbescheid 166
Lohnsteuerabführung 170
Lohnsteuerabrechnung
– Digitalisierung der Datenverarbeitung 228
Lohnsteuerabzug
– als Vorauszahlungsverfahren 176
Lohnsteuerabzug und geleitete Selbstveranlagung 234 ff.
Lohnsteuerabzugsverfahren 145 f.
– elektronisches 46
– Vorauszahlungsverfahren mit vorläufigem Charakter 13
Lohnsteueranmeldung 164 ff.; s.a. *Anmeldung der Lohnsteuer*
– Änderung 166
– Änderungsmöglichkeiten 166
– Anfechtungsrecht des Arbeitnehmers 167

Stichwortverzeichnis

– als zeitraumbezogener Verwaltungsakt 166
Lohnsteueranmeldungszeitraum 164
Lohnsteueranrufungsauskunft 3, 172, 385
Lohnsteueraufkommen 1
Lohnsteueraußenprüfung 3
Lohnsteuerbescheinigung 179, 198
– Dokumentationsfunktion 198
– Nachweisfunktion 198
Lohnsteuerdreieck 504
Lohnsteuereinbehalt 170
Lohnsteuereinbehaltungspflicht des Arbeitgebers 504
– bei Arbeitslohn von dritter Stelle 510
Lohnsteuererhebungsverfahren
– Vorteile für Finanzverwaltung und Staat 3
Lohnsteuerermäßigungsverfahren 159
Lohnsteuerjahresausgleich 155
Lohnsteuerjahresausgleich durch den Arbeitgeber 152, 179, 193
Lohnsteuerkarte 149
Lohnsteuerliche Compliance 287 f., 295
Lohnsteuernachforderung 171 f.
Lohnsteueroptimierung 36, 544
Lohnsteuerpauschalierung 165, 502
Lohnsteuerpflicht ab dem 1. Tag 295
Lohnsteuerprüfung des Finanzamts
– Mitwirkungspflichten des Arbeitgebers (§§ 42f, 42g EStG) 180
Lohnsteuerrecht 542
– Rechtsschutz 145 f.
– Verfahren 145 ff.
Lohnsteuerrechtlicher Erstattungsbescheid 174 ff.
Lohnsteuerrechtliches Dreieck 20, 45, 197, 211
Lohnsteuerrechtliches Dreieck(sverhältnis) 549
Lohnsteuerreform Frankreich 238 ff., 245 f.

Lohnsteuerschuld des Arbeitnehmers 165, 529 f.
Lohnsteuersenat 377
Lohnsteuersystem im Vereinigten Königreich 233 f.
Lohnsteuersystem in Kontinentaleuropa 234 ff.
Lohnsteuerverfahren 361
– Rolle des Arbeitgebers 177 ff.
Lohnsteuervollzug
– Arten 225 f., 243
– im Europäischen Rechtsvergleich 221 ff.
– Individualisierung 227 f.
– Synchronizität 228
Lohnsteuervollzugssystem 222
– gemischtes 234
Lohnversteuerung von Sachzuwendungen 2

Mahlzeit 22
Management Buy-Out 403
Managementbeteiligungsprogramm 25
Markteinkommen 107
Märzklausel 390
Massenfallrecht 6, 32, 47, 50, 268, 542
Massensteuer 231
Massenverfahren
– steuerliches 2
Maßgeblicher Zeitraum
– Einhundertdreiundachtzig-Tage-Regelung 306 f.
Maßgeblichkeitsprinzip der Lohnsteuerabzugsmerkmale 150
Matching-Aktie 406
Materielles Einkommensteuerrecht 531
Medikamentengestellung 22
Mehrwertsteuersystemrichtlinie 362
Merkmale Arbeitnehmereigenschaft 16
Mezzanine-Beteiligung 404, 445
Mezzanines Finanzinstrument 408
Mindestaufenthaltsdauer 270

575

Stichwortverzeichnis

Mitarbeiterbeteiligung 401, 544
- Formen 404 ff.
- in Unternehmen 8
- wirtschaftliche Zielsetzung, aus Sicht des Arbeitgebers 403
- wirtschaftliche Zielsetzung, aus Sicht des Arbeitnehmers 404

Mitarbeiterbeteiligungsgesetz 446
Mitarbeiterbeteiligungsprogramm 25, 421
- eigenkapitalbasiertes 444
Mitarbeitergenussrecht 437
Mitunternehmer 113
Modernisierung des Besteuerungsverfahrens 2
Morphographie der Einkunftsarten 15
Multifinaler Wirkungszusammenhang 355
Multikausaler Wirkungszusammenhang 355
Mutterschaftsgeld 374

Nachbarschaftshilfe 109
Nachforderungsbescheid 164, 170 f., 173, 218 f.
Nachgelagerte Besteuerung 240, 469, 478; *s. a. vorgelagerte Besteuerung*
Nachprüfungsvorbehalt 152, 154
Nachträgliche Werbungskosten 356
Negative Einnahme 431
Nettoprinzip
- objektives 12, 74, 78, 338, 391, 400, 469
- subjektives 12, 391, 469
Neues Sozialpartnermodell 492, 497
Nichtanwendungsgesetz 531
Nichtvorliegen von Arbeitslohn 519
Normentreue 48
Novation 114 f.

Objektive Bereicherungsrechnung 121 f.
Objektives Nettoprinzip 12, 74, 78, 338, 391, 400
OECD-Musterkommentierung aus 2010 273

Öffnungsklausel 478
Optionsrecht 412
Ort der Wertschöpfung 85
Outbound-Fall 288
Outplacement-Beratung 22

Partiarisches Arbeitsverhältnis 115
Partiarisches Darlehen 408, 436
, 446
Pauschalbesteuerung 379
- bei geringfügiger Beschäftigung 200
Pauschale Lohnsteuer 23
Pauschalierungsbescheid 167
Pauschalierungsvorschrift in § 37b EStG 524, 527, 531
Pay-as-You-Earn-System 229, 233 f., 244
PAYE 244
Pendlerpauschale 344
Pensionsfonds 484, 487
Pensionskasse 484, 487
Performance Shares 407
Periodizitätsprinzip 470
Personale Komplementarität 19
Persönlicher Steuersatz 409
Pflegeversicherung 369
Pflegeversicherungsbeitrag 371
Phantom Stock 405
Preisvorteil 515
Primat Arbeitsrecht vor Steuerrecht 508
Prinzip der Maßgeblichkeit der Lohnsteuerabzugsmerkmale 150
Private Equity-Investment 403
Privatsphäre 56 f., 339
Progressionsgrenze 73
Progressionsvorbehalt 302

Quellenabzug 45
Quellenabzug durch den Arbeitgeber 220
Quellenbesteuerung 49, 86
Quelleneinkunft 339
Quellenprinzip 84
Quellenstaat 268
Quellensteuer 302, 317

Stichwortverzeichnis

Rabatt 22
- für Arbeitnehmer von dritter Seite 511
- Drittrabatt 510
- fremdüblicher 514
- Jahreswagenrabatt 518
- Jedermann-Rabatt 514
- von dritter Seite 128

Rabatterlass 515
Rabattfreibetrag 14
Recht der Arbeitslosenversicherung 372
Recht der gesetzlichen Rentenversicherung 372
Rechtfertigung der Besteuerung 107
Rechtsgeschichte 243
Rechtsprechung des BFH
- Arbeitslohn bei Drittrabatten 517
- Arbeitslohnbegriff 517
- Festsetzung der Vorauszahlungen zur Einkommensteuer 161 f.
- Jahreswagenrabatt 518
- Pauschalierungsvorschrift in § 37b EStG 524, 527 ff.
- steuerpflichtiger Arbeitslohn 520
- Veränderungsbereitschaft 531
- vom Arbeitgeber übernommene Buß- und Verwarnungsgelder 520
- Werbedamenentscheidung 147

Rechtsprechung des Lohnsteuersenats 377
Rechtsquellenvielfalt 82
Rechtsschutz
- vorläufiger 157, 163

Rechtsschutz bei der gesonderten Feststellung des Freibetrags 162 f.
Rechtsschutz beim ELStAM-Verfahren 154 f.
Rechtssicherheit 51 f., 318
Rechtsvergleich
- als Systemvergleich 222

Rechtsvergleichung
- funktionale 242
- in den Rechtswissenschaften 221
- in der Zeit 224, 243

Reform der Arbeitnehmerbesteuerung 219 f.
Regelmäßige Arbeitsstätte 507; *s.a. erste Tätigkeitsstätte*
Regelungsanordnung 157 f.
Regressanspruch des Arbeitgebers 217
Regular/principle workplace 508
Reinvermögenszugangstheorie 362
Reisekosten 346 f.
Reisekostenerstattung 22
Reisekostenrechtsreform zum 1.1.2014 2
Reisen des Arbeitnehmers 133 ff.
Relevanz der Lohnsteuer 541
Remittance-base-Klausel 315
Rentenversicherung 368
Rentenversicherungsbeitrag 370
Repräsentation(-skostenübernahme) 22
Restricted Shares 430
Restricted Stock 407
Rückausnahme von der DBA-rechtlichen Befreiungsmethode 266
Rückfallklausel 5, 266, 314 ff.
- bilaterale 314
- unilaterale 314

Rückgriff 207 ff., 211
Rückzahlung von Arbeitslohn durch den Arbeitnehmer 125

Sachbezug 53 ff.
Sachlohn 38
- als Barlohnsubstitution 38

Sachzuwendung 502
- betrieblich veranlasste 529

Sammelbeförderung 22
Schadensersatz
- zivilrechtlicher 202, 218

Schadensersatz durch den Arbeitgeber 124, 129
Schadensersatzanspruch des Arbeitnehmers 37
Schadensersatzpflicht
- im Nicht- bzw. Schlechterfüllungsfall 202

577

Stichwortverzeichnis

Schattenlohnbuchhaltung (Shadow payroll) 289
Schattenlohnkonto 280
Schmiergeld 31
Schuldrechtliche Verfügungsbeschränkung 429
Schuldrechtliches Verpflichtungsgeschäft 433
Schutz der Privatsphäre 231 f.
Schwerpunkt der Sozialversicherung 371
SE europäische Aktiengesellschaft 382
Selbständigkeit, selbständige Tätigkeit 111
Selbständigkeitsfiktion einer Betriebsstätte 546
Share Discount Plan 406
Share Matching Plan 406
Share-for-Share-Transaktion 418
Shareholder Value 403
Sicherheitsmaßnahme 22
Soll-Ertragsbesteuerung 53, 70
Sonderrechtsbeziehung neben dem Arbeitsverhältnis 26, 420
Sonderrechtsverhältnis 420, 438 ff., 442, 446
Sozialpartnermodell
– neues 492, 497
Sozialversicherung 366
Sozialversicherungspflicht 368
Sozialversicherungsrecht 366, 369, 485 f.
– Beitragsbemessungsgrenze 369
– Versicherungspflichtgrenze 369
Sozialversicherungsrechtliche Bemessungsgrundlage 369
Sozialversicherungsrechtlicher Arbeitnehmerbegriff 381
Sozialversicherungsrechtlicher Einnahmebegriff 386 ff.
Sozialversicherungsrechtliches Arbeitsentgelt 363 ff.
Sperrfrist 429
Split Contract 282
Split Contract-Konstellation 292, 295

Sprachkurs 22
Staat mit Selbstveranlagung 317
Statusfeststellungsverfahren 386
– im Sozialrecht 148
Steuerabzugsbetrag 235
Steueraufkommen aus der Lohnsteuer 4, 334, 541
Steueraufkommen von Unternehmen 3
Steuerbarkeit 110
Steuerbescheid 12
Steuererhebung
– gestaffelte 237 f.
Steuererklärung 12
– vorausgefüllte 68
Steuerfestsetzung unter Vorbehalt der Nachprüfung 215
Steuerfreie Lohnersatzleistung 374
Steuergerechtigkeit 81
Steuerliche Behandlung von Rabatten
– für Arbeitnehmer von dritter Stelle 511
Steuerliches Massenverfahren 2
Steuerliches Reisekostenrecht 507 ff., 531
Steuerpflicht
– beschränkte 299
– unbeschränkte 299
Steuerrecht
– als Massenfallrecht 47
Steuertarif 73
Steuerumgang 86
Steuervollzug 52
Steuerzugriff 107
Stille Beteiligung 408, 436
Stille Gesellschaft 115
Stock-Option-Programm 5
Subject-to-tax-Klausel 315
Subjektives Nettoprinzip 12, 391
Substanzverlust 357 ff.
Switch-over-Klausel 5, 315 f.
Synchronizität der Lohnbesteuerung
– Begriff 228
Synthetische Einkommensteuer 74
System der reinen Steuerveranlagung 226

System des reinen Steuerabzugs 226
Systemvergleich 222

Tankgutschein 40
Tantieme 404
Tätigkeitsortprinzip 269
Tätigkeitsstaat 268, 302
Tax credit 235
Teileinkünfteverfahren (§§ 3 Nr. 40, 3c Abs. 2 EStG) 409
Territorialitätsprinzip 268
Tie-Breaker-Rule 4, 303
Treaty Override 5
Treuepflicht 113
Trinkgeld 393
Typisierung 73, 75, 547
– Notwendigkeit 75
– Verhältnismäßigkeit 76
– Wirkung 75
Typus 354
Typusbegriff 17, 547

Übergeordnetes Unternehmensinteresse 34
Überschusseinkunft 111, 113 f.; s.a. *Gewinneinkunft*
Überschusseinkunftsart 113 f.
Überweisungsklausel 315
Übliche Betriebsveranstaltung 130 f.
Umschaltklausel 315
Unbeschränkte Steuerpflicht 266, 299
Unfreiwillige Werbungskosten 341
Unilaterale Rückfallklausel 314 ff., 316 ff.
Unmittelbare Vergütung des Arbeitgeberaufwands
– bei der Lohnbesteuerung 230 f.
Unternehmenszusammenschluss 418
Unternehmerrisiko 355
Unterstützungskasse 487

Veranlagungsverfahren zur Lohnsteuer
– Delegierung auf die Arbeitgeber 3
Veranlassung 362
– gemischte 342

Veranlassung durch das Dienstverhältnis 126
Veranlassungsprinzip 24, 31, 121, 522, 545
– offener Typusbegriff 127
Veranlassungszusammenhang 546
– einer Zuwendung 521
Verdeckte Einlage 416
Verdeckte Gewinnausschüttung 410
Vereinigtes Königreich
– Kontinentaleuropa 233 f.
Verfallklausel 423 ff., 430
Verfügungsgeschäft
– dingliches 433
Vermeidung von Doppelbesteuerung 264 ff.
– bilateral 265
– unilateral 265
Vermeidung von doppelter Nichtbesteuerung 264, 266 f.
Verordnungsgeber 394
Verpflegungskosten 509
Verpflichtung des Arbeitgebers zum Lohnsteuerabzug 503 f.
Verpflichtungsgeschäft
– schuldrechtliches 433
Verpflichtungsklage 155, 162
Verschuldungsunabhängige Haftung des Arbeitgebers 179
Versorgungsanwartschaft 118, 368
Versorgungsbezug 483
Versorgungsfreibetrag (§ 19 Abs. 2 EStG) 14
Versorgungsleistung 482
Versorgungslücke 491
Verständigungsverfahren 304
Verteilung der Werbungskosten auf die Einkommensklassen 336
Verwaltungsgrundsätze-Arbeitnehmerentsendung 309
Verwaltungspraktikabilität 264
Verwarnungsgeld 22, 33
VIP-Loge 22
Virtual Shares 405
Virtuelle Aktie 405

579

Virtuelle Unternehmensbeteiligung 405 f.
Virtueller Gesellschaftsanteil 405
Vorausgefüllte Steuererklärung 68
Vorbehalt der Nachprüfung 152; s.a. *Nachprüfungsvorbehalt*
Vorgelagerte Besteuerung 478
Vorläufiger Rechtsschutz 157, 163
Vorsorgeuntersuchung 22
Vorteil 378 f.
Vorteil wegen Bestechlichkeit 31
Vorteilstransfer aus der Berufssphäre in die private Konsumsphäre 36

Weiße Einkünfte 4
Weisungsrecht 522, 582
Weisungsrecht des Arbeitgebers 112 f., 115 f.
Weiterbildungskosten 345 f.
Welteinkommen 266
Welteinkommensprinzip 268
Werbungskosten
– Begriff 337
– nachträgliche 356
– unfreiwillige 341
Werbungskosten des Arbeitnehmers 333 ff.
– durchschnittliche 336
Werbungskostenersatz 123
Wertguthabenvereinbarung i.S.v. § 7b SGB IV 490

Wesentlichkeitsschwelle 353
Wirkungszusammenhang
– multifinaler 355
– multikausaler 355
Wirtschaftlicher Arbeitgeber 307, 543
Wohnsitzprinzip 543

Zeitgleiche Besteuerung 240
Zeitwertkonto 483, 490 f.
Zielrentensystem 496
Zinsvorteil beim Lohnsteuerabzug 228
Zollkodex-Anpassungsgesetz 2
Zufluss (§ 11 Abs. 1 EStG) 429
Zuflussprinzip (§ 11 EStG) 29, 356, 388
Zuflusszeitpunkt 428 f.
Zukunftssicherung im Rahmen eines Dienstverhältnisses 118
Zukunftssicherung, Zukunftssicherungsleistung 484
Zuwendung im ganz überwiegenden eigenbetrieblichen Interesse des Arbeitgebers 130 ff.
Zwanzig-Tage-Bagatellgrenze 288
Zweifachbesteuerung 478
– Vermeidung 480 f.
Zweigliedriger Erfolgstatbestand
– des Arbeitslohns 121
Zwischengeschaltete Beteiligungsgesellschaft 427